空间法学研究年刊

Yearbook of Space Law Studies

（2016 年）

中国空间法学会　主办

中国宇航出版社
·北京·

图书在版编目(CIP)数据

空间法学研究年刊.2016 /中国空间法学会主办
.--北京:中国宇航出版社，2017.9
ISBN 978-7-5159-1375-9

Ⅰ.①空… Ⅱ.①中… Ⅲ.①空间法—中国—2016—年刊 Ⅳ.①D999.1-54

中国版本图书馆 CIP 数据核字(2017)第 220402 号

责任编辑 赵宏颖 **封面设计** 宇星文化

出版发行	中国宇航出版社		
社址	北京市阜成路 8 号	**邮编**	100830
	(010)60286808		(010)68768548
网址	www.caphbook.com		
经销	新华书店		
发行部	(010)60286888		(010)68371900
	(010)60286887		(010)60286804(传真)
零售店	读者服务部		
	(010)68371105		
承印	三河市君旺印务有限公司		
版次	2017 年 9 月第 1 版		2017 年 9 月第 1 次印刷
规格	787×960	**开本**	1/16
印张	39.75	**字数**	757 千字
书号	ISBN 978-7-5159-1375-9		
定价	168.00 元		

本书如有印装质量问题，可与发行部联系调换

《空间法学研究年刊》编委会

The Editorial Committee of
Yearbook of Space Law Studies

QI Dahai
HE Huali
LI Bin
LI Shouping
WU Wenzhao
XIAO Weigang
ZHOU Wu
LUO Gangqiao
ZHAO Hongrui
YIN Hongxiang
GAO Ruofei
SHANG Zhen
XIONG Pan

JIANG Hui
SU Jinyuan
LI Bin
LI Juqian
WU Zongke
ZHANG Tao
YANG Junlin
HU Zhaobin
ZHAO Haifeng
YUAN Kewen
GAO Guozhu
LIAO Minwen

HE Liang
LI Ming
LI Jianghong
LI Guoqi
WU Xiaodan
ZHANG Huiting
YANG Zhenrong
ZHAO Yun
GUO Hongyan
XU Gang
LING Yan
CAI Gaoqiang

总　序

中国航天事业自1956年创建以来，在党中央、国务院、中央军委的正确领导下，在各地区、各部门和全国各族人民的大力支持下，几代航天人自力更生、艰苦奋斗，取得了以“两弹一星”、“载人航天”、“月球探测”三大里程碑为代表的一系列辉煌成就，中国航天的国际地位和国际影响力不断提升，为我国向世界航天强国迈进奠定了坚实基础。中国航天事业长足发展的舞台是外层空间，这是属于全人类的共同财富。以《外空条约》、《营救协定》、《责任公约》、《登记公约》等为代表的联合国外层空间公约诞生于20世纪60、70年代，构成国际社会外层空间基本法律制度，同时直接催生了国际空间法这门新兴边缘学科。

中国空间法学会成立于1992年，是由国家有关部门和空间法律政策研究机构、空间科学技术研究和应用机构及空间法学领域专家学者组成的全国性学术群团机构，是联系广大空间法学工作者、航天科技工作者的桥梁和纽带，是组织开展空间法律政策研究、开展空间法律政策国际合作与交流、推进外层空间活动法治化建设、建设社会主义法治国家的重要力量。

中国空间法学会2011年完成组织换届后，在国防科工局等国家有关部委的正确指导下，在中国航天科技集团公司的坚强领导下，在各发起单位、会员单位的大力支持下，牢牢把握正确的政治方向，确立了“学术立会、民主办会、规范治会、实干兴会、发展强会”的办会方针，明确了“战略引领、创新驱动、自主发展、重点跨越”的发展方针，提出到“十二五”末在建设具有航天特色的国内一流学术社团组织方面取得决定性进展、在建设国际一流学术社团组织方面迈出坚实步伐的奋斗目标。中国空间法学会新一届领导机构凝心聚力，锐意进取，团结带领广大会员单位做了大量卓有成效的工作，圆满完成开展学术课题研究交流、推进国家航天立法进程、强化空间法学工作者队伍建设、举办国际空间法模拟法庭竞赛、加强国际学术交流合作等项工作，开启了科学发展、创新发展的新篇章，树立了作为国家一级学会的新形象，会员凝聚力、社会公信力和自主发展能力大幅度提升，受到广大会员单位的充分肯定，为全面推进国际一流空间法律政策群团机构建设奠定了坚实基础。

《空间法学研究年刊》由中国空间法学会主办，是反映中国空间法学界工作动态和学术研究成果的综合性学术文献资料汇编，是宣传外层空间法律政策、研讨国际空间法前沿问题的重要平台。在中国空间法学会迎来 20 周年华诞之际，《空间法学研究年刊》创刊号能够如期推出，具有特别重要的意义。党的十八大对建设社会主义法治国家、完善中国特色社会主义法律体系、加强重点领域立法提出了明确要求。希望今后有更多从事空间技术、空间应用、空间科学及空间活动管理的航天科技工作者以及有关部门负责同志关注外层空间法律制度建设。希望更多的专家学者深入研究外层空间法律制度，密切跟踪国际最新动态，特别要注重研究全局性、战略性、前瞻性重大课题，为我国空间活动法治化进程和空间外交事业提供决策依据，共同促进空间法学事业大发展大繁荣，为把我国早日建成世界航天强国、为实现中华民族伟大复兴的中国梦作出应有的贡献。

2012 年 12 月 28 日

目　录

第一部分　中国空间法学会2016年度重要会务文献

第二部分　联合国外空委2016年会议动态

第三部分　联合国大会2016年外空领域相关决议

第四部分 中国空间法学会2016年度重点论文

第五部分 中国空间法学会2015—2016年度学术课题研究成果

附　录

Table of Contents

Part Ⅰ. CISL Documents on Major Events in 2016

Part Ⅱ. Reports of the 2016 Sessions of UN COPUOS

Part Ⅲ. Space - related UNGA Resolutions in 2016

Part Ⅳ. CISL Highlight Articles of 2016

Part Ⅴ. Study Reports of CISL Research Projects 2015—2016

Appendices

第一部分
中国空间法学会2016年度
重要会务文献

中国空间法学会 2016 年工作综述

中国空间法学会办公室

2016 年是全面建成小康社会决胜阶段的开局之年，也是“十三五”规划的开局之年，是中国空间法学事业发展历史上很不平凡的一年，也是中国空间法学会继续夯实基础、苦练内功、树立形象的关键之年。在国家国防科技工业局等国家有关部委的正确指导下，在中国航天科技集团公司的坚强领导下，在各发起单位、会员单位的大力支持下，中国空间法学会严格遵循《章程》规定的办会宗旨，牢牢把握正确的政治方向和国家战略安全大局，牢固树立为会员服务的思想，全面落实《“十三五”发展规划纲要》重点任务，圆满完成全年各项工作目标和计划，为中国航天事业健康发展作出了积极贡献。2016 年，中国空间法学会进一步强化创新创业意识，有效克服工作任务艰巨繁重、人员紧张、经费不足和基础薄弱等各种困难和挑战，不等不靠，勇于担当，锐意进取，求真务实，管理基础进一步夯实，学术资源整合与涵养能力持续提升，学术领导力进一步彰显，国际国内影响力不断扩大，开创了各项工作新局面。

一、基础管理进一步规范化、程序化

（一）组织换届筹备工作有序推进

根据中国空间法学会第三届常务理事会第五次会议相关决议精神，中国空间法学会第四次全国会员代表大会筹备工作全面启动。各发起单位、会员单位、有关单位积极推荐中国空间法学会第四届理事会领导机构及常务理事会、理事会组成人选。完成《中国空间法学会“十三五”发展规划纲要》（草案）核心内容编制。

（二）会费管理工作进一步规范化

在广大团体会员、个人会员的大力支持下，中国空间法学会2016年全面完善会费、会籍业务数据库，并实现精细化、常态化、规范化和程序化管理，为全年开展各项工作、实现可持续发展奠定了重要的经济基础。

（三）发布中国空间法学界十大新闻事件

根据民主办会精神，中国空间法学会通过公选权威发布“中国空间法学界2016年十大新闻事件”，进一步提升会员凝聚力，中国空间法学事业的社会影响力、中国空间法学会的学界领袖地位得到进一步彰显。

（四）安全保障和党风廉政建设有序推进

2016年，中国空间法学会积极贯彻落实国家有关机构的各项部署和要求，牢牢把握中央协调推进“四个全面”战略布局，认真贯彻“三严三实”要求，进一步强化依法依规办会意识，对安全、保卫、保密、外事纪律及党风廉政建设等工作常抓不懈，顺利通过全国社会组织年检，全年未发生一起责任事件。学会成员积极营造风清气正的工作环境和学术氛围，未利用地位、职务之便谋取任何私利，有力确保了中国空间法学会安全发展。

二、积极开展国际交流合作，国际影响力持续提升

（一）2016年，在中国国家航天局和中国航天科技集团公司的指导下，中国航天科技国际交流中心与国际宇航科学院（IAA）在北京成功举办首届“航天国际合作促进发展中国家经济社会发展国际研讨会”。来自中国、美国、俄罗斯、巴西等十几个国家，以及国际宇航科学院、国际宇航联合会、亚太空间合作组织等国际组织的240余名代表出席大会。联合国外空委、联合国外空司、国际宇航科学院以及国际空间法学会等国际组织来电表示祝贺。中国空间法学会对本届会议策划筹备及“空间政策法律与国际合作”专题分会组织工作提供了重要的专业支撑和会务保障。

（二）中国空间法学会全面参与国际宇航界“三驾马车”学术活动，呈现了前所未有的活跃状态。在中国空间法学会的引导下，中国专家学者积极参加在墨西哥举行的第67届国际宇航大会空间法律政策研讨活动，中国空间法学会秘书长发表题为“中国的探月活动及相关政策”、“中美两国空间安全立

法比较研究”的英文演讲，一批青年学者崭露头角，中国学术影响力、话语权进一步加大。会后，中国空间法学会按照惯例就“国际空间法学会（IISL）第59届学术年会”、“国际宇航科学院第29届空间政策、规范及经济论坛”定向组稿并刊发会议综述。

（三）为更好发挥外国专家作用，中国空间法学会聘请以国际空间法学会两任主席汤佳·梅森斯旺和凯-伍·施罗格为代表的一批“国际顾问咨询委员会”新成员，积极推动中国空间法学界以更加自信、开放、包容的胸怀促进空间法学事业发展，对我国全面开展空间法学国际交流合作、吸引更多外国专家为中国法治航天建设服务，具有重要的示范意义。

（四）为庆祝国际空间法学会曼弗雷德·拉克斯空间法模拟法庭竞赛活动创办25周年，国际空间法学会组织编写《曼弗雷德·拉克斯空间法模拟法庭竞赛25周年志庆与回顾》（英文）一书，中国空间法学会积极参加编撰工作，并在书中对中国空间法学会每年定期举办的CASC杯曼弗雷德·拉克斯国际空间法模拟法庭竞赛活动进行了重点宣传。

（五）在中国空间法学会的推动下，美国海因莱因基金会委托中国宇航出版有限责任公司全权负责国际宇航科学院前沿课题研究成果《外空矿物资源：挑战与机遇的全球评估》（英文）在中国的翻译、出版与发行工作，并提供全额资金支持。该书由中国航天科技国际交流中心组织编译，中国空间法学会负责监制，中国空间法学界引进国际宇航科学院最新研究成果、服务中国航天事业发展实现历史性突破。

（六）中国空间法学会成功举办第3期学术沙龙，以美国GPS立法为主题，邀请美国密西西比大学法学院荣誉教授、《空间法学报》荣誉主编、国际空间法学会理事琼安·艾琳·盖博瑞诺维奇发表主旨演讲，并与中国专家学者现场深度互动，对我国研究借鉴美国商业航天立法成果、服务国家空间外交活动具有重要价值。

三、积极开展学术研究活动，持续提升影响力、公信力

（一）成功举办首届中国航天高峰论坛暨2016年学术年会

2016年10月，“首届中国航天高峰论坛暨中国宇航学会·中国空间法学会2016年学术年会”在北京成功举办。本届论坛/年会以“创新驱动发展、共铸航天强国”为主题，共有来自全行业的两院院士、各级领导、专业人士、青年学生等300余人出席会议，共商中国航天事业发展大计。在中国空间法

学会的倡导下，本届年会首次加冠“中国航天高峰论坛”会标并创设“法治航天分论坛”，吸引50余位专业人士参会交流，录用了30篇空间法律政策类论文，数量再创新高，质量明显提升，学科融合进一步深化，一批优秀论文作者获奖。中国航天两大国家一级学术群团机构联合打造高端学术品牌效应进一步彰显。

（二）《空间法学研究年刊》（2015年）出版发行

2016年9月，中国空间法学会主办的大型学术刊物《空间法学研究年刊》（2015年）由中国宇航出版有限责任公司出版发行。本期年刊内容共计73.6万字，同比增加11%；收录各类稿件44篇（含课题研究报告），同比增加4.8%。五大板块格局基本定型，学术权威性和社会影响力进一步凸显。

（三）学术课题研究工作有序推进

中国空间法学会发布2015—2016年度学术课题研究成果并圆满完成结题评审。“国家‘一带一路’倡议与中国航天的应对”、“应对近地空间安全问题的法律研究”、“非传统飞行器的出现与外空定界问题研究”、“美国空间安全政策发展及影响研究”等8项课题通过评审并分获不同奖项。中国空间法学会2016—2017年度学术课题研究工作启动，“航天国际合作管理体制立法问题研究”等8项课题获得立项资助。各课题组就外空治理、航天立法、外空安全等前沿问题深入研究，为国家决策提供解决方案和学术支撑。中国空间法学会以课题研究为抓手的创新平台示范效应进一步呈现，学术共同体建设成效喜人。

（四）出版发行学术年会论文集

2016年2月，《中国宇航学会·中国空间法学会2015年学术年会论文集》出版发行，共计收录空间法律政策类论文23篇，为持续打造“中国宇航学会·中国空间法学会学术年会”高端品牌提供了重要支撑。

（五）发布年度空间法律政策作品推荐名录

为全面展示中国空间法学界2016年学术研究成果，促进学术交流和知识共享，持续打造空间法学研究学术共同体，通过公选权威发布“中国空间法学会推荐的2016年度空间法律政策作品名录”。共有48篇国内重点中文期刊/年会论文集录用论文、7篇课题研究报告、9篇海外重点英文期刊（文集）

录用论文、2 份专业年刊、1 部中文专著、1 部英文专著、1 部中英文双语专著及 1 部中文主编著作入围，数量和覆盖面同比继续提升。此举受到广大专家学者的热烈欢迎，中国空间法学会的学术感召力和组织凝聚力进一步提升。

四、积极发挥专业优势，服务航天事业大局

（一）积极建言献策，深度参与国家航天立法进程

积极参与《2016 中国的航天》白皮书起草论证工作，所提多项素材和建议获得采纳。在全国人大常委会和国务院的大力支持下，国家国防科技工业局组织开展的《航天法》论证工作全面深化，草案初稿及支撑性论证报告基本形成。中国空间法学会作为核心支撑单位，全程深度参与法律草案论证，就立法指导思想、法律框架、法条内容、核心概念表述及其定义等提交的大量建议和论证报告获得采纳。

中国宇航学会、中国空间法学会联合承担中国科协 2016 年度重点课题《跨界整合学术资源，支撑行业法治建设》被中国科协评为"全国性科技社团承接政府转移职能扩大试点典型案例"，在法治航天建设领域获得中国科协经费支持，实现重要突破。

（二）发挥专业优势，服务国家空间外交活动

中国空间法学会积极委派、推荐专家随中国代表团参加联合国外空委届会和届间会，深度研究并参与联合国"外空活动长期可持续性"多边规则谈判，策划并撰写的《中国关于"外空活动长期可持续性"问题的立场文件》由中国国家航天局代表中国政府正式提交联合国，在国际社会引起积极反响。委派专家赴国际宇航大会、欧洲空间局及维也纳大学等机构发表英文专题演讲，深入阐述中美航天关系发展脉络，分析外空矿物资源开发所涉法律问题，并就中美外空安全立法进行比较研究。中国空间法学会在上述活动中，牢牢把握国家战略安全大局，积极维护我国空间发展权益，较好地支撑了国家的空间外交事业，受到有关部门充分肯定。

（三）发挥专业优势，服务商业航天发展进程

应邀参加"第二届中国商业航天高峰论坛"，发表题为"中国商业航天的法治引领及营商环境建设"的主题演讲，全面论述法治航天与商业航天营商环境建设的关系，并在《中国航天》杂志发表专题文章，受到有关方面高度关注。

（四）积极开展前沿空间战略政策法律问题研究

承接并主持国家有关部委下达的重点研究课题两项。积极参加中国航天科技集团公司定期举办的航天国际政策研究活动。多次参加外交部、工业和信息化部、国家航天局、国土资源部、中国工程院、中国航天科技集团公司、中国载人航天工程办公室及中国卫星导航系统管理办公室等机构组织的专题研讨会、专家咨询会和课题评审会，针对国际空间政策、空间法律最新动态及航天战略管理积极发表看法，并就重要议题研提对案，受到有关方面充分肯定。

应邀出席第573次香山科学会议，并发表题为“空间碎片主动移除的法律政策分析”的主题演讲，全面辨析“移除”与“清除”用词的异同及其影响，为与会的航天科技工作者提供了独特的法律分析视角。在中国空间法学会的大力推动下，“空间碎片主动移除”成为我国航天科技界、空间法学界共同认可的专业表述。

（五）坚持为会员提供国际航天资讯服务

全年共编发《西方媒体空间活动报道链接汇编》40期，每周将国际航天资讯及时发送到会员邮箱，受到广大会员单位和专家学者的热烈欢迎。

五、凝心聚力、整合资源，队伍建设成效显著

（一）空间法学工作者队伍建设成效显著

中国空间法学会在竭诚为广大会员服务的同时，始终将空间法学工作者队伍建设放在突出位置。2016年成功发起建立“中国空间法学界”微信群，成为学界同仁交流思想、沟通信息的新平台。2016年又有一批专家学者和在校青年学生申请入会、加入国际空间法学会或积极参加中国空间法学会举办的有关活动。通过搭建各类学术活动平台，中国空间法学会为国家成功凝聚起一支研究国际空间法律政策的高素质队伍，成为推动空间法学事业大发展、大繁荣的可靠力量，同时为服务国家社会管理大局、创新枢纽型社会组织建设作出了积极贡献。

（二）中国宇航学会、中国空间法学会深度融合发展成效显著

2016年6月，中国航天科技国际交流中心重组成立，中国空间法学会迎

来新的更大发展机遇，中国宇航学会、中国空间法学会深度融合发展持续推进。实践证明，中国航天科技集团公司关于两会合署办公的决策完全正确，中国空间法学事业充满生机、大有可为。

六、宣传普及空间法，模拟法庭竞赛工作迈上新台阶

2016 年 10 月，由中国宇航学会主办、中国空间法学会等机构协办的“第二届全国‘神箭神舟杯’航天知识大赛”成功举办。中国航天科技集团公司副总经理、中国宇航学会副理事长、中国空间法学会理事长袁洁出席决赛现场及颁奖式，发表重要讲话并为优胜队伍颁奖。在中国空间法学会推动下，本届大赛首次纳入空间法律知识考核，有效促进了相关知识的宣传普及，取得了良好的社会效果。

2016 年 12 月，中国空间法学会成功举办第 13 届 CASC 杯曼弗雷德·拉克斯国际空间法模拟法庭竞赛，吸引来自 8 所知名高校的 10 支队伍参赛。经过多年精心培育，中国空间法学会主办的竞赛活动已经成为国际空间法学会全球竞赛体系的重要组成部分，中国已经成为其最为活跃的单一国家赛区。该项赛事已经发展成为中国最具品牌影响力的法律英语类大型竞赛活动之一，是宣传普及国际空间法、培养青年人才和培养国际竞赛队伍的重要平台。本届竞赛专业化、品牌化、国际化程度进一步提升，影响力进一步扩大。通过将竞赛活动以冠名方式与中国航天科技集团公司企业品牌形象塑造工作进行有机结合，有效宣传了中国航天积极履行社会责任的良好形象，提升了中国航天事业的社会影响力和集团公司的品牌美誉度。本届竞赛活动受到国际空间法学会及各参赛高校领导和师生的高度评价。

积极推荐、组织中国专家为国际空间法学会撰写曼弗雷德·拉克斯国际空间法模拟法庭竞赛试题案例，2016 年实现零的突破。

七、结束语

经过 2016 年的艰苦努力，“十三五”规划赢得良好开局，中国空间法学事业更加充满生机和活力，学术研究水平、服务空间法学人才发展水平及其对中国航天事业的支撑作用更加突出。中国空间法学会各项工作进一步规范化，谱写了科学发展、创新发展的新篇章，树立了国家一级学会的新形象，会员凝聚力、社会公信力和自主发展能力持续提升，受到广大会员单位的充

分肯定，为全面推进中国特色、国际一流空间法学术群团机构和中国特色新型航天智库建设奠定了坚实基础。

回首 2016 年，中国空间法学会虽然取得了一定成绩，但与加快推进我国成为世界航天强国的总体要求相比，与广大会员（单位）的新期待相比，工作中还存在一些困难、问题和差距。突出表现在以下三个方面：一是核心管理和研究团队建设亟待加强，人员和经费不足已成为制约后续发展的瓶颈问题；二是需要进一步加强政治学习和专业学习，不断总结经验和规律，持续提升引领学科发展、服务航天事业大局和航天外交活动的水平；三是需要不断提升商业化、国际化的发展能级和层次，持续扩大经营成果。这些问题需要在 2017 年及今后采取有效措施着力解决。

2017 年是中国空间法学会组织换届之年，改革发展任务重大而艰巨。中国空间法学会将深入学习贯彻党的十八大及十八届三中、四中、五中、六中全会精神和习近平总书记系列重要讲话精神，紧密围绕“四个全面”战略布局，积极践行新的发展理念和“三严三实”要求，以“发展航天事业、建设航天强国”为己任，进一步解放思想，更新观念，凝心聚力，锐意进取，团结和带领广大会员单位和专家学者，着力推进空间法学事业大发展、大繁荣，着力推进空间治理体系和治理能力现代化、法治化，持续提升服务航天强国建设和法治航天建设大局的能力，以优异的成绩迎接党的十九大胜利召开，为把中国空间法学会建设成为适应社会主义市场经济体制、符合学术群团机构发展规律、具有学术权威性、会员凝聚力、社会公信力和自主发展能力、充满生机与活力的国际一流学术群团机构和中国特色新型航天智库而努力奋斗！

中国空间法学界2016年十大新闻事件揭晓

中国空间法学会办公室

在2017年新年钟声敲响之际，“中国空间法学界2016年十大新闻事件”如期揭晓。中国空间法学会根据民主办会精神，公开组织评选中国空间法学界2016年度最具影响力的十大新闻事件。这也是中国空间法学会自2012年起连续五年通过公选权威发布中国空间法学界年度十大新闻事件。

经过公开征集2016年度十大新闻事件候选方案提名及方案公示等程序，中国空间法学会面向全体会员单位和专家学者广泛征求意见，最终入榜的中国空间法学界2016年十大新闻事件包括：

一、中国国务院新闻办发布《2016中国的航天》白皮书，明确提出着力加强法律法规体系建设，加强国际空间法研究，积极参与外空国际规则制定，为航天强国建设提供有力法制保障。在全国人大常委会和国务院的大力支持下，国家国防科技工业局组织开展的《航天法》论证工作全面深化，法律草案初稿及支撑性论证报告基本形成。中国航天科技界、中国空间法学界专家学者深度参与、共同推动法治航天建设进程。中国空间法学会及有关会员单位积极发挥咨政建言作用，承担多项国家部委软科学研究课题。

二、为庆祝中国航天事业创建60周年，“首届中国航天高峰论坛暨中国宇航学会·中国空间法学会2016年学术年会”在北京隆重举行。300余位专家学者及工程技术人员深入交流研讨。本届年会以“创新驱动发展、共铸航天强国”为主题，首次加冠“中国航天高峰论坛”会标并创设“法治航天分论坛”，空间法律政策类录用论文数量再创新高，一批优秀论文获奖，学术交流氛围更加活跃，学科融合进一步深化。中国航天两大国家一级学术群团机构联手打造的高端学术品牌效应进一步彰显。

三、中国国家航天局向联合国提交《中国关于“外空活动长期可持续性”问题的立场文件》，中国空间法学会对此提供重要支撑。中国空间法学界多名专家深度参与联合国“外空活动长期可持续性”等空间治理规则多边进程谈判。一批中国专家在国际会议上发表专题演讲，中国空间法学界对国家空间外交活动的基础支撑作用进一步凸显。与此同时，中国学者阔步走出国门，广泛参加以第67届国际宇航大会（IAC）为代表的空间法学术交流活动，部分中国学者在西方知名大学访学任教，中国学术影响力、话语权进一步扩大。

四、联合国附属空间科学与技术教育亚太区域中心（中国）举办的空间法律与政策专业方向“空间技术应用”留学研究生项目正式开班，成为联合国首家开设空间法律与政策专业方向的区域中心。首届空间法律与政策专业方向的留学研究生共10人，学员主要由亚太空间合作组织和联合国附属空间科学与技术教育亚太区域中心（中国）成员国航天相关机构及政府部门选送。

五、在中国国家航天局和中国航天科技集团公司的指导下，中国航天科技国际交流中心与国际宇航科学院（IAA）在北京联合举办“航天国际合作促进发展中国家经济社会发展国际研讨会”。来自中国、美国、俄罗斯、巴西等14个国家及国际宇航科学院、国际宇航联合会、亚太空间合作组织等国际组织的240余名代表出席大会。联合国外空委、联合国外空司、国际宇航科学院和国际空间法学会等国际组织来电表示祝贺。本次会议开设“空间政策法律与国际合作”专题分会，吸引80余名各国专家学者参会交流。

六、中国空间法学会发布2015—2016年度学术课题研究成果。“国家‘一带一路’倡议与中国航天的应对”、“应对近地空间安全问题的法律研究”、“非传统飞行器的出现与外空定界问题研究”、“美国空间安全政策发展及影响研究”等8项课题通过结题评审并获奖。中国空间法学会2016—2017年度学术课题研究工作启动，“航天国际合作管理体制立法问题研究”等8项课题获得立项资助。各课题组就“一带一路”倡议、航天立法、外空治理及外空安全等前沿问题深入研究，为国家决策提供解决方案和学术支撑。中国空间法学会以课题研究为抓手的创新平台示范效应进一步呈现，学术资源整合与涵养能力持续提升，学术共同体建设成效喜人。

七、由北京理工大学法学院、北京理工大学空间法研究所主办的“首届北京理工大学空间法研讨会暨空间法研究所成立十周年”论坛在北京举行。来自外交部、工业和信息化部、国家航天局、中国宇航学会和中国空间法学会等机构的领导及美国、德国、加拿大、日本和韩国等国的知名学者100余人参加会议。北京理工大学法学院院长、空间法研究所所长李寿平教授当选国际宇航科学院通讯院士，成为中国高校首位获此殊荣的空间法专家。

八、为更好发挥外国专家作用，中国空间法学会“国际顾问咨询委员会”纳入以国际空间法学会（IISL）两任主席为代表的一批国际知名专家，特聘专家队伍稳步扩大，中国空间法学界以更加自信开放包容的胸怀促进空间法学事业发展。中国空间法学会以主题报告会和学术沙龙为平台，邀请西方知名专家担任演讲嘉宾介绍空间法律前沿问题、焦点问题。一批西方知名学者应邀到中国高校开设空间法律课程、举办专题讲座，中外学术交流呈现前所未有的活跃状态。

九、中国空间法学会第二届理事会副理事长、中国外交部条法司原司长、联合国国际法院中国籍法官薛捍勤应邀担任国际空间法学会第 25 届曼弗雷德·拉克斯空间法模拟法庭竞赛全球总决赛主审法官。经中国空间法学会推荐，香港大学法律系主任赵云教授担任本届竞赛试题（全英文）撰稿人，并亲临决赛现场向法庭介绍案情，国际空间法学会委托中国专家撰写重大赛事活动试题，由此实现历史性突破。

十、中国空间法学会第 13 届 CASC 杯曼弗雷德·拉克斯国际空间法模拟法庭竞赛（全英文）圆满落幕。来自国内 8 所知名高校的 10 支参赛队伍经过激烈角逐，中国政法大学、中南财经政法大学分获冠亚军，李灵韵、纪晓彤荣获“最佳辩手奖”，中国政法大学、北京外国语大学荣获“最佳书状奖”。外交部条法司副处长周武、香港大学法律系主任赵云、国家法官学院教授赵海峰应邀担任主审法官。本项赛事活动的专业化、品牌化和国际化程度进一步提升。

首届中国航天高峰论坛
暨中国宇航学会·中国空间法学会
2016年学术年会在京举办

中国空间法学会办公室

2016年10月20日—21日，为庆祝中国航天事业创建60周年，“首届中国航天高峰论坛暨中国宇航学会·中国空间法学会2016年学术年会”在北京成功举办。

本届论坛暨年会主席由中国宇航学会理事长、中国航天科技集团公司董事长雷凡培，中国空间法学会理事长、中国宇航学会副理事长、中国航天科技集团公司副总经理袁洁，中国航天科技集团公司科技委主任、中国科学院院士包为民共同担任。来自外交部、科技部、中国航天科技集团公司、中国航天科工集团公司、北京航空航天大学、北京理工大学、西北工业大学和哈尔滨工业大学等单位的领导担任大会副主席。雷凡培董事长、袁洁副总经理对本届年会高度重视，多次询问大会筹备工作并提出总体要求。

中国宇航学会名誉理事长、中国空间法学会名誉理事长、原中国航天工业总公司总经理刘纪原院士，中国宇航学会名誉理事长、中国空间法学会名誉理事长、中国航天科技集团公司高级技术顾问王礼恒院士，中国空间法学会副理事长、外交部条法司司长徐宏，中国载人航天工程办公室副主任杨利伟，中国北斗卫星导航系统总设计师、中国宇航学会副理事长、中国空间法学会副理事长杨长风，中国宇航学会副理事长、中国航天科技集团公司副总经理杨保华，中国宇航学会副理事长、中国航天科工集团公司副总经理刘石泉，以及外交部、国防科工局等有关部门领导，航天系统科研院所、企事业单位、高等院校等有关单位专家、学者300余人出席会议。

王礼恒院士、黄培康院士和杜善义院士主持大会主题报告会。论坛首日，刘纪原院士作题为《关于中国航天事业的战略思考》的大会主题报告，徐宏作题为《当前的国际形势与法律外交工作》的大会主题报告。中国载人航天工程办公室副主任杨利伟、中国航天科技集团公司科技委副主任江帆、中国卫星导航系统管理办公室主任冉承其以及李伯虎院士、顾逸东院士、王续伯研究员分别作题为《中国载人航天工程前景展望》《颠覆性创新对中国航天发展的启示》《国家“一带一路”战略与北斗卫星导航系统国际化应用》《智慧云制造——一种互联网+时代的智能制造模式、手段与业态》《“十三五”空间科学与应用展望》《中国航天 2049 年愿景展望》的大会主题报告，并与现场观众进行了互动答问。

由中国宇航学会、中国空间法学会和中国航天科技集团公司科技委共同主办的“首届中国航天高峰论坛暨中国宇航学会·中国空间法学会学术年会”是中国航天科技界、空间法学界的学术盛会，也是中国宇航学会、中国空间法学会服务广大航天科技工作者、空间法学工作者的重要学术平台。2016 年恰逢中国航天事业创建 60 周年，本届年会以“创新驱动发展，共铸航天强国”为主题，在中国航天事业甲子轮回之年举办首届中国航天高峰论坛，旨在站在新的历史起点回顾中国航天事业发展的不平凡道路，对未来进行展望思考，对于推动我国航天科技事业和空间法学事业科学发展、创新发展，助力世界航天强国建设意义重大。同时，通过学术交流和学术创新，繁荣学术思想，展示最新科研教学成果，促进专业、跨学科的合作与交流，促进学科融合。本届论坛/年会以大会报告和专题研讨相结合的形式，内容涵盖空间技术、空间科学、空间应用、空间法律和空间政策等领域。

2016 年 10 月 21 日，“首届中国航天高峰论坛暨中国宇航学会·中国空间法学会 2016 年学术年会法治航天分论坛”隆重开幕。本届分论坛吸引了来自国家航天局、外交部、工业和信息化部、国家无线电监测中心、中国运载火箭技术研究院、中国空间技术研究院、四川航天技术研究院、中国长城工业集团公司、中国航天系统科学与工程研究院、北京航天长征飞行器研究所、北京空间科技信息研究所和北京跟踪与通信技术研究所等单位，北京航空航天大学、北京理工大学、中国政法大学、华中科技大学、华东政法大学、西安交通大学、中国民航大学、湘潭大学、深圳大学、国家法官学院、装备学院、香港大学和荷兰莱顿大学等高校，北京市京师律师事务所及《中国航天》编辑部的专家学者共 50 余人参会。

“首届中国航天高峰论坛暨中国宇航学会·中国空间法学会 2016 年学术年会法治航天分论坛”设有主题报告会、专题研讨会和闭幕式三大板块。中国航天科技国际交流中心副主任、中国空间法学会秘书长张振军主持主题报告会，五位特邀嘉宾在主题报告会上发表演讲。国家国防科技工业局航天管理处处长胡朝斌作题为《大力推进法治航天建设》的报告，北京理工大学法学院院长、空间法研究所所长李寿平教授作题为《空间交通管理国际法律规制的构建》的报告，深圳大学空间法律与政策研究所所长尹玉海教授作题为《论“外空活动长期可持续性”成为习惯国际法之路径选择》的报告，香港大学法律学院法律系教授赵云作题为《外空合作原则与外空安全的实现》的报告，国际宇航联合会（IAF）外空安全委员会委员、北京航天长征飞行器研究所研究员张生俊作题为《当前外空安全热点焦点问题及我国的应对》的报告。与会领导和专家普遍反映，本届年会形式新颖、内容丰富，出席人数较多、层次较高，充分彰显出中国航天事业、空间法学事业的生机和活力。

随后的专题研讨会按照演讲主题分为四个环节，包括：国际空间治理规则新近发展及其教学研究，空间战略、空间政策及空间外交研究，新型商业航天活动法律规则及其政策研究，外空安全及军控立法研究等，分别由深圳大学空间法律与政策研究所所长尹玉海教授、中国空间技术研究院总体部罗钢桥研究员、国家法官学院赵海峰教授及北京理工大学空间法研究所副所长王国语副教授主持。

在本届法治航天分论坛上，共有 18 位论文作者先后登台宣讲论文，包括：北京航空航天大学空间法研究所联合所长、副教授高国柱所作的《外层空间法的过去、现在与未来》，北京理工大学法学院教师杨宽所作的《论空间数据共享国际法律机制的构建》，湘潭大学法学院·知识产权学院博士研究生刘功奇所作的《南非〈空间事务法〉及其启示》，中国民航大学法学院讲师聂晶晶所作的《基于模拟法庭竞赛的空间法教学反思》，装备学院副主任陈凌云所作的《外空频轨资源的法律协调与战略拓展研究》，中国政法大学国际法学院副教授廖敏文所作的《论空天一体化战略与我国空间权益的拓展》，国家法官学院教授赵海峰所作的《中国空间政策研究——以日本、印度为参考》，华中科技大学法学院讲师李杜所作的《浅议航天活动中的国防知识产权权利归属》，中国航天系统科学与工程研究院高级工程师许红英所作的《美智库提出美国空间安全战略再平衡构想》，北京跟踪与通信技术研究所高级工程师陈杨所作的《美国航天政策及其对话战略》，中国航天系统科学与工程研究院工程师贾平所作的《国外在轨服务空间机器人发展分析》，西安交通大学法学院院长助理、教授苏金远所作的《外空自然资源单方开采的合法性问题研究》，北京理工大学空间法研究所副所长、副教授王国语所作的《论外空自然资源开发开采的国际制度》，北京航空航天大学法学院副教授杨彩霞所作的《亚轨道飞行中的“知情同意制度”：历史与法律探究》，湘潭大学法学院硕士研究生蔡瑶所作的《伽利略卫星导航系统管理机制的法律分析》，华东政法大学国际法学院博士研究生蒋圣力所作的《外层空间军事化及其国际法规制的模式和路径》，中国运载火箭技术研究院研究发展中心研究室副主任李洪波所作的《国际空间治理规则的多边博弈对空间安全形势的影响》，北京跟踪与通信技术研究所工程师刘震鑫所作的《外空规则对我太空安全的影响分析及对策研究》等。

在“首届中国航天高峰论坛暨中国宇航学会·中国空间法学会 2016 年学术年会法治航天分论坛”闭幕式上，张振军充分肯定本届分论坛的形式和内容，对开展后续学术交流，特别是深化国家航天立法研究论证提出了具体要求，并为本届年会空间法律政策类优秀论文获奖者颁奖。

为确保学术公平和公正，本届大会组委会空间法律政策类录用论文采用双向匿名函审方式，在会前组织专家进行了严格评审。参照国家社会科学基金的相关评审标准，专家评审组成员从创新程度、完备程度、难易程度和成果价值等四个维度，对所有录用论文进行了严格、客观、量化评价。上述评审程序和评审结果经大会组委会审定，共计 30 篇论文被评为本届年会空间法律政策类优秀论文。现将获奖情况公布如下：

一、优秀论文特等奖（共计 2 篇）

（一）题目：论“外空活动长期可持续性”成为习惯国际法之路径选择

作者：尹玉海　谢　武

作者隶属单位：深圳大学法学院

（二）题目：外空自然资源单方开采的合法性问题研究

作者：苏金远　许丰娜

作者隶属单位：西安交通大学法学院

二、优秀论文一等奖（共计 7 篇，排名不分先后）

（一）题目：浅议航天活动中的国防知识产权权利归属

作者：李　杜

作者隶属单位：华中科技大学法学院

（二）题目：中国空间政策研究——以日本、印度为参考

作者：赵海峰　张　超

作者隶属单位：国家法官学院、哈尔滨工业大学法学院

（三）题目：论外空自然资源开发开采的国际制度

作者：王国语　陶阳子

作者隶属单位：北京理工大学法学院

（四）题目：亚轨道飞行中的“知情同意制度”：历史与法律探究
作者：杨彩霞　侯竹青
作者隶属单位：北京航空航天大学法学院
（五）题目：外层空间军事化及其国际法规制的模式和路径
作者：蒋圣力
作者隶属单位：华东政法大学国际法学院
（六）题目：欧盟“外空活动行为准则”草案与预防性自卫权浅论
作者：尹玉海　颜永亮
作者隶属单位：深圳大学法学院
（七）题目：论空天一体化战略与我国空间权益的拓展
作者：廖敏文
作者隶属单位：中国政法大学国际法学院
三、优秀论文二等奖（共计 13 篇，排名不分先后）
（一）题目：外空频轨资源的法律协调与战略拓展研究
作者：陈凌云
作者隶属单位：装备学院
（二）题目：美国外空资源开发的新发展及其国际法律评述
作者：高　阳
作者隶属单位：北京理工大学法学院
（三）题目：出口控制措施对亚洲空间合作的影响
作者：聂明岩
作者隶属单位：德国科隆大学
（四）题目：论北斗卫星导航系统市场化的法律风险及防范
作者：刘　蓉　蔡高强
作者隶属单位：湘潭大学法学院
（五）题目：南非《空间事务法》及其启示
作者：刘功奇
作者隶属单位：湘潭大学法学院·知识产权学院
（六）题目：外层空间法的过去、现在与未来
作者：高国柱
作者隶属单位：北京航空航天大学法学院
（七）题目：论空间数据共享国际法律机制的构建
作者：杨　宽

作者隶属单位：北京理工大学法学院
（八）题目：基于模拟法庭竞赛的空间法教学反思
作者：聂晶晶
作者隶属单位：中国民航大学法学院
（九）题目：国际空间治理规则的多边博弈对空间安全形势的影响
作者：李洪波　黄　辉　李宇飞
作者隶属单位：中国运载火箭技术研究院研究发展中心
（十）题目：论北斗卫星导航系统营运的法律责任
作者：蔡高强　陈　露
作者隶属单位：湘潭大学法学院
（十一）题目：伽利略卫星导航系统管理机制的法律分析
作者：蔡高强　蔡　瑶
作者隶属单位：湘潭大学法学院
（十二）题目：外层空间活动商业化下的国家责任
——兼评2016年国际空间法模拟法庭竞赛赛题
作者：曹　澜
作者隶属单位：中国民航大学法学院
（十三）题目：微小卫星国际空间法规研究及我国政策实施建议
作者：孙　茜　江　帆　李之宇
作者隶属单位：中国空间技术研究院通信卫星事业部
四、优秀论文三等奖（共计8篇，排名不分先后）
（一）题目：WRC-15大会对我国参与空间频率规则制定工作的启示
作者：袁　俊　彭　菲　刘雨笛
作者隶属单位：中国空间技术研究院通信卫星事业部
（二）题目：国外在轨服务空间机器人发展分析
作者：贾　平
作者隶属单位：中国航天系统科学与工程研究院
（三）题目：美智库提出美国空间安全战略再平衡构想
作者：许红英　张莉敏　曹秀云
作者隶属单位：中国航天系统科学与工程研究院
（四）题目：论亚太地区空间合作的法律发展
作者：高　阳
作者隶属单位：北京理工大学法学院

（五）题目：核动力航天器在外层空间的法律问题研究

作者：吕　瑱

作者隶属单位：中国空间技术研究院总装与环境工程部

（六）题目：国际空间立法现状、趋势及对我国的启示

作者：王　林

作者隶属单位：北京航天长征科技信息研究所

（七）题目：浅论太空游客的法律适用

作者：钟梦桢

作者隶属单位：中国民航大学法学院

（八）题目：外空规则对我太空安全的影响分析及对策研究

作者：刘震鑫　任三孩　朱肇昆　冯　磊

作者隶属单位：北京跟踪与通信技术研究所

此外，本届年会再次特设“优秀组织奖”，用以表彰积极组织专家学者及青年学子参会并提交、宣讲论文的突出贡献单位。最后荣获该项殊荣的是湘潭大学法学院。

希望以上获奖单位和个人珍惜荣誉，再接再厉，在今后的学术研究中取得新的更大成绩，为持续打造空间法学研究学术共同体，促进空间法学事业大发展、大繁荣，服务世界航天强国建设作出应有的贡献。

中国宇航学会、中国空间法学会联合举办学术年会首创于2012年，具有非常重要的管理创新价值。这不仅有助于促进航天自然科学、社会科学之间的学科融合，特别是促进航天软科学健康快速发展，让航天科技工业一线的技术和管理人员更加关注空间法律和空间政策，让空间法学工作者更加关注航天科学技术发展动态，也有助于快速提升中国空间法学会的学术影响力和社会影响力，并在更高层次上促进两大国家一级学会的创新发展和融合发展。

中国空间法学会将认真梳理研究本届论坛/年会的学术成果，特别是在国家航天立法、空间外交领域的研究成果，积极做好成果转化工作；同时将认真总结本届论坛/年会的成功举办经验，联手中国宇航学会全力做好本届论坛/年会《论文集》的编辑出版工作，积极探索通过论坛/年会整合涵养学术资源、社会资源方面的功效和规律，进一步巩固和扩大工作成果，不断提升社会影响力和学术品牌价值。

航天国际合作促进发展中国家经济社会发展国际研讨会在京举行

中国空间法学会办公室

2016年11月25日，由中国国家航天局和中国航天科技集团公司指导，中国航天科技国际交流中心与国际宇航科学院（IAA）联合举办的“航天国际合作促进发展中国家经济社会发展国际研讨会”在北京隆重举行，来自中国、孟加拉、白俄罗斯、玻利维亚、巴西、日本、哈萨克斯坦、老挝、巴基斯坦、尼日利亚、俄罗斯、美国、乌克兰和委内瑞拉等多个国家的政府部门、驻华使馆、航天企业、航天科研机构，以及国际宇航科学院、国际宇航联合会、亚太空间合作组织等国际组织的240余名代表参会。

大会主席由国际宇航科学院研究中心指导委员会主席、中国航天科技集团公司董事长雷凡培担任。中国航天老领导、国际宇航科学院副主席、中国国家航天局首任局长刘纪原担任大会名誉主席。担任大会副主席的有国际宇航科学院副主席松尾弘毅（Hiroki Matsuo），中国国家航天局秘书长、国际宇航科学院院士、中国空间法学会常务副理事长田玉龙，中国航天科技集团公司副总经理王海波，中国航天科技集团公司科技委主任、中国科学院院士、国际宇航科学院主席团成员包为民等有关方面负责人。

中国航天科技集团公司董事长雷凡培、国际宇航科学院副主席松尾弘毅、中国国家航天局秘书长田玉龙、中国科技部原部长徐冠华先后在开幕式上致辞。联合国外空委主席大卫·肯道尔（2016—2017）、联合国外空司司长西蒙内塔·迪皮蓬、国际宇航科学院主席彼得·杰克维奇、国际空间法学会主席凯-伍·施罗格等国际组织负责人向本届大会发来贺电。

雷凡培在致辞中表示，国际合作已经成为各国加快航天技术发展、使之更好地服务人类社会进步的重要方式。中国航天科技集团公司一直坚持在互惠共赢的基础上开展国际合作，先后为20多个国家和地区完成54次国际商业发射，向9个国家出口11颗卫星、提供12次搭载发射服务。集团公司一直高度重视与发展中国家的合作，与巴西、巴基斯坦、玻利维亚、尼日利亚、委内瑞拉及老挝等众多发展中国家的航天机构都保持了友好合作关系，积极开展技术转让、联合研制、航天发展战略规划制定等合作，为 30 多个国家培养了 600 余名航天专业人才，帮助合作伙伴建立了自己的航天体系。中巴地球资源卫星项目被誉为“南南合作”的典范，项目不仅有力支撑了中、巴两国经济建设和社会发展，而且实现向南部非洲和东南亚等地区的免费卫星数据分发。同时，集团公司还积极参与国际宇航科学院、国际宇航联合会等国际组织，并在其中担任副主席等重要职位。未来，中国航天科技集团公司愿与世界航天界的同伴共同努力，在和平开发太空、保护环境、促进经济发展及造福人类社会等方面作出新的贡献。

松尾弘毅在致辞中重申国际宇航科学院以航天发展增进全人类福祉的宗旨，介绍了科学院为促进航天国际合作做出的各种努力，并强调航天发达国家与发展中国家开展航天国际合作是实现航天惠及全人类的重要途径。田玉龙在致辞中表达了中国政府和平利用外空的一贯宗旨，以及在平等互利、和平利用、共同发展的基础上与世界各国开展空间领域国际交流与合作的意愿。徐冠华在致辞中强调，科技合作是国际合作的重要方面，航天科技是现代高科技的代表，航天国际合作则是国际科技合作中具有战略意义和象征意义的重要内容。

在大会的主题报告环节，中国航天科技集团公司科技委主任、中国科学院院士、国际宇航科学院主席团成员包为民，以及国际宇航科学院、尼日利亚航天局、巴基斯坦空间与外大气层研究委员会、委内瑞拉航天局、中国国家航天局、玻利维亚航天局、老挝亚太卫星公司、老挝国家邮电部、巴西大使馆、国际宇航联合会及亚太空间合作组织等国家或机构的代表先后介绍了本国和国际组织在推动航天国际合作、以航天技术促进国家经济建设和社会发展方面的经验。

在专题分会环节，各国代表围绕空间技术应用与社会经济发展、航天政策法规与国际合作等议题进行了交流和研讨。“航天法律政策与国际合作”专题分会由国际宇航科学院通讯院士、北京理工大学法学院院长李寿平主持，80 余名代表参会交流，其中有 10 位专家作专题报告，包括：中国运载火箭技术研究院总体室副主任秦旭东作题为《中国航天运输系统的发展与国际合作》的报告，香港大学法律系主任赵云作题为《国际合作的财务与非财务问题：实现外空共同发展》的报告，中国长城工业集团有限公司法律顾问段康作题为《中国航天政策和法律概述》的报告，国际宇航科学院院士、美国海因莱因基金会受托人阿尔瑟·M·杜勒（Arthur M. DULA）先生作题为《外空采矿活动如何惠及发展中国家》的报告，国际宇航科学院主席团成员、北京航空航天大学教授庄逢源作题为《IAA3.23课题组：发展中国家的载人航天先导计划》的报告，北京HaoliMo律师事务所顾问法比欧·特隆切梯（Fabio TRONCHETTI）作题为《小卫星星座和发展中国家：发展和法律挑战的机遇》的报告，北京航空航天大学国际学院院长、联合国附属空间科学与技术教育亚太区域中心（中国）执行主任翁敬农作题为《发展中国家航天科技人才培养的实践与思考》的报告，中国空间技术研究院主管设计师杨彪作题为《空间站面向国际合作的开放式有效载荷试验资源》的报告，航天长征国际贸易有限公司审计与法律事务部总经理李国旗作题为《论空间商业化过程中投融资机制的创新》的报告，中国空间技术研究院神舟学院马丽作题为《国际客户培训对发展中国家航天事业的影响》的报告。

在大会研讨环节，与会嘉宾围绕“今后航天国际合作如何更好地推动发展中国家经济社会发展”主题充分发表见解。会议还举行国际宇航科学院中国院士日活动，介绍中国专家参与国际宇航科学院活动的有关情况。会议还发布倡议书，倡议航天发达国家与发展中国家积极探讨、开展形式多样的合作，为航天发展增进全人类福祉而共同努力。本次大会同期还举行了“中国航天国际合作图片展”。主办方用大量精美图片记录中国航天走向世界的精彩瞬间，表达了中国航天事业开放合作、互惠共赢的良好愿望。

中国空间法学会对本次研讨会的策划筹备及“空间政策法律与国际合作”专题分会组织工作提供重要的专业支撑和会务保障，并与联合国外空委、联合国外空司、国际宇航科学院及国际空间法学会保持了密切联系。中国航天科技国际交流中心副主任、中国空间法学会秘书长张振军全程出席本次研讨会并听取“空间政策法律与国际合作”专题分会的演讲。

中国空间法学会举办第三期学术沙龙

中国空间法学会办公室

为进一步活跃学术气氛，促进学术交流，推动国际空间法律政策的深入研究，中国空间法学会于2016年11月10日在北京举办“中国空间法学会第三期学术沙龙暨美国GPS法律规制主题报告会”。来自中国卫星导航系统管理办公室、工业和信息化部、国家无线电监测中心、中国运载火箭技术研究院、中国航天科技国际交流中心、中国航天工业科技咨询有限公司、中国宇航学会卫星应用专委会、北京航空航天大学、北京理工大学、中央财经大学、中国民航大学、中国政法大学、装备学院、荷兰莱顿大学、中国宇航出版有限责任公司、《中国航天》编辑部、《太空探索》杂志社及《卫星与网络》杂志社等单位共计近30人参加了活动。

美国是全球最早研发、推广全球卫星导航系统（GNSS）的国家，其GPS的全球覆盖率、市场占有率、品牌影响力及全方位先发优势在全球首屈一指，对GNSS后发国家影响巨大。美国GPS法律秉承美国航天的“法治先行”模式，对美国GPS自身及相关产业的健康快速发展起到了应有的保驾护航作用。深入学习、研究、借鉴美国GPS法律的缘起、行业治理及国际合作，对加快推进中国北斗卫星导航产业治理现代化、法治化、国际化具有重要的战略价值。在上述背景下，本期沙龙以“美国GPS法律规制”为主题，特别邀请美国密西西比大学法学院荣誉教授、《空间法学报》荣誉主编、中国空间法学会国际顾问咨询委员会特聘专家、国际空间法学会理事琼安·艾琳·盖博瑞诺维奇（Joanne Irene Gabrynowicz）女士担任演讲嘉宾。

盖博瑞诺维奇教授曾长期担任美国密西西比大学国家遥感与航空航天法中心研究教授和主任，并为美国航天业多个监管机构提供管理咨询服务。盖博瑞诺维奇教授在空间法领域学术造诣深厚，长期密切跟进美国商业航天立法进程，2014年曾在美国国会阶段性审议新一轮商业航天法案时作证，并于当年荣获中国空间法学会颁发的首项“国际贡献奖”殊荣，2016年荣获国际空间法学会“终身成就奖”殊荣。盖博瑞诺维奇教授在本期沙龙演讲中全面介绍了美国GPS立法体制概况，重点介绍了美国GPS行业治理以及国际合作方面的内容。主题演讲结束后进入互动环节，盖博瑞诺维奇教授和与会中国专家学者展开了热烈讨论。

中国航天科技国际交流中心副主任、中国空间法学会秘书长张振军主持本期沙龙，在会议总结时代表主办方对盖博瑞诺维奇教授长期以来支持中国航天事业、中国空间法学事业发展表示衷心感谢，并向盖博瑞诺维奇教授赠送了庆祝中国航天事业创建60周年纪念品。

盖博瑞诺维奇教授在答谢致辞中表示，她对中国空间法学界广大同仁一直怀有美好的情愫，对中美两国在空间法学领域展开交流合作充满信心，希望今后有更多机会服务于中国空间法学事业发展，并与中国专家学者开展更多的交流，共同推进外层空间治理法治化进程。

中国空间法学会 2015—2016 年度学术课题研究活动综述

中国空间法学会办公室

2011 年 4 月 2 日，中国空间法学会在北京召开第三次全国会员代表大会，大会主题报告首次提出“学术立会、民主办会、规范治会、实干兴会、发展强会”的办会方针，受到与会代表的热烈欢迎和高度认同。

组织中国航天科技界、空间法学界开展学术课题研究是中国空间法学会成立以来的一项开创性工作，也是中国空间法学会在 2011 年完成组织换届后充分发挥会员主体作用、整合与涵养学术资源、服务法治航天建设、服务航天强国建设的凝心聚力工程。在中国航天科技集团公司和国家有关部委的大力支持下，中国空间法学会学术课题研究工作自 2011 年正式启动，受到各会员单位和中国空间法学界专家学者的广泛关注、大力支持和积极响应，在实践中取得了良好效果。中国空间法学会在全面总结近年来学术课题研究工作经验的基础上，本着维护国家一级学会学术公信力的原则，确立了课题研究题目公开征集、课题研究题目遴选评审、课题立项自由申报、课题立项申请评审、课题立项计划公布及开题、课题研究合同签约、课题研究进度中期检查、课题研究成果发布、课题结题评审、课题经费拨付及优秀研究成果评选等较为严格的管理程序，充分体现了学术立会、民主办会、规范治会的方针。

2015 年 1 月，中国空间法学会向各会员单位、专家学者印发《关于启动中国空间法学会 2015—2016 年度学术课题研究工作暨公开征集 2015—2016 年度学术课题研究题目的通知》（空间办［2015］2 号），本年度学术课题研究工作正式拉开序幕。为确保本年度学术课题研究工作有序开展，中国空间法学会成立了由领导小组、领导小组办公室及专家组三个部分构成的学术课题研究领导机构。专家组成员从中国空间法学会第三届理事会成员中产生，主要包括政府官员、各高校专家学者和航天科技工业系统各有关单位法律事务负责同志，并适当吸收了一些未进入理事会的高校专家学者参加。

中国空间法学会发出上述课题研究题目公开征集通知后，在广大会员单位和专家学者中引起积极反响，共收到有效题目建议18项。提出建议题目的会员单位和专家学者分别来自国家有关部门、航天科技工业部门、高等院校等不同领域，具有广泛的代表性。很多建议题目直接来自我国航天外交谈判第一线，具有鲜明的实践特色；部分建议题目直接面对联合国外空委和国际空间法学界关注的重大课题、空间应用领域的重大前沿问题或一些专业课题，具有一定的战略性和前瞻性；部分建议题目则从跟踪分析欧美空间立法最新动态、进一步完善国际空间法律体系及加快我国航天立法研究等方面入手，体现出独到的视角。

中国空间法学会恪守学术立会、民主办会原则，2015—2016年度学术课题研究工作更加突出实践要求，注重研究课题与国家空间外交事业和航天科技工业、航天应用产业的紧密结合。

在中国航天科技集团公司、国家航天局、外交部等单位的精心指导和大力支持下，经过前期的课题题目公开征集、课题题目遴选、课题自由申报、课题立项评审等严格程序，中国空间法学会于2015年4月发布《关于印发中国空间法学会2015—2016年度学术研究课题立项计划的通知》（空间办[2015]22号），决定将《国家“一带一路”倡议与中国航天的应对》《中国北斗卫星导航系统法律问题研究》《宇航产品及技术出口法律问题研究》《美国空间安全政策发展及影响研究》《应对近地空间安全问题的法律研究》《空间交通管理法律问题研究》《卫星轨位及无线电频率国际法律问题研究》《外空资源开发法律问题研究》等8项研究课题正式列入中国空间法学会2015—2016年度学术研究课题计划，由侯宇葵（中国空间技术研究院）、蔡高强（湘潭大学）、许源（北京航天长征科技信息研究所）、许红英（中国航天系统科学与工程研究院）、张琦（中国运载火箭技术研究院）、李晶珠（哈尔滨工业大学）、夏春利（北京航空航天大学）、王国语（北京理工大学）等8位同志分别担任课题主持人。中国空间法学会2015—2016年度学术课题研究工作由此进入实质性研究阶段。

在前期的课题申报及评审过程中，中国空间法学会在促进高校学术界与政府有关部门、航天科技工业部门合作开展课题研究工作方面做了大量协调工作。不少课题组的研究团队实现了高校专家学者与航天科技工业部门法律政策研究人员、法律实务工作者的有机结合，以此推动学科融合与学用转化。

2016 年 5 月 5 日，中国空间法学会举办 2015—2016 度学术研究课题结题评审暨研究成果发布会。会议在北京理工大学举行。出席会议的各有关方面负责同志、专家学者及高校师生近 50 人，分别来自外交部、国家航天局、中国航天科技集团公司、国家无线电频谱管理中心、中国国防科技信息中心、中国国际战略学会安全战略研究中心、北京跟踪与通信技术研究所、中国运载火箭技术研究院、中国空间技术研究院、中国卫通集团公司、中国长城工业集团公司、中国航天系统科学与工程研究院、北京航天长征科技信息研究所、北京航空航天大学、北京理工大学、哈尔滨工业大学、中国政法大学、西安交通大学、北京市京师律师事务所、《中国航天》编辑部和中国航天报社等单位。

本次会议首先安排了 3 个主题报告。中国国家航天局系统工程司调研员江辉重点通报联合国外空委科技小组委员会第 53 届大会有关情况，介绍了中国代表团所展开的主要工作，并就空间法学研究如何更好地支撑国家航天外交活动提出了具体要求（其中的届会简况部分全文另发）。外交部条法司副处长周武重点介绍联合国外空委法律小组委员会第 55 届大会总体情况及国际空间立法最新动态，高度评价中国空间法学会的学术课题研究工作，并对空间法学理论研究创新工作提出了期望（其中的届会简况部分全文另发）。外交部军控司二等秘书杨佳重点介绍在外空安全治理多边谈判进程相关议题的最新动态，针对若干核心敏感议题阐述了中国政府立场，并对学术界在外空安全领域开展学术研究如何把握立场和分寸提出了具体要求。

本次会议发布研究成果并提请结项评审的课题共计 8 项。其中包括：“国家‘一带一路’倡议与中国航天的应对”、“中国北斗卫星导航系统法律问题研究”、“宇航产品及技术出口法律问题研究”、“美国空间安全政策发展及影响研究”、“应对近地空间安全问题的法律研究”、“空间交通管理法律问题研究”、“卫星轨位及无线电频率国际法律问题研究”、“非传统飞行器的出现与外空定界问题研究”等。上述课题研究内容涵盖了当前空间法律、空间政策、空间应用和航天立法等领域的热点重点问题，具有一定的实践性和前瞻性。从本次会议发布的课题研究成果看，中国空间法学会组织开展的课题研究已经开始跨越空间科学、空间技术、空间法学、空间政策、国际政治、国际经济和产业经济等不同学科，外层空间法作为一门新兴边缘学科的理论性、实践性、国际性特点进一步彰显。

专家评审组成员在本次评审会上积极发表意见，并认真填写《评审表》。会后，中国空间法学会将各项评审意见全部汇总完毕，提请各课题组据此对课题报告进一步修改完善，为纳入《空间法学研究年刊》（2016 年）结集出版工作、形成年度学术研究课题结题评审结论和奖项授予方案奠定坚实基础。

本次会议开幕式、主题报告会和自由评议环节由中国空间法学会秘书长张振军主持。中国宇航学会副理事长兼秘书长王一然全程出席本次评审会，认真听取各项课题汇报，并充分肯定本次会议的学术批评氛围和交流成果，对后续进一步深化细化研究提出了期望。张振军在会议总结时简要回顾了中国空间法学会课题研究工作总体情况，强调要将学术课题研究作为一项重要工作常抓不懈，并对集中学界业界集体智慧、通过有组织的课题活动打造学术研究共同体、持续提升研究水平、进一步贴近航天事业实际需求、服务国家航天外交大局和航天强国建设提出了具体要求。

本次会议的课题评审环节分别由北京理工大学空间法研究所所长李寿平、中国空间技术研究院研究员罗钢桥、中国卫通集团有限公司总法律顾问袁克文主持。北京理工大学法学院对本次会议高度重视，提供了场地和非常周到的会务保障服务。

2016 年 12 月，经中国空间法学会专家评审组成员联合评审、专家评审组负责人集体研究，并报中国空间法学会课题研究工作领导小组最终审定，中国空间法学会公布 2015—2016 年度学术课题研究项目结题评审及评奖结果。“国家‘一带一路’倡议与中国航天的应对”等 8 项研究课题报告全部通过结题评审，并分别荣获一、二等奖。现将优秀研究成果评选获奖项目公布如下：

一、课题研究一等奖（共计 4 项）

（一）课题名称：国家“一带一路”倡议与中国航天的应对

课题合同编号：CISL－2015－01

课题主持人：侯宇葵

课题主持人隶属单位：中国空间技术研究院

课题组成员：汪　夏、李寿平、苏金远

（二）课题名称：应对近地空间安全问题的法律研究

课题合同编号：CISL－2015－05

课题主持人：张　琦

课题主持人隶属单位：中国运载火箭技术研究院

课题组成员：李洪波、李宇飞、黄　辉

（三）课题名称：非传统飞行器的出现与外空定界问题研究

课题合同编号：CISL－2014－04

课题主持人：苏金远

课题主持人隶属单位：西安交通大学

课题组成员：许丰娜

（四）课题名称：美国空间安全政策发展及影响研究

课题合同编号：CISL－2015－04

课题主持人：许红英

课题主持人隶属单位：中国航天系统科学与工程研究院

课题组成员：张莉敏、曹秀云

二、课题研究二等奖（共计 4 项）

（一）课题名称：中国北斗卫星导航系统法律问题研究

课题合同编号：CISL－2015－02

课题主持人：蔡高强

课题主持人隶属单位：湘潭大学

课题组成员：张军莲、陈　露、刘　蓉、焦园博、刘功奇

（二）课题名称：宇航产品及技术出口法律问题研究

课题合同编号：CISL－2015－03

课题主持人：许　源

课题主持人隶属单位：北京航天长征科技信息研究所

课题组成员：梅　桐、伍赣湘、曹志杰

（三）课题名称：空间交通管理法律问题研究

课题合同编号：CISL－2015－06

课题主持人：李晶珠

课题主持人隶属单位：哈尔滨工业大学

课题组成员：赵海峰、刘丹丹、聂明岩

（四）课题名称：卫星轨位及无线电频率国际法律问题研究

课题合同编号：CISL－2015－07

课题主持人：夏春利

课题主持人隶属单位：北京航空航天大学

课题组成员：高国柱、李　斌

上述获奖课题结题报告将全文刊载于《空间法学研究年刊》（2016 年）。中国空间法学会希望以上课题组及获奖人员珍惜荣誉，再接再厉，在今后的学术研究中取得新的更大成绩，为持续打造空间法学研究学术共同体，促进空间法学事业大发展、大繁荣，服务航天强国建设作出应有的贡献。中国空

间法学会鼓励学界广大同仁针对上述学术课题研究成果从不同角度继续进行深入挖掘，积极开展学术批评；同时也鼓励各课题组长期跟进相关项目研究，积极参与国际学术交流，积极推进中国空间法学研究工作不断向专业化、精细化、国际化方向迈进，为全面提升中国空间法学研究的国际竞争力而努力奋斗。

开展学术课题研究交流是中国空间法学会 2011 年完成组织换届后所开展的一项重要的开创性工作，是充分发挥国家一级学会学术平台作用、切实增强会员凝聚力、促进学用对接、促进学科融合、服务航天事业大局的有效举措，受到广大会员单位、专家学者的热烈欢迎和高度认同。

2011 年以来，中国空间法学会积极践行“学术立会、民主办会”精神，确立“学术研究课题化、课题研究项目化”的课题研究管理模式，连续安排立项并资助课题 60 项（包括 2017 年立项的 8 项课题），组织广大专家学者对空间法学领域的若干重大前沿问题进行深入系统研究，引领了空间法学研究方向，在航天科技界、空间法学界引起积极反响，受到国内外同行的赞赏和关注。国家有关部门、航天科技工业部门及广大高校给予高度重视，一大批中青年骨干专家学者以极高的热情参与其中，一批优秀青年学者脱颖而出，显示出中国空间法学事业应有的学术活力和市场需求。中国空间法学会从中积累了丰富的课题管理经验，组织管理水平和学术研究水平明显提高，凝聚力、公信力获得空前提升，作为学界领袖的引领作用不断彰显。很多课题研究成果受到外交部、国家航天局等有关部委和航天两大集团公司的高度重视和充分肯定，有效支撑了国家的航天外交活动和航天立法进程。

需要指出，中国空间法学会近年来公开征集到的学术课题研究申请书总体质量很高，很多课题申请的战略性、前瞻性、创新性和实践性都很强。对于由于名额所限未能入围的课题申请，中国空间法学会鼓励专家学者继续关注并进行自主研究，希望各会员单位为其提供必要的支持。会员单位和专家学者如果对未能获得立项的建议题目感兴趣，请直接向中国空间法学会办公室索取课题目录（含建议研究方向）。

从本轮课题研究结题评审情况来看，各课题组的研究成果基本得到专家评审组的认可，评审组对各课题组进一步完善、充实课题研究内容提出了很好的建议，达到了组织开展学术课题研究和学术交流工作的预期目的，也进一步坚定了学会领导机构继续做好此项工作的信心。中国空间法学会将认真总结开展学术课题研究工作的经验，广泛听取有关会员单位及专家学者的意见和建议，充分借鉴兄弟法学会的有效做法，积极向国家有关部门寻求、挖掘服务航天事业大局的空间法律政策研究新课题，努力建立具有航天特色的学术课题研究工作长效机制，使之成为中国空间法学会的一项精品业务，为持续推动空间法学事业大发展大繁荣、服务法治航天建设、服务世界航天强国建设而不懈努力。

中国空间法学会第13届CASC杯国际空间法模拟法庭竞赛活动综述

中国空间法学会办公室

2016年12月18日，中国空间法学会主办的第13届CASC杯曼弗雷德·拉克斯国际空间法模拟法庭竞赛落下帷幕。经过激烈角逐，中国政法大学第一代表队、中南财经政法大学、中国政法大学第二代表队分获冠、亚、季军。

曼弗雷德·拉克斯（Manfred Lachs）国际空间法模拟法庭竞赛是国际空间法学会1992年创办的年度性、世界级模拟法庭大赛。该项赛事活动因其每年的全球总决赛由国际法院三位现任大法官亲自出庭审理而成为当今世界最高级别的模拟法庭大赛。在各有关部门和高校的大力支持下，中国空间法学会自2003年开始组织国内高校学生参加国际空间法模拟法庭竞赛并组织全国选拔赛，目前已经成功举办13届。这项活动对于普及外层空间法知识，让在校学生了解外层空间可能发生的法律纠纷，提高参赛学生的国际法应用能力、临场思辨能力以及法律英语水平，选拔优秀青年人才代表中国参加国际比赛，均产生了良好效果。经过多年的精心培育，中国空间法学会主办的曼弗雷德·拉克斯国际空间法模拟法庭竞赛活动已经发展成为国际空间法学会模拟法庭全球竞赛体系的重要组成部分，中国已经成为最为活跃的单一国家赛区，并成为中国最具品牌影响力的法律英语类大型模拟法庭竞赛活动之一。

本届竞赛活动共有来自8所高校（包括北京理工大学、中国政法大学、北京外国语大学、华中科技大学、中南财经政法大学、中国民航大学、湘潭大学、山东科技大学）选派的10支队伍参赛。各参赛高校对本届竞赛活动高度重视，均选派优秀教师带队指导、选拔优秀选手组成最佳阵容参赛，使本届竞赛成为近年来竞争最为激烈的一届。

本届竞赛活动由中国航天科技集团公司提供全额资助。中国航天科技集团公司、中国空间法学会对本届竞赛活动高度重视，中国航天科技集团公司副总经理、中国空间法学会理事长袁洁就做好竞赛筹备工作作出重要指示，为本届竞赛活动重要事项提出了决策意见。本届竞赛活动在为中国航天科技集团公司提供“CASC 杯”冠名权的基础上，特别邀请外交部条法司担任指导单位，北京理工大学作为协办单位，专业化、商业化、品牌化程度进一步提升。

本届竞赛活动的国际化程度进一步提升，不少高校专门选拔具有海外留学、访学经历的中青年骨干教师担任指导教师。参赛师生普遍反映，本届竞赛活动管理工作更加严谨，竞赛程序更加规范，参赛队伍综合素质稳步提升。

本届竞赛采用国际空间法学会 2017 年度曼弗雷德·拉克斯模拟法庭竞赛活动最新案例。竞赛活动书面诉状及法庭陈述、辩论、裁判语言一律使用英语。各参赛队竞赛成绩由书面诉状竞赛和口头辩论赛两部分构成，二者的权重比例为 4∶6。其中书面诉状评审工作于 2016 年 12 月 17 日结束，由 4 名国内专家学者作为评委进行了客观、公正的评审（以双向匿名评审方式进行），其中包括中国香港特别行政区空间法专家 1 名、中国内地空间法专家 3 名。

应邀担任本届竞赛活动的三位主审法官包括外交部条法司副处长周武（首席主审法官）、香港大学法律系系主任赵云、国家法官学院教授赵海峰，均是中国空间法学界具有丰富教学、研究和实务管理经验的专家。本届竞赛活动总策划兼总协调人由中国航天科技国际交流中心副主任、国际空间法学会理事、国际空间法学会模拟法庭委员会委员、中国空间法学会秘书长张振军担任。竞赛的组织管理和裁判工作严格遵循严谨、务实、高效、规范、公平、公正的原则。

2016 年 12 月 17 日、18 日分别安排 5 场初赛、1 场决赛。3 位主审法官本着公平、公正的原则，对每一场比赛进行现场打分。经过法官合议，结合书面诉状评审和口头辩论赛结果，确定了各参赛队初赛综合成绩，并由此确定了进入决赛环节的两支参赛队及各参赛队最终成绩。最终获奖名单如下：

一、一等奖（3 名）

（一）冠军队：中国政法大学第一代表队

（李灵韵、王亚伟、何叶梅）

（二）亚军队：中南财经政法大学代表队

（纪晓彤、朱　航、杨雁秋）

（三）季军队：中国政法大学第二代表队

（李依芮、柯恬恬、王　艳）

二、最佳辩手奖（2 名）

（一）最佳申请方辩手：李灵韵（中国政法大学第一代表队）

（二）最佳答辩方辩手：纪晓彤（中南财经政法大学代表队）

三、最佳书状奖（2 篇）

（一）最佳申请方书状：中国政法大学第二代表队

（李依芮、柯恬恬、王　艳）

（二）最佳答辩方书状：北京外国语大学代表队

（侯佳音、王璐瑶）

四、最佳指导奖（3 名）

（一）唐　雅、李居迁（冠军队指导教师）

（二）邓　烈、雷益丹（亚军队指导教师）

（三）唐　雅、李居迁（季军队指导教师）

五、最佳书状指导奖（3 名）

（一）唐　雅、李居迁（中国政法大学）

（二）王思琪、刘维奇（北京外国语大学）

（三）蔡高强、覃斌武、刘功奇（湘潭大学）

六、优秀辩手奖（6 名）

（一）王亚伟（中国政法大学第一代表队）

（二）柯恬恬（中国政法大学第二代表队）

（三）朱　航（中南财经政法大学代表队）

（四）李依芮（中国政法大学第二代表队）

（五）张祝平（中国民航大学第二代表队）

（六）王璐瑶（北京外国语大学代表队）

七、二等奖（3 名）

（一）北京外国语大学代表队

（侯佳音、王璐瑶）

（二）中国民航大学第一代表队

（戴　畅、宋嘉婧、牟春宇）

（三）湘潭大学代表队

（刘　蓉、陈　倩、梁子钦）

八、三等奖（3 名）

（一）北京理工大学代表队（刘　伟、陈盈汐、邵美琪）

（二）山东科技大学代表队（江　菲、崔玉珠、罗婉莹、魏　勇、张芷毓）

（三）中国民航大学第二代表队（杨虎啸、丁　一、张祝平）

九、最佳组织奖（3 名）

（一）聂晶晶（中国民航大学）

（二）王国语、杨　宽（北京理工大学）

（三）李　杜、胡帮达（华中科技大学）

十、优秀领队奖（2名）

（一）李　杜、胡帮达（华中科技大学）

（二）高　升、牛哲莉、韩天竹（山东科技大学）

本届竞赛活动颁奖式由张振军主持。周武、赵云、赵海峰等3位主审法官及北京理工大学法学院院长李寿平教授分别为优胜队伍、优秀指导教师和优秀选手颁奖。

为系统总结本届竞赛活动经验，提高中国学子后续参赛成绩，颁奖式结束后，主办方立即召开模拟法庭竞赛专题研讨会，围绕“快速提升中国辩手国际竞赛成绩的路径探索”这一主题进行专题研讨。会议对本届竞赛活动的组织管理工作和各校参赛选手的出色表现表示高度赞赏，并勉励中国空间法学界全体同仁朝着模拟法庭竞赛的既定目标继续不懈努力。周武、赵云和赵海峰等三位主审法官先后对各参赛队的总体表现进行点评，充分肯定了成绩、指出了不足，并对空间法学科发展、青年人才培养、竞赛庭辩技巧、书状写作技巧等提出了具体建议。中国政法大学老师唐雅和中南财经政法大学老师雷益丹作为本届竞赛冠军队和亚军队指导教师，介绍了各自从事空间法模拟法庭竞赛教学研究和指导学生训练参赛的经验。北京理工大学空间法研究所副所长王国语副教授主持本届模拟法庭竞赛活动专题研讨会。

中国空间法学会秘书长张振军代表主办单位致闭幕词，对本届竞赛活动作了全面总结，充分肯定了各参赛队的突出表现，勉励大家不断总结、把握规律，持续提高竞赛成绩，为早日实现中国参赛队伍冲出亚太、走向世界的目标而努力奋斗。张振军简要回顾了中国空间法学会举办竞赛活动13年来的风雨历程，结合曼弗雷德·拉克斯竞赛四大国际赛区总体格局，从充分认识快速提高中国辩手参赛水平的重要性和迫切性、各高校开展空间法模拟法庭教学改革方向、空间法模拟法庭竞赛自身的管理等3个方面提出了看法，对青年人才培养和参赛队伍建设提出了具体要求，引起与会领导和参赛队师生的共鸣。

国际空间法学会对本届竞赛活动高度重视。国际空间法学会主席凯-伍·施罗格多次来函询问竞赛进展情况。国际空间法学会模拟法庭委员会联合主席莱斯·泰能（Les Tennen）就竞赛规则、案例内容与中国空间法学会反复沟通，有力确保了本届竞赛活动按照国际规则有序进行。国际空间法学会获悉本届竞赛活动成功举办后，在第一时间发来贺电，对中国空间法学会多年来积极宣传推广、维护曼弗雷德·拉克斯模拟法庭竞赛高端品牌形象表示高度赞赏，对中国空间法学会在本届竞赛活动中展示出来的专业化风范表示钦佩。国际空间法学会认为，中国空间法学会探索出来的品牌化、商业化运营模式和精细化管理模式对各大赛区和有关国家的竞赛活动具有重要的示范作用和借鉴价值。

在本届竞赛活动筹备和举办期间，外交部条法司、中国航天科技集团公司总部机关、中国航天科技国际交流中心、北京理工大学法学院等有关单位和部门提供了鼎力支持。为激励参赛高校和青年学子，中国空间法学会决定，对本届竞赛冠军队队员报名参加 2017 年度亚太地区曼弗雷德·拉克斯国际空间法模拟法庭竞赛提供全额国际机票资助。后续，中国空间法学会将认真总结本届竞赛活动的举办经验，力争今后将模拟法庭竞赛活动组织工作办得更加出色，带动更多知名高校和优秀学子参加国内、国际竞赛，以此推动中国参赛水平不断迈上新台阶，早日实现冲出亚太、走向世界的奋斗目标，同时将空间法模拟法庭竞赛活动打造成国内超一流的品牌赛事活动，为宣传中国航天事业辉煌成就、持续提升中国航天软实力、服务航天强国建设作出应有的贡献。

国际空间法学会第59届学术年会综述*

聂晶晶**

2016年9月26—30日，由国际宇航联合会（IAF）、国际宇航科学院（IAA）、国际空间法学会（IISL）联合主办的第67届国际宇航大会在墨西哥瓜达拉哈拉隆重举行。期间，作为大会的重要组成部分，国际空间法学会第59届学术年会共举行7场学术研讨活动，研讨主题包括外空资源利用、遥感、大型卫星设备和星座、国际合作等。来自20多个国家的70余名专家学者（包括4名中国学者）提交了参会论文。此外，在上述主题之下，20余位学者提交了海报展示。

一、第8届外层空间法主题报告会暨青年学者论坛

国际空间法学会第59届学术年会第1场由“第8届Nandasiri Jasentuliyana外层空间法主题报告会”和“青年学者论坛”两部分组成。第一部分由国际空间法学会邀请知名学者就精选的重点议题发表主题演讲，第二部分由青年学者（35岁以下）就特定的空间法律问题进行发言。本场主席由墨西哥Ramirez de Arellano y Abogados，S.C.律师事务所的Rosa María Ramirez de Arellano和国际空间法学会/荷兰莱顿大学航空航天法研究所的汤佳·梅森-斯旺（Tanja Masson-Zwaan）教授共同担任，报告员由美国安全世界基金会Christopher Johnson先生担任。主题报告人为国际空间法学会新任主席、欧

---

* 本文为作者应中国空间法学会的特别邀约撰写，其基础引证资料来源于第67届国际宇航大会录用论文和中国参会专家掌握的论文作者到会宣讲情况，以及国际宇航联合会、国际宇航科学院、国际空间法学会官方网站及有关第67届国际宇航大会的国内外媒体新闻报道。

** 聂晶晶，中国民航大学法学院讲师，中国民航大学航空法律与政策研究中心助理研究员，中国政法大学国际法学院博士生，荷兰莱顿大学航空航天法研究所法学硕士。主要研究方向为国际空间法、国际航空法。

洲空间局首席战略官凯-伍·施罗格(Kai - Uwe Schrogl)教授。在随后的“青年学者论坛”环节中共有11位青年学者进行了发言,涉及外空法解释、空间数据、争端解决等多个话题。

凯-伍·施罗格教授首先发表题为“空间法律与外交活动”的主题演讲报告。报告首先探讨了空间法与空间外交的关联性,并回顾了过去数十年中空间法律外交的成败得失,并指出建立新的具有约束力的空间法需要不同于以往的外交实践。演讲人其次分析了目前和将来一些空间法领域的决定性问题,例如国际法律与规则的适用和实施,平等、公平与效力、效率之争,以及维持一个统一的空间法制度等。演讲人最后提到了国际空间法学会多年来对空间法律外交事业的独特贡献,认为国际空间法学会已经建立了良好的传统和声誉,满足了空间法律外交对研究机构的要求。

在随后的“青年学者论坛”环节,来自意大利罗马第一大学的博士生Pierfrancesco Breccia先生的发言题目为“《外空条约》第3条及其与国际空间法律框架的关系”。演讲人指出,虽然国际空间法是国际法的特别法,但国际法依然为国际空间法提供了基本原则和基本遵循,特别是在“外空活动长期可持续性”方面,表现形式包括联合国系列决议、若干指南等。结合《外空条约》第3条来看,适用于外层空间环境保护的国际规则不只限于此方面的专门立法,而应该包括广义的国际法规则,不论其性质是条约法还是习惯国际法或是其他,而国际环境法的这些原则和规则在很大程度上能够促进外层空间环境保护。

来自比利时鲁汶天主教大学的Philip De Man博士的发言题目为“国内空间立法对解释全球合作国际原则的作用”。他通过分析《维也纳条约法公约》,并结合国际贸易法等领域以及美国、澳大利亚等国的实践,分析了国内立法作为嗣后实践在解释国际条约中的重要作用,并进一步指出在当下的空间立法问题上,航天科技发达国家为强化其自身利益,已将关注重点从参与多边谈判进程转移到通过国内立法来解释现有原则,而且现在日益增多的、且得益于外空自由原则的空间活动主体来自极其有限的国家。由此,应特别注意在此基础上获得的国家实践能否被用于解释以及在何种程度上被用于解释国际空间法有关规则和原则。

来自法国巴黎第十一大学的Petros Eloi先生的发言题目为“月球村的法律问题:从现有空间法的适用到国际合作的新挑战”。他指出,“月球村”有可能继国际空间站之后成为下一个国际工程和多边合作项目,而其中涉及的大量国际空间法问题包括环境问题、月球资源开采以及责任问题等。此外,

“月球村”工程也将面临诸多国际合作问题，而这些问题将明显有别于建造和运行国际空间站时产生的国际合作问题，因其将吸纳非国际空间站的成员国并将给予私人史无前例的法律地位，因此也将建立有别于国际空间站的法律框架。

来自荷兰莱顿大学的 Dimitra Stefoudi 女士的发言题目为“来自空间的大数据：获取和分发大批量天基数据的法律问题”。演讲人在简要介绍基于遥感活动获得的空间大数据及其应用之后，分析了由空间大数据自身特点产生的可获得性、准确性、隐私性、权利人认定等法律问题。此后，演讲人结合《遥感原则》，分析了数据隐私与保护问题。最后建议未来建立跨境数据流的国际规则，并建议在未来关于空间数据或遥感的国际规则上考虑订立新条约、软法，修订《遥感规则》以及订立新指南等多种可能性。

来自加拿大麦吉尔大学航空航天法研究所的 Olga Stelmakh - Drescher 博士与来自俄罗斯斯科尔科沃基金会的 Ivan Kosenkov 先生的发言题目为“减缓由非运行小卫星引发后果的国际法律框架能力建设：向新空间范例进阶的空间法”。他们以新空间公司和日益扩大的小卫星市场为背景，分析了现有法律框架，初步得出现有法律框架可以适用、未尽之处由软法阐明以及环境保护是小卫星活动主要问题的结论。之后，他们提出了未来需要制定规则的事项及规则的初步设置，包括轨道资源管理、轨道寿命降低、碎片追踪和无线电频率等问题。

来自塞浦路斯交通工程部电信管理局的法律官员 Konstantina Liperi 女士的发言题目为“空间匮乏：以频谱/轨道交易为解决方案?”。她指出，作为人类最缺乏的自然资源之一，频谱/轨道的利用在最近出现的对第三方交易机制中才体现出一定的灵活性。演讲人通过介绍国际电信联盟层面与欧盟层面对频谱/轨道交易活动的实体和程序规定，探讨了此种交易机制分别在国际电信联盟法律框架和国际空间法框架下的合法性以及各国行政部门在其中的作用，并得出结论：交易活动符合现有法律框架，但仍需注意避免权利滥用。

来自卢森堡大学的 Simona I. Spassova 女士的发言题目为“卫星通信领域的替代性纠纷解决机制”。在对替代性纠纷解决机制及其优劣进行学理分析之后，演讲人从争端主体、争端内容、法律依据等方面重点分析了仲裁等替代性纠纷解决机制在卫星通信领域，尤其是在有害干扰问题中的适用，逐一考量了国际商会仲裁、常设仲裁法院和国际电信联盟 3 种不同的仲裁机制，并在结论部分总结了各自的长短。

来自法国里昂第三大学的博士生 Tugrul Cakir 先生的发言题目为“从

《卢森堡议定书》看《空间资产议定书》中的公共服务豁免规则”[①]。演讲人比较了《移动设备国际利益公约》的3项议定书[②]贯彻公约中公共服务豁免条款的路径、尤其是关于公共服务声明及延展期的规定，认为《空间资产议定书》的规定在一定程度上有效解决了债权人权利与公共服务的矛盾，并且可以借鉴《卢森堡议定书》的规定。

来自欧洲空间局/欧洲空间法中心的Nicholas Puschman先生的发言题目为“创新空间的创新合同：‘最大努力’和航天工业合同环境可持续性规定的产生”。他通过“最大努力”条款及其变体，以及基于可持续性的合同条款这两类典型条款，研究了合同法与空间法的关系以及上述两类条款如何由最初合同法上的条款发展为适用于航天工业合同的条款，并与航空、建筑等其他领域的相关条款进行了比较研究。

来自日本的Akiko Watanabe女士的发言题目为“非发射国的责任”。她通过分析发射国的定义以及基于发射国负责的责任制度，并考量了管辖、控制等因素，认为现如今不能按原定义进行机械的解释，而应考虑扩大“帮助发射的国家”的范围，对发射国的概念进行妥当地解释，以便在某些特定情况下由非发射国承担责任。

此外，来自法国的Caroline Thro女士的发言题目为“欧洲的国际空间合作：以阿丽亚娜-6火箭为例”，介绍了欧洲空间局组织协调下的阿丽亚娜-6火箭发射，并分析了参与者的国家责任等法律问题。来自奥地利格拉茨大学的Hannes Mayer先生的发言题目为“行星防卫与相应的危害”，考察了小卫星、彗星等近地天体对地球的危害、潜在威胁及法律责任的承担。

二、国际空间法学会第59届外层空间法研讨会

本届外层空间法研讨会共设“关于外空资源及地外采矿的法律研究”、“对《遥感地球原则》的现实思考”、“大型卫星设备和星座带来的法律挑战”、“空间法的新近发展——特别考虑到拉丁美洲国家”等4项专题进行研讨，内容涉及航天领域的诸多前沿问题。

① 《卢森堡议定书》是指《移动设备国际利益公约关于铁路机车车辆特定问题的议定书》。

② 分别是《航空器议定书》、《空间资产议定书》和《铁路机车车辆议定书》。

（一）“关于外空资源及地外采矿的法律研究”专题

航天技术使外空资源开采慢慢得以实现，由此带来对现有外空法律制度的一系列挑战。产生的问题包括但不限于现有法律框架是否仍然适用、非《月球协定》缔约国是否需要建立一套国际规则来分配外空资源、在何种情况下天体上的资源可以被带回地球并用于商业开采等。本专题主席由密西西比大学/中国的 Fabio Tronchetti 教授和美国克利夫兰州立大学 Mark Sundahl 教授共同担任，报告员由北京理工大学王国语副教授担任。本专题共有 16 位发言人，从国际法、国内法、比较法等不同视角对外空资源开发利用和地外采矿问题进行法律分析。

来自荷兰莱顿大学国际航空航天法研究所的 Tanja Masson－Zwaan 女士、荷兰外交部的 René Lefeber 教授、空间资源规制海牙工作组的 Giuseppe Reibaldi 博士和荷兰莱顿大学国际航空航天法研究所的 Merinda Stewart 女士的发言题目为“外空资源治理海牙工作组：进展报告”。他们介绍了“外空资源治理海牙工作组”的缘起、宗旨和目的、组织结构、报告构建模块、工作方式和阶段、财政情况以及在联合国外空委第 55 届会议进行报告的情况，其中重点介绍了 2016 年 1 月以前的电话会议以及 2016 年 4 月第一次会议的结果以及未来工作展望。

来自深空工业公司的 Sagi Kfir 和空间佛罗里达公司的 Jillianne Pierce 的发言题目为“美国 2015 年《商业航天发射竞争力法》第四编：便利发展可行的空间基础设施的关键一步”。演讲人介绍了美国 2015 年通过的《商业航天发射竞争力法》，分析了立法必要性，肯定了其在《外空条约》框架下的合法性和便利美国公民进行月球资源探索开发的积极影响。

来自加拿大麦吉尔大学航空航天法研究所的 Ram S. Jakhu 教授与澳大利亚西悉尼大学的 Steven Freeland 教授的发言题目为“《外空条约》与习惯国际法的关系”。他们阐述了习惯国际法的产生和发展、在外空活动中习惯国际法的可适用性、习惯国际法对外空活动的重要意义、习惯国际法在外空活动中的产生和形成，并评价了美国《商业航天发射竞争力法》关于地外采矿的内容是否有违全人类利益原则和不得据为己有原则等外空活动的习惯国际法规则。

来自卢森堡大学的 Mahulena Hofmann 的发言题目为“新语境下的空间研究委员会建议措施？从环境角度看太空采矿”。她评价了有关外空环境的主要实体规定即《外空条约》第 9 条的内容，介绍了国际空间研究委员会的

《行星保护政策》，并分析了空间研究委员会的能力范围、上述建议措施的法律性质及其对外空采矿活动的可适用性，以及该建议措施是否会影响、从何种程度上影响外空采矿活动。

来自巴西桑托斯天主教大学的 Olavo de Oliveira Bittencourt Neto 博士的发言题目为“外空资源国际规制的黎明：多边视角”。他从国际政治多边主义的视角评价了外空资源开采利用的行为以及美国 2015 年《商业航天发射竞争力法》，并评价了联合国和平利用外空委员会框架下的相关议题和外空资源治理海牙工作组的阶段性成果。

来自奥地利维也纳大学的 Irmgard Marboe 教授的发言题目为“人类共同遗产概念的终结？——《月球协定》成员国的观点”。她认为，美国 2015 年《商业航天发射竞争力法》第 4 编“外空资源探索与利用”挑战了《月球协定》中“人类共同继承财产”的概念，产生了一系列争议，尤其是该概念是否持续对缔约国产生约束力。她从条约解释的角度对此加以分析，详细介绍了 2016 年联合国和平利用外空委员会法律小组委员会成员国特别是其中的《月球协定》成员国在不同议题下对此问题的观点和评价，并对外空资源探索和利用的前景进行了展望。

来自中国西安交通大学的苏金远教授的发言题目为“单方开采外空不可再生资源的合法性分析以及对国际协调和惠益分享机制的需求”。他分析了在评价《外空条约》第 1 条“自由利用”、第 2 条“不得据为己有”义务下单方开采外空不可再生资源是否具有合法性，尤其是对于小行星资源的排他性开采，并指出在未来的外空资源开采中需要国际协调和惠益分享机制。

来自罗马尼亚空间局的 Virgiliu Pop 先生的发言题目为“外层空间应当被称为全人类共同继承财产吗?”，他分析了不同外交语境下使用“人类共同继承财产”的概念，辨析了与之近似的概念“全人类的事情”，并指出后者是对“人类共同继承财产”的恰当理解。

来自以太空间咨询有限公司/塞浦路斯大学法律系的 Michail Chatzipanagiotis 博士的发言题目为“利用天体材料进行 3D 打印：规避不得据为己有原则的手段?”。他介绍了外空 3D 打印的原理，并分析其是否违反或有效规避了国际空间法中的不得据为己有原则和作为国际法渊源之一的一般法律原则，最后提议应当设立类似国际海底局的机构来有效规范外空 3D 打印对天体材料的利用。

来自欧洲空间政策研究所/德国航空航天中心的 Annette Froehlich 博士的发言题目为“利用—消费—占有：小行星采矿的路径”。他认为，不论理论上的合法性，小行星采矿活动终将展开，所以最重要的是建立一套国际制度加以规制，而国际制度的建立要逐层考虑人类对小行星从“利用”到“消费”的方式。

来自美国MKForce咨询公司的Melissa K. Force女士的发言题目为“美国对《月球协定》立场的悖论”。她结合有关公约案文以及《商业航天发射竞争力法》第4编，对美国在月球资源开发利用的政治立场、经济立场和技术立场进行了分析。

来自芬兰拉普兰大学的Lotta Viikari教授的发言题目为“地球外采矿：深海底和南极的借鉴”。她认为外空资源开采与深海底和南极开采具有极大的相似性，将后两者进行对比研究，并将其中的经验和问题借鉴于未来外空资源开采的法律规制。

来自伊朗航空航天研究所的Hamid Kazemi博士和Ali Akbar Golroo博士的发言题目为“私人主体参与外空资源探索和地外采矿的法律挑战”。他们认为私人主体必将越来越多地参与到外空活动中，其责任特别是在外空资源探索和地外采矿活动中的责任也应当有别于《责任公约》中施加于国家的责任，并试图从国际私法途径解决此问题。

来自印度空间研究组织的V. Gopala Krishnan先生和荷兰莱顿大学国际航空航天法研究所的Rishiraj Baruah先生的发言题目为“国际贸易法在外空采矿中的适用”。他们认为，外空采矿活动法律规制的核心在于资源分配，这与世界贸易组织通过减少贸易壁垒来促进贸易的手段异曲同工。他们对世贸法和外空法在此问题上的制度进行了比较研究，认为借鉴此制度可以促进外空活动“同等地惠益各国”。

来自加拿大麦吉尔大学航空航天法研究所的Eytan Tepper博士的发言题目为“外空资源：经济与法律意义之间的共有物”。他分析了外空资源作为经济意义与法律意义上的共有物的异同，并以此为基础提出了对外空资源开采的规制建议。

来自俄罗斯联邦航天局的Olga Volynskaya博士的发言题目为“国际法与国内法视野下的外空资源开采：俄罗斯的路径”。他认为商业化将成为外空活动的主要趋势，而现有国际规则不足以调整商业化活动，在有关外空资源开发利用方面，俄罗斯航天立法与政策为此活动提供了一定的法律依据，包括1993年《俄罗斯联邦空间活动法》等。

（二）“对《遥感地球原则》的现实思考”专题

遥感技术因其能向政府和私人提供无价的信息而具有重要的战略意义。遥感活动与国家主权、可持续发展等问题密切相关，同时具有极强的商业属性和市场价值，在国际市场上具有极大的需求。在联合国 1986 年《关于从外层空间遥感地球的原则》（以下简称《遥感地球原则》）通过 30 周年之际，其中的原则被再次回顾并探析其法律地位。本场主席由德国独立研究员 Martha Mejia - Kaiser 女士和国际法协会空间法委员会主席 Maureen Williams 教授共同担任，报告员由印度国立法律学院的 Kumar Abhijeet 担任。9 位发言人从不同视角回顾、分析了《遥感地球原则》并对其后续发展方向进行了展望。

来自巴西航空航天法协会的 Alvaro Fabricio Dos Santos 博士与 José Monserrat - Filho 教授的发言题目为“建立遥感国际公约的必要性”。他们简要介绍了遥感技术在巴西的应用，详细介绍了巴西在 2003 年联合国外空委法律小组委员会第 42 次会议上关于“为何需要从外层空间遥感地球的国际公约”的工作报告，强调了建立国际公约的意义，并提及了一些国家对于遥感的立法情况。

来自伊朗航空航天研究所的 Ali Akbar Golroo 和 Hamid Kazemi 的发言题目为“贯彻 1986 年《遥感地球原则》的新路径”。他们回顾了《遥感地球原则》的制定背景特别是其中与国际合作有关的情况，评价了《遥感地球规则》及其中提到的合作方式，最后提出了在现实中遇到的挑战和解决措施。

来自美国密西西比大学的 Andrea Harrington 女士的发言题目为“国家主权在遥感活动中的作用和习惯国际法”。她考量了国家主权与遥感活动的关系，通过对习惯国际法的学理分析，认为 1986 年《遥感地球原则》中的一些内容是对一些习惯国际法规则的重述。

来自印度的 Dua Association 的 Ranjana Kaul 博士的发言题目为“1986 年《遥感地球原则》的当下思考”。她列出了遥感技术应用业务商业化带来的影响、高精度遥感数据与国家安全、国家在气候变化、灾害管理等事件中的权利与义务等问题并逐一进行分析。

来自美国密西西比大学法学院的 P. J. Blount 博士的发言题目为“卫星与个体：遥感的法律解决途径”。他通过技术分析、个案分析等方法介绍了遥感技术发展对个人带来的新问题，例如隐私、自由和安全，并提出了解决方案。

来自意大利罗马第一大学的 Gabriella Catalano 教授的发言题目为“欧洲

难民潮与遥感”。他以近期欧洲的难民潮和都柏林条例为背景，介绍了遥感技术如何用于难民的监控、在陆地边界、海岸边界的使用及其对缓解难民危机的积极作用。

来自欧洲委员会联合研究中心的 Catherine Doldirina 博士的发言题目为“是否需要扩大联合国《遥感地球原则》的范围?”他认为，随着新遥感项目的出现，私人实体、国际组织等新主体的加入，以及遥感技术应用领域的扩大，有必要扩大《遥感地球原则》的定义和适用范围等以应对这些新变化。

来自荷兰 T. M. C. Asser 研究所的 Olivier Ribbelink 博士的发言题目为“卫星数据与国际法院：新发展?”他介绍了 2015 年国际法院判决的“哥斯达黎加诉尼加拉瓜”关于边界争端的案件以及更早的案件中卫星数据的应用，分析了卫星数据在司法裁判中作为证据的运用。

来自德国的 Stefan A. Kaiser 先生的发言题目为“进步的时代：1986 年联合国《遥感地球原则》”，涉及了遥感的军事和政治用途、《遥感地球原则》目的的局限性、国家主权对《遥地球感原则》的影响以及信息时代下遥感活动产生的新问题等。

（三）“大型卫星设备和星座带来的法律挑战”专题

近年来，在近地轨道部署大型卫星设备和星座已成为空间活动发展的新趋势之一，由此引发一系列问题，包括空间活动管理和空间环境的可持续性。日新月异的科技发展给空间法带来了新的挑战。本专题分会场主席由美国密西西比大学法学院的 P. J. Blount 博士和澳大利亚西悉尼大学的 Steven Freeland 教授担任，报告员由欧洲空间局的 Alexander Soucek 先生担任。11 位发言人研讨了空间交通服务规则、小卫星法律规制和卫星系统的频率分配等问题。

来自德国吕讷堡大学的 Lesley Jane Smith 教授的发言题目为“确保技术和法律的可持续性”。她分析了大数据和普遍服务与空间活动和电信法的关联及其带来的挑战、不同类型的通信合同、立法模式、空间交通管理和小卫星等话题并阐述了关于如何促进可持续性的观点。

来自国际电信联盟的 Yvon Henri 先生的发言题目为“非静止轨道固定业务卫星系统：对国际电信联盟无线电规则的挑战”。他介绍了近年提交至国际电信联盟的关于协调非静止轨道固定业务卫星系统的请求，并分析了其中的技术和法律问题。

来自中国长城工业集团有限公司的王冀莲女士的发言题目为“小卫星的

发展和规制”。她指出，小卫星的应用日益增多，而有关的法律规制却非常有限。发言人从空间碎片、轨道位置与频率、责任与损害赔偿及登记与授权等 4 个方面分析了有关法律问题并提出立法建议。

来自国际空间通信组织的 Elina Morozova 女士的发言题目为“为非静止轨道星座采用频率分配：对新规则框架的要求”。她指出，当前非静止轨道卫星系统（例如全球卫星导航系统）频率分配方式的运作难以保证无线电频率得到合理、高效地利用，而现有频率分配规则主要针对地球静止轨道、单个卫星的情况，因此有必要制定新的规则来解决这一问题。

来自美国的 George Anthony Long 先生的发言题目为“小卫星发射的黑市：空间法制度的新挑战”。他介绍了小卫星发射黑市并结合《外空条约》和《责任公约》分析了国家责任、管辖权和损害赔偿责任等问题，并提出应当通过国内立法加以解决。

来自美国的 James Rendleman 先生的发言题目为“演进中的大型卫星星座运营者的‘注意义务’”。他指出，近年大型卫星星座的部署有增多趋势，而考察运营者注意义务的演进有助于保障外空安全和可持续性。

来自荷兰 Innovative Solutions In Space 卫星公司的 Neta Palkovitz 女士的发言题目为“低轨道的规制真空：小卫星星座的新保险解决方案”。她分析了现行空间法，尤其是《责任公约》第 3 条项下的法律规制真空，并分析了实行小卫星强制第三方责任险的必要性和可行性。

来自瑞士太空系统公司的 Ntorina Antoni 女士的发言题目为“未来法律挑战：如何避免‘小卫星战争’?”。她讨论了将来在越来越多的私人主体加入空间运营的情况下，将会产生的电磁频率分配问题、对星座的所有权和责任问题、因交通拥堵而可能产生的卫星碰撞问题和空间碎片问题等，并提议未来的空间法需要加强对私人参与者的规制。

来自西班牙的 Annelie Schoenmaker 女士的发言题目为“按需小卫星同温层发射：欧洲立法者的机遇”。她从欧盟法及成员国立法的角度分析了卫星发射的有关法律规定，并着重分析了同温层发射的情况。

来自美国加利福尼亚州立大学的 Larry F. Martinez 博士的发言题目为“大型卫星和基础设施网络冲突的法律维度”。他介绍了外空活动网络干扰的情况及其在空间碎片和电磁干扰方面的潜在危害，并提出了规制建议。

来自英国卫星应用中心的 Edmond Boulle 先生的发言题目为“重构第三人责任险的国内法规制：单一合并限额”。他对比介绍了不同国家关于第三人责任险的国内法规定，分析了其中各类风险，并详细介绍了关于第三人责任险单一限额的提议。

（四）“空间法的新近发展——特别考虑到拉丁美洲国家”专题

鉴于本届国际宇航大会在拉丁美洲举行，本专题分会场就最新空间法律问题展开研讨，特别关注拉丁美洲国家的空间法发展问题。本场主席由来自巴西桑托斯天主教大学的 Olavo de Oliveira Bittencourt Neto 博士和印度 Dua Association 的 Ranjana Kaul 博士共同担任，报告员由阿根廷国家科学技术研究院和阿根廷商业大学的 Luis F. Castillo Arganaras 担任，共有 12 位发言人宣讲论文。

来自墨西哥 del Mar 大学/Autónoma de Baja California 大学的 Carlos Gabriel Arguelles Arredondo 教授的发言题目为“空间法作为国际合作的渊源”。他回顾和评析了联合国五大外空公约中有关国际合作的内容，表示空间法与国际合作密不可分。

来自哥伦比亚的 Juan Pablo Vargas Pallini 先生的发言题目为“一个空间，一个目标，一所大学”。该发言聚焦于哥伦比亚塞尔焦·阿尔保莱达大学及其承担的解放二号卫星项目及其影响力，介绍了哥伦比亚与其他拉丁美洲国家相比，在空间技术、空间法上的发展以及解放二号卫星项目将带来的利益。

来自哥伦比亚罗萨里奥大学/哥伦比亚天主教大学的 Jairo Becerra 教授、哥伦比亚罗萨里奥大学的 Juan Ramon Martinez 教授与 Daniela Almario 女士的发言题目为“《登记公约》及其在哥伦比亚的实施”。他们回顾了《登记公约》内容和哥伦比亚加入《登记公约》的历史，并介绍了哥伦比亚如何通过其航天委员会管理和监督其空间活动，并对未来的哥伦比亚空间物体国内登记机构进行了探讨。

来自日本庆应义塾大学的青木节子教授的发言题目为“拉丁美洲国家在和平探索和利用外层空间机制中的共同要素”。她介绍了拉丁美洲的空间活动对国际合作的影响，并详尽介绍了近年来阿根廷、玻利维亚、巴西、智利、哥伦比亚、墨西哥、秘鲁和委内瑞拉等拉丁美洲国家与其他国家或国际组织的合作项目，并特别提到了上述国家与中国主导的亚太空间合作组织以及设立在北京的联合国附属空间科技教育亚太区域中心的紧密合作。她还分析了拉丁美洲国家缔结的空间合作框架协议后指出，虽然在具体条款上并无相似之处，但各空间合作框架协议在互利互惠、和平利用等基本价值观念上保持一致，而且与亚太空间合作组织及中国的合作有逐步加强的趋势。

来自阿根廷国家科学技术研究委员会/阿根廷商业大学的 Luis Fernando

Castillo Argañaràs 博士的发言题目为“空间技术发展与国际合作案例研究：阿根廷与中国”。他详细介绍了中阿全面战略伙伴关系和中阿之间的空间合作协议，并评价了两国在空间合作方面的共同利益。

来自意大利罗马第一大学的 Tatiana Viana 博士与巴西航空航天法协会的 Juliana Scavuzzi 女士发言题目为“巴西近期对于填补航天产业发展法律空白的提议”。他们介绍了巴西的航天项目、巴西航天产业的发展和面临的挑战，分析了现行立法的不足并针对其中的问题提出法律建议。

来自哥伦比亚塞尔焦·阿尔保莱达大学的 Camilo Guzman Gomez 教授与哥伦比亚 Visión de Valores 公司的 Pilar Zamora 女士的发言题目为“公私合作关系提案作为哥伦比亚空间法发展的要素”。他们回顾了哥伦比亚空间政策的发展和哥伦比亚关于公私合作关系的法律规定，并介绍了哥伦比亚卫星工程中的公私合作关系，最后对其中涉及的风险进行了分析。

来自印度国立法律学院的 Kumar Abhijeet 先生的发言题目为“极地卫星运载火箭私有化：需要什么样的外空法?”。他回顾了印度 50 年来的空间项目，分析了授权、监督、责任等与极地卫星运载火箭相关的外空法规则，介绍了印度空间法并对未来进行了展望。

来自美国内布拉斯加大学的 Frans G. Von der Dunk 教授的发言题目为“第二部非洲国家空间立法：尼日利亚航天研究发展局法案和许可与监管条例草案”。他介绍了尼日利亚航天活动发展概况、尼日利亚私人主体参与航天活动的情况和尼日利亚参与国际空间法公约的情况，并详细介绍了尼日利亚航天研究发展局法案、许可与监管条例（草案）以及有关责任方面的内容。

来自美国密西西比大学/中国的 Fabio Tronchetti 教授的发言题目为“联大 70/27 号决议：在外空不首先放置武器：防止外空军备竞赛的贡献?”他简要回顾了近年来国际场合对外空军备竞赛的讨论以及联合国大会在其中的作用，重点介绍和分析了联大 70/27 号关于在外空不首先放置武器的决议，并对其积极影响进行了分析。

来自中国北京理工大学的李寿平教授的发言题目为“国际空间软法及其在国际空间规制中的作用”。发言人结合联合国大会决议、欧洲外空活动行为准则等软法文件归纳了国际空间软法的性质和特征，评析了国际空间软法的价值，并展望了国际空间软法的发展前景，认为国际空间软法能在现行国际规则出现空白时有效起到规范作用，并有可能在未来发展中形成条约、习惯国际法、国内立法等具有约束力的法律规则体系。

来自美国 S. Ospina & Associates - Consultants 的 Sylvia Ospina 博士的

发言题目为“21 世纪的拉丁美洲空间活动：会是什么样的音乐节奏？桑巴还是莎莎?”。发言人回顾了巴西、阿根廷、玻利维亚、哥伦比亚等国的空间活动发展，并用不同的舞曲种类加以类比，最后指出这些国家在空间立法上仍有待加强。

三、第 31 届国际宇航科学院-国际空间法学会科技法律圆桌论坛

本届圆桌论坛由国际宇航科学院与国际空间法学会共同举办，研讨主题是区域合作的未来。国际合作是 1967 年《外空条约》中的重要原则，在联合国和平利用外空委员会法律小组委员会的现阶段工作中，“审查和平探索及利用外层空间的国际合作机制工作组”正就这一问题展开研究。《外空条约》将在 2017 年迎来其 50 周年纪念，为本期圆桌论坛以跨学科方式讨论区域空间合作问题提供了一个非常良好的契机。本届圆桌论坛主席由欧洲空间局的 Marco Ferrazzani 教授担任，报告员由德国航空航天中心的 Marc Haese 和 Nicola Rohner - Willsch 共同担任，共有 5 位发言人，发言内容涉及亚太、非洲、欧洲、拉丁美洲等地区的区域空间合作问题。

来自中国香港大学的赵云教授的发言题目为“区域空间合作在亚太地区促进空间安全中的作用：对未来的展望”。发言人认为，空间合作是实现和保持空间安全的主要机制，区域合作作为国际合作的一部分对实现空间安全有促进作用。发言重点考察了亚太地区区域合作的作用，并探讨了此种区域合作如何维护空间安全。发言人首先从语义角度分析了“空间安全”与“空间合作”二者的含义与关联；然后考察了亚太地区区域空间合作的现状，并指出其不足；接下来以欧洲区域空间合作为例，分析了欧洲空间合作如何促进空间安全的实现；最后，在借鉴欧洲区域空间合作成功经验的基础上，讨论强化亚太地区区域合作的途径，以及未来亚太地区区域合作应当遵循的原则。发言人最后总结道：区域空间合作是深化未来空间安全至关重要的因素，亚太地区应当加强区域空间合作。

来自加拿大国际治理创新中心的 Timiebi Aganaba - Jeanty 女士的发言题目为“非洲区域空间项目的实现”。发言人介绍了基于 2016 年 1 月 31 日在非洲联盟第 26 届首脑会议通过的非洲空间政策与战略的非洲外空项目的发展和实现。在介绍非盟对于贯彻实施非洲空间政策与战略要求以及埃及等国提出成为非洲空间局东道国的意向之后，发言人介绍了数个非洲在空间科技领域

实质参与或本来极有可能参与的合作项目，并简要分析了合作未能达成的原因；接下来重点介绍了设立非洲空间局的目的、日程、人员、内部与外部能力及实施经验；最后对于区域合作提出一些疑问并向潜在的投资者指出一系列注意事项。

此外，来自哥伦比亚塞尔焦·阿尔保莱达大学的 Camilo Guzman Gomez 教授、美国内华达山脉公司的 Mark Sirangelo 先生、美国内布拉斯卡大学法学院的 Frans G. Von der Dunk 教授分别作题为“拉丁美洲空间合作的困境”“大型空间系统发展中区域合作的重要性”、“欧洲空间领域区域合作的法律问题”的发言。

四、国际宇航联合会与国际空间法学会航天合作法律框架专题研讨会

本场专题研讨会由国际宇航联合会与国际空间法学会共同举办，旨在探讨规制航天活动合作项目的法律制度建设问题，尤其是政府航天探索项目及其策划的法律框架。本场研讨会主席由德国航空航天中心的 Bernhard Schmidt - Tedd 和丹麦 Rovsing 公司的 Christian Bank 共同担任，报告员由加拿大麦吉尔大学航空航天法研究所的 Olga Stelmakh - Drescher 担任，共有 8 位发言人，讨论了国际合作、联合项目等议题。

来自中国中央财经大学的吴晓丹副教授的发言题目为“中国航天事业中的国际合作：用法律手段化解政治阻碍”。她首先回顾了近 40 年来中国空间政策尤其是空间合作政策的发展，并指出中国与各国及国际组织开展空间合作的特点和受到的限制。其次，她指出了中国的空间合作在本国层面和国际层面面临的政治阻碍，包括国内立法的不足和一些国家出于意识形态和军事考虑而进行的设限。最后，她提出了以法律手段化解政治阻碍的途径，包括加强国内立法、促进信息交换、谨慎选择合作方式和制定更详尽的合作协议等。

来自法国国家空间研究中心的 Philippe Clerc 的发言题目为“构建国际空间合作协议的模块”。他分享了自己作为律师从事政府、空间机构、企业和空间用户间协议起草工作的经历，包括此种国际合作协商的一般做法以及弃权、责任限制、出口管制、保密和知识产权归属等特定条款的分析。

来自俄罗斯人民友谊大学的 Yuri Makarov 博士、俄罗斯联合火箭航天公司的 Dmitry Payson 博士和俄罗斯联邦航天局的 Mikhail Simonov 先生的发言

题目为“多部门经济中适用于空间联合项目的立法依据的挑战”。他们考察了空间立法的现实挑战和发展目标。

来自欧洲空间局的 Alexander Soucek 先生和 Holger Krag 博士的发言题目为“机构间空间碎片协调委员会：联合项目的尝试和规则制定的成效”。他们首先介绍了机构间空间碎片协调委员会（IADC）的起源、目的、成员、形式、结构和工作方式，随后介绍了由 IADC 通过的《空间碎片减缓指南》并分析了 IADC 在制定技术指南到形成法律规则全过程的作用，由此引申到技术协调对于空间法的影响，同时对 IADC 今后面临的挑战进行了预判。

来自美国国家航空航天局（NASA）的 Robin Frank 女士的发言题目为“与拉丁美洲、中东和非洲的国家航空航天部门的合作”。她首先回顾了 NASA 的双边、多边国际合作，然后讨论了美国政府的内部程序和民间航天合作程序及其合作伙伴有关部门的程序和民间航天合作程序。

来自南非的 Nomfuneko Irene Majaja 女士的发言题目为“非洲空间政治、规制和法律工具中的区域合作展望”。她介绍了非洲的空间项目并评价了南非的立法与政策。

五、第 25 届曼弗雷德·拉克斯空间法模拟法庭竞赛全球总决赛

作为国际空间法学会第 59 届学术年会的重要组成部分，第 25 届曼弗雷德·拉克斯空间法模拟法庭竞赛全球总决赛于 2016 年 9 月 25 日举行。联合国国际法院大法官 Peter Tomka（斯洛伐克籍）、薛捍勤（中国籍）和 Kirill Gevorgian（俄罗斯籍）担任主审法官。经过激励角逐，希腊的雅典国立与卡帕德斯兰大学荣获冠军，尼日利亚的 Obafemi Awolowo 大学荣获亚军。希腊雅典国立与卡帕德斯兰大学的参赛队员 Filareti Filaretou - Kouimtzi 荣获“最佳辩手”荣誉称号。本届竞赛使用的试题案例（英文）由中国香港大学法律系主任赵云教授撰写，中国专家撰写世界级大赛赛题由此实现历史性突破。

在本届国际宇航大会期间，国际空间法学会模拟法庭委员会组织编写的《曼弗雷德·拉克斯空间法模拟法庭竞赛 25 周年志庆与回顾》（英文）正式出版发行，中国空间法学会秘书长、国际空间法学会理事、国际空间法学会模拟法庭委员会委员张振军作为合著者之一参与了本书的编撰工作，并在书中对中国空间法学会每年定期举办的 CASC 杯曼弗雷德·拉克斯国际空间法模拟法庭竞赛活动进行了重点宣传。

六、小结与启示

从国际空间法学会第 59 届学术年会的议题设置和研讨成果来看，国际空间法学研究的前沿性不断凸显，学术界、产业界和实务界的联系与互动愈加密切，研究成果不仅分析缜密而且富有建设性。具体体现在以下几个方面：

（一）国际合作是航天活动的重要原则和必然趋势

本次研讨会有两个专题直接涉及国际合作，在其他专题中国际合作原则也不断被提及，包括发达国家之间的合作、发展中国家之间的合作、发达国家与发展中国家的合作、国际性合作、区域性合作、政府与私人实体合作等不同主体、不同范围、不同形式的合作，合作项目几乎涵盖了外空活动的所有领域。通过对比可以发现，当前的国际合作比以往范围更大、程度更高、联系更紧密，在国际性会议上也有更高的呼声和更多的回应。与会者直接或间接地指出，在国际合作问题上，一方面要注重航天技术发展以吸引其他国家开展合作项目、互惠互利；另一方面有必要完善国内立法与政策以避免其成为与其他国家进一步开展合作的障碍。值得注意的是，我国与巴西、阿根廷等拉丁美洲发展中国家的合作模式和具体合作项目屡屡被提及并获得赞许，被寄予更高的期待。

（二）私人实体的法律地位及其规制获得越来越多的关注

从各专题的会议发言可以看出，私人主体正越来越多地参与到各项航天活动中，而现有国际规则在这一方面显然出现了真空，不论对激励发展、保障权利还是规范义务都是不利的。各国正在积极通过国内法律和政策的形式将私人主体纳入调整范围，并谨慎地注意不得违反现有的国际法义务。

（三）国内立法或将成为条约解释的重要实践及新规则制定的重要参考

如前所述，现有国际规则在调整私人实体、新兴活动等方面出现了空白，一些国家的国内立法走在了前沿并获得了巨大的关注和争议。典型的例子如第二专题“关于外空资源和地外采矿的法律研究”中，美国 2015 年《商业航天发射竞争力法》第四编几乎被每位发言人提及、分析和评论，并且褒贬不一、观点针锋相对。一些发言人提到，从学理上，国内立法是条约解释的重要实践和习惯国际法形成的重要渊源之一，并得到一致认同。而与会者更关心的是，各国国内立法的创新是否会构成对现行联合国外空公约、习惯国际法、国际法原则、一般法律原则义务之违反。

（四）软法在未来一段时间内将对航天活动起到重要调整作用

从发言中可以看出，由于缺乏有效的国际规则，一些国际组织制定的决议、建议措施、技术标准等不具约束力的法律文件（软法）在事实上起到了调整和规范航天活动参与主体的行为的作用，能在现阶段有效填补规则的空白，而这些软法有望在将来发展为国际条约、习惯国际法等具有约束力的法律规范。

（五）比较研究法不断为空间法研究引入新视角并注入新活力

在本届学术年会中，不少发言人采用比较视角研究空间法问题，例如在外空资源开发利用的讨论中与国际海底制度、极地制度进行比较研究，在空间资产提供公共服务的讨论中与航空器、铁路机车车辆等移动资产进行比较研究，在争端解决机制的讨论中与国际商会等机构的仲裁制度进行比较研究，在频率/轨道位置交易规则的讨论中与国际贸易法进行比较研究等。可以看出，相关、相邻领域的立法理念、制度设计及执行机制等在一定程度上值得在未来的国际和国内空间立法中予以借鉴。

国际宇航科学院第29届空间政策、规范及经济论坛综述*

吴晓丹**

国际宇航联合会（IAF）成立于1951年，是航天领域世界领先的全球性科研自治组织，致力于建设“为人类利益而合作的航天世界”[①]。其使命包括促进国际合作和发展、分享知识、认可成就、储备人才和提升意识等。国际宇航联合会1960年创建了另外两个独立的学术组织——国际空间法学会（IISL）和国际宇航科学院（IAA）。由于历史渊源关系，这三个国际学术组织始终保持着密切的合作关系，被形象地比喻成国际宇航界的“三驾马车”。他们联合主办的国际宇航大会（IAC）是航天领域全球规模的年度学术盛会，旨在开展多学科、跨领域的学者间、机构间、政府间和国际组织间的交流活动。

2016年9月26—30日，第67届国际宇航大会在墨西哥第二大城市瓜达拉哈拉举行。本届大会的主题是“让外空惠及所有国家”。墨西哥航天局表明，该选题的意义旨在推动中南美洲国家更加积极地投身利用空间科技协力解决人类共同问题的新时代[②]。在历时5天的会议中，政府官员、国际组织官员、专家、学者、工程师等来自全球不同国家的数千名各个层面的航天专业

---

* 本文为作者应中国空间法学会的特别邀约撰写，其基础引证资料来源于第67届国际宇航大会录用论文和中国参会专家掌握的论文作者到会宣讲情况，以及国际宇航联合会、国际宇航科学院、国际空间法学会官方网站及有关第67届国际宇航大会的国内外媒体新闻报道。

** 吴晓丹，中央财经大学法学院副教授，2011年获意大利米兰大学国际法学博士学位，2013年在中国社会科学院法学研究所完成国际法博士后研究。主要研究领域为国际公法，主要研究方向包括国际空间法、国际人权法、国际刑法以及国际法院与法庭等。撰写的中国宇航学会·中国空间法学会2014年学术年会录用论文《立法促进商业航天的发展》荣获该届年会优秀论文一等奖；参与中国空间法学会2012—2013年度特设重点课题《欧洲国家航天立法研究》，并荣获课题研究二等奖。

① 参见http：//www.iafastro.org，2016年1月10日。

② 参见http：//www.iafastro.org/events/iac/iac2016，2016年1月10日。

人士和青年学子，参加全体大会、多种形式的学术会议和研讨会、新闻发布会、航天技术和产品展览、模拟法庭竞赛等多种学术和社会活动。

在每年的国际宇航大会期间，除国际空间法学会的学术年会之外，国际宇航科学院组织的“空间政策、规范及经济论坛”与空间法律和政策息息相关。本届论坛共有来自全球多个国家作者提交的约 80 篇论文被录用，与往年相比大幅提升。本文将按照专题进行概述和总结。

一、“区域合作中的空间政策、治理及法律工具”专题

本专题从政治、经济和法律制度等 3 个角度讨论区域合作中已有的和新兴的框架和计划，本意是进一步深入讨论亚太空间合作组织和欧洲空间局等区域组织，但南美和非洲的区域合作新动向甚是引人注目。

如何强化南美地区的空间合作是本专题的热点。大约 10 年前，阿根廷出于军事目的提出了建立“南美航天局”（SASA）的倡议。但截至目前，得到的实质性响应和支持并不多。2015 年，空间一代咨询委员会在阿根廷举办首届“南美空间一代研习班”，目的之一是探讨成立这个机构的可行性、利弊和挑战。来自秘鲁、阿根廷、巴西、哥伦比亚等国的青年学者和学生最终意见倾向于成立南美航天局，因为这能激励空间应用能力发展，整合南美国家力量完成单个国家无力可及的任务，降低成本以让更多国家进入外空，并和其他空间机构合作。

哥伦比亚西尔维奥·奥博莱达大学的 Camilo Guzmán Gómez 基于南美国家共同的需求和利益赞同强化本地区合作，同时坦承其主要困难是航天活动经验不足。来自波多黎各的 Carlos Alvarado Bricen Po 以非政府组织——中美洲宇航与外空联盟为例，分析中美洲地区航天发展创新性合作战略。美国航空航天学会的 Alejandro Chavarri（墨西哥籍）认为，公众支持很重要。瑞士的 Jimenez - Monroy 博士主张，为提升终端用户的生活质量，应通过卫星发射和应用项目加强拉美地区的航天合作。为弥合各国航天政策和实际效益差异，以水监控卫星群为例，提出了合作模式、框架、具体措施等建议。

其中 3 个发言关注亚太和欧洲地区的航天合作。伦敦大学的博士生 Beischl 基于中国、伊朗、蒙古、巴基斯坦、泰国和孟加拉国的国内政策和法律等情况，认为鉴于这 6 个国家经济社会发展目标兼容程度相对较高，并反映在亚太空间合作组织的战略和制度框架中，且除中国外没有表示出参与其他合作机制的兴趣，该组织的合作潜力巨大。日本东京大学的 Yuichiro

Nagaiu 博士与东京大学和印度国家高等研究院的几位学者认为，日本和印度两国在推动亚太地区航天活动发展中发挥了核心作用，基于两国航天政策异同分析了后续合作潜能。欧空局的 Adriaensen 及来自欧洲的其他几位作者审视了小国在欧空局中的作用，说明了在欧洲航天事务一体化进程中如何关注和适应小国的需求和利益。

有的发言从具体活动领域分析航天合作的重要性。2015 年联合国大会通过的可持续发展目标旨在从 2015—2030 年间以综合方式彻底解决社会、经济和环境等 3 个维度的发展问题。欧空局的航天政策官员 Ferretti 博士等认为，联合国的这份文件是国际发展理论和方法的新起点，表明只有重视多方利益相关者和跨领域的方法才能实现可持续性。法国国际空间大学的 Juan Gramajo Gonzalez 权衡了外空环境可持续性，表示减缓和移除碎片具有经济价值，发展中国家可合作解决有关争端，建议为外空环境的可持续性确立有拘束力的法律规范。

二、“国际空间探索政策与发展计划”专题

国际合作计划和伙伴关系近年来发展势头强劲，政策是其中的重要一环。本专题是为了反映空间探索的发展趋势和最新成果。例如，国际空间站和即将在日本举办的第二届国际太空探索论坛，为国际宇航研究院“太空探索战略和未来动态发展”研究提供支撑。

来自联合国外空司的 Takanori Miyoshi 等 3 位作者介绍了过去两年间联合国“载人航天技术倡议”的实施情况。联合国外空司 2010 年在联合国空间应用项目①框架内启动该倡议，旨在促进载人航天和与之相联系的太空探索活动合作，从而提升利用载人航天技术及其应用惠益的意识和微重力科学教育和研究的能力建设。

来自美国的多位作者从不同视角关注美国太空探索领域的国际合作。美国佐治亚理工学院的 Mariel Borowitz 教授分析了美俄载人空间活动对太空探

① 联合国空间应用项目始于 1971 年。40 多年来，对促进全球空间应用知识和经验培养作出了实质性贡献。这个项目的核心任务是提升为和平目的的空间技术的理解和应用，回应不同地区成员国的需求。其总体战略是针对发展中国家具有关键意义的领域，明确并落实 2～5 年期间可达成的目标。参见 General Assembly resolution 2601 A (XXIV), International co - operation in the peaceful uses of outer space, 16 December 1969; United Nations publication ST/SPACE/52/Rev1, September 2012; Report of the Expert on Space Applications, A/AC. 105/1085, 23 December 2014。

索国际合作的意义。阿拉巴马大学的 Kathryn Robison 说明了 2024 年之后美国太空国际合作的政策考量。NASA 的 Alexander MacDonald 博士等的发言是关于地月之间空间的居所。

有两个发言是关于美国太空探索政策的连续性。美国乔治·华盛顿大学空间政策研究所的 John Logsdon 博士的发言题目是"肯尼迪、尼克松和 21 世纪的太空探索"，作者认为，尼克松的路径是更谨慎和可持续的方法，21 世纪不可能有也不需要总统戏剧性地宣布某个具体的航天目标。佛罗里达理工学院的 Andrew Aldrin 博士关注载人航天项目计划的可持续性。

中国航天科技国际交流中心副主任、中国空间法学会秘书长张振军的发言题目是"中国的探月活动及相关政策"。人类进入 21 世纪以来，中国、欧空局、日本、印度等空间大国掀起了新一波探月潮，其中中国已经取得全面和实质性的进展。张振军在全面介绍中国月球探测工程的基础上，集中解读了前三版《中国的航天》白皮书及中国与探月活动有关的政策。张振军最后表示，为和平和可持续利用外空，中国期待和其他国家一起开展探月领域的国际合作。

德国的 Jacqueline Myrrhe 等从 21 世纪是亚洲的世纪出发，使用比喻手法审视中国航天发展速度是龟兔赛跑中的龟还是兔，最终说明持之以恒的投入可以弥补慢速，中国航天既不是龟也不是兔，而是青蛙。中国已经证明了跨越式发展是可能的，蛙跳是中国特色的发展模式。

欧空局的 Piero Messina 先生和 Kai - Uwe Schrogl 教授等介绍了欧空局的月球村概念。太空探索是稳定国际空间站的支柱，当前和今后的自动化和机器人任务将为长期探索目标铺路。

有 3 个发言是关于展望太空探索的未来制度设计。美国乔治·华盛顿大学空间政策研究所的 Nathan Boll 的发言主题是多国非约束性太空探索倡议，强调对外空的利用持续增加并多样化。美国安柏瑞德航空航天大学的 Michael Saxton 强调了全球外空治理的必要性。布拉格查理大学的 Nilola Schimidt 认为，行星防御可以成为商业航天和深空探索的路径。

有两个发言从社会科学和哲学角度考量太空探索的意义。日本宇宙航空研究开发机构（JAXA）的 Koichi Kikuchi 等人的发言主题是宇宙人类学和探索路径。来自法国的 Julie Patarin - Jossec 说明了火星太空竞赛中的社会政治前沿。

三、“太空经济的游戏规则改变者”专题

太空经济是指从发射卫星到航天服务的整个航天部门及其各种下游应用的价值链。该专题探讨太空经济近年来的重要变化，以识别其对现有和潜在经济、工业以及对外空不同领域价值链的冲击，新的机构、商业主体和经济模式正在撼动传统航天产业，展望未来15年的太空经济发展趋势。

一些发言全面考量太空经济。欧洲空间政策研究所和欧洲空间局的Matteo Tugnoli等3位作者说明了外空在第四次工业革命中的地位和作用。2016年第46届世界经济达沃斯论坛的主题是掌控第四次工业革命。德国航空航天中心的Christopher Lehnert和瑞典哥德堡大学和欧空局的另两位作者评估了外空推动社会经济可持续发展的全球风险和挑战。荷兰的Veronica La Regina博士指出，眼下讨论太空经济的首要关注点是投资回报。

有些发言关注太空经济的不同领域。NASA的Patrick Besha和Alexander MacDonald从一系列研究报告出发，剖析了近地轨道经济的发展。Gregory Tassey提供了刺激需求的政策路线图；Nicholas Vonortas分析了外空支撑经济活动的特质，如微重力环境的附加值和如何推动制药业发展；Albert Link和Eric Maskin（诺贝尔经济学奖获得者）说明了外空商业运营的时间和金钱成本及其对投资决策的影响；Josh Lerner，Ann Leamon和Andrew Speen结合风险成本利益分析如何吸引企业设立和投资近地轨道；Mariana Mazzucato和Douglas Robinson分析了便利和引导近地轨道经济发展的挑战，建议NASA培养产业生态系统。佐治亚理工学院的Mariel Borowitz教授说明了商业气象卫星的挑战和机遇。Narayan Prasad（印度第一家私人卫星公司Dhruva Space）和Tom Segert（专注小卫星的柏林太空技术公司）的发言题目是“新空间商业地面观测小卫星——能改变游戏规则还是泡沫?”。可以肯定的是传统和新型企业将并存，应当警惕泡沫，新太空企业有必要重新审视他们的策略和决策。匈牙利、挪威、德国、法国、英国和以色列的6位作者分析了太空互联网的现状与未来。其关注点之一是全球互联网的障碍，最终的协商一致意见是，鉴于全球互联网可用性对富国和穷国的巨大惠益，指出确保太空互联网突破障碍的4个重要层面：该服务的市场需求研究；阶段性路径；各国政府作为固定承租方并加速监管流程；为确保商业可持续性，互联网服务提供商应当成为这个系统的分销合作伙伴。

有些发言以地区或国别为视角进行分析。澳大利亚的Aleandra Senata关

注如何将澳大利亚在全球供给链的作用最大化。印度的 3 位作者指出，印度的航天活动取得了很多里程碑式的进展，彰显了印度的科技实力。

四、“为航天活动确保外空环境的安全性和可持续性”专题

航天活动能够增进人类福祉。人类社会的福祉有赖于国际社会通过科技、法律、政策和政治手段保障安全、可持续的外空环境。该专题关注目前在多边进程、私人部门和各国国内取得的有关进展。对多边进程的关注则集中在联合国外空委“外空活动长期可持续性工作组”和欧盟“外空活动国际行为准则”上。

（一）一些发言从国际层面关注外空安全和可持续性

联合国外空司司长 Simonetta Di Pippo 等 3 位作者的发言题目是“全球外空治理与航天的未来”。国际合作需要在国内、区域、跨区域和国际层面确立运行和协调机制。外空是人类最广阔的国际区域，因为日益增加的活动主体数量和类型、新技术和路径（如 PPP 和私人投资等），其治理越发复杂。他们将全球外空治理界定为治理和规范与外空有关的活动的国际活动或方式（过程），包括一系列文件、机构和机制，无论是国际或区域性条约、协定和规章、示范国内法和规章，还是用于航天合作的国际合作机制，以及旨在确保一定程度预测性和航天活动有序性的指导原则、提升透明度和建立信任措施。和平利用外空国际合作的演进是有效治理的核心驱动力。联合国外空司始终致力于推动国家和国际组织之间的国际合作，并为此先后组织召开 3 次联合国外空大会（UNISPACE）。2018 年，在第一次外空大会召开 50 年之际，联合国将隆重举办题为“UNISPACE＋50”的第四次大会，审议联合国外空委和外空司在国际外空治理中的现有地位和未来作用。外空司是联合国唯一具有几项大会职能、为成员国和其他联合国机构提供航天技术和有关信息渠道和能力建设的机构。联合国第 27/90 号和 54/68 号等大会决议号召各国促进外空科技合作和交流，促进政府、大学、科研机构和产业的空间应用项目合作。第 61/110 号大会决议要求外空司确保所有国家和国际组织有机会、有能力利用各种天基信息，以支持全面灾害管理。超过 25 个联合国实体机构和世界银行集团利用航天技术。外空委是联合国首要的处理外空事项的政府间机构。外空作为可持续发展的重要工具已经获得越来越多的认可。2018 年的

"UNISPACE＋50"会议将确立全球外空治理未来的重要节点。

联合国外空委"外空活动长期可持续性工作组"主席、南非开普敦大学的 Peter Martinez 教授介绍了联合国外空委有关"外空活动长期可持续性指南"2016 年谈判的主要进展。近年来，联合国外空委及其小组委员会的几项议事日程都和"外空活动长期可持续性"有关。2010 年，科技小组委员会设立"外空活动长期可持续性工作组"，其职责是确立一套自愿遵守、没有拘束力的提升外空可持续性的指南。外空委成员国任命了来自墨西哥、美国、意大利、日本、加拿大和澳大利亚等国的 8 名专家牵头组成 4 个专家组，分别讨论支撑地面可持续发展的航天活动、空间碎片、运行与提升空间态势感知协作的工具、空间天气以及外空活动的监管制度及指南。2014 年，工作组将他们起草的 33 项指南草案提交给工作组。工作组整理后简化为 17 项指南草案，交由成员国审议。加上巴西、瑞士、俄罗斯、比利时和美国最新提交的指南提案，2015 年底指南草案数量扩充为 29 项。2014 年，外空委同意将工作组的工作计划延长两年。鉴于"外空活动长期可持续性"问题的性质，不同指南草案的成熟度各有差异，有一些已经获得广泛认可，其他需要进一步的实质性讨论才能达成合意。在 2016 年 2 月科技小组会议期间，这些差异导致成员国之间产生两种不同立场，致使谈判一度陷入僵局。一些代表团主张，工作组应当聚焦讨论本年度内能达成合意的指导原则并将有关成果提交给大会；一些代表团认为，应将指导原则作为一个正题，全部讨论后的成果再提交给大会。2016 年 6 月，在第 59 届外空委届会期间，各国代表团充分展现合作精神和灵活态度使得谈判取得实质性进展。工作组平衡了两类国家的意愿，达成了妥协，即再延长两年，由工作组为外空活动长期可持续性达成一份指南纲要，涵盖 2016 年达成合意的指南，并保持开放性，继续讨论其他指南。完整版的提案将同 2018 年"UNISPACE＋50"大会一道提交给大会。这次会议期间有 12 项指南文本达成了一致，主要内容包括：制订或修改外空活动国内规范框架、国内规范框架的必要构成要素、监督本国航天活动、确保频率轨位的均衡以及合理和有效使用；提升空间物体轨道参数的准确性，改善空间物体轨道信息的分享实践；促进空间碎片监督信息的搜集、分享和散布；分享空间天气数据和预报；研发空间天气模式和工具；促进和支持能力建设；提升空间态势感知能力；促进和支持支撑探索和利用外空可持续性方法的研发；调查和审议长期管理空间碎片的措施。上述指南的有效性取决于各国的落实，各国落实的经验有助于确立指南的有效性。总体上，联合国外空委 83 个成员国谈判达成一致的过程虽然艰难，但也是鼓舞人心的。在缺少具有拘束力法律文件的情况下，“外空活动长期可持续性”指南将被证实为一种具有实用价值的方式。

欧盟安全研究所（EUISS）的 Massino Pellegrino 等基于本所的项目，从中俄的 PPWT 提案，联合国“外空活动长期可持续性”和“外空透明与建立信任措施”等工作进展，以及欧盟的“外空活动国际行为准则”，说明了外空安全合作面临的主要挑战，如由于国家安全目标不同导致对国际安全存在不同且难以兼容的理解；对条约和软法的不同观点；对国际合作的潜在费用和对本国行为能力的约束等的不同见解；东西以及南北阵营的历史、地缘、政治差异；军事和民事利用外空方法的不同；缺少遵守国际协议的传统；空间大国在联合国之外的合作和对话有限，无助于形成关于外空安全的共同目标和利益；私人活动不仅污染外空环境，也成为未来国际关系的变量；国际社会缺少有关外空安全的共享价值观。对此，他们提出的建议包括通过多边合作减少差异推动共识；慎用外交谈判，或全部或全无的模式，以 IADC 关于减缓碎片的工作说明核心集团先谈判，进而扩展范围的方法的效用；提升中美等安全考量差异的双边对话、合作；确保国际协议的遵守；注意新兴国家和私人实体的需求等。

北京理工大学王国语副教授的发言题目是“适用提升透明度和建立信任措施，为外空活动确保安全和可持续的外空环境”。世界越来越依靠天基服务和外层空间，外空环境越发拥挤、充满争议且竞争激烈。核心外空能力受到的自然和人造危险的威胁几率提升，破坏性的反外空能力的发展可能引发外空武器化。因此，防止外空武器化和治理空间碎片是维持国际和平与安全的关键要素，是促进和强化和平利用外空合作的重要条件。在外空安全治理和管理方面，与减缓空间碎片相比，防止外空军备竞赛方面达成的合意和进展更少。前者障碍主要在技术层面，后者主要来自于政治和法律层面。国际社会广泛认可外空安全、规则和法治的必要性，这是机遇，挑战在于缺少对“外空安全”涵义的统一认识，特别是某些权利和活动的法律基础，例如空间碎片主动移除、小卫星、自卫权和外空网络安全等。建议结合 2012 年“外空透明和建立信任措施”报告，建立信息交换机制，培育合作和对话机制。

（二）一些发言是关于外空安全或可持续性的某些重要侧面，如空间碎片减缓、在轨移除和空间天气等

美国国务院的 Richard Buenneke 等提出，为了防止空间物体或碎片碰撞的发生，要加强空间活动主体在探寻空间态势感知等方面的合作，其中监管

空间物体和意外事故的合作将包含新型的、在政府机构和私人实体之间的信息分享。因此，监管空间物体和意外事故的信息一致性和可靠性更加重要。

一些发言认为，在轨服务、空间碎片主动移除或控制空间碎片增长率是确保外空活动安全和可持续性的正解。奥地利维也纳大学法学院的 Cordula Steinkogler 就空间碎片主动移除的法律和政治挑战，提出了国际规范框架。他指出，空间碎片主动移除是确保外空安全和长期可持续性的必要措施，但移除技术引发了诸多政治和法律关切，比如，是否突破国家对空间物体的管辖权和控制权、有关技术的军民两用性以及移除操作中的损害赔偿责任等。他认为，现有的国际法规则能为主动移除活动提供规范基础；鉴于各国对制定新条约的抵触，可以考虑不具有拘束力的标准和指南，提升现有规则的有效适用以及移除操作的安全性和透明度。空间一代咨询委员会的 8 位作者论证将航天器从低地球轨道拖曳至地球同步轨道的服务的技术经济可行性，明确了此类服务获益的条件，其中关涉的法律问题主要是赔偿责任和知识产权。外空活动的赔偿责任制度以过错为基础，过错证明有难度，但考虑到在轨服务主要是提供服务的航天器接近另一个航天器，如果造成损害，自然假定是提供服务的航天器存在过错。在轨服务涉及复杂的技术，需要协调知识产权保护与外空管辖权以促进合作和信息分享。

德国航空航天中心 Peter Stubble 博士认为，现有的空间碎片减缓制度是基于放置于轨道的单个卫星，这无法解决由数百颗卫星组成的星座对外空安全的影响。星座会导致空间物体数量大幅增加，未来几年在轨空间物体碰撞事件将持续增多，成为空间碎片的主要来源，给外空环境带来负面影响，针对外空安全、可持续性的谈判应当考虑到这一进展。

空间天气变化可能导致依赖航天技术的基础设施、服务平台部分或全部失灵，进而影响民用、军事、商业航天的利益。美国某咨询公司的 Sara Lanston 和 Tanay Sharma 认为，空间天气对于空间态势感知、经济与社会风险防范与减缓至关重要，她们梳理了联合国外空委、国际气象组织和国际民航组织的法律制度框架、政策倡议和能力建设等，建议通过国家和国际科学、政策和合作框架达致外空活动长期可持续性。

（三）一些发言立足于中国对外空安全和可持续性的作用和影响

中国航天科技国际交流中心副主任、中国空间法学会秘书长张振军比较了中美两国的外空安全政策和法律，及其国际相关性。很多国家的国内法和政策中都有关于外空安全的条款，其中一些将国际法义务转化为国内法或政策，一些关注维持自由进出或利用外空的能力建设。在美国的航天法律和政策中，外空安全是一个核心因素。美国的 2010 年《国家空间政策》、2011 年《国家安全航天指南》、2012 年《国防部战略指针》和 2015 年《国家安全战略》等官方文献均强调外空安全的重要性。美国在不同层级的规范性法律文件中均强调和反映国家安全，尽管不一定都使用外空安全或国家安全这样的表述。《美国法典》第 51 编中诸多条款与安全或者国家安全有关，其中的出口管制规范是最好的例证。对比之下，中国的航天立法和部门规章大都源于有关的国际公约义务或与其密切相关。2015 年《国家安全法》首次明确保障外空活动、资产和其他利益安全的重要性。《国家安全法》是以习近平主席提出的“总体国家安全观”为指导，但并不限于中国自身的国家安全，也包括全世界的共同安全。实现共同安全，必须摒弃冷战思维及零和游戏思维，只有确立以共同规则为基础的国际秩序才能确保外空的共同安全。发言人呼吁制定具有法律约束力的国际文书，并强调近年来中俄共提的《防止在外空放置武器、对外空物体使用或威胁使用武力条约》（PPWT）草案是在法治轨道上解决外空安全问题的有效路径。

北京 HowlyMo 律所的 Fabio Tronchetti 博士（意大利籍）关注中俄两国对防止外空军备竞赛的贡献。过去几年，中俄通过法律和外交方式积极推动防止外空军备竞赛，其中最值得关注的是 2014 年提交给裁军会议的更新版 PPWT 草案，2014 年 69/32 号决议和 2015 年 70/27 号有关“不首先在外空设置武器”的大会决议。这两个决议的核心内容是鼓励所有国家承诺不首先在外空设置武器，尽管不乏批评的声音，但也获得了广泛支持，可以说是避免外空武器化最重要的进展。上述决议与 PPWT 一起构成了硬法软法结合，将时常被忽略的防止外空军备竞赛置于外交焦点。PPWT 的核心内容是禁止外空设置武器、使用和威胁使用武力，承认外空自卫权。69/32 号决议是第一个关涉防止外空军备竞赛具体事项的大会决议，俄罗斯提议，中国自始积极支持。大会决议没有严格的法律拘束力，但在获得绝大多数国家认可时具有重要的政治意义[①]。在现有的国际法中，国家没有义务对外空非武器化采取任何特别的主动行为，上述两个决议的目的是激励对话和创设有利于相互理解和信任的环境。考虑到裁军谈判会议的障碍，借助联合国大会寻求谈判防止外空军备竞赛的替代方法，以软法形式逐步达成共识，只针对其中一个具体问

① 联合国第 69/32 号决议获得 126 张赞成票，4 张反对票（格鲁吉亚、以色列、乌克兰和美国）和 46 张弃权票。

题寻求解决方案、但不寻求全面解决方案不失为一个好的策略；但存在不足，比如没有界定什么是武器，适用范围不确定，美国强调其核查机制缺失。总体而言，中俄比其他国家的态度更具有建设性和灵活度，尽管这些文件的内容和具体条文并不完全尽如人意，但的确是防止外空军备竞赛的重要举措。如果全面解决措施不可行，分阶段分步骤的方法或许更为可行。

五、“企业风险管理”专题

外空活动面临的风险，不仅包括先进技术的挑战，还有外空活动系统性、复杂性以及在极端环境下工作引发的内外风险，可能造成工程迟滞、超越成本预算、与外部合作伙伴关系紧张等。以往外空活动的风险管理主要体现在技术层面，考虑到当下全球经济面临的挑战，越来越多的组织采纳了企业风险管理方法，将策略和风险与可利用资源结合起来。将高级别管理层的跨组织流程适用于整个企业的战略设定，目的是识别并减缓潜在的威胁，探索实现企业的目标和宗旨的机遇。本专题由企业风险管理技术委员会组织，以反映航天企业风险管理的最近发展，交换有效的实践做法，交流经验和教训。

美国在企业风险管理领域的做法较为成熟。Jeevan Perera博士介绍了NASA的风险管理实践。NASA有一套从全球到项目的层级式管理风险的标准和程序，其基本流程包括识别、分析、计划、追踪、管控、沟通和纪录风险等，其中特定风险的识别、类型化、减缓计划和责任的纪录有助于沟通、管理和完成有效的应对，并部署在系统工程分析、项目预算管控、确保任务安全等管理流程中，以确保风险权衡的一致性。Adam F. Greenstone先生介绍了NASA载人航天中的伦理和公众整合工作。NASA自成立以来就注意维护其公共形象，载人航天活动更是如此。1998年国际空间站《政府间协议》考虑到确立行为守则的必要性，各方谈判确立了协商一致的伦理原则，既涵盖了美国本土因素，也兼顾了跨文化因素。初期，航天员主要忙于任务性操作，航天员人数增加和在轨时间延长增加了个人沟通时间，凸显了确立在轨伦理义务的重要性，需要更加有效地确保宇航员行为规范符合伦理要求和管控国际空间站声誉风险等问题。美国乔治·华盛顿大学的David Lengyel先生说明了NASA结合企业风险管理原理确立的载人航天系统工程风险管理，更有效地识别了国际空间站的运载、供给、预算和日程表中的风险识别和问题解决。NASA的James Leatherwood总结了空间资产保护项目的风险管理。NASA休斯敦约翰逊航天中心的Machael A. Canga等介绍了空间探索任务中医疗管理的战略方法。

欧空局的 Maria - Gabriella Sarah 女士说明了企业风险管理在欧空局决策过程中的支撑作用及其在确立长期愿景方面的核心作用。利用企业风险管理识别并权衡未来可能出现的事件、态势和情势，确定其是否可能给实现欧空局的战略目标带来负面影响。在衡量这些风险的严重性和可能性之后，需要向高层汇报防范这些风险的恰当安排，以确保将风险降低到各利益攸关方能够接受的程度，并有效监督落实。

德国航空航天中心的 Ruediger Suess 借用“ISO21504：2015 项目集管理标准”说明航天工程的整体管理。德国的 Dirk Schulze 先生说明了如何利用“到位的管控”处理变化时期的不确定性。在制度变化或机构变革的过渡时期，不确定性水平的提升导致风险识别和权衡更加复杂，因此有必要定期审核“到位的管控”以强化风险管理。

六、海报论文互动展示环节

在本届大会期间，部分论文通过海报和 PPT 形式呈现，午休时间现场讨论气氛热烈。

（一）以国际合作和治理为主题的论文展示

轨道拥挤给航天活动的安全性和可持续性带来威胁，有必要确立有效的国际措施减少空间碎片对卫星的影响，减缓空间碎片的产生。欧洲空间政策研究所的 Marco Aliberti、空间一代咨询委员会的 Lauren Napier 和英国伦敦大学外空政策与法律研究所的 Christoph Beischl 利用博弈支付矩阵理论，结合各方利益和潜在的变量，分析应对空间碎片问题现有的国际倡议达成有效管理机制的前景，即空间碎片减缓、空间碎片主动移除和外空交通管理。

如何解答国家为何进行航天飞行，以及为什么应当从事航天飞行这两个问题是理解航天飞行历史的关键。历史相关性或曰路径依赖是指，政府的政治决策不能孤立于其历史背景及渊源。法国的 Julie Patarin - Jossec 女士分析了火星竞赛的社会政治问题，以界定深空探测路线图。在全球化背景下，考虑到不菲的花费，深空探测更加需要国际合作，同时需要确立长期载人航天飞行的时间表和路线图，减少政府间机构在知识和技术转移中的不平等和不安心理。

俄罗斯人民友谊大学的 Daria Makarova 等 3 位学者考察了俄罗斯和白俄

罗斯联合地面遥感系统的法律和经济问题。该系统是两国通过科技合作强化伙伴关系的一部分，2012年发射了第一颗卫星，为终端用户提供廉价、高质的遥感数据。在项目的管理和落实方面，两国协调了技术标准、同步时间、进展评估和融资安排等。

美国科技政策研究所的Rebecca Miller女士和Bhavya Lal博士以东南亚自由贸易联盟的5个国家为例，注意到孟加拉和老挝加强了与中国在卫星生产和发射中的合作，而马来西亚、越南和泰国在建设空间基础设施和能力方面获得了日本的支持。尽管美国对外空的非对称性控制能力减弱，但在未来很多年仍能发挥主导作用。东南亚国家的外空合作苗头对NASA来说是机遇也是挑战，应就此重新审视其与中国和日本在外空项目中的合作关系，特别是与中国。

（二）关注外空变化和演进的论文展示

美国世界安全基金会的Victoria Samson女士认为，对航天能力的依赖使得其复原力成为新关切。美国正把关注点从威慑模式转向以积极防御保护外空资产为主，避免给外空安全带来新威胁。在此背景下，规则的作用不容忽视。

美国太空国际（Space International）的Jason Aspiotis等关注太空经济的可持续发展。太空经济仍是风险高且不确定因素多的行业，特别是如何实现盈利成为巨大挑战。这是由于能够支撑人类可持续经济活动的基础设施的发展费用高昂，又缺少充分的市场需求。他们研发了一个外空发展矩阵（Space Development Matrix），在量化和预测5类信息的基础上探讨天基经济，包括经济区域、经济活动、市场需求以及在明确风险和经济收益后确立、预测和发展投资外空的计划。

美国的金牛座集团公司的Carissa Christensen等讨论了新兴的低轨经济的投资、供给和需求。投资有倡议、战略和金融等3类。倡议性投资是投资者与太空有深切的联系或对太空具有信念；战略性是投资者对太空具有前瞻性的商业兴趣；金融性是被太空巨大的利润空间所吸引。供给主要是为游客、研究和生产提供载客飞行、平台和基础设施等。低轨经济的新产品和服务拥有广阔的市场。低轨经济由亚轨道、轨道和终点平台等3类市场组成。其中亚轨道商业活动发展慢于预期，亚轨道飞行技术尚在研发中，虽然需求激增。低轨商业载人飞行投资兼具倡议性和战略性。NASA是其中最重要的投资者，更像战略投资人，也有倡议投资的色彩。加上4个公司积极研发能力，低轨商业载人飞行的投资相对更大，但需求尚不确定。终点平台投资中亿万富翁的倡议性投资占主导，供给处于早期研发阶段，需求高度不确定。

加拿大的 Virendra K. Jha 博士探讨了政府资助对地观测卫星转给私人部分面临的挑战。很多国家都有自己的对地观测卫星或星座，这些国家大多在完成初期投资和活动后将有关活动转移给私人部门。加拿大的通信卫星已经完成了转移，对地观测卫星正在完成转移，可惜并不成功，面临规制、政治和经费等诸多问题。哈佛大学经济学院的 Sinead O'Sullivan 女士以灾害减缓为例，论证了因为卫星技术和投资的变化吸引了更多的私人投资，使得获取卫星数据的方式从“自上而下”变为“自下而上”，彻底改变了政府和企业的关系。意大利泰雷兹·阿莱尼亚空间公司的 Annamaria Nassisi 博士等介绍了小行星的市场和发展趋势，认为不是由于技术突破，而是由于其所具有的针对性用途和对现有市场的整合能力，小行星将成为游戏规则的改变者。

（三）来自中国的两篇海报论文均从国家层面关注航天活动

中国运载火箭技术研究院的饶成龙分析了中国航天产业发展如何提升了国家竞争力。航天产业代表了一国的整体科技水准，也是一国参与国际竞争的重要指数。中国航天产业的发展体现了中国的竞争力，主要有资源协调和管控能力；国内经济发展和参与国际经济活动能力，以及促进经济社会发展的能力。

国防科技大学国际安全与军事战略研究中心的周黎妮等认为，在不远的将来，外空可能发生争端，争端可能导致合作和对抗两种结果。尽管合作日趋重要，但航天发达国家从未放弃对太空战的筹备。以中美为例，美国一些媒体和研究机构有意漠视中国反对外空武器化和军事化的态度，认为中国给外空带来威胁，将中国视为敌人。对此，中国坚持积极防御军事战略，牵制武装冲突和战争，同时注意到西方国家在外空针对中国的敌对行为。基于国际关系和战略净评估理论权衡外空争端，可将外空争端导致的冲突和对抗大致分为 4 个等级：合作，小规模对抗（外交抗议，警告式试验、卫星变轨等），大规模对抗（如在外空攻击卫星等），战争。采用国际关系领域中结合理性主义和建构主义的折中主义分析方法，将引发外空争端的原因分为影响国家航天力量的利益因素和影响行为和决策的意识形态因素，前者包括国家安全战略、军事战略、航天政策、航天技术和装备力量和航天产业水平等；后者包括传统文化、历史记忆、意识形态和危机管理方法。建议确立一个两层的框架，从上述不同因素出发权衡未来的安全环境发展趋势；从确立趋势的决定性因素抽象出独立的变量，分解为合作和对抗两个维度，并进行对比和定量分析。

七、小结

第一，区域合作越发明显地趋于强化。区域一体化是二战后经济社会发展的重要趋向[①]。其中国际贸易与经济，以及人权保护在欧洲、非洲和美洲都取得了巨大成就。亚洲地区起步较晚，但近年来也渐趋活跃。除了欧空局和亚太空间合作组织，非洲的航天政策方略和讨论了十年的“南美航天局”构想说明，非洲和南美也有强化航天合作乃至于成立区域性空间合作组织的意愿和苗头。强化活动正成为区域合作的一个单独的、重要的维度。其中欧洲的一体化程度明显更高，已成为其他区域性组织、制度安排和政策制定的样板。中国发起并主导的亚太空间合作组织是全球第二个区域性空间合作组织。随着我国大国地位的不断强化，以及亚洲基础设施投资银行和“一带一路”等国际倡议的发展，我国应当更加重视区域性航天合作。

第二，亚太空间合作组织成立十年来，各国的航天发展战略、目标熟悉和磨合期已经完成，通过实施具体项目发挥其潜能的时机已经成熟。我国计划在十年内，建成以东南亚、南亚、西亚、中亚、北非为重点，辐射大洋洲、中东欧、非洲等区域的“一带一路”空间信息走廊[②]。国务院新闻办 2016 年底发布的《2016 中国的航天》白皮书中的基本政策之一是，支持亚太空间合作组织在区域性合作中的作用，同时重视在金砖国家合作机制和上合组织中开展外空合作。将“一带一路”空间信息走廊明确为未来五年的重点合作领域，推进区域遥感卫星合作，与有关国家共商、共建、共享；在亚太空间合作组织平台上联合多任务星座和大学生小卫星项目建设[③]。这些都是很好的合作起点。

---

① 区域一体化是指在国家之间建立区域化合作关系，这些国家在国家体制、经济发展阶段水平方面官通常具有一定的类似性，可能达成具有一定排他性的利益集团。经济和贸易方面，通过区域内部贸易和经济要素的自由流动，提高本国的经济福利水平。人权保护的区域化保护方面，欧洲、美洲、非洲不仅有区域性人权文件，还有保护法院在内的人权保护机制。

② 参见国防科工局和发展改革委 2016 年 11 月联合发布的《关于加快推进“一带一路”空间信息走廊建设与应用的指导意见》。

③ 中国国务院新闻办公室，《2016 中国的航天》，http：// www. scio. gov. cn /zfbps/32832/Document/1537007/1537007. htm，2016 年 12 月。

第三，太空经济正在迈向更加精细、更加成熟的新一轮发展阶段，其跨领域、跨产业、跨国界特点愈发显著，必将成为世界经济、地缘政治、全球治理等领域一股坚定、独立、深具影响力的力量。与此相比，中国航天事业虽然为提升我国综合国力和科技创新能力作出了巨大贡献，但后续提升空间巨大。特别是我国的太空经济尚处于起步阶段，一些领域仍处于讨论什么是航天商业化、航天市场化和航天产业化概念的萌芽时期，法律制度和激励政策也还在摸索之中。这些差距值得我们关注和警醒。

第四，从本届论坛体现的热点来看，可以总结出如下特征：第一，与过去几年一样，外空的整体安全，包括和平、环境、资源等仍是会议的焦点，焦点之中的热点是如何强化国际治理和促进国际合作。第二，中国航天的实力、国际合作意愿、政策和立场仍旧受到广泛关注，特别是与外空安全、环境保护和可持续发展相关的内容。第三，外空活动管理、太空经济发展等呈现出专业化、精细化的发展趋向，美国继续走在最前沿。将企业风险管理原理融入航天工程在欧美的过去几年中已经是很成熟的做法，有助于提升利益攸关方的信心，强化工程结构性、系统性管理。与会人员大量使用经济学原理分析新兴的太空经济，明确其投资类型和供需关系，以求影响、引导空间商业化活动。第四，航天领域正在发生诸多深刻变化，活动主体的增多和多样化使得外空更加民主，也意味着更多机遇。更多的商业主体以前所未有的程度参与到外空安全事务的讨论中。随着人类的日常生活更多地依赖外空活动和外空资产，国家安全与经济基础设施已经交织到日常生活之中。

第二部分
联合国外空委 2016 年
会议动态

联合国外空委科技小组委员会第53届会议简况

江　辉*　　杜　辉**

2016年2月15日—26日，联合国外空委科技小组委员会第53届会议（以下简称科技小组会议）在奥地利维也纳召开。会议选举印度的V·K·德瓦尔担任第53届会议主席，选举日本的向井千秋担任第54届会议主席。会议通报萨尔瓦多、以色列、阿曼、卡塔尔、斯里兰卡和阿联酋加入联合国外空委的有关情况。截至2016年2月，联合国外空委成员国已达83个。

一、会议基本情况

本届会议就联合国空间应用计划、空间碎片、空间天气、近地天体、核动力源、外空活动长期可持续性（LTS）等17个议题进行讨论和交流。联合国外空司组织召开“工业界在太空探索中的作用”专题研讨会，外空活动长期可持续性工作组、空间核动力源（NPS）工作组、全体工作组以及空间天气专家组也分别召开会议。外空活动长期可持续性指南草案进入最终文案磋商阶段，美、俄立场尖锐对立，磋商未取得实质性进展。

会议期间，全球卫星导航国际委员会（ICG）、世界空间周协会、空间任务规划咨询组（SMPAG）、国际小行星预警网络（IAWN）等机构举办活动，联合国外空司组织召开纪念联合国和平利用外空大会50周年（UNISPACE＋50）和联合国灾害管理与应急反应天基信息平台（UNDERSIDE）等相关会议。

---

* 江辉，女，中国国家航天局系统工程司调研员，高级工程师，主要负责航天领域国际合作，2016年由中国政府推荐担任联合国空间探索与创新行动组中方主席。本文仅代表作者个人观点。

** 杜辉，男，高级工程师，2007年毕业于北京大学后进入中国空间技术研究院总体部工作；2015年12月—2017年5月在中国国家航天局挂职，主要负责多边领域航天国际合作；2017年5月起在联合国外空司空间应用处任高级专家。

中国代表团在一般性交换意见、联合国空间应用计划、遥感、空间碎片、灾害管理支持、全球卫星导航系统、空间天气、近地天体、外空活动长期可持续性等 9 个议题下发言，在联合国外空司举办的“工业界在太空探索中的作用”专题研讨会上作了报告，在联合国空间应用计划、遥感、外空活动长期可持续性等 3 个议题下作了技术报告，印发《中国关于“外空活动长期可持续性”问题的立场文件》《中国的空间核动力源安全实践》等会场文件，还在大会现场分发了约 300 份《2016 中国的航天》宣传册（英文版）。中国代表团全程参与 LTS、NPS、全体工作组以及空间天气专家组的活动，参加了 UNISPACE＋50 宣介会、世界空间周协会理事会、ICG、SMPAG、IAWN 及空间天气研讨会等会议。

二、联合国外空委的最新动向

（一）纪念联合国外空大会 50 周年活动筹备情况

1968 年，联合国举行第一次探索及和平利用外层空间会议（以下简称外空大会），1982 年举行第二次外空大会，1999 年举行第三次外空大会。2018 年是外空大会举行 50 周年，联合国外空委及其科技小组委员会和法律小组委员会将重点围绕该主题开展后续几年的工作。联合国外空司司长迪皮蓬在发言中介绍了外空司为支持“UNISPACE＋50”的目标而开展的工作设想。本届科技小组委员会会议确定了 6 个优先活动主题，即建立空间探索与创新的全球伙伴关系；加强空间物体和事件的信息交流，建立空间天气服务国际框架，加强空间合作促进全球健康，实现减排和弹性社会的国际合作，以及 21 世纪能力建设。

（二）空间核动力源

各方高度关注空间核动力源应用的安全问题，推动执行《外层空间核动力源应用安全框架》。法国认为，1992 年联大通过的《核动力源使用原则》存在太大的局限性，无法适应当前和今后的技术发展，建议予以修订。该建议引发广泛争议，NPS 工作组拟就有关技术内容和范围进行讨论。韩国称其计划 2025 年实现月球着陆，关注使用同位素热源。

中国、美国、俄罗斯、法国、英国、巴基斯坦、印度尼西亚、韩国和欧空局（ESA）等国家和国际组织的代表参加了 NPS 工作组相关活动，其中韩国和印度尼西亚是近年来第一次参加 NPS 工作组活动。工作组重点讨论了法国代表提交的关于修改联合国大会 1992 年通过的《关于在外层空间使用核动力源的原则》的建议文件以及中国提交的《中国的空间核动力源安全实践》文件。工作组主席及各国代表对中国分享 NPS 的安全实践表示赞赏，认为中国在空间核动力源应用方面的经验可为计划使用核动力源的国家提供重要借鉴。

（三）空间碎片

各国对空间碎片的日益增多表示关切，携载核动力源的空间物体与空间碎片碰撞、空间碎片重返大气层、空间碎片主动移除等问题备受关注。各国重点在相关领域开展研究并采取措施，包括碎片减缓、建模和测量，碎片观测与持续监测技术，碎片重返和解体碎裂预测和通知，避免碰撞和碰撞概率建模，在轨机器人维修卫星，空间碎片主动移除，以及保护空间系统免遭碎片碰撞和限制产生更多碎片的技术。会议敦促各国执行联合国外空委制定的《空间碎片减缓指南》，积极采取措施减缓空间碎片。各国认同需在空间碎片观测和减缓领域加强合作。2015 年，韩国完成在蒙古、以色列和美国部署望远镜系统。法国、德国和意大利介绍了其支持欧盟开展空间碎片监测与跟踪的相关情况。欧空局在 2015 年开展了 8 次发射活动，其“空间碎片清理计划（Clean Space）”在 2016 年将进入工程化阶段。

（四）空间天气

越来越多的国家关注空间天气，积极推动国际合作开展空间天气影响评估和社会经济研究。中国、美国、加拿大和日本关注提升空间天气活动对外空活动乃至全球经济活动的保障服务能力。巴基斯坦、南非、尼日利亚等新兴航天国家希望快速提升本国空间天气服务能力。会议期间召开了空间天气研讨会，就空间天气对电力系统安全的影响进行了交流。空间天气专家组会议确定，将评估地磁感应电流对电网的影响作为优先任务。会议期间还召开了主题为“从科学探索到应用、服务和基础设施保护”的空间天气研讨会和专家组联合会议，以及 2 月 19 日联合国“国际空间天气倡议（ISWI）”会议。中国代表在本次空间天气研讨会上作了“中国空间天气服务与计划”的技术报告。

（五）近地天体

各国强调加强国际合作与信息共享，以便发现和监测有潜在危害的近地天体并确定其物理特性。空间任务规划咨询组推选欧空局担任今后两年主席，接纳韩国天文学和空间科学研究所为成员，并提出了由 11 个项目组成的工作计划。SMPAG 拟在外空司设立常设秘书处，不断加强对各国在近地天体研究方面的协调。国际小行星预警网络提供了其所掌握的信息，以使各国充分认识近地天体撞击的潜在威胁。

三、“外空活动长期可持续性”指南磋商最新进展

本届会议期间，“外空活动长期可持续性”仍是焦点议题，各国围绕 LTS 指南进行了激烈的讨论，特别是美俄分歧较大，会议现场发生正面交锋，甚至无法形成协商一致的工作组报告。按照原有计划，LTS 工作组应于 2016 年完成工作，因此工作组授权延期等问题显得尤为迫切，但美国、欧洲等国呼吁工作组 2016 年需要出台阶段性成果。经过 7 次工作组会议及多次非正式磋商，会议就 15 条指南草案初步达成一致，但未能在工作组授权延期、阶段性成果等关键性问题上达成一致。各方同意在 2016 年 6 月外空委大会召开前追加召开一次工作组届间会。

从本届会议讨论情况看，美俄争夺空间治理规则，特别是外空“制信息权”规则主导权的斗争明显加剧，发展中国家争取航天发展权益的呼声高涨，外空活动安全与外空战略安全成为各方关注焦点。美欧国家希望形成阶段性成果，通过已初步达成一致的 LTS 指南条款，供各国和国际组织自愿执行，并主张将阶段性成果与工作组授权延期捆绑。美国联合其盟国指责俄罗斯蓄意阻挠谈判进程、损害联合国公信力。美国联合 10 个国家共提建立“空间物体及事件专家组”，欲在 LTS 进程结束后在此框架内开启新一轮规则谈判。俄罗斯为避免在后续谈判中处于不利地位，坚决反对美国建议，主张所有指南案文达成一致后一次性通过所有条款。俄罗斯点名批评美国将一己之私强加于国际社会，将其国内政策植入国际规则，并拒绝参加非正式磋商。俄罗斯为抢抓后续规则制定主导权，对建立信息交换共享平台提出不同设想，提交建立“联合国近地空间信息监测中心”方案。此外，新兴航天国家特别是拉美、非洲和阿拉伯国家参与度继续增强。拉加集团、非洲、阿拉伯国家集体表达诉求，以色列、阿联酋等新近加入外空委的国家也积极发声，对新一

轮外空治理规则谈判高度关注。

联合国外空委科技小组委员会是世界各国开展空间科学技术交流、制定规则的重要平台。我国将进一步提升对科技小组委员会的参与水平，重视对主要议题的跟踪研究，组织稳定的专家队伍，持续跟踪 LTS、NPS、空间碎片、空间天气、近地天体等领域的发展趋势，更好地维护中国航天发展权益，进一步提升中国航天的话语权和影响力。

联合国外空委法律小组委员会第55届会议简况

曾思琪*

联合国和平利用外层空间委员会（以下简称联合国外空委）法律小组委员会是联合国外空委的下设机构，是推动外层空间法发展演进的主要平台，致力于确保外层空间法同外空活动的同步发展。2016年4月4日—15日，联合国外空委法律小组委员会第55届会议在维也纳举行。联合国外空委70多个成员国及相关国际组织代表参会。中国代表团由外交部、国家航天局等部门官员和专家学者组成。本届会议主要议题讨论情况和反映的动向如下。

一、会议主要议题讨论情况

在"五项外空公约的现状和适用情况"议题下，各国均强调联合国五项外空公约的重要地位。俄罗斯代表主张缔结一项普遍、全面和统一的外空公约。拉丁美洲和加勒比各国代表建议在坚持基本原则的基础上，对五项公约进行审查、更新和修订，以填补当前外空领域的法律空白。

鉴于当前空间碎片剧增、空间活动主体日益多样化的现状，各国在"空间碎片减缓措施法律机制的一般性意见交流"议题下积极发表意见和主张。日本、荷兰等国代表强调开展空间碎片主动移除的重要性；俄罗斯和德国代表指出，开展空间碎片主动移除面临诸多法律问题，如管辖权、所有权、知识产权和损害赔偿责任等；巴西和捷克代表主张在《空间碎片减缓指南》的基础上制定具有约束力的法律文件，巴西代表还呼吁发达国家对发展中国家进行空间碎片减缓技术转让；伊朗代表建议建立国际空间碎片移除基金。

* 曾思琪，女，中国外交部条法司随员。多次出席联合国外空委及其科技小组委员会、法律小组委员会会议。本文仅代表作者个人观点。

“外空定义与划界”作为传统议题迄今已经讨论多年，但当前各国对外空定义与划界的必要性仍然存在明显分歧。印度尼西亚、巴基斯坦和伊朗等国表示，有必要对外空进行划界。印尼代表建议以 110 千米高度作为外空界限。美国、荷兰、法国和加拿大等国代表则强调，外空划界未定并不影响外空活动，呼吁从实践角度关注外空活动管理。该议题工作组主席建议同时采用以飞行器作用为标准的“功能论”和以空间高度为基础的“空间论”解决外空划界问题，但未得到广泛认可。

此外，“审查和平探索和利用外空的国际合作机制”议题将于 2017 年完成工作，届时适逢举行《外空条约》签署 50 周年纪念活动，各国同意将本议题研究成果作为纪念活动成果之一。各国代表还同意将“不具约束力的联合国外空法律文书的一般性意见交流”议题延期一年。在该议题下，日本继续呼吁各国积极对其设计的问卷作出回复，为其编写各国执行外空软法的实践汇编提供重要参考信息。

2015 年 6 月召开的第 58 届联合国外空委会议决定新增“空间交通管理法律问题”和“小卫星活动适用国际法”两项议题。在本届会议上，多国代表围绕这两项新议题开展首次讨论。德国代表认为，在“空间交通管理”框架下应考虑空间碎片主动移除、在轨避碰、再入、通知义务、建立信任措施等问题；美国代表强调空间态势感知在“空间交通管理”中的重要性；日本代表则主张重视“空间交通管理”中的透明度问题；奥地利和阿根廷代表均认为，小卫星发射和运行应严格遵守国际法，包括空间物体登记、无线电频率协调和空间碎片减缓等。委员会同意明年继续讨论这两项新议题。

二、外空资源开发利用问题成为新热点

2015 年 11 月，美国通过《商业航天发射竞争力法》，其中规定私人实体对其获得的外空资源享有所有权，引发国际社会广泛争议。在本届会议上，多国和国际组织代表在“一般性意见交流”、“五项外空公约的现状和适用情况”等议题下就此表达立场。这是近年来首次在联合国框架内讨论外空资源开发利用涉及的法律问题。

美国代表强调其立法并未违反美国在现有《外空条约》下承担的国际义务，且美国并未加入《月球协定》，也从未宣称“外空是全人类共同继承财产”。俄罗斯代表指出，美国通过其国内立法对《外空条约》的相关条文以及“不得据为己有”原则进行单方解释是“不合适的”且“具有负面效果”，国

际社会对此不能接受。墨西哥代表批评美国立法违反了《外空条约》中的“为全人类谋福利”等原则。卢森堡、比利时、阿联酋等国代表认同美国立法举措，表示可能进行类似国内立法。法国、意大利、澳大利亚、巴西等多数国家认为，现行《外空条约》虽然禁止一国（包括其私人实体）将外空据为己有，但未明确私人实体对外空资源主张所有权是否等同于将外空据为己有。多国代表提出，可考虑建立外空资源开采的国际协调和分享机制，通过国际合作解决各方关切。此外，比利时提议新增“关于外空资源探索、开发和利用活动的潜在法律模式的一般性意见交流”议题，得到各国普遍支持。

三、本届会议呈现的外空治理规则发展动向

当前外空活动所呈现的商业化、主体多元化、形态多样化等发展趋势，对外空治理规则提出了新挑战。从本届会议反映的情况来看，一些国家认为现行外空法律体系已经无法适应新兴外空活动的需要，不足以应对亚轨道旅游、小卫星、空间碎片主动移除、外空自然资源开采和空间活动信息共享等问题。一些国家建议在联合国《空间碎片减缓指南》等软法基础上制定具有约束力的法律文件，还有国家建议制定应对亚轨道旅游、小卫星发射等问题的软法文件，作为对现有联合国外空公约体系的有益补充。我国对上述动态应密切关注，积极做好专题研究和应对工作。

联合国外空委第 59 届大会简况

潘　昆*

联合国和平利用外层空间委员会（以下简称外空委）是联合国框架下和平利用外层空间国际合作的主要平台，是各国宣传航天技术发展和开展航天交流合作的重要渠道，也是国际社会制定外层空间“游戏规则”和发展国际空间法的主要平台。同时，从外空委全年工作来看，大会主要议题包括审议科技小组委员会和法律小组委员会的工作报告，是在两个小组委员会年度会议的基础上开展工作。因此，每年的联合国外空委大会能够集中反映各国航天活动新进展，突出体现航天国际合作的新动向和新趋势。

2016 年 6 月 8 日—17 日，联合国外空委第 59 届大会在维也纳召开。本届大会主要讨论外空用于和平目的的方法和途径、科技小组和法律小组委员会报告、空间与可持续发展、外空委的未来作用等议题。在会议期间并行召开“外空活动长期可持续性”工作组会议，就有关指南文件展开谈判。现将本届大会主要情况简介如下。

一、大会概况

共计 68 个国家委派代表团作为正式成员国出席本届大会（目前联合国外空委正式成员国 83 个），几乎涵盖所有的航天国家和空间应用国家。大会选举加拿大航天局退休官员、原国际宇航联副主席大卫·肯道尔（David Kendall）担任联合国外空委主席，任期为 2016—2017 年。上届大会主席、阿尔及利亚国家航天局局长伊兹丁·奥西迪克（Azzedine Oussedik）在开幕会上卸任。中国代表团团长由中国常驻维也纳联合国及其他国际组织代表团大

---

* 潘昆，女，中国外交部条法司二等秘书，负责外层空间法等一般国际法事务。多次出席联合国外空委及其科技小组委员会、法律小组委员会会议。本文仅代表作者个人观点。

使史忠俊担任。联合国外空司司长西蒙内塔·迪皮蓬（Simonetta Di Pippo）作外空司年度工作报告。

中国代表团由外交部条法司牵头组建，代表团成员共计近20人，分别来自外交部条法司、外交部军控司、中国常驻维也纳联合国及其他国际组织代表团、中国国家航天局、中国载人航天工程办公室、中国卫星导航系统管理办公室、中国空间法学会、中国空间技术研究院、上海航天技术研究院及中国长城工业集团公司等单位。

本届大会议题包括各国代表团一般性交换意见、维护和平利用外层空间的方法和途径、科技小组委员会第53届会议工作报告、法律小组委员会第55届会议工作报告、维持外层空间用于和平目的的方式和方法、空间与可持续发展、空间技术附带利益现状审查、空间与水、空间与气候变化、空间技术在联合国系统内的应用及外空委未来的作用等。各国代表团及相关国际组织按照大会日程安排分别就上述议题进行交替发言。

二、大会主要动向

（一）外空治理规则谈判成为焦点

中、美、俄、欧洲各国及部分发展中国家积极参与“外空活动长期可持续性”指南谈判。美国关注空间碎片监测、空间物体避碰及风险评估等内容，强调进行技术出口限制的必要性。俄罗斯关注空间信息通报、空间物体登记、空间碎片主动移除、空间在轨服务等内容。法国等欧洲国家强调私人实体的作用，希望弱化国家对私人运营商和空间系统操作者的监管责任，支持空间活动商业化。巴西代表拉加集团积极发声，强调外空仅可用于和平目的，推动确定“外空活动长期可持续性”的定义。发展中国家普遍希望空间活动有序发展，空间环境得到保护，且有关制度文件不得限制其未来发展。

（二）外空安全讨论渐多

自2015年联大一委与四委就外空问题召开联席会议，各国在外空委由仅讨论和平利用外空问题，转变为对外空安全有所提及。美国宣扬落实外空活动透明度和建立信任措施，反对在外空委讨论其他外空安全问题。俄罗斯和中国则重申在日内瓦裁军谈判会议（裁谈会）上的立场，呼吁制定有法律约束力的国际文书，防止在外空部署武器。发展中国家普遍反对外空武器化，强调应确保外空用于和平目的。

（三）联合国外空委改革备受关注

将于2018年举行的“联合国第一次探索及和平利用外空大会50周年纪念活动”（即“UNISPACE＋50”活动）受到普遍关注，各国均视其为改革联合国外空委的契机，借此理顺联合国外空委与其科技小组委员会、法律小组委员会的关系，促进空间法律的发展尽可能跟上日新月异的航天科技发展。本届会议期间，联合国外空司司长迪皮蓬两次就有关纪念活动筹备情况向各国代表团作介绍，敦促各国重视此次难得机遇，促进联合国外空委发挥更大作用。

三、“外空活动长期可持续性”谈判获得重要进展

在本届会议召开之前，“外空活动长期可持续性”工作组召开届间会，各国代表团就“外空活动长期可持续性”指南文件进行非正式磋商。本届会议期间，各国代表团经过密集磋商和妥协，以协商一致方式通过了“外空活动长期可持续性”首批12条指南，涉及设立国家监管框架、公平合理利用无线电频率、提高轨道数据准确度、收集和传播空间碎片监测信息、分享空间天气数据并减轻其影响、推动和支持能力建设、提高对空间活动的认知等。同时，各国同意将“外空活动长期可持续性”工作组授权延长两年，继续谈判指南文件前言部分及剩余指南草案，力争在2018年就全部条款达成一致，以提交第73届联大通过。

“外空活动长期可持续性”首批12条指南的达成，被联合国外空委及各国代表团盛赞为在联合国框架内开展外空治理规则谈判的重要阶段性成果。后续，国际社会必将更加关注外空治理新规则的制定，争夺主导权的斗争更加激烈，特别是新兴空间活动国家和发展中国家纷纷发声，将使得外空国际治理规则谈判进入前所未有的多方博弈状态。由于俄罗斯与以美国为首的西方集团在空间安全保障、空间碎片监测、空间活动信息通报、空间态势感知及空间碎片主动移除等一些核心敏感问题上的分歧依然存在，后续谈判任重道远。我国相关政府部门和航天产业界、空间法学界有必要更多关注和积极参与各大进程，发挥航天大国应有作用，有力促进人类航天事业的长期可持续性发展。

四、“UNISPACE +50”活动筹备情况

本届会议讨论通过“UNISPACE +50”活动的七大优先主题，确立了相关目标和工作机制。七大优先主题分别为：建立空间探索与创新的全球伙伴关系、外空和全球空间治理法律制度、加强空间物体和事件的信息交流、建立空间天气服务国际框架、加强空间合作促进全球健康、国际合作争取实现低排放和弹性社会及为 21 世纪开展能力建设。联合国外空委、联合国外空司今后两年将围绕以上优先主题开展工作。

第三部分
联合国大会 2016 年
外空领域相关决议

2016 年 12 月 5 日大会决议
[根据第一委员会的报告（A/71/448）通过]

71/31. 防止外层空间的军备竞赛

大会，

确认全人类在为和平用途探索和利用外层空间方面具有共同利益，

重申所有国家的意愿，认为对外层空间包括月球和其他天体的探索和利用应为和平用途而进行，并应造福和有利于所有国家，不论其经济或科学发展程度如何，

又重申《关于各国探索与利用包括月球和其他天体在内外层空间活动的原则条约》[①] 第三和第四条的规定，

回顾所有国家在国际关系包括在空间活动中都有义务遵守《联合国宪章》有关不使用武力或威胁使用武力的规定，

重申大会第十届特别会议《最后文件》[②] 第 80 段，其中指出，为了防止外层空间的军备竞赛，应本着《条约》的精神，采取进一步措施，并进行适当的国际谈判，

回顾其以往关于这一问题的各项决议，最近一项是 2015 年 12 月 7 日第 70/26 号决议，并表示注意到向大会第十届特别会议和各届常会提出的提案，以及向联合国各主管机关和裁军谈判会议提出的建议，

确认防止外层空间的军备竞赛可使国际和平与安全免于严重危险，

强调严格遵守与外层空间有关的包括双边协定在内的现有军备限制和裁军协定以及现有法律制度至关重要，

考虑到广泛参加适用于外层空间的法律制度有助于提高其效力，

注意到防止外层空间军备竞赛特设委员会，考虑到自 1985 年设立以来所作的努力，并为了设法提高工作质量，继续审查和确定与防止外层空间军备竞赛有关的各种问题、现有协定和提案以及今后的倡议，而这些工作有助于

---

① 联合国，《条约汇编》，第 610 卷，第 8843 号。

② S-10/2 号决议。

更好地了解若干问题和更明确地认识各种立场，

又注意到裁军谈判会议中原则上没有人反对重新设立特设委员会，但须重新审查裁军谈判会议1992年2月13日的决定所载任务规定[①]，

强调在防止外层空间军备竞赛方面双边和多边努力是相辅相成的，希望这些努力能尽快产生具体成果，

深信在探索有效和可核查的双边和多边协定时应审查防止外层空间军备竞赛，包括外层空间武器化的其他措施，

强调指出由于外层空间的使用日增，国际社会更加需要提高透明度和提供更完备的资料，

在这方面**回顾**其以往的各项决议，特别是1990年12月4日第45/55 B号、1992年12月9日第47/51号和1993年12月16日第48/74 A号决议，其中除其他外，重申建立信任措施作为有助于确保实现防止外层空间军备竞赛目标的手段至为重要，

意识到军事领域建立信任和安全措施的益处，

确认谈判缔结一项或多项防止外层空间军备竞赛的国际协定仍然是裁军谈判会议的优先任务，而有关建立信任措施的各项具体建议可以构成这种协定的组成部分，

满意地注意到在2009、2010、2011、2012、2013、2014、2015和2016年裁军谈判会议上，就防止外层空间军备竞赛进行了建设性、有条理和有重点的辩论，

注意到中国和俄罗斯联邦于2008年在裁军谈判会议介绍了关于防止在外层空间放置武器以及防止威胁使用或使用武力攻击外层空间物体的条约草案，并于2014年提交了最新版本[②]，

表示注意到裁军谈判会议决定在其2009年会议上设立一个工作组，就与防止外层空间军备竞赛有关的所有问题进行实质性和无限制的讨论，

1. **重申**防止外层空间军备竞赛的重要性和紧迫性，而所有国家也愿意按照《关于各国探索和利用包括月球和其他天体在内外层空间活动的原则条约》的规定为此共同目标作出贡献；

2. **再次确认**如防止外层空间军备竞赛特设委员会的报告所指出的，适用于外层空间的法律制度本身不能保证防止外层空间的军备竞赛，但这一制度

---

① 参见《大会正式记录，第四十七届会议，补编第27号》（A/47/27），第76段。

② 参见CD/1839和CD/1985。

在防止外层空间军备竞赛方面发挥着重要作用，需要加以巩固和加强并提高其效力，同时必须严格遵守现有的双边和多边协定；

3. **强调**有必要采取包括适当有效核查规定的进一步措施以防止外层空间的军备竞赛；

4. **促请**所有国家，特别是拥有强大航天能力的国家，对和平利用外层空间和防止外层空间军备竞赛的目标作出积极贡献，并为了维护国际和平与安全和促进国际合作，不要采取违背这一目标和现有有关条约的行动；

5. **重申**作为唯一多边裁军谈判论坛的裁军谈判会议在酌情缔结一项或多项全面防止外层空间军备竞赛的多边协定的谈判中应发挥主要作用；

6. **邀请**裁军谈判会议在其 2017 年会议期间尽早在题为“防止外层空间的军备竞赛”的议程项目下设立一个工作组；

7. **确认**在这方面，为加强和平利用外层空间的透明度、信任和安全而拟订措施的意见已日趋一致；

8. **敦促**从事外层空间活动的国家以及有意从事这种活动的国家，将有关这个问题的任何双边和多边谈判的进展情况随时通知裁军谈判会议，以利会议工作的进行；

9. **决定**将题为“防止外层空间的军备竞赛”的项目列入大会第七十二届会议临时议程。

2016 年 12 月 5 日
第 51 次全体会议
（资料来源：联合国官方网站；供稿：中国空间法学会）

2016 年 12 月 5 日大会决议
[根据第一委员会的报告（A/71/448）通过]

71/32. 不首先在外层空间放置武器

大会，

确认全人类在为和平用途探索和利用外层空间方面具有共同利益，

严重关切可能爆发外层空间军备竞赛和外层空间变成军事对抗的舞台，并铭记《关于各国探索与利用包括月球和其他天体在内外层空间活动的原则条约》[①] 第 3 和 4 条的重要性，

意识到防止外层空间的军备竞赛可使国际和平与安全避免一个严重危险，

重申应研究和采取切实措施，以求达成防止外层空间军备竞赛的协定，

强调严格遵守关于和平利用外层空间的现有法律制度至关重要，

重申适用于外层空间的法律制度本身不能保证防止外层空间的军备竞赛，而且需要巩固和加强该制度，

在这方面**欢迎**中国和俄罗斯联邦在 2008 年裁军谈判会议上提出关于防止在外层空间放置武器以及防止威胁使用或使用武力攻击外层空间物体的条约草案[②]并在 2014 年提交更新版本[③]。

考虑到外层空间活动中的透明度和建立信任措施是上述条约草案的重要组成部分，

回顾其 2014 年 12 月 2 日第 69/32 号和 2015 年 12 月 7 日第 70/27 号决议，以及 1990 年 12 月 4 日第 45/55B 号和 1993 年 12 月 16 日第 48/74B 号决议，其中除其他外，确认透明度和建立信任措施作为有助于确保实现防止外层空间军备竞赛目标的手段至为重要，

---

① 联合国，《条约汇编》，第 610 卷，第 8843 号。

② 参见 CD/1839。

③ 参见 CD/1985。

注意到若干国家[1]关于不首先在外层空间放置武器的政治声明的重要性，

1. **重申**防止外层空间军备竞赛目标的重要性和紧迫性，并重申各国愿意促进实现这一共同目标；

2. **重申**裁军谈判会议作为唯一多边谈判论坛[2]在酌情缔结一项或多项全面防止外层空间军备竞赛的多边协定谈判中应发挥主要作用；

3. **敦促**以中国和俄罗斯联邦在裁军谈判会议题为“防止外层空间的军备竞赛”的议程项目下提交的关于防止在外层空间放置武器以及防止威胁使用或使用武力攻击外层空间物体的条约更新草案为基础，早日开始实质性工作；

4. **强调**指出虽然尚未达成此种协定，但可采取其他措施，促进确保不在外

层空间放置武器；

5. **鼓励**所有国家、特别是航天国家考虑是否可能酌情作出不首先在外层空

间放置武器的政治承诺；

6. **决定**在大会第七十二届会议临时议程中列入题为“不首先在外层空间放置武器”的项目。

2016年12月5日

第51次全体会议

（资料来源：联合国官方网站；供稿：中国空间法学会）

① 阿根廷、亚美尼亚、白俄罗斯、玻利维亚多民族国、巴西、古巴、印度尼西亚、哈萨克斯坦、吉尔吉斯斯坦、尼加拉瓜、俄罗斯联邦、斯里兰卡、塔吉克斯坦和委内瑞拉玻利瓦尔共和国。

② 参见S-10/2号决议。

2016 年 12 月 5 日大会决议
[根据第一委员会的报告（A/71/450）通过]

71/33. 防止弹道导弹扩散海牙行为守则

大会，

关切区域和全球安全挑战日益增多，特别是因为能够运载大规模毁灭性武器的弹道导弹不断扩散，

铭记联合国的宗旨和原则及《联合国宪章》规定的联合国在国际和平与安全领域的作用和责任，

强调必须进行区域和国际努力，全面防止和控制能够运载大规模毁灭性武器的弹道导弹系统的扩散，以促进国际和平与安全，

欢迎 2002 年 11 月 25 日在海牙通过《防止弹道导弹扩散海牙行为守则》①，并深信《防止弹道导弹扩散海牙行为守则》有助于增强透明度和各国之间的信任，

回顾其题为“防止弹道导弹扩散海牙行为守则”的 2004 年 12 月 3 日第 59/91 号、2005 年 12 月 8 日第 60/62 号、2008 年 12 月 2 日第 63/64 号、2010 年 12 月 8 日第 65/73 号、2012 年 12 月 3 日第 67/42 号和 2014 年 12 月 2 日第 69/44 号决议，

又回顾如安全理事会 2004 年 4 月 28 日第 1540（2004）号决议和其后各项决议所确认，能够运载大规模毁灭性武器的弹道导弹的扩散对国际和平与安全构成威胁，

确认承诺落实 1996 年 12 月 13 日第 51/122 号决议附件所载的《关于开展探索和利用外层空间的国际合作，促进所有国家的福利和利益，并特别考虑到发展中国家的需要的宣言》，

确认应使所有国家都能享有为和平目的利用外层空间的好处，但是在获取此类好处和进行相关合作时，不得助长能够运载大规模毁灭性武器的弹道

---

① 参见 A/57/724，附文。

导弹的扩散，

注意到签署国与联合国裁军事务厅合作，通过制作教育材料提高对《行为守则》的认识，

念及必须严防大规模毁灭性武器及其运载工具的扩散，

1. **欣见**迄今已有138个国家签署了《防止弹道导弹扩散海牙行为守则》[①]，

这是防止大规模毁灭性武器及其运载工具扩散的一个实际步骤；

2. **又欣见**《防止弹道导弹扩散海牙行为守则》的普遍适用进程不断推进，并强调必须在区域和国际层面进一步推进普遍适用；

3. **邀请**所有尚未签署《行为守则》的国家，特别是拥有外层空间运载火箭和弹道导弹能力以及正在开展相应国家方案的国家签署《行为守则》，同时铭记为和平目的利用外层空间的权利；

4. **鼓励**已经签署《行为守则》的国家努力增加对《行为守则》的参与并进一步改进《行为守则》的执行情况；

5. **注意到**在《行为守则》的执行方面不断取得进展，这有助于通过提交发射前通知书及关于外层空间和弹道导弹政策的年度通告，增强透明度和各国之间的信任，并强调必须为此采取进一步措施；

6. **鼓励**探讨进一步的方式和手段，以便有效处理能够运载大规模毁灭性武器的弹道导弹的扩散问题，采取必要措施避免助推这种运载系统的发展，并深化《行为守则》与联合国的关系；

7. **决定**在大会第七十三届会议临时议程题为“全面彻底裁军”的项目下列入题为“防止弹道导弹扩散海牙行为守则”的分项。

2016年12月5日

第51次全体会议

（资料来源：联合国官方网站；供稿：中国空间法学会）

① 参见A/57/724，附文。

2016 年 12 月 5 日大会决议

[根据第一委员会的报告（A/71/450）通过]

71/42. 外层空间活动中的透明度和建立信任措施

大会，

回顾其 2005 年 12 月 8 日第 60/66 号、2006 年 12 月 6 日第 61/75 号、2007 年 12 月 5 日第 62/43 号、2008 年 12 月 2 日第 63/68 号、2009 年 12 月 2 日第 64/49 号、2010 年 12 月 8 日第 65/68 号、2013 年 12 月 5 日第 68/50 号、2014 年 12 月 2 日第 69/38 号和 2015 年 12 月 7 日第 70/53 号决议，及其 2011 年 12 月 2 日第 66/517 号决定，

又回顾秘书长 1993 年 10 月 15 日提交大会第四十八届会议的报告，其附件载有政府专家关于在外层空间适用建立信任措施的研究报告[①]，

重申所有国家有权根据国际法开发和利用外层空间，

又重申防止外层空间军备竞赛有利于维持国际和平与安全，并且是推动和加强为和平目的探索和利用外层空间方面国际合作的必要条件，

在这方面**回顾**其 1990 年 12 月 4 日第 45/55B 号和 1993 年 12 月 16 日第 48/74B 号决议，其中除其他外，确认增强透明度的必要性并认可建立信任措施的重要性，以此作为强化防止外层空间军备竞赛目标的手段，

注意到裁军谈判会议就这一问题开展的建设性辩论和会员国表达的意见，

又注意到中国和俄罗斯联邦在裁军谈判会议上提出了防止在外层空间放置武器和对外空物体使用武力或威胁使用武力的条约草案[②]，并于 2014 年提交了其更新版本[③]，

---

① A/48/305 和 Corr. 1。

② 参见 CD/1839。

③ 参见 CD/1985。

还注意到2004年以来有几个国家[①]出台了不最先在外层空间放置武器的政策，

注意到欧洲联盟提交了不具法律约束力的外层空间活动国际行为守则草案，

确认和平利用外层空间委员会及其科学和技术小组委员会和法律小组委员会开展的工作，对促进外层空间活动的长期可持续性作出了重大贡献，

注意到已按照第61/75号决议第1段、第62/43号决议第2段、第63/68号决议第2段和第64/49号决议第2段向秘书长提出关于外层空间的国际透明度和建立信任措施的具体建议的会员国作出的贡献，

欣见秘书长在公平地域分配基础上召集政府专家组在2012年和2013年就外层空间的透明度和建立信任措施进行研究工作，

注意到委员会2015年第五十八届会议审议了这项研究工作，会议确信委员会应在加强透明度和建立各国间信任，以及在确保为和平目的利用外层空间方面发挥重要作用[②]，

表示注意到联合国系统的外层空间活动机构间会议（联合国空间会议）就政府专家组关于外层空间活动中的透明度和建立信任措施的报告的执行情况编写了一份特别报告，提交委员会2016年第五十九届会议[③]，

注意到委员会核可了其法律小组委员会第五十五届会议提出的建议，在2017年大会第七十二届会议期间裁军和国际安全委员会（第一委员会）及特别政治和非殖民化委员会（第四委员会）的一次全体会议上举行为期半天的联合小组讨论会[④]，作为《关于各国探索与利用包括月球和其他天体在内外层空间活动的原则条约》[⑤]五十周年所作的集体贡献，

欣见2014年10月20日至11月7日国际电信联盟在大韩民国釜山召开的全权代表会议上通过的关于加强国际电信联盟在外层空间活动中的透明度和建立信任措施方面的作用的2014年11月7日第186号决议，

1. **强调**秘书长转交大会于2013年12月5日审议的外层空间活动中的透

① 阿根廷、亚美尼亚、白俄罗斯、玻利维亚多民族国、巴西、古巴、印度尼西亚、哈萨克斯坦、吉尔吉斯斯坦、尼加拉瓜、俄罗斯联邦、斯里兰卡、塔吉克斯坦和委内瑞拉玻利瓦尔共和国。

② 参见《大会正式记录，第七十届会议，补编第20号》（A/70/20），第64段。

③ A/AC.105/1116。

④ 参见《大会正式记录，第七十一届会议，补编第20号》（A/71/20），第273段；A/AC.105/1113，附件一，第19（c）段。

⑤ 联合国，《条约汇编》，第610卷，第8843号。

明度和建立信任措施问题政府专家组报告的说明至关重要[①]；

2. **鼓励**会员国继续通过相关国家机制在符合其国家利益的情况下，尽最大
可能自愿审查和执行报告所载拟议透明度和建立信任措施；

3. **又鼓励**会员国根据报告所载建议，为促进切实落实透明度和建立信任措施，就和平利用外层空间委员会、裁军审议委员会和裁军谈判会议执行这些措施的前景定期进行讨论；

4. **请**根据第 68/50 号决议向其分发报告的联合国系统相关实体和组织酌情协助有效执行报告所载结论和建议；

5. **鼓励**联合国系统相关实体和组织酌情就报告所载建议的相关事项进行协调；

6. **欣见**根据报告于 2015 年 10 月 22 日召开了裁军和国际安全委员会（第一委员会）及特别政治和非殖民化委员会（第四委员会）联合特别会议，以应对空间安全和可持续性方面的可能挑战，并欣见会议期间就外层空间的各种安全问题进行了实质性意见交流；

7. **促请**会员国以及联合国系统有关实体和组织支持执行报告中的所有结论和建议；

8. **请**秘书长向大会第七十二届会议提交一份关于联合国系统外层空间活动中的透明度和建立信任措施协调工作的报告，并在附件中载列会员国就有关外层空间活动中的透明度和建立信任措施的看法提交的呈件；

9. **决定**在大会第七十二届会议临时议程题为“全面彻底裁军”的项目下列入题为“外层空间活动中的透明度和建立信任措施”的分项。

2016 年 12 月 5 日
第 51 次全体会议
（资料来源：联合国官方网站；供稿：中国空间法学会）

---

① 参见 A/68/189。

2016年12月6日大会决议
[根据特别政治和非殖民化委员会（第四委员会）的报告（A/71/492）通过]

71/90. 和平利用外层空间方面的国际合作

大会，

回顾其1996年12月13日第51/122号、1999年12月6日第54/68号、2004年10月20日第59/2号、2006年12月14日第61/110和61/111号、2007年12月17日第62/101号、2007年12月22日第62/217号、2010年12月10日第65/97号、2011年4月7日第65/271号、2011年12月9日第66/71号、2012年12月18日第67/113号、2013年12月5日第68/50号、2013年12月11日第68/74和68/75号、2014年12月5日第69/85号、2015年12月9日第70/82号和2015年12月23日第70/230号决议，

强调使人类得以探索宇宙的空间科学技术及其应用方面的发展已取得的巨大进步，以及在空间探索活动方面取得的卓越成就，包括加深对行星系及太阳和地球本身的认识，还强调在利用空间科学技术造福全人类和制定规范空间活动的国际法律制度方面取得的巨大进步，

确认在此方面，和平利用外层空间委员会及其科学和技术小组委员会和法律小组委员会在秘书处外层空间事务厅协助下，为促进空间活动方面的国际合作提供了独特的全球平台，

强调将于2018年纪念联合国探索与和平利用外层空间会议50周年（VNISPACE＋50），届时将有机会审议委员会对全球外空活动治理的贡献的现状并就此进行未来规划，委员会及其附属机构已经在2018年专题届会的筹备工作中取得进展，

深信推动和扩大为和平目的探索和利用属于全人类的外层空间并继续努力使所有国家都从中受益符合人类共同利益，深信在该领域开展国际合作的重要性，联合国应继续作为这种合作的协调中心，

重申国际合作对于制订国际法规则的重要性，包括国际空间法有关规范

及其在为和平目的探索和利用外层空间方面的国际合作中的重要作用，重申必须尽可能广泛加入各项促进和平利用外层空间的国际条约，以应对不断出现的新挑战，特别是发展中国家面临的挑战，

严重关切外层空间军备竞赛的可能性，并铭记《关于各国探索和利用包括月球和其他天体在内外层空间活动的原则条约》第四条的重要性①，

确认所有国家，特别是拥有强大空间能力的国家，都应为防止外层空间军备竞赛作出积极贡献，以期推动和加强为和平目的探索和利用外层空间方面的国际合作，

深为关切空间环境的脆弱性和外层空间活动长期可持续性所面临的挑战，尤其是空间碎片的撞击，这是一个事关所有国家的问题，

注意到在和平空间探索和应用方面的发展以及在各种国家空间项目和合作空间项目方面取得的进展，并指出进一步建立法律框架以加强外空方面国际合作

的重要性，

深信空间科学技术及其应用，包括卫星通信、地球观测系统和卫星导航技术，为切实可行地长期解决可持续发展问题提供了不可或缺的工具，可更有效地帮助努力促进世界所有国家和区域的发展，为此强调指出，有必要利用空间技术的惠益以执行《2030 年可持续发展议程》②，

严重关切灾害造成毁灭性影响③，希望所有国家均能更多地获得和利用天基服务和地理空间信息，促进灾害管理方面的能力建设并加强这方面的机制，尤其是在发展中国家，以期加强灾害管理和应急方面的全球一级国际协调与合作，

坚信空间科学技术及其应用在远程医疗、远程教育、灾害管理、环境保护、自然资源管理以及海洋和气候监测等领域的应用，有助于实现联合国讨论经济、社会和文化发展，特别是消除贫穷所涉各方面问题的各次全球会议的目标，

深为关切传染病，包括埃博拉病毒疾病对人类生命、社会和发展的严重破坏性影响，敦促国际社会加强天基解决方案，特别是远程流行病学，在流行病监测、防备和应对活动方面的作用，

① 联合国，《条约汇编》，第 610 卷，第 8843 号。

② 第 70/1 号决议。

③ “灾害”一词是指自然或技术灾害。

回顾指出，2012年6月20日—22日在巴西里约热内卢举行的联合国可持续发展大会确认空间科学技术在促进可持续发展方面可发挥重大作用①，

审议了和平利用外层空间委员会第五十九届会议工作报告②，

1. **核可**和平利用外层空间委员会第五十九届会议工作报告，但其附件除外，附件连同序言部分案文和第二套准则将形成完整的准则汇编，供委员会通过并于2018年提交大会③；

2. **同意**委员会第六十届会议审议其五十九届会议建议的实质性项目④，同时考虑到所有国家、特别是发展中国家关切的问题；

3. **注意到**委员会法律小组委员会第五十五届会议继续开展大会第70/82号决议为其规定的工作⑤；

4. **同意**法律小组委员会第五十六届会议按照委员会的建议审议实质性项目并重新召集工作组⑥，同时考虑到所有国家、特别是发展中国家关切的问题；

5. **敦促**尚未成为外层空间利用问题国际条约缔约国的国家⑦考虑依其国内法批准或加入这些条约，并将这些条约纳入本国立法；

6. 满意地**注意到**，秘书处外层空间事务厅制订并以所有联合国正式语文出版的空间法大纲可以鼓励各国与相关实体合作开展进一步研究，以支持空间法和空间政策方面的能力建设；

7. **注意到**委员会科学和技术小组委员会第五十三届会议继续开展大会第

---

① 第66/288号决议，附件，第274段。

② 《大会正式记录，第七十一届会议，补编第20号》（A/71/20）。

③ 委员会题为“外层空间活动长期可持续性准则：第一套”的报告附件不提交大会供采取行动。序言部分案文和第二套准则仍待完成，以形成完整的准则汇编，将于2018年提交大会第七十三届会议（见报告第133-137段）。

④ 《大会正式记录，第七十一届会议，补编第20号》（A/71/20），第318段。

⑤ 同上，第二.C章；A/AC.105/1113。

⑥ 《大会正式记录，第七十一届会议，补编第20号》（A/71/20），第212-214段。

⑦ 《关于各国探索和利用包括月球和其他天体在内外层空间活动的原则条约》（联合国，《条约汇编》，第610卷，第8843号）；《关于援救航天员、送回航天员及送回射入外空的物体的协定》（联合国，《条约汇编》，第672卷，第9574号）；《外空物体所造成损害之国际责任公约》（联合国，《条约汇编》，第961卷，第13810号）；《关于登记射入外层空间物体的公约》（联合国，《条约汇编》，第1023卷，第15020号）；《指导各国在月球和其他天体上活动的协定》（联合国，《条约汇编》，第1363卷，第23002号）。

70/82 号决议为其规定的工作[①]；

8. **同意**科学和技术小组委员会第五十四届会议按照委员会的建议审议[②]质性项目并重新召集工作组，同时考虑到所有国家，特别是发展中国家关切的问题；

9. **重申**必须分享关于发现、监测和物理定性可能造成危害的近地天体的信息，以确保所有国家，尤其是在预测和减缓近地天体撞击影响方面能力有限的发展中国家认识到潜在威胁，强调需要开展能力建设，以期在发生近地天体撞击事件时能有效地紧急应对和管理灾害；并满意地注意到，为落实对近地天体撞击威胁作出国际反应的建议，设立了国际小行星警报网和航天飞行规划咨询组，并且 两个机构在作为航天飞行规划咨询组常设秘书处的外层空间事务厅支持下开展了工作[③]；

10. **宣布**6月30日为国际小行星日，每年在国际一级纪念1908年6月30日俄罗斯联邦西伯利亚通古斯大撞击事件，并提高公众对小行星撞击危险的认识；

11. **赞赏**地注意到一些国家已经通过国内机制，并按照空间碎片问题机构间协调委员会《减少空间碎片准则》和大会第 62/217 号决议核可的和平利用外层空间委员会《减少空间碎片准则》[④]，自愿采取减少空间碎片措施；邀请其他国家通过相关国内机制实施和平利用外层空间委员会的《减少空间碎片准则》；

12. 认为各国必须更加关注空间物体特别是核动力源物体与空间碎片碰撞的问题及空间碎片所涉其他方面问题，呼吁各国继续研究这个问题，开发更完善技术来监测空间碎片，汇编和传播关于空间碎片的数据，并认为应尽可能向科学和技术小组委员会提供这方面的资料，还同意需要通过国际合作推广适当且负担得起的战略，以尽量减少空间碎片对未来航天飞行的影响；

13. **敦促**所有国家，特别是拥有强大空间能力的国家，为防止外层空间军备竞赛作出积极贡献，以此作为推动为和平目的探索和利用外层空间方面国际合作的必要条件；

---

① 《大会正式记录，第七十一届会议，补编第 20 号》（A/71/20），第二章 B 节：A/AC. 105/1109。

② 《大会正式记录，第七十一届会议，补编第 20 号》（A/71/20），第 145 - 147 段。

③ 同上，第 119 段；同上，《第七十届会议，补编第 20 号》（A/70/20），第 153 段；同上，《第六十八届会议，补编第 20 号》（A/68/20），第 144 段；A/AC. 105/1038，第 198 段和附件三。

④ 《大会正式记录，第六十二届会议，补编第 20 号》（A/62/20），附件。

14. **请**委员会继续优先审议如何保持外层空间用于和平目的，并就此向大会第七十二届会议报告，并同意委员会应继续从更广的视角审议有助于确保安全而有责任地开展空间活动的空间安全保障及相关事项，包括如何为此目的促进国际、区域和区域间合作；

15. **决定**在现有资源范围内，召开一次裁军和国际安全委员会（第一委员会）和特别政治和非殖民化委员会（第四委员会）半天联合专题小组讨论会，作为第一和第四委员会对《关于各国探索和利用包括月球和其他天体在内外层空间活动的原则条约》50周年的共同贡献，并决定在大会第七十二届会议临时议程题为“和平利用外层空间方面的国际合作”的项目下列入题为“第一和第四委员会关于空间安全和可持续性方面可能面临的挑战的联合小组讨论会”的分项①；

16. 满意地**注意到**委员会在其第五十九届会议商定UNISPACE＋50的七个专题优先事项，包括其目标和机制②；

17. **强调**外层空间事务厅发挥核心作用，促进利用空间科学技术及其应用方面的能力建设，并应发展中国家的请求协助它们依照国际空间法制订国家空间政策和立法及加强空间活动机构能力，敦促所有会员国向支助联合国和平利用外层空间方案信托基金捐款，以便加强外层空间事务厅在优先专题领域提供技术和法律咨询服务的能力；

18. 满意地**注意到**2016年外层空间事务厅举办若干讲习班和专题讨论会，请外空厅在委员会及其科学和技术小组委员会和法律小组委员会2017年举行的各自届会上继续评估委员会能力建设活动现况③；

19. **确认**根据联合国空间应用方案开展的能力建设活动为参加这些活动的会员国、特别是发展中国家提供独特好处；

20. 满意地**注意到**联合国灾害管理和应急天基信息平台（天基信息平台）成立十周年，确认该平台自2006年成立以来取得重大成就、向天基信息平台框架内38个会员国提供了咨询支持④及其区域支助办事处网络所作宝贵贡献，并鼓励会员国自愿向该方案提供必要的额外资源，以满足日益增多的对成功和及时提供支持的需求；

---

① 《大会正式记录，第六十二届会议，补编第20号》（A/62/20），附件，《第七十一届会议，补编第20号》（A/71/20），第273段；A/AC.105/1113，附件一，第19（c）段。

② 《大会正式记录，第七十一届会议，补编第20号》（A/71/20），第296段。

③ 同上，第60段；另见A/AC.105/1107，附件二和第70/230号决议。

④ 第61/110号决议。

21. **重申**《2015—2030年仙台减少灾害风险框架》[①] 的重要性，其中认识到天基技术和地球观测对灾害管理和应急反应的价值；满意地注意到，外层空间事务厅及其天基信息平台努力促进国际合作，以加强国家和地方对天基技术及相关服务的利用；

22. 满意地**注意到**全球导航卫星系统国际委员会在作为该国际委员会执行秘书处的外空事务厅支持下在实现全球和区域天基定位、导航和定时系统的兼容性和互操作性方面，以及在推广使用全球导航卫星系统和将其纳入各国特别是发展中国家基础设施方面不断取得进展，并赞赏地注意到国际委员会将于2016年11月6日—11日在俄罗斯联邦索契举行第十一次会议；

23. **赞赏**地注意到附属于联合国的各个区域空间科学技术教育中心，即分别设在摩洛哥和尼日利亚的法语和英语非洲区域空间科技教育中心、设在中国的亚洲及太平洋区域空间科技教育中心、设在印度的亚洲及太平洋空间科技教育中心、分设在巴西和墨西哥的拉丁美洲和加勒比区域空间科技教育中心以及设在约旦的西亚空间科技教育中心，于2016年继续落实各自的教育方案，鼓励各个区域中心继续推动妇女更多参与这些教育方案，并同意各个区域中心应继续向和平利用外层空间委员会提交活动报告；

24. **强调**空间活动领域的区域内和区域间合作对于加强和平利用外层空间、协助各国发展空间能力以及推动执行《2030年可持续发展议程》至关重要，为此请相关区域组织及其专家组提供必要援助，以便各国落实区域会议的各项建议，并在这方面指出妇女平等参与所有科技领域的重要性；

25. **确认**在这方面亚太空间合作组织和欧洲航天局等组织、各类会议和其他机制，例如空间科学和技术促进可持续发展问题非洲领导人会议、亚太区域空间机构论坛、美洲空间会议，在加强各国间区域和国际合作方面的重要作用；

26. **强调**有必要增进空间技术及其应用所产生的惠益，推动空间活动的有序增长，使其有利于所有国家的持续经济增长和可持续发展，包括加强区域和国家一级的可持续空间数据基础设施及建设减轻灾害影响的抗灾能力，特别是在发展中国家；

27. **重申**应在联合国关于经济、社会和文化发展及有关领域的各个主要会议和首脑会议上促进空间技术及其应用所产生的惠益，确认在制定和实施政策和行动方案时，包括在努力实现这些会议和首脑会议的目标以及在执行

---

① 第69/283号决议，附件二。

《2030年可持续发展议程》时，应宣传空间科学技术及其应用对于全球、区域、国家和地区可持续发展进程的至关重要性；

28. **鼓励**在外层空间事务厅的参与下，会员国为此推动这些会议、首脑会议和进程考虑空间科学技术应用和天基地理空间数据使用问题的实际意义；

29. **鼓励**外层空间事务厅积极参加这些会议、首脑会议和进程，酌情参加其他活动，以支持UNISPACE+50各项目标，并开展能力建设活动、举办讲座及参加学术和研究活动，促进和平利用外层空间方面的国际合作；

30. **敦促**联合国空间会议在外层空间事务厅领导下继续研究空间科学技术及其应用如何推动《2030年可持续发展议程》，鼓励联合国系统各实体酌情参与联合国空间会议的协调工作；

31. **鼓励**外层空间事务厅酌情并结合外层空间活动的长期可持续性，继续开展与空间安全保障以及外层空间活动中透明度和建立信任措施有关的能力建设和外联活动；

32. **决定**新西兰为委员会成员；

33. **核可**委员会关于给予国际航空运输协会常驻观察员地位的决定[①]；

34. **鼓励**各区域组推动属于本区域组的委员会成员国积极参与委员会及其附属机构的工作。

2016年12月6日

第53次全体会议

（资料来源：联合国官方网站；供稿：中国空间法学会）

① 《大会正式记录，第七十一届会议，补编第20号》(A/71/20)，第313段。

第四部分
中国空间法学会 2016 年度重点论文

关于中国航天新型智库建设的若干思考

张振军*

摘　要：智库是指专门从事开发性研究的高端政策咨询和研究机构。智库作为一种新型的知识创新和智慧集成模式，可以将不同来源的智力资源整合起来，充分凝聚集体智慧，为国家及国际社会政治、经济、军事、社会等各领域的重大问题提供决策咨询意见和有效的解决方案。智库作为知识经济的推动者、践行者和现代服务业的高端形态，已成为领导力建设和现代治理体系的重要组成部分。中国航天新型智库建设是一项将相关研究机构纳入中国特色新型智库规范化建设轨道的系统工程，是发展航天知识经济的重要抓手。加快推进中国航天新型智库建设是打造中国航天事业升级版、建设世界航天强国的重要保障，是维护国家战略安全的迫切需要，是发展空间外交事业的内在要求。中国航天新型智库建设目前还存在客观需求迫切、有效需求和有效供给不足，战略重视程度及全球借鉴不足等问题，需要加强顶层设计和顶层推动，在全行业建立"智库+"的常态决策咨询机制和智库成果采购制度，切实加大投入，强化人才队伍建设，积极整合涵养资源，着力培育市场环境，打造核心竞争优势，开创中国航天的智库时代。

关键词：新型智库；决策咨询；知识经济；外空安全；空间外交；航天服务业

---

* 张振军，男，中国航天科技国际交流中心副主任、中国空间法学会秘书长、《空间法学研究年刊》创刊主编，国际宇航科学院通讯院士。兼任北京市丰台区政协副主席、欧美同学会留美分会理事、北京市欧美同学会常务理事、国际空间法学会理事、国际宇航联合会外空安全委员会委员等职。研究员级高级经济师、高级国际商务师、企业法律顾问。受中国国家航天局和中国航天科技集团公司委派，2011年起担任联合国外空委"外空活动长期可持续性"工作组专家，多次随中国代表团执行联合国外空治理国际规则谈判任务。深度参与国家航天立法促进和论证工作，主持多项国家部委研究课题，在国内外发表数十篇（部）空间法律政策论文、专著、合作译著及主编、共同主编著作。主要代表作包括专著《月球资源开发国际法律制度研究》（2012年）、共同主编著作《外空矿物资源：挑战与机遇的全球评估》（2015年在美国发行英文版，2017年在中国发行中文版）。本文原载于《中国航天》杂志2016年第3、4、5期，收录本刊时略有修改和删节。联系方式：zhangzhenjun@spacechina.com。

一、引言

中国航天①新型智库建设是中国航天事业的重要组成部分，但目前业界、学界对此鲜有专题研究。2013 年底，笔者曾在《中国航天》杂志发表专题文章《中国航天软实力与世界航天强国建设》[1]，论证了航天软实力与世界航天强国建设的内在联系，并首次提出“积极培育具有世界水平的航天智库”。由于篇幅所限，当时未能就此展开论述。本文将从分析中国航天新型智库建设的概念和价值入手，论证其与建设世界航天强国、维护国家战略安全、发展空间外交事业的辩证关系，并针对存在问题提出解决方案。

二、中国航天新型智库建设的概念内涵

2013 年 4 月，习近平总书记作出重要批示，提出要“建设中国特色新型智库”，强调智库是国家软实力的重要组成部分，对智库建设提出了新要求、新定位、新方向[2]。2013 年 11 月，党的十八届三中全会将“完善和发展中国特色社会主义制度，推进国家治理体系和治理能力现代化”列为全面深化改革的总目标，明确提出“加强中国特色新型智库建设，建立健全决策咨询制度”[3]，这是在中共中央文件中首次提出“智库”概念。2014 年 10 月，中央全面深化改革领导小组第六次会议审议通过《关于加强中国特色新型智库建设的意见》。2015 年 1 月，中共中央办公厅、国务院办公厅正式发布《关于加强中国特色新型智库建设的意见》（简称《意见》）。《意见》指出，加强中国特色新型智库建设的总体目标是，到 2020 年，形成定位明晰、特色鲜明、规模适度、布局合理的中国特色新型智库体系，重点建设一批具有较大影响力和国际知名度的高端智库[4]。在 2015 年全国“两会”上，国务院总理李克强在《政府工作报告》中明确提出，要“积极推进决策科学化、民主化，重视发挥智库作用”[5]。2015 年 10 月，党的十八届五中全会强调，要实施哲学社会科学创新工程，建设中国特色新型智库。2015 年 11 月 9 日，习近平总书记在中央全面深化改革领导小组第十八次会议上强调，要建设一批国家亟需、特色鲜明、制度创新、引领发展的高端智库，重点围绕国家重大战略需求开

① 本文所涉及的航天属于“大航天”、“全行业”概念，并不局限于航天器研制、发射活动。此外，本文多处使用“空间”概念，一般均指外层空间。

展前瞻性、针对性和储备性政策研究。会议审议通过《国家高端智库建设试点工作方案》，此后，国家高端智库建设试点工作会议确定首批25家国家高端智库建设试点单位①。2016年5月17日，中共中央总书记、国家主席、中央军委主席习近平在北京主持召开哲学社会科学工作座谈会并发表重要讲话时指出，智库建设要把重点放在提高研究质量、推动内容创新上；要加强决策部门同智库的信息共享和互动交流，把党政部门政策研究同智库对策研究紧密结合起来，引导和推动智库建设健康发展、更好地发挥作用②。2016年6月20日，国家主席习近平、波兰总统杜达在华沙共同出席丝路国际论坛暨中波地方与经贸合作论坛开幕式。习近平就开展“一带一路”建设、中国-中东欧国家合作、中波合作提出了5点建议，其明确提出：智力先行，强化智库的支撑引领作用。要加强对“一带一路”建设方案和路径的研究，在规划对接、政策协调、机制设计上做好政府的参谋和助手，在理念传播、政策解读、民意通达上做好桥梁和纽带③。

中央的上述精神和导引为中国特色新型智库建设明确了战略方向，引起国内外广泛关注。中国航天领域的新型智库如何建设、谁来建设、如何更好地服务中国航天事业发展、评价标准如何设定及研究成果如何转化，需要进行系统研究，更需要理论和实践的跟进。本文将从概念、内涵及价值分析入手，论述其解题路径。

智库（也称思想库）作为一种社会组织是特指稳定的、相对独立的政策研究机构，其研究人员运用科学的研究方法对广泛的公共政策问题进行跨学科的研究，并在与政府、企业及大众密切相关的政策问题上提出咨询建议[6]。智库的使命是通过新思想引领决策，智库常被人形容是一个国家的“智商”，

① 首批入选的机构分为4种类型。第一类是党中央、国务院、中央军委直属的综合性研究机构，共10家，包括国务院发展研究中心、中国社会科学院、中国科学院、中国工程院、中央党校和新华社等。第二类是依托大学和科研机构形成的专业性智库，共12家，包括中国社会科学院国家金融与发展实验室、中国现代关系研究院、国家发改委宏观经济研究院T商务部国际贸易经济合作研究院等。第三类是依托大型国有企业的研究机构，只有中国石油经济技术研究院入选。第四类是基础较好的社会智库，共2家，分别是中国国际经济交流中心和综合开发研究院（中国·深圳）。

② 新华社北京5月18日电，习近平在哲学社会科学工作座谈会上的讲话（2016年5月17日），http：//politics. people. com. cn/n1/2016/0518/c1024－28361421. html，最后访问日期：2017年5月18日。

③ 新华社华沙6月20日电（记者王丰丰 黄尹甲子），习近平同波兰总统杜达共同出席丝路国际论坛暨中波地方与经贸合作论坛开幕式，http：//news. xinhuanet. com/world/2016－06/21/c_1119079294. htm，最后访问日期：2016年6月20日。

它用思想替决策者挣尊严、替民众挣信心、替国家挣未来①。作为近现代西方大国崛起过程中的一个不可或缺的特殊角色，智库已经越来越成为当今大国竞争的无形力器，并成为大国软实力的重要标志之一[7-8]。

智库作为专门从事开发性研究的高端政策咨询和研究机构，属于一种新型的知识创新和智慧集成模式，具有高度的创造性和能动性。其独特优势在于，可以将不同机构、不同学科、不同背景的智力资源有效整合起来，通过“脑力激荡”充分凝聚集体智慧，为国家乃至国际社会的政治、经济、军事、社会等特定领域、特定行业、特定地区的重大问题提供决策咨询意见和有效解决方案。从发达国家的实践看，智库作为知识经济的推动者、践行者和现代服务业的高端形态，已经成为领导力建设和现代治理体系的重要组成部分。从国内外经验看，针对特定关键议题，不同智库经过独立、客观地研究，往往可能从不同视角提出内容迥异的解决方案，有利于决策者全面掌握决策背景信息，从纷繁复杂的多重决策要素中去伪存真、去粗取精，从而得出最优方案。目前，我们已经无需再去论证要不要建设智库，更无需因为它是舶来品而倍感纠结，而只需集中研究如何借鉴发达国家成熟经验，加快推进中国特色新型智库建设。

中国航天新型智库建设是一项将目前具有智库、准智库形态的相关研究机构纳入中国特色新型智库规范化建设轨道的系统工程，是发展航天知识经济的重要抓手。从其指导思想看，我们应当按照党的十八大和十八届三中、四中、五中、六中全会的总体要求，努力建设面向现代化、面向世界、面向未来的中国特色新型航天智库体系，建设一批高水平的航天科技企业智库、空间战略法律政策智库；以智库形式有效集成全行业、全国乃至全球的最高智慧，充分发挥新型智库咨政建言、理论创新、舆论引导、社会服务、公共外交等重要功能，推动中国航天事业顶层决策的科学化、程序化，推进国家空间治理能力和空间治理体系的现代化、法治化，促进中国航天事业在更高层次实现健康快速发展，引领中国航天发展新常态，服务世界航天强国建设；以新型航天智库建设为抓手，促进现代航天服务业转型升级，服务国民经济社会发展和创新型国家建设。

中国航天新型智库建设的内涵应该相当丰富。从其建设主体看，国家、政府和大型航天企业责无旁贷，科研院所、高等院校、学术群团机构可以承

① 引自中国国际经济交流中心副理事长、中国商务部原副部长魏建国为《大国智库》一书所作的序言。

担具体建设任务。从其受益主体看，应当包括相关的立法机关、行政机关、航天器研制部门、航天器运行管理部门、航天活动用户部门等。从其研究对象看，应当涵盖空间战略、空间政策、空间技术、空间科学、空间应用、空间外交、空间法律、空间事务行政管理、空间活动运营管理、空间基础设施建设、空间教育及空间社会科学等与中国航天事业密切相关的诸多领域。中国航天新型智库建设需要统筹推进各级各类主体的能力建设，注重总体策划、系统分工、相互衔接，同时引入适度有序的良性竞争机制，构筑科学、高效的智库产品竞争力和公信力，同时更需要开展深入细致的智库发展环境营造、智库成果应用转化，大力弘扬“尊重知识、尊重人才、尊重劳动、尊重创造”的理念，努力培育知识经济文化和新型航天智库文化。因此，中国航天新型智库建设不能停留和局限于概念层面，而是要切实抓住机遇、求真务实地开展卓有成效的工作。

中国航天事业创建 60 余年以来，取得了以“两弹一星”、“载人航天”、“月球探测”为代表的一系列举世瞩目的辉煌成就，不仅铸牢了国家战略安全基石，极大地提升了我国的科技实力、国防实力、综合国力和民族凝聚力，而且将大量航天技术成功转化应用到经济建设各领域，有力地促进了国民经济发展和人民生活水平的提高，走出了一条中国特色航天科技发展道路，培养造就了堪当重任的航天科技人才队伍，孕育形成了航天三大精神[①]。中国航天的国际地位和国际影响力不断提升，为我国向世界航天强国迈进奠定了坚实基础。

需要指出，我国长期以来基本上靠行政手段、集中优势资源确保重大航天工程项目的成功。由于一些固有思维定式，我们对航天智库作为特殊生产力和航天软实力载体的认识尚不完全到位，在全行业推动新型航天智库建设的指导思想、内生动力和实践尝试均有欠缺。航天智库机构迫切需要加强战略谋划能力，更好地引领中国航天事业发展新常态。

三、中国航天新型智库建设的价值分析

（一）加强中国航天新型智库建设是建设世界航天强国的必然要求

2013 年，习近平总书记提出“发展航天事业，建设航天强国，是我们不懈追求的航天梦”，明确了中国航天事业新时期的战略目标，成为新一届中央

① 航天三大精神系指航天传统精神、“两弹一星”精神和载人航天精神。

领导集体对中国航天事业的最大鞭策和激励。中国航天事业经过60多年的持续发展，已经进入到一个全新阶段。我们认为，新阶段区别、超越以往阶段的重要标志，除了在载人空间站、深空探测领域以及不断扩大的空间应用①等器物层面建设方面实现重大突破外，更要在中国航天软实力、国际影响力方面实现全面跃升，在一些重点领域要引领世界航天事业发展，在新一轮世界航天文明塑造进程中作出中国贡献、抒写中国篇章[1]19，从而实现中国航天事业在世界水平上的全面协调可持续发展。中国航天现在虽然比历史上任何时候都更加接近成为世界航天强国的奋斗目标，但要实现这一宏伟目标，面临的重大决策难题必然会越来越多、越来越复杂。在决策信息不对称、决策要素不确定的形势下，决策者更加需要借助“外脑”优化决策、精准决策，降低决策风险。

党的十八届三中全会对中国特色新型智库建设确立了总体要求，为加快推进中国航天新型智库建设提供了重要的决策指南。加快推进中国航天新型智库建设是“发展航天事业、建设航天强国”的必然要求，也是贯彻落实中央“四个全面”战略布局的必然要求。中国航天作为建设创新型国家和科技强军的重要力量，在引领国家战略性新兴产业发展方向、加快国防和军队现代化建设等方面的地位举足轻重。在这样一个高科技领域全面推进新型智库建设，具有重要的示范价值。随着航天事业在国家发展战略中的作用日益突出，航天活动、航天知识经济对国民经济发展、社会文明进步的正能量必将进一步呈现。中国航天应当在中国特色新型智库建设中占有一席之地。

当前，新型航天智库建设作为我国发展航天知识经济、持续提升航天软实力的重要组成部分，在塑造中国航天全球化竞争新优势、打造中国航天事业升级版、全面建设世界航天强国中所发挥的作用只能加强不能削弱，对此我们要有清醒而深刻的认识。必须让中国航天各类行为主体充分预知、充分感知中国特色新型航天智库的内在价值，形成共同推动新型航天智库建设的强大内生动力，并在全行业共同推动中国航天事业在更高层次上实现更大发展，对国家、中华民族和世界航天科技文明作出新的更大贡献。

（二）加强中国航天新型智库建设是维护国家战略安全的迫切需要

人类社会的发展历史表明，随着科学技术的不断进步，人类活动的空间

① 进入21世纪以来，空间应用的内涵和外延不断拓展，在传统的定位导航、防灾减灾、远程教育、远程医疗、数据传播等传统领域之外，逐步扩展到应对恐怖主义、海盗劫掠、突发灾难搜救、大规模杀伤性武器监控等非传统安全领域。

由陆地到海洋，再到空中，国家战略空间的外延和内涵不断拓展。航天技术的兴起和发展，又使国家战略空间范围延伸到外层空间，形成了天地一体化的、全球性的、多维的战略空间。优先进入者不仅能够大大拓展本国的战略空间，而且将利用其所具有的空间优势，取得在国际政治、经济、科技、军事以及外交斗争中的主动权。外层空间既是军事上的“制高点”，又是国家安全的“高边疆”①。

20 世纪 60 年代初，美国时任总统肯尼迪提出“谁控制了空间，谁就控制了地球”，美苏太空竞赛成为冷战时期两个超级大国角力的重点领域。冷战结束后，美俄对外层空间的垄断已被打破，多极化格局正在形成，空间安全形势日趋复杂[8]。进入 21 世纪后，欧美发达国家愈来愈将外空作为国际竞争新的战略制高点，追求空间利益成为国家间战略对抗的新焦点，对抗结果将对国家安全产生深远影响。各航天大国围绕“天权”、“制天权”和外空资源的争夺日益激烈，我国在外空安全领域面临前所未有的新挑战[9]。

在外空安全领域，少数发达国家一方面不断推进外空武器化和外空军备竞赛，力求强化其对外空战略安全的主导权，另一方面在多个国际平台上主导制定新的游戏规则，力图对后发国家开展航天活动设限。在外层空间开始进入全球共治时代的新形势下，党的十八大报告明确提出要“高度关注海洋、太空、网络空间安全”[10]，但我们对外空安全的研究水平、理论和知识储备与欧美强国相比尚有明显差距，智库机构对空间外交的支撑作用亟待加强。十八届三中全会决定设立国家安全委员会，完善国家安全体制和国家安全战略，确保国家安全。十八届四中全会提出要“贯彻落实总体国家安全观，加快国家安全法治建设”[11]。2015 年新版《国家安全法》首次纳入外空安全，国家安全法治建设实现重大突破，中国航天事业的战略地位进一步凸现。中国航天作为我国国防军工战线的重要组成部分，直接关系到国家战略安全。以全面推进国家安全保障能力建设为契机，强化新型航天智库建设，及时跟进、系统研究外空安全领域全球战略布局，具有重要的战略意义。

（三）加强中国航天新型智库建设是发展空间外交事业的内在要求

在建设世界航天强国的新形势下，我国更加需要积极开展空间外交、积极参与国际空间治理新规则制定、依法维护并拓展我国的空间权益。必须统

① 1982 年 3 月，美国陆军退役中将格雷厄姆出版《高边疆——新的国家战略》一书。一年后，其“高边疆”理论成为里根总统实施“星球大战计划”的理论基础。

筹考虑和综合运用国际、国内两个市场，国际、国内两种资源，国际、国内两类规则[12]。从国际层面看，一方面，国家对新型航天智库建设及其成果服务空间外交大局的需求日益凸显；另一方面，在全球共治时代，随着中国国际地位的不断上升，国际社会对中国方案的倚重、借重和期待也在不断强化，客观上形成了国际需求，在外层空间领域尤为如此。

我国是世界上少数具有自主航天技术但尚未成为空间外交强国的国家之一，与我国的航天大国地位和形象很不相称。改革开放后，我国在多边空间外交领域的影响力日渐扩大，但尚未掌握空间规则制定和解释的主导权，主要原因是我国对全球空间治理规则领域的借鉴不足、有效投入和有效积累不足，这已成为制约我国全面建设世界航天强国、有效推动引领全球空间治理体制机制变革的一大短板[13]。

在国际层面制定新的外空游戏规则，已成为世界各航天大国确保国家战略安全、建立国际竞争新优势的重要内容。近年来，在联合国外空委、裁谈会等空间外交多边舞台上，各航天大国围绕全球空间治理和制天权的“规则之争”已经开始超越“市场之争”①。欧美发达国家将建立外空新秩序作为拓展其国家利益的新支点，利用其掌握的话语权优势，依托其较为完善的法治实践和知识、经验积累，千方百计通过制定新规则为航天后发国家设立门槛。我们要把这种挑战转化为一种倒逼机制，充分运用智库这种形态，加强对国际规则、国际资源的系统研究和全面掌控，快速提升能力，加速建立我国的空间规则战略优势和话语权优势，确保我国能够主导并引领空间治理规则的制定权、解释权、修改权，实现从规则服从者到规则制定者、解释者的根本性转变，对依法维护我国战略安全、拓展我国空间发展权益、展示我国作为负责任航天大国形象、维护世界和平与安全具有重要的现实意义。

从发达国家的空间公共外交实践看，知名智库由于其天然的灵活性，在公共外交、民间外交领域往往更加长袖善舞，对官方机构的正式立场不仅形成有益补充，而且往往能够发挥官方机构不能直接发挥的吹风、支撑、保障作用，从而形成所谓的“一轨半”、“二轨”智库外交。在全球治理和全球议题设置方面，发展中国家的智库大多在话语权上受制于西方发达国家，甚至处于一种集体“失语”状态[7]。加强中国航天新型智库建设，必将有助于有

---

① 近年来，国际社会围绕“外空活动长期可持续性”（LTS）、欧盟“外空活动国际行为准则”（ICOC）、外空“透明与建立信任措施”（TCBMs）以及中俄共提“防止在外空放置武器、对外空物体使用或威胁使用武力条约”（PPWT）草案等若干外空治理多边谈判进程展开激烈博弈，成为各国推进外层空间法律制度建设的最新实践。

效支撑、保障我国空间外交事业健康发展，促使中国航天事业更好地服务国家外交大局，服务世界航天强国建设。

四、中国航天新型智库建设的问题分析

中国航天事业创建 60 多年来，对全行业的战略管理能力建设历来高度重视，顶层设计能力的形成被视为奠定了中国航天事业的基础[14]，在钱学森等老一辈科学巨匠的推动指导下，中国航天成为系统科学与工程理论的成功实践者。改革开放后，我国对空间战略、空间政策、空间法律的重视程度和研究水平逐步提高，智库类机构对行业发展的支撑作用更加凸显。中国航天系统科学与工程研究院①、中国航天工程科技发展战略研究院、中国航天工业科学技术咨询公司、中国国防科技信息中心、北京航天长征科技信息研究所、北京空间科技信息研究所等一批专业化咨询研究机构得以快速发展。这些机构在出思想、出成果、出人才等方面取得了很大成绩，对促进中国航天事业健康发展发挥了重要作用。

智库既是专业知识库及高级人才库，也是科学知识与公共政策之间的重要桥梁。智库的兴起与当代公共政策的特点和经济社会发展阶段密切相关[15]。毋庸讳言，中国航天业的智库类研究机构大多脱胎于早期的情报信息研究业务，多数机构的业务局限于行业内部，目前尚未形成具有较大品牌影响力和国际知名度的高端智库；品牌化、国际化程度相对不高，无论是与发达国家同行相比，还是与中央对新型智库的总体要求相比，均还存在较大差距。从行业全局来看，航天智库建设缺乏总体规划和统筹协调，中办国办《意见》中所列举的各种问题在中国航天智库类研究机构发展现状中均不同程度地存在。其中较为突出的问题和矛盾主要体现在以下三个方面。

（一）航天智库产品客观需求迫切、有效供给不足的矛盾日益突出

根据十八届三中、四中、五中、六中全会精神相关要求，我国航天业面临着全面深化航天管理体制改革、加快建立军民深度融合体制机制、深化航天国有企业改革、完成军工科研事业单位改制、推进经济结构转型升级、加快建设法治航天等重大任务，客观上对新型航天智库产品提出了迫切需求。

① 中国航天系统科学与工程研究院的前身为中国航天工程咨询中心（该中心系由航天 707 所、710 所合并而成）。

中国企业开拓国际商业航天市场的应对准备尚显不足，对落实国家“一带一路”倡议、“走出去”战略及目标市场的系统研究和长期跟进亟待加强；我们迫切需要新型航天智库能够科学研究如何进一步解放和发展生产力，充分释放改革红利，确保中国航天事业更好地履行富国强军使命。

当前，商业航天市场异军突起、方兴未艾，对国民经济和社会发展的影响越来越大，对全行业实施市场主导配置资源的系统研究、顶层设计和法治保障建设亟待加强。从中国航天管理体制的现状我们可以看出，中国空间活动尚处于以行政政策为主导的管理体制[16]，部门间的协调成本较高。部分领域的监管行为尚不符合“职权法定”原则，一些新兴领域的行政监管则存在不少空白。我们在全国人大常委会2012年开展的航天立法调研过程中发现，国家层面的顶层设计和总体协调亟待加强，一些管理关系需要进一步理顺，行政决策效率需要进一步提高①。十八届三中全会后，全面深化改革进入深水区，如何破解发展难题，特别是航天管理体制的深化改革问题，亟需高水平智库进行顶层设计。

十八届五中全会提出推进供给侧结构性改革，可谓恰逢其时。高端智库产品的有效供给明显不足，已经成为制约航天强国建设的突出矛盾，既有体制方面的原因，也有智库机构自身条件平台建设和基础研究能力相对薄弱的原因。这一问题的实质，正是航天领域上层建筑不适应生产关系、生产关系不适应生产力发展要求的具体反映。加快推进新型航天智库建设进程，首先要在准确判断有效需求的前提下，解决新型航天智库的基础设施建设问题，确保其能够尽快走上快速发展通道。

（二）航天智库产品客观需求迫切、有效需求不足的矛盾亟待破解

毋庸讳言，从实务层面看，在现实中还长期存在航天智库产品客观需求迫切、有效需求不足的矛盾，足以构成制约中国航天新型智库建设的重大障碍。其形成原因可从两个方面得到解答，其中既有大环境因素，也有航天自身发展的历史文化传统因素。

第一，我国对科学技术和人文社会科学需要深度融合发展的要求和趋势长期存在认知局限。我国高度重视自然科学发展和器物层面的技术能力建设，

① 例如，早在1986年，鉴于我国的运载能力不足及国际商业发射市场的需求，航天科研生产部门就提出大火箭的研制方案，但直到2006年才获得国家批准立项。参见王硕，《多枚新型火箭首发，探索国际发射市场》（专访全国政协委员、中国运载火箭技术研究院党委书记梁小虹），刊载于《人民政协报》2014年3月9日第2版。

客观上造成人文社会科学投入长期不足，我国的人文社会科学发展水平已从总体上明显落后于发达国家、甚至一些发展中国家，在一些领域的差距仍在不断扩大。从知识经济层面看，我国人文社会科学研究成果的市场价值、社会认同及国际贡献度远远低于其应有水平，智库产品知识产权保护不到位，成果应用和转化链条不完善，客观上容易造成高端人才流失，甚至可能出现“劣币驱逐良币”现象。从智库产品自身质量看，其研究水平有时达不到需求方的要求，从而造成市场对智库产品的有效需求进一步降低，长此以往容易形成恶性循环。欧美发达国家对知名智库一份高质量咨询报告的要价动辄以数百万美元计，对于绝大多数中国智库而言确实难以望其项背。

第二，从中国航天事业自身发展历程看，由于航天属于典型的国防军工及高科技行业，在传统业务领域，国家投资是主流，竞争性不够充分。在长期的计划经济体制下，技术主导的航天系统对智库产品缺乏有效的刚性需求，对航天软科学的投入欠账较多，对系统内软科学研究成果进行低价消费、甚至无偿消费的现象尚未从根本上得到改观，客观上造成智库类机构作为独立实体的自主发展能力不足，难以形成相对稳定的运行模式和资金来源。目前的关键在于如何突破守旧观念、守成思想束缚，按照市场化手段寻求破解难题的解决方案。在知识经济时代，通过智库这种组织形式推动实现知识整合和应用的最大化，激发市场对航天智库产品的内在需求（必须是能够达到足以维持智库机构良性发展的有效需求），不仅需要有关部门和决策者转变观念，更需要从决策流程上进行程序化的顶层设计。

（三）航天智库建设的全球借鉴明显不足

以美国为代表的西方发达国家历来高度重视智库在促进航天产业发展中的作用，既有一批全球知名的综合性智库直接从事航天战略、政策、外交及法律研究，也有一批专业化的航天智库从事专门研究。美国智库不仅深刻影响着世界航天格局发展变化趋势，也是美国长期保持其世界航天领导地位的重要保证。以下仅是美国、欧洲、加拿大、日本及一些国际组织从事航天问题研究的智库机构的一份不完全列表[①]。

① 在此特别感谢日本国庆应义塾大学综合政策学部青木节子教授提供日本的相关智库机构素材及点评意见。同时特别感谢美国乔治·华盛顿大学空间政策研究所所长亨利·赫茨菲尔德教授对美国相关智库机构的介绍和点评意见。

表 1　国外航天智库一览表

隶属	智库名称	类别	与航天问题相关的特色研究方向
美国	布鲁金斯学会	综合	国际政治、国际安全、全球治理
	对外关系委员会（CFR）	综合	国际政治、外交政策
	卡内基国际和平研究院	综合	国际关系、国际战略、国际安全
	史汀生中心	综合	国际安全与军控
	战略与国际问题研究中心（CSIS）	综合	国际战略、产业安全、出口控制
	兰德公司	综合	战略安全、国际关系、军力研究
	詹姆斯顿基金会	综合	战略安全、军力分析、军事外交
	科技政策研究所（STPI）	综合	战略安全、科技政策
	富创公司	专业	世界航天国别竞争力指数研究
	加利福尼亚大学全球冲突与合作研究所（IGCC）	综合	国际安全、防扩散、产业分析
	乔治·华盛顿大学空间政策研究所（SPI）	专业	空间政策
	乔治·华盛顿大学国际科技政策中心（CISTP）	综合	科技政策、空间政策
	密西西比大学国家遥感与航空航天法中心	专业	商业航天法、遥感法
	美国佐治亚大学国际贸易和安全中心（CITS）	综合	出口管制、军控、防扩散
	美国航空航天学会（AIAA）	专业	学术交流、航天出版、技术标准
	美国航天基金会（SF）	专业	战略安全、产业发展、行业奖励
	美国导航学会（ION）	专业	学术交流、行业奖励
	美国海因莱因基金会（HPT）	专业	商业航天、行业奖励
	世界安全基金会（SWF）	专业	战略安全、空间安全
欧洲	欧洲咨询公司（Euroconsult）	专业	世界航天市场研究
	英国皇家国际问题研究所	综合	空间外交、空间安全、危机治理
	英国国际战略研究所（IISS）	综合	空间安全、风险管理、军控
	伦敦空间政策法律研究所（ISPL）	专业	空间政策与法律
	法国国际关系研究所（IFRI）	综合	空间外交、空间政治、空间安全
	荷兰莱顿大学国际航空航天法研究所	专业	空间法律
	德国科隆大学航空航天法研究所	专业	空间法律
	法国巴黎第十一大学空间法律及电信研究所	专业	商业航天法、电信法
	乌克兰基辅空间法研究中心	专业	空间法律

续表

隶属	智库名称	类别	与航天问题相关的特色研究方向
俄罗斯	俄罗斯国际事务研究会（RIAC）	综合	国际关系、国际战略、国际安全
	俄罗斯科学院 世界经济与国际关系研究所（IMEMO）	综合	国际经济、国际关系 国际战略、国际安全
加拿大	麦吉尔大学航空航天法研究所	专业	空间法律与政策
日本	日本空间论坛（JSF）	专业	空间战略、空间政策、空间治理
	防卫省防卫研究所	综合	战略安全、军力分析
	科学技术厅研发战略中心	综合	世界航天技术比较研究
	庆应义塾大学空间法研究中心	专业	空间法律与政策
	东京大学政策研究所（PARI）	综合	国际关系、空间治理、网络安全
	日本国际问题研究所（JIIA）	综合	国际关系、战略安全
	日本国际关系论坛（JFIR）	综合	国际关系、战略安全
	三菱株式会社研究所（MRI）	综合	商业航天、空间治理、网络安全
	和平安全研究所（RIPS）	综合	防卫安全
	国际政策研究所（IIPS）	综合	国际关系、防卫安全
	未来工学研究所（IFTECH）	综合	科技政策
印度	国立高等研究院（NIAS）	综合	空间战略、空间政策
国际组织	联合国裁军研究所（UNIDIR）	综合	战略安全、空间安全、裁军谈判
	经济合作与发展组织（OECD）	综合	空间经济
	欧洲空间法研究中心（ECSL）	专业	空间法律
	欧洲空间政策研究所（ESPI）	专业	空间战略、空间政策
	国际宇航联合会（IAF）	专业	空间安全
	国际宇航科学院（IAA）	专业	商业航天、空间政策、空间经济
	国际空间法学会（IISL）	专业	空间法律

注：本表中的智库类别（专业或综合）主要以是否专门从事航天问题研究而进行划分。

美国政界、军界、企业界在支持智库发展、发挥智库作用方面可谓不遗余力，很多大型企业均与知名智库具有千丝万缕的联系。一些国际知名社会智库虽然宣称研究的独立性，但必须依靠大型企业和基金会来提供资金保障，如布鲁金斯学会理事会51位理事长中有29位来自企业，兰德公司理事会21位理事长中有14位来自企业。诺·格公司、雷神公司均是美国对外关系委员会的会员成员，为其提供稳定的资金支持。许多大型军工企业直接建立了具有技术型智库功能的组织机构，如波音的鬼怪工厂、洛·马公司的臭鼬工厂等，这些研究机构均在企业中发挥着“科技智囊团”的作用，从事中长期研究，经费大多依靠企业自主投入，在行业、产业范围内影响巨大[17]。

值得关注的是，近年来，一些政府间国际组织凭借自身的平台优势和资金优势，组建了一定规模的专职队伍专门从事航天前沿问题研究，并逐步形成了一些特色优势。比如，总部设在日内瓦的联合国裁军研究所（简称裁研所）在外空安全、外空军控研究方面颇有建树，对联大一委及一些多边谈判进程提供了有效支撑。总部设在巴黎的经济合作与发展组织①在空间经济领域的研究成果独树一帜，国际影响力广泛。近年来，部分国际非政府组织利用国际会议、课题研究等形式整合学术资源、发出独立声音、影响世界舆论，已经日益成为一种新型的智库组织形式。在这些方面表现较为突出的是国际宇航界著名的“三驾马车”国际宇航联合会（IAF）、国际宇航科学院（IAA）和国际空间法学会（IISL），其每年联合举办的国际宇航大会②（IAC）成为各国专业人士互联互通的主要平台。

此外，从广义上看，随着国际论坛日益成为一种新型外交舞台，航天事务由于其特殊战略地位而不断成为核心议题，一些国际论坛发展成为一种特殊类型智库的趋势日渐清晰。比如，世界经济论坛（WEF）已经就空间安全议题专门组建了理事会，组织化发展趋势明显，影响力不断扩大。日本主导的亚太机构间空间论坛（APRSAF）虽然尚不具备政府间国际组织的法人地位，但近年来在组织国际交流方面日趋活跃，目前正在积极酝酿发起成立一个多国共同参与的空间政策法律跨国研究机构，其潜在的国际影响力也不容小觑。

中国航天智库的国际化建设和全球借鉴明显不足，主要体现在：对全球范围内智库发展普遍规律的研究和认知有待深化；国际视野有待进一步拓展，对标国际一流智库发展的主观能动性有待强化，研究国际前沿问题的能力和水平明显不足；与国际知名智库的交流互鉴不活跃，研究成果的国际影响力相对弱小；专业化运行模式、研究模式及学术范式与全球知名智库存在明显差距，作为“思想工厂”③ 的独立性和公信力有待加强，需要培养“独立且专业的精神气质”[7]；人才结构有待优化，亟需培养造就国际化业务领军人才及其核心团队；对国家空间外交活动及中国航天企业落实国家“一带一路”倡

① 其简称“经合组织”（OECD）可能在我国更为知名。

② 我国先后于 1996 年、2013 年两次成功举办国际宇航大会（IAC），取得了丰硕成果。

③ 美国兰德公司创始人弗兰克·科尔博认为，智库就是“思想工厂”。

议、“走出去”战略的支撑作用亟待增强，等等。

由于中国航天事业发展的阶段性特征等因素，中国航天智库的国际化建设相对滞后，成为中国航天在空间战略等软科学领域无法与国外同行进行全面、有效对话的根本原因。中国智库在服务世界航天强国建设方面可谓任重道远。因此，走跨越发展、后发赶超的发展道路应该成为不二选择。要积极借鉴吸收发达国家的智库建设成果，同时立足我国实际总结中国航天的智库建设经验，适应自身需求，创新建设举措，实现智库建设普遍规律与中国特色的有机结合，坚定不移走中国特色新型航天智库建设道路。

五、加快推动中国航天新型智库建设的建议

鉴于航天事业的特殊地位，加快推动中国航天新型智库建设的战略价值怎么强调都不过分。我们既要树立必胜的信心，同时也要对这项工作的艰巨性和复杂性有充分的认知，坚持规律引领和问题导向并重，对突出重点、突破难点有整体把握，科学推动其加快实现由隐到显、由弱到强的跨越发展。

（一）统一思想认识，加强顶层设计和顶层推动

毋庸讳言，目前各有关方面对加快推进中国航天新型智库建设的认识不尽统一，一些单位和部门对其重要性、紧迫性认识不足。加快推进中国航天新型智库建设，必须进行顶层设计和顶层推动，按照系统工程思路形成有机统一的建设体系，实行综合施策。

第一，将十八届三中全会“加强中国特色新型智库建设”和中办国办《意见》作为总体要求，首先解决统一思想问题，就其必要性、可行性和紧迫性达成共识，将新型航天智库确立为一种新型业态和航天服务业高端形态加以扶持发展，切实解决航天智库的战略定位问题，确保其始终坚持正确的政治方向，并在中国航天科技工业新体系及世界航天强国建设进程中有为又有位。

第二，以全面落实“十三五”发展规划和 2030 年远景目标为契机，将推进新型航天智库建设纳入中国航天事业中长期发展战略。加强面向全行业、全社会的统筹协调，加强新型航天智库体系建设，明确责任主体，进行顶层设计和系统谋划，通过自上而下、自下而上相结合，形成总体建设方案，凝练主攻方向，确定时间表和路线图，实行分类分层推进。

第三，把新型航天智库建设与落实军民深度融合战略、深化航天管理体制改革有机地结合起来，着力解决制约新型航天智库建设的体制性障碍和结构性矛盾，在全行业建立广覆盖、全渗透的“智库＋”常态决策咨询、协商机制和智库成果采购制度。同时要大力倡导思想解放和多元化论证，最大程度地释放航天智库的生产力和创造力，鼓励其勇于提出新概念、新思维、新范式，共同建立自由开放的“思想市场”①[7]。

第四，制定中国空间外交事业总体发展战略，建立政府机构、民间组织、专家学者参与的多层次对话机制，将航天智库纳入其中并切实支持其发挥积极作用。在中外交流、举办或参加国际会议、举办国际化学术刊物等方面为航天智库提供更多便利，建立与国际知名智库的交流合作机制，开展国际合作项目研究，积极参与国际智库平等对话[18]，持续提升中国航天智库及智库人才的国际竞争力和国际影响力。

第五，建立科学合理的新型航天智库建设指标体系和考核标准，充分发挥其导向功能，确保让新型航天智库建设有尺可量，让用户和外界能够切实感知其价值和效能。展现航天智库产品的强大张力，既要注重智库品牌建设，提升“获得感”和“显示度”，更要在全行业大力弘扬知识经济理念和智库文化，积极营造有利于新型航天智库健康发展的氛围。在积极推进知识应用和智库成果转化的同时，要切实增进智库间的学术交流、互鉴、合作，实现高层次的知识共享、能力共进，避免低水平重复研究。

（二）加大资金投入保障力度 强化智库人才队伍建设

建设新型航天智库，各有关部门需要齐抓共管、上下联动、大力协同，明确发展目标，分解落实责任，优化资源配置，建立应有的战略管理机制、激励约束机制、系统评价机制和资源保障机制。在资源有限的条件下，更要坚持有所为有所不为，做到精准发力、善作善成、久久为功。

新型航天智库建设是一个循序渐进的发展过程，既不会一劳永逸，也不会一蹴而就，更不能坐等。固本培元强基的关键是要切实加大资金投入，激活保障航天智库健康发展的一潭春水。没有投入不可能自动实现产出，没有持续的投入也不可能有持续的产出。决策层特别是主要领导尤其要树立“功成不必在我任”的战略眼光，能够如同对待重点实验室、生产线建设一样，舍得对新型航天智库建设持续进行投入。在加强国家财政和其他各类体制内

① 此处的“多元化论证”和“思想市场”概念引自王辉耀、苗绿所著《大国智库》一书。

投入的基础上，要积极引导包括各类基金在内的多元化、多渠道社会资金向新型航天智库进行有序投资或捐助。只有以持续和必要的资金投入作为保障，一些需要长期持续跟进的行业基础研究、公益性研究项目才能落地。

智库属于知识高度密集、智力高度富集的特殊业态，智库人才则是创造、积淀和传承智库生产力的最活跃因素。建设具有国际竞争力的新型航天智库，关键在于人才。智库经理人是智库成熟的催化剂[19]，属于智库人才队伍中的"关键少数"，应当予以特别关注。必须以海纳百川的胸怀，吸引造就一批顶尖优秀人才加盟新型航天智库建设。需要指出，优秀智库人才、特别是复合型领军人才作为新型航天智库生产力的主要载体，是国家的宝贵财富，在新型智库建设和知识传播中发挥着关键作用。我们如果能够像重视"型号两总"队伍那样也给智库领军人才应有的激励，将其作为中国航天职业化团队建设的重要组成部分，新型航天智库建设必将拥有更好的发展环境。我们一方面要教育引导广大智库从业人员"耐得住寂寞、守得住清贫"，但也要建立健全有利于智库人才成长成才、安心敬业的培养机制，按照市场定价原则为其提供具有竞争力的薪酬待遇，设计清晰规范、前景透明的职业发展路径。

必须高度重视建立智库人才交流机制和智库知识、经验、技能、诀窍的分享传承机制。在欧美国家，智库建设中荐才聚贤的一种做法是采取"旋转门"机制，不少智库学者都曾是政府官员，反之亦然[20]。政治精英可在为政府服务和在智库作研究之间转换①。要完善党政机关、科研院所、高校人员与智库人才双向流动和挂职兼职制度，引导行业内外的高端人力资源适度向航天智库积聚，使航天智库成为人才高地，成为精英人才的储备库。此外，要将航天智库及智库人才纳入中国航天荣誉制度体系，切实增强智库及智库人才荣誉的社会认可度、行业认可度，增强智库人才的职业尊荣感，激发智库人才创新创业的积极性。

（三）盘活存量发展增量　组合发力平衡供需

加快推进新型航天智库建设，既要着眼未来，更要立足当下着力培育市场环境，切实解决资源分散、重复建设、研究成果碎片化等问题。在供给侧层面，要在盘活存量资源、发展增量资源方面实现"两手"发力，形成高水

①　中国军事智库："中国特色"和"旋转门"（作者：西尔维娅·梅内加齐），2015年4月16日刊载于美国詹姆斯敦基金会官方网站。

平的中国航天新型智库集群。在盘活存量上，要加强引导，顺势而为，优化组织形式和管理模式，通过深化改革释放发展潜力；在发展增量上，要因势利导，积极作为，整合资源，努力实现重点突破。在需求侧层面，要积极培育市场，努力推动市场主导配置资源，营造良性竞争环境，努力推动供给和需求在高水平上实现动态平衡。

1. 积极推动智库类机构转型升级为新型航天智库

世界航天强国建设为新型航天智库建设提供了前所未有的发展机遇，也对目前各类相关机构提出了新的更高要求。对于传统的情报信息类研究机构而言，需要首先转型发展成为具备智库、准智库形态的研究机构。对于已经初步具备智库、准智库形态的研究机构，则需要尽快升级成为新型航天智库。这对那些尚未完全适应市场竞争的单位将构成重大挑战。各级决策者必须抢抓历史机遇，认真研究应对挑战的有效举措，通过深化改革寻求破解之道，增加内生动力，激发发展活力。

首先，通过必要的试点改革确立可复制、可推广的新型航天智库基本建设模式，完善总体布局，优化资源配置。在建立新型航天智库数据库的基础上，选取具备条件的机构进行先行先试，积累典型经验后，及时总结形成可复制模式，对创新实践进行推广。推广时要注重对初步具备智库、准智库形态的机构进行个案研究，重点对其竞争优势劣势、人才储备状态、产品开发能力、品牌塑造能力、可持续发展能力进行全面分析，力争在进行分层分类管理的基础上实施“因地制宜、一所一策”的个性化培育，鼓励差异化错位竞争，避免低水平重复建设，不追求“齐步走”、“一刀切”。对于鼓励具备条件的部分机构实行战略重组，通过“抱团”实现资源共享互补、共同做强做大。

其次，在加快推动市场主导配置资源的同时，积极疏导培育承接智库产品的市场，将隐性需求激发为显性需求和有效需求，为智库产业发展插上翅膀。切实加大智库产品知识产权保护力度，营造有利于充分激发智库类机构创新创业活力的制度环境。中办国办《关于加强中国特色新型智库建设的意见》明确提出“深化成果评价和应用转化机制改革”、“建立政府购买决策咨询服务制度”[4]。按照中办国办《意见》要求，积极推行以竞争性招标、竞争性选择为代表的政府①集中采购智库产品模式，营造公开、公平、公正的良性

① 从广义上看，集中采购方还应包括中国航天两大集团公司及其所属大型科研生产联合体、中国科学院、中国工程院、中国科学技术协会等相关机构以及中国航天器各重点用户单位。

竞争秩序，既要杜绝一哄而起、同质竞争、甚至低价恶性竞争现象，也要杜绝低价消费、甚至无偿消费智库产品现象。按照中共中央、国务院 2015 年 12 月印发的《法治政府建设实施纲要》（2015—2020 年）[21]相关要求，政府部门要建立行政决策咨询论证专家库；对专业性、技术性较强的决策事项，应当组织专家、专业机构进行论证；建立政府法制机构人员为主体、吸收专家和律师参加的法律顾问队伍，保证法律顾问在制定重大行政决策、依法行政中发挥积极作用①。国家财政要对各类中央单位消费智库产品做出专门的预算安排和制度安排。

第三，坚持深化改革、创新驱动，推动智库组织形式优化和经营管理模式创新。积极引导智库类研究机构加快建立现代科研院所制度，符合条件的要转制为公司，并引导其建立现代企业制度，着力通过深化改革形成制度红利。积极推进课题研究项目化、研究成果产品化，积极开展多种形式的适度规模经营，努力形成规模经济效应。深刻把握科技变革和产业革命发展规律，推动航天系统工程管理优势与信息网络技术的深度融合，依托大数据、云计算等新技术构建世情舆情研判、决策优化辅助模型，推动研究手段和方法的持续改进。

第四，坚持高端引领、创新驱动、扶优扶强，着力培育核心竞争能力，打造行业智库高地。要鼓励智库机构在承担行业纵向任务的同时能够走出航天，直接面向外部市场乃至国际市场参与竞争。要坚持问题导向和需求导向，加强重大战略问题研究和重要实践经验总结，夯实基础管理，改进供给方式，努力推出具有航天特色的品牌化、系列化、国际化高端智库产品，同时积极输出中国航天的优秀管理模式和企业文化。发挥航天知识经济的溢出效应，对经济社会发展和创新型国家建设中的重大战略问题适时提出解决方案，对国家级重大课题可组织系统内外的智库联合集智攻关，使中国航天能够在“第二条战线”上为经济社会发展提供满足市场需求的公共产品和服务，这也是航天服务业着眼高端实现转型升级的重要路径。

2. 积极推动学术群团机构转型升级为新型航天智库

由于传统思维定式的局限，我们对全国性、行业性、专业性群团机构的战略定位存在一些认识误区。除少数行业协会由于承接部分政府转移职能而具有一定的行业管理权限外，大多数机构往往被视为学术平台搭建者，也有一些机构降格以求成为联谊性组织。由于种种原因，部分机构守着国家一级

① 中共中央、国务院 2015 年 12 月 23 日印发的《法治政府建设实施纲要》（2015—2020 年）。

学会的金字招牌未能积极作为，对其自身发挥独特优势、开展学术研究重视不够、投入不足，不仅直接影响到其引领学术发展方向的底气，也影响到其自身品牌建设、队伍建设和能力水平提升，从而在客观上造成学术资源、社会资源的浪费。在重新审视学术群团机构战略定位的基础上，切实发挥其在整合涵养学术资源、创造公共知识产品和服务产品、推进实施创新驱动发展战略、推动经济社会发展等方面的独特作用，鼓励其更加注重对新概念、新思维的提炼和提出[22]①，积极创造条件引导一批学术群团机构转型升级为中国特色新型智库。

2016年重组成立的中国航天科技国际交流中心及中国宇航学会、中国空间法学会等航天学术群团机构具有率先实现转型升级的良好基础，在弘扬学术民主精神、推动学科融合创新、开展国际交流合作、整合全球学术资源、服务航天国际化发展等方面具备较好的综合积累和品牌公信力优势，具有参与甚至主导公共外交、民间外交活动的宝贵经验，其广泛联系的海外资源完全可以成为支撑相关决策的“千里眼”和“顺风耳”。在以国际宇航界“三驾马车”② 为主平台的国际学术交流和民间外交活动中，“要善于提炼标识性概念，打造易于为国际社会所理解和接受的新概念、新范畴、新表述，引导国际学术界展开研究和讨论”[23]。智库研究虽然不同于学术研究，但又深深植根于学术研究。期待有关方面能够出台专项激励政策予以扶持，促使其厚积薄发、快速升级，不断增强学术自信，倾力打造国际化乃至世界级的航天智库高端品牌，持续提升国际竞争力和国际对话水平，推动其向做强做优、国际一流的战略目标迈进，成为在中国空间外交事业、国际学术交流活动中发挥重要作用的非官方行为体。

3. 鼓励高等院校及社会科学研究机构参与建设新型航天智库

西方很多知名智库孕育于高等院校，或者与高校具有紧密联系。高校具有智力密集、学科齐全、立场中立、视野开阔、联系广泛等独特优势，全国重点高校更是具备建设国际一流研究型大学的内在需求和资金优势。2014年2月，教育部出台《中国特色新型高校智库建设推进计划》[24]，在全国70余所高校151个教育部人文社科重点研究基地、40多个哲学社会科学协同创新中心基础上推进高校智库建设。充分调动高校的积极性，引导其将有限资源

---

① 此处对“新概念”、“新思维”的关注引自冯长根，中国科技智库建设的几点思考［J］，北京理工大学学报（社会科学版），2014，16（4）：1－7。

② 国际宇航界“三驾马车”系指国际宇航联合会（IAF）、国际宇航科学院（IAA）、国际空间法学会（IISL）等具有广泛国际影响力的三大非政府间国际学术组织。

用于新型航天智库建设，成为对行业智库的重要补充，同时引导其注重团队建设，增强智慧集成的组织化、社会化、市场化程度，具有重要的现实意义。因此，树立“不求所有、但求所用”的博大胸怀，将高校纳入体系建设并发挥其独特作用，促进业界和学界资源的深度融合，是中国特色新型航天智库建设不可或缺的重要路径。

此外，中国社会科学研究院、国务院发展研究中心、国家发改委宏观经济研究院、中国国际问题研究院、中国现代国际关系研究院、中国国际经济交流中心、商务部国际贸易经济合作研究院等机构具有承担国家级战略课题研究的雄厚积淀，鼓励其积极参与研究重大航天课题，也是新型航天智库体系建设的重要一环。

六、结论

十八届三中全会以来，中国特色新型智库建设目前虽已进入快车道，但仍处于起步阶段，对应该建设什么样的智库、如何建设高质量的智库，需要通过实践积极探索、正确把握智库运行规律。加快建设世界航天强国，将对紧密围绕“四个全面”战略布局、践行新的发展理念、实现两个“一百年”奋斗目标和中华民族伟大复兴的中国梦提供重要支撑，新型航天智库建设应当也必将发挥重要作用。我们热切期待各有关方面贯彻落实习近平总书记系列重要讲话精神和治国理政新理念新思想新战略，深刻把握中国航天事业发展规律，牢固树立世界眼光和战略眼光，加快推动新型航天智库建设实现跨越发展，在重视程度和推进速度上进一步增强使命感、责任感和紧迫感，充分凝聚共识，健全政策体系。中国特色新型航天智库事业已经迎来发展繁荣的历史性机遇，我们将乐见更多的有识之士为之作出贡献，共同开创中国航天的智库时代。

参考文献

［1］ 张振军．中国航天软实力与世界航天强国建设［J］．中国航天，2013（12）：19.

［2］ 朱书缘．习近平为何特别强调“新型智库建设”？［EB/OL］．（2014－10－30）［2015－02－22］．http：//politics. people. com. cn/n/2014/1030/c1001－25939220. html.

［3］ 中共中央关于全面深化改革若干重大问题的决定．北京：人民出版社，2013：3，30.

［4］ 中共中央办公厅、国务院办公厅．关于加强中国特色新型智库建设的意见［EB/OL］．（2015－01－21）［2015－01－22］．http：//theory. people. com. cn/n/2015/0121/c49150－26421134. html.
［5］ 李克强．政府工作报告（2015年）［EB/OL］．（2015－03－16）［2015－3－22］．http：//www. gov. cn/guowuyuan/2015－03/16/content_2835101. htm.
［6］ Paul Dickson. Think Tanks［M］．New York：Atheneum，1971.
［7］ 王辉耀．苗绿．大国智库［M］．北京：人民出版社出版，2014：8
［8］ 常显奇，等．军事航天学［M］．北京：国防工业出版社，2005：1，160.
［9］ 刘彦军，万水献，李大光，郭彤．论制天权［M］．北京：国防大学出版社，2003：7，15.
［10］ 胡锦涛．坚定不移沿着中国特色社会主义道路前进 为全面建成小康社会而奋斗［R］（在中国共产党第十八次全国代表大会上的报告）．十八大报告辅导读本．北京：人民出版社，2012：11.42.
［11］ 中共中央关于全面推进依法治国若干重大问题的决定．北京：人民出版社，2014：10，14.
［12］ 新华网．习近平出席中央外事工作会议并发表重要讲话［EB/OL］．（2014－11－29）［2015－05－23］．http：//news. xinhuanet. com/politics/2014－11/29/c_1113457723. htm.
［13］ 张振军．关于法治航天建设的再思考［J］．北京理工大学学报（社科版），2014，16（5）：121，126.
［14］ 刘纪原，主编．中国航天事业发展的哲学思想［M］．北京：北京大学出版社，2013：3，253.
［15］ 薛澜．智库热的冷思考：破解中国特色智库发展之道［J］．中国行政管理，2014（5）．
［16］ 北京理工大学课题组（课题主持人：李寿平）．世界各国空间立法发展趋势及我国空间活动立法研究［J］//中国空间法学会．空间法学研究年刊（2012）．北京：中国宇航出版社，2013：12，231－264.
［17］ 崔云霞．国内外企业如何运用智库服务发展［N］．中国航天报，2014－04－09（3）．
［18］ 马光远．打造中国社会智库高地［J］．北京观察，2015（4）：43.
［19］ 陈波．智库经理人是智库成熟的催化剂［EB/OL］．（2015－05－19）［2015－05－19］．http：//www. cet. com. cn/ycpd/sdyd/1543189. shtml.
［20］ 陈雨露．新型中国智库，新在哪里［N］．人民日报，2015－01－28（5）．
［21］ 中共中央、国务院．法治政府建设实施纲要（2015－2020年）［EB/OL］．（2015－12－27）［2015－12－27］．http：//news. xinhuanet. com/politics/2015－12/27/c_1117591748. htm.
［22］ 冯长根．中国科技智库建设的几点思考［J］．北京理工大学学报（社会科学版），

2014，16（4）：1－7.

［23］ 习近平．习近平在哲学社会科学工作座谈会上的讲话［EB/OL］．（2016－05－17）［2016－05－18］．http：//politics. people. com. cn/n1/2016/0518/c1024－28361421. html.

［24］ 教育部．中国特色新型高校智库建设推进计划［EB/OL］．（2014－02－19）［2014－05－20］．http：//www. moe. gov. cn/publicfiles/business/htmlfiles/moe/s7061/201402/164598. html.

论“外空活动长期可持续性”成为习惯国际法之路径选择

尹玉海* 谢 武**

摘 要： 随着空间碎片减缓、地球静止轨道拥挤、外空环境污染等问题的存在，2009 年，联合国外空委将“外空活动长期可持续性”列入议程，旨在将全球可持续发展原则发展到外空活动当中。相比于其他法律渊源，将其推动成一项国际习惯是必要性和可能性相统一的选择，根据习惯国际法的基本理论，其发展路径可分为主观因素路径、客观因素路径和制度外路径。

关键词： 外空活动长期可持续性；可持续发展原则；国际习惯；国际法院

随着空间碎片增多、地球静止轨道拥挤、外空环境污染等问题的愈演愈烈，地球上可持续发展的原则适用于外空活动中这个理念也恰如其分地流行起来了。对此，联合国和平利用外层空间委员会于在 2009 年的第 52 届会议上决定，将“外层空间活动长期可持续性”（LTS）列入科技小组委员会的议程中，并且成立一个工作组和四个专家组。什么是“外空活动长期可持续性”？根据其 A 专家组讨论的专题“支持全球可持续发展的可持续空间利用”中可以得知[①]，“外空活动长期可持续性”更多的是全球可持续发展理念上的延伸，根据 1987 年世界环境与发展委员会在题为《我们共同的未来》中对

---

* 尹玉海，深圳大学法学院教授，深圳大学空间政策与法律研究所所长，中国空间法学会常务理事。代表性著作有《航天开发国际法律责任研究》（法律出版社，2004）；《国际空间法概览》（中国民主法制出版社，2005）；《国际法原论》（译著）（中国民主法制出版社，2006）等。联系方式：yinyuhai@126.com。本文为作者在首届中国航天高峰论坛暨中国宇航学会·中国空间法学会 2016 年学术年会上荣获优秀论文特等奖的录用论文。

** 谢武，深圳大学法学院硕士研究生，专业方向：国际法、外层空间法。

① 参见联合国文件 A/AC.105/C.1/L.339：第 5 条第 1 款。

“可持续发展”的定义[①]，“可持续发展”包含了两个基本要素，第一是当代人类的需要（代内公平）；第二是后代人类满足其自身需要的能力（代际公平），将此概念推导在“外空活动长期可持续”中，就是外空活动既要满足当代人类进行外空活动的需要，也要满足后代人类进行外空活动需要的能力，其体现在外空活动中必须实现代内公平、代际公平、可持续利用和环境发展一体化。为保证理论上的统一性和可适用性，“外空活动长期可持续性”的内涵也应当和地球可持续发展理论具有一致性。

但是，笔者并不认为全球可持续发展观的原则可以直接涵盖“外空活动长期可持续性”。因为外空活动并未出现在目前全球可持续发展观的规制的对象中，并且地球环境和外空环境有着很大的区别。因此，直接类推适用并非一种恰当的方式。与全球可持续发展观作为现行国际法一般法律原则不同的是，目前“外空活动长期可持续性”理念尚未发展成为国际法的渊源。但笔者认为，将“外空活动长期可持续性”发展成习惯国际法是一项合理的选择。

一、“外空活动长期可持续性”成为国际习惯的理由

在传统国际法中，国际法的渊源主要由条约和习惯构成，甚至有一些学者还认为国际法的渊源只包括条约和国际习惯[②]。但是，根据作为对国际法的渊源权威说明的《国际法院规约》第 38 条中所表述的，除了条约和习惯以外，还有一般法律原则，与此同时，司法判例和各国权威最高之公法学家学说可作为法律原则的补助资料[③]。

（一）“外空活动长期可持续性”成为国际条约的困境

在国际空间法领域，继《外空条约》（1967）、《营救协定》（1968）、《责任公约》（1972）、《登记公约》（1975）和《月球协定》（1979）等联合国五大公约之后，并没有就外空活动形成新的普遍性、造法性国际公约。从表层意

① “可持续发展是满足当代人类的需要同时又不损及后代人满足他们自身能力的需要”。

② 周鲠生：《国际法》（上册），第 11 页。

③ 《国际法院规约》第 38 条的规定全文如下：“（一）法院对于陈述各项争端，应依国际法裁判之，裁判时应适用：（甲）不论普通或特别国际协约，确立诉讼当事国明白承认之规条者。（乙）国际习惯，作为通例之证明而径接受为法律者。（丙）一般法律原则为文明各国所承认者。（丁）在 59 条规定之下，司法判例及各国权威最高之公法学家学说，作为确立法律原则之补助资料者。（二）前项规定不妨碍法院经当事国同意本‘公允及善良’原则裁判案件之权。”

义上来说，五大公约本身已经很难满足日益发展的外空活动，诸如外空活动商业化、太空游客以及本文要讨论的“外空活动长期可持续性”等。其中，上述五大公约虽对外空环境问题有所涉及，但也并没有明确提出“外空活动长期可持续性”。从深层意义上来说，在未来一段时间内形成新的国际条约已经不大可能，其主要原因在于国家利益之间的冲突，主要体现在发达国家与发展中国家、航天国家与非航天国家的利益冲突以及航天国家之间的利益冲突，而联合国对于重要问题的决议须由会员国的2/3多数通过。也正是因为各国在外空活动中利益的冲突和多元化，导致在很多条款上难以达成一致。例如，非航天国家更加倾向于强调对外空资源利用的限制，而主要航天国家则更倾向于外空资源的自由开发。另外，由于加入五大公约的缔约国毕竟只在少数，并没有涵盖世界上大多数国家，而外空活动的影响则是全球性的，作为国际条约虽然可以赋予非缔约国权利，但不能够对非缔约国施加义务，这也使得在非缔约国上难以实现权利和义务的统一。因此，推动“外空活动长期可持续性”成为国际条约存在讨论协商的复杂性和效力对象的局限性。

（二）“外空活动长期可持续性”成为一般法律原则的困境

首先，一般法律原则为各国法律体系所共有的原则[①]，但是，《国际法规约》第38条对于“一般法律原则”加上“为文明各国承认者”的限制，意味着一般法律原则需要经过各国的承认才能为国际法院适用，而承认的方式往往有国际条约的明示承认和国际习惯的默示承认[②]。因此，一般法律原则的存在往往无法避开对国际条约和国际习惯的确认，以致对其进行独立讨论的意义也很有限。其次，目前，《各国利用人造地球卫星进行国际直接电视广播所应遵守的原则》(1982)、《关于从外层空间遥感地球的原则》(1986)和《关于在外层空间使用核动力源的原则》(1992)等文件都规定了外空活动的相关原则，但上述原则只属于联合国的决议，并不具有法律效力，且责任国违背原则并不需要承担任何法律责任，因此并不能构成作为法律渊源的一般法律原则，且作为国际法渊源的一般法律原则是屈指可数的，并且在国际实践中也是非常少适用的[③]。最后，可持续发展作为一项在地球上耳熟能详而在外层空间相对“陌生”的理念，如果以一般法律原则的形式出现在外空活动中，

① 有学者认为，一般法律原则是国际法的一般原则，或者是国际法的基本原则；也有学者把一般法律原则视为“一般法律意识”或者所谓“文明国家的法律良知”所产生的原则。

② 王铁崖：《国际法》，法律出版社，1995年，第12页。

③ 王铁崖：《国际法》，法律出版社，1995年，第12页。

其面临的问题只会更加复杂。因此，“外空活动长期可持续性”发展成为一般法律原则是不符合实际的。

（三）“外空活动长期可持续性”成为国际习惯的必要性和可能性

国际习惯是国际法最古老和原始的渊源，其出现在条约出现前。国际习惯由客观因素（即通例的形成）及其主观因素（即法律确信）构成。其占了一般国际法的大部分比重[①]，这也是其存在天然的必要性和可能性的缘由。从必要性的角度出发，首先，国际习惯可以调整于世界上所有的国家，因此弥补了国际条约调整对象的局限性。其次，其自身所具备的效力也避免了一般法律原则的复杂性。最后，一项国际法规范最终成为一项国际习惯是大势所趋且符合国际事务发展的必然逻辑的。从可能性角度出发，首先，关于通例的形成，国内外学界对其合格的标准都充满了争议，争议的内容主要关于国际性、国家数量的要求、一致性、相当长时间的连续性或重复性的要求。对于国际性的要求，由于其难以界定，多数学者并不赞同[②]。对于国家数量的要求，学界大多采取抽象的表达方法[③]。对于一致性的要求，这在学者中的争议相对较少。对于相当长时间的连续性或重复性的要求，其中关于重复性的有关争议较少；而关于长时间的连续性，大部分学者认为其不符合实际情况的[④]。

综合主流观点与国际空间法律实践，笔者认为，国家实践的合格标准应当由广泛性、一致性和重复性三者构成，并且三者间构成有机统一的整体。“外空活动长期可持续性”完全有可能在这三者上实现合格的通例的形成，下文将对此产生更为详尽的论述。其次，通过《常设国际法院规约》中“国际习惯，作为通例之证明而经接收为法律者”对国际习惯的界定，“被接受为法律”为法律确信的最直接表述。鉴于国际关系的复杂和国际法律行为的繁多，笔者认为，对何为“被接受为法律”应当做宽泛的解释，摆脱其拘束性。一些国际法学家也赞同这种观点。如有的学者认为，如果将法律确信概念放宽

① 王铁崖：《国际法》，法律出版社，1995 年，第 10 页。

② 有很多国家实践是很难划出国内国外的界限的，如一国对国内外国人的管理行为，并且，越来越多的学者已经支持将国内实践纳入国家实践当中了。

③ 如“一般性”、“广泛性”和“普遍性”等。

④ 更有学者提出“即时习惯国际法”，但并有没有受到多少支持。

为一些与法律相关的其他标准的话，确定法律确信的很多困境就会迎刃而解[①]。因此，“被接受为法律”的形式可以是多样的，可能是认为其符合国内法，可能是认为其符合国际法的强行法规则，可能是认为其符合正在形成的国际法规则，甚至可能是符合自然法正义规则。因此，“外空活动长期可持续性”有了更多的方式能够获得法律确信，也为推动“外空活动长期可持续性”成为国际习惯提供了可行性。

综上所述，推动“外空活动长期可持续性”成为国际习惯是必然性和可能性相统一的自然选择，也是打破目前“迫在眉睫”却又“寸步难行”的外空环境法律制度困境的“破冰”之法。但需要说明的是，笔者并不认为使“外空活动长期可持续性”成为习惯国际法是此理念的唯一出路，并且推动其成为国际习惯也并不与其他手段冲突。其中，国际条约甚至能够作为推动理念成为国际习惯的阶段性成果。因此，它们更像是一种互相借鉴，互相补充的关系。大多数学者认为，传统的国际法注重国家实践，而现代国际法注重法律确信。笔者认为，主客观因素的分量并不能够单纯以时代来划分，应当根据实际情况“重其所重，轻其所轻”。接下来，笔者首先将分别从国际习惯构成的客观因素和主观因素方面的制度来论述推动“外空活动长期可持续性”成为国际习惯的路径，然后将在国际习惯制度之外寻求其他路径来推动“外空活动长期可持续”成为国际习惯。

二、“外空活动长期可持续性”成为国际习惯的客观因素路径

通例的形成离不开广泛性、一致性和重复性。目前，“外空活动长期可持续性”理念由于提出的时间较晚，尚未形成广泛性、一致性和重复性，但这也是目前“外空活动长期可持续性”要发展的方向。笔者认为，大致可以分为两条路径：其一是总结现有的相关实践，从而为“外层活动长期可持续性”形成通例提供相应的实践基础；其二是按照现在有关“外空活动长期可持续性”的相关理论和文件来指导实践从而最终形成通例。

（一）国际实践为客观因素提供的实践基础

由于有关“外空活动长期可持续性”理念提出的时间较晚，以此理念为

① 参见 Robert Kolb：Selected Problems in the Theory of Customary International Law，Netherlands International Law Review，p. 139. 2003。

核心的相对实践较少，笔者将不在此进行赘述。下文中，笔者拟将目前有关“外空活动长期可持续性”的实践分为可持续发展原则的相关实践和外空活动中有关环境问题的相关实践，分别展开论述。

1. 可持续发展原则的实践基础

虽然说，全球可持续发展观的原则并不能直接给“外空活动长期可持续性”提供法律基础，但是，1999 年第三次联合国探索及和平利用外层空间会议通过的《空间千年：关于空间和人的发展的维也纳宣言》[①] 也认识到空间活动在支持全球可持续发展的重要作用，这正说明了空间活动是有成为全球可持续发展观里的有机组织部分的可能性的，其二者存在共性。另外，从环境本身上来说，由空间活动空间碎片影响的低地球轨道和地球静止轨道环境从某种意义上来说也是地球环境不可分割的一部分。因此，全球可持续发展原则本身的相关实践至少可以为“外空活动长期可持续性”中的“长期可持续”理念提供实践基础。本文将选取三个方面来展开论述。

第一，《和平利用外层空间委员会工作组主席的工作文件：外层空间活动的长期可持续性》（以下简称《工作文件》）的工作目的提出，可以增加可持续性的措施，即一套自愿适用的准则[②]。可以看出，本文件的目标是使“外空活动长期可持续”成为“软法”[③]，而国际环境法也有着显著的软法现象，有的“软法”原则可通过各个国家的实践从而转化为具有法律拘束力的国际习惯，从而对缔约国产生法律拘束力[④]。全球可持续发展观也从“软法”出发，经历了一系列实践，最终成为一项有法律拘束力的基本原则。因此，根据这些先例，“外空活动长期可持续性”同样也可以以“软法”为起点，最终通过实践成为具有法律拘束力的国际习惯。

第二，在《工作文件》中准则 17 草案也提到要优先考虑到发展中国家的

---

① 参见 1999 年 7 月 19 日至 30 日维也纳第三次联合国探索及和平利用外层空间会议报告。

② 参见联合国文件 A/AC. 105/C. 1/L. 339：第 7 条：“本工作文件的目的是确定外层空间活动长期可持续性令人关切的领域，为国家、国际组织、国家非政府组织、国际非政府组织及私营部门实体提出指导，提出可以全面增加可持续性，包括为了和平目的、为了造福所有国家而安全可持续地利用外层空间的措施。”第 8 条：“一套自愿适用的准则中所汇编的协议措施，……。”

③ “软法”是国际环境保护领域中一个十分引人瞩目的现象，它是指在严格意义上不具有法律拘束力，但又具有一定法律效果的国际文件。

④ 王铁崖：《国际法》，法律出版社，1995 年，第 326－327 页。

需要和利益[①]。相应的，《里约环境与发展宣言》对可持续发展原则进行了进一步的补充和完善，其中将发展中国家的特殊情况和需要作为优先考虑的对象，在有关大气层保护、海洋环境保护、自然资源的管理和养护、危险废物的管理和越境转移中的相关国际条约和实践中也都体现了对发展中国家的特殊照顾。笔者认为，既然对发展中国家的照顾是可持续发展原则中的重要组成部分，我们不可否认在外空活动中对发展中国家的特殊照顾和可持续发展原则指导下对发展中国家的特殊照顾之间存在共性。因此，在环境保护方面对发展中国家特殊保护上，可持续发展原则也为“外空活动长期可持续性”提供了相应的实践基础。

第三，《工作文件》所倡导建立的准则包括了政策、监管、科学、技术及管理方面[②]。目前在环境的多项领域都涉及这几个方面，特别是同外层空间一样有着“全球公域”环境性质的极地地区。1991 年《北极环境保护战略》中的十项原则中体现了可持续发展原则和有关政策[③]，并且在同年成立了涵盖了涉及监管、科学、技术及技术的“北极监测和评价组织”[④]。之后于 1996 年成立的为履行《北极环境保护战略》职责的“北极委员会”是北极环境可持续发展的进一步深化[⑤]。由于对有关公共环境领域的环境可持续发展中的相关政策和制度等存在着内在统一性，因此在公域环境中相关国家实践在某种意义上也能够作为同为“全球公域”环境的外层空间的“外空活动长期可持续性”的国家实践。

以上三个方面只是全球可持续原则中可借鉴的一部分而已，同时，也只是为“外空活动长期可持续性”的部分理念提供了实践基础。

2. 外空环境保护的实践基础

外空环境中有两个重要问题：空间污染和空间碎片[⑥]。其中在相关的国际

---

① 参见联合国文件 A/AC. 105/C. 1/L. 339：准则 17：“考虑到发展中国家的需要和利益，支持和推动在彼此接受的基础上通过共享数据、派生信息和相关工具而在能力建设及数据获取方面开展国际合作”。

② 参见联合国文件 A/AC. 105/C. 1/L. 339：第 8 条：“……这套准则涉及了空间活动的政策、监管、科学、技术及管理方面。”

③ 林灿铃：《国际环境法》，人民大学出版社，2011 年，第 470 页，“《北极环境保护战略规定了实施该战略的十项原则》：（1）为当代人和后代人的利益和享用保护和可持续发展利用北极环境；……”。

④ 北极监测和评价组织简称 AMAP，其负责编写北极环境污染状况评价报告并设计了一项检测项目。

⑤ 北极委员会于 1997 年 6 月开始监督、协调《北极环境保护战略》。

⑥ 参见联合国文件 A/AC. 105/C. 1/L. 339。

条约和国际文件中涉及这二者，1963 年的《禁止在大气层、外层空间和和水下进行核武器试验条约》是第一个跟空间环境保护相关的条约。1967 年《外空条约》的第 1 条中的“共同利益”条款也包含了整个国际社会特别是发展中国家的环境利益，第 9 条具体规定空间环境的保护。《登记公约》关于射入外层空间物体的强制性登记制度对于空间碎片的管理有着很大的必要性。《责任公约》中有意见认为，报废的卫星产生的空间碎片造成空间物体的损害也应当负赔偿责任，《营救协定》第 5 条规定的对具有危险和有害性质的空间物体的消除危险的补救措施，这二者都有利于“外空活动长期可持续性”的贯彻落实；《月球协定》第 7 条也明确规定要防止月球环境的现有平衡遭到破坏；作为联大决议的《关于在外层空间使用核动力源的原则》和《空间碎片减缓指南》等非条约性的文件也为外空环境保护提供了指导[①]。

但是值得注意的是，以上国家实践中并没有直接涉及可持续发展原则中的“代内公平”问题，更不必说“代际公平”问题，其大都是基于国家战略、国家安全、空间活动的安全性、资源的利用效率以及空间活动受害者利益保护等因素的考虑。对于“外空活动长期可持续性”，我们必须承认这些实践虽然不符合目的的准确性，但是却具有手段的合理性。这些国家实践无疑是给实现“外空活动长期可持续性”提供了宝贵的经验。

（二）为未来“外空活动长期可持续性”的国家实践提供指导

实践和认识是辩证统一的，认识来源于实践，认识也可以指导实践。笔者着重从作为“认识”的联合国的相关文件从发，来阐释国际社会在未来应该如何指导“外空活动长期可持续性”的国家实践。这些联合国相关文件尽管并不具有法律拘束力，但其内容却可以为“外空活动长期可持续性”的国家实践提供指导。

1.《和平利用外层空间委员会工作组主席的工作文件：外层空间活动的长期可持续性》的指导意义

《工作文件》是由联合国外空委科技小组中的长期可持续性工作组提出了一份报告，其内容包括“外空活动长期可持续性”的来龙去脉、“外空活动长期可持续性”指南、实践与更新和建议今后审议的专题，其中“外空活动长期可持续性准则”的相关内容可以给我们提供实践指导，其中包括政策、监

① 林灿铃：《国际环境法》人民大学出版社，2011 年，第 477 - 481 页。

管机制、国际合作、科学技术和管理这几个方面[①]。具体来说，就是在政策上，为政府和有关国际政府间组织开展外空活动提供指导[②]；在监管机制上，建立支持外空活动长期可持续性的监管框架；在国际合作上，促进技术合作和能力建设，对发展中国家特殊照顾[③]；在科学技术上，对开展空间活动的政府、国际组织以及私营部门实体提供科学技术指导[④]；在管理上，对开展外空活动的实体提供管理上的指导。[⑤] 无疑，《工作文件》中对未来“外空活动长期可持续性”的国家实践提供了较为全面和基础的方向。

2.《俄罗斯联邦提交的文件：外层空间活动长期可持续性》的指导意义

《俄罗斯联邦提交的文件：外层空间活动长期可持续性》（以下简称《俄罗斯文件》）中主要对俄罗斯联邦在其先前提出的“近地空间检测信息统一中心”构想的进一步阐释[⑥]。这是《工作文件》中“国际合作”方面具体化的一种体现，对于其他方面的实施也有重要的意义。从目的上来说，《俄罗斯文件》旨在创造一种工具来加强国家和国际组织之间的信息交流，并毫无歧视并有保证地提供查阅[⑦]，此“中心”若能够成为现实，其可以给予“外空活动长期可持续性”中国际合作、对发展中国家的特殊照顾等方面提供丰富的国家实践经验。

3.《和平利用外层空间委员会秘书处的说明：各国对空间碎片、携载核动力源空间物体的安全及其空间碎片碰撞问题的研究》的指导意义

此文件是对“外空活动长期可持续性”中的具体问题中五个会员国（加拿大、墨西哥、瑞士、泰国和英国）和三个享有常驻观察员地位的非政府组织（空间研委会、世界安全基金会和空间新一代咨询理事会）的答复，其中

① 参见联合国文件 A/AC. 105/C. 1/L. 339。

② 参见联合国文件 A/AC. 105/C. 1/L. 339：“包括便利分享开展空间活动的信息与专门知识的措施，鼓励政府和非政府实体进行研究开发及其他相关活动以增加外层空间活动长期可持续性的措施。”

③ 参见联合国文件 A/AC. 105/C. 1/L. 339：“指导包括促进技术合作和能力建设，以提高发展中国家根据国内立法、多变承诺、不扩散规范和国际法建立本国能力的措施。”

④ 参见联合国文件 A/AC. 105/C. 1/L. 339：“它们还包括有关空间物体与空间天气的信息的收集、存档、分享和传播以及利用标准格式促进信息交流。”

⑤ 参见联合国文件 A/AC. 105/C. 1/L. 339：“首先，管理应当确保实体有办法遵从开展外层空间活动的有关国家和国际监督框架与机制。管理责任还应当包括建立和培养组织文化以及增加外层空间活动长期可持续性的适当制度。”

⑥ “构想”来自俄罗斯工作文件《在外层空间活动长期可持续性这一主题下促进审议维持外层空间用于和平目的的方法和途径的前提条件》（A/AC/105/C. 1/L. 338）。

⑦ 参见联合国文件 A/AC. 105/L. 290：“有必要创造一种通用工具，……并毫无歧视而有保证地提供查阅此类信息的途径。”

每个国家都就其国家立场和国家实践做出了相应答复，非政府组织也在其各自职能范围内为空间环境问题提交各自的成果总结和对未来的展望①。从文件意义本身，其答复行为有利用监督和督促各国对“外空活动长期可持续性”贯彻。如从文件内容上来说，其各国的国家实践不仅可以有利于自身不断完善，还可以给世界上其他国家的具体实践提供指导和借鉴。而笔者认为，国际习惯的实践证据也正是来源于国家的实践、国际组织的实践、国际司法机构的实践。有的学者也坚持此观点②。因此，以上国家的实践和国际组织的实践都是我们不可忽视的。

三、“外空活动长期可持续性”成为国际习惯的主观因素路径

法律确信是一项通例成为国际习惯所必不可或缺的因素，也就是各国都要承认其具有法律拘束力。根据上文对法律确信的宽泛定义，对“外空活动长期可持续性”理念的法律确信的讨论，也可以从各国认为其符合国内法、国际法强行法规则、正在形成的国际法规则、自然法正义规则的角度来出发。

（一）“外空活动长期可持续性”的“国内法”确念

世界上有些国家已就外空环境问题制定了相应的国内法，如英国1986年《外层空间法》中要遵守联合国五大外空公约以及一套更为严格的标准③。从制定国内法的国家立场来说，立法本身就代表了法律确信。这种方式对“外空活动长期可持续性”得到法律确信的要求较高，对进行立法的国家具有广泛性的要求。但是个别国家尤其是主要规则主导性国家的国内立法对其他国家进行相关立法能够起到引导性作用，而国际法的最终发展目标也是成为国内法。因此，将国内法作为法律确信的依据是具有牢靠性和基础性的。

（二）“外空活动长期可持续性”的“国际强行法规则”确信

目前有关“外空活动长期可持续性”理念的国际强行法规范还不存在。另外，以国际强行法规则作为法律确信的依据与直接以国际条约作为国际法渊源之间在本质上并没有太大区别，且国际条约的局限性在前文已经说明，

① 联合国文件A/AC.105/C.1/108。

② 刘文东：《论国际习惯的证据》，载于《和田师范专科学校学报》，第28卷第3期。

③ 联合国文件A/AC.105/C.1/108。

但是，以国际强行法规则作为法律确信的依据具有更高的要求，即要求认同国家的广泛性。对“外空活动长期可持续性”要以“国际强行法规则”形式进行法律确信不得不以国际条约为基础。

（三）“外空活动长期可持续性”的“正在形成的国际法规则”确信

“正在形成的国际法规则”是对“外空活动长期可持续性”理念的前瞻性描述，此理念是否能够成为国际法规则取决于世界各国对其未来将成为国际法规则的“信念”的强弱。“信念”是一种抽象的概念，并没有具体的标准。对于可持续发展原则能否成为国际法规则来说，笔者认为，各国都有着足够的“信念”；但对于“外空活动长期可持续”理念来说，笔者认为，各国的信念是否充分取决于外空环境能否与地球上的环境相提并论。随着外空环境对人类的影响日益密切，甚至在某种程度上来说，外空环境的隐患较之于地球本身而言更具有毁灭性。因此，我们没有理由不相信，未来人们对“外空活动长期可持续性”理念成为习惯国际法的“信念”不会低于可持续发展原则。这也是“外空活动长期可持续性”理念成为国际习惯的一个重要突破口。

（四）“外空活动长期可持续性”的“自然法正义规则”确念

“自然法正义规则”与“正在形成的国际法规则”存在着异曲同工之妙，都是取决于对事物的朴素认识。可以说，二者属于交叉关系，即“自然正义规则”未必是“正在形成的国际法规则”，而“正在形成的国际法规则”也未必符合“自然法正义规则”。并且，“自然法正义规则”具有更强的抽象性。对于“自然法正义规则”的认识，国家和自然人有很大的不同。对于国际法主体的定性，无论是“国家是国际法唯一的主体”还是“个人是国际法唯一的主体”的观点都是极端的[①]，笔者认为，国际法主体的发展不应该是“取代性”的，而应该是“发展性”的，即随着国际环境的日益变化，国际法主体的内涵应该更加丰富，不仅包括国家和自然人，也应当包括国际组织和民族解放运动中正在形成国家的民族等。因此，在这种意义上来说，如果世界上广泛的自然人认为“外空活动长期可持续性”理念符合“自然正义规则”，也可以说明广泛的国际法主体对“外空活动长期可持续性”进行了法律确信。笔者认为这也未尝不是一条“冒险”但不失“理想”的路径。

---

① 林灿铃：《国际环境法》，人民大学出版社，2011年，第477－481页。

四、“外空活动长期可持续性”成为国际习惯的制度外路径

主观因素和客观因素是国际习惯的构成要件，但一项国际习惯也并不是只受这两个要件的影响。因此，笔者认为，我们不能忽视制度之外的其他路径对国际习惯形成的影响，这或许也是推动“外空活动长期可持续性”理念成为国际习惯的“蹊径”。我们这里列举四条路径，它们分别是国际惯例、民间自发组织的国际法庭、国际组织间合作以及私法层面上调整。

（一）“国际惯例”路径

广义上的国际惯例包括国际习惯，而狭义上的国际惯例不包括国际习惯，只包括不具有法律约束力的惯例，本文讨论的是狭义上的国际惯例。20世纪以前，国际惯例在国际法渊源有着中流砥柱的地位，表现在当时国际法规范大多数都属于习惯规范[①]。因此，国际惯例与国际习惯有着密切的历史渊源。惯例目前多出现在国际商事活动中，具有代表性的是《国际贸易术语解释通则》(Incoterms)、《联合国国际货物销售合同公约》（GISG）和《跟单信用证统一惯例》（UCP）等，其具有实践性、普遍性、主观性和制裁性等特征[②]。其中，实践性和普遍性符合国际习惯中的“通例的形成”的特征[③]；而主观性符合习惯中的“法律确信”的特征[④]。另外，国际惯例特有的制裁性也说明了惯例具有一定的强制力，但不如国际习惯那样拥有当然的法律拘束力。正因为国际惯例和国际习惯存在共性，因此，国际惯例在此基础上形成国际习惯的可能性是存在的。其中《工作文件》所倡导的为贯彻“外空活动长期可持续性”理念而建立的准则没有强制约束力，仅凭借各国自觉遵守，各国在遵守中将其发展成为一项国际惯例，进而满足“通例的形成”和“法律确信”，最终使“外空活动长期可持续性”成为一项国际习惯。即便未成就，作为国际习惯的“次选择”，国际惯例也可以履行国际习惯的部分“使命”。

---

① 王家利《浅论国际习惯》，载于《科技与社会》，2007年1月。

② 谢文哲：《国际惯例若干基本理论问题探讨》，载于《学海》，2009年3月。

③ 实践性一是表现在与国家制定的成文法不同，二是自发形成的，其编纂也是民间商业团体自发进行的。普遍性一是表现为因其适用地域和适用领域的广泛性而使其调整对象相当普遍。二是其内容具有一定的国际统一性，即在国际上广为人知，并得到普遍接受。

④ 主观性表现在得到经常遵守并由此产生了应该得到遵守的合理期望的习惯做法。

（二）“民间自发组织的国际法庭”路径

民间自发组织的国际法庭是国际社会中的大胆尝试。此灵感来自 1967 年为审判美军在越战中的不法行为而成立的“罗素法庭”和 2000 年由各个国家和地区的法律专家、学者、人权活动家等组成的“女性国际战犯法庭”。这些审判虽然都没有法律约束力，但是却有着广泛的社会影响力，从而也给“外空活动长期可持续性”提供了发展的想象空间。是否也能够由各个国家和地区的空间法学家、环境学家、民间空间法学会和环境保护组织等组成“维护外空活动长期可持续性法庭”，有利于调动各方积极性，从而为“通例的形成”和“法律确信”提供来自“民间”的依据和树立正确的价值导向。

（三）“国际组织间合作”路径

目前，涉及外空活动治理的各类国际组织、非政府组织包括联合国外空委、欧空局、亚太空间合作组织、空间研究委员会、世界安全基金会、空间新一代咨询理事会和国际电信联盟等，这些组织有政府间的，有民间的，有全球性的，也有区域性的。每个组织的效力、涉及领域和适用主体有所不同，但是“外空活动长期可持续性”所要求的标准和目标却可以从理论上适用于所有国际组织，非政府间组织需要政府间组织的效力，而政府间组织需要非政府组织的“群策群力”，区域性组织需要全球性组织推行其标准，而全球性组织需要区域性组织配合执行其框架，不同领域的组织之间也需要各取所需、相互配合，以上就形成了各个国际组织进行广泛合作互动的基础和动力。相比于纯粹用“外空活动长期可持续性”理念“说服”各个国家，有了这些国际组织、非政府组织各司其职的合作，将会提高满足“通例的形成”和“法律确念”的效率。

（四）“私法层面上调整”路径

随着空间活动商业化的不断发展，很多外空活动由私人承担。因此，调整私人领域的私法也应当涉及外空活动。虽然，美国《空间发射法》、英国《外层空间法》、瑞典《航天发射活动法》、俄罗斯《俄罗斯联邦航天发射活动法》和日本《日本宇宙开发事业团法》都涉及了航天发射服务合同的相关内容[①]，但以上法律并不属于纯私法性质的法律，并且内容也并未涉及外空环境

① 尹玉海：《航天发射活动若干法律问题研究》，中国民主法制出版社，2008 年，第 160 - 164 页。

问题。因此，笔者认为，可以效仿 WTO 框架协议，将《工作文件》中的监管框架中的标准和国际标准也适用在各国国家监管框架和国内标准中，为涉及外空活动的民商事合同提供相应的规范，进而争取在国际商事活动中形成上文中所提到的国际惯例。

五、结语

司法是法律的生命。要使“外空活动长期可持续性”理念成为一项“根正苗红”的国际习惯，就离不开国际法院的判例。遗憾的是，因外空活动出现的纠纷往往经由政治外交途径而非法律手段解决，目前并不存在相关的判例。同时，笔者也期待以上路径或许能够促使其进入司法程序当中。从现状来看，要给“外空活动长期可持续性”理念一个“名分”或许是一件“巧妇难为无米之炊”的“苦差”。但所幸的是路径并不比目的那么狭窄。上至联合国，下至学者乃至是青年学子，都是参与国际法进程的一分子。也正是因为国际法的效力最终都是作用在每一个自然人身上，国际法的未来也将掌握在每一个自然人的身上。

参考文献

一、著作类

[1] 李寿平，赵云．外层空间法［M］．北京：光明日报出版社，2009.

[2] 王铁崖．国际法［M］．北京：法律出版社，1995.

[3] 林灿铃．国际环境法［M］．北京：人民出版社，2011.

[4] 尹玉海．航天开发国际法律责任研究［M］．北京：法律出版社，2004.

[5] 尹玉海．航天发射活动若干法律问题研究［M］．北京：中国民主和法制出版社，2008.

[6] 边永民．国际公法案例选［M］．北京：对外经济贸易大学出版社，2006.

二、期刊类

[1] 尹玉海，颜永亮．外空活动长期可持续性面临的挑战及对策［J］．北京航空航天大学学报（社会科学版），2016.

[2] 仲娜．浅析国际环境法视野下的可持续发展原则［J］．商场现代化，2012.

[3] 刘文东．论国际习惯的证据［J］．和田师范专科学校学报，2009.

[4] 王国语．“外空活动长期可持续性”问题与我国的对策［J］．中国航天，2012.

[5] 叶秋治．论寻找和发展国际习惯的传统与现代方法［J］．海南大学学报（人文社会

科学版），2004.
[6] 何铁军．国际环境法的可持续发展原则刍议—以系统法学为视角［J］．哈尔滨工业大学学报（社会科学版），2008.
[7] 宋晓敏．习惯国际法的效力—以习惯国际法对新国家的效力为视角［J］．研究生法学，2006（5）．
[8] 唐妍彦．习惯国际法对“环境难民”提供保护的可行性—新西兰“环境难民”案评析［J］．社会科学家，2015.
[9] 王家利．浅论国际习惯［J］．科技与社会，2007.
[10] 谢文哲．国际惯例若干基本理论问题探讨［J］．学海，2009.
[11] 冰清．论国际惯例与国际习惯［J］．辽宁公安司法管理干部学院学报，2007.

外空自然资源单方开采的合法性问题研究

苏金远[*] 许丰娜[**]

摘 要：2015 年，美国通过《外空资源开发与利用法》，旨在为其商业航天产业提供更加有利的发展环境。国际社会关于国家单方赋予私人主体在外空开采而得的自然资源财产权的合法性讨论甚嚣尘上。尽管现行国际外空法表面上并未明确禁止外空自然资源单方开采，但国际法无明确禁止并不必然等同于合法。单方开采，如未合理开展，可能违反特定国际法规则。即便如此，就外空自然资源开采权利本身而言，美国外空资源立法仍然提供了现行国际空间法的可能合理解释之一，其前景取决于国际社会的反应。

关键词：外空自然资源；开发；所有权；据为己有；共同利益

一、前言

2015 年 11 月 25 日，美国时任总统奥巴马签署《商业航天发射竞争力法》[①]，该法旨在"通过鼓励私人投资，建立更加稳定和可预见的规范条件，为发展商业航天产业提供一个有利的环境"。其中，《外空资源开发与利用法》（以下简称《外空资源法》）旨在赋予美国公民"持有、拥有、运输、使用和出售根据适用法（包括美国的国际义务）获得的小行星资源或外空资源"的权利[②]。尽管未明确使用"财产权"或"所有权"，该法拟承认的是所有权，

---

* 苏金远，西安交通大学法学院教授、院长助理，加拿大麦吉尔大学法学院 Erin J. C. Arsenault 研究员（2014—2015 年），英国剑桥大学劳特派特国际法中心客座研究员（2009—2010 年）。中国空间法学会理事，国际空间法学会会员，中国欧洲学会欧洲法律研究会理事。主要研究方向为空间法、空间政策、国际航空法、国际海洋法等。联系方式：jinyuan. su@outlook. com。本文为作者在首届中国航天高峰论坛暨中国宇航学会·中国空间法学会 2016 年学术年会上荣获优秀论文特等奖的录用论文。

** 许丰娜，西安交通大学法学院硕士研究生。

① 参见 U. S. Commercial Space Launch Competitiveness Act，H. R. 2262。

② 参见 U. S. Commercial Space Launch Competitiveness Act，§ 51303。

即“持有、使用和享用某一特定物体的权利”[1]。

美国 2015 年《外空资源法》对所有权的保障无疑会鼓励私人投资外空开发活动，但也会带来或不符合美国承担的国际义务的担忧。例如，有评论认为，该法“有悖一些适用于整个宇宙的国际条约和习惯国际法”[2]。也有人持相反意见，认为该法就其现状而言并不与国际规定相冲突[3]。相比之下，就外空自然资源开发需要通过多边主义框架予以规制而言，较少存在争议。这不仅是有效管理外空资源竞争所需，而且是通过惠益分享实现代内公平、保护和保全地球和外空环境之所需。

二、国际条约

联合国 1967 年《外空条约》于 1966 年通过，1967 年生效，被誉为国际外空法的“宪章”。截至 2017 年 1 月 1 日，该条约有 105 个成员国和 25 个签字国。它是五部联合国外空公约中最为广泛接受的。美国不仅是《外空条约》的成员国，而且在冷战时期与苏联一起主导了该条约的谈判。随着美国 2015 年《外空资源法》的签署通过，人们不禁要问，将来该法的执行是否会违背其在《外空条约》中承担的义务。

2016 年 4 月 4—15 日期间，在联合国外空委法律小组委员会第 55 届会议上，一些代表团表示，《外空资源法》“可能构成对天体的主权主张或国家之据为己有，从而违反《外空条约》”。对此，美国代表予以反驳，认为该法“在规范国家及其非政府实体在外空探索与利用中的关系方面发挥着至关重要的作用，在未向某一实体授权开采或利用月球或其他天体资源的情况下，其本身不构成对《外空条约》的违反”。

另一相关条约是 1979 年通过、1984 年生效的《月球协定》。截至 2017 年 1 月 1 日，《月球协定》共有 17 个成员国和 4 个签字国，其接受程度远低于《外空条约》。包括美国在内的主要航天国家均未加入该协定。尽管如此，在外空自然资源开采问题上，《月球协定》的规定更加明确，其重要性不应忽视。

（一）限制性规定

1967 年《外空条约》并未明确禁止外空自然资源的开采。但承认对在外空开采的自然资源的财产权，正如《外空资源法》所规定，可能违反成员国在条约第二条项下所承担的国际义务。该条禁止“通过主权要求，使用或占领等方法，以及其他任何措施”将外空据为己有。

被禁止的“国家据为己有”（national appropriation）在表面上看来限于国家的据为己有行为[3]。正如外星地产机构“月球大使馆”创立者丹尼斯·霍普（Dennis Hope）认为，《外空条约》第二条并不禁止商业公司或私人主体为商业利益主张、开发或开采天体[4]。然而，考察缔约历史可见，这一用词意在包含公、私据为己有行为[5]。但无论如何，《外空条约》第 6 条规定：

各缔约国对其（不论是政府部门，还是非政府的团体组织）在外层空间（包括月球和其他天体）所从事的活动，要承担国际责任，并应负责保证本国活动的实施，符合本条约的规定。非政府团体在外层空间（包括月球和其他天体）的活动，应由有关的缔约国批准，并连续加以监督。保证国际组织遵照本条约之规定在外层空间（包括月球和其他天体）进行活动的责任，应由该国际组织及参加该国际组织的本条约缔约国共同承担。

根据这一规定，私人主体将外空据为己有应被等同于其国家的据为己有行为，因此是受禁止的[6]。基于这种理解，一些国家的国内法庭判定私人对天体的整体或部分主张、出售行为违法[5]。因此，我们要考虑的问题不是禁止据为己有原则对私人主体的可适用性，而是外空自然资源单方开采本身是否构成“据为己有”，后者的字面含义是“对财产施加控制、所有”[1]。

主权主张属于典型的据为己有。国家间关系中的主权，正如胡伯大法官（Justice Huber）在 1928 年帕尔马斯岛案中认为，“就地球的一部分而言，是在其中不受任何其他国家干扰，行使国家职权的权利”的自由①。这一定义适用于地球，亦适用于外空。如此看来，对外空全部或部分主张主权，显然是一种据为己有，受《外空条约》第 2 条明确禁止。在外空主权问题上，《外空资源法》明确声明，“通过颁布此法，美国不就此对任何天体主张主权、主权或专属权利或管辖权、所有权”②。

值得一提的是，即使美国未明确主张主权，对外空开采的资源授予财产权，作为一个主动认可行为，其本身可能已经构成主权主张。有学者认为，授予其私人公司对小行星资源的财产权，美国有将小行星视为“其领土的一部分，违反不据为己有原则”的嫌疑[7]。但事实上，授予私人主体对其从国家主权管辖范围外地区获得的资源的财产权，并不一定会上升为对该地区的主权主张，只要这种资源获取行为符合国际法。公海捕鱼便是如此，一旦合

① 参见 2 RIAA，829，838 (1928)。

② 参见 U. S. Commercial Space Launch Competitiveness Act，Section 403。

法捕捞，所得鱼即成为捕捞者的合法财产。实践中，为确保这些私人捕捞者的行为符合国际法，其捕捞活动必须受其国家许可。

矿产资源的法律地位是否不同于鱼类？在国内看来似乎如此：矿产资源通常归国家或私人主体所有；鱼类则多属于无主物，可通过先占取得。尽管如此，也很难在公海、深海、南极和外空套用这一规则。而且，小行星似乎不同于传统意义上的矿产资源，它们漂浮于太阳系，留予地球人类开采的时间窗口很小。从这个意义上说，它们更类似于野生动物，可通过先占取得所有权[8]。

1967 年《外空条约》还禁止通过“使用或占领等方法，以及其他任何措施”将外空据为己有。外空探索与利用自由是外空法基本原则之一，但如果外空或其部分被国家或私人主体排他性地使用或占领，可能构成据为己有。美国《外空资源法》承认对“获得的小行星资源或外空资源”的财产权，而未明确“获得的”的具体含义。有学者提出，通过美国联邦法规制未开采、初始状态的小行星资源可能构成“通过其他措施”的据为己有①。对此，《外空条约》第 1 条规定：“所有国家可在平等、不受任何歧视的基础上，根据国际法自由探索和利用外层空间（包括月球和其他天体），自由进入天体的一切区域。”此外，《外空条约》第 9 条要求各缔约国在外层空间所进行的一切活动，应妥善照顾其他缔约国的同等利益。由此可见，美国《外空资源法》是否符合不得据为己有原则还取决于其执行情况。

一个未决问题是，天体及其自然资源的法律地位是否相同？换句话说，天体上的自然资源是否和天体一样不可据为己有？如果答案是肯定的，那么作为明显属于“实施控制”或“拥有”的资源开采活动将构成对天体之部分的据为己有。《外空条约》制定之时，外空活动主体多为国家，其目的多为科学研究和军事活动。外空自然资源的开采，尤其是私人开采，未受条约明确规范，也就不足为奇了。不得据为己有原则主要是为了防止国家主张外空和天体为其领土，并用其放置武器[9]。主要目的是防止国家对外空提出领土意义上的主权主张，而未预见资源性主张。条约的解释应依照缔约国的真实意图。谈判者如果预见到自然资源的不可据为己有性质，就本应做出相关明确规定。

另一个未决问题是，天体的范围是什么？美国《外空资源法》将“小行星资源”定义为“位于单颗小行星表面或里面的外空资源”②；“外空资源”进

① 参见 Professor Joanne Gabrynowicz's letter commenting on H. R. 2262. See，H3513。

② 参见 U. S. Commercial Space Launch Competitiveness Act，§ 51301。

一步被定义为“外空中在原位的非生物资源”，包括“水和矿产”①。问题可进一步转换为，是否所有小行星都是天体，因此不得据为己有；抑或一种其开采不受明确禁止的“物质资源”？一个极端的例子是，当一个小行星被整体捕获、开采，进而消亡，这是否构成据为己有？《外空条约》未对天体进行明确定义，而只强调其包括月球。有学者认为，国际天文学联合会（IAU）在其分类中明确将小行星列入“小型太阳系天体”的范围之内，尽管这一分类并不具有法律拘束力，但认为《外空条约》中的天体不包括小行星的观点似乎不符合科学常识[8]。也有学者认为，天体、外空及其子类（轨道和轨位）类似于国内的不动产，而（一些）可被整体移动或消耗的小行星和彗星可能构成动产[4]。值得一提的是，小行星大小各异。很少有人会将占有鸡蛋大小的小行星的行为视为据为己有，也很少人会否定对冥王星大小的小行星的主权主张不构成据为己有。因此，小行星是否属于天体不可一概而论。大小显然是要素之一，但在不考虑其他要素的情况下确定区分“天体小行星”和“非天体小行星”的标准，显然是武断的。区分“天体小行星”和“物质资源小行星”必须与人类对其进行整体开采消耗的能力相联系。

《月球协定》明确禁止将月球本身及其自然资源据为己有。其第 11 条第 1 款明确承认月球及其自然资源是“全人类的共同继承财产”，第 3 款进一步规定“月球的表面或表面下层或其任何部分或其中的自然资源均不应成为任何国家、政府间或非政府间国际组织、国家组织或非政府实体或任何自然人的财产”。值得一提的是，《月球协定》第 1 条第 1 款还规定，该协定内关于月球的条款也适用于太阳系内地球以外的其他天体。尽管如此，《月球协定》未永久性禁止对月球矿产的开发。根据第 11 条第 5 款，缔约国承诺“月球自然资源的开发即将可行时，建立指导此种开发的国际制度，其中包括适当程序在内”。

在联合国外空委法律小组委员会第 55 届会议上，一些代表团表示，美国的单方国内立法是对其在《月球协定》谈判过程中的立场的转变。美国代表则辩称，美国并不认为其在《外空条约》下承担的义务能够剥夺其享有在外空使用自然资源的权利。事实上，美国并不认同《月球协定》为国际外空法的核心条约之一。一国是否受条约条款所限，取决于其是否有此明示同意，除非该条款是对习惯法规则的宣告。因此，作为出发点，非《月球协定》缔约国，则不受其限制。许多航天国家未签署或批准《月球协定》的事实，应

① 参见 U. S. Commercial Space Launch Competitiveness Act，§ 51301。

被理解为他们对该协定基于《外空条约》所发展的规则，尤其是有关外空资源开采的规则的保留。尽管如此，《月球协定》第 11 条为建立一个协调各国在外空的自然资源开采活动和惠益分享的机制提供了一个有价值的框架。

（二）允许性规定

外空自然资源单方开采合法性的支持者认为，自然资源开采是行使《外空条约》所保护的外空自由利用权利①。“利用”的常意即“对某物的使用”[1]。一些学者将其解释为“非经济性和经济性使用”，包括“外空和天体的开发”[10-11]。另外一些学者则认为，外空自然资源的商业开采是对该权利的“滥用”。国际空间法学会理事会则采取中庸路线，认为并没有关于使用自由是否涵盖获取和消耗非可再生自然资源（包括天体上的矿产和水）的国际共识[12]。

根据《维也纳条约法公约》第 31 条，“条约应依其用语按其上下文并参照条约之目的及宗旨所具有之通常意义，善意解释之”。有观点认为，《外空条约》的宗旨“并非限制外空的使用，而是鼓励外空的自由探索和利用”；因此“当某一活动不受明确限制时，对这种模糊性的解释应该倾向于允许，而非限制，来防止对外空开发和利用的不必要阻碍”[3]。这种观点关于《外空条约》的宗旨的看法应该说是准确的。该条约序言即确认“确认为和平目的发展探索和利用外层空间，是全人类的共同利益”。但除了禁止据为己有，根据《外空条约》第 1 条，外空的探索和利用还“应为所有国家谋福利和利益，而不论其经济或科学发展程度如何，并应为全人类的开发范围”。问题是，外空自然资源的开发是否符合所有国家的福利和利益？

总体来说，外空自然资源的利用可弥补地球资源的短缺，促进科技的发展，因此符合所有国家的福利和利益。资源开采是否应该由一个集体机制代表所有国家开展，或遵循自由市场原则由多方主体自由开采是一个经济结构问题。前者对发展中国家更具有吸引力，后者则是发达国家的偏好。关于哪一种结构更有利于社会进步这一问题仁者见仁，但指望发达国家服从于一个高度集中的机制，是不切合实际的。是否所有国家应该平分外空资源开采所获得的惠益是一个分配正义问题。“共同利益”不同于“平均分配”，后者并

① 参见 Letter from Henry R. Hertzfeld, Matthew Schaefer, James C. Bennett, and Mark J. Sundahl, in Congressional Recording on Spurring Private Aerospace Competitiveness and Entrepreneurship Act of 2015, May 21, 2015, H3519。

不必然是“公正的”。在分配中，应当充分考虑成本投资。正如亚里士多德载述柏拉图的观点，“相似情况，应相同对待”。

有关外空资源开采活动的组织管理、惠益分配是一个“第二层次”问题。但如果解决不当，很可能会反过来动摇“外空自然资源利用符合所有国家的福利和利益”这一一般性结论的正确性。例如，外空资源被一部分主体用于压迫或威胁另一部分主体，如果少数人掌握大量的钚就可能导致这种局面。再如，尽管外空自然资源利用为所有国家都带来福利和利益，但所导致的不公平如此之大，以至于弱势群体在物质上所享有的利益改善，相比于正义本身的固有价值的丧失，可以忽略不计。

三、习惯国际法

习惯国际法规则由国家出于法律义务感的普遍性和稳定性实践累积而成，对所有国家均有拘束力，但一些国家可能通过持续反对相关规则的发展而免受其限制[13]。例如，外空探索和利用自由在1967年《外空条约》通过前就已成为一条国际习惯法规则，而后被条约化。就外空采矿而言，有观点认为，鉴于美国搜集、赠送月球岩石样本的实践并未受到其他国家的反对，有关国家对在外空开采的自然资源主张所有权的习惯国际法已经形成①。也有观点认为，《月球协定》禁止在资源开采国际管理机制建立前开展行星和小行星商业采矿，这作为习惯国际法规则对非缔约国同样具有拘束力[2]。

在确定习惯国际法规则是否存在时，需要考虑有关某一特定国家实践的多方要素，包括长期性、稳定性、重复性和普遍性[14]。有关搜集外星岩石的实践十分有限，未能满足这些标准。还应该注意到，缺少国家反对并不必然等同于默认，因为月球岩石样本的搜集和赠送并不总为公众所熟知，而即使知情，所涉及的数量如此之小，以至于各国并不认为对其利益的损害达到值得提出抗议的程度。尽管如此，国际社会应该密切关注近来一些私人主体高调宣布从月球搜集岩石，并试图通过美国2015年《外空资源法》确立所有权先例的做法。例如，“月球快车”公司（Moon Express）计划在2020年前从月球带回岩石和尘土，以此建立和夯实商业先例。这种高调宣称影响国家实践的项目在习惯国际法的发展中会发挥更大的作用。

---

① 参见 Letter from Henry R. Hertzfeld, Matthew Schaefer, James C. Bennett, and Mark J. Sundahl, supra note 37, H3518。

此外，还应在数量和目的上区分外空中的样本搜集和资源开采。为此，有学者认为，“国家在外空和天体进行科学探索的权利”不同于“外空资源的单方和放纵商业开采”[2]。外空科学研究自由已经明显成为一条习惯国际法规则，而其自然资源的商业开采还未开始，更不用提相关习惯国际法规则的存在了。例如，美国的6次阿波罗项目先后从月球带回842磅月球材料[15]。相比于矿产开采，这一数量只能说微不足道。事实上，《月球协定》本身就区分了大规模矿产开发和外星样本的搜集。《月球协定》第6条第2款明确规定，缔约各国进行科学研究时，“应有权在月球上采集并移走矿物和其他物质的标本”，且“也可使用适当数量的月球矿物和其他物质以支援他们的任务”。国际渔业保护条约中也有类似规定。在“南极捕鲸”案中，澳大利亚认为，日本在其所谓科研项目中所捕获的鲸鱼的数量及其出售行为，令人怀疑其对鲸鱼的捕杀、占有和处置是否真的是为了科研目的。日本则辩称，《国际捕鲸管制公约》允许通过出售鱼肉来资助科学研究，这是渔业研究中的普遍做法①。国际法院最后判定，尽管日本可通过出售鲸鱼肉来资助其科学研究，但科学研究项目没有必要在超出达到其资助研究目的的合理范围之外大规模使用致命手段②。同理，大规模开采外空自然资源也明显超出科学研究的合理需要。因此，外空科学探索自由并不能使大规模外空资源开采合法化。

关于存在建立国际机制前禁止在行星和小行星开展商业采矿的习惯国际法的主张同样并不成立。多数主要航天国家未签署《月球协定》的主要原因正是由于这一限制[16-17]。以上主张显然不符合国家实践，尤其是主要航天国家的国家实践[18]。有学者认为，《月球协定》之所以批准国少，主要是因为对月球的探索大约30年前就已结束，国际社会对其规范制度并无太大兴趣[19]。而近来关于月球开发的公私兴趣骤升，进一步明晰规则已成为必要。但至少在现阶段，论断禁止外空资源单方开采已成习惯国际法，为时尚早。

四、是否法无禁止即可为？

如前所述，外空自然资源单方开采如果未合理执行，可能违反“不得据为己有”原则、“适当顾及”原则、“共同利益”原则。除此之外，现行国际

① 参见 Whaling in the Antarctic (Australia v. Japan; New Zealand intervening), Judgment, I. C. J. Reports 2014, p. 226, paras 91 - 92。

② 参见 Ibid, paras 94 & 142。

外空法并无对外空自然资源单方开采权利本身的明示禁止。美国《外空资源法》的确将对小行星资源和外空资源所有权的承认限于“那些根据适用法（包括美国的国际义务在内）所得的”。但这一限制并非不辨自明的，因为什么样的开采符合美国的国际义务并不明确。根据所谓“荷花号”原则，即“不得预设对国家自由的限制”①，国际空间法学会理事会认为外空资源的利用是被允许的[12]。但是，“荷花号”原则所反映的是 20 世纪早期的国际法基调，在当今国际法中的合理性和可适用性一直备受质疑。

与国内体系不同，国际社会并没有统一的立法、司法、执法机构。国际法的制定在很大程度上取决于主权国家的意愿。因此，国际法本身并非一个完整的体系，无法规范所有的国家行为，存在漏洞在所难免，尤其当涉及诸如外空采矿的新活动时更是如此。在当今的国际关系中，“荷花号”原则所反映的国际法基调不应被过度强调。对于新活动而言，无明确禁止只是对其法律规制初始状态的客观描述。从这种初始状态出发，国际法的发展往往并未跟随单边主义路线。20 世纪 70 年代就有学者提出关于缺乏禁止国家或私人在“无主区域”开采资源的条约和习惯法规则的担忧[20]。而随后深海和南极的国际法发展并未导致各国竞相争夺这两个公共区域的资源的状况。

就外空采矿而言，有学者认为，基本假设应该是普遍性的自由，这种自由只能通过国际共识加以约束，而不应该以明确禁止商业开采为出发点[11]。如前所述，就此持相反意见显然是没有法律依据的。但国际法必将在这种无明确禁止的初始状态的基础上进一步发展。美国的立法是《外空条约》适用的嗣后国家实践之一，这种实践为缔约国间就该条约相关条款的解释提供了一种可能。这种可能解释能否成为反映缔约国间共识的解释，取决于其他缔约国的反应。就截至目前在联合国外空委法律小组委员会中的讨论而言，众多国家压倒性地反对单方开采。美国代表团也表示，其有关外空资源开采利用的国内立法并不排除在将来建立一个多边机制，但目前外空开采和利用在技术上尚不可行，讨论这样一个多边机制时机尚不成熟。同样积极推进外空资源商业开采和立法的卢森堡表示，其法律框架的制定将充分考虑国际法，并期待与其他国家一起制定一个多边体系。我们有理由相信，外空自然资源开采规制的前进方向是多边主义，而非单边主义。

① 参见 Case of the S. S. “Lotus” (France v. Turkey), 1927 P. C. I. J. (Ser. A) No. 10, at 18。

五、结论与展望

综上，外空不得据为己有原则不仅适用于国家而且适用于私人主体，但自然资源的开采和利用是否构成“据为己有”尚无定论，这将有待国家实践的进一步明确。但可以肯定的是，外空资源单方开采如果开展不当，惠益分享不公，可能违反“适当顾及他国同等利益”、“应为所有国家谋福利和利益”等原则。而有关外空自然资源开采自由已成习惯国际法规则的主张忽视了外空科学探索和外空自然资源商业化开采在目的、获取数量上的巨大差别，因此并不成立。现行外空法未明确禁止外空自然资源单方开采，并不必然意味着这一行为是合法的。

随着有能力开发外空自然资源的公私主体不断增加，将来可能产生不同主体争夺同一资源的情况。美国的立法以及其他国家可能通过的类似国内法因其适用范围有限，并不足以防止外空资源开采中的可能冲突。而缺少开采能力的国家则可能要求从中分享惠益。此外，外空采矿也会带来关于天体间污染的担忧。因此，建立一个国际管理体系将成为协调采矿、惠益分享、保护环境的必要考量。为此，有关深海和南极采矿的（准）国际条约提供了有益参考。

参考文献

[1] BRYAN A. GARNER et al eds. Black's Law Dictionary, 9th ed. (West, 2009) at 1335.

[2] GBENGA ODUNTAN. “Who owns space? US asteroid - mining act is dangerous and potentially illegal”. NSNBC International, Nov. 25, 2015, http://nsnbc.me/2015/11/25/who - owns - space - us - asteroid - mining - act - is - dangerous - and - potentially - illegal/.

[3] ANDREWLINTNER. “Extraterrestrial Extraction: The International Implications of the Space Resource Exploration and Utilization Act of 2015”, 40 Fletcher F. World Aff. 139.

[4] VIRGILIU POP. Who Owns the Moon? Extraterrestrial Aspects of Land and Mineral Resources Ownership (Springer, 2009), p. 12.

[5] STEVEN FREELAND, RAM JAKHU. “Article II”, in Stephan Hobe et al, eds, Cologne Commentary on Space Law (Köln: Heymanns, 2009) vol 1, 44 at 50.

[6] Board of Directors of the International Institute of Space Law (IISL), Statement on Claims to Property Rights Regarding the Moon and Other Celestial Bodies, 2004, available <www.iislweb.org/docs/IISL_Outer_Space_Treaty_Statement.pdf>.

[7] FABIO TRONCHETTI. "Private property rights on asteroid resources: Assessing the legality of the ASTEROIDS Act", 30 Space Policy (2014) 193, 194.

[8] MICHAEL JENSEN. "Asteroidae Naturae: What It Takes to Capture an Asteroid", 45 Southwestern Law Review 757, 776.

[9] JOANNE IRENEGABRYNOWICZ. Space Law: Its Cold War Origins and Challenges in the Era of Globalization, 37 Suffolk U. L. Rev. (2004) 1041, 1043.

[10] STEPHANHOBE. "Article I" in Stephan Hobe et al, eds, Cologne Commentary on Space Law (Köln: Heymanns, 2009) vol 1, 25 at 35, para. 36.

[11] FRANS VON DER DUNK. The US Space Launch Competitiveness Act of 2015, JURIST - Academic Commentary, December 3, 2015, http://jurist.org/forum/2015/11/frans-vonderdunk-space-launch.php.

[12] Board of Directors of the International Institute of Space Law (IISL), Position Paper on Space Resource Mining, 20 December 2015, http://iislweb.org/html/20151220_news.html, at 2. There are currently 21 members of 13 nationalities in the IISL Board of Directors.

[13] JAMES CRAWFORD. Brownlie's Principles of Public International Law, 8th ed. (Oxford University Press, 2012), 28.

[14] MALCOLM N. SHAW. International Law (6th ed., 2008), 74.

[15] EDWARD L. HUDGINS. Space: The Free Market Frontier (2002) 228-29.

[16] TIMOTHY G. NELSON. The Moon Agreement and Private Enterprise: Lessons from Investment Law, 17 ILSA Journal of International & Comparative Law (2011) 393, 396.

[17] CAROL R. BUXTON. Property in Outer Space: The Common Heritage of Mankind Principle vs. the "First in Time, First in Right" Rule, 69 J. Air L. & Com. (2004) 689, 699.

[18] RICHARD B. BILDER. A Legal Regime for the Mining of Helium-3 on the Moon: U. S. Policy Options, 33 Fordham Int'l L. J. (2010) 243, 269.

[19] RAMJAKHU. "Legal Issues Relating to the Global Public Interest in Outer Space", 32 J. Space L. (2006) 31, 104-5.

[20] L. F. E. GOLDIE. "Is there a general international law of original ownership? The possible relevance of general doctrines governing the possession of deep ocean-bed resources", Proceedings of the 19th Colloquium on the Law of Outer Space, 1976, 289.

浅议航天活动中的国防知识产权权利归属

李　杜*

摘　要：航天技术很多为军民两用，可纳入到国防技术范畴中。而航天活动涉及的国防技术与普通的国防技术相比，又具有尖端性、核心性和多用性等特点；同时，不少航天活动是在国际合作背景下展开的，相关利益主体具有涉外因素。在此背景下，航天活动所涉国防知识产权的权利归属对我国航天技术发展及国防事业至关重要。而根据我国目前法律规定，国防知识产权多归属于国家，对国防技术的发展存在一定的负面作用；在国际合作合同中，则较少直接涉及知识产权权益分配问题。因此，航天活动对于国防知识产权制度的完善需求甚为急迫。本文从航天活动中的国防知识产权的特点出发，从法律政策层面以及实践层面探讨如何完善国防知识产权权利归属制度才能既能保障我国的国防利益、又能促进航天产业的发展。

关键词：航天活动；国防知识产权；权利归属

尽管我国学界早在 20 世纪 80 年代即对“国防知识产权”展开研究[1]，但这一概念第一次正式出现在我国官方文件中却是在近期，即 2008 年发布的《国家知识产权战略纲要》之中。此后，尚未有政策性文件或法律法规对其进

* 李杜，女，现任华中科技大学法学院讲师，分别于 2007 年和 2011 年在法国巴黎第十一大学获得法学硕士学位和法学博士学位，主要研究方向为国际空间法和知识产权法。参加 2014 年国家社科基金重大项目《3D 打印产业发展与知识产权制度变革研究》；主持 2015 年国家社科基金青年项目《中国参与国际太空合作的知识产权制度创新研究》。发表“欧洲国家空间立法新发展”、“Le rôle des institutions administratives dans l'industrie spatiale en Chine”、“外层空间 3D 打印对知识产权制度的挑战”等论文多篇。联系方式：gainhiz@hotmail. com。本文为作者在首届中国航天高峰论坛暨中国宇航学会·中国空间法学会 2016 年学术年会上荣获优秀论文一等奖的录用论文，系国家社科基金青年项目《中国参与国际太空合作的知识产权制度创新研究》（项目编号：15CGJ007）的阶段性成果。

行详细定义或描述。目前，国内学者对“国防知识产权”的界定存有分歧①，但其具有国防特性毋庸置疑。与一般知识产权相比，国防知识产权在投资主体、创造主体、产权模式、法律制度、权利取得与管理、交易市场和交易行为、基本特征等方面均有独特之处[2]。尤其是国防知识产权所具有的公权性质以及保密性特征更是与普通知识产权制度之基础相悖②。国防知识产权主要包括国防专利权、国防著作权、国防集成电路布图设计权和国防技术秘密权。

航天技术具有高创新性、高战略性、高增长性、高渗透性和高风险性等特点[3]。而这些技术中很大一部分为军用或军民两用，从而与国防相关，因而属于国防知识产权的范畴。除上述特点之外，航天活动涉及的国防知识产权与其他国防知识产权相比又具有自己的特殊之处，使得其与为众多学者所诟病的现有国防知识产权权益分配制度之冲突愈发激烈。本文拟结合航天活动涉及的国防知识产权的特点及航天产业的发展需求，从目前我国国防知识产权权益分配制度出发，提出具有一定价值的对策建议。

一、航天活动相关国防知识产权的特点

国防工业具有知识密集、技术密集和资金密集等特点，其相关技术往往与国防和军事等重大国家利益相关。国防知识产权在诸多方面具有与一般知识产权所不同的特点。而航天活动的行业特点以及发展导向则使得与之相关的国防知识产权更具特殊性。

（一）国防知识产权的特点

国防知识产权与一般知识产权在诸多方面均有差异，其中最为根本的在于权利性质的不同。一般知识产权为私权，具有垄断性和公开性的特点；而作为一种特殊知识产权的国防知识产权，则兼具公权性和保密性的特点。对于一般知识产权，国家实行相对松散的管理与保护。而一项国防知识产权，从对其进行投资、研发，进而获得权利，到权利的实施③、保护与救济，无不

---

① 主要代表性观点有以原国防科工委国防知识产权研究课题组为代表的国防产生说和以国家国防科技工业局科技质量司为代表的国防专用说。参见张伟善，常生艳：《法理角度下国防知识产权概念辨析》，载于《现代经济信息》，2013年第18期，第386页。

② 普通知识产权的典型特征为垄断性和公开性。

③ 而国防知识产权的实施由“国务院有关主管部门、中国人民解放军有关主管部门”来指定单位“实施本系统或者本部门内的国防专利”，并由“国防专利机构对国防专利的指定实施予以登记，并在《国防专利内部通报》上刊登”。参见《国防专利条例》第22条。

伴随着政府和军队的深度干预[4]。且在我国，在绝大多数情况下，国防知识产权均归属于国家（见本文第二部分），因此这种权利具有强烈的公权属性。另外，国防技术往往关系到国家安全，因而对于国家利益至关重要而需要对其进行保密。以专利为例，申请人在申请一般专利的过程中，需要对相应发明创造进行公布以进行“社会审查”，一旦有人向专利局递交能够证明被公开专利申请不具备新颖性或创造性的材料，该申请则可能被驳回。而根据《国防专利条例》规定，国防专利相关内容仅能刊登在《国防专利内部通报》中，而“《国防专利内部通报》属于国家秘密文件，其知悉范围由国防专利机构确定”①，因而具有强保密性。

此外，从权利管理上来看，我国一般知识产权的主管机关为国家知识产权局，负责对专利权和著作权等进行统一管理。对于国防知识产权，我国以立法形式明确规定主管机关的只有国防专利。2004年《国防专利条例》规定，“国务院国防科学技术工业主管部门和中国人民解放军总装备部分别负责地方系统和军队系统的国防专利管理工作”，国防专利局负责受理和审查国防专利申请②。除满足一般专利新颖性、创造性和实用性要求之外，获得国防专利还需要满足另一要件，即不能“涉及国防利益或者对国防建设具有潜在作用被确定为绝密级的国家秘密”③。其他形式的国防知识产权应由何种机构来进行管理与保护，则未有明确法律规定。

（二）航天国防知识产权的特点

由于航天活动并非纯粹的国防军事活动，而是对科学研究、基础服务等④多方面都具有重大意义，同时也是综合国力的有力体现。因此，航天国防知识产权必然也因为源自这一特殊产业而具有独特之处。

第一，尽管我国并未顺应国际层面航天活动私有化的大趋势，但国内有些相关研究机构已在新型航天系统、低成本卫星领域、空间通信等领域进行了一定的知识产权布局，甚至已经在若干领域取得了优于我国传统航天企业的竞争地位[5]。从整体上来看，我国其他民品部门或单位已经开始参与到航天活动中来，使得我国航天产业主体更为多样化。要更为充分地利用这些新主体开发的知识产权，未来必然更多地涉及民转军的过程。

① 参见《国防专利条例》第28条。

② 参见《国防专利条例》第3条。

③ 参见《国防专利条例》第4条。

④ 科学研究如深空探测、太空育种等；基础服务如天气预报、卫星电视等。

第二，我国目前正在积极寻求国际航天合作，这在4部《中国的航天》白皮书中均有明确体现。由此可见，航天活动与其他很多纯国防活动的一个重要区别即在于其国际性。这种特性使得航天活动所涉之国防知识产权问题更为复杂，因为在国际合作过程中难以避免技术、产品和人员的相互流动，这一方面可能造成重要国防知识产权外流，另一方面也可能是获得新知识产权的机会。

最后，在全球航天领域商业化和私有化的过程中，更多平等主体之间的交易、合作方式也逐步被用于这一曾经完全被国家控制的行业中来，私有资本追逐利益的本质会不断地推动航天活动的透明化和秩序化。在美国、欧洲等航天强国或地区，私有企业对航天活动的参与度已经很高，且已然形成了一套制度和实践。尽管我国航天活动中几乎没有私有资本参与，但其商业化趋势依然不可避免①，源自外部的大趋势也必然会对我国的航天活动产生巨大冲击。西方常诟病我国航天活动不透明，这些负面评价影响我国积极发展国际合作政策的实质效果。在此情况下，若我国选择逐步将航天活动透明化，则必然要为此大力完善现有制度，其中即包括国防知识产权制度。因此，我国航天活动对于国防知识产权之完善需求极为急迫。

二、我国航天活动相关国防知识产权权益分配模式及问题

（一）我国航天活动相关国防知识产权分配模式

国防技术很多具有高精尖的特性，其开发大多需要大量资金投入，而其与国防利益相关的特点则使得国家出资成为常态。这一点在我国航天活动中体现得尤为明显。现在绝大多数航天活动依然是由国家出资并进行宏观调控的，仅少数科研院所或高校自主开展航天活动②。而对于这些科研成果中属于国防成果的部分归属如何，我国并无专门规定，依然适用其他国防知识产权归属规则。

一项国防技术的开发需要多方协作，其主体可包括作为出资方的国家、单位和个人等，作为研发方的科研院所、高等院校和企业等，作为成果实施方的军工企业等以及具体执行研发方研发任务的成果完成人。尽管涉及主体多样，但从立法和实践来看，我国长期存在国防知识产权“单一国有产权模

① 如我国自20世纪即开始活跃在国际发射服务市场上。

② 如哈尔滨工业大学和清华大学自主研发的小卫星。

式”[6]，这一点也体现在较早期的立法之中。如 1987 年《武器装备研制合同暂行办法》中规定“研制武器装备的技术成果归国家所有”，且其所管辖的合同包括“人造卫星研制项目的总承包合同、配套项目、分系统项目合同和阶段性合同”①。1997 年《国防法》则将直接归属于国家的国防技术成果范围予以扩大，其中第 37 条将“国家为武装力量建设、国防科研生产和其他国防建设直接投入的资金、划拨使用的土地等资源，以及由此形成的用于国防目的的武器装备和设备设施、物资器材、技术成果等”纳入国防资产的范畴，并直接规定“国防资产归国家所有”。

根据目前的法律规定，仅在少数情况下国防知识产权才可能归属于开发者。如 2002 年国家科技部、财政部《关于国家科研计划项目研究成果知识产权管理的若干规定》中对“以财政资金资助为主的国家科研计划项目……研究成果的知识产权管理”作出了规定：“科研项目研究成果及其形成的知识产权，除涉及国家安全、国家利益和重大社会公共利益的以外，国家授予科研项目承担单位……在特定情况下，国家根据需要保留无偿使用、开发、使之有效利用和获取利益的权利”。这样的规定在一定程度上肯定了成果完成人的权益，但由于对“涉及国家安全、国家利益和重大社会公共利益”并未详细界定和设定标准，遇到具体情况还是由国家来衡量，这些不稳定因素造成实际上的对“单一国有产权模式”的沿用[7]。

（二）现行分配模式存在的问题

我国学者对目前国防知识产权分配模式的看法较为一致，大多认为从法律上来看，国防知识产权的归属与分享上长期存在权益和责任不清的问题，无法保障承担研究任务的机构和成果完成人的利益，从而挫伤研究机构和个人的工作积极性，对国防知识产权的形成产生负面影响②。这也会使得科研院所在项目进行验收、定型时不完全交付技术，隐瞒技术的情况发生[8]。另外，对于非归属于国家的国防知识产权，军工企业未经许可使用成果的现象很普遍。这类侵权行为，在制度层面并未明确规定救济措施，权利人难以通过法律或其他手段保障自己的权益。

---

① 分别参见《武器装备研制合同暂行办法》第 15 条和第 3 条。

② 王林，黄怡苏，胡隽：《对国防知识产权归属制度的思考》，载于《科技进步与对策》，2016 年第 6 期，第 44 - 46 页；马兰：《关于国防知识产权归属与利用的思考》，载于《舰船科学技术》，2007 年增刊，第 21 - 24，41 页；胡翊珊：《建立国防知识产权多重主体归属模式的思考》，载于《军事经济研究》，2012 年第 6 期，第 63 - 65 页。

在实践中，很多国防技术开发项目均是以合同的形式进行，其涉及的合同主要包括国防技术预研合同、武器装备研制合同、高技术863合同以及横向委托合同等类型。在航天活动中，大型科研活动也主要是以这几种合同完成的[9]。其中，国防技术预研合同和武器装备合同均为军方依据20世纪90年代的《专利法》《技术合同法》和《武器装备研制合同暂行办法实施细则》制定的定式合同，直接约定成果归属国家和军方所有；高技术863合同则依据《技术合同法》以及国家863计划管理等签订的，合同条款相对清晰，对知识产权权益归属有明确的约定；而横向委托合同多签订于军工单位之间，往往需要征得国家主管部门同意，因而很少考虑知识产权问题[8-9]。

总之，法律制度和实践中对国防知识产权归属问题的规定和具体做法会使得航天科研活动中所产生的知识产权归属处于不稳定状态，即使通过合同形式将归属于科研院所或研发企业，在成果被认定为涉及国家安全、国家利益和重大社会公共利益时，国家仍然具有绝对的实施权。尽管这一做法在国内航天活动中暂时不会产生直接性负面影响，但若处在国际合作项目中，则易引起纠纷，进而影响合作关系。

三、建议与对策

我国目前的国防知识产权制度有较多弊端，对国防知识产权本身起着负面影响。我国的航天活动对外有着进行国际合作的强烈需求，并面临着航天活动商业化和私有化的巨大影响，对内则表现出军民互转迅猛增加的趋势。而我国目前实行的国防知识产权权益分配规则本身已有较多弊端，对国防知识产权的发展起着负面影响，更无法满足航天活动发展的需求。从航天活动所涉国防知识产权的特点来看，其对于制度完善的需求极为紧迫。

航天实力最为强大的美国也同样经历了国防知识产权制度改革①，其核心之一就在于权利归属问题。通过改革，美国实现了从主张政府资助所产生的创造发明归政府所有的“权利政策”向主张除公共卫生或安全领域之外政府不应拥有全部权利的“许可政策”的转变[10]，即给予了成果完成人更多的开发和利用知识产权、获得经济利益的可能性，从而促进合作创新的发展。这

① 美国在法律层面并无“国防知识产权”这一概念，但其针对国家资助的国防项目产生的知识产权，军转民、民转军和军事技术合作中涉及的知识产权等，基本与“国防知识产权”这一概念重合，可予以等同。参见付瑜，揭力勤，王语：《美国国防知识产权权利归属政策及措施》，载于《军事经济研究》，2012年第4期，第75-77页。

一转变是以立法的形式实现的。这无疑给我国提供了一个可供参考的范例。我国可效仿美国，从完善立法着手，在实践中加强管理，整体性调整现有的国防知识产权权利归属和权益分配制度。

在法律层面上，对我国现有国防知识产权制度完善的核心在于确保国家对国防知识产权绝对控制权的前提下，充分考虑成果完成人的利益。为达到这一目的，首先即需要在法律中明确国防智力成果的归属。虽然《关于国家科研计划项目研究成果知识产权管理的若干规定》中对于成果知识产权的权利归属规定已类似于美国的“许可政策”，但对于“涉及国家安全、国家利益和重大社会公共利益”需进行详细界定，以明确区分国防知识产权归属于国家与归属于非国家主体的情况。这样可以使得科研机构和个人明确知晓在何等条件下其可获得国防知识产权以及相关利益，从而激发这些主体的科研热情。对于成果归属于国家所有的情况，还应建立相应的激励机制，对成果完成人予以一定的奖励和经济补偿。由于航天活动涉及较多的“民转军”的情况，因此制定优惠政策以保障原权利人的利益，能够集思广益，促进多样化主体的开发热情。其次，需建立完备的救济机制。由于国防知识产权保密性很强，且与国家重大利益相关，因此相关纠纷不适合在普通知识产权法庭进行审理。可在现有的知识产权法院中单设特别庭来应对有关国防知识产权的诉讼。这样才能实质性地保障非国家的权利人的利益。最后，整体而言，除了《国防专利条例》之外，现行的针对国防知识产权的法律规定，立法层次较低，且各个不同文件中对于权利归属问题的规定并不完全一致。尽管目前国防知识产权中专利占绝大多数，但其他类型的智力成果也需要通过法律形式加以保护。因此，建议出台一部专门的《国防知识产权法》以对国防知识产权进行整体调整。

在实践中，首先需要对航天活动涉及的几种合同进行规范化，尤其是国防技术预研合同和武器装备研制合同。这两种合同所依据的法律规范较为老旧，已然不符合现今的需求，在知识产权权利归属方面更是苛刻，不利于调动科研机构和个人的积极性。因此，即使沿用由军方提供此类格式合同的做法，合同的内容也应该予以调整和更新，更多地考虑成果完成人的利益，明确合同所得知识产权的权利归属，才能与上文建议采用的“许可政策”相吻合，从而促进航天技术的发展。其次，完善航天企业和科研机构内部的国防知识产权管理体系对于“许可政策”的实现也至关重要。这可从搞好航天国防知识产权合同管理，完善航天国防知识产权保密、解密制度和建立航天国防知识产权安全预警机制等方面着手[9]。这是国家以立法形式将一部分国防知识产权归属于其他主体的前提，只有做好这一点，才能让国家放心地将知识产权下放至企业或科研院所。最后，由于航天活动涉及的国际合作越来越多，合作中可能产生或获得的国防知识产权权利归属已经不是国家与其他非国家主体的问题，而是国家与国家之间的问题。对于合作中可能产生的国防知识产权权利归属问题，需要谨慎签订合作协议，经过商议、谈判将尽量获得对己方有利的条件，并将之固定在合作协议的知识产权条款之中，以保障我国的利益并避免纠纷。航天活动所涉之国防知识产权的跨国流转则会引发出口管制问题。为此，我国需一方面完善自身的出口管制制度，以控制我国航天技术的无序外流，另一方面积极发展与对中国友好国家的国际航天合作，以期规避西方国家的出口管制制度。

参考文献

[1] 张伟善，常生艳．法理角度下国防知识产权概念辨析［J］．现代经济信息，2013（18）：386.

[2] 郭永辉．国防工业合作创新中的国防知识产权分析［J］．图书情报工作，2012（24）：108－103，147.

[3] 闵贵荣，廖春发．航天高技术产业发展趋势［J］．中国航天，2001（12）：9－13.

[4] 李芳梅，徐琤．论国防知识产权之权利属性［J］．西安政治学院学报，2015（3）：88－91.

[5] 于晓乐，臧春喜．航天企业知识产权工作的SWOT分析与对策研究［J］．航天工业管理，2015（12）：22－24.

[6] 胡翊珊．建立国防知识产权多重主体归属模式的思考［J］．军事经济研究，2012（6）：63－65.

[7] 王林，黄怡苏，胡隽．对国防知识产权归属制度的思考［J］．科技进步与对策，2016（6）：44－46.

[8] 马兰．关于国防知识产权归属与利用的思考［J］．舰船科学技术，2007（2）：21－24，41.

[9] 王新安．论中国航天业知识产权归属［J］．现代商贸工业，2009（7）：250－251.

[10] 成义敏，沈永军．国防知识产权法律属性分析［J］．军事经济研究，2012（6）：59－62.

中国空间政策研究

——以日本、印度为参考

赵海峰* 张 超**

摘 要：中国航天事业发展迅速，载人航天、探月工程、北斗卫星导航等成就举世瞩目。然而相较于国外航天强国完善的空间政策体系，我国的空间政策显得低调许多。随着中国航天事业的不断发展、航天商业化水平的不断提高，需要空间政策的及时跟进。本文回顾中国航天历史上四大里程碑的决策过程，比较中国与日本、印度空间政策的异同，提出中国目前在空间政策上存在的问题，即空间政策缺乏体系、相关研究有所欠缺、透明度不高、商业化支持不够、民用化水平不高等。中国在完善自身空间法律政策的同时，也应该注重借鉴国外成熟经验，特别是像日本、印度等国的情况。通过交流合作，完善中国自身空间政策体系，为建设航天强国保驾护航。

关键词：中国航天；空间政策；日本；印度

一、我国空间政策的发展

1970年4月24日我国发射第一颗人造地球卫星，正式进入航天时代。从1970年至今40多年间，中国已经发展成为名副其实的航天大国。如今更是整装待发，力争建设成为航天强国。2016年，时任中国国家航天局局长许达哲

---

* 赵海峰，国家法官学院教授，哈尔滨工业大学空间法研究所原所长。1996年获得法国巴黎第一大学欧洲刑法与刑事政策法学硕士学位，研究方向为国际法学（尤其是空间法学、欧洲法学、国际司法制度）和比较法学。兼任中国空间法学会常务理事、《Space Policy》杂志国际编委、中国欧洲学会欧洲法研究会副会长、中国国际法学会理事、中国欧洲学会理事、中国法学会航空法研究会常务理事等职。在常设仲裁院（PCA）“外空活动争端仲裁任择性规则”制定过程中（2009－2011年），与其他12名世界知名空间法学家一起参与规则起草工作。联系方式：zhaohaifeng_c@163.com。本文为作者在首届中国航天高峰论坛暨中国宇航学会·中国空间法学会2016年学术年会上荣获优秀论文一等奖的录用论文。

** 张超，哈尔滨工业大学人文社科与法学学院硕士研究生。

在庆祝中国首个“中国航天日”主场活动上表示，中国力争在 2030 年跻身世界航天强国之列。随着载人航天工程、探月工程、北斗卫星导航等航天成果不断涌现之际，我国的空间政策同样处在一个发展完善的过程。空间政策是指开展空间相关活动所涉及的国际国内法律制度和行为规范的总称，既包括联合国框架内制定的各种国际公约，也包括空间探索活动所共同遵守的伦理道德规范，以及各国政府制定的各类政策法规①。从我国航天事业诞生之初到现在，我国的空间政策从无到有、从零散到体系，对于引导我国航天事业的发展，发挥着重要的作用。中国的空间政策，既包括像毛泽东、邓小平、习近平等国家领导人有关航天的主要思想，也包括“中国的航天”白皮书系列，还包括国务院和相关部委、军队等有关航天的目标、具体航天工作等的长期规划和五年规划，相关的法规和规章。空间政策在中国航天的飞速发展中起到了重要的作用。中国的空间政策依照航天发展的脉络总的来讲，可以分为以下几个重要里程碑。

1. 人造卫星

1957 年 10 月 4 日，苏联成功发射第一颗人造卫星，人类正式进入了太空领域，开创了一个新的时代。从此之后，太空领域的争夺一直是世界大国重点角逐的领域。1958 年 5 月 17 日，毛泽东在中国共产党第八次全国代表大会第二次会议提出：“苏联人造卫星上天，我们也要搞人造卫星，我们也要搞一点，要搞就搞得大一点”。1958 年 8 月 28 日，毛泽东听取著名科学家钱学森汇报研制卫星问题时，提出“立足国内，组织全国大协作，集中兵力打歼灭战”的思想，成为我国航天工程研制的指导方针。毛主席高瞻远瞩，认识到太空重要的战略地位，但是当时的中国非常落后，工业基础薄弱，甚至一些基本的航天技术都不具备，卫星计划只能暂时搁置。随着一些关键技术的突破，钱学森于 1965 年重提被搁置的卫星计划。7 月，在周恩来主持的中央专委会议上原则上批准了中国科学院《关于发展中国人造卫星工作规划方案建议》，并将其命名为“651”任务，中国正式进入卫星的研制阶段。

1965 年 10 月 20 日—11 月 30 日，以赵九章为院长的卫星设计院召开了中国第 1 颗人造地球卫星总体方案论证会，最后确定在 1970 年发射第 1 颗人造地球卫星，并提出了总体要求是：“上得去，抓得住，听得到，看得见”。毛泽东还特别指示以中央专委名义向全国的协作单位发出《特别公函》，要求

① 樊永刚，杨利锋，王婷等：《空间政策研究述评与展望》，载于《中国航天》，2014 年第 10 期，第 46－52 页。

全国上下通力合作，为卫星研制开“绿灯”。在举国的支持下，我国于1970年4月24日成功发射东方红一号卫星，成为继苏联、美国、法国、日本之后第五个用自研火箭成功发射卫星的国家，成为中国航天史上的重要里程碑。1978年8月，邓小平同志听取第七机械工业部的工作汇报后，对中国导弹和空间技术的发展方针作了重要指示，他指出：“中国是发展中的国家，在空间技术方面，中国不参加太空竞赛，现在不必上月球，要把力量集中到急用、实用的应用卫星上来。”他还指出，中国的军工部门要搞军民结合[①]。这些都为中国航天事业的发展指明了方向。

2. 载人航天

1968年1月，我国航天部门召开我国第一艘载人飞船总体方案设想讨论会，提出了研制第一艘载人飞船曙光一号的方案，1970年7月在毛泽东批示下，代号为“714工程”的载人飞船的研制工作开始启动，并着手选拔培训航天员。但是载人航天是一个极其复杂的工程，当时的技术水平还远远达不到要求，再加上文革的影响，中国最初的载人航天工程被搁置了下来。进入80年代后，中国的空间技术取得了长足发展，特别是成功发射并回收了第一颗返回式卫星，使中国成为世界上第三个掌握了卫星回收技术的国家，这为中国开展载人航天技术的研究打下了坚实的基础。1986年3月3日，王大珩、王淦昌、杨嘉墀和陈芳允联名向党中央提出《关于跟踪研究外国战略性高技术发展的建议》。邓小平迅速作出批示：“这个建议十分重要”，“此事宜速作决断，不可拖延”。经过数百名专家反复论证，1986年11月18日正式提出《高技术研究发展纲要》（“863”计划）。航天技术是“863”计划七大领域中的第二领域，主要是关于大型运载火箭及天地往返运输系统、载人空间站系统及其应用。此后，政府专门成立两个专家组，一是大型运载火箭及天地往返运输系统，代号为863-204，一个是载人空间站系统及其应用，代号为863-205。在此基础上，中央1992年9月决定正式立项实施中国的飞船载人航天工程（“921”工程）。随后确定了我国载人航天“三步走”的发展战略，同时中央专委向党中央提交了《中央专委关于开展我国载人飞船工程研制的请示》，江泽民同志专门对此作出指示：“发展载人航天，这是件大事，大家同意，我完全同意，要下决心搞。搞这个在政治、经济、科技、军事上都有意义，是综合国力的标志。因此，建议静静地、坚持不懈地、锲而不舍地去

① 李大耀：《邓小平与中国航天》，载于《航天返回与遥感》，2004年第25卷第2期，第68-70页。

搞。要抓紧，抓而不紧等于不抓。今天我们就作这样一个决策，发展我们自己的载人航天”①。载人航天工程的成功，标志着我国成为继苏联、美国之后第三个具有载人航天能力的国家，中国也一跃成为世界航天大国。

3. 探月工程

从1962年，我国学者特别是中国科学院相关单位的研究人员就开始了对国外的月球探测器进行跟踪性与综合性研究，但是限于当时的条件，我国学者只能收集别人公开的资料，一些核心的数据根本无法得知。但是在这段时间，我们与美国、英国、德国、俄罗斯、日本开展了不同程度的合作性研究，由此形成了一批自主的基础研究队伍，为日后探月工程打下重要的人才基础。1994年正式提出探月构想，并进行论证。2000年10月5日，在首届“世界空间周”庆祝大会上，时任国家航天局局长栾恩杰作了题为《面向21世纪的中国航天》专题发言，提出“我国将在无人实验飞船成功飞行的基础上，实现载人航天飞行。在空间探测方面，将实现月球探测，并积极参与国际火星探测活动，使我国的空间探测技术上升到一个更高的水平。”这是中国高层首次公开表明探月决心。2000年11月22日，我国政府首次发布《中国的航天》白皮书，明确了近期发展目标中包括“开展以月球探测为主的深空探测的预先研究”。2004年1月正式立项为“嫦娥工程”，最终确定中国的探月工程分为“绕”、“落”、“回”等3个阶段。如今，嫦娥三号已经出色完成了既定任务，嫦娥四号也已经随时准备，并计划在月球背面着陆，在2020年之前中国有望发射嫦娥五号，中国也正式步入深空探测俱乐部。

4. 北斗卫星导航

20世纪70年代，中国开始研究卫星导航系统的技术和方案，但之后这项名为“灯塔”的研究计划被取消。1983年，中国航天专家陈芳允提出使用两颗静止轨道卫星实现区域性的导航功能，1989年，中国使用通信卫星进行试验，验证了其可行性，之后的北斗卫星导航试验系统即基于此方案。1994年，中国正式开始北斗卫星导航试验系统（北斗一号）的研制，并在2000年发射了两颗静止轨道卫星，区域性的导航功能得以实现。2003年又发射了一颗备份卫星，完成了北斗卫星导航试验系统的组建。2004年，中国启动了具有全球导航能力的北斗卫星导航系统的建设（北斗二号），并在2007年发射了一颗中地球轨道卫星，进行了大量试验。2009年起，后续卫星持续发射，并在2011年开始对中国和周边地区提供测试服务，2012年完成了对亚太大部分地

① 李大耀：《江泽民论航天》，载于《航天返回与遥感》，2007年28卷第2期，第65-68页。

区的覆盖并正式提供卫星导航服务。北斗导航同样有着“三步走”计划，如今我国已经成功完成前两步，第三部就是力争在2020年完成全球组网。

为建立自主的卫星导航系统，我国出台了多项政策进行扶持。主要包括以下内容：

1）2000年《中国的航天》白皮书提出“建立自主的卫星导航定位系统。分步建立导航定位卫星系列，开发卫星导航定位应用系统，初步建成中国的卫星导航定位应用产业……”。

2）2006年《中国的航天》白皮书中提出“通过‘卫星导航应用产业化’等重大工程项目的实施，利用国内外导航定位卫星，在卫星导航定位技术的开发、应用与服务方面取得长足进步。卫星导航定位的应用范围和行业不断扩展，全国卫星导航应用市场规模以每两年翻一番的速度快速增长。卫星导航定位技术已广泛应用于交通运输、基础测绘、工程勘测、资源调查、地震监测、气象探测和海洋勘测等领域；分步建立满足应用需求的卫星导航定位系统，初步形成卫星导航定位应用产业；初步实现应用卫星和卫星应用由试验应用型向业务服务型转变；完善‘北斗’导航试验卫星系统，启动并实施‘北斗’卫星导航系统计划。发展卫星导航、定位与授时的自主应用技术和产品，建立规范的、与卫星导航定位相关的位置服务支撑系统、大众化应用系列终端，扩展应用领域和市场”①。

3）2011年，中国卫星导航系统管理办公室发布《北斗卫星导航系统发展报告》；2011年发布的《中国的航天》白皮书提出，“未来五年，中国将……继续实施载人航天、月球探测、高分辨率对地观测系统、卫星导航定位系统、新一代运载火箭等航天重大科技工程以及一批重点领域的优先项目……重点构建由对地观测、通信广播、导航定位等卫星组成的空间基础设施框架，初步形成长期、连续、稳定的业务服务能力……导航定位卫星。按照从试验系统，到区域系统，再到全球系统的‘三步走’发展思路，继续构建中国‘北斗’卫星导航系统。2012年前，建成‘北斗’卫星导航区域系统，具备提供覆盖亚太地区的导航定位、授时和短报文通信服务的能力；2020年左右，建成由5颗地球静止轨道卫星和30颗非地球静止轨道卫星组成的覆盖全球的‘北斗’卫星导航系统……导航定位卫星应用。建设和完善地面测控段，推进覆盖全球的卫星导航系统的性能监测评估系统建设。加强导航定位卫星应用的技术研究、产品开发和标准体系建设，提高应用水平，促进位置服务市场

① 佚名：《2006年中国的航天》，载于《航天器工程》，2006年第4期，第1-6页。

发展，扩大产业规模，重点推动‘北斗’卫星导航系统在国民经济建设各领域的应用……（多边合作）……中国参与全球卫星导航系统国际委员会……开展卫星导航、地球观测与地球科学研究、防灾减灾、深空探测、空间碎片等领域的多边交流与合作。‘北斗’卫星导航系统成为全球卫星导航系统国际委员会认可的四大核心系统供应商之一，将逐步提供区域和全球导航定位服务，并加强与其他卫星导航系统间的兼容与互操作”①。

4）2012年，中国卫星导航系统管理办公室发布《北斗卫星导航系统发展报告（2.0）》。

5）2012年发布的《“十二五”国家战略性新兴产业发展规划》提到，“促进卫星在气象、海洋、国土、测绘、农业、林业、水利、交通、城乡建设、环境减灾、广播电视、导航定位等方面的应用……2015年，初步建成由对地观测、通信广播、导航定位等卫星系统和地面系统构成的空间基础设施……完善我国全球导航定位系统……推进重点行业和领域的卫星系统应用示范，进一步提升卫星对地观测、卫星通信和卫星导航定位应用产业化水平……”②。

6）2013年发布《促进信息消费——加快推进北斗卫星导航产业规模化发展》。

7）2014年发布《关于促进地理信息产业发展的意见》及《国家地理测绘信息局关于北斗卫星导航系统推广应用的若干意见》。

8）2015年10月30日发布的《国家民用空间基础设施中长期发展规划（2015—2025）》更是大力扶持北斗卫星系统。

9）2016年1月14日发布的《中国对阿拉伯国家政策文件》也提到“加快推进北斗卫星导航系统落地阿拉伯国家……提升双方航天合作水平”，为北斗卫星走出中国、服务“一带一路”提供政策保障。

10）2016年，国务院发布《中国北斗卫星导航系统》白皮书，同时宣布我国已把《中华人民共和国卫星导航条例》列入正式立法计划。

人造卫星、载人航天、探月工程以及北斗导航堪称中国航天历史上的四大里程碑。这四大项目的成功使得中国在世界航天占据重要地位。在航天“十三五”规划中，未来五年我国将计划形成新一代运载火箭系列，基本形成主体功能完备的国家民用空间基础设施，完成载人航天工程和探月工程，形

---

① 佚名：《2011年中国的航天》，载于《卫星应用》，2012年第21卷第1期，第6-13页。

② 十二五国家战略性新兴产业发展规划 . http：//news. xinhuanet. com/energy/2012-07/ 21/c_123449379_9. htm，2016年5月1日访问。

成较完善的微型机应用产业链，其中运载火箭、卫星应用、空间宽带互联网是关键。习近平总书记在 2013 年指出："发展航天事业，建设航天强国是我们不懈追求的航天梦"①。在党中央、国务院和中央军委的亲切关怀下，在全国各族人民的大力支持下，在几代航天人的不懈努力下，我们距离建成航天强国的目标越来越近。

当然，中国的航天成就并不局限于这四个方面，但是中国在这四大领域的突出表现，特别是在相关法律政策方面的建树，为整个空间法律政策体系的构建开拓了道路。从最初领导人的"金口玉言"时代，再到如今的国家正式文件，中国的空间法律政策的发展也越来越现代化，这些都是中国航天事业得以发展的重要保证。从几十年中国航天发展的历史可以得出很多经验。其中立足国情、脚踏实地是应该永远为我国所铭记的。我国是发展中国家，空间政策、规划应该着眼于这一基本事实，否则航天事业就会成为国民经济发展的负担。同时，我国还应该在政策规划中紧紧把握时代发展方向，正确把握航天发展的走势。

二、日本、印度空间政策的发展和与中国的异同

同为亚洲国家，日本和印度的航天技术在整体实力上同中国相差并不远，因此特别介绍两国空间政策的发展，为我国空间政策的发展提供借鉴，同时，也将中国的情况与两国加以比较，以对我国的空间政策有更深入的了解。

（一）日本

日本航天起步得非常早，早在 1955 年，以糸川英夫为代表的几位科学家成功发射了探空火箭"铅笔火箭"，揭开了日本航天开发的序幕。当时日本还处于战后恢复时期，国力还比较孱弱，没有能力在航天领域给予太多的支持。到 1969 年，随着日本经济的起飞，日本政府才真正关心并领导航天开发。日本凭借其发达的工业水平，使其在航天领域发展迅速，取得显著的成绩，抢在中国前面发射了人造卫星。其研制的许多航天产品，如固体放大器、大型镜面天线、合成孔径雷达、微波辐射计、微波放电式离子发动机、64bit 星载

① 习近平：《发展航天事业 建设航天强国 为实现航天梦谱写新的壮丽篇章》，http：//news. xinhuanet. com/mil/2013 - 06/11/c _ 116117817. htm. 2016 年 7 月 12 日访问。

计算机等在国际航天市场上颇受青睐[①]。如今日本的航天实力在很多方面几乎是与中国不相上下，甚至有些领域还超过了中国。

受战后和平宪法的限制，日本在初期一直是以和平为目的发展航天事业的。1960 年，日本建立航天活动协会，遵照其建议，日本建立航天活动委员会（SAC），负责制定所有航天活动的政策，建立国家宇宙开发事业团（NASDA），后者负责开发空间技术。1969 年以后，SAC 取代航天活动协会，负责指导日本航天政策，审查每年的空间开发计划，并协调全国的航天活动，同年还颁布名为“航天开发仅限于和平利用”的航天基本法，同时确定了科学技术厅和文部省分别负责应用技术和科学卫星及其运载工具的研发。1984 年，SAC 制定航天政策的基本准则，主要包括：1）只能以和平目的开展空间活动，在与国家资源协调一致情况下，努力满足各种社会需求；2）促进本国技术的开发以便使日本能自由地开展各种航天活动；3）应该与全世界空间开发工作协调一致，应该分担适当的责任，进行空间开发的国际合作。这些原则成为日后日本航天活动的指导原则，对现在仍有很大的影响力。1987 年 5 月，长期政策咨询委员会提交了一份研究报告，这份报告叙述了咨询委员会从长远（21 世纪）的观点开展日本航天活动以适应目前国内外迅速发展形势的意见，报告的重点是开发和部署空间基础设施以及实施载人航天活动的新计划[②]。与此同时，日本也格外注重航天领域的国际合作，特别是同美国的合作，尤其是日本参与国际空间站建设。1993 年，日本发起设立亚太空间机构论坛（APRSF），如今已有来自世界 30 多个国家和地区的 269 家空间机构、政府实体及国际组织、企业、大学等参加该论坛，是亚太地区最大的空间会议平台，该论坛内的合作灵活开放，且不具有法律人格[③]，因此更容易吸引世界范围的注意，这也是日本提高其国际影响力的重要平台。

进入 21 世纪后，日本整合其航天部门，于 2003 年成立日本宇宙航空研究开发机构（Japan Aerospace Exploration Agency，JAXA），负责日本的航空、太空开发事业，该机构隶属于文部科学省，是由文部科学省宇宙科学研究所（ISAS）、航空宇宙技术研究所（NAL）、宇宙开发事业团（NASDA）统合而成。更为重要的是，2008 年 5 月，日本颁布新的航天基本法，其空间

① 王存恩：《新航天基本法——日本产业振兴的源动力》，载于《国际太空》，2014 年第 5 期。

② 谢平：《日本的航天政策》，载于《中国航天》，1990 年第 3 期。

③ 赵海峰：《亚太空间合作组织空间法中心构想》，载于《北京航空航天大学学报》（社会科学版），2012 年 25 卷第 2 期，第 33－36 页。

政策也随之做出改变：1）内阁总理大臣任宇宙开发战略本部部长，进一步强化内阁对航天的领导；2）由“以研发为主导”转变为“以应用需求为主导”，提出“加快航天产业化”和通过振兴航天产业带动国家“产业振兴”的口号；3）从首部航天法中删除“航天开发仅限于和平利用”，即“非军事”之承诺，目的是为航天军事应用铺平道路。2009年6月，日本公布新世纪的首部“航天基本计划”并预言：“到21世纪中叶，航天将像20世纪六七十年代的电子、汽车和计算机产业一样，成为引领国际经济和产业发展的新兴产业”；提出要“通过执行航天基本计划，提高航天开发能力和应用水平，增强航天产品在国际市场上的竞争力”。民主党野田内阁依然竭尽全力去完善航天政策，调整开发体制，其中包括：1）修改“内阁设置法”，进一步强化内阁对航天的决策和指挥权；2）修改“宇宙航空研究开发机构设置法”，删除“航天开发仅限于和平利用”，目的是使“和平利用”从日本的法典中彻底销声匿迹；3）撤销隶属于文部科学省的宇宙开发委员会，成立了隶属于内阁府的宇宙开发政策委员会；4）成立隶属于内阁府的国家航天战略司令部—宇宙战略室，既负责制定与航天有关的基本政策，也负责对与航天开发和应用有关事物的综合调整等。2013年1月，安倍内阁又重新公布新航天基本计划，明确了以下几点：1）一个基本目标，“加速推进航天产业化”；2）两项基本方针，“扩大应用”和“确保自主性”；3）三大重点项目，“安全保障和防灾”、“振兴产业”和“航天科学等新领域”；4）四项基础设施，“定位卫星”、“遥感卫星”、“通信广播卫星”和“空间运输系统”；5）五项基本措施，“夯实产业基础”、“开展情报收集和调查分析”、“推进航天外交”、“明确安全保障政策”以及“考虑环境问题”。2015年，日本再次公布航天基本政策及其特点，对航天开发体制、开发重点做出重大调整，提出加速航天产业振兴的总体目标，新的航天法正成为日本航天产业振兴的原动力①。

随着国家实力的不断增强，日本也在谋求成为所谓的“正常化”国家，其在航天领域的表现为更加注重航天的国际合作以及军事化用途，这也是我国应该警惕的所在。

（二）印度

印度虽然是个发展中国家，但一直十分重视航天事业的发展。一方面，印度认为发展航天技术有助于解决国内贫穷、自然灾害等问题，另一方面，

① 王存恩：《新航天基本法——日本产业振兴的源动力》，载于《国际太空》，2014年第5期。

印度也需要航天来扩大其世界的影响力，同时还涉及很强的政治因素。印度人认识到，空间能力对于自己在南亚地区的政治统治力量、不结盟运动的领导地位以及与中国、巴基斯坦的武装冲突等方面有着举足轻重的作用[①]。因此，印度早在 1961 年就在原子能部内建立印度国家航天研究委员会，负责管理和实施航天计划。从 20 世纪 70 年代开始，印度将空间发展计划列入国家重点发展领域，不惜倾注巨资打造“航天大国”，并于 1972 年成立印度空间研究组织（ISRO）。1995 年，联合国在印度设立亚太空间科学与技术教育中心（CSSTEAP），深入开展空间科学和技术的教育与培训工作，目前已有 15 个成员国。这个中心是与中国的亚太空间合作组织（APSCO）、日本的亚太空间机构论坛（APRSAF）并称的亚太三大空间合作组织，在亚太地区有着重要地位。2008 年，印度建立“一体化航天机构”（ISC），旨在“抗衡中国军用太空系统”。ISC 由印度国防部领导，将成为印度军方、航天部和印度空间研究组织之间协调合作的专门窗口。事实上，这是印度整合国内航天资源，加速发展军事航天力量的重要标志。

印度经济的快速崛起，为其航天事业的进一步发展提供了经济基础。印度不断提出雄心勃勃的航天计划。2012 年 10 月 4 日，印度政府批准《印度航天“十二五”规划（2012—2017）》，计划投资 66 亿美元，将进一步增强 INSAT/GSAT 卫星系统能力以及满足日益增加的转发器需求；建成印度区域导航卫星系统；提升对地观测卫星的性能；进一步扩展卫星应用领域；加强 PSLV 火箭和 GSLV 的运载能力，完成下一代地球同步轨道运载火箭 GSLV MKⅢ火箭的研制，使地球同步轨道运载能力达到 4 吨；继续开展空间科学和行星际探索；增强天基灾害管理支撑；研究与载人航天相关的关键技术。此外，《规划》还提出实施新的卫星通信政策、航天立法和太空导航政策，以推动太空科学和技术的发展。如今，印度的航天战略也在随着实际情况的发展而调整，航天预算持续增加。2014－2015 财年航天预算为 720 亿卢比（约为 12 亿美元），发展重点仍集中在以应用为导向的航天计划，包括空间运输、卫星研制和卫星应用等。同时，鼓励私营企业更多地参与印度航天项目，建立一体化天战体系，小型化卫星和反卫星武器将成为印度军事航天发展方向，并将进一步放宽卫星运营商外资所有权限制，推动印度卫星通信市场的发展[②]。从上述规划中，我们可以看出印度在航天领域的雄心。

---

① 张宝昆：《印度的空间政策》，载于《国际太空》，1988 年第 8 期。

② 朱鲁青，宋轶姝：《印度航天发展战略一瞥》，载于《国际太空》，2015 年第 7 期，第 58－61 页。

除此之外，印度航天政策还包括工业参与政策、商业化政策、遥感数据政策、卫星通信政策、国际合作政策、人力资源开发政策、技术能力改造政策等一系列政策。这些政策极大地促进了印度航天的发展。如今，印度不仅建立了相对完整的航天工业体系，还在一些领域大放异彩。如印度已经成功发射火星探测卫星，在深空探测领域已经领先中国一步，印度自己的导航系统也在组网中。随着印度航天的快速发展，印度也在完善自身的航天政策，在未来将明确国家航天发展目标，制定航天发展长期计划，明确以参与重大空间探索任务和参与国际市场竞争为目标的国际合作战略，还将关注空间安全以及航天商业化的问题。随着印度经济的快速发展，未来印度航天大有可为。

（三）日本和印度在空间政策方面的共同点及其与中国的异同

1. 两国在航天方面都有着悠久的历史遗产

日本和印度两国航天同时起步（20 世纪 50 年代到 60 年代），而且是从整体的民事和非军事领域的角度开始的。

中国的航天事业开始也比较早，在 20 世纪 50 年代，也即 1956 年国防部第五研究院的建立标志着我国航天事业的开始，但是，中国航天的起点是军事和安全的考虑，这主要是基于当时其他国家对航天的认识和当时我国面临的国际局势决定的。

2. 领军人物对航天科技工业起步和发展至关重要

日本的 Hideo Itokawa 教授追求自主的航天能力；印度的 Vikram Sarabhai 博士、SaVsh Dhawan 教授追求以航天促进国家发展。

与日本和印度不同，中国共产党对中国航天发挥了领导核心作用，在历代中央领导集体的直接关怀下，航天进入国家高技术领域，获得国家财政的支持，一直处在较快的发展轨道上。钱学森等杰出科学家发挥了巨大作用。

3. 在民用航天和国防/安全目的的航天方面有清晰的划分

印度的航天的发展动力是民用目的和国家的需要；日本原本决定不将航天用于安全和国防，但最近两者之间的联系越来越多。

中国的航天也基于国家的需要，尤其在民用航天方面，但有时在民用航天和国防/安全目的的航天方面的划分找不到法律的依据，但目前，军民融合正在成为一个潮流。

4. 日本和印度都拥有独立的发射进入外层空间的操作能力

日本使用 H-IIA 运载火箭和 Epsilon 系统，并计划发展下一代空间运输系统 H-3 系统；印度使用 PSLV 火箭和 GSLV 火箭系统。

中国使用长征火箭系列，也具有从本土的独立发射技术进入外层空间的能力，而且中国还具有独立的载人航天能力，这一能力在全球排名第三。

5. 面向社会的空间应用是两国空间政策的一个主要目标

印度将面向社会发展的空间应用作为其主要目标，包括自然资源的管理、灾害的监控、教育、卫生、广播、通信、环境观察、气候变化、海洋管理、土地监测等方面；日本自航天基本法颁布以来重新聚焦于为了社会的空间应用，包括安全、灾害管理、环境观察、气候变化、海洋检测和管理等。

中国以国民经济建设的需求为重点，重视空间技术的开发与应用，将发展空间技术作为国家整体发展战略的重要组成部分，对空间科学、技术和应用实施统一规划、统筹管理、并保持稳定的投入。也将航天运用于“一带一路”建设、自然资源的管理、灾害的监控、教育、卫生、广播、通信、环境观察、气候变化、海洋管理、土地监测等。

6. 日本和印度的空间活动私有化尚有待发展

日本和印度工业在很大程度上涉及空间活动，但是，主要通过日本宇宙航空研究开发机构和印度空间研究组织进行的。

在日本，私人航天工业具有完全的改变整个系统（包括卫星和运载工具）的能力，虽然其国际竞争力有待发展。在印度，航天工业还是处于子系统模式，有待发展为全航天资产的制造能力。

中国工业在很大程度上涉及空间活动，但是，中国主要是通过中国航天科技集团公司和中国航天科工集团公司进行的。中国在空间私有化方面还有待发展。目前正在推动的外空活动商业化进程可能会促进外空活动的私有化。

7. 国际合作是两国的航天活动的特点

日本包括空间科学和探索（包括参与国际空间站和后国际空间站），联合国、亚太空间机构论坛、美国和日本在民用航天和安全方面航天的合作；印度包括联合行动、印度卫星工具、运输出让、联合国亚太空间科学与技术教育中心、地球观测组织、大量双边合作框架。

国际合作也是中国航天活动的特点。但中国一方面坚持独立自主、自力更生的方针，鼓励和支持民族航天科技工业的发展；另一方面积极与世界各国、组织、企业、民间团体开展全方位、多层次、多形式的互利合作。中国的国际合作包括与联合国的关系[①]、亚太空间合作组织以及大量的多边合作机制：如利用天基减灾的多边机制 SPIDER、全球卫星导航系统国际委员会

① 包括联合国在中国建立的亚太空间科学与技术教育区域中心等。

（ICG）、利用空间设施减低重大灾害宪章（CHARTER）、机构间空间碎片减缓工作和国际深空探测协调机制（ISECG）、对地观测组织（GEO）等，以及大量的双边合作框架①。

8. 空间政策的设定在日印两国都有可见度

日本在 2008 年通过航天基本法，2009 年通过新航天基本计划，该计划在 2015 年 1 月得到了修改；印度还没有建立起国家政策的正式文件。印度的空间活动在其五年计划中得到了相应的指导，但印度已经认识到一个长远的计划是重要的。

空间政策的设定在中国也是可见的。中国的空间政策文件包括："中国的航天"系列白皮书；相关的政策法规；航天发展各种规划，包括五年计划和其他；卫星应用产业发展指导意见；鼓励使用中巴资源卫星数据的若干意见；地理信息产业发展指导意见等；正在进行的航天法立法进程。

9. 印度的空间活动具有极高的费效比（印度的特点）

印度参与的空间活动巨大的费效比，但保持高技术水平②。

10. 中国将航天作为探索宇宙奥秘、振奋民族精神的重要手段

中国所进行的一些大的航天工程，如载人航天和探月工程等，既有通过航天带动其他行业发展的功能，也有探索宇宙奥秘、振奋民族精神的效果。

三、中国空间政策的现状及其不足之处

东方红一号、载人航天、探月工程以及北斗卫星导航系统可以说是中国航天发展史上的四个里程碑，中国在政策层面给予这些重大项目支持的同时，也完善了自身的空间政策体系。中国的空间政策目前主要包括：

1）1997 年 10 月 22 日由国务院和中央军委联合发布的《中华人民共和国军品出口条例》，2002 年 11 月 1 日由国防科工委、中国人民解放军总装备部联合颁布的《军品出口管理清单》；

---

① 赵海峰：《中国空间立法的现状与未来》，载于《空间法评论》，哈尔滨工业大学出版社，2009 年，第 2 - 3 卷，第 52 页。

② 关于日本和印度在空间政策方面的共同点和特点来自 Mukund Rao，Yuichiro Nagai，Hideaki Shiroyama，Motoko Uichitomi，K R Sridhara Murthi，Baldev Raj，COMPARATIVE ANALYSIS OF JAPAN AND INDIA SPACE PROGRAMMES - POLICY ANALYSIS，PPT，Space Policy and LAw Network in the Asia Pacific（SPLANAP）Workshop ，University of Tokyo，Japan & NaVonal InsVtute of Advanced Studies，India，APRS AF - 22 Side Event December 2，2015。

2）2000 年《中国的航天》白皮书；

3）2001 年颁布的《空间物体登记管理办法》；

4）2002 年颁布的《中华人民共和国导弹及相关物项和技术出口管制条例》《导弹及相关物项和技术出口管制清单》及《民用航天发射项目许可证管理暂行办法》；

5）2004 年 4 月经国务院批准，国防科工委、国家发改委联合发布的《国防科技工业产业政策纲要》，该《纲要》是制定国防科技工业专项政策和航天、军工等行业政策的基础和依据，其中有关航天产业的政策规定也是中国航天政策的重要组成部分；

6）国家航天局统一领导下编制的《2006—2010 空间碎片行动计划》；

7）2006 年《关于印发‘十一五’民用遥感卫星应用技术研究项目指南的通知》；2006 年《中国的航天》白皮书；

8）2007 年《‘十一五’空间科学发展规划》、《关于促进卫星产业应用产业发展的若干意见》；国防科工委于 2007 年 10 月 18 日发布的《航天发展“十一五”规划》；国防科工委 2007 年 10 月 10 日发布《关于鼓励国内用户使用中巴地球资源卫星数据的若干意见》；

9）2010 年国防科工委和财政部颁布《民用航天科研项目管理暂行办法》；

10）2011 年《中国的航天》白皮书；

11）2013 年《国家卫星导航产业中长期发展规划》；

12）2014 年《关于促进地理信息产业发展的意见》以及《国家地理测绘信息局关于北斗卫星导航系统推广应用的若干意见》；

13）《国家民用空间基础设施中长期发展规划（2015—2025）》；

14）2016 年《北斗卫星导航系统公开服务性能规范》《北斗卫星导航系统空间信号接口控制文件》，如果按照内容归类，大致可以分为：航天系列白皮书；相关的法规；航天发展各种规划，包括五年计划和其他，如《卫星应用产业发展指导意见》《鼓励使用中巴资源卫星数据的若干意见》《地理信息产业发展指导意见》等；

15）2016 年《中国的航天》白皮书。

2016 年是“十三五”开局之年，中国制定了雄心勃勃的航天计划，也特别需要空间政策能够跟进，如今《卫星导航条例》尚在制定当中，尤其是后续中国首部《航天法》预计将会出台，这会将中国的空间政策保障提高到一个新高度，未来值得期待。虽然我国空间政策已经基本覆盖全面，但是我国空间政策依然存在以下问题：

（一）空间政策体系化程度不高，相关研究有待加强

中国的空间政策在数量上虽然不少，但是从整体而言缺乏体系。造成这种情况的原因有很多。一方面，从国家层面来讲不是很重视空间法律及政策的制定，《航天法》立法进程已经持续多年，如今中国是少数没有航天法的航天大国之一，情况与印度有的类似；另一方面，国内管理航天活动的部门很多，每个部门都有制定自己规章制度的权力，造成了我国的空间政策“政出多门”。更为重要的是，我国在空间政策研究上相较于美国还有一定差距。美国对这方面的研究更为系统和体系，不仅涉及国家政治与空间政策的作用机制，还涉及国家各部门的职能及其在政策形成中的作用、相关利益团体在国家空间政策形成中的作用等各个方面。美国的空间政策体系非常全面，每届美国总统均会出台一套国家航天政策。NASA等部门在空间活动收益评估方面组织开展了大量研究，从不同角度对空间活动的合理性进行了探讨，就是为了向国会争取预算。中国的空间政策体系化程度不高，而且集中在对本国情况和航天管理体系的介绍上，缺乏对本国空间政策的系统研究和分析①，这其实也导致了恶性循环，也是未来我国应该重点关注的地方。

（二）行业管理透明度有待提高

改革开放以来，中国航天在市场化改革方面取得长足进步，但难免还存有计划经济时代的身影。包括像航天预算这样的大事，中国尚没有公开机制。2016年，时任中国国家航天局局长许达哲在“中国航天日”答记者问时表示：“中国在航天的经费是和国民经济增长相匹配的，我们这方面的预算比美国小得多，有美国的同行分析，大体上我们认为是1/10左右，有一定的准确性”。显然，这种较为模糊的说法并不能使外界消除对中国航天的疑虑。中国航天若想走向世界，就必须对自己进行改革，在一定程度上褪去神秘面纱。航天由于其特殊性固然保密层级比较高，但是至少在政策、规划以及预算安排方面，可以逐步增加透明度，逐步与国际接轨。

（三）商业化支持力度有待提升

在举国体制下，中国航天取得了巨大的成就，但商业航天一直以来是我

① 樊永刚，杨利锋，王婷等：《空间政策研究述评与展望》，载于《中国航天》，2014年第10期，第46－52页。

国的短板，这一方面也体现在空间政策方面。虽然近段时间我国开始重视商业航天的开发，尤其是国家大力推行“军民融合”，也涉及航天领域。但是总体而言，我国航天商业化水平还很低。尤其是在政策方面，虽然出台了一些鼓励商业航天的政策，但是并没有触及到制度的根本所在。所以，我国若想提高航天商业化水平，就必须针对现有的相关制度进行改革，尤其是在空间政策领域必须跟进，多管齐下，才能收到预期效果。

（四）民用化水平有待提高

早在2015年，我国在轨卫星数量就超过了140颗，仅次于美国，位居世界第二位①。虽然我国已经可以说是卫星大国，但还不是卫星强国，特别是在卫星应用方面同美国还有着很大差距。2016年《中国的航天》白皮书中也特别提到，要“健全空间应用服务体系，面向行业、区域和公众服务，大力拓展空间信息综合应用，加强科技成果转化和市场推广，提高空间应用规模化、业务化、产业化水平，服务国家安全、国民经济和社会发展”。在民用航天方面，产业前景巨大，例如智慧旅游、广播电视、远程教育、远程医疗、文化传播等，还有很大的发展潜力。

四、结语

中国航天能有今天的成就，实属来之不易。我们现在正在努力建设航天强国，百尺竿头需要更进一步。在空间政策领域，必须与时俱进，才能起到促进作用。在中国目前的体制下，政策的主导作用非常大，因此我们也必须非常重视所制定的每一项空间政策，同时学习国外先进的经验。日本和印度同中国的航天实力差距不是太大，有很多值得我们学习借鉴之处。我们在大力发展航天事业的同时，也应该加强国际合作和交流。未来五年是我国航天发展的关键战略机遇期，必须进一步夯实基础，力争在2030年实现航天强国的目标。

---

① 中国青年报：我国在轨卫星超140颗仅次于美国．http：//zqb. cyol. com/html/2015－11/17/nw. D110000zgqnb_20151117_5－08. htm.，2017年8月15日访问。

参考文献

[1] 樊永刚，杨利锋，王婷，等．空间政策研究述评与展望［J］．中国航天，2014（10）：46－52.

[2] 李大耀．邓小平与中国航天［J］．航天返回与遥感，2004，25（2）：68－70.

[3] 李大耀．江泽民论航天［J］．航天返回与遥感，2007，28（2）：65－68.

[4] 佚名．2006 年中国的航天［J］．航天器工程，2006（4）：1－6.

[5] 佚名．2011 年中国的航天［J］．卫星应用，2012，21（1）：6－13.

[6] "十二五国家战略性新兴产业发展规划"．http：//news. xinhuanet. com/energy/ 2012－07/21/c _ 123449379 _ 9. htm. 2016 年 5 月 1 日访问．

[7] 王存恩．新航天基本法——日本产业振兴的源动力［J］．国际太空，2014（5）．

[8] 谢平．日本的航天政策［J］．中国航天，1990（3）．

[9] 赵海峰．亚太空间合作组织空间法中心构想［J］．北京航空航天大学学报：社会科学版，2012，25（2）：33－36.

[10] 赵海峰．中国空间立法的现状与未来［M］．空间法评论第 2－3 卷，哈尔滨：哈尔滨工业大学出版社，2009.

[11] 王存恩．新航天基本法-日本产业振兴的源动力［J］．国际太空，2014（5）．

[12] 张宝昆．印度的空间政策［J］．国际太空，1988（8）．

[13] 朱鲁青，宋轶姝．印度航天发展战略一瞥［J］．国际太空，2015（7）：58－61.

[14] Mukund Rao，Yuichiro Nagai，Hideaki Shiroyama，Motoko Uichitomi，K R Sridhara Murthi，Baldev Raj，COMPARATIVE ANALYSIS OF JAPAN AND INDIA SPACE PROGRAMMES － POLICY ANALYSIS，PPT，Space Policy and LAw Network in the Asia Pacific (SPLANAP) Workshop，University of Tokyo，Japan & NaVonal InsVtute of Advanced Studies，India，APRS AF－22 Side EventDecember 2，2015.

[15] 樊永刚，杨利锋，王婷，等．空间政策研究述评与展望［J］．中国航天，2014（10）：46－52.

论外空自然资源开发开采的国际制度

王国语* 陶阳子**

摘 要：小行星采矿等外空资源开发开采问题已经成为国际空间法、国际空间政治领域的热点问题。相关讨论正在多个国际平台同时展开，包括联合国。因此，外空资源开发开采问题也将成为外空外交领域的重大问题。可以预见，未来讨论的核心应当是“一个可接受的外空资源开发开采国际制度的构建”，而非法律问题本身。因为从优先次序上来看，法律问题的解决将是一个长期的过程，而灵活、多样的国际合作机制的构建更为现实可行，也更为紧迫。换言之，多种国际机制的构建和实践，将为未来国际法律框架的构建和国际制度的形成提供直接的参考和依据。

关键词：外空自然资源开发开采；行星采矿；月球协定；人类共同遗产

一、背景

早在2011年，我国已有专家学者系统论证构建月球资源开发开采制度的必要性，并提出“月球资源开发本身需要有效的法律规制”、“空间运输管理秩序维护需要有效的法律规制”等观点[①]。2016年，随着各国月球、小行星及其他深空探测计划的制定或项目的不断发展，以及个别国家相关立法的出台，外空自然资源开发开采的法律问题及国际机制制定已在联合国层面引发

* 王国语，北京理工大学空间法研究所副所长，北京理工大学法学院副教授，中国空间法学会理事，联合国裁军研究所空间安全顾问（2015），英国皇家国家关系事务所高级研究员（2014—），主要研究方向为国际空间法、航天法、国际空间政治。联系方式：wangguoyu1979@126.com。本文为作者在首届中国航天高峰论坛暨中国宇航学会·中国空间法学会2016年学术年会上荣获优秀论文一等奖的录用论文，也是作者作为主持人承担的中国空间法学会2015—2016年度学术课题《外空资源开发法律问题研究》阶段性研究成果，在此感谢中国空间法法学会提供的课题研究平台和经费支持。

** 陶阳子，北京理工大学法学院国际法2012级研究生。

① 张振军：《月球资源开发国际法律制度研究》，中国宇航出版社，2012年，第121-125页。

热烈讨论。

2015 年 3 月，美国国家航空航天局（NASA）宣布 ARM 项目，即利用无人航天器从一颗近地小行星上抓捕一块巨石并将其转移至绕月轨道，并在此后 5 年左右实现载人小行星探测。2016 年 3 月初，NASA 宣布该计划发射日期推迟至 2021 年 12 月，载人探测也随之推迟至 2026 年 12 月①。2016 年 8 月 3 日，美国月球快车（Moon Express）公司宣布获得美国政府监管部门的批准，允许其向月球表面发射着陆器，成为首个获准执行外太空飞行任务的私营企业②。此外，美国其他一些资金雄厚的私人实体表现出对于行星采矿、月球开发等活动的浓厚兴趣，例如行星资源（Planetary Resources）、深空工业（Deep Space Industry），后者如 BIGELOW 公司等。中国的月球和深空探测工程也在逐步开展。2016 年 4 月 24 日，在首个“中国航天日”新闻发布会上，时任中国国家航天局局长许达哲透露，火星探测任务已经批准立项，中国预计在 2020 年左右发射一颗火星探测卫星③。

随着外空自然资源开发开采实践的开展，国家立法活动也开始活跃起来。2015 年 11 月 25 日，美国通过《2015 年外空资源探索与利用法》，为私人实体进行月球及行星采矿提供了法律保障④。该法赋予私人实体对其开采的任何小行星资源或外空资源的各项权利，包括占有、拥有、运输、使用和出售的权利。这一规定引起国际社会的热议。在该法案的起草、论证到通过的一年多时间里，国际空间法学界对其开展了多次讨论，以质疑声居多。虽然国际法没有明确的禁止规定，但大多数学者仍认为外空属于“全球公域（global commons）”⑤，任何国家和个人不得主张对外空包括其自然资源的所有权。

美国的立法引起国际社会的关注和热议。在 2016 年 4 月 15 日结束的第 55 届联合国外空委法律小组委员会上，俄罗斯、墨西哥和智利等拉美国家纷纷对美国的立法表示强烈的批评和质疑。而美国则依据国际法和国内实践进行辩护。法律小组委员会最终没有达成“美国的立法违法了国际法”的一致性结论，甚

① 羌丽：《NASA 决定继续推进小行星重定向任务》，星空新视野（微信公众号），2016.97.01. 信息来源：英文原文参见 www.spacenews.com，2016.06.23。

② 微信公众号，航天技术应用，2016.08.10，信息来源英文原文请参见 www.spacenews.com，2016.08.03。

③ 人民日报，2016.08.12。

④ 王国语：《美国〈2015 外空资源探索与利用法〉分析及应对建议》，载于《中国航天》，2015 年第 12 期。

⑤ 比较知名的学者如美国的 Joanne Gabrynowicz 教授、Frans Von der Dunk 教授、德国的 Stephan Hobe 教授和澳大利亚的 Steven Freeland 教授等。

至默认了美国的做法并没有违反国际法。即便如此，美国仍承受了巨大的政治和外交压力。法律小组委员会决定从 2017 年开始，设立一项新议题："关于外空资源探索开发与利用活动潜在法律模式的一般性意见交流"。然而，联合国框架内关于外空自然资源开发开采的法律问题的讨论才刚刚开始①。

一些国家，基于多种考虑，避开了对于美国立法是否适当或合法的评价，而直接提出国际机制的构建。这种观点以欧洲国家为代表。意大利指出，"对于希望从事月球或其他天体资源和采集的非政府实体给予其保证，从符合法律确定性的利益来看至关重要，但某一国家这方面的举措并不代表所有国家的最终约定，除非整个国际社会达成一致。""现行的一些国际机制，例如规范国际渔业或海底采矿的体制，可能在这方面具有启发意义"。还有国家指出，"需要采取一种多边方法处理从月球和其他天体采集资源的问题，以确保各国遵守进入空间机会平等的原则，以及全人类共享探索和利用外层空间所带来的益处"。笔者认为，以上两个观点都值得中国借鉴。

比利时则提出法律小组委员会应当研究构建外空自然资源开发开采的国际机制，可以重新审视《月球协定》，考虑构建国际机制的可行性。这种观点虽绕开了对美国立法的直接评价。但可以预见，任何一种国际机制的构建都会对美国的单边立法和单边开采行为产生一定的限制。一些国家提出外空自然资源开采应当通过多边途径和国际合作来进行②。但关于国际机制的具体内容、实现途径，并无明确的观点。

作为国际空间法的基石，《外空条约》对于外空自然资源的开发，也仅有原则性的规定，且尚存在争议。《月球协定》对于外空自然资源的开发具有重要的指导意义。但诚如有学者指出的那样："对于月球及其他天体资源的开发和利用是否属于'探测和利用'的范畴，对于月球及其他天体资源开发和利用的法律机制的确立，对于月球及其他天体资源的国际管理等，条约并没有明确解决"③。

因此，探讨外空自然资源开发与开采的国际制度，具有重要的意义。

---

① 外空资源开发开采的法律政策问题在中国正受到更多的关注。笔者参加了多个关于外空资源开发开采法律政策讨论的国际论坛，并作为中国代表团成员参加 2016 年联合国外空委法律小组委员会届会。关于"外空资源探索和利用法"的过程、原因、主要内容、国际社会的反应、相关法律焦点及发展趋势等问题，参见王国语：《外空采矿竞赛的序幕？——美国行星采矿立法的法律政策分析》，载于《国际太空》，2016 年第 5 期。

② 王国语：《外空采矿竞赛的序幕？——美国行星采矿立法的法律政策分析》，载于《国际太空》，2016 年第 5 期，第 32 - 34 页。

③ 李寿平，赵云：《外层空间法专论》，北京：光明日报出版社，2009 年，第 99 页。

二、1979 年《月球协定》中的国际制度

《月球协定》规定了关于外空自然资源开发开采的一般原则和国际制度雏形。虽然《月球协定》目前只有 17 个缔约国和 4 个签字国（其中包括航天大国法国和印度）[①]，但仍是目前关于外空资源开发开采最有影响和启发的外空国际规则[②]。

《月球协定》提出了开发天体的国际制度的概念和初步构想。该国际制度主要规定在《月球协定》的第 11 条。《月球协定》第 11 条第 5 款规定："本协定缔约各国承诺一俟月球自然资源的开发即将可行时，建立指导此种开发的国际制度，其中包括适当程序在内。本款该按照本协定第 18 条的规定予以实施。"

笔者认为，《月球协定》中的国际制度包括理论基础、主要宗旨和原则、具体内容和建立程序四个方面。

---

① 信息更新至 2017 年 1 月，外空系列条约的签约状态等信息请参见：http：//www. unoosa. org/documents/pdf/spacelaw/treatystatus/AC105 _ C2 _ 2016 _ CRP03E. pdf，2017 年 8 月 1 日访问。

② 《月球协定》最核心的是第 11 条：

1. 月球及其自然资源均为全体人类的共同财产，这将在本协定的有关条款，尤其是本条第 5 款中表现出来。

2. 月球不得由国家依据主权要求，通过利用或占领，或以任何其他方法据为己有。

3. 月球的表面或表面下层或其任何部分或其中的自然资源均不应成为任何国家、政府间或非政府国际组织、国家组织或非政府实体或任何自然人的财产。在月球表面或表面下层，包括与月球表面或表面下层相连接的构造物在内，安置人员、外空运载器、装备设施、站所和装置，不应视为对月球或其任何领域的表面或表面下层取得所有权。上述条款不影响本条第 5 款所述的国际制度。

4. 缔约各国有权在平等基础上和按照国际法和本协定的规定探索和利用月球，不得有任何性质的歧视。

5. 本协定缔约各国承诺一俟月球自然资源的开发即将可行时，建立指导此种开发的国际制度，其中包括适当程序在内。本款该按照本协定第十八条的规定予以实施。

6. 为了便利建立本条第 5 款所述的国际制度，缔约各国应在实际可行的范围内尽量将它们在月球上发现的任何自然资源告知联合国秘书长以及公众和国际科学界。

7. 即将建立的国际制度的主要宗旨应为：

（a）有秩序地和安全地开发月球的自然资源；

（b）对这些资源作合理的管理；

（c）扩大使用这些资源的机会；

（d）所有缔约国应公平分享这些资源所带来的惠益，而且应当对发展中国家的利益和需要，以及各个直接或间接对探索月球作出贡献的国家所作的努力，给予特别的照顾。

（一）理论基础：人类共同遗产原则

有学者认为，《月球协定》中的国际制度不是必然建立在人类共同遗产原则基础之上的①。笔者认为该观点值得商榷。

第一，从实质上讲，人类共同遗产原则是《月球协定》的基石。“人类共同遗产”的概念首先在海洋法领域被提出。1970 年 12 月 17 日，联合国大会通过决议承认海底和洋床及其资源是人类共同遗产。阿根廷代表在同年的联合国外空委法律小组会议上就提出将“人类共同遗产”概念引入国际空间法，提出月球及其他天体的资源是人类共同遗产②。

关于人类共同遗产的具体法律含义，《月球协定》并没有明确的规定。我们认为，这一原则首先意味着开发月球及其他天体，包括其自然资源，应当受到一定的限制，而不是完全无约束的开发。换言之，任何单边的开发活动都面临违反这一原则的风险。人类共同遗产原则的法律含义即便争议较多，但“共同”起码体现了一种国际合作的导向。其次，这一抽象原则是通过《月球协定》其他具体规定来实现的。例如关于国际制度的具体规定。因此，月球开发国际制度的建立应当体现并遵守人类共同遗产原则的。最后，该原则意味着《月球协定》缔约国向国际社会在月球及其他天体（包括其自然资源）开发问题上的一种权利让渡和自我约束。加入《月球协定》，即意味着缔约国应将月球及其他天体（包括自然资源）视为全人类的共同遗产，从而对自己的开发行为进行必要的限制。所以，从某种程度上来讲，《月球协定》是一个“为第三国创设权利”的条约。

第二，从形式上看，国际制度规定在第 11 条的第 5 款，而人类共同遗产原则规定在第 11 条的第 1 款。从结构上看，该原则起码应当统领和贯彻在整个第 11 条中。

第三，可能的例外。《月球协定》第 11 条第 2 款规定：“月球的表面或表面下层或其任何部分或其中的自然资源均不应成为任何国家、政府间或非政府国际组织、国家组织或非政府实体或任何自然人的财产。在月球表面或表面下层，包括与月球表面或表面下层相连接的构造物在内，安置人员、外空运载器、装备设施、站所和装置，不应视为对月球或其任何领域的表面或表

① 参见 S Hobe，et al.，Cologne Commentary on Space Law，Vol. II. 416。

② 联合国文件 A/AC. 105/C. 2/L. 21，1970 年 6 月 23 日。转引自李寿平，赵云：《外层空间法专论》，北京：光明日报出版社，2009 年，第 93 页。

面下层取得所有权。上述条款不影响本条第 5 款所述的国际制度。”这里提到的不影响国际制度的“上述条款”，应当仅指该第 2 款的内容，而不是排除第 1 款人类共同遗产原则的适用。换言之，国际制度的建立，可以考虑以承认国家对月球及其他天体的自然资源的所有权为基础。但这不等于对人类共同遗产原则的违反，而是通过国家的实践和达成的一致对该原则进行解释。

总之，笔者认为，在《月球协定》中，人类共同遗产原则应当是月球开发国际制度构建的理论基础和根本原则。它的具体内容是通过具体国际制度的构建、国际协议的安排来体现的。此外，商定相关国际协定的前提，是存在多个空间活动主体对于外空自然资源开发开采有现实需求和相匹配的能力。正如有学者指出，在月球开发开采成为可行之前，“共同遗产”只是一个被“闲置”的法律词汇①。有学者认为，发展中国家与发达国家对于这个概念理解的分歧，塑造了过往四十年里关于外空资源开发利用乃至整个外空国际政治关系②。“一方面，发展中国家认为‘全人类共同遗产’概念是一个平衡南北世界差距的工具，并用以改善发展中国家的生活水平和经济状况。另一方面，发达国家虽然初期支持这个概念，但有认为该概念一旦付诸实践，将有损于自己的利益。”③ 还有观点对此进行了更深刻的分析，认为发达国家与不发达国家对于“人类共同遗产”这一概念着眼于两个截然不同的视角④，一方将其视作收回投资成本和将利润投入将来的开发活动的需要，另一方则将其视作一个纠正以往不平等和重新分配全球资源和财富的机会。因此，某些学者推断，上述分歧是由公共资源的合理分配与公平分配之间的冲突所造成的⑤。

① 参见 Gabrynowicz，J. I.，The " Province" and " Heritage" of Mankind Reconsidered：A New Beginning，The Second Conference on Lunar Bases and Space Activities of the 21st Century，Proceedings from a conference held in Houston，TX，April 5 – 7，1988. Edited by W. W. Mendell，NASA Conference Publication 3166，1992.，pp. 693，http：//articles. adsabs. harvard. edu//full/1992lbsa. conf.. 691G/0000693. 000. html，2016 年 7 月 27 日访问。

② 参见 Fabio Tronchetti，The Exploration of Natural Resources of the Moon and other Celestrial Bodies，a Proposal for Legal Regime，Martinus Nijhoff Publishers，2009，pp. 130。

③ 同上，2009，pp. 130. 需要注意的是，此处的“发达”和“发展中”应指代空间技术发达国家和空间技术不发达国家。

④ 参见 Zullo K，The Need to Clarify the Status of Property Rrights in International Law，90 Geo I. J，2002，pp. 2413，2424 – 2426，转引自赵云：《国际空间管理局：空间商业化体制的管理模式》载于《哈尔滨工业大学学报（社会科学版）》，2007 年第 1 期，第 50 页。

⑤ 参见 Peiras C，“Space Force Alpha”：Military Use of International Space Station and the Concept of “Peaceful Purposes”，53 AFL Rev，2002，pp. 135，151 – 152. 转引自赵云：《国际空间管理局：空间商业化体制的管理模式》，载于《哈尔滨工业大学学报（社会科学版）》，2007 年第 1 期，第50 页。

还有学者指出，“在联合国框架内，以国际上普遍认可的外层空间法律原则为基础，充分考虑主要空间国家、发展中国家的利益诉求，将是今后寻求构建有效的月球资源开发国际法律制度的关键所在”[①]。

因此，全人类共同遗产的法律含义本质上是对空间发达国家与空间不发达国家利益博弈不同时期不同结果的忠实记录和在规则领域的投影。

（二）主要宗旨和原则

《月球协定》第11条第7款规定了“即将建立的国际制度的主要宗旨”：a）有秩序地和安全地开发月球的自然资源；b）对这些资源作合理的管理；c）扩大使用这些资源的机会；d）所有缔约国应公平分享这些资源所带来的惠益，而且应当对发展中国家的利益和需要，以及各个直接或间接对探索月球作出贡献的国家所作的努力，给予特别的照顾。

可见，国际制度应当体现秩序、安全、合理、公平的原则。这其中有三个原则与国际合作是直接相关，或者说必须经由国际合作实现的，即秩序、合理和公平。需要注意的是，根据其规定，只有缔约国之间才可以公平分享“这些资源带来的惠益”。笔者认为，这实际上与人类共同遗产原则是不相符的。因为“人类共同遗产”不等于是“缔约国之间的共同遗产”。从另一方面，这体现出《月球协定》的可行性基础是建立在各空间大国广泛参与的基础上的。没有国际社会的广泛认同，人类共同遗产原则在外空无从实现。

（三）具体内容：告知义务、处置权保留

《月球协定》第11条还规定了国际制度的两个具体内容，一个是告知的义务，一个是处置权的保留。第11条第6款规定：“为了便利建立本条第5款所述的国际制度，缔约各国应在实际可行的范围内尽量将它们在月球上发现的任何自然资源告知联合国秘书长以及公众和国际科学界。”第8款规定：“有关月球自然资源的一切活动均应适当进行，以便符合本条第7款所订各项宗旨以及本协定第6条第2款的规定。”

第6条第2款即规定了处置权的保留：“缔约各国为促进本协定各项规定的实施而进行科学研究时，应有权在月球上采集并移走矿物和其他物质的标本。发动采集此类标本的缔约各国可保留其处置权，并可为科学目的而使用这些标本。缔约各国应顾及宜否将此类标本的一部分供给感兴趣的其他缔约

① 张振军：《月球资源开发国际法律制度研究》，中国宇航出版社，2012年，第127页。

国和国际科学界作科学研究之用。缔约各国在进行科学研究时，也可使用适当数量的月球矿物和其他物质以支援它们的任务。”

（四）建立程序：审查会议

《月球协定》第18条：“本协定生效后十年，联合国大会应在临时议程内列入审查本协定的问题，以便参照本协定过去的实施情况，审议是否需加修正。但在本协定生效五年后的任何时候，作为协定保存人的联合国秘书长，经本协定三分之一的缔约国提出要求，并经多数缔约国同意，即应召开缔约国会议，以审查本协定。审查会议还应按照第11条第1款所述原则，并且在特别考虑到任何有关的技术发展的情况下，审议执行第11条第5款的各项规定的问题。”本条规定了月球开发国际制度的建立程序，即通过缔约国审查会议的形式来构建和完善月球开发的国际制度[①]。

《月球协定》于1984年7月11日开始生效。根据其第18条的规定，联合国外空委于1994年其第37届会议期间，开始考虑《月球协定》的审查问题。最终结果是建议联合国大会暂时不予考虑《月球协定》的修订问题[②]。联大采纳了该建议。至于缔约国之间的审查会议，迄今尚没有召开过。毕竟，截至2017年1月，《月球协定》仅有17个缔约国。空间技术发达国家，例如美国、俄罗斯、中国和欧洲一些国家都没有加入《月球协定》。近年来，随着国际社会对于月球开发和利用的兴趣日益增强，一些《月球协定》的缔约国在2008年向联合国外空委提出完善月球开发利用法律规则的建议[③]。

总之，上述规定为外空自然资源开发国际制度的构建提供了程序性指引。这种国际制度的建立当然不会限制在《月球协定》的缔约国之间。下面，笔者将尝试提出关于建立外空自然资源开发开采国际制度的构想。

三、建立外空自然资源开发开采国际制度的构想

（一）建立外空自然资源开发开采国际制度的必要性

《月球协定》第11条第5款指出，“一俟月球自然资源的开发即将可行时，建立指导此种开发的国际制度”。而关于“可行”的确定标准，并没有明

① 参见S Hobe，et al.，Cologne Commentary on Space Law，Vol. II. 2012：415。

② 同上，415－416。

③ 联合国文件：A/AC. 105/C. 2/L. 272，2008年4月3日。

确的规定。我们认为，国际制度是建立在技术可行性以及市场需求基础上的。如前文所述，一些空间技术发达的国家、政府间国际组织和私人实体已经具备了外空自然资源开发的技术能力，其中尤其是私人实体，表现出了越来越强烈的开发需求，这也证明了强大的市场需求的存在。不论这种市场需求变现为商业利益还是政治战略诉求。

另一方面，国际空间法和一般国际法都没有关于外空自然资源开发、开采甚至商业化利用的禁止性规定。同时，国际空间法现有的相关规定并不具体，调整未来外空自然资源开发活动的能力有限。

从国际视角看，为了保证外空自然资源开发活动的有序开展，建立相应的国际制度是必要的，而且应当是先行的。正如美国空间法奠基人 Halley 早在 20 世纪 50 年代所指出的那样："法律应当比人类先进入外空"。

从国家视角看，一方面，外空自然资源开发涉及外空战略资源的争夺和政治博弈，一味的单边行为必定会导致外空自然资源开发竞赛的产生，从长远来看，无人获利。务实的方法是通过建立一套国际制度来进行。另一方面，根据《外空条约》第 6 条，国家对于非政府实体进行的外空活动承担国际责任。而完善国内相关管理体制的前提，是首先保证这些体制能够为国际社会所接受，否则必定增加政治和法律风险。因此，从国家视角来看，明确一套国际制度也是必要的。

（二）建立外空自然资源开发开采国际制度的途径

有学者指出，"在修订原有条约或直接制定新的国际条约难度加大的情况下，利用联合国大会决议这种'软法'立法模式构建月球资源开发国际法律制度，将国际社会普遍认可的原则以联合国大会决议形式文件化，经过一段时间的国家实践进而演变为国际条约或逐步形成国际上认可的习惯法，将是在这一领域寻求国际立法的有效途径之一。"[①] 无疑，通过国际公约调整外空自然资源开发活动是最为理想的，但是现阶段，这一目标并不现实。因为具有开发、开采外空自然资源能力的国家毕竟是少数。此外，与以往的外空活动的开展不同，外空的自然资源从理论上来讲，也是有限的，不可再生的。因此，公约的制定面临的阻力是巨大的。我们认为，由近及远，建立外空自然资源开发国际制度的途径大致可以分为三个。

途径之一：通过双边或多边协议明确权利义务。尤其是在开发同一天体

① 张振军：《月球资源开发国际法律制度研究》，中国宇航出版社，2012 年，第 129－130 页。

的情况下，通过协议的形式来进行是必要的。这主要是针对目前具有外空自然资源开发的国家和国际组织间而言的。

途径之二：有学者指出，“从操作层面看，构建月球资源开发国际法律制度最快捷、最有效的立法途径是在全面确认 1979 年《月球协定》核心内容的前提下，对‘人类共同继承财产’原则作出合理、均衡的解释，对各项实体条款进一步充实、完善、细化，并确保修订后的法律文件能够为国际社会特别是主要空间国家普遍认可”①。笔者认为这是一个很好的思路。

在条件成熟时，通过加入并修改《月球协定》明确权利义务。《月球协定》虽然只有 17 个缔约国，但从数目上仍然多于目前具有外空自然资源开发能力的国家。鼓励这些国家加入《月球协定》，可以在条约框架内协调空间技术发达和发展中国家的关系，使外空自然资源开发国际制度更具有国际性、代表性和稳定性。对于空间技术发展中国家而言，他们可以将有限的资源投入到与空间技术发达国家的合作中，通过合作机制来共享外空自然资源开发的收益②。在条件成熟时，可以考虑借鉴海洋法，成立类似于国际海底管理局类的执行机构，如外空自然资源开发管理机构③或国际空间管理局④。

根据《联合国海洋法公约》第十一部分和《关于执行〈公约〉第十一部分的协定》，为了组织和控制成员国在国家管辖范围外的深海底进行的活动，建立国际海底区域制度。国际海底管理局由此产生，是一个管理国际海底区域矿物资源的组织。根据该公约规定，国际海底管理局是独立的政府间国际组织，拥有根据《海洋法公约》和《执行协定》的相关规定制订规章的权力；在现有的和潜在的深海海底商业开发利用活动中，管理局具有与深海海底开发承包商公平分享收益的职能，其下属机关——企业部可以授权在深海海底直接从事自然矿物资源的开发活动。

国际海底管理局章程在《海洋法公约》中得到了规定，主要内容是其主要机关及附属机构的结构及相应职能，并且包括了这些机构各自做出决定的程序。《海洋法公约》对各国从沿海海岸到深海海底等各个海洋部分的权利、义务和职责做出了明确界定，并规定了主要海事活动的从事限制，例如渔业、

---

① 张振军：《月球资源开发国际法律制度研究》，中国宇航出版社，2012 年，第 127 页。

② 参见 Virgiliu Pop, Who Owns the Moon?: Extraterrestrial Aspects of Land and Mineral Resources Ownership, (Springer 2008), pp. 155。

③ 张振军：《月球资源开发国际法律制度研究》，中国宇航出版社，2012 年，第 143 - 145 页。

④ 赵云：《国际空间管理局：空间商业化体制的管理模式》，载于《哈尔滨工业大学学报（社会科学版）》，2007 年第 1 期，第 49 - 56 页。

航运、资源开发和环境保护等。《海洋法公约》第十一部分的主题即国际海底管理局，主要涉及了各国主权管辖范围之外的国际海底区域。根据《海洋法公约》，国际海底区域及其资源是全人类的共同继承财产，在此，“资源”当然包括矿物资源等物质在内的自然资源。

这些做法都为条约框架下外空自然资源开发国际制度的执行，提供了直接的参考。

途径之三：通过签订外空商业活动的条约明确权利义务。外空商业活动的多个领域存在着对国际协议的需求①。除了外空自然资源的开发开采之外，再例如外空的商业发射、商业遥感、定位导航等。由于历史局限，制定于20世纪六七十年代的现行国际空间法框架缺乏有效的、明确的调整手段。特别是关于具体权利义务的规定、责任的划分以及纠纷的解决。因此，以发展的眼光来看，未来出现制定统一的外空商业活动的条约的需求，也是极有可能的。同时这也是国内法和国际法衔接的必然需求②。

（三）外空自然资源开发开采国际制度的基本内容

不论是通过国际协议或国际条约的途径来建立的国际制度，都应具备基本的内容。例如原则和具体权利、义务、责任、争端解决方式的规定等。关于原则，如上文所述，《月球协定》第11条第7款提供了有益的借鉴。该款确立了秩序、安全、合理、公平的开发原则。笔者建议还应加上“效率/效益”的原则。这个原则是确立有效激励机制的前提。关于具体内容，例如应当明确通知、协商、磋商、环境保护等义务；明确权益的分配，例如所有权、使用权等权限的归属；还应规定先来者与后到者的照顾义务；责任的划分和争端解决的途径和措施等。

关于外空自然资源开发开采具体国际机制模式和内容，笔者认为可围绕两个维度和三个要素来构建。我们可以围绕目标天体和目标资源这两个维度进行如下分析。

根据不同的目标天体，国际机制有三种模式：第一，较大空间内的共存合作与竞争，例如对月球的开发开采。各国可以各自单独开展开发开采活动，对于合作的需求虽然存在，但不是必须。对于规则的需求更多的是对各自月

① Bin Cheng，Studies in International Space Law，Clarendon Press Oxford，1997，pp. 665.

② 现有的外空商业活动规则大多体现为国内立法，美国尤为明显。参见 Virgiliu Pop，Who Owns the Moon?：Extraterrestrial Aspects of Land and Mineral Resources Ownership (Springer 2008)，pp. 155 - 156。

球开发开采设施的保护，而非活动的协调机制。第二，较小空间内的共存合作与竞争，例如对某个小行星的开发开采。假设小行星的理想着陆点有限（2～3个），这时需要一定的协调或合作机制，来调整有意对该小行星进行开发开采活动的国家间关于着陆权、开采权等空间交通关系。第三，较小空间内的排他性竞争，最典型的是小行星的整体捕获活动。此类活动事实上排除了他国的相关权益，其违反不得据为己有原则的嫌疑最大。因此，相关活动对于国际合作和协调机制的需求最强。换言之，国际合作可能是使相关活动获得合法性或适当性的唯一途径。

目标资源不同，国际机制的内容也可能不同。第一，水资源。深空探测中宇航员的生命具有最高价值。作为生命必需的水资源，可以考虑对相关有偿共享机制提出更高的要求。例如，在同等的市场条件下，外空水资源的开采国应当优先考虑将水资源转让给正从事深空探测的航天员的所属国。第二，稀有矿产，例如铂金。鉴于其蕴藏的极大经济利益，设立一定的国际激励机制是必要的，例如赋予开采主体一定程度的占有、使用、收益和处分的权利。但基于考虑发展中国家利益的需要，设计适当的共享机制也是必要的，否则国际政治利益无法实现均衡，从而不利于外空开发开采活动的开展。第三，稀有能源，例如氦 3。对于可能带来能源革命和社会巨大发展进步的稀有能源，在设立激励机制的同时，也应考虑一定的强制推广或强制共享机制。这才是遵守和实现“为全人类谋福利原则”的最好例子。

国际机制的三个要素就是指上述提及的激励机制、共享机制和合作机制。一个切实可行的外空资源开发开采机制首先要具备激励机制，否则空间活动主体，特别是私人实体没有足够的动机进入该领域。激励机制是形成任何健康市场的前提。其次，如果缺少适当的共享机制，外空资源开发开采将难以得到拉美等发展中国家的支持，同时囿于“协商一致”原则，在联合国框架内形成相关国际机制是不现实的。最后，鉴于外空资源开发开采的技术复杂性、法律不确定性、政治敏感性和战略重要性，国际合作、国际协作和国际协议安排是平衡各种利益、划分权利义务、分割风险责任的最佳途径，也是避免外空殖民竞赛的最有效的方法①。

总之，构建外空自然资源开发开采国际制度已经成为国际空间法和国际空间政治领域的研究热点，已受到国际社会的广泛重视。相对于制定新的国

① 王国语：《外空采矿竞赛的序幕？——美国行星采矿立法的法律政策分析》，载于《国际太空》，2016 年第 5 期。

际公约而言，更为现实的，是通过国际协议（双边、多边）来调整外空资源开发开采活动。通过国际协议（合同）灵活安排合作主体在具体合作项目或任务中的权利、义务和责任。待形成若干国际实践之后，从中总结关于外空资源开发开采的一般性原则和共性规则，用来作为在联合国框架下建立国际机制的基础。国际机制的形成，初步可能以软法文件为载体，经过一定时间的发展完善，必将作为未来新的条约等国际法制定的基础。鉴于外空资源开发开采的技术复杂性、法律不确定性、政治敏感性和战略重要性，国际合作、国际协作和国际协议安排是平衡各种利益、划分权利义务、分割风险责任的最佳途径，也是避免外空采矿竞赛的最有效方法。

参考文献

[1] 李寿平，赵云．外层空间法专论［M］．北京：光明日报出版社．2009.

[2] 张振军．月球资源开发国际法律制度研究［M］．北京：中国宇航出版社．2012.

[3] 赵云．国际空间管理局：空间商业化体制的管理模式［J］．哈尔滨工业大学学报（社会科学版），2007（1）．

[4] 王国语．美国《2015外空资源探索与利用法》分析及应对建议［J］．中国航天，2015（12）．

[5] 王国语．外空采矿竞赛的序幕？——美国行星采矿立法的法律政策分析［J］．国际太空，2016［5］．

[6] BIN CHENG. Studies in International Space Law［M］. Clarendon Press Oxford，1997.

[7] S HOBE，et al. Cologne Commentary on Space Law［M］. Vol. I，II.，2009，2012.

[8] GABRYNOWICZ，J. I. The "Province" and "Heritage" of Mankind Reconsidered：A New Beginning，The Second Conference on Lunar Bases and Space Activities of the 21st Century，Proceedings from a conference held in Houston，TX，April 5 - 7，1988. Edited by W. W. Mendell，NASA Conference Publication 3166，1992.

[9] FABIO TRONCHETTI. The Exploration of Natural Resources of the Moon and other Celestrial Bodies，a Proposal for Legal Regime，Martinus Nijhoff Publishers，2009.

[10] VIRGILIU POP. Who Owns the Moon? Extraterrestrial Aspects of Land and Mineral Resources Ownership［M］，(Springer 2008).

亚轨道飞行中的“知情同意制度”：历史与法律探究

杨彩霞* 侯竹青**

摘 要：美国《2004年商业空间发射修订法》中关于亚轨道飞行的“知情同意”制度，建立在“临时许可”（也称“实验性许可”）制度的基础上，因此为飞行器经营者建立了“警告义务”，并对因“固有风险（Interent risk）”而发生的意外事故免除经营者的赔偿责任。这项制度的建立，旨在鼓励仍处在发展初期的亚轨道飞行产业迅速崛起。关于这项制度在其他国家和地区是否适用——尤其是拥有发射和科研实力的欧洲及中国，本文将从以下方面进行论证：各国侵权法的一般规则、人权法规定、对亚轨道飞行当属航空运输活动还是空间发射活动的认定，安全标准的建立和技术发展程度，以及相关保险产业的发展状况等。本文认为，针对“固有风险”引起的损害应予免责，但是“固有风险”之外，例如飞行器技术缺陷构成的生产者、经营者“疏忽大意（negligence）”，则应谨慎免责。中国和欧洲在亚轨道飞行的“知情同意”制度上，均应更为谨慎。

关键词：亚轨道飞行；知情同意；经营者；人身损害；免责

---

* 杨彩霞，女，北京航空航天大学法学院副教授，硕士生导师，法学博士。现任北京航空航天大学航空法律和标准研究所联合所长、法国法研究中心主任、法律实践中心副主任。联系方式：ycx39@aliyun. com。本文为作者在首届中国航天高峰论坛暨中国宇航学会·中国空间法学会2016年学术年会上荣获优秀论文一等奖的录用论文。

** 侯竹青，女，北京航空航天大学法学学士、法学硕士（2010—2017），荷兰莱顿大学国际航空航天法高级硕士（2015—2016），香港大学法律学院在读博士（2017—），主要研究方向为外层空间法。联系方式：hou _ zhuqing@buaa. edu. cn。

一、简介

2004 年，美国通过规制私营航天飞行活动的《商业航天发射修订法》[①]，其中确立了一项颇为重要的制度，即航天飞行活动参与人员的“知情同意”制度。这项制度要求，未来乘坐亚轨道飞行器的太空游客应当在飞行之前被告知航天飞行的风险并签署书面的知情同意书。事实上，这项制度要求“返回式亚轨道飞行器（RLV）”的经营方在收到航天飞行活动参与人员的赔偿或者签订合同之前，应当书面告知航天飞行活动参与人员，其飞行器并未得到美国政府的安全认证以承载机组人员或航天飞行活动参与人员进行飞行活动。这项制度旨在建立经营者的“告知义务”，从而将固有风险作为经营者责任的免责抗辩之一。

中国与欧洲的亚轨道飞行产业是否也适用“知情同意”制度，这个问题近来被经常讨论。本文试图通过对美国相关制度的分析研究，结合欧洲和中国的实际情况，对此问题提出作者个人观点。

二、概念：医事法视域与空间法视域

（一）知情同意制度

1. 历史流变

“知情同意”是英美法系的产物[②]。而且多运用于医学或治疗体系的文件之中。这些文件用来记载：治疗风险已由（提供治疗方）揭露，且得到了接受治疗者的同意[③]。在英语语言文献中，涉及知情同意的首次记载可追溯至

① Commercial Space Launch Amendments Act，简称 CSLAA。

② 赵西巨：《知情同意原则：权利、义务与救济》，载于中国民商法网 http：//old. civillaw. com. cn/Article/default. asp? id=37480，最后访问于 2016 年 6 月 26 日。

③ 参见 generally，Law for Recreation and Sports Mangers，Third Edition，Doyice J. Cotten，John T. Wolohan，Chapter 2. 24 on Inherent Risk Related Defenses：Informed Consent Agreements & Agreements to Participate. Kendall/Hunt Publishing Co.，Dubuque，Iowa. See also Study on Informed Consent for Spaceflight Participants，Document Number：APT - CFA - 230 - 0001 - 02F，September 26，2008，at 4，https：//www. faa. gov/about/office _ org/headquarters _ offices/ast/reports _ studies/library/ media/Informed _ Consent _ for _ Spaceflight _ Participants. doc。

1767年英国Slater诉Baker & Stapelton案[①]，法院在此案中认为，在手术之前取得“知情同意”，是“外科医生之惯例和法则”[②]。

后来，大陆法系国家也逐渐接受“知情同意”制度，二战后的德国基本法[③]第2条第2项明确承认，人人都享有使自己的身体和生命不被侵害的权利[④]。德国联邦宪法法院在1979年7月29日的一份判决中指出，必须取得患者对医师作出的全部诊断的、预防的以及治愈的措施的有效同意，这是法的要求[⑤]。

“知情同意”制度意在保护患者的自主决定权——患者有权决定是否被施与手术。此时，医生的角色不再是父权色彩的“决定者”而是“职业咨询建议者”。患者可以依据其提供的信息和专业建议做出自己的决定。

2. “知情同意”制度的构成要素

合理且合法的“知情同意”包含诸多要素。通常在医事法中，“揭露”、“理解”、“自愿”以及“影响方式”是其基本要素。“篡改信息”则是无法获得有效“知情同意”的主要原因。

新西兰的立法在这一领域是很好的范例。在《健康服务消费者权利法》[⑥]中，规定了构成真实“知情同意”的几个要素：有效沟通的权利、完整充分知晓的权利、做出知情选择并给出知情同意的权利[⑦]。即，仅仅是“同意”并不能满足法律上的要求。首先，应该是“被告知”的同意，被“细致且完整”告知的同意，被“充分理解”了的“细致且完整”告知的同意，才能构成此

① 参见Slater v. Baker & Stapelton，95 Eng. Rep 860（K. B. 1767）. Appelbaum PS，Lidz CW and Meisel A：Informed Consent：Legal Theory and Clinical Practice. New York，NY Oxford University Press，1987。

② 参见L. Haakonssen，Medicine and morals in the Enlightenment：John Gregory，Thomas Percival and Benjamin Rush（1997），at 32。

③ 参见Article 2 of Basic Law for the Federal Republic of Germany of 1945（1）Every person shall have the right to free development of his personality insofar as he does not violate the rights of others or offend against the constitutional order or the moral law.（2）Every person shall have the rightto life and physical integrity. Freedom of the person shall be inviolable. These rights may be interfered with only pursuant to a law。

④ 赵西巨：《知情同意原则：权利、义务与救济》，载于中国民商法网，http：//old. civillaw. com. cn/Article/default. asp? id=37480，最后访问于2016年6月26日。

⑤ 同上。

⑥ 参见Code of Health and Disability Services Consumers' Rights 1996。

⑦ 参见Right to effective communication；Right to be fully informed；Right to make an informed choice and give informed consent。

语境中的“同意”。

运用到亚轨道飞行产业中也是同样。“如果相关风险未被充分解释，法院或陪审团就不能在其未充分告知的情况下免除这个新生产业的责任。”① 这就意味着，仅仅持有航天飞行活动参与人员的书面知情同意书并不能使经营者免除责任。只有当“顾客已被充分告知并警告时，经营者才能达成法律上有效的抗辩（以免除其自身的赔偿责任），证明航天飞行活动参与人员明白且自愿接受这些风险。”

3. 固有风险

一般理论中的“知情同意”协议，可以作为固有风险的免责事项。固有风险，通常是指一项活动本身内在所固有的风险，即如果没有这项风险，这项运动本身也就因为失去了其运动自身的特点而不能进行。这些风险通常表现为不能减少或避免的身体损伤。以骑马运动的固有风险来举例，其固有风险来自于马本身不可预测的天性，比如马匹没有确切缘由的受惊倾向。固有风险可以包括从马鞍上滑落，或者因马匹突然起落而导致的掉落。但是，因马匹提供者的过失而导致骑马者从马匹掉落的损伤，不属于固有风险的范畴，比如骑马者对马匹的不适应性、不合适的用具、地形不适等问题。这些问题属于“疏忽大意”而不属于固有风险②。

以此类推，在亚轨道飞行活动中，其固有风险，来自于亚轨道飞行本身特点所固有的风险，而并非产生于经营者的“疏忽大意”。此时的固有风险可能包括，太空失重环境给航天飞行活动参与者带来的神经性损伤、暴露于太空辐射环境中的损伤、再入（re - entry）时的身体压力以及心理上与情绪上的损伤。如果航天飞行活动参与者没有身处太空环境而避免这些风险，亚轨道飞行也就不再能构成亚轨道飞行。换句话说，亚轨道飞行活动本身，就伴随着空间环境的种种潜在风险，无法避免，这些风险因此是亚轨道飞行活动本身固有的风险。

而相反，因航天飞行器本身的技术瑕疵所引起的航天飞行活动参与者的身体损伤，不能视为亚轨道飞行固有风险的损伤风险，此风险源于亚轨道飞行经营者的“疏忽大意”。

这些被告知的风险“最多可被视为由航天飞行活动产生的一般性可预期

① 参见 T. Knutson，What is “Informed Consent” for Space - Flight Participants in the Soon - to - Launch Space Tourism Industry? 33 J. Space L. 105（2007），at 121。

② 参见 C. R. Gregg，Inherent Risks，http：//www. rebgregg. com/writings/inherent _ risks. php。

风险，而不是可预期的由经营者的疏忽大意所造成的伤害，也不能作为免责的依据。”① 例如，有法院在判决中认为，“可预期风险只从属于固有风险，而不是由疏忽大意产生的风险。”②

但是重要的是，通常在冒险运动中，很少见到“知情同意”这样的字眼③[16]；冒险运动的经营方更常援引、法院也更常检视的，是“疏忽大意”、“预期风险”抗辩，以及其他弃权或者免责的合同条款[18]。“预期风险”在侵权法中是免责条件，这项免责通常在冒险运动中被援引，例如滑雪、滑翔伞以及潜水，但实际上可以拓展运用到所有危险活动中。

预期风险作为侵权法的一项抗辩，也可以运用到所有疏忽大意和严格责任的案件中，但不能在故意侵权（intentional tort）、重大过失（gross negligence）以及鲁莽行为（recklessness）案件中作为免责条件被援引[19]。也就是说，亚轨道飞行活动的经营者或服务提供者作为被告不能在诉讼中以此抗辩④。

在亚轨道飞行活动中，“知情同意”协议同样可以作为固有风险的免责事项。但是本文所要解决的问题不仅止步于此，而是更进一步探讨，针对固有风险之外的原因——例如飞行器制造的技术缺陷或设备运行不当——对航天飞行活动参与者所造成的身体损伤，经营者是否也能被免责。在美国法中，亚轨道飞行器的经营者、服务提供者没有因固有风险而保护航天飞行活动参与人员的义务，因而也没有因固有风险造成损害或损失的相应责任。固有风险在侵权法中是否能作为免责抗辩，这个问题将在本文随后回答。

（二）亚轨道飞行活动

1. 定义

在亚轨道飞行活动中，飞行器通常达不到“轨道速度”。发动机熄灭之后，可以完成3～6分钟的失重体验，再之后飞行器再入大气层，重新落回地

① 参见 P. L. Meredith，Commercial Space Transportation：Liability and Insurance. Conference Abu Dhabi：Air Transport，Air & Space Law and Regulation，April 2009.（2009-04-16）. https：//www. mcgill. ca/iasl/files/iasl/Session _ 7 _ Meredith. pdf，最后访问于2016年5月8日。

② 参见 Applbaum v. Golden Acres Farm and Ranch，333 F. Supp. 2d，49 N. Y. 2d，1979：106。

③ 参见 Applbaum v. Golden Acres Farm and Ranch，333 F. Supp. 2d，49 N. Y. 2d，1979：106。

④ 汪传才：《自冒风险规则研究》，载于《法律科学》，2009年第4期，第80页。

球。飞行器通常可以上升至100千米的高度[①]。此外，亚轨道飞行是否应归类到航空活动还是航天活动，理论界与实务界均有争议，尚无定论；进而，究竟应在亚轨道飞行活动适用航空法还是外层空间法，至今也无定论。考虑到亚轨道飞行活动在飞行区域、起落方式等方面的特殊性，很多学者倾向于借鉴航空法与外层空间法中相关的部分，对亚轨道飞行活动单独立法。

2. 航空活动抑或航天活动

（1）国际民航组织（ICAO）

虽然绝大多数亚轨道飞行器被视作飞机，国际民航组织还未在载人亚轨道飞行器方面颁布相关规则[②]，但已经有一些初期的讨论文件可以作为参考[③]。

（2）欧洲空间局（ESA）

2008年4月，欧空局发布关于私营亚轨道飞行活动的立场文件，随后于当年5月发布新闻，声明其关于太空旅游的立场。在新闻中，欧空局声明，将创造必要的环境鼓励产业发展，例如在欧洲范围内的亚轨道经营方面协助立法，包括协助各国民航局以及其他相关机构。因此欧空局不会在此领域发挥主导作用——这与NASA在亚轨道飞行产业方面的立场相同[④]。欧空局不是一个立法机构，在太空旅游事项上没有颁布新的规则或者整合各国立法的立法职权[⑤]。此外，欧空局的立场文件给出了“太空旅游”的定义[⑥]，进而指

---

① 参见T. Masson - Zwaan，Article IV of the Outer Space Treaty and Private Human Access to Space，536 Proceedings of the International Institute of Space Law（2009）。

② 参见Concept of Sub - Orbital Flights，§§ 2.2，5.3，and 6.1（International Civil Aviation Organization，Working Paper No. 12436，2005）；另可参阅Peter van Fenema，Suborbital Flights and ICAO，30 Air and Space Law 396（2005）and F. G. Von Der Dunk，Beyond What? Beyond Earth Orbit? The Applicability of the Registration Convention to Private Commercial Manned Sub - Orbital Spaceflight，43（2）California Western International Law Journal，Spring 2013。

③ “亚轨道飞行”的概念，参阅§§ 2.2，5.3，and 6.1（International Civil Aviation Organization，Working Paper No. 12436，2005）；另外可参阅Peter van Fenema，Suborbital Flights and ICAO，30 Air and Space Law 396（2005）以及F. G. Von Der Dunk，Beyond What? Beyond Earth Orbit? The Applicability of the Registration Convention to Private Commercial Manned Sub - Orbital Spaceflight，43（2）California Western International Law Journal，Spring 2013。

④ 参见T. Masson - Zwaan & S. Freeland，Between Heaven and Earth：The Legal Challenges of Human Space Travel，66 Acta Astronautica 1598（2010）。

⑤ 参见T. Masson - Zwaan & R. Moro - Aguilar，Regulating Private Human Suborbital Flight at The International and European Level：Tendencies and Suggestions，92 Acta Astronautica 243（2013），at 250。

⑥ 参见The execution of suborbital flights by privately - funded and/or privately operated vehicles and the associated technology development driven by the space tourism market。

出，因为亚轨道飞行主要在空气空间中进行，所以对亚轨道飞行立法主要属于各国民航局以及欧洲相关机构（比如欧洲航空安全局，EASA）的职权范围。这些机构在欧洲太空旅游方面应当承担立法职责。因此，欧空局很大程度上将亚轨道飞行视为航空活动而非空间活动，应当适用航空法；外空法只应适用于进入外空轨道的太空旅游。

（3）欧盟（EU）

欧盟迄今尚未正式声明其关于载人亚轨道飞行的立场和意见[①]。但是，EASA 有很大可能将在欧盟层面立法以规范亚轨道飞行问题。尽管适用 EASA 的基础条约[②]可能将一些飞行器排除在 EASA 的管辖范围之外，但是 EASA 似乎并未将亚轨道飞行器排除在外，因此 EASA 的安全标准将很有可能适用于亚轨道飞行器上，由此要求亚轨道飞行经营者或生产者必须获得资格认证（certificate）而非临时许可（license）。

3. 外层空间法或单独立法

反观美国立法，“联邦政府将（太空旅游的亚轨道飞行）产业视为不同于飞机或交通运输的产业”[③]。因此航空法上的严格责任制度不能完全适用于亚轨道飞行产业。加之亚轨道飞行仍然是一个尚未完全建立起行业标准的新兴产业，与安全标准、法律体系均已成熟的航空运输业不同，所以在亚轨道飞行产业中施行“知情同意”制度似乎有其合理性。另外，“知情同意”制度也符合英美法中尊重当事人自主、自由的传统。

但是，不能套用航空法的责任体系，并不意味着在亚轨道飞行中可以适用外层空间法。联合国外层空间法条约体系中只存在第三方责任而没有第二方责任，此外也没有保护飞行器上人员（机组人员或乘客）、发射国公民以及游客的相关规定，只有“航天员”作为“人类的使者”在外层空间法中被施与保护。因此，除非太空游客被视作航天员，否则现行的外层空间法不能在

① 参见 T. Masson - Zwaan & S. Freeland, Between Heaven and Earth: The Legal Challenges of Human Space Travel, 66 Acta Astronautica 1598 (2010), see also at 2015 - 2016 Leiden IIASL SLP Reader, at 229。

② 参见 Basic Regulation, Regulation (EC) No. 216/2008 on common rules in the field of civil aviation and establishing a European Aviation Safety Agency。

③ 参见 T. Knutson, What is “Informed Consent” for Space - Flight Participants in the Soon - to - Launch Space Tourism Industry? 33 J. Space L. 105 (2007), at 121。

其权利、义务等方面提供足够的法律保护①。所以在亚轨道飞行产业中适用外层空间法的责任体系似乎并不合适。而且，这些规则只适用于跨国的国际飞行，欧盟法也没有相关规定，因此其余情形应适用国内法。

此外，为亚轨道飞行单独立法，不失为一种进路，不同于航空法也不同于外层空间法。此时是否在亚轨道飞行中适用“知情同意”制度，将不会受到对于亚轨道飞行应属航空活动还是航天活动的认定的影响。

三、亚轨道飞行中的“知情同意”制度：美国与欧洲立法现状

亚轨道飞行活动中的“知情同意”制度在美国建立于 2004 年，随后本文将详细说明。此外，本文以下部分将分析欧洲人权法的相关原则以及欧洲国家的国内法——尤其是侵权法，以评价欧洲是否也应在亚轨道飞行活动的相关立法中引入相似的“知情同意”制度。

（一）美国

美国的立法思路是，传统民法如侵权法、合同法以及物权法领域，基本上仍属于判例法；但在其他领域，比如专利法，需要全国范围内统一适用的领域，则由国会颁布法令，只能由联邦法院解释和适用。也就是说，美国法院的判决不仅只依据以前的判例。对于受到统一法管辖的案件，应根据州级或联邦立法进行判决，此时判例法仍在法律没有规定到的领域发挥作用。

作为新兴产业，亚轨道飞行活动在美国是以统一法的形式立法管辖的，即前述《2004 年商业航天发射修订法》（CSLAA），与美国成文法原第 49 编相关，CSLAA 的第 2 部分（c）（13）对原美国成文法第 49 编的 70105（b）部分进行了修订，随后在 2010 年，这部分内容被单独转移至独立的美国成文法第 51 编，名为“商业航天发射活动”，授权美国交通部为非政府实体的航天活动颁发许可②。

美国《2004 年商业航天发射修订法》（CSLAA）在商业航天活动机组人

① 参见 S. Freeland. Up，Up and . . . Back：The Emergence of Space Tourism and Its Impact on the International Law of Outer Space. Chicago Journal of International Law，2005（Vol. 6：No. 1，Article 4)：1－22，at 18。

② 参见 M. “Giugi” Carminati，Is Statutory Immunity for Spaceflight Operators Good Enough? Legislation and Policy Brief，Volume，Issue 1，Article 2 (2014)，at 39。

员及航天飞行活动参与人员的训练、医疗以及知情同意等方面规定了诸多要求[①]。在机组人员方面，在雇佣新的机组人员之前，亚轨道飞行活动的经营者（或发射许可证的持有方）必须告知将要受雇的机组人员，美国联邦政府没有对其飞行器进行安全认证[②]。与此相应，在搭载航天飞行活动参与人员之前，亚轨道飞行活动的经营者（或发射许可证的持有方）也必须以书面形式将参与航天飞行活动的风险告知参与人员，并告知他们美国政府并未对其飞行器进行安全认证。

尤其对于航天飞行活动参与人员，美国联邦航空管理局（FAA）的规则要求航天飞行活动参与人员应被告知已知的风险，包括可能造成严重身体损害甚至死亡、残疾、全部或部分的生理或精神上功能缺失的每一项风险[③]。然后航天飞行活动参与人员（乘客）必须在知情同意书上签名并署上日期，才能继续参与亚轨道飞行活动。

不同于许多人对于美国这项“知情同意”制度的理解，亚轨道飞行活动中的知情同意制度原本不是作为一项免责条款而设立的，它在美国法中应被理解为由CSLAA以及美国联邦航空管理局所指定的一项取得许可的要求，这项要求是经营者想要搭载付费旅客所必须要达到的[④]。航天活动参与人员所签署的书面知情同意书能否作为经营者在意外事故中的免责证据，则需要由法院判决来决定[⑤]。

---

① 参见M. “Giugi” Carminati，Is Statutory Immunity for Spaceflight Operators Good Enough? Legislation and Policy Brief，Volume，Issue 1，Article 2（2014），at 39。

② 参见51 U. S. C at §50905（4）（B），see at https：//www. law. cornell. edu/uscode/text/51/50905；14 C. F. R. § 460. 9，see at https：//www. law. cornell. edu/cfr/text/14/460. 9，See also R. Moro-Aguilar，National Regulation of Private Suborbital Flights：A Fresh View，10（2）FIU Law Review 679（2015 Spring）。

③ 参见14 CFR §460. 45（a）（1）. See also Federal Aviation Administration，Draft Guidelines for Commercial Suborbital Reusable Launch Vehicle Operations with Flight Crew. Washington，DC：Federal Aviation Administration，2005 b，Section 6A1。

④ 参见R. Moro-Aguilar，National Regulation of Private Suborbital Flights：A Fresh View，10（2）FIU Law Review 679（2015 Spring），at 690。

⑤ 参见Letter from Mark W. Bury，Assistant Chief Counsel of International Law，Legislation and Regulations AGC-200，to Courtney B. Graham，Associate General Counsel，National Aeronautics and Space Administration，http：//www. faa. gov/about/office _ org/headquarters _ offices/agc/pol _ adjudication/agc200/Interpretations/data/interps/2014/Graham-OGC-NASA%20-%20%282014%29%20Legal%20Interpretation. pdf。

（二）欧洲

1. 欧盟法

如前所述，目前关于亚轨道载人飞行活动，欧盟没有表达过正式立场。理想状况是，在欧盟国家进行的亚轨道飞行活动，应在欧盟一级制定相关规则，而不是由其成员国各自创设规则[①]。

2. 国内法

（1）英国

2014年7月，英国民用航空局在英国航天局的协助下，发布一部关于商业航天飞行的重要法律《英国政府就商业航天飞机许可证和操作的评议文件》[②]，以表明其立场[③]。只有在飞行之前充分告知机组人员与航天飞行活动参与人员（与美国立法的术语措辞一致）固有风险的情况之下，亚轨道飞行活动才能进行；作为证明其认可已被告知飞行风险、且接受不等同于搭乘一般公共交通所能受到的保护的证据[④]。

英国的这项法律并不构成与（未来）欧盟法的冲突，因为此项法案指出，一旦欧盟关于航天飞机的制度以及认可制度成熟，英国就会用欧盟统一规则代替英国此项法律[⑤]。“此领域未来会有相应的欧盟法施行，同时应为英国目前将亚轨道飞行器视为飞机类别，英国不能完全采纳或长期采纳美国联邦航天局/AST关于商业亚轨道航天飞机经营操作的立法体系。”[⑥]

2016年6月，英国完成“脱欧”公投之后，将陆续启动脱欧各项手续的办理进程，欧盟法在英国的适用与英国属于欧盟时的情形也完全不同。这对

---

① 参见 T. Masson - Zwaan & R. Moro - Aguilar, Regulating Private Human Suborbital Flight at The International and European Level: Tendencies and Suggestions, 92 Acta Astronautica 243 (2013), at 251。

② 参见 UK Government Review of Commercial Spaceplane Certification and Operations, see at https://www.publicapps.caa.co.uk/cap1189。

③ 参见 R. Moro - Aguilar, National Regulation of Private Suborbital Flights: A Fresh View, 10 (2) FIU Law Review 679 (2015 Spring), at 702。

④ 参见 R. Moro - Aguilar, National Regulation of Private Suborbital Flights: A Fresh View, 10 (2) FIU Law Review 679 (2015 Spring), at 702。

⑤ 参见 UK CAA, UK Government Review of Commercial Spaceplane Certification and Operations (2014), Version CAP1198, at 39. See at http://publicapps.caa.co.uk/docs/33/CAP1198_spaceplane_certification_and_operations_summary.pdf。

⑥ 参见 R. Moro - Aguilar, National Regulation of Private Suborbital Flights: A Fresh View, 10 (2) FIU Law Review 679 (2015 Spring), at 702。

亚轨道飞行产业会造成什么影响，本文以下部分将会简略涉及。

首先，针对“脱欧之后英国是否完全脱离适用欧盟法”的问题，不同层面的欧盟法情况不尽相同①。欧盟法的法律渊源主要体现在三个层面：基本法（Primary Legislation）、派生法（Secondary Law）和欧盟法院的判决②。

第一，基本法层面。欧盟基本法的主要内容是构建欧盟以及确定欧盟法的基本原则。因此，英国退欧后，欧盟基本法将不再对英国产生效力。

第二，派生法层面。欧盟的派生法有两种形式：规定（Regulation）和指令（Directive）。规定对成员国具有直接约束力，欧盟成员国可直接适用规定，无需转化为本国国内法。因此，原则上说，脱欧后英国不再适用规定。然而，由于某些英国国内法已经与规定保持一致，因此这种在这些已经转化为国内法的领域，英国脱欧的影响对法律适用的没有影响。指令方面，同理，因为这部分欧盟法已经通过转化适用的方式渗入到英国法律，所以除非对相关法规进行明确修改或废止，否则英国还要受欧盟法的隐形“指挥”。

第三，欧盟法院判决层面。脱欧之后，除非英国和欧盟订立双边条约约定欧盟法院继续对英国有拘束力，未来欧盟法院作出的判决将不再对英国有效。但是同理，脱欧之前的欧盟法院的判决作为先例被英国法院援引，或者其内容被转化成为英国国内法，在这种情况下，英国实质上并没有脱离欧盟法院判决的适用。除非英国法院推翻先例或者英国议会修改成文法，否则欧盟法院的判决已经深入到英国国内法，并不能完全脱离适用。不过，在亚轨道飞行活动的人身赔偿方面，因为欧盟法院之前尚无相关案例，所以英国脱离欧盟，在亚轨道法律适用方面并无影响。

另外，值得注意的是，《欧洲人权公约》并非欧盟立法，所以即使英国完全脱欧，也仍然是《欧洲人权公约》的缔约国，欧洲人权法院做出的判决对其仍具有拘束力③。

如前所述，英国脱欧之前针对亚轨道飞行活动的立法态度是“一旦欧盟关于航天飞机的制度以及认可制度成熟，英国就会用欧盟统一规则代替英国

---

① 何东闽：《脱欧对英国法的影响——英国脱欧系列漫谈（一）》，（2016-06-29），http://www.jtnfa.com/CN/booksdetail.aspx? type = 06001&keyid = 00000000000000002288&PageUrl = majorb ook&Lan=CN，最后访问于2016年8月7日。

② 参见 Klaus-Dieter Borchardt，The ABC of European Union law（2010），at 80。

③ 何东闽：《脱欧对英国法的影响——英国脱欧系列漫谈（一）》，（2016-06-29），http://www.jtnfa.com/ CN/booksdetail.aspx? type = 06001&keyid = 00000000000000002288&PageUrl = majorb ook&Lan=CN，最后访问于2016年8月7日。

此项法律”。既然脱欧已成定局，肯定会对亚轨道飞行活动立法产生影响。

但是，鉴于目前欧盟尚未颁布对于亚轨道飞行活动的明确立法，本文认为，脱欧对于英国亚轨道飞行活动立法的影响并不明显，仅仅是打破了对未来遵守欧盟立法的“预期许诺”：从原先的欧盟框架下的“遵守欧盟法”到脱欧之后的“自行立法”，而“与欧盟法分别立法”（在亚轨道飞行活动的立法方面）不等于“与欧盟法立场相反”，因而仍有英国与欧盟在亚轨道飞行活动的立法上规定相似之可能。然而更为可能的是，英国延续目前的《英国政府就商业航天飞机许可证和操作的评议文件》的基本立场与态度，且考虑到英国对亚轨道飞行产业鼓励①与快速发展，英国仍然很有可能、在很大程度上会借鉴美国模式。

（2）西班牙

“知情同意”制度在西班牙的一项立法草案②中被采纳，用于管辖西班牙的私营航天活动③。所有商业航天飞行活动的参与人员（与美国立法的术语措辞一致），必须被提前告知此项活动的固有风险且书面同意在此种条件下参与飞行④。因此航天飞行活动参与人员能够预期到自身所要承担的风险，而且不论在诉讼中还是诉讼外，都不能诉请经营者或西班牙政府给予赔偿。除因经营者的重大过失或故意伤害，经营者不对发生的意外事故承担责任。

不用于美国立法的地方在于，西班牙的这项法案不仅使西班牙政府在亚轨道飞行事故中免责，也使亚轨道飞行的经营者免责，不论是航天人员自己还是其家庭诉请赔偿。

四、亚轨道飞行产业建立“知情同意”制度的不合理性与不必要性

本文在这一部分将从合理性和必要性两个方面，讨论医事法中“知情同意”制度与亚轨道飞行中“知情同意”制度的差异。

---

① 英国政府已与5个国家签订了可行性研究合同，欲在商业合作基础上经营从英国领土发射的轨道与亚轨道飞行发射活动，详情参阅 http：//spacenews. com/britain - selects - u - s - french - british - teams - to - study - spaceport - feasibility/（最后访问于2016年8月7日）。

② 此项草案仍未公布。

③ 参见 R. Moro - Aguilar，National Regulation of Private Suborbital Flights：A Fresh View，10（2）FIU Law Review 679（2015 Spring），at 707。

④ 参见 R. Moro - Aguilar，National Regulation of Private Suborbital Flights：A Fresh View，10（2）FIU Law Review 679（2015 Spring），at 707。

（一）合理性

在医事法中，“知情同意”制度旨在保护患者对其身体的自主决定权，使患者能够自主决定自己的身体免受伤害。在亚轨道飞行活动中，知情同意制度是基于建立经营者的“警告义务”，使航天飞行活动参与人员踏入飞行器之前就开始受到保护。

医事法中“知情同意”制度与亚轨道飞行中“知情同意”制度的差异在于，医事法中，患者处于疾病状态，需要被施行手术、被治愈（变好）。此外，患者拥有是否被施行手术的选择自由，以及选择某种手术方案的自由。因此，此时的知情同意制度实际上是对患者的额外保护。但是，在亚轨道飞行活动中，航天飞行活动参与人员通常因体验失重等娱乐目的参与飞行，此时其健康状况可能由好变坏，而不是变好。此时的知情同意制度实则沦为经营者的免责手段，是对航天飞行活动参与人员的保护削弱。

换言之，亚轨道飞行活动中的知情同意制度是对“知情同意”制度建立之初的“保护患者自由选择其身体不被伤害”原旨的发展。虽然以上论断会因“冒险活动（如亚轨道飞行活动）满足了参与者的刺激感（从而获得另一种形式的满足和自由选择）因而也应被保护”而被质疑，本文出于应对航天飞行活动参与人员施与额外保护的考虑，仍然认为亚轨道飞行活动并不适用知情同意制度。

（二）必要性

当我们讨论在亚轨道飞行中建立“知情同意”制度的必要性时，唯一的担忧来自于对产业发展造成打击——如果由于没有适用知情同意制度而对亚轨道飞行这一新兴产业的不鼓励或者打击态度，将会很大程度上影响产业的快速发展。然而，新兴产业的快速成长首先应建立在技术进步基础之上而非事故免责，因此援引“知情同意”原则而免责所获得的利益与产业进步，并不值得提倡。反观美国亚轨道飞行产业的快速发展，也不主要得益于知情同意制度的免责制度。

综合上述两方面，知情同意制度对于鼓励亚轨道飞行产业来讲，既不是充分条件，也不是必要条件。

五、欧洲亚轨道飞行产业“知情同意”制度的法律环境分析

欧洲的亚轨道飞行产业是否需要“知情同意”制度，本文将从多个方面进行分析：欧洲国家国内法与美国法的差异、欧洲人权法的原则、航空法与外层空间法的责任体系差异、亚轨道飞行产业的发展，以及美国与欧洲相关的保险产业。

（一）欧洲国家的侵权法：德国、法国和英国

首先，William Curran研究了欧洲和北美国家的差异，发现这些国家在实施类似“知情同意”制度上的实践和政策方面有着实质性差异。总体而言，William Curran认为欧洲国家的政策比北美国家更为谨慎①。

其次，虽然欧盟法的两大框架条约之一《欧洲联盟运作条约（TFEU）》第189条规定，对于航天法，欧盟不会针对各国法律差异做出整合调整，而是要求各国直接适用欧盟规定。但在亚轨道飞行相关制度应适用航空法还是航天法体系尚未定型的前提下，几个拥有航天发射实力的典型国家的法律规定应予参考。

本文这一部分主要关注的问题在于，在欧洲各国的侵权法中，对因飞行器的“固有缺陷”而造成的身体损伤甚至死亡，经营者是否可以被免责。

事实上，对权利、权益的保护，其内容和范围取决于使受害者承受身体损害之活动的具体特点。例如，如果参与活动的人是在某项体育运动中受伤，且身体损伤的风险来自于运动本身存在的“固有风险”，此时很难获得赔偿②。在这里需要再次引入“自冒风险（assumption of risk）”的概念，如前文所述，也称可预期风险。

此处需要澄清的是，传统侵权法中的“同意（consent）”③与“自冒风

① 参见R. R. Faden & T. L. Beauchamp，King，A History and Theory of Informed Consent (1986)，at 295. Cf. William Curran，“Evolution of Formal Mechanisms for Ethical Review of Clinical Research”，in N. Howard - Jones and Z. Bankowsi，eds.，Medical Experimentation and the Protection of Human Rights (Geneva：Council for International Organizations of Medical Sciences，1979)，esp. 13。

② 参见C. van Dam，European Tort Law，2nd Edition (2013)，at 171。

③ 也不等同于医事法中的“知情同意”。

险”并不相同①[29]。但是基于以下特点，亚轨道飞行中的“知情同意”实际上并不是侵权法传统意义上的“同意”，而应属于“自冒风险”的范畴：第一，适用于过失侵权领域；第二，损害发生具有不确定性；第三，参与人不希望损害发生；第四，参与人没有积极追求自己利益的损害。

德国侵权法的原旨在于关注“权利的损害”②。其主要条款 § 823 I，列出了公民所享有的私法权利，包括生命权、身体完整权、健康权、个人自由的权利以及财产权③。对于法院而言，这些权利是判断是否存在诉讼赔偿的前提，这个前提也很大程度上影响着为事故受害者提供保护的案例法的建立④。“在德国，早期认为自甘冒险是受害人和加害人之间的默示合意，将侵权法中的自甘冒险行为与契约法上的表意行为等同。目前，德国理论界则强调基于公平原则，自甘冒险行为应当纳入比较过失的范畴。当损害发生后，被告可以基于原告的过失而要求减轻或者免除自己的责任。”⑤ 也即，“知情同事书”此时视作原告“自甘冒险”的证据，损害发生时当然视为原告也有过失，从而减轻或免除被告的责任。但是，以“自甘冒险”作为免责抗辩的案例，在德国基本限于体育运动侵权的案例，而在体育运动中，运动风险即为运动本身的价值所在，此时风险与运动同时存在。也就是说，一旦风险消失，运动

① 自冒风险与受害人同意的区别总体来说有以下几点：1. 两者的适用领域不同，前者适用于过失侵权领域，而后者适用于故意侵权领域。“受害人针对他人故意的侵权行为才可能予以同意，而对于他人的过失侵权行为，受害人是不可能同意的，因为对未知的将来事件是很难谈得上同意的。”2. 两者对损害发生的确定性认识程度不同，前者原告认识到或者说应当认识到自己介入了不确定的风险之中，有损害发生的可能而后者则不一样，原告对损害的发生有明确的认识，并且能够预见到损害的确定到来，如病人同意切除自己的手臂。3. 两者对损害结果的希望程度不同，前者虽然原告认识到或者说应当认识到自己介入了不确定的风险之中，有损害发生的可能，但和被告一样希望危险不要实现；后者通常表现为主动邀请别人伤害自己，例如伸出胳膊让医生抽血等，受害人属于“故意招致某种风险”。4. 两者的本质不同，前者从本质上说，原告并没有积极追求自己利益的损害，只是在维护自身利益上存在一定过失；而后者从本质上说，是对自己权益的一种处分，因此同意的有效性就变得尤为重要。

② 参见 C. van Dam，European Tort Law，2nd Edition (2013)，at 220。

③ 参见 Section 823 Liability in damages (1) A person who，intentionally or negligently，unlawfully injures the life，body，health，freedom，property or another right of another person is liable to make compensation to the other party for the damage arising from this. (2) The same duty is held by a person who commits a breach of a statute that is intended to protect another person. If，according to the contents of the statute，it may also be breached without fault，then liability to compensation only exists in the case of fault. See also C. van Dam，European Tort Law，2nd Edition (2013)，at 143。

④ 参见 C. van Dam，European Tort Law，2nd Edition (2013)，at 143。

⑤ 梅龙生：《自甘冒险规则在侵权责任法中的功能探析》，载于《探索与争鸣》，2009 年第 8 期，第 53 页。

本身也难以进行。这在亚轨道飞行中，显然是不完全相同的。在此，本文需要将损害分为两类进行讨论。对于因技术不成熟所带来的亚轨道飞行的安全风险，其风险与亚轨道飞行活动本身的性质并无关联；对于因失重体验引起的航天飞行活动参与者的身体损伤，其风险与亚轨道飞行本身的性质直接相关，因而可以与冒险性体育运动进行类比分析。

法国侵权法是主要基于严格责任的规则体系[①]，基于此，其保护相应法益也是不言而喻的原则[②]。很多受到严格责任规则保护的权利，都可以归总到“安全（safety and security）”类别里，但同时公权责任中“公益平衡”原则的适用，又是基于平等对待公民的考虑[③]。

所以，此处需要回答的问题是，基于法国侵权法的严格责任体系，亚轨道飞行活动的“固有风险”能否作为经营者免责的条件。如前所述，“预期风险”是侵权法中的一项免责条件，甚至在疏忽大意以及严格责任的案件中也能作为免责抗辩。虽然“预期风险”不同于“固有风险”[④]，但是“固有风险”是可以预期的，因此可以视为预期风险的一部分。在法国，“此类案件视为受害人和加害人具有共同过错，因此可以减轻或者免除加害人的责任，这实际上与德国法做法等同。”[⑤] 因此，在由固有缺陷引起的身体上的损伤或死亡案件中，“预期风险”也可以在严格责任体系中作为免责抗辩。因此，在如法国这样的适用严格责任侵权法体系的国家，“知情同意”制度与其侵权法体系是能够自洽的。

英国侵权法，主要基于保护义务（the duty of care）原则而建立，而鲜少考虑“权利”，但英国侵权法同时也将“受影响的利益（the value of the interests affected）”纳入考虑范围。但是，与法国法和德国法中关注保护个人的

---

① 参见 The structure of French tort law is rather simplistic, with the drafters listing only a few very brief and general provisions in articles 1382 - 1386. By and large, three categories of liability are distinguished: liability for one's own act (la responsabilité du fait personnel), strict liability for things (la responsabilité du fait des choses), and strict liability for acts of other persons (la responsabilité du fait d'autrui). See C. van Dam, European Tort Law, 2nd Edition (2013), at 52。

② 参见 C. van Dam, European Tort Law, 2nd Edition (2013), at 220。

③ 参见 C. van Dam, European Tort Law, 2nd Edition (2013), at 143。

④ 参见 Assumption of inherent risks and express assumption of non - inherent risks are often referred to as Primary Assumption of Risks. See C. R. Gregg, Inherent Risks, http://www.rebgregg.com/writings/inherent_risks.php。

⑤ 梅龙生：《自甘冒险规则在侵权责任法中的功能探析》，载于《探索与争鸣》2009年第8期，第53页。

人身权利和财产权利不同，英国法视角有所不同，更关注对“行为自由（the freedom to act）”的保护。确实，在责任承担问题的判决上，英美法系非常强调对“行为自由”的保护[①]。但是，没有绝对的自由，也没有对某一权利绝对的保护，在“权利（保护）”与“自由”二者之间平衡才是宗旨。在此语义之下，即使是基于娱乐目的乘坐亚轨道飞行器，其“自由”也应被保护，但同时因“知情同意”制度而给经营者免责就并非必要，因为此时即使没有免责条款，也并未损害此项“自由”。

以上讨论可以得出的结论是，冒险性体育运动项目中的“自冒风险”，在德国侵权法、法国侵权法以及英国侵权法的一些案例中，都可以作为免责条件。但是如前所述，对于亚轨道飞行活动中可能发生的损害，其性质不完全等同于冒险性体育运动项目中可能发生的损害，所以即使在几国侵权法中“自冒风险”都可以作为经营者免责，在亚轨道飞行活动中也仅有一部分情况，即由失重本身带来的身体损伤，可以因本质上为“自冒风险”的“知情同意”来作为免责抗辩；而对于另一类别（由技术缺陷所产生的安全风险所造成）的损害，“知情同意”能否作为免责抗辩，需要很谨慎的多方面考量。

（二）欧洲人权法

《欧洲人权公约》（European Convention on Human Right，ECHR）第2条第1款规定了“生命权”——“任何人的生命权应当受到法律的保护。不得故意剥夺任何人的生命，但是，法院依法对他所犯的罪行定罪并付诸执行的除外。”

因此，即使不是故意伤害，书面知情同意也包含了将人置于危险之中进而侵害其生命权的可能。如果因固有风险发生的事故责任被“知情同意”制度免责，则意味着航天飞行活动参与人员被置于完全没有保护的环境之中，有悖人权法的意旨。

（三）产业发展：安全与技术考量

“不论我们在安全方面投入多少，发生事故的可能总是存在的。”[②] 亚轨道

① 参见C. van Dam，European Tort Law，2nd Edition (2013)，at 143。

② 参见Alex Tai，Chief Operating Officer，Virgin Galactic，speaking at the International symposium for Personal Space flight in Las Cruces，New Mexico，US，19 Oct，2006. See at E. Seedhouse，Tourists in Space：A Practical Guide (2008)，at 21。

飞行活动的风险可以根据以下要素[①]进行量化分析：飞行器类型、发动机结构、人为因素、推动器火箭、发射基地的选择等。亚轨道飞行作为新兴产业，仍未建立起行业标准。现阶段，主管部门颁发“临时许可证”而非完整的“资格认证”，“知情同意”制度与“许可”制度紧密相关。但长远看来，考虑到用户（如航天飞行活动参与人员）以及产业的利益，“认证”制度更应被施行。

亚轨道飞行产业更需要完整的“资格认证”，而非“知情同意”制度。“在合理状况下，一般的航天飞行活动参与人员并不具备真正了解和掌握航天飞行所具风险的必要技术背景和经验。因此法律上规定的书面的知情同意，仅仅就起到了行政手续上的形式作用，同时也会对潜在用户造成心理威慑。进而，在重大过失情形下经营者并未被免责，获取独立且完整的政府安全认证，才能真正保护用户，也才能在未来可能发生的诉讼中保护经营者的利益。”[②]

2012年，在欧盟资助的FAST20XX研究项目中，荷兰莱顿大学国际航空航天法研究所和奥地利维也纳的Orbspace研究公司合作发放“载人亚轨道飞行的FAST20XX问卷（FAST20XX Questionnaire on Human Suborbital Flight）”[③]。其中问题11提请回答“欧洲是否需要美国2004年颁布的CSLAA中的‘知情同意’制度，以及在欧洲施行此制度的可行性”，共收到22项肯定回复、5项否定回复、2项不可行回复，另有1项弃权。反对施行“知情同意”制度的观点认为，基于法律确定性考虑，要施行从开始阶段就制定好的完整法律体系，而非后续会被修改的临时制度体系，临时制度将来会对投资者和经营者造成负面冲击。生产者和/或经营者更倾向于从发展初期就拥有完整“资格认证”制度，是因为一旦产业要求（例如安全标准）被确定下来就不会再更改，这样产品设计就“冻结”了。在这种情况下，他们更倾向将欧洲航空安全局作为主管亚轨道飞行的机构，因为欧洲航空安全局的主要职责即在于设立飞机安全标准。

然而，大多数亚轨道飞行的产业投资者更认可定期审查修改的“步步推

---

① 参见E. Seedhouse，Tourists in Space：A Practical Guide（2008），at 23-27。

② 参见T. Sgobba，Sub-orbital space tourism regulation：The Safety Perspective，2010 Leiden Forum。

③ 参见R. Moro-Aguilar，National Regulation of Private Suborbital Flights：A Fresh View，10（2）FIU Law Review 679（2015 Spring），at 697。

进”立法模式，以更好地配合技术发展和产业发展的需求[1]。他们认为，由于技术进步、新知识及新需求的出现，安全标准也应随之逐渐发展。

（四）保险制度

现阶段还没有针对亚轨道飞行事故所产生经济损失的相关保险产品，也没有针对参与亚轨道飞行相关活动的责任保险[2]。保险公司不愿对这样的未被立法保护且存在商业风险的产业开发保险产品[3]。

在相关保险产品缺失的情况之下，就在亚轨道飞行中施行“知情同意”制度，对于航天飞行活动参与人员没有足够保护，也侵犯了其生命权。

六、中国的亚轨道飞行产业是否需要“知情同意”制度

中国的航天实力世界瞩目，空间运输发展迅速，中国已经具备发展商业航天的实力和条件。但是目前，中国的亚轨道飞行产业实践不足，相关立法也尚未建立，如何借鉴其他国家的立法和实践经验，是首先需要探讨的问题。

立法模式与监管部门。美国的立法完备，实践领先。如上文所述，立法部分，“商业发射”相关条款规定在美国联邦成文法第51编“国家和商业航天项目”之中，但是实际的监管机构是交通部下属的联邦航空管理局（FAA）。这也是欧洲现今较为倾向的立法与监管模式，欧洲航空安全局（EASA）制定监管标准、实施监管职能，欧洲空间局（ESA）进行必要的协调和辅助。未来的中国航天立法可以借鉴美国模式，即成文法写入航天法范畴，但实际的安全标准制定以及监管，则由航天主管部门协助民用航空局（CAAC）来负责。一方面，保证航天领域的技术支持、法律支持（基于联合国五大外空公约体系的责任制度与国际法律义务）；另一方面，则是基于务实考量，在飞行安全标准制定与监管方面，航空产业历史更久，航空主管部门在飞行器安全标准制定、空中交通管理等方面经验更加丰富，对亚轨道飞行产业进行监管更为高效。

---

① 参见 R. Moro - Aguilar，National Regulation of Private Suborbital Flights：A Fresh View，10 (2) FIU Law Review 679 (2015 Spring)，at 698。

② 参见 T. Knutson，What is “Informed Consent” for Space - Flight Participants In the Soon - to - Launch Space Tourism Industry? 33 J. Space L. 105 (2007)，at 121。

③ 参见 T. Sgobba，Sub - orbital space tourism regulation：The Safety Perspective，Symposium on the Regulation of Sub - Orbital Flights in the European Context，Leiden，16 September 2010。

而要着眼于亚轨道飞行的“知情同意”制度，则首先需要考虑我国侵权法的一般规定，“固有风险”引起的侵权损害，能否因事先的书面知情同意而被免责。如前所述，亚轨道风险中的“固有风险”从属于“自冒风险”抗辩中的一个类别。但同时，我国侵权法中尚未引入“自冒风险”的规定，所以在一般的体育运动风险承担案例中，一般适用“风险分担”原则。

首先，侵权法视域。《民法通则》第 132 条规定：“当事人对造成损害都没有过错的，可以根据实际情况，由当事人分担民事责任。”《侵权责任法》第 24 条规定：“受害人和行为人对损害的发生都没有过错的，可以根据实际情况，由双方分担损失。”由此可知，当事人双方均无过错且不能适用无过错体系时，应由双方分担损失，以分担风险。“责任一旦成立，则无免责。”① 但是，以上考量仍然着眼于体育运动的情境，与亚轨道飞行活动仍有差别。如前文所述，本文认为，在亚轨道飞行中，风险来自于两个方面，一方面是飞行器技术不成熟，另一方面才是冒险活动本身的风险，如失重环境带来的生理损害。只有在损害来源于冒险活动本身时，才可以将亚轨道飞行的“自冒风险”与体育运动中的“自冒风险”统一看待，在此语境之下，“双方共担风险、共担损失”是符合我国一般法律规定的做法，此时“知情同意”免责似乎与我国侵权法之语境不符。而对于由飞行器技术不成熟引起的安全问题，以及进而造成的参与人之身体损害甚至死亡，其对于“固有风险”的“知情同意”是否能够免责，需要后续讨论。

其次，《合同法》及《消费者权益保护法》的免责条款视域。《合同法》第 39 条规定：“用格式条款订立合同的，提供格式条款的一方应当以公平原则为基础确定当事人的权利义务，并应采取合理的方式提醒对方注意具有免除或限制其责任的条款，按对方的要求对该条款予以说明。”在亚轨道飞行中，合格的“知情同意书”满足上述规定。《合同法》第 40 条规定，“格式条款具有本法第 52 条、第 53 条规定情形的，或者提供格式条款的一方有免除其责任、加重对方责任、排除对方主要权利的格式条款无效。”第 53 条规定：“合同中的下列免责条款无效：1. 造成对方人身伤害的；2. 因故意或重大过失造成对方财产损失的。”

亚轨道飞行中的“知情同意书”确有“免除己方责任”与“排除对方权利”的结果。《消费者权益保护法》第 24 条规定，“经营者不得以格式合同、通知、声明店堂告示等方式作出对消费者不公平、不合理的规定，或者减轻、

① 刘璐：《侵权法自甘冒险规则研究》，2011 年吉林大学法学院硕士论文，第 38 页。

免除其损害消费者合法权益应当承担的民事责任。格式合同、通知、声明、店堂告示等含免责条款所列内容的，其内容无效。”也即，《消费者权益保护法》认为免责条款一律无效，而《合同法》规定造成人身伤害的免责条款无效。但无论在《合同法》还是《消费者权益保护法》中，人身损害的免责条款都是无效的，这与“知情同意”所明示的“自甘冒险”冲突。但是在存在“固有风险”的领域，如冒险性运动，“如果不能免除高风险行业经营者的过失侵权责任，那么经营者若要继续营业，便会采取一切手段转嫁风险，例如购买责任保险、提高费用等。如果买不到保险，势将不敢从事这种具有危险性、却又为现代社会生活所不可或缺的经营了。”[①] 所以，基于促进产业发展的需要，此类运动领域中人身损害的免责条款可以跳出《合同法》以及《消费者权益保护法》的人身损害免责条款无效的规定，被认为免责有效。但是再一次，本文需要强调的是这种免责仅仅应在“固有风险”，即活动本身所具有的风险范围内被免责；而对于技术缺陷所引起的人身损害甚至死亡，免责尚需谨慎考虑。

除了上述民法规定，其他方面例如技术进步、产业发展以及相关保险产业的跟进，可以参考本文欧洲部分的分析。

另外，亚轨道飞行活动中的损害赔偿，可以借鉴海商法中“共同海损”的规定，体现“共担风险”原则与精神。共同海损，是指载货运输的船舶在同一海上航程中遭遇自然灾害或意外事故或其他特殊情况，是航行中的船、货、运费收入或其他有关财产的共同安全受到威胁，为了解除共同危险，维护各方的共同利益或使航程继续完成，船方有意识地合理地采取抢救措施所直接造成的某些特殊的牺牲或支出的额外费用。共同海损的损失应由有关的利害关系方按其获救财产的价值或获益大小的比例共同分担[②]。我国《海商法》第十章（第193条到203条）对“共同海损”作出规定。借鉴海商法的规定在亚轨道飞行活动中特别立法，规定按照共担风险的原则来分配由固有风险引起的人身损害赔偿，一方面避免了美国立法中因知情同意制度而免除的经营者责任，另一方面也不至于因不免责而阻滞新兴的亚轨道飞行产业。

① 汪传才：《自冒风险：规则死亡抑或再生?》，载于《比较法研究》，2009年第5期，第29页。

② 逯宇铎，张建东，周会斌，孙开功：《国际贸易》，清华大学出版社、北京交通大学出版社，2006年，第264页。

七、结论

如前所述，亚轨道飞行活动因其飞行方式、飞行目的以及飞行空间的特殊性，都不能完全适用航空法或外层空间法，因此针对亚轨道飞行能否适用知情同意制度，也应从技术成熟程度、亚轨道飞行活动的知情同意制度是否自洽于欧洲的法律体系，不仅要考虑欧盟整个区域内的制度，也要参考各国的法律传统。德国、法国和英国，不论原旨在于保护权益还是保护自由，人身完整都应受到保护——即使是基于平衡权益与自由的基础。而且，即使“固有风险”因被视为“预期风险”的一部分而可作为免责抗辩，知情同意也并不是一项必要的制度。再者，欧洲人权法规定了对生命权的保护，禁止以任何形式侵害生命。加之，亚轨道飞行活动的特点与航空运输或航天发射都不相同，需要建立仅适用于亚轨道飞行活动的独特规则，而非套用航空法中承运人应承担绝对责任或外层空间法中并不存在第二方责任的责任体系，知情同意制度是否建立尚待考量。现阶段，因为亚轨道飞行主要被视为航空法的主管领域，如1999年《蒙特利尔公约》适用绝对责任，所以知情同意制度与此矛盾，更增加了是否在亚轨道飞行产业中规定知情同意制度的不确定性。最后，相关技术标准、安全标准尚未建立，也没有相应的保险产品，在亚轨道飞行产业中引入知情同意制度并不十分必要。

而对于中国亚轨道飞行活动的知情同意制度能否自洽于中国法律体系的问题，本文也从民法的一般理论进行了分析，认为针对“固有风险”所引起的人身损害甚至死亡，可以经由书面“知情同意”免责；但对于由于飞行器制造、发射、回收等技术不成熟所引起的免责条款，应当认为无效。而且，与欧洲情况相似，中国的相关产业发展滞后于美国，施行“知情同意”时机不当。因此，美国立法中针对亚轨道飞行的“知情同意”制度，不能全盘吸收适用。借鉴海商法中“共同海损”的规定进行风险分担，更为可行。

在亚轨道飞行活动中设立“知情同意”制度，原旨在于鼓励仍处于发展初期的亚轨道飞行产业迅速发展。正如上文分析，针对飞行本身具有的“固有风险”，可以借由“知情同意”制度给予经营者免责；而针对例如飞行器或者其他配套设施的技术缺陷等可构成经营者、生产者在侵权法上的“疏忽大意”的行为，是否也可援引“知情同意”而免责，则十分值得探讨并保持谨慎。毕竟在完备的认证制度建立起来之前，临时许可制度并不能给出亚轨道飞行安全认证，因而亚轨道飞行活动中的“知情同意”制度的建立与否，仍待商榷。

参考文献

[1] Commercial Space Launch Amendments Act, Pub. L. No. 108 - 292, 118 Stat. 3974 (2004) . See at https: //www. faa. gov/about/office _ org/headquarters _ offices/ ast/ media/PL108 - 492. pdf.

[2] 51 U. S. C at § 50905, see at https: //www. law. cornell. edu/uscode/text/51/ 50905;

[3] 14 C. F. R. § 460, see at https: //www. law. cornell. edu/cfr/text/14/460. 9.

[4] Draft Guidelines for Commercial Suborbital Reusable Launch Vehicle Operations with Flight Crew. Federal Aviation Administration, Washington DC, 2005 b, Section 6A1.

[5] UK CAA, UK Government Review of Commercial Spaceplane Certification and Operations (2014), Version CAP1198, at 39. http: //publicapps. caa. co. uk/docs/33/ CAP1198 _ spaceplane _ certification _ and _ operations _ summary. pdf.

[6] Basic Law for the Federal Republic of Germany of 1945.

[7] Health and Disability Commissioner (Code of Health and Disability Services Consumers' Rights) Regulations 1996, New Zealand.

[8] European Convention on Human Rights, see at http: //www. echr. coe. int/ Documents/Convention _ ENG. pdf.

[9] French Tort Law.

[10] English Tort Law.

[11] C. VAN DAM. European Tort Law, 2nd Edition (2013) .

[12] Law for Recreation and Sports Mangers, 3rd Edition, Doyice J. Cotten, John T. Wolohan, Chapter 2. 24 on Inherent Risk Related Defenses: Informed Consent Agreements & Agreements to Participate.

[13] R. R. FADEN, T. L. BEAUCHAMP, kING. A History and Theory of Informed Consent (1986), at 295.

[14] WILLIAM CURRAN. "Evolution of Formal Mechanisms for Ethical Review of Clinical Research ", in N. Howard - Jones and Z. Bankowsi, eds. , Medical Experimentation and the Protection of Human Rights (Geneva: Council for International Organizations of Medical Sciences, 1979), esp. 13.

[15] L. HAAKONSSEN. Medicine and morals in the Enlightenment: John Gregory, Thomas Percival and Benjamin Rush (1997) .

[16] W. PAGE KEETON, et al. Prosser and Keeton on the Law of Torts, 5th ed. (1984) .

[17] Applbaum, 333 F. Supp. 2d at 35. Gross, 49 N. Y. 2d at 106 (1979).

[18]　逯宇铎，张建东，周会斌，孙开功．国际贸易［M］．北京：清华大学出版社、北京交通大学出版社，2006.

[19]　T. MASSON - ZWAAN，R. MORO - AGUILAR. Regulating Private Human Suborbital Flight at the International and European Level：Tendencies and Suggestions，92 Acta Astronautica 243（2013）.

[20]　T. MASSON - ZWAAN，R. MORO - AGUILAR，A. LENTSCH. The Future Regulation of Suborbital Flight in Europe，30 Space Policy 75（2014）.

[21]　T. MASSON - ZWAAN. Article IV of the Outer Space Treaty and Private Human Access to Space，536 Proceedings of the International Institute of Space Law（2009），see also at 2015 - 2016 Leiden IIASL SLP Reader at 215.

[22]　T. MASSON - ZWAAN，S. FREELAND. Between Heaven and Earth：The Legal Challenges of Human Space Travel，66 Acta Astronautica 1598（2010），see also at 2015 - 2016 Leiden IIASL SLP Reader P229.

[23]　R. MORO - AGUILAR. National Regulation of Private Suborbital Flights：A Fresh View，10（2）FIU Law Review 679（2015 Springer）.

[24]　VAN FENEMA. Suborbital Flights and ICAO，30 Air and Space Law 396（2005）.

[25]　F. G. VON DER DUNK. Beyond What? Beyond Earth Orbit? The Applicability of the Registration Convention to Private Commercial Manned Sub - Orbital Spaceflight，43（2）California Western International Law Journal，Springer 2013.

[26]　X. ZHAO. The Principle of Informed Consent：Right，Obligation and Remedies，China Civil and Commercial Law（CCCL）Official website（2008），http：//old. civillaw. com. cn/Article/default. asp? id＝37480.

[27]　T. KNUTSON. What is "Informed Consent" for Space - Flight Participants In the Soon - to - Launch Space Tourism Industry? 33 J. Space L. 105（2007）.

[28]　E. SEEDHOUSE. Tourists in Space：A Practical Guide 23（2008）.

[29]　M. "GIUGI" CARMINATI. Is Statutory Immunity for Spaceflight Operators Good Enough? 1 Legislation and Policy Brief 39（2014）.

[30]　C. WANG. Study on Assumption Risk Rule，4 Science of Law（China）（2009），at 80.

[31]　Y. A. FAILAT. Space Tourism：A Synopsis on its Legal Challenges（2012）.

[32]　S. FREELAND. 'Up，Up and…Back：The Emergence of Space Tourism and Its Impact on the International Law of Outer Space'，6（1）Chicago Journal of International Law（2005）.

[33]　汪传才．自冒风险：规则死亡抑或再生？［J］．比较法研究，2009（5），29.

[34]　梅龙生．自甘冒险规则在侵权责任法中的功能探析［J］．探索与争鸣，2009（8），53.

[35] N. M. KETTLE. Informed consent: its origins, purpose, problems, and limits, Master Thesis of the University of South Florida, 2002.
[36] 刘璐．侵权法自甘冒险规则研究，2011 年吉林大学法学院硕士论文．
[37] LECTURE FROM T. MASSON - ZWAAN. 2015 - 2016 Leiden IIASL SLP Course.
[38] ALEX TAI, CHIEF OPERATING OFFICER, VIRGIN GALACTIC. speaking at the International symposium for Personal Space flight in Las Cruces, New Mexico, US, 19 Oct, 2006. See at E. Seedhouse, Tourists in Space: A Practical Guide (2008), at 21.
[39] P. L. MEREDITH. Commercial Space Transportation: Liability and Insurance, Air Transport, Air & Space Law and Regulation, Abu Dhabi, April 2009, at 5.
[40] T. SGOBBA. Sub - orbital space tourism regulation: The Safety Perspective, Symposium on the Regulation of Sub - Orbital Flights in the European Context, Leiden, 16 September 2010.
[41] Study on Informed Consent for Spaceflight Participants, Document Number: APT - CFA - 230 - 0001 - 02F, September 26, 2008, at 4, https://www.faa.gov/about/office_org/headquarters_offices/ast/reports_studies/library/media/Informed_Consent_for_Spaceflight_Participants.doc.
[42] International Civil Aviation Organization, Working Paper No. 12436 (2005).
[43] SLATER V. BAKER, STAPELTON. 95 Eng. Rep 860 (K. B. 1767). Appelbaum PS, Lidz CW and Meisel A: Informed Consent: Legal Theory and Clinical Practice. New York, NY: Oxford University Press; 1987.
[44] B&B Livery, Inc. v. Riehl, 960 P. 2d 134, 140 (1998), a Colorado case examining a contractual release agreement in the context of a suit for damages deriving from a fall from a rented horse, wherein the dissent mentions the phrase informed consent in discussing of scrutiny of the language of the release contract.

外层空间军事化及其国际法规制的模式和路径

蒋圣力*

摘　要： 外空军事化的内涵包括军事化利用人造卫星和外空武器化两种情形，而国际法对外空军事化的规制则应当根据对其不同情形而采取不同模式。当前，既有的国际条约法尚不能够充分、有效地对外空军事化进行规制，尤其是未能禁止外空武器化活动，并且，完善上述国际条约法又面临诸多短期难以克服的客观困难。由此，建立禁止外空武器化的习惯国际法规则应当是实现国际法对外空军事化规制的更加理想的路径。禁止外空武器化的实践行为已经基本符合构成习惯国际法的物质要素，即国家实践的要求，但在心理要素，即法律确信方面还有所缺失。对此，国际社会应当采取更加积极主动的方式促成这一习惯国际法规则的建立。

关键词： 外空军事化；外空武器化；国际条约法；习惯国际法

在漫长的人类文明史中，一直都不乏飞翔天空、遨游宇宙的幻想——最早可以追溯至商代的中国民间神话传说“嫦娥奔月”，就生动地反映了人类对自身所处地球之外广袤空间的无限向往，以及征服浩瀚无垠未知宇宙的强烈愿望。而在经历数千年的遥望之后，随着苏联于 1957 年 10 月 4 日成功发射人类历史上第一颗人造卫星斯普特尼克一号（Sputnik - 1），天马行空的想象终于被逐步变作了现实。不过，当外层空间真的不再遥不可及时，部分航天国家却在巨大的潜在资源和战略利益的驱使下，开始竞相拓展其在外空的“势力版图”。由此，在对外层空间的探索、利用为人类文明的发展进步做出贡献的同时，各国对外空控制权的争夺，以及日益频繁且形式越发多样的外

---

* 蒋圣力，男，法学博士，华东政法大学科学研究院助理研究员，香港大学法律学院访问学者，亚洲国际法学会、中国国际法学会、中国空间法学会、中国国际经济法学会会员，主要研究方向为国际法学、军事法学。联系方式：win _ jiang@sina. com。本文为作者在首届中国航天高峰论坛暨中国宇航学会·中国空间法学会 2016 年学术年会上荣获优秀论文一等奖的录用论文。

空活动，也引起了国际社会的诸多矛盾、冲突。而在这其中，外空军事化则应当是对全人类的福祉和国际和平与安全影响最为深刻的一项。是故，应当如何准确地界定“外空军事化”的内涵，是否外空军事化的全部情形均应当被否定，国际法对外空军事化的不同情形的规制应当相应地采取怎样的模式，以及倘若现行国际法尚不能够充分、有效地对外空军事化进行规制，那么应当如何完善和加强对其的国际法规制等，均是为实现外空国际法治而亟待解决的问题。

一、“外层空间军事化”的内涵及其具体情形

自美国与苏联分别于1959年和1962年发射军用照相侦察卫星起，外层空间军事化的序幕就已经拉开。并且，随着航天科技被越发广泛地应用于军事领域，不仅冷战期间，外层空间成为美、苏军备竞赛的必争之地，冷战终结之后，各航天国家在外层空间的军事化活动也从未偃旗息鼓。不过，当前既有的以外空活动的法律关系为调整对象的国际空间立法或者内容涉及对外空活动的规范的其他国际法律文件，均未就“外空军事化”的定义做出明确界定，而部分航天国家为了粉饰其特定的外空军事化活动的合法性和合理性，也往往会各自对“军事化”做出迎合本国外空军事化战略需要的不同解释。是故，截至目前，国际社会尚未能够就“外空军事化”的内涵形成统一的认识。

在我国学界，针对“外空军事化”的内涵较为一致的理解是，其应当是指以军事目的或具有为军事服务的性质的、各种利用或穿越外空或直接在外空发展或部署外空武器的活动。据此，“外空军事化”包括两方面的内容：其一，是利用人造卫星的图像侦察、电子侦察、海洋监测、气象观测、通信、预警和导航等功能，支持和增强以地球为基地的武器系统和陆海空军的作战效能；其二，是发展和部署天基武器系统，或从陆海空发射穿越外空的武器，以打击或摧毁对方以地球和外空为基地的各种武器或使其失去正常的军事功能①。

对此，笔者认为，上述对于“外空军事化”的内涵的理解是将其区分为两方面的内容，这是与实践中各航天国家所从事的外空军事化活动的实际情形相适应的。具体而言，一方面，从前述美、苏两国在20世纪60年代前后便开始使用军用照相侦察卫星，以及美军在两次海湾战争、科索沃战争和阿

① 贺其治：《外层空间法》，法律出版社，2002年版，第295页。

富汗战争中，大量使用专门的军用卫星和平时商用、战时军用的民用卫星为其提供各类资源、信息[①]等实例看，利用人造卫星支持和增强地基武器系统和海陆空军的作战效能，是外空军事化在形成之初就首先出现的、并且至今仍然相当活跃的一种表现形式。而另一方面，随着克林顿政府于 1999 年发布国家导弹防御法案，和小布什政府于 2002 年退出《限制反弹道导弹系统条约》，美国自 20 世纪末开始从事的一系列外空军事化活动，即部署或者研发地基（陆基、海基、空基）或者天基的外空武器系统，主要包括反卫星武器和反弹道导弹武器等[②]，则开辟了外空军事化的另一表现形式——外空武器化——既包括部署地基外空武器系统和在外空部署这一武器系统的情形，也包括研发、乃至进而建立天基外空武器系统的情形[③]。而这同时也正是“发展和部署天基武器系统，或从陆海空发射穿越外空的武器”所指的情形。

由此，应当认识到，当前外空军事化的现状是，利用人造卫星支持和增强地基武器系统和海陆空军的作战效能，即人造卫星的军事化利用，已经成为普遍现实；而部署或者研发地基或者天基外空武器系统，即外空武器化，也已经成为部分航天科技发达的空间国家外空军事化战略的重要组成部分[④]。是故，无论是军事化利用人造卫星的情形，还是外空武器化的情形，均是为“外空军事化”内涵所包容的：前者是外空军事化的初级表现形式，所达到的军事效果一般是被动的、不具有攻击性的；而后者则可以被视为外空军事化的高级表现形式，通常是为了达到主动的、具有攻击性的军事效果。

---

① 参见 Jessica West：The Space Security Index：Changing Trends in Space Security and the Outer Space Treaty，Celebrating the Space Age：50 Years of Space Technology，40 Years of the Outer Space Treaty - Conference Report，2 - 3 April 2007，119（2007）：124。

② 当前，美国的一体化反弹道导弹武器系统主要由拦截系统、探测系统和指挥控制系统构成。其中，拦截系统主要包括地基中段拦截系统、宙斯盾系统和末段高空区域拦截系统等；探测系统则主要包括早期预警雷达、国防支援计划卫星、空间跟踪和监视系统等。从反导能力来看，美国的反弹道导弹武器系统已经基本完成了预定的部署目标，具备了对洲际弹道导弹、中远程弹道导弹的初步的和立体的防御能力，并为其改进、扩大部署奠定了基础。参见国家航天局：“美国反导系统：大杀器还是大败笔?”，资料来源：http：//www. cnsa. gov. cn/n6464000/n6464002/c6563452/content. html，访问时间：2016 年 11 月 29 日。

③ 当前，美国的地基和天基外空武器系统（主要为天基反导弹激光武器）的部署和研发均已经付诸行动。并且，在美国的引导下，日本和欧洲部分国家也已经开始着手部署或者研发地基或者天基外空武器系统。例如，日本自 2007 年起就已开始从美国全面引进导弹防御系统。参见新华网：“陆海齐头并进 日本本土导弹防御系统雏形‘乍现’”，资料来源：http：//news. xinhuanet. com/mil/2007 - 12/04/content _ 7200533. htm，访问时间：2016 年 11 月 29 日。

④ 李寿平，赵云：《外层空间法》，光明日报出版社，2009 年版，第 155 页。

二、国际法规制外层空间军事化的应然模式

（一）学界关于是否应当否定外空军事化的不同观点

于 1966 年 12 月 19 日经联合国大会通过、并于 1967 年 10 月 10 日生效的《关于各国探索和利用外层空间包括月球和其他天体活动所应遵守原则的公约》（以下简称《外空条约》）被公认为是当前国际空间立法的基石，在外层空间法框架中具有“宪章”的法律地位；而该公约序言和第 4 条第 2 款有关“为和平目的而探索和利用外层空间”、“专为和平目的使用月球和其他天体”的规定，则构成了外层空间法的一项重要原则。不过，由于“为和平目的”原则是抽象性的，其内涵边界相当模糊，因此，截至目前，国内外学界不仅在该原则与外空军事化之间的关系是否完全对立、排斥这一核心问题上未能达成一致，同时还由此就外空军事化的全部情形是否均应当被否定的问题形成了不尽相同的观点。

支持外空军事化的观点认为，“为和平目的”原则仅排斥具有侵略性的外空军事化的情形，而非为侵略目的所从事的外空军事化活动在该原则下则应当是被允许的。由此，无论是人造卫星的军事化利用，还是外空武器化，只要其具体情形不具有侵略性，并且未被既有的国际空间立法或者其他相关的国际法律文件明文禁止，那么便均是与“为和平目的”原则相符的，是不应当被否定的①。为此，有学者还提出所谓的“不可避免性”、“易受损害性”和“控制”理论加以论证：由于对外层空间本身实施充分、有效的控制是实现外空和平与安全的基础，而控制又必须依赖军事力量加以保障，因此，军事化利用人造卫星以支持和增强军事力量，以及部署或者研发地基或者天基外空武器系统作为军事力量的一种手段，均是合理的、正当的②。

与之争锋相对，否定外空军事化的观点则认为，由于“不使用武力或以武力相威胁”这一普遍适用于一切国际法领域的基本原则已经明确禁止一切具有侵略性的军事化活动，因此，从《外空条约》等外层空间法律文件的立法旨意看，作为特别国际法的国际空间立法之所以一再特别重申“为和平目

---

① 参见 Robert L. Bridge：International Law and Military Activities in Outer Space，Akron Law Review，vol. 13 (4)，1979/1980：664。

② 参见 Andrew T. Park：Incremental Steps for Achieving Space Security：The Need for a New Way of Thinking to Enhance the Legal Regime for Space，Houston Journal of International Law，vol. 28 (3)，2005/2006：902 - 903。

的”原则，显然是为了表明该原则所禁止的除已经为上述一般国际法原则禁止的具有侵略性的外空军事化活动外，还应当包括任何军事化利用外空的情形。此外，根据其他相关国际法律文件就“为和平目的”原则所作的解释，例如《南极条约》第1条的规定等[①]，该原则也应当被理解为禁止“一切具有军事性质的措施”。是故，无论具有侵略性与否，外空军事化的全部情形均应当被否定[②]。

（二）应当区分外空军事化的不同情形以确定是否应予否定并采取相应的规制模式

在笔者看来，上述两种对“为和平目的”原则做出了截然相反理解的学界观点，实际上均在一定程度上扩大或者限缩了这一原则的应然的内涵边界，并且导致了其对于根据该项外层空间法原则、外层空间军事化的全部情形是否均应当被否定的认识也不尽周全。

在实践中，由于几乎所有应用于探索、利用外层空间的设施设备均可以直接或者在经过改装后被军事化利用，并且，使用某设施设备的本意究竟是否属于（非）军事化的这一主观问题往往难以认定，因此，倘若一概地否定任何具有或者可能具有军事目的和军事服务性质的外层空间活动，那么反而会对外空事业的正常发展造成妨碍[③]。因此，全盘否定外空军事化在实践层面上首先就并不可行。同时，更为重要的是，在笔者看来，“为和平目的”原则实际上也并不排斥军事化利用人造卫星的情形，而外空武器化方才是无论是否具有侵略性而均应当被否定的。这是因为：

首先，从国际空间立法和其他相关的国际法律文件的规定看，仅外空武器化的情形被现行国际法明文禁止——《外空条约》第4条第2款禁止的“在天体上建立军事基地、军事设施和工事，试验任何类型的武器和进行军事演习”，即外空武器化中的研发和部署天基外空武器系统的情形；而该条第1款要求的“不在绕地球轨道放置任何携带核武器或任何其他类型大规模毁灭性武器的实体，不在天体配置这种武器，也不以任何其他方式在外层空间部

---

① 一般认为，空间探索和利用方面的“为和平目的”的原则首见于《南极公约》第一条的规定，而《外空条约》中的“为和平目的”的原则即是对上述公约规定的借鉴。

② 参见 Thomas C. Wingfield：Legal Aspects of Offensive Information Operations in Space，United States Air Force Academy Journal of Legal Studies，vol. 9，1998/1999：129。

③ 黄嘉：《外层空间军事利用的伦理困境》，载于《自然辩证法研究》，2007年第12期，第62－65页。

署此种武器”，则是对外空武器化中在外空部署武器系统的情形的禁止。同样，于 1979 年 12 月 5 日经联合国大会通过、并于 1984 年 7 月 11 日生效的《指导各国在月球和其他天体上活动的协定》（以下简称《月球协定》）第 3 条第 3 和第 4 款也重申了对上述外空武器化的情形的禁止。而与之相对应，尽管《月球协定》除禁止外空武器化情形外，其第 3 条第 2 款还禁止在月球上的其他使用武力或以武力相威胁的情形，但是，由于人造卫星的军事化利用本身并不具有攻击性，不致构成使用武力或者以武力相威胁，因此其并不在上述条款规定的禁止之列。同时，通常情况下，专门的军事卫星和平时商用、战时军用的民用卫星的无线电业务和通信均是依照国际电信联盟的规定进行登记和运行的，而根据国际电信联盟总秘书处于 1982 年 11 月 6 日制定的《国际电信公约》第 35 条之规定，人造卫星的无线电业务和通信不得受到有害干扰。由此，从这一意义上看，军事化利用人造卫星的情形还是为现行国际法所允许并且受到其保护的。

其次，从人造卫星的军事化利用和外空武器化的实践情况看，一方面，诚如有学者指出的，有限度的外空军事化不仅不致与“为和平目的”原则相背离，而且还将在维持国际和平与安全的诸多方面发挥积极的作用①。对此，在笔者看来，人造卫星的军事化利用就应当属于上述将发挥积极正面作用的外空军事化情形——例如，在 2001 年阿富汗战争中，美军先后动用 35 颗侦察卫星，通过对阿富汗全境进行全天候的图像侦察和电子侦察，帮助美军充分掌握了基地组织和塔利班的兵力武器部署情况，并且准确引导了作战部队的攻击，为这场国际反恐战争的胜利提供了强劲助力。此外，军事化利用人造卫星还可以对核武器研发和核试验进行实时监测，而这也已经成为当前国际社会监督和督促有关国家遵守核不扩散的国际法义务的主要手段。鉴于打击恐怖主义和防止核扩散毋庸置疑地是维持国际和平与安全的重要内容，所以，上述军事化利用人造卫星的情形不仅是必要的、有益的，同时也是与“为和平目的”原则相符合的。然而，另一方面，外空武器化却在部分航天国家中引发了外空军备竞赛和军事对抗，从而不仅加剧了有关国家间的紧张关系，更使得外层空间被作为陆海空之外的第四个战场以及外空战争的爆发成为可能。此外，使用地基外空武器系统或者天基武器系统对人造卫星等空间物体进行攻击，还将进一步加重空间碎片问题，并且由此对各类外空活动的

① 赵海峰：《外空武器化与国际法治》，载于《学习与探索》，2011 年第 2 期，第 125－129 页。

正常运作和各国在外空的共同利益造成巨大威胁和严重损害[①]。

综上所述，基于“为和平目的”原则，外空军事化中的军事化利用人造卫星情形是应当为国际法所允许的，而外空武器化情形则无论是否具有侵略性，均应当被否定。

由此，国际法也应当根据上述外空军事化的不同情形以及是否应当予以否定的具体情况，相应地在对其规制上采取不同模式——针对军事化利用人造卫星情形，应当就其目的、用途和实际操作的方式、手段予以明确，确保其始终在促进国际和平与安全的限度内行事，从而在保障其合法性基础的前提下，进一步地提升其合理性和可接受性。而针对外空武器化的情形，则应当予以明令禁止，即禁止实施一切外空武器化活动，并且终止已经付诸实践的相关活动。

三、国际条约法规制外层空间军事化的不足和困难

当前，以外空活动的法律关系为调整对象的专门性国际条约，以及内容涉及对外空活动的规范的其他国际条约，构成了外层空间法的主要法律渊源，而以条约文本为表现形式的国际条约法也就相应成为外层空间法框架下规制外层空间军事化的主要法律依据。除了前述《外空条约》第 4 条和《月球协定》第 3 条的规定之外，另有多部国际条约或者条约中的相关规定明确了对外空军事化的规制。例如，1963 年 10 月 10 日生效的《禁止在大气层、外层空间和水下进行核武器试验条约》（以下简称《部分禁止核试验条约》）即是在《外空条约》之前的、国际社会第一部就规制外空军事化作出明文规定的国际条约。而在《限制反弹道导弹系统条约》自生效起直至美国单方面退出的 30 年间，国际社会有数十部裁军和核不扩散国际条约与之挂钩，由此使得该条约第 5 条有关禁止研制、试验或者部署地基和天基反弹道导弹武器的规定也成为对外空军事化、尤其是外空武器化进行规制的国际条约法的一项重要内容。不过，从既有的国际条约法的文本内容及实践情形看，其对外空军事化的规制实际上存在较为明显的不足和难以克服的困难。

① 聂资鲁：《外层空间军备控制与国际法》，载于《甘肃政法学院学报》，2007 年第 4 期，第 95－104 页。

（一）既有的国际条约法存在的不足

尽管前述《外空条约》第4条第1款明确地禁止外空武器化中的在外空部署武器系统的情形，不过，在该条款禁止之列的“武器”范围却仅限于核武器和其他大规模毁灭性武器。而这就意味着，在外空部署除了上述武器之外的其他类型武器系统的情形不仅不受该条款的规制，更不为该条款所禁止。由此可见，《外空条约》对外空武器化情形的禁止在相当程度上是不完全和不彻底的；无独有偶，这一问题还出现在《月球协定》第3条第3款的规定中，并且同样使得该条约也似乎为在月球及其相关轨道部署武器系统留下了可乘之机[①]。

同时，虽然《月球协定》有关在月球及其相关轨道从事军事化活动的规定被认为是迄今为止最为细致和严格地对外空军事化进行规制的国际条约法规则，但是，截至目前，批准、加入或者签署该条约的国家之于整个国际社会仅是极少数，并且，其中多数国家也并不具有基本的航天科技能力，尚不能够实质性参与到对外层空间的探索和利用中[②]。是故，该条约在规制外空军事化、尤其是禁止月球及其相关轨道的武器化方面所发挥的作用实际上是十分有限的。

此外，前文提及的各空间国家政府和学界对由上述国际条约确立的“为和平目的”原则所作的不同理解，以及由此在是否应当否定外空军事化的全部情形这一问题上形成的相互对立的立场，也在实践中严重妨碍了国际条约法规制外空军事化的有效性[③]。

（二）完善国际条约法所面临的困难

有学者提出，基于既有的国际条约法尚且无法充分、有效地对外空军事化，尤其是其中的外空武器化情形进行规制的现状，应当加紧完善相应的国

---

① 阎忻：《试论外层空间军事活动法律规则的发展》，载于《西安政治学院学报》，2012年第6期，第100-103页。

② 截至2016年12月31日，《月球协定》仅有17个缔约国（批准、加入）和4个签署国；并且，在上述签署国家中，仅有法国、印度目前已经具备了探索和利用外层空间的航天科技能力。资料来源：https：//treaties. un. org/Pages/showDetails. aspx? objid＝080000028003b946，访问时间：2017年1月29日。

③ 吴芳：《外空军事行动对外空法带来的挑战》，载于《河北法学》，2007年第1期，第129-132页。

际空间立法。具体措施包括：重新审查前述《外空条约》和《月球协定》有关禁止从事外空武器化活动的规定的明确性和充分性，加快对《月球协定》的签署和批准程序，并且进一步完善《外空条约》第 4 条及其相关规定[①]。

对此，笔者认为，由于国际条约法基于成文的、明示的文本内容可以就如何对外空军事化进行规制做出清晰的、准确的规定，因此，倘若能够切实地对既有的国际条约法进行修正或者制定新的国际条约法，那么也确实可以为规制外空军事化，尤其是禁止外空武器化活动提供最为直接、明确的国际法依据。不过，实践中，无论是修正既有的国际条约法还是制定新的国际条约法，却均面临着难以克服的困难。

毋庸讳言，通过国际条约法实现国际法对国际关系中的某一领域的调整、规范的基础，是世界各国，尤其是在该领域具有优势的大国的意志协调一致。由此，在外空领域，若要建立一项旨在规制外空军事化的国际条约法律制度，并使其有关禁止外空武器化活动的规定能够被实实在在地付诸实践，必须依赖于美国、中国、俄罗斯等航天科技发达的空间国家对此达成共识[②]。对此，就当前的现实情况看，中国和俄罗斯等多数航天国家长期以来一直致力于推动关于禁止外空武器化的国际谈判和制定相应的国际空间立法，例如，中俄于 2002 年联合向联合国裁军谈判会议提交题为《防止在外空部署武器和对外空物体使用或者威胁使用武力的未来国际法律协议的可能要素》的工作报告[③]，并在之后又于 2008 年正式向裁军谈判会议提交《防止在外空放置武器和对外空物体使用或者威胁使用武力条约》（PPWT）草案等[④]。然而，由于在苏联解体之后，国际社会不再有能够在外空军备竞赛方面钳制美国的力量，因此，为了最大化地追求其在外层空间的军事利益，美国便以“防控外空军备竞赛尚不紧迫”等理由一再拒绝就相关问题进行国际谈判，从而使得裁谈会关于规制外空军事化，尤其是禁止外空武器化的谈判始终未能取得实质性

---

① 李寿平：《外层空间的军事化利用及其法律规制》，载于《法商研究》，2007 年第 3 期，第 16－23 页。

② 参见 Nina Tannenwald：Law Versus Power on the High Frontier：The Case for a Rule－Based Regime for Outer Space，Yale Journal of International Law，vol. 29，2004：381－382。

③ 参见“Possible Elements for a Future International Legal Agreement on the Prevention of the Deployment of Weapons in Outer Space，the Threat or Use of Force against Outer Space Objects”，CD/1679。

④ 参见“Draft Treaty on Prevention of the Placement of Weapons in Outer Space and of the Threat or Use of Force against Outer Space Objects”，CD/1839。

的进展，甚至还在 20 世纪末一度陷入瘫痪的状态[①]。而针对上述 PPWT 草案，美国在其向裁谈会提交的分析报告中也同样以实质义务和可核查性存在不足为理由提出了反对[②]，并由此使得裁谈会因为未能符合协商一致原则而无法就该草案展开谈判。

因此，一方面，由于截至目前，倡导禁止外空武器化的国家与坚持实施外空武器化的国家在相关问题上的沟通尖锐对立[③]，因此，无论是修正既有的国际条约法还是制定新的国际条约法以完善国际条约法对外空军事化的规制，均将是漫长的、艰巨的，而难以及时地应对当前正呈现出扩散趋势的外空武器化情形。与此同时，另一方面，倘若多数支持禁止外空武器化的国家不经少数持反对意见国家的同意，而根据国际条约有关生效或者修改的规定，制定新的国际条约法或者修正既有的国际条约法，那么即便相应的国际条约法律制度的文本内容得到了完善，其拘束力也仍然十分受限，并且难以起到切实规制外空军事化、尤其是禁止外空武器化的作用，甚至还将因为事实上仅约束并不实施外空武器化或者并未参与对外层空间的探索和利用的国家，却不约束实际实施外空武器化的国家，而导致歧视性对待的结果[④]。

四、习惯国际法作为外层空间军事化的规制路径

由于合理地、准确地对外空军事化进行规制，是实现外空国际法治的必然要求，因此，在既有的国际条约法尚不能够充分、有效地对外空军事化进行规制，尤其是未能禁止外空武器化活动，并且，完善上述国际条约法又面临着诸多在短时间内难以克服的客观困难的情况下，应当考虑通过其他路径实现国际法对外空军事化的规制。对此，笔者认为，习惯国际法之于外空军事化的国际法规制应当是更加合适的可选路径。这是因为：与国际条约一样，国际习惯也被作为“国际法渊源的权威说明”的《国际法院规约》第 38 条第

① 王君：《防止外空武器化问题及其前景评估》，载于《现代国际关系》，2002 年第 12 期，第 8－13、24 页。

② 参见 Analysis of the Draft Traety on Prevention of the Placement of Weapons in Outer Space and of the Threat or Use of Force against Outer Space Objects，CD/1847。

③ 赵海峰，李晶珠：《外空军事化的法律学说评析》，载于《学术交流》，2013 年第 3 期，第 98－103 页。

④ 参见 Alex B. Englehart：Common Ground in the Sky：Extending the 1967 Outer Space Treaty to Reconcile U. S. and Chinese Security Interests，Pacific Rim Law & Policy Journal，vol. 17，2008：153。

1 款确立为国际法的主要渊源之一。不过，同样是具有强制性法律效力的国际法律规范，与只得约束特定缔约方的国际条约法不同的是，习惯国际法一经成立，便能够对整个国际社会产生普遍的法律拘束力。而这就意味着，倘若存在一项禁止外空武器化的习惯国际法规则，那么即便是在尚未有国际条约做出明文规定的情况下，各空间国家也应当遵循这一规则而终止实施外空武器化活动，否则就将因为违背习惯国际法义务而承担相应的国际法律责任。

那么，现实中，禁止外空武器化活动能否构成一项习惯国际法规则？基于对习惯国际法的构成所须满足的物质要素（国家实践）和心理要素（法律确信）的考量，笔者认为，对上述问题的回答应当是倾向于肯定的。

（一）物质要素

构成习惯国际法的物质要素，即国家实践要求作为国际社会成员的各个国家在一定时期内反复多次、并且前后一致地实施一项实践行为，以形成一项“通例”，作为构成相应的习惯国际法的基础。而这就使得一项实践行为若要形成通例，便应当同时符合存续的时间、实施的国家的数量以及内容的同一性这三方面的要求[①]。由此，具体及于禁止外空武器化的相关实践行为：

首先，尽管传统的习惯国际法通常要求一项实践行为须在存续数十年甚至上百年的较长时间之后方才得以形成通例，但是，诚如国际法院在 1969 年“北海大陆架案”中所指出，“相对较短的存续时间并不会对一项新的习惯国际法规则的成立造成妨碍”[②]；并且，基于使国际法能够与所调整的国际社会关系的实际情况相适应的需要，越来越多的学者也开始主张，“习惯国际法的最新发展表明，一项新的规则可以被快速地建立起来”[③]，“在科技迅猛发展的背景下，相对较短的时间对于航空法、外空法以及有关大陆架的法律制度中的新的习惯国际法规则的建立是十分必要的”[④]。而事实上，外层空间法律制度中的诸多习惯国际法规则，包括国家主权不得扩展至外空、国家不得将外空据为己有、外空对全体国家开放等，也确实均是在外层空间法形成之初的

---

① 王虎华主编：《国际公法学（第四版）》，北京大学出版社，2015 年版，第 19 页。

② 参见“North Sea Continental Shelf”（Federal Republic of Germany/ Denmark；Federal Republic of Germany/ Netherland），Judgement of 20 February 1969，International Court of Justice，at para. 74。

③ 参见 Tullio Treves：Customary International Law，in Max Planck Encyclopedia of Public International Law（2006）：24。

④ 参见 Vladimir - Djuro Degan：Customary Process in International Law，Finnish Yearbook of International Law，vol. 1，1990：17。

较短时间内被快速确立下来的[①]。是故，尽管禁止外空武器化相关实践行为的出现可能只得追溯至20世纪末，存续至今至多二十年左右的时间，但这却不仅不致妨碍上述实践行为形成通例。同时，基于外层空间法应当对外空活动的快速发展做出及时应对的时效性，以及对外空军事化进行规制的紧迫性，禁止外空武器化的通例能够在相对较短时间内形成反而是更加有益的。

其次，一般认为，一项实践行为在首次出现之后被实施的次数越多，或者实施该实践行为的国家的数量越多，其就越容易形成通例，并且得到更多国家的认可和接受；而倘若仅是一国实施的实践行为，或者一项实践行为仅在极少数国家之间被实施，那么其便难以为其他多数国家所遵循，故而也就无法形成对世界各国具有普遍的法律拘束力的习惯国际法所依据的通例。不过，在笔者看来，至少在外空领域，一项实践行为为形成通例而需要符合的实施国家的数量这一要求却并不应当是全然绝对的，这是因为：由于当前已经具备基本的航天技术、能够实质性参与对外层空间的探索和利用的国家的数量本身之于整个国际社会仅占少数，导致外空领域的相关实践行为实际上只可能由少数国家实施，因此，外空领域的一项实践行为是否符合形成通例所需的实施国家的数量要求，应当以实施该实践行为的国家的数量在全体航天国家中、而非在整个国际社会中占到的比重作准。据此，在当前已经不同程度地具备了自主开展航天活动能力的47个国家中，仅有3个国家曾经实施过外空武器化活动（主要为进行反卫星武器实验），而其他更多同样具备这一能力的国家则并未实施，同时也未有明显迹象表明其今后将会实施外空武器化活动[②]。并且，如前所述，中国、俄罗斯等国还通过向联合国裁谈会提交PPWT草案等方式，明确表明了禁止外空武器化的立场。是故，禁止实施外空武器化、或者说不实施外空武器化的实践行为应当是符合形成通例所需的实施国家的数量要求的。

再次，根据国际法院在1950年“庇护权案”[③]和1960年“印度领土通行

① 参见Myres S. Mcdougal：The Emerging Customary Law of Space，Northwestern University Law Review，vol. 58，1963-1964：619-620。

② 尹玉海：《反卫星武器的国际法律规制浅析——基于美国反卫星武器发展的视角》，载于中国空间法学会主办、张振军主编：《空间法学研究年刊（2014年）》，中国宇航出版社2015年版，第258页。

③ 参见“Asylum Case”（Colombia/ Peru），Judgement of 20 November 1950，International Court of Justice，at p. 14。

权案"[①] 中指出的，一项实践行为若要形成通例，还应当符合相关国家实施该实践行为的内容必须具有同一性，即必须是"前后一致地"实施该实践行为的这一要求。对此，前述部分空间国家推动关于禁止外空武器化的国际谈判和制定相应的国际立法的行为，即是通过明示方式实施的禁止外空武器化的实践行为；而另一部分空间国家虽然并未实施上述行为，仅是单纯地不实施外空武器化活动，但是，由于在外空法律制度中，相关国家通过默示方式实施的实践行为同样可以形成通例，进而构成一项习惯国际法规则。例如，在航天活动发展的起步阶段，美国和苏联在发射或者回收人造卫星等航天飞行器时，均未征求过相关国家对于飞行器飞经该国领空的同意，而相关国家也默许了美、苏的航天飞行器在未经其同意的情况下飞经本国领空的行为，从而通过默示方式使得航天飞行器因发射或者回收而飞经一国领空时无须征得该国同意的这一实践行为形成了通例，并且最终构成了习惯国际法规则[②]。因此，上述部分国家单纯地不实施外空武器化活动的行为，实际上构成了通过默示方式实施禁止外空武器化活动的实践行为，因而与前述中国、俄罗斯等多数空间国家通过明示方式实施的实践行为一样，均可以形成通例。此外，根据国际法院在 1986 年"尼加拉瓜诉美国案"中所指出，内容的同一性要求并非是指全体国家实施的实践行为均必须完全一致，而只需多数国家实施的实践行为的内容在整体上同一即可；至于少数国家实施的与上述实践行为不相一致的行为，则应当被认为是对由该实践行为形成的通例的违反，而并不形成与之相对的新的通例[③]。因此，前述个别国家实施外空武器化活动的行为并不会使得禁止外空武器化的实践行为因为不符合内容同一性要求而无法形成通例。

（二）心理要素

法国学者弗朗索瓦·惹尼在其 1899 年出版的著作《实存私法上的解释方法与发源》中首次就国内法中的习惯的构成提出了须兼具"物质的、可见的

---

① 参见 Case Concerning Right of Passage over Indian Territory (Portugal/ India), Judgement of 12 April 1960, International Court of Justice, at pp. 9。

② 参见 David A. Koplow: ASAT - Isfaction: Customary International Law and the Regulation of Anti - Satellite Weapons, Michigan Journal of International Law, vol. 30, 2008 - 2009: 1232。

③ 参见 "Case Concerning Military and Paramilitary Activities in and against Nicaragua" (Nicaragua v. United State of America), Judgement of 27 June 1986, International Court of Justice, pp. 186。

惯行”和“非物质的、不可见的内心确信”的二元论，并且以具备“内心确信”作为区分法律惯行与社会惯行的重要标准[①]。而后，上述二元论被引入到国际法领域，演变为习惯国际法的构成须同时满足物质要素（即国家实践）和心理要素（即法律确信）的理论，并且法律确信也被确立为区分习惯国际法与国际礼让等其他不具有法律拘束力的实践行为的标准。由此，在满足了实践行为形成通例这一习惯国际法构成的物质要素的基础上，若要使通例能够最终被接受和认可为相应的习惯国际法规则，就还需要满足习惯国际法构成的心理要素。而所谓“法律确信”则是指，相关国家在实施一项实践行为的过程中，必须认识到其之所以如此实施该实践行为是出于特定的“法律义务感”，即认识到由上述实践行为形成的通例是具有法律拘束力的，而其之所以如此实施该实践行为则正是因为受到这一法律约束。

然而，认为物质要素是构成习惯国际法的唯一真正要素的学者指出，由于心理要素是完全主观性的，而国家作为人造实体并不具有“主观意志”，因此，国家在实施一项实践行为时是否具备法律确信，即是否具有对其之所以如此实施该项实践行为是因为受到了法律约束的主观认识，是难以证明、甚至根本无法证明的[②]；并且，尽管常设国际法院曾在“荷花号案”中基于缺乏法律确信的原因而否定了法国政府关于肇事的外籍船舶应由其船旗国享有专属管辖权构成一项习惯国际法规则的主张，但是，国际常设法院及其继任者国际法院在其审理的全部案件中，却几乎未曾就法律确信是否切实地存在进行过实质性的证明，而更多的是依赖于引申或者推定其存在[③]。

对此，笔者认为，应当予以明确的是，作为心理要素的法律确信之于习惯国际法的构成是不可或缺的；并且，尽管对法律确信的存在的证明往往面临着相当的困难，但其也并非完全无迹可寻。诚然，在多数案件中，国际法院确实采取了将国家单一的实践行为、文字表述的合意，以及自身或者其他国际司法机构的判决先例作为依据，进而推定法律确信的存在的做法。不过，在部分对习惯国际法构成的认定将从根本上影响到判决结果的重要案件中，其却还是秉持了相当严格的态度，要求必须就法律确信的存在做出确定的、

---

① ［美］安东尼·达马托：《国际法中习惯的概念》，姜世波译，山东文艺出版社，2012 年版，第 38－39 页。

② 参见 Torsten Gihl：The Legal Character and Sources of International Law，Scandinavian Studies in Law，vol. 1，1957：53。

③ 参见 Hans Kelsen：The Pure Theory of Law and Analytical Jurisprudence，Harvard Law Review，vol. 55，1941－1942：63。

充分的证明[①]。

诚如有学者在对国际法院审理的数起涉及对习惯国际法的构成的认定的案件进行了研究之后所指出的，国际法院不仅多次强调法律确信作为心理要素之于习惯国际法构成的重要性，即国家所实施的实践行为应当“以表明一般承认其中包含某项法律规则或者某项法律义务的方式进行”[②]，应当是“由一项如此要求之既存法律规则确定为义务的确信依据”[③]。同时，有学者还就如何确定法律确信的存在提出了两种具体的证明方法：其一，部分国际条约法规则可以演化成为具有更加广泛的、普遍的法律拘束力的习惯国际法规则，而相关国家缔结或者意图缔结国际条约本身就足以证明其对自身实施的实践行为具备了法律确信[④]；其二，如果相关国家表明其对其他国家实施的一项实践行为的默许或者抗议是基于国际法义务，那么便可以将此作为证明其对相应的或者相对的实践行为具备法律确信的证据[⑤]。

由此，一方面，前述中国、俄罗斯等致力于推动禁止外空武器化活动的国际立法的航天国家，便理所当然地应当被认为具备将禁止外空武器化活动视为一项国际法义务的法律确信，并且，这一法律确信的存在是直观的、确定的。而另一方面，对于其他仅是单纯地不实施外空武器化活动的航天国家，则没有明确的证据可以证明，其之所以如此通过默示方式实施禁止外空武器化活动的实践行为，同样是因为具备了将此视为一项国际法义务的法律确信。此外，尽管多数航天国家均曾对个别外空武器化活动提出过抗议，但从抗议的理由和内容看，却无法确定其之所以如此做的原因是基于某种特定的“法律义务感”。例如，针对美国于2008年利用反卫星武器摧毁本国的USA－193卫星的行为，包括中、俄、英、日、加等在内的航天国家均提出了抗议，然而，其抗议却仅是通过外交措辞表明了对此的不满和指责，而并未指出上述

① ［英］伊恩·布朗利著：《国际公法原理》，曾令良、余敏友等译，法律出版社2007年版，第6－7页。

② 参见“North Sea Continental Shelf”（Federal Republic of Germany/ Denmark；Federal Republic of Germany/ Netherland），Judgement of 20 February 1969，International Court of Justice，at para. 74。

③ 参见“Case Concerning Military and Paramilitary Activities in and against Nicaragua”（Nicaragua v. United State of America），Judgement of 27 June 1986，International Court of Justice，pp. 207。

④ 参见 Eric Heinze，Malgosia Fitzmaurice eds.，Landmark Cases in Public International Law，Kluwer Law International，1998，pp. 73。

⑤ 姜世波：《习惯法行程中的法律确信要素——以习惯国际法为例》，载谢晖、陈金钊主编：《民间法（第八卷）》，山东人民出版社，2009年版，第11页。

行为是否构成了对某一国际法义务的违反。因此，就通过默示方式或者采取抗议手段所实施的禁止外空武器化活动的实践行为而言，还未能有足够证据证明相关航天国家对此具备法律确信。

综上所述，对照习惯国际法的构成所须满足的物质要素和心理要素，禁止外空武器化活动的实践行为基本符合物质要素关于行为存续的时间、实施国家的数量，以及内容同一性这三方面的要求，从而形成了作为习惯国际法构成的基础的通例。并且，部分航天国家通过缔结或者意图缔结国际条约的方式所表现出的对上述实践行为的法律确信也是清晰的、明确的。不过，由于另有相当数量的航天国家是通过默示方式或者采取抗议手段实施禁止外空武器化活动的实践行为的，而证明其在实施上述实践行为时具备了法律确信的证据尚且缺失，因此，禁止外空武器化活动的实践行为还未能够充分符合心理要素关于法律确信的要求。而这同时也就使得禁止外空武器化活动本身尚不能够被认为已经构成一项习惯国际法规则。

尽管如此，诚如有学者所指出的，国际社会正朝着形成一项禁止外空武器化活动的习惯国际法规则的目标前进，并且步伐越来越快。而随着越来越多的国家参与到对外层空间的探索和利用中，国际社会凝聚成一股合力共同推动习惯国际法对外空军事化的规制，并且切实地建立起禁止外空武器化活动的习惯国际法规则的希望将会越来越大①。同时，习惯国际法无须全体国家均做出明示的同意也可成立，并且一经成立便将对整个国际社会产生普遍的法律拘束力，使其较之国际条约法，确实是实现国际法对外空军事化的规制，尤其是对外空武器化的及时应对的一条更加理想的路径。因此，笔者认为，国际社会应当采取更加积极主动的方式促成禁止外空武器化活动的习惯国际法规则的建立，包括请求国际法院就禁止外空武器化活动的习惯国际法规则是否已经在一定程度上形成提出咨询意见，以及由联合国国际法委员会为如何证明相关航天国家在实施禁止外空武器化活动时具备法律确信提供专门报告等。

五、结语

应当认识到，规制外空军事化除了是为使更多国家能够参与对外层空间

① 尹玉海：《反卫星武器的国际法律规制浅析——基于美国反卫星武器发展的视角》，载于中国空间法学会主办、张振军主编：《空间法学研究年刊（2014 年）》，中国宇航出版社，2015 年出版，第 258 页。

的和平探索和利用之外，还是为了防范单边主义和霸权主义扩张至外空领域，从而保障国际社会的安宁和稳定免受消极影响。由此，在对外空军事化的不同情形进行了区分，并且明确了其各自是否具有合法性、是否应当被禁止的前提下，一方面应当避免因为片面地一概否定外空军事化的全部情形而对航天科技本身的进步和发展造成阻碍，同时，另一方面则应当以更加多元的路径加强国际法针对应予禁止的外空军事化情形的规制，从而切实维护外层空间和国际社会的和平与安全。

参考文献

[1] 贺其治．外层空间法［M］．北京：法律出版社，2002.
[2] JESSICA WEST. The Space Security Index：Changing Trends in Space Security and the Outer Space Treaty［C］// UNIDR. Celebrating the Space Age：50 Years of Space Technology，40 Years of the Outer Space Treaty - Conference Report，New York and Geneva：United Nations Publications，2 - 3 April 2007：124.
[3] 李寿平，赵云．外层空间法［M］．北京：光明日报出版社，2009.
[4] ROBERT L. BRIDGE. International Law and Military Activities in Outer Space［J］. Akron Law Review，1979/1980，13（4）：649 - 664.
[5] aNDREW t. pARK. Incremental Steps for Achieving Space Security：The Need for a New Way of Thinking to Enhance the Legal Regime for Space［J］. Houston Journal of International Law，2005/2006，28（3）：871 - 911.
[6] THOMAS C. WINGFIELD. Legal Aspects of Offensive Information Operations in Space［J］. United States Air Force Academy Journal of Legal Studies，1998 - 1999（9）：121 - 146.
[7] 黄嘉．外层空间军事利用的伦理困境［J］．自然辩证法研究，2007，23（12）：62 - 65.
[8] 赵海峰．外空武器化与国际法治［J］．学习与探索，2011（2）：125 - 129.
[9] 聂资鲁．外层空间军备控制与国际法［J］．甘肃政法学院学报，2007（4）：95 - 104.
[10] 阎忻．试论外层空间军事活动法律规则的发展［J］．西安政治学院学报，2012，25（6）：100 - 103.
[11] 吴芳．外空军事行动对外空法带来的挑战［J］．河北法学，2007，25（1）：129 - 132.
[12] 李寿平．外层空间的军事化利用及其法律规制［J］．法商研究，2007，24（3）：16 - 23.

[13] Nina Tannenwald. Law Versus Power on the High Frontier：The Case for a Rule - Based Regime for Outer Space [J] . Yale Journal of International Law，2004（29）：363 - 422.
[14] 王君．防止外空武器化问题及其前景评估 [J] ．现代国际关系，2002（12）：8 - 13，24.
[15] 赵海峰，李晶珠．外空军事化的法律学说评析 [J] ．学术交流，2013（3）：98 - 101.
[16] ALEX B. ENGLEHART. Common Ground in the Sky：Extending the 1967 Outer Space Treaty to Reconcile U. S. and Chinese Security Interests [J] . Pacific Rim Law & Policy Journal，2008（17）：133 - 156.
[17] 王虎华．国际公法学 [M] ．北京：北京大学出版社，2015.
[18] TULLIO TREVES. Customary International Law [C] //Max Planck Encyclopedia of Public International Law，Oxford：Oxford University Press，2006：24.
[19] VLADIMIR - DJURO DEGAN. Customary Process in International Law [J] . Finnish Yearbook of International Law，1990（1）：1 - 76.
[20] MYRES S. MCDOUGAL. The Emerging Customary Law of Space [J] . Northwestern University Law Review，1963 - 1964（58）：618 - 642.
[21] 尹玉海．反卫星武器的国际法律规制浅析——基于美国反卫星武器发展的视角 [C] //中国空间法学会主办、张振军主编．空间法学研究年刊（2014年）．北京：中国宇航出版社，2015.
[22] DAVID A. KOPLOW. ASAT - Isfaction：Customary International Law and the Regulation of Anti - Satellite Weapons [J] . Michigan Journal of International Law，2008 - 2009（30）：1187 - 1242.
[23] [美] 安东尼·达马托．国际法中习惯的概念 [M] ．姜世波译．山东：山东文艺出版社，2012.
[24] TORSTEN GIHL. The Legal Character and Sources of International Law [J]. Scandinavian Studies in Law，1957（1）：51 - 92.
[25] HANS KELSEN. The Pure Theory of Law and Analytical Jurisprudence [J]. Harvard Law Review，1941/1942（55）：44 - 70.
[26] [英] 伊恩·布朗利．国际公法原理 [M] ．曾令良，余敏友，等，译．北京：法律出版社，2007.
[27] ERIC HEINZE，MALGOSIA FITZMAURICE. Landmark Cases in Public International Law [M] . London and Boston：Kluwer Law International，1998：73.
[28] 姜世波．习惯法行程中的法律确信要素——以习惯国际法为例 [C] //谢晖，陈金钊．民间法（第8卷）．山东：山东人民出版社，2009.

论空天一体化战略与我国空间权益的拓展

廖敏文*

摘　要： 随着航空航天科学和技术的发展，人类在地球表面之上空间的活动范围在垂直高度上不断扩大，使人类与空气空间和外层空间的互动关系界限越来越模糊，占有空间资源的意愿愈加强烈。以国家边界划分的各人类群体通过自己的国家实现此种意愿的法律路径是，如何利用航空航天科技延伸国家的空间权益，用够用足国际空间法赋予国家的和平探索和利用外层空间的权利以获得最大的空间资源利益。“空天一体化”正是走通这一路径的战略思路。“空天一体化”战略与我国空间权益的拓展是一个全新的理论命题。本文将围绕这一命题就“外空两定”问题，美国国家空间立法中蕴含的“空天一体化”战略及其存在和实施的正当性和法理依据，以及对我国空间权益拓展的启示展开探讨，以期论证“空天一体化”战略之于我国拓展空间权益的重要意义和必须体现在我国国家空间立法和空间发展政策中的观点。

关键词： 空天一体化；空间权益；“外空两定”问题；领空主权；空间资源

一、导言

目前，随着钓鱼岛、南海、北极航道对我国地缘政治和经济战略意义的凸现，作为人类传统疆域的海洋所涉权益的维护和拓展成为我国战略布局的

* 廖敏文，中国政法大学国际法学院国际公法研究所教授，法学博士，主要从事国际法的教学和研究工作，学术研究领域包括国际空间法、国家航天立法和国际刑法等。联系方式：lmw_1216216@163.com。本文为作者在首届中国航天高峰论坛暨中国宇航学会·中国空间法学会2016年学术年会上荣获优秀论文一等奖的录用论文。

重点[1]，随之也成为学界从政策到法律的研究热点。这种高度关注建立在从国家决策层到学界对海洋是国家重要战略资源的共识之上。但在对海洋战略地位关注度如此之高的同时，我们不能忽视另一个值得高度重视的非传统疆域——包括空气空间（air space/airspace）和外层空间（outer space）在内的，地球表面之上的空间对我国的地缘政治和经济战略意义。本文将以“空天一体化”战略与我国空间权益的拓展为命题，通过追问为何美国坚定不移地开展“空天一体化”飞行技术的研发和试验，对蕴含在美国国家空间立法中的“空天一体化”战略的脉络，国际社会长期讨论的“外空两定”问题的复杂性，美国“空天一体化”战略与“外空两定”问题的关系进行追溯性梳理和分析；探讨“空天一体化”战略是否在国际法上存在正当性和法理依据，论述“空天一体化”战略对我国拓展空间权益的重要意义，以及在我国国家航天立法和政策中体现这一战略的必要性。

本文中使用的“空天一体化”概念中的“空天（aerospace）”一词在联合国和平利用外层空间委员会（以下简称“外空委”）文件中被译为“航空航天空间”[2]。值得注意的是，在联合国外空委法律小组委员会（以下简称“法律小组委员会”）有关议程项目的文件和具有强大空间能力国家（States with major space capability）的空间政策和立法中，“空天”是一个经常出现的词。“空天”一词在外空委文件中给出的科学定义是指“作为整体看待的大气层和外层空间”[3]，即包括空气空间和外层空间在内的地球大气层内外全部

① 有学者将海洋视为人类新疆域，这种观点有待商榷。参见黄惠康：“周边海洋安全形势及我国涉海外交”，http://news.zjxu.edu.cn/html/lecture/2014/1114/6237.html，2014-11-14，最后访问时间：2016-3-29。人类活动史表明，人类史前就在海洋上活动，只是囿于人类科学技术的限制，活动疆域有限，活动种类仅限于渔业资源的捕捞，活动范围仅限于近海。随着人类科学技术的发展和发达，活动种类增加，如海上运输、海洋矿物开采、海底铺设电缆和管道、海底隧道等，活动范围不断从近海扩大到远海。因此，可以说，海洋既是人类活动的传统疆域，也是人类活动的新疆域。事实上，地球表面之上的空间才是人类活动的新疆域。

② 英语“aerospace”一词被中译为“航空航天”，如航空航天系统（aerospace system）、“航空航天物体（aerospace object）”等。英语“aerospace”在有关专业性词典中存在“航空航天”和“空天”两种中译。参见李瑞晨主编：《英汉俄航空航天大辞典》，北京航空航天大学出版社2002年版，第22页。在前注释中所指外空委文件中，该术语还可以归入下列三个定义：（a）“空间科学和技术与地球大气层科学和技术的融合”；（b）“航天（空间飞行的科学和技术）与航空（航空器飞行的理论和实践）的结合”；（c）“航空器和航天器，包括在地球大气层中和大气层外飞行的飞行器或发射物的设计、制造和飞行”。换言之，该用语还可从不同的科学技术角度给出上述三个定义。

③ 外空委，秘书处的说明，关于航空航天物体可能涉及的法律问题的调查表：从成员国收到的答复，附件，对芬兰的答复的解释性备忘录：对关于航空航天物体可能涉及的法律问题的调查表的研究，A/AC.105/635/Add.11，第9段次，第16页。文本来源：http://www.unoosa.org。

自然物理形态。其中“空”即地球大气层以内，习惯被称为“空气空间”或“大气空间（atmospheric space）”，其自然形态不具任何物理实体形态。国家根据国际法领有的在其全部领陆和领水之上行使主权的空气空间称为“国家领空（sovereign air space）”①。“天”即地球大气层以外，习惯被称为“太空”，在国际法上被称为“外层空间”，简称外空，是指地球及其空气空间以外的，在自然形态上不具实体形态的与具有实体形态的物理状态并存的全部宇宙，其中具有实体形态的物理状态称为天体。

“空天一体化”是指这样一种理念，即根据地球表面之上的空间浑然一体的自然物理形态，在地缘政治政策和法律上不将地球大气层内外在垂直方向上截然划界，而是将其视为一个整体空间。因此，美国“空天一体化”战略是从美国航天立法和政策中抽取出来的国家空间发展战略模式的一个概念，系指在美国航天立法和政策中，将空气空间和外层空间视为一个不划分界限的整体，在其中开展“空天一体化”活动，并为此一体化研发和试验空天飞行技术的“空天一体化”战略布局。

二、蕴含在美国航天立法中的“空天一体化”战略

早在五十年前，意大利代表在讨论《外空条约》条款草案的第 21 届联合国大会（以下简称联大）发言时曾乐观地认为：在人类历史上首次，所有国家，首先是当今两个世界大国②，将不再追求新的领土征服或扩展其主权权利。相反，它们的目标是在外层空间新大陆追求科学和技术的征服。外层空间不是某些大国的领域，而是整个人类的领域③。在法律理论上，各国不得通

① “领空”的英文用语在不同的词典中不尽相同，如“the national airspace”、“territorial air space”、“territorial sky”、“territorial atmosphere/space”、“aerial domain”等。参见《英汉法律辞典编写组》编：《英汉法律辞典》，法律出版社 1985 年版，第 842 页；北京外国语学院英语系《汉英词典编写组》编：《英汉词典》，商务印书馆 1980 年版，第 436 页；宋雷主编：《英汉法律用语大辞典》，法律出版社 2005 年版，第 1184 页；日本国际法学会编，外交学院国际法教研室中文版总校订，《国际法辞典》，世界知识出版社 1985 年版，第 802 页。我国国际法教科书中多采用“territorial air space”或“territorial airspace”。见邵津、周忠海、梁淑英、马呈元等分别主编的国际法教材；另见：[希腊] 尼古拉斯．波利蒂斯著，原江译：《国际法的新趋势》，云南人民出版社 2004 年版，第 165 页。

② 此处指冷战时期代表世界政治两极国家集团的苏联和美国两个超级大国。

③ 参见 Twenty－first Session General Assembly，Provisional Verbatim Record of the Fourteen Hundred and Ninety－ninth Plenary Meeting，A/PV. 1499，pp. 58. 文本来源：http：//www. unoosa. org。

过提出主权主张、通过使用或占领，或以任何其他方式将外层空间据为己有。但是，事实并非如此。

国家间因外空活动而形成的国际关系尽管似乎不再为领土主权争夺而紧张，但争夺空间资源使用权的竞争却日益激励。先到先得的先占原则就是这种竞争的法律依据。美欧等国家和国家集团通过政策立法措施鼓励、支持和保障的空间活动商业化和私营化极大地挑战了《外空条约》第 2 条关于“各国不得通过主权要求、使用或占领等方法，以及其他任何措施，把外层空间（包括月球和其他天体）据为己有”的规定。西方航天强国有通过国家政策立法措施鼓励和支持本国国民以商业化和私营化手段开拓新疆域活动的传统，一旦外层空间被视为新疆域，“民先国随”的殖民文化就再次被弘扬，发挥其在外层空间开疆拓土的实用价值。鼓励本国国民以私人身份进行空间活动，让其国民以私人身份开发空间资源，规避国际空间法条约对国家行为的种种限制。这种开发明显带有西方殖民文化色彩：国民私人开拓——国家根据属人管辖原则行使管辖权——国家的实质性存在——开疆拓土的模式是西方殖民文化的特点。国民以私人身份商业化探索和利用不属于任何国家领土主权范围的公共空间，继而国家出面主张管辖权，由此强化国家的实质性存在，从而获得主导国际法制定的话语权。在此意义上，空间活动商业化和私营化对国家来说具有地缘政治意义，因而会影响国际关系。

美国是鼓励和支持，并通过政策立法保障空间活动商业化和私营化的典型代表[①]。美国的“和平探索和利用外层空间”概念就是利用空气空间和外层空间环境的特殊性提升本国寻求空间资源竞争能力，为其社会经济、安全防御和科学技术发展等重大国家利益服务。因此，政策法和规范法并存，但鼓励和促进空间活动的政策法比重大于限制和制约空间活动的规范法是美国空间立法的主要特点。基于这种特点，美国“空天一体化”战略理念直接反映到其空间立法中。在美国空间立法体系中，奠定“空天一体化”战略合法性基础的正是其第一部国家空间立法，即美国 1958 年《国家航空航天法》。

美国 1958 年《国家航空航天法》是开创美国航天新时代的第一部综合性空间立法。促使这部法律制定的起因有二：一是苏联在 1957 年 10 月 4 日和 11 月 3 日分别发射 Sputnik 1 和 Sputnik 2 卫星，其发射成功对美国华盛顿的震动几近恐慌，这被称之为“Sputniks 危机”。二是美国第一颗科学卫星“前

---

① 美国对南极的战略也是如此。

卫号”卫星的发射失败[①]。这两个原因叠加形成的压力促使美国国会与美国政府、军方和科学界在对空间战略达成共识的基础上，通力合作和协调各方利益，在一年之内制定并通过了这部重要法律。尽管该部立法经过多次修订和扩充，但一直保留了关于美国和平探索和利用包括大气空间和外层空间在内的空间的核心声明，其政治和法律遗产价值在于奠定了美国国家空间立法体系框架基础，为美国抢占和平探索和利用空间先机提供了国内法上的依据和保障，是美国近六十年来在空间领域的立法和活动保持活力和创新力的源泉。

美国 1958 年《国家航空航天法》蕴含的“空天一体化”战略体现在以下几个方面：

1. 立法名称和用语及定义

美国 1958 年《国家航空航天法》的核心词“航空航天法（Aeronautics and Space Act）”，表明该项立法不是单纯的“航天法”，而是包括大气空间和外层空间在内的“空间法”[②]。“为探究地球大气层内外的飞行问题和其他用途问题制定本法”的立法目的表述，对其立法名称为什么不是“航天法”而是“航空航天法”做出了解释[③]。但该项立法却没有明确“地球大气层内外”中的“内”终于何处，“外”始于何处，这彰显出“空天一体化”战略将蕴含于该法其后的全部规定之中。这些规定不仅要鼓励和保障探究地球表面以上的空气空间的飞行问题，即航空问题；而且要鼓励和保障探究在上大气层和更远的空间的飞行问题，即航天问题；进而还要鼓励和保障研发和试验在空天地往返的空天一体飞行问题。换言之，这部法律是为鼓励和保障地球表面以上的空天一体的全部空间活动做出规定的立法。

此外，该项立法除了专门涉及航天或外层空间问题时使用“航天”或“外层空间”等用语外，更多是“航空航天”或“空间”，“航空航天活动（aeronautical and space activities）”或“在空间内的活动（activities in space）”、“航空航天飞行器（aeronautical and space vehicle）”等用语充斥其间。这些用语的采用隐含了美国对“空间”概念的广义理解，即指大气空间内外的地球表面之上的全部范围。纵观现有国家空间立法，在名称上几乎

---

① “前卫号”卫星是美国由于 1957 - 1958 年国际地球物理年正式进入科学卫星试验的项目，因第一节火箭发生故障导致运载器在发射后两秒钟爆炸。

② 美国的立法表明，“空间法”的概念可以有更广义的理解，除了按照国内立法和国际立法的标准解释外，还可以按照空天一体的标准解释。

③ 参见 USA，National Aeronautics and Space Act of 1958（Unamended）. 文本来源：http：//www. nasa. gov。

都是“航天法”、“空间法”或“空间活动法”等，其他国家几乎都是将航空和航天的飞行问题分别立法成“航空法”和“航天法”，对“空间”作狭义理解，即仅指“外层空间”，只有美国这部国家空间立法将“空天一体”作为立法客体。

从该项立法对上述用语的定义也可以看出其蕴含的“空天一体化”概念。该项立法定义了两个最重要的用语：“航空航天活动”和“航空航天飞行器”。该项立法将“航空航天活动”定义为：“1）研究和解决在地球大气层内外的飞行问题；2）为研究目的研发、建造、试验和运行航空航天器；3）探索空间需要的其他活动。”该项立法的修订版对这一定义增加了一项要素：“包括航天飞机、上面级、空间平台和相关设备在内的空间运输系统的运行。”[①] 该立法将“航空航天飞行器”定义为：“是指航空器、导弹、卫星和其他载人和不载人的空间飞行器以及相关设备、装置、构件和零部件。”[②]

对上述两个定义应当注意的是：首先，“航空航天活动”的定义不是“空间活动（space activities）”或“航天活动（astronautical activities）”的定义，所使用的“航空航天”的英文是“aeronautical and space”作为定语限定后面的名词“活动（activities）”。这表明美国空间立法采用的法律概念“空间”是一个广义的概念，包括大气空间和外层空间，而不只是“外层空间”的简称或仅指外层空间的狭义“空间”概念。这完全可以理解为“空天”。因此，与其说该项立法定义的是“航空航天活动”，不如说是“空天活动”。而定义的活动范围和该项立法的修订版增加的“空间运输系统的运行（the operation of a space transportation system）”及“空间运输系统（space transportation system）”的构成更能说明该立法蕴含的“空天一体化”概念[③]。同样，“航空航天飞行器”的定义不是“空间物体/外空物体”的定义，其中的“航空航天”的概念也是“空天”的概念，所定义的飞行器范围不只限于航天飞行器，不仅包括了在大气空间内外飞行的物体，还包括了军用和民用的、载人和不载人的空间飞行器。因此，在这部立法中定义的“航空航天活

---

① 参见 USA，National Aeronautics and Space Act of 1958（Unamended），DEFINITION，Sec. 103（1）；National Aeronautics and Space Act of 1958，As Amended，DEFINTION，Sec. 103.（1）（C）. 文本来源：http：//www. nasa. gov。

② 参见 USA，National Aeronautics and Space Act of 1958（Unamended），DEFINITION，Sec. 103（2）. 文本来源：http：//www. nasa. gov。

③ “空间运输系统”概念最早出现在美国国家空间立法中，现已成为国际空间法演进涉及的一个重要概念。

动”和“航空航天飞行器”概念并不是后来的国际空间法条约中的“空间活动”和“空间物体/外空物体”概念，前者比后者广义的多，但却涵盖了后者。其次，在美国1958年《国家航空航天法》及其框架下的美国其他空间立法中，我们可以发现“空天（aerospace/aero-space）”一词作为“航空航天（aeronautical and space）”的阐述性用词或替代词越来越多地出现，如该项立法的修订版直接使用“aerospace vehicle”替代了“aeronautical and space vehicle”①。这可以说明“航空航天活动”和“航空航天飞行器”概念中的“空天一体”概念。

2. 空间政策和目的

决心制定一部国家空间立法的美国决策者决定，这部法律只为实现一个基本目标，即确保外层空间成为美国追求空间权益的可靠有序场所②。这一决定被贯彻到美国1958年《国家航空航天法》的始终。该项立法的核心是其政策和目的声明部分，美国空间基本政策首次被以法律形式阐明，其“空天一体化”战略首次以法律形式出现。该部分包括以下四个重要方面的空间政策：

第一，在空间内的活动应为全人类利益用于和平目的是美国的政策③。这实际上是美国对外空间政策的表述，所包含的“为全人类利益”、“和平目的”等核心词是美国应对“Sputniks危机”带来的国家安全压力扬起的空间外交大旗，此时的美国特别需要在空间方面的国际合作。被公认为推动美国1958年《国家航空航天法》的制定和对美国空间政策产生重要影响的时任美国国会参议员林登·贝恩斯·约翰逊（Lyndon Baines Johnson）于1958年11月在联合国发表讲话，阐述国际合作及和平利用空间的必要性④，强调外层空间

---

① 参见USA，National Aeronautics and Space Act of 1958，As Amended，EXPERIMENTAL AEROSPACE VEHICLE，Sec. 309. 文本来源：http：//www. nasa. gov。

② 参见Legislative Origins of the National Aeronautics and Space Act of 1958，Proceedings of an Oral History Workshop，Conducted April 3 1992，Moderated by John M. Logsdon，MONOGRAPHS IN AEROSPACE HISTORY Number 8，National Aeronautics and Space Administration，NASA History Office，Office of Policy and Plans，Washington，DC 1998，Foreword，iii. 文本来源：http：//www. nasa. gov。

③ 参见USA，National Aeronautics and Space Act of 1958（Unamended），DECLARATION OF POLICY AND PURPOSE，Sec. 102.（a）. 文本来源：http：//www. nasa. gov。

④ 参见Legislative Origins of the National Aeronautics and Space Act of 1958，Proceedings of an Oral History Workshop，Conducted April 3 1992，Moderated by John M. Logsdon，MONOGRAPHS IN AEROSPACE HISTORY Number 8，National Aeronautics and Space Administration，NASA History Office，Office of Policy and Plans，Washington，DC 1998，Foreword，iii；p. 5；p. 35. 文本来源：http：//www. nasa. gov。

尚无冲突的创伤，必须保持和平状态，必须成为和平场所[①]。美国这一和平探索和利用外层空间的政策不但成为其空间活动的基本政策，而且被吸收进《外空条约》，成为国际社会接受的空间活动基本原则。但应该注意的是，美国国会、政府和军方一直坚信空间关乎美国的国家安全，因此，美国对“和平探索和利用外层空间”概念含义的理解并不排除提升空间军事防御能力的任何措施和手段的利用。

第二，为航空航天活动提供足够的保障，并为此设立一个民用机构，行使管理美国支持的航空航天活动的权力，负责并指导这类活动[②]。在“Sputniks危机”之前，空间军事化利用一直占据美国空间政策的优先地位，如赋予发展弹道导弹以最高国家优先地位。这种空间军事化利用优先惯性引起对美国第一部国家空间立法是以军用航空航天优先还是民用航空航天优先的争论，由此这部国家空间立法要解决的问题有：美国国家空间计划应如何组成？如何处理导弹与卫星之间的关系，即军用航天和民用航天的关系？在空间计划中谁有优先权？以哪一个现有国家机构为核心组成新的国家空间管理机构？新的国家空间管理机构的法律地位是什么？[③] 对这些涉及国家空间立法的重大问题，美国国会、政府、国防部、科学界等各方政治力量分歧很大，各方参与博弈的国家机构有：国防部、空军、国家航空咨询委员会（NACA）、原子能委员会等。美国国会为此专门成立了立法预备小组委员会

① 约翰逊的讲话被认为推动了联合国设立外空委。外空委设立后，苏联、捷克斯洛伐克和波兰等国家成为成员国。参见：Legislative Origins of the National Aeronautics and Space Act of 1958，Proceedings of an Oral History Workshop，Conducted April 3 1992，Moderated by John M. Logsdon，MONOGRAPHS IN AEROSPACE HISTORY Number 8，National Aeronautics and Space Administration，NASA History Office，Office of Policy and Plans，Washington，DC 1998，p. 35。文本来源：http：//www. nasa. gov。

② 参见USA，National Aeronautics and Space Act of 1958（Unamended），DECLARATION OF POLICY AND PURPOSE，Sec. 102.（b）. 文本来源：http：//www. nasa. gov。

③ 参见Legislative Origins of the National Aeronautics and Space Act of 1958，Proceedings of an Oral History Workshop，Conducted April 3 1992，Moderated by John M. Logsdon，MONOGRAPHS IN AEROSPACE HISTORY Number 8，National Aeronautics and Space Administration，NASA History Office，Office of Policy and Plans，Washington，DC 1998，p. 12. 文本来源：http：//www. nasa. gov。

进行立法预备小组委员会调研听证会[①]。

作为美国各方政治力量博弈结果的美国 1958 年《国家航空航天法》解决了上述问题：1）确立了美国大力发展民用航天兼顾军用航天的空间计划，以法律形式正式启动了兼顾民用和军用诸多重要要素的空间计划，被认为实现了美国政府、国防部和科学界的利益、需求和目的的高度融合[②]。2）以空间立法形式整合了在国家和国际组织中开展空间任务、国防、裁军等工作的不同部门，将开展空间活动多头部门管理要素凝聚到一个管理机构，以“国家航空咨询委员会”为核心组建美国国家航空航天局（the National Aeronautics and Space Administration，NASA）这个新的空间机构，其法律地位是负责管理美国民用航空航天活动的国家民用机构[③]。该法赋予 NASA 规划、指导和实施航空航天活动、制定航空航天管理法规、独立享有和使用财政拨款、使全国科技界参与航空航天活动、广泛传播航空航天活动信息、对外签署航空航天国际合作协议等一系列使命、职能和权力[④]。从美国 1958 年《国家航空航天法》规定的 NASA 名称、职能职权和任务使命来看，NASA 完全是一

---

① 参见 Legislative Origins of the National Aeronautics and Space Act of 1958，Proceedings of an Oral History Workshop，Conducted April 3 1992，Moderated by John M. Logsdon，MONOGRAPHS IN AEROSPACE HISTORY Number 8，National Aeronautics and Space Administration，NASA History Office，Office of Policy and Plans，Washington，DC 1998，p. 10、11、16. 文本来源：http：//www. nasa. gov。

② 参见 Legislative Origins of the National Aeronautics and Space Act of 1958，Proceedings of an Oral History Workshop，Conducted April 3 1992，Moderated by John M. Logsdon，MONOGRAPHS IN AEROSPACE HISTORY Number 8，National Aeronautics and Space Administration，NASA History Office，Office of Policy and Plans，Washington，DC 1998，Introduction，vii. 文本来源：http：//www. nasa. gov。

③ 参见 Legislative Origins of the National Aeronautics and Space Act of 1958，Proceedings of an Oral History Workshop，Conducted April 3 1992，Moderated by John M. Logsdon，MONOGRAPHS IN AEROSPACE HISTORY Number 8，National Aeronautics and Space Administration，NASA History Office，Office of Policy and Plans，Washington，DC 1998，Foreword，iii. 文本来源：http：//www. nasa. gov。NACA 的全部职能、权力、任务和责任由 NASA 继承，其财产、人员、经费和档案也全部移交 NASA。

④ 参见 USA，National Aeronautics and Space Act of 1958（Unamended），DECLARATION OF POLICY AND PURPOSE，Sec. 203. 文本来源：http：//www. nasa. gov。

个管理、监督、指导空天一体的民用空间活动的国家民用空间机构[①]。

第三，寻求和鼓励航天的最大商业用途[②]。该项立法的 102（c）款规定 NASA 要最大可能地寻求和鼓励航天的最大商业用途[③]。这为此后美国民用航天的商业化和私营化发展提供了政策立法保障，美国由此开始了空间活动商业化和私营化的快速发展时期。空间活动商业化和私营化政策极大地刺激了美国社会科技、资本、运营管理力量积极地参与和投入民用空间活动和民用航天的科技研发，激活了社会航空航天的创新和创造潜力。该条政策法规为美国国家空间立法体系中其他商业空间活动立法提供了上位法依据，成为此后制定的 1984 年《商业航天发射法》、1988 年和 2004 年《商业航天发射法修正案》、1998 年《商业航天法》、2015 年《商业航天发射竞争力法》的法律渊源。

第四，航空航天活动要实现的目标是使美国：1）扩大对地球和空间科学的认识；2）提高航空航天飞行器的实用性、运行性能、飞行速度、安全性和效能；3）研制和发射生物和非生物物资的空间运输飞行器；4）长期追踪研究民用空间活动的效益、机会和问题；5）保持在空间科技及其应用于大气层内外的和平活动中的领先地位；6）使与国防直接有关的机构可获取有军用价值和意义的研究发现成果，并由这些机构向民用航空航天活动管理机构提供对其有价值和意义的研究发现成果的资料；7）与其他国家或国家集团合作并和平利用合作取得的成果；8）最高效地利用科学和工程技术资源，避免不必要的重复工作，以及设施与设备的不必要复制复建[④]。

这些空间活动要实现的目标实际上是美国空间发展政策，表明美国空间

---

① 该项立法的修订版在阐明空间政策和目的的第 102 条款中进一步规定了地面推进系统研究和开发；促进生物工程研究、开发和试验项目；探测、追踪、登记和描记近地小行星和彗星，等等应是 NASA 管理科学和工程系统的独有职权。USA，National Aeronautics and Space Act of 1958，As Amended，DECLARATION OF POLICY AND PURPOSE，Sec. 102.（e），（f），（g）. 文本来源：http：//www. nasa. gov。

② 参见 USA，National Aeronautics and Space Act of 1958（Unamended），DECLARATION OF POLICY AND PURPOSE，Sec. 102.（c）. 文本来源：http：//www. nasa. gov。

③ 这是商业航天的最早表述。所谓“商业航天”是航天活动不应是一种只化钱的产业，而是应成为取得经济效益的盈利产业。

④ 参见 USA，National Aeronautics and Space Act of 1958（Unamended），DECLARATION OF POLICY AND PURPOSE，Sec. 102.（d）. 文本来源：http：//www. nasa. gov. 该项立法的修订版增加了“通过与配套制造工艺有关的研究和技术开发，保持美国在航空航天中的卓越地位。”USA，National Aeronautics and Space Act of 1958，As Amended，DECLARATION OF POLICY AND PURPOSE，Sec. 102.（d）（9）. 文本来源：http：//www. nasa. gov。

发展政策是要引导其空间计划是科学型、效益型、军民兼容型、开放型、经济型、环保型和安全型的，以确保美国“空天一体化”空间发展能力处于国际领先地位，使美国空间发展计划占领制高点。这种以目标为导向的空间政策改变了美国此前空间计划项目纯粹军事化、诸多要素优先地位和利益冲突的状况，为NASA确定哪些空间项目优先发展提供了基本标准，为协调美国的不同空间项目，如国家的、军用的、民用的或商用的空间项目提供了纲领性的政策法依据。此后，美国的“空天一体化”空间发展计划走上了法治化轨道，如依据该法制定的民用航天项目、国家和商业空间项目规划等。此外，在涉及国内空间政策方面，所有政策的制定都是以“为了美国的普遍利益”或“为了美国的普遍利益和安全”为前提条件和出发点的。所谓的“普遍利益”指的是美国全部的、整体的国家和社会利益，包括社会经济和科学技术发展利益。

3. 空天运输技术一体化

美国1958年《国家航空航天法》提出了“空间运输”的概念。这一概念的提出，突破了航空运输的概念，是空天一体利用的新形式，即在地球空间运输（terrestrial transportation）中，航空航天飞行器（aerospace vehicle）能像航空器那样起飞[①]，进入轨道，利用地球轨道进入大气层，到达其目的地，这可以大大缩短旅行时间，被认为是极大减少航空旅行时间的方法[②]。反过来说，“空天一体化”战略体现在“空间运输”概念上就是包括在地球大气层内外的飞行，既提高在空气空间的飞行能力，也提高航天飞行能力，还提高返回地球的飞行能力，这是一个提高从地空到空天再返回地球的飞行能力的综合立体空间运输概念。由于航空航天飞行器是将航空器飞行和航天器飞行的特点结合在一起的一种新型飞行器，它使空间运输具有同时在空气空间和外层空间两者边缘空域活动的特征[③]，因此，“空间运输”概念最能体现“空天一体化”战略的地缘政治意义，即把外层空间与空气空间相邻接的部分视为空气空间的自然延伸从而成为归属国家管辖的空间资源。

美国1958年《国家航空航天法》及其随后据此制定的空间发展政策立法和空间计划都要求从地球起飞，穿越大气空间、飞向月球和其他深空，飞行器所飞越的每一空间组成部分内的航空航天活动都要产生各自的实用和科学

① 航空航天飞行器又称“空天运载器”或“空天飞机”（aerospace plane）。

② Ruwantssa Abeyratne，Space Security Law，Springer，2011，Preface。

③ 亚轨道飞行即源自这一概念。

价值。为此，美国1958年《国家航空航天法》以法律形式确定鼓励和支持研发和建造可以在地球表面以上的垂直空间进行飞行但作用各不相同的飞行器。从该部立法定义的“航空航天飞行器”范围可以看出，这些飞行器包括可以在空气空间飞行的航空器，可以绕地球轨道飞行的卫星，飞向太空进行深空探测的飞行器，进行地空再到近地轨道又回到地面的载人亚轨道飞行器，以及集航空器和航天器飞行功能为一体的空天飞行器。根据上述定义，这些不同功能的飞行器可以分为三类：航空器、航天器[①]、空天运载器（aerospace vehicle）。空天运载器即为目前法律小组委员会正在讨论的涉及诸多国际法律问题的“航空航天物体（aerospace object）”[②]。

如上所述，提高航空航天飞行器的实用性、运行性能、飞行速度、安全性和效能是美国开展航空航天活动所要尽力达到的目标之一，这是为了极大地提高美国空间运输能力和充分利用空间作为运输活动场所资源。探索和利用外层空间需要强大运载功能的空天一体运输系统。这个系统的构成，不仅应有“地空地”飞行的飞行器，即航空器和“地空天”飞行的航天飞行器，“地空天地”飞行的空天运载器也必不可少。作为探索和利用外层空间的运输工具的飞行器，不应仅仅只是有去无回，还应有去有回，更应重复往返。这就是美国需要的空天一体运输，为此，美国需要经济型、效益型和实用型的空天运输技术一体化的研发和试验。通过立法支持和保障空天运输技术一体化的研发和试验，尤其是研发和研制空天飞行器。此种在法律上被认为处于试验阶段的飞行器被定义为“是为了验证可重复使用的发射载器必需技术之目的而预定被飞运送入，或被发射送入轨道或亚轨道飞行的物体。”[③] 为实现空天运输技术一体化，修订后的《国家航空航天法》规定，NASA应制定航

① 即美国1958年《国家航空航天法》修订版中定义的“航天飞行器”，指预定发射的、已经发射的或在外层空间组装的物体，包括航天飞机和空间运输系统的构件以及相关的设备、装置、构件和零部件。USA，National Aeronautics and Space Act of 1958，As Amended，Sec. 30.（f）. 文本来源：http：//www. nasa. gov。

② 美国空间政策支持和技术研发的航天飞机由于一开始就具有既能在空气空间飞行，也能在外层空间飞行的空天飞航混合型运载工具的特征，前苏联最早意识到美国的这种空天一体的战略意图，首先提出了在法律小组委员会讨论航空航天器物体可能所涉及的法律问题的建议。

③ 参见USA，National Aeronautics and Space Act of 1958，As Amended，EXPERIMENTAL AEROSPACE VEHICLE，Sec. 309（d）（3）. 文本来源：http：//www. nasa. gov。

空运输技术和航天运输技术领域的研究、开发和试验验证活动一体化计划[①]。可见，美国试图通过国家空间政策立法为航空航天科学技术一体化实践提供正当性和合法性基础，鼓励和支持本国科学界和航空航天工业界开展空天运输技术一体化创新。

在上述以“空天一体化”为导向的，对“空天飞行器”的支持性政策立法的指导下，美国航空航天业坚持不懈地研发和试验“空天飞行器”，为此也付出了沉重的代价，甚至不惜牺牲航天员的生命，如1986年1月28日“挑战者号”航天飞机的爆炸、2003年2月1日“哥伦比亚号”航天飞机的爆炸。尽管航天飞机（space shuttle）实验项目不得不停止[②]，但为实现“空天一体化”战略构想，美国从未停止应用空天一体化运输技术的空天飞行器的研发和试验。这种在失败中前行的坚持不懈使得美国空天运输技术一体化在最近五年开始显现成功的端倪，如可重复使用运载火箭的研制和回收试验成功[③]。无论得失成败都是美国迈向“空天一体化”战略目标的必经之路。正如来自美国佛罗里达州的联邦参议员比尔·纳尔逊（Clarence William Bill Nelson）在SpaceX公司已成功回收两次的猎鹰九号火箭于2016年9月1日发生爆炸后的声明中所说：“在我们继续推进太空边界的过程中，胜利将与挫折并存。但最终，我相信我们的商业航天产业将会非常成功。”[④] 纳尔逊的声明表明，美国空天运输技术一体化的使命是要尽可能地推高空气空间和外层空间的边界，是美国筑梦“空天一体化”的必需手段和工具。

探索和利用外层空间是美国追求空间权益的组成部分，与利用大气空间

---

① 参见USA，National Aeronautics and Space Act of 1958，As Amended，Selected Statutory Provisions Applicable to NASA，Aero - Space Transportation Technology Integration，Sec. 2451（a），p. 59. 文本来源：http：//www. nasa. gov。

② 在美国的政策和立法中，对航天飞机的称谓先后出现过“aero - space plane”、“space shuttle”、“space shuttle orbiter”等用语。

③ 2015年12月21日，美国太空探索技术公司（SpaceX）成功实现猎鹰九号一级火箭的陆地回收。2016年4月8日，该公司在四次海上回收尝试失败之后，成功实现搭载货运飞船运载火箭猎鹰九号一级火箭的海上回收。见：凤凰网，凤凰科技，SpaceX是如何实现人类历史上第一次海上回收火箭的？http：//tech，ifeng，.com/a/20160409415922235/-0. shtml，2016年4月10日。

④ 新闻报道：美国猎鹰九号火箭测试时爆炸，北京晚报2016年9月2日，封4版，天下。强调符号下划线为本文作者所加。在本文写作即将结束时，2016年9月1日，美国佛罗里达肯尼迪发射中心发射台在进行火箭静态点火测试时发生爆炸，SpaceX公司此前回收的猎鹰九号火箭被炸毁。滕讯新闻，中国新闻网，2016年9月2日上午9时报道。此外，中外媒体对此次爆炸均有报道。这说明，美国的“空天一体化”战略在实施中面临的最大问题是飞行器技术问题，成败并存风险将成为美国研发和验证空天一体化飞行器技术的常态。

共同组成“空天一体化”战略，从空间战略规划到国家安全思维再到空间科学技术设计都以基于“空天一体”为考量。从这一点来看，美国 1958 年《国家航空航天法》不是一部通常意义上的航天立法，而是奠定美国“空天一体化”战略的空间立法，或者说，是一部对地球表面之上整个“空间”意义上的“空间法”。在该法确立的空间范围的框架内，才有此后的美国“外层空间法”或“航天法”等下位法，用以专门调整外层空间或航天活动。该部立法使美国一开始就采用“空天”的宏观概念，使美国最大限度地利用空间资源拓展自己的空间权益站在了“空天一体化”的战略高度，同时也为美国在国际社会中的空间外交博弈提供了国家政策立法依据。这种战略高度不仅使美国近六十年来一直引领空间科学技术和活动的创新，也不断挑战现有国际空间法条约，从而引发国际空间社会的讨论话题，如空间运输系统、航空航天物体、载人亚轨道飞行、空间活动商业化和私营化、小行星采矿、微小卫星等涉及的诸多国际法律问题。

从在美国 1958 年《国家航空航天法》之初时任美国国会参议院议员，后任美国第 36 届总统的约翰逊提出开始，到上一任美国总统奥巴马，美国一定要占据“探索和利用外层空间”的领先地位的决心恒久不变，“探索和利用外层空间”的美国价值观被历任总统在国际社会不断阐释①。如果说艾森豪威尔总统的“探索外层空间的种种奥秘的想法远比任何其他富有想象力的思想都能激发人的大脑。通过这种探索，人类希望拓宽其眼界，增加知识，改善在地球上的生活方式”的阐释②，是“探索和利用外层空间”的普世价值观，而奥巴马总统的“在设立 NASA 之后五十年，我们的目标不再仅仅是到达某个目的地。我们的目标是获得为使人民长久地，最终更可持续乃至无限地在地球之外安全地工作、学习、活动和生活的能力。为完成这一任务，我们不仅要延伸人类在空间的所及范围——我们还要加强美国在地球上的领先地位”的阐释③，则是“探索和利用外层空间”的美国国家价值观。探索是为美国对

① 参见 Legislative Origins of the National Aeronautics and Space Act of 1958，Proceedings of an Oral History Workshop，Conducted April 3 1992，Moderated by John M. Logsdon，MONOGRAPHS IN AEROSPACE HISTORY Number 8，National Aeronautics and Space Administration，NASA History Office，Office of Policy and Plans Washington，DC 1998. 文本来源：http：//www. nasa. gov。

② 德怀特·艾森豪威尔总统，1958 年 6 月 20 日，载 National Space Policy of the United States of American，Introduction，P. 1. 文本来源：http：//www. nasa. gov。

③ 巴拉克·奥巴马总统，2010 年 4 月 15 日，载 National Space Policy of the United States of American，Introduction，P. 1. 文本来源：http：//www. nasa. gov。

地球之外的宇宙科学认识而为，利用是为美国地面领土内的民生谋益，“空天一体化”战略是实现美国“探索和利用外层空间”的最佳路径。

三、美国“空天一体化”战略与“外空两定”问题

美国在其国家空间立法中体现的“空天一体化”战略在国际空间法上是否具有正当性？要讨论这个话题绕不开随美国 1958 年《国家航空航天法》的制定接踵而至的，被国际社会讨论近六十年但至今仍悬而未决的“外空两定”问题。

所谓“外空两定”问题即国际空间法上外层空间的定义和定界问题（matters relating to the definition and delimitation of outer space）①，即空气空间的垂直最高界限终于何处，外层空间垂直最低界限始于何处。空间是一个立体概念，不仅涉及平面横向范围的问题，还涉及垂直纵向范围的问题。空间在垂直纵向范围上的划分是一个涉及对外层空间的定义和空气空间与外层空间的划界问题。在地缘政治上，这直接关系到属于一国领土的领空高度和不属于一国领土的外层空间的定界，以及一国领空主权权利和自由进出外层空间权利的行使范围。在国际法上，这直接关系到国际航空法和国际空间法两个法律体系的适用范围。“外空两定”问题因而成为迄今为止极具争议的国际法律问题。

（一）“外空两定”问题的复杂性

苏联 Sputnik 被发射送入轨道标志着人类从此开始了与外层空间这一新的特殊自然环境的互动时代，这种互动必然导致以现代国家为载体的人类展开相互竞争，从而形成相应的国际关系。在外层空间领域的国际关系如同其他领域的国际关系一样需要国际法调整。在调整这种国际关系的特殊国际法产生之前，联合国全体会员国就通过联大决议宣布“国际法，包括《联合国宪章》在内，对外空及各天体一体适用。”② 同时，由于将逐步发展和编纂国际法是其法律领域的主要责任之一，联合国当仁不让地成为会员国共同制定外层空间必需的法律规则和制度的联络点。制定国际空间法首先遇到的问题就

① 又称外层空间的定义和划界问题。这可能是中译造成的问题，因为外层空间的定义和定界问题、外层空间的定义和划界问题两种中译都出现在外空委官方文件的中文版本中。

② 联大第十六届会议，联大第 1721（16）号决议，第 3 段次。文本来源：http：//www. un. org。

是确定国际空间法的适用范围，而与确定国际空间法的适用范围有关的法律问题就是“外空两定”问题。

“外空两定”问题最早是1959年由外空委提出来的一个涉及国际空间法适用范围的法律问题，在起草《外空条约》的过程中逐渐引起国际社会关注[①]，讨论解决“外空两定”问题的目的主要是为了明确国际空间法的适用范围，“为了确定管辖外空活动的法律制度的精确应用范围”是“外空两定”问题产生的背景[②]。从1966年法国在联大第21届会议上提出尽快区分外层空间和大气空间的提议开始迄今已快六十年过去了，“外空两定”问题一直困扰航空航天界和国际空间社会[③]。就作为外层空间法律问题论坛平台的法律小组委员会而言，从“外空两定”问题审议项目的措辞到与“外空两定”问题有关的事项范围的确定可谓曲折多变，增加了对“外空两定”问题的复杂性。

“外空两定”问题的复杂性在于既涉及其本身的基本问题，又涉及其派生问题。涉及其本身的基本问题有：

1. 法律定义和定界外层空间有无必要性问题

在法律上定义和定界外层空间是否具有必要性，是法律小组委员会审议讨论“外空两定”问题必须解决的先决问题。如果国际空间社会在这一问题上达不成共识，审议“外空两定”问题就失去了存在基础。外空委成员国在此问题上持有“有必要性”和“无必要性”两种观点。

2. 法律定义和定界外层空间的标准问题和方法论问题

如果有必要在法律上定义和定界外层空间必然产生的问题，即如何定义和定界外层空间，与此问题必然产生逻辑关联的是定义和定界外层空间方法论问题，即路径方法不同，采用的标准也不同。

在法律上定义和定界外层空间的方法论是指解决“外空两定”问题的路径方法是什么，即采用什么路径，或者说采用什么方式方法对外层空间进行定义和定界。赞成有必要法律定义和定界外层空间的外空委成员国在此问题上各持有“直接方法”和“间接方法”的不同观点。“一是采取直接的方法，

---

① 外空委，秘书处的说明，增编，关于外层空间定义和划界的问题：收到的会员国答复，A/AC. 105/889/Add. 10，第4页。文本来源：http：//www. unoosa. org。

② 法律小组委员会第四十一届会议，秘书处的报告，《审议外层空间定义和定界问题的历史概要》，A/AC. 105/769，第3段次，第2页。文本来源：http：//www. unoosa. org。

③ 国际空间社会（the international space community）指被接受为联合国外空委成员国和观察员的实体共同组成的，以讨论人类与空间互动而产生的科学技术问题和法律问题，制定国际空间政策和法律为共同使命的共同体。也称国际空间界。

努力区分两种自然环境[①]；二是采取间接的方法，根据所使用的设备或开展的活动对外层空间作出定义”[②]。

直接方法又称“概念方法”，用于直接定义“外层空间”概念，或用于确定空气空间和外层空间之间的分界线。在发现前者直接定义“外层空间”概念，或用于确定空气空间和外层空间之间的分界线缺少科学和法律标准支撑后，法律小组委员会关于“外空两定”问题的审议转向寻求定义和定界外层空间的标准，赞成从法律上进行“外空两定”的外空委成员国在定义和定界标准问题上又各持被称为间接方法的“功能”路径方法（the functional approach）和“空间”路径方法（the spatial approach）[③]。这就是后来在空间法学理论上被称为“功能论”和“空间论”的来历[④]。

“功能”路径法“着眼于活动（即空间活动）的性质和目的而不是活动的位置”[⑤]，涉及的问题是“空间活动”的定义问题。“空间”路径法着眼于空气空间终于何处和外层空间始于何处，涉及的问题是定界标准的科学依据是什么。赞成从法律上进行“外空两定”的外空委成员国在这些问题上产生了更多的分歧，空间科学界和空间法学界的观点不一，无论哪种路径方法应用于法律定义和定界外层空间似乎都有利弊和长短[⑥]。

审议“外空两定”问题的工作因成员国不能在法律定义和定界外层空间的路径方法和标准问题上达成共识而陷入困境。在部分成员国的建议下[⑦]，法律小组委员会转而对“外空两定”问题涉及的实质性派生问题开展讨论。这

① 指空气空间和外层空间两种自然环境。

② 法律小组委员会第 41 届会议，秘书处的报告，《审议外层空间定义和定界问题的历史概要》，A/AC. 105/769，第 3 段次，第 2 页。文本来源：http：//www. unoosa. org。

③ “空间”路径方法（the“spatial”approach）和“功能”路径方法（the“functional”approach）两个用语在 UNOOSA 的报告《审议外层空间定义和定界问题的历史概要》中被中译为“‘空间’法”和“‘实用’法”。此种中译易产生歧义。见：法律小组委员会第四十一届会议，秘书处的报告，《审议外层空间定义和定界问题的历史概要》，A/AC. 105/769，第 11 段次，第 4 页。文本来源：http：//www. unoosa. org。后来的措辞变化也是对此种中译的纠正。

④ 我国国际法学界有关“外空两定”问题研究的著述历来也将“外空两定”问题在理论上划分为“功能论”和“空间论”两种主张，这种划分过于简单地而又武断，实际上“外空两定”问题在理论上产生的问题比这种划分要复杂得多。

⑤ 法律小组委员会第 52 届会议报告，A/AC. 105/1045，附件二，第 7 段次，第 27 页。文本来源：http：//www. unoosa. org。

⑥ 如要更多了解法律定义和定界外层空间的方法论问题，请见：The Legal Subcommittee，the Question of the Definition and /or the Delimitation of Outer Space，Background Paper Prepared by the Secretariat，A/AC. 105/C. 2/7。文本来源：http：//www. unoosa. org。

⑦ 法国、俄罗斯、墨西哥等国家就“外空两定”问题的讨论提出过建议。

些派生问题与上述必要性问题、方法论问题和标准问题密切相关，甚至是逻辑性的必然关联。由“外空两定”问题衍生出来的派生问题有：地球静止轨道的法律性质问题、航空航天物体可能涉及的法律问题、与外层空间的定义和划界有关的国家立法和实践问题、关于科学飞行任务和（或）载人运输亚轨道飞行问题、空间运输系统问题，等等。这些问题有的目前已成为法律小组委员会审议讨论的独立问题，但无不与“外空两定”问题相关联，有的是从“空间”路径法衍生出来的问题，有的是从“功能”路径法衍生出来的问题。

（二）“外空两定”问题的长期性

“外空两定”问题的长期性不仅表现在法律小组委员会审议讨论的历史沿革漫长，而且表现在外空委成员国达成共识的未来之路漫长。根据 2002 年 1 月 18 日外空委秘书处报告《审议外层空间定义和定界问题的历史概要》，法律小组委员会审议“外空两定”问题的演进过程可以为标志划分为两个阶段[①]。第一阶段从 1966—2001 年，第二阶段从 2002 年至今。

其中，第一阶段的演进有以下特点：

1. “外空两定”问题从一开始就不是作为一个完全独立的问题提出的，与其相伴生的问题是地球静止轨道问题。即“外空两定”问题议程项目有两方面的原生问题需要审议，一方面是“外空两定”问题，另一方面是地球静止轨道问题。前者派生出航空航天物体涉及的法律问题[②]，后者派生出地球静止轨道的物理性质和技术特征以及合理公平利用和应用等问题，其中地球静止轨道的物理性质和技术特征与“外空两定”问题直接相关。航空航天物体涉及的法律问题、地球静止轨道的性质和利用问题是因“外空两定”方法论问题而派生出来的实质性法律问题。在第一阶段，发展中国家更加关注地球静止轨道的合理公平使用。

2. “外空两定”问题议程项目措辞不断发生演变。首先是“外空两定”措辞的演变。从一开始在法国的建议中是“外层空间的定义”，而后在成员国

---

① 法律小组委员会第 41 届会议，秘书处的报告，《审议外层空间定义和定界问题的历史概要》，A/AC. 105/769，文本来源：http：//www. unoosa. org。

② 所谓“航空航天物体”也即“空天物体”，指可在大气空间和外层空间航飞用的交通工具（vehicles that would travel both in airspace and outer space），即可往返于大气空间和外层空间的飞行器或运载器。参见法律小组委员会第四十一届会议，秘书处的报告，《审议外层空间定义和定界问题的历史概要》，A/AC. 105/769，中英文版本，第 11 段次，第 4 页。文本来源：http：//www. unoosa. org。

代表团的讨论中变为“外层空间的定义和定界”，之后出现过“与外层空间和外层空间活动的定义和（或）定界有关的事项”和“有关外层空间和外层空间活动定义和（或）定界的问题”等措辞。其次是派生问题的表述的演变。地球静止轨道问题的表述有：1）外层空间和天体的利用，包括空间通信涉及的各种问题。2）地球静止轨道的问题。3）地球静止轨道的性质和利用的事项，包括制定关于各国合理公平使用这一有限的自然资源的一般性原则。4）地球静止轨道的性质和利用的事项，包括审议在不妨害国际电信联盟职能的情况下确保合理公平使用地球静止轨道的方式和方法。航空航天物体问题的表述有：1）与航空航天系统预期飞行（the anticipated flights of aerospace systems）有关的国际法问题；2）航空航天物体可能涉及的法律问题。

3.“外空两定”问题议程项目审议重点发生漂移。在法律小组委员会审议“外空两定”问题议程项目的过程中，参加审议的成员国代表团讨论重点从“外空两定”问题漂移到与外层空间定义和定界有关的事项问题，包括航空航天物体可能涉及的法律问题和地球静止轨道的性质和利用问题。对后者的讨论重点又漂移到在不妨碍国际电信联盟职能的情况下确保合理公平使用地球静止轨道的方式和方法问题。成员国讨论的重点从“外空两定”这一主问题漂移到派生问题，再漂移到派生问题的子问题。如果成员国在这些派生问题上不能达成共识，就谈不上在“外空两定”这一主问题上达成共识的可能性。这使派生问题反而成为审议的重点，如 20 世纪 80 年代后期（1987—1990 年），审查地球静止轨道的物理性质和技术特征，审查地球静止轨道的利用和应用，尤其在空间通信领域的利用和应用，以及其他有关空间通信发展的问题成为发展中国家关切的问题[①]。“外空两定”问题的审议因此而停滞不前，直到 1999 年“外空两定”问题才重新回到“所有国家，尤其是发展中国家关注问题”的范围[②]。

4.20 世纪 90 年代初期提出的与航空航天系统预期飞行有关的国际法问题或航空航天物体问题标志着对航空航天物体和空间运输系统所涉及的国际法律问题进入国际空间社会关注的视野。亚轨道飞行、载人载物飞船、可穿越大气层重返地球的复用运载器所涉及的空间交通国际法问题均发端于对航空航天物体的关注。

---

① 联大第 42 届会议第 A/RES/42/68 号文件，载于大会-第 42 届会议，四．根据特别政治委员会的报告通过的决议，第 128 页。文本来源：http：//www.un.org。

② 联大第 54 届会议第 A/RES/54/67 号文件，第 3 页。文本来源：http：//www.un.org。

法律小组委员会“外空两定”问题议程项目在第二阶段演进的特点有：

1.“外空两定”问题已被固化。这主要表现在三个方面：一是“外空两定”问题被固定为法律小组委员会审议的常设议题，这意味着该问题具有必需审议的重要性，同时由于该问题的复杂性，国际空间社会不可能一蹴而就达成共识，因而具有审议的长期性。二是审议该问题的重点被固定为只“专门审议与外层空间定义和划界有关的事项”，这解决了第一阶段对“外空两定”问题审议方法的争论，即对“外空两定”问题涉及的某一方面进行审议，还是将“外空两定”问题作为一个独立问题审议。从审议“外空两定”问题变为审议与“外空两定”问题有关的事项，审议这些事项所获得的信息对审议“外空两定”问题至关重要。这意味着“外空两定”问题本身因其复杂性和长期性不能用直接方法解决，只能通过间接方法解决，即通过逐一解决与“外空两定”问题有关的派生问题，最终实现“外空两定”问题的解决。三是审议模式固化，法律小组委员会及其“外空两定”工作组对“外空两定”问题的审议模式已被固化为“外空两定（核心问题）＋N（派生问题）”的审议模式。“外空两定”问题始终都是作为一个整体被讨论，但包含诸多与外空定义和定界有关的事项问题，如：地球静止轨道的性质、关于航空航天物体可能涉及的法律问题、与外层空间的定义和划界有关的国家立法和实践、关于科学飞行任务和（或）载人运输亚轨道飞行的问题、外空定义和定界的必要性，等等，是作为寻求解决“外空两定”问题的依据被加以讨论。可以预见的是，随着空间科学和技术的发展，围绕“外空两定”这一原生核心问题的派生问题数量会增多，范围会不断扩大。此外，“外空两定”问题及与其有关事项的用语和措词被固定，不似第一阶段那样变化不定。

2. 与“外空两定”问题有关的事项成为国际空间社会关注的热点。随着新型空间活动的出现，审议与“外空两定”问题有关的事项越来越引起外空委成员国和作为常设观察员的国际组织的重视，对这些事项的审议一直在进行，对这些事项做出答复并参与讨论的国家和国际组织越来越多，尤其是发展中国家。“外空两定”问题及与其有关的问题之所以成为所有国家，尤其是发展中国家关切的问题，是因为这些问题关系到各国在空气空间的主权和管辖权，关系到各国在外层空间的权益和航天国家国际义务的履行。

3. 外空委成员国对“外空两定”问题的立场和观点近五十年来几乎没有变化。从其1990年第22届会议起，法律小组委员届会报告开始载有参加

“外空两定”问题讨论的各成员国发表的观点意见[①]。如果将该报告中记载的成员国立场和观点与2016年法律小组委员会第55届会议报告中记载的成员国立场和观点加以比较，会发现几乎没有变化，只是措辞表述更趋明确，用语更趋规范。这说明，外空委各成员国在“外空两定”基本问题和派生问题上的立场和观点是一贯的，因为“外空两定”问题涉及国家在空间方面的重要权益。

从上述历史沿革可以看出，审议“外空两定”问题，在时间上漫长，在议题审议上，法律小组委员会颇费周折，甚至走了弯路，对实质性问题的国家观点意见和实践做法的调查问卷和国际讨论结果对“外空两定”问题的解决于事无补，对这些问题的调查问卷和讨论似乎不能解决“外空两定”问题本身。可以预见的是，“外空两定”问题的解决还有很长的路要走，国际空间法条约的适用范围和规制对象将寄望于在国家空间立法和空间活动的实践中逐渐明晰。

综上所述，“外空两定”问题的复杂性和长期悬而未决，法律定义和定界外层空间在过去、现在和未来很长一段时间存在不可能性，从而留下法律空白。

（三）美国对“外空两定”问题的立场和观点

美国在“外空两定”问题的国际讨论中一直保持“外空两定”无必要论的观点，在“外空两定”方法论问题上保持既不持“空间论”也不持“功能论”的立场。这种立场和观点是美国“空天一体化”战略在空间外交政策上的一种具体体现，是经过深思熟虑有意为之的[②]。对于“外空两定”有无必要的问题，美国认为，不管怎样都有必要定义外层空间，《外空条约》都保留其全部含义。在某种意义上，任何置入绕地轨道的物体都是在外层空间[③]。法律

---

① 如上所述，法律小组委员会对“外空两定”问题的讨论在20世纪60至80年代无固化的审议工作模式和方法。在UNOOSA的文件数据库中，本文作者只查到法律小组委员第22届会议报告载有成员国的观点意见信息，而且是不出现国家名称的。1990年以前的届会均无报告档案。

② 美国国会、政府、国防部均有自己的空间研究机构和咨询智囊，这些研究机构和咨询智囊由政治家、法学家和科学家组成，是为美国政府提供空间决策的空间战略研究共同体。

③ 参见Legal Subcommittee, The Question of The Definition And/ Or The Delimitation Of Outer Space, Background paper prepared by the Secretariat, A/AC. 105/C. 2/7, p. 18. 文本来源：http://www.unoosa.org。

小组委员会试图阐明外层空间下限的定义为时过早[①]。这表明，在美国看来，空气空间和外层空间的界限是动态的，空气空间的上限和外层空间的下限不应明确。

“任何置入绕地轨道的物体都是在外层空间”的表述可以使人产生多种理解，其逻辑是：1）只有被发射进入并绕地轨道飞行不再返回地球的物体才是外空物体，发射进入轨道再回到地球的物体不是外空物体，这似乎将载人或不载人的亚轨道飞行器排除出外空物体的范围，将亚轨道飞行活动排除出外空活动的范围。2）绕地轨道并不当然是外层空间的下限或是外层空间的一部分。“任何置入绕地轨道的物体都是在外层空间”的表述则隐含了美国也不承认绕地轨道是外层空间的下限或是外层空间的一部分。美国对“功能论”作为解决“外空两定”问题的路径方法也持否定态度，其代表在科技小组委员会第 55 届会议上，对空间活动可按其预定达到的目的界定表示怀疑，质疑说这是否实际上意味着载人航天器如果未获得允许就不得以其要在外层空间执行任务为由飞越一国领空，或装备有诸如观察日食仪器等科学仪器的航空器可以被认为是在开展航天任务因而被免除常规领空管控呢。该代表认为，在这两种情况中，答案都应是否定的，就气球卫星及其配置的频率而言，也会引起同样的问题[②]。对于涉及美国空间活动和空天运输技术一体化的研发和试验的那些“外空两定”派生问题，美国对法律小组委员会对这些问题的调查问卷未作任何答复。但这些挑战了国际空间法律的问题正是美国践行其“空天一体化”战略所引发的。

美国在“外空两定”问题上的立场和观点是建立在以本国空间权益为出发点的实用主义态度基础之上的，因此在应对“外空两定”问题的国际讨论中采用了含糊其辞、模糊处理、进退有余的策略。正如参与制定美国 1958 年《国家航空航天法》，美国防御问题和空间计划专家，曾担任过 NASA 高级顾问的威利斯・H・沙普利（Willis H. Shapley）所说[③]：“为有利于把外层空间

---

① 参见 Legal Subcommittee，The Question of The Definition And/ Or The Delimitation Of Outer Space，Background paper prepared by the Secretariat，A/AC. 105/C. 2/7，p. 31. 文本来源：http：//www. unoosa. org。

② 参见 Legal Subcommittee，The Question of The Definition And/ Or The Delimitation Of Outer Space，Background paper prepared by the Secretariat，A/AC. 105/C. 2/7，p. 64. 文本来源：http：//www. unoosa. org。

③ 威利斯・H・沙普利（Willis H. Shapley）：1957 - 1958 年任美国财政预算局成员，后任空间计划协调主任，1965 年调任 NASA 代理副局长，主管公共事务处、议会事务处、机构间事务处和国际事务处等。

始于何处的全部设想搞得模糊不清，我们有目的地做了大量工作。我们进行了重大活动反对法国人赞成外层空间以海拔高度 80 千米为界。这是一种使所有其他国家联合起来反对的策略观。我们和这些国家不能承受外层空间定义带来的束缚，因为正如格伦所说①，这是行不通的。"② 美国永远不会希望国际空间社会在法律上定义和定界外层空间，因为这不符合美国的空间利益。广义上的"空天一体"的空间才是美国所需要的"空间"。美国 2013 年《国家空间运输政策》对此作了最清晰的诠释："本政策的总目标是确保美国自由进入各种不同空域（access to diverse regions of space），从亚轨道到地球轨道和深空，以支持民用和国家安全的使命任务。"③

美国"空天一体化"战略的目的就是要使美国既可以将其领土表面以上享有国际航空法赋予的国家领空主权扩高至大气层以内，又可以享有国际空间法赋予的自由进入外层空间探索和利用外层空间的权利，以期最充分地获得空间资源带来的权益。美国作为曾经建议联合国设立外空委、"和平探索和利用外层空间"话语被《外空条约》吸收的空间强国，在"外空两定"问题上采取了明确的"无必要性"和"任何置入绕地轨道的物体都是在外层空间"模糊标准的立场和观点就不足为奇了。正是这种似乎明确但又实际含糊其辞，模糊处理，进退有余的空间外交策略阻挠了从法律层面解决"外空两定"问题的国际进程，"外空两定"问题悬而未决留下的法律空白为美国实施"空天一体化"战略赢得了时间和机会，使美国"空天一体化"战略有了存在和实施的正当性。

（四）美国"空天一体化"战略正当性的法理依据

长期悬而未决，并且在将来很长一段时间内"外空两定"问题悬而未决

---

① 格伦.P. 威尔逊（Glen P. Wilson）：在"Sputniks 危机"期间任美国参议院职员，担任美国参议院为"Sputniks 危机"成立的预备调查小组委员会成员，参与起草美国 1958 年《国家航空航天法》，后任职美国参议院航空航天科学委员会（1958 - 1977），担任过空间与航天特别委员会成员、NASA 航天飞机学生参与项目发起者、美国国家空间学会执行主任等职。

② 参见 Legislative Origins of the National Aeronautics and Space Act of 1958，Proceedings of an Oral History Workshop，Conducted April 3 1992，Moderated by John M. Logsdon，MONOGRAPHS IN AEROSPACE HISTORY Number 8，National Aeronautics and Space Administration，NASA History Office，Office of Policy and Plans，Washington，DC 1998，p. 39. 文本来源：http://www.nasa.gov。

③ 参见 USA，National Space Transportation Policy，November 21，2013，II Goals，p. 2. . http://www.defense.gov。

的法律空白使美国“空天一体化”战略具有存在和实施的正当性。但“空天一体化”战略在现行国际法，尤其是国际航空法和国际空间法上是否可寻求到其正当性的法理依据？答案是肯定的。

1. 在国际航空法上的法理依据

国际航空法调整国家和国际组织在航空活动对空气空间资源的利用中所产生的国际法律关系。空气空间在自然形态上由于是一个立体存在，无有形边界可言①，就依赖于空气空间进行的人类航空活动而言，可以说是人类共同的资源②。然而在以特定人类群体领有的领土为范围建立的国家所形成的国际关系中，如果航空活动凭借的飞行工具，即航空器，飞越一国边界，飞经或飞越另一国的领土之上的空气空间时，航空活动就天然地具有了国际性③，并由此产生空气空间的法律地位问题。因此，国际航空法上的“空气空间”概念虽然源自自然科学对地球表面之上的大气层的认识，但却是为了确立地球表面之上一定高度的空间的法律地位需要而使用的概念④。这使空气空间作为人类航空活动的共同资源并不当然地使国家享有航空自由⑤，必须在遵循国际法原则的基础上才能共同利用空气空间，这项法律原则就是国家领空主权原则⑥。只有在遵守此项国际法原则的前提下国家才有权共同利用空气空间开展航空活动。共同利用空气空间开展航空活动既是国家的权利，也包含了国家的义务，即彼此尊重各自的完全的和排他的领空主权。国家领空横向划界是可以基本确定的，即以国家的领陆和领水总面积为标准划定，垂直高度的起点也是可以确定的，即以国家领陆和领水表面为标准确定。但领空垂直高度终于何处却至今在法律上没有定论⑦。

---

① 赵维田：《国际航空法》，社会科学文献出版社，2000 年版，第 20 页。

② 王小卫，吴万敏编著：《民用航空法概论》，航空工业出版社，2007 年版，第 7 页。

③ 赵维田：《国际航空法》，社会科学文献出版社，2000 年版，第 2－3 页；王小卫，吴万敏，编著：《民用航空法概论》，航空工业出版社，2007 年版，第 7 页。

④ 赵维田：《国际航空法》，社会科学文献出版社，2000 年版，第 20 页。

⑤ 美国将海洋自由论类推至空气空间，主张“航空自由”，这一主张至今仍影响其空间政策。参见赵维田：《国际航空法》，社会科学文献出版社，2000 年版，第 15 页。

⑥ 规定国际民用航空基本制度的《芝加哥公约》第 1 条确立了国家领空主权原则，规定“缔约各国承认每一国家对其领土上空具有完全的和排他的主权。”文本来源：周洪钧等人编：《国际公约与惯例》，法律出版社 1998 年版，第 239－278 页。

⑦ 国际航空法以国家领陆和领水范围界限为标准确定了国家领空横向宽度界限，但却未对领空纵向垂直高度作出规定。《芝加哥公约》第二条规定：“本公约所指一国的领土，应认为是在该国主权、宗主权、保护或委任统治下的陆地区域及其邻接的领水。”文本来源：周洪钧等人编：《国际公约与惯例》，法律出版社 1998 年版，第 239－278 页。

空间法学界将领空高度在学理上解释为上述的“一定高度”。这隐含了航空活动必须遵守国家领空主权原则在适用中存在例外，即如果航空飞行技术使航空器可以飞行的高度超过“一定高度”，就可以享有航空自由的权利。一国可以通过飞行技术推高其领空纵向垂直高度界限，扩大其航空资源和提高空间防御能力，从而拓展享有航空自由权利带来的空间权益。

2. 在国际空间法上的法理依据

国际空间法调整国家在外层空间资源的探索、获取和利用中所产生的国际法律关系。《外空条约》第 2 条确定了外层空间的法律地位，即国家不得将外层空间据为己有原则。这一原则的含义包括：国家不得对外层空间主张领土主权；传统国际法上的领土所有权取得方式，如先占、使用等方式不适用于外层空间；外层空间是全人类共有共用的空间活动场所。《外空条约》为国家设立了不得将外层空间据为已有的义务，同时基于探索和利用外层空间是全人类事业，为国家设定了权利，这些权利包括：自由进入外层空间的权利；自由在外层空间进行科学调查的权利；放置和平探索和利用外层空间所需物体的权利；为科学研究或其他和平目的开展载人航天的权利；对本国发射入外层空间或在天体上建造的物体在国际登记的条件下享有管辖权、控制权和所有权的权利；对进入外层空间物体所载人员享有管辖权和控制权的权利，等等[①]。这些权利无疑会为国家带来更多的空间资源和由此产生的权益。更重要的是，在国际法上的空间概念中，外层空间是唯一可以在横向上不受国家领土界线限制的跨界空间，在纵向上既无最低界限限制，更无最高界限限制，只有宇宙广袤无垠，资源无限。

国际航空法和国际空间法赋予了国家在空气空间和外层空间的权利，却没有对两种活动范围的最高界限和最低界限进行法律规定，而空气空间和外层空间在自然形态上却有不可分割的连续性。正是利用这一点，美国国家空间立法鼓励、支持和保护的作为“空天一体化”战略重要组成部分的空天飞行（aerospace flight）使空天运载器像航空器一样飞离一国领土，进入外层空间，在外层空间飞行，在目的地国降落。这将变革基于国家主权的传统国际法。因为只要空间飞行器是以到外层空间开展空间活动为目的的航天器，在飞越地面国的领空时是不受地面国领空主权规制的，地面国不依据领空主权原则禁止这种航天器飞越或穿越其领空的做法已成为国际习惯惯例。

---

① 《外空条约》第 1 条第 2 款和第 3 款、第 4 条第 2 款、第 5 条第 1 款、第 8 条。文本来源：http：//www. unoosa. org。

四、美国“空天一体化”战略对我国拓展空间权益的启示

我国正处于从航天大国迈向航天强国的关键转折时期。从国家整体战略高度来看，我国不仅要把自己建设成航天强国，还应把自己建设成空间强国。所谓空间强国是指为拓展空间权益，国家具有强大的空间资源拓展能力。为此，美国“空天一体化”战略对我国拓展空间权益有以下启示：

1. 用够用足国际航空法和国际空间法赋予国家的权利

从上述分析可以看出，美国的“空天一体化”战略从“外空两定”问题长期悬而未决留下的法律空白中找到其存在和实施的正当性，从国际航空法和国际空间法赋予国家的空间权利中找到了其法理依据。在遵守国际法的一般原则和规则的前提下，就应该用够用足国际航空法和国际空间法赋予的权利去拓展空间资源。“空天一体化”战略可以在维护国家主权、领土完整和安全的空气空间国际法律制度与赋予所有国家有权自由探索和利用外层空间的外层空间国际法律制度之间谋求最大的空间权益。“法律不保护在权利上的睡眠者”。增强国家空间权利意识，并将其转化为自己的空间发展战略政策，通过国家空间立法鼓励和支持，这些权利才能带来更多的空间利益。

2. 树立“空天一体化”发展的战略意识

视“空”与“天”为一体的思维似乎有悖于将地球表面以上的空间分为空气空间和外层空间的传统思维。但空间飞行技术的发展在客观上打破了这种传统思维，迫使我们必须将空天视为一体。空间资源如同海洋资源一样，对国家经济战略不可或缺，尤其在一国的经济社会发展、人民生活日益现代化的背景下，空间资源在国家的经济战略中的地位日益凸现。

外层空间虽然在现有国际空间法上不属于任何国家领土主权之下，但在其中的活动和物体却要置于国家主权中的国家管辖权之下。因此，外层空间的地缘政治意义在于：一国按照自己的利益制定的国家空间发展和航天政策立法必然影响另一国的利益，无论这种影响是正面的还是负面的，但有一点是可以肯定的，即空间技术缺失或发展程度低的国家的领空主权将受到威胁，空间资源权益会受到损害。美国“空天一体化”战略的存在和实施必然影响国家在空间的国际关系和外层空间法演进的走向。我国应当予以高度重视，牢固树立自己的“空天一体化”发展的战略意识。

3. 充分利用“外空两定”问题悬而未决带来的“空天一体化”发展机遇

征服外层空间的科学和技术竞争成为空间资源使用权争夺竞争的第一要

素。随着空间科学和技术的发展，国家的空间活动将往两个方向发展，一是深空探索，二是空天一体利用。前者将极大地推动一国的空间科学和空间技术的发展，探索成果将影响一国人民对宇宙的认识。后者将极大地推动一国的领土安全防御能力和空间运输能力的提升，影响一国的地缘政治和经济战略，尤其是空天一体的利用将成为提升一国空间运输能力的新常态，具有极高的经济战略价值。

如果说，为有利于一国对大气层以内的空间利用而推高该国的领空纵向垂直高度界限，需要航空器越飞越高，于此同时，为有利于探索外层空间而需要航天器越飞越远，那么，为有利于外层空间资源开发和利用，如小行星矿产、空天一体旅行的载人和载物空间运输等，就需要集航空器和航天器飞行技术特点为一体的空天飞行器在飞越大气空间的空天地之间往返。抢先占有介于空气空间和外层空间之间的上大气空间的空间资源以取得优先权益。在空气空间资源利用上的军民两用融合，既有国防权益上的意义也有经济权益上的意义。而外层空间的和平探索和利用更多具有科学探索和经济权益上的意义。如创造新航天技术产品和服务需求，培育新的消费市场，如空间运输和商业空间站（用于太空旅游、在轨制造，如超纯药品、超轻超固的高级金属合金、微重力制造）等，这些都是“空天一体化”战略的具体实践运用。此外，商业航天将使商业研究和开发活动成为新常态，这些外层空间的商业研究和开发活动将最终转化为外层空间的商业生产和制造活动，这将产生巨大的经济价值。空间资源可以为国家安全和国民经济服务，为维护世界和平和国防建设服务[①]。

“外空两定”问题演进的历史沿革表明：“外空两定”问题在国际层面上将成为长期争论不休的问题，但各国对“外空两定”的做法和实践，无论是立法实践还是空间活动实践，从来没有停下前进的步伐，美国的实践尤其值得注意。美国不仅在立法上而且在空间活动上践行自己对“外空两定”问题的立场和观点，这就是用不断提高自己空间科学和技术能力来解决“外空两定”问题，尤其是超声速和高超声速飞行的航空器的研发和试验，以及在空天地往返的空天飞行器的研发和试验步伐近几年有加快速度的趋势。

我国应利用这一机遇设计中国式“空天一体化”战略，中国式“空天一

① 许达哲：中国航天局回应“中国航天计划可能隐藏军事项目”，中国新闻网，2016年4月22日。国务院新闻发布会，工业和信息化部副部长、国家国防科技工业局局长、国家航天局局长许达哲2016年4月22日在国务院新闻办介绍首个“中国航天日”及中国航天发展有关情况并答记者问直播实录。信息来源：http：//www.cnsa.gov.cn。最后访问时间：2016年4月23日。

体化”战略之于我国空间权益的维护和拓展维度至少应包括：空间安全权益、空间资源权益和科学研究权益。由于空间科学和技术的发展具有民用和军事两大用途，维持和鼓励用于民用目的的空间科学和技术的发展，将空间科学和技术的发展引导到有益的用途上来是国际社会的共识①。在实现这一战略的路径上一定要采用军民融合模式，以回避军用空间活动的敏感性。空间发展战略采用军民融合路径模式已成为国家惯例，即虽然国家鼓励、支持空间科学和技术发展的政策法律承认此种发展是为和平目的和民生之用，但国家基于国家安全和行使国际法赋予的自卫权之目的，一般采用藏军于民的做法。一国发展空间科学和技术的做法摆脱不了这一模式，藏军于民、寓军于民是最好路径。

4. 设计好在国际创制新的国际空间法中的中国话语体系

随着航空航天技术的发展，航空飞行器在高度上飞得越来越高，往深空飞得越来越远，尤其是兼有像航空器进行航班飞行和像航天飞行器进行绕地轨飞行特点的空天飞行器，这种空天飞行器使航空飞行器和飞行活动与航天飞行器和活动的性质和目的的界限越来越模糊。如亚轨道飞行器和可再入地球大气层的可返回式航天飞行器兼具了航空器和航天器的性质和功能，如向空间站运送货物和乘客的飞行活动就是一种具有航空运输的性质，但运输活动空间范围大大超过了航空运输活动空间范围的空间运输。空间运输系统中的航空器和航天器的共同点将增多，不同点将被模糊是空间飞行技术未来发展趋势，最终航空器和航天器将被空天飞行器取代也不是不可能的②。

相应地，此种新型空间活动引发了国际社会对其应适用的国际法原则和规则问题，以及其主要行为人的赔偿责任和归责（liability and accountability）问题的国际讨论和争论。国际航空法和国际空间法是根据国际公法原则发展而成的国际法律规范和制度，两者的相互关系密不可分，并被认为是21世纪国际法变革的重要方面③。是变革国际航空法还是变革国际空间法，抑或制定

① 国际社会早已关注科学和技术的发展有应用于军事目的的可能，从而导致更尖端的武器和新的武器系统，这将对国际和平与安全产生影响。见：联大第47届会议，根据第一委员会的报告通过的决议，A/Res. 47/43，科学和技术的发展及其对国际安全的影响。

② 据报导，中国运载火箭技术研究院研发中心于2011年开始可回收火箭的研发项目。目前我国的可回收火箭的研究正处于关键技术攻关阶段。十三五期间，研究团队将以现有的研究成果为基础进行可回收火箭的研发。南京日报，中国也在研发可回收火箭。信息来源：http：//news. 163. com，最后访问日期：2016年4月10日。

③ 参见 Ruwantssa Abeyratne，Space Security Law，Springer，2011，p. 1。

新型空天一体化的国际空间交通法整合、取代国际航空法和国际外层空间法，成为国际社会每个成员国，尤其是参与空间活动的国家需要给予重视的前沿问题。我国需要在这种变革的国际讨论磋商中有自己的话语权，使这种变革有利于本国的权益。为此，我国应在空间外交上设计好在国际创制新的国际空间法中的中国话语，我国空间法学界和科技界应密切追踪法律小组委员会审议“外空两定”问题的国际讨论情况，研究新型空间活动涉及的航空航天物体的概念、空间运输系统的概念和空间交通法的概念等从技术术语到法律用语的转化，为设计好在国际创制新的国际空间法中的中国话语提供智力支撑。

五、结论

本文追问和探讨的问题是：美国通过国家空间立法和空间发展政策并坚定不移地在实践中鼓励和支持空天运输技术一体化，以及在“外空两定”问题上始终坚持“无必要论”和对法律定义和定界外层空间标准含糊其辞背后的战略意图是什么？从本文上述分析，可以得出的答案是：为其“空天一体化”战略的存在和实施寻求正当性和法理依据。从美国国家空间立法和空间发展政策到其坚定不移地研发和试验空天飞行器的空天运输一体化技术无不彰显其“空天一体化”战略意图。揭开美国在“外空两定”问题上坚持“无必要论”和对法律定义和定界外层空间标准含糊其辞的面纱，我们会发现，美国对“外空两定”问题所持的立场和观点都是在为其“空天一体化”战略寻求正当性。如果其“外空两定”无必要论和推高外层空间最低界限的“空天一体化”战略在国际空间法的演进中产生重要影响力，美国“空天一体化”战略将在法律上寻求到合法性。

我国一方面需要警惕美国“空间一体化”战略对我国空间权益的威胁，对国际航空法和国际空间法的挑战；另一方面也需要树立“空天一体化”意识，并将这种意识体现在国家空间立法和空间发展政策中。如果我国要拓展空间权益，在空间运输飞行技术上，不仅要使航空器飞得更高，航天器飞得更远，还需要有在空天地之间往返飞行的空天飞行器。体现“空天一体化”战略的国家空间立法和空间发展政策将成为必需。

参考文献

［1］ 赵维田．国际航空法［J］．北京：社会科学文献出版社，2000。

［2］ 王小卫，吴万敏，编著．民用航空法概论［J］．北京：航空工业出版社，2007。

［3］ 法律小组委员会第四十一届会议．秘书处的报告．审议外层空间定义和定界问题的历史概要，A/AC. 105/769.

［4］ 外空委．秘书处的说明，增编．关于外层空间定义和划界的问题：收到的会员国答复，A/AC. 105/889/Add. 10.

［5］ 联大第十六届会议，联大第 1721（16）号决议．

［6］ 法律小组委员会第五十二届会议报告．A/AC. 105/1045.

［7］ 联大第五十四届会议第 A/RES/54/67 号文件．

［8］ Ruwantssa Abeyratne，Space Security Law，Springer，2011.

［9］ USA，National Aeronautics and Space Act of 1958（Unamended）．

［10］ USA，National Aeronautics and Space Act of 1958，As Amended.

［11］ Legislative Origins of the National Aeronautics and Space Act of 1958，Proceedings of an Oral History Workshop，Conducted April 3 1992，Moderated byJohn M. Logsdon，MONOGRAPHS IN AEROSPACE HISTORY Number 8，National Aeronautics and Space Administration，NASA History Office，Office of Policy and Plans，Washington，DC 1998.

［12］ Legal Subcommittee，The Question of The Definition And/ Or The Delimitation Of Outer Space，Background paper prepared by the Secretariat，A/AC. 105/C. 2/7.

［13］ Twenty - first Session General Assembly，Provisional Verbatim Record of the Fourteen Hundred and Ninety - ninth Plenary Meeting，A/PV. 1499.

［14］ National Space Policy of the United States of American.

［15］ USA，National Space Transportation Policy，November 21，2013.

参考网站

［1］ http：//www. nasa. gov.

［2］ http：//www. unoosa. org.

［3］ http：//www. un. org.

［4］ http：//www. defense. gov.

出口控制措施对亚洲空间合作的影响

聂明岩*

摘　要：在国际层面，客观上可以限制空间设施/空间技术进出口的法律机制主要为1987年“导弹及其技术控制制度（MTCR）”以及1996年“瓦圣娜协定（WA）”。两个制度都试图通过协调各参与国国内制度的方式，对可能用于导弹发射以及对其他大规模杀伤性武器的发展具有促进作用的技术进行出口控制。无疑，用于空间物体发射的发射设备、有效载荷及其组成部分，包括相关的信息技术等都属于出口控制措施的管制对象。而此种管制对于空间合作尤其是空间商业化快速发展背景下的空间合作的具体影响，值得详细探讨。在亚洲层面，以四个具备相应空间能力的国家为例，日本及韩国皆为两个机制的参与国，并且以此为基础制定了国内政策。印度于2016年6月正式加入MTCR。中国虽然制定了相应的国内措施，但未参与上述国际机制。本文即以此为背景，探讨空间商业化不断发展的前提下，在开展以中国为中心的商业航天合作过程中，中国可以采取的处理出口控制问题的制度措施。

关键词：空间活动；出口控制；法律措施；亚洲空间合作

本文重点关注出口控制措施对于亚洲空间合作的影响。而这一问题在商业航天国际合作的背景下更有意义。因此，在下文的探讨中，首先将对外空商业化背景下中国在亚洲空间合作中的定位加以阐释；其次介绍出口控制措施的国际规范框架以及主要亚洲空间国家对于国际机制的参与情况（包括国内规范的制定情形等）；其三，分析出口控制的国际制度以及亚洲国家参与情

---

* 聂明岩，男，南京航空航天大学法律系讲师，德国科隆大学法学博士。主要研究方向为国际法、航空航天法。联系方式：niemingyan@hotmail.com。本文为作者在首届中国航天高峰论坛暨中国宇航学会·中国空间法学会2016年学术年会上荣获优秀论文二等奖的录用论文。

况的差异对于亚洲空间合作（尤其是以中国为中心的亚洲商业航天合作）可能产生的影响；最后提出相应的促进措施。

一、引言：以中国为中心的亚洲商业航天合作

从亚洲（尤其是东亚）空间活动以及空间合作的经验看，空间合作活动的开展在很大程度上受制于各主要空间国家之间的政治关系。换言之，针对亚洲空间合作的研究，本质上是对亚洲各空间国家之间的关系的研究。在这样的背景下，针对出口控制措施本身对于亚洲空间合作限制的探讨并无太多特殊之处。因为国际社会制定的对于航天技术/设施的出口具有潜在影响、从而限制航天合作的主要制度规范本身在很大程度上被西方国家（尤其是美国）的政治利益所裹挟。其中的“导弹及其技术控制制度（MTCR）”的实施基本上依赖美国国内立法与该机制的对接及相应的制裁措施的推动[1]。然而，随着商业航天活动的不断发展以及私人实体对于空间活动的不断参与，对国际空间合作这一概念可以在一定程度上做出相应的扩大解释。由非政府实体主导的用于商业目的的国际空间合作很有可能在未来成为外空活动可持续发展的重要动力。数据显示，1997年，全世界私人实体的空间活动收益第一次超过了政府的空间活动支出[2-3]。近年来，商业航天活动的范围也愈加广泛，涉及诸如：航天发射及相关活动，遥感以及通信等[4]。而私人实体则可以以多种方式直接或者间接地参与到上述活动中去。随着航天科学技术的不断发展以及与航天活动相关的产品的市场需求不断增大，在商业航天活动领域，不同国家的私人实体之间关于航天活动/服务的交易及合作将是一个必然结果。在这种背景下，在客观上可能限制航天设施/服务进出口的相应的控制措施所能产生的影响便不可小觑了。

另一方面，随着在国际社会地位的不断提高以及航天技术的日益成熟，中国已经有机会和能力在亚洲地区建立以自己为中心的商业航天合作模式和体系。但是，在全球化大背景下，国际合作的开展（无论是双边/多边抑或区域/全球性的国际合作）应当符合现有的国际规范要求。如上述，在商业航天合作领域，一个潜在的掣肘因素便是出口控制制度。而国际社会制定的两个制度在很大程度上其实迎合了主要欧美国家（及其盟友）的利益，这在实质上可能限制以中国为主体的商业航天合作活动的发展。虽然这些国际制度已经遭到了诸多诟病[1]，但无法否认的是，只要美国及主要欧洲国家继续维持这些制度的运行，其他国家便无法绕开其影响，尤其是在涉及不同国家参与

的航天合作活动领域。因此，中国应考虑采取相应的法律措施积极推动商业航天合作活动的发展。

二、导弹及其技术控制制度与瓦圣娜协定及亚洲主要空间国家的参与状况

导弹及其技术控制制度（MTCR）与瓦圣娜协定（WA）是两个最为主要的可能限制航天技术/设施的出口、从而阻碍航天合作活动开展的出口控制国际制度。

（一）导弹及其技术控制制度及瓦圣娜协定

1. 导弹及其技术控制制度

MTCR最初于1987年由7个国家建立①，至今为止，其参与国已升至35个②。参与国共同遵守的目标为："通过协调各参与国国内出口许可的方式，防止运载系统（能力）扩散被用于运载大规模杀伤性武器"③。规范MTCR制度的文件包括："MTCR指南"以及"设备，软件及技术附件"④。

"MTCR指南"于1987年4月16日正式通过，其本质上是一个政治文件，对于指南的实施则依赖于各参与国的国内法律制度[5]。"MTCR指南"中所涉及的需要控制的与导弹相关的设备、软件及技术则具体体现在其附件之中。

整体而言，MTCR机制采用了较为宽泛的关于"导弹"的定义[5]。"MTCR指南"附件中将需要控制的项目技术分为两类：第一类涉及完整的火箭系统（其中包括弹道导弹系统，航天运载火箭以及探空火箭）以及有能力将500千克有效载荷运送至少300千米的完整的无人航天器运载系统；第二类则涉及除了上述设备系统之外的有高于300千米运送力的其他航天及航空运载器设备，而不考虑有效载荷的重量。除此之外，"MTCR指南"附件中涉

---

① 这七个国家分别为：加拿大，法国，德国，意大利，日本，英国及美国。参见http：//www. mtcr. info/ english/index. html。最后访问时间：2016年8月13日。

② 关于MTCR的参加国，参见http：//www. mtcr. info/english/partners. html。最后访问时间：2016年8月13日。

③ 关于MTCR目标的阐述，参见http：//www. mtcr. info/english/objectives. html。最后访问时间：2016年8月13日。

④ "MTCR指南"及其相关附件分别见于http：//www. mtcr. info/english/guidelines. html以及http：//www. mtcr. info/english/annex. html 。最后访问时间：2016年8月13日。下文中关于"MTCR指南"及其附件内容的介绍不再另行注释。

及的限制出口的项目还包括推进器及推进剂，发射及地面支持设备，以及导弹建设所需的材料等。

在 MTCR 的制度框架下，为了实现出口控制的目的，其采取的措施可以做如下归纳：

其一，如上述，MTCR 敦促各参与国制定国内措施。

其二，“MTCR 指南”要求参与国在出口相关的被控制项目时应获得项目最终用户的承诺，其中包括例如：1）最终用户应对项目的使用及使用的位置做出详尽的说明；2）最终用户应明确保证项目将不会被用于开发、生产任何与大规模杀伤性武器有关的运载系统；3）若有可能且必要时，出口商或出口方政府还应该进行装运检查。

其三，MTCR 各参与国还应该对执行“MTCR 指南”的情况进行信息交换。

通过上述介绍可以发现，MTCR 所控制出口的项目涵盖了与导弹的开发、制造及运营相关的范围广泛的设备及技术，无论是否为军用还是双重用途。虽然“MTCR 指南”明确指出“（只要）相关项目不涉及为大规模杀伤性武器的运送服务，制度本身并不限制相关的国内项目或国际合作项目的开展”，但是可以肯定的是，在空间开发项目包括航天合作项目之中起到关键作用的航天发射设备在实质上与用于导弹发射的设备并无差异，这将会在航天合作过程中起到阻碍作用。

2. 瓦圣娜协定

瓦圣娜协定的建立最早可以追溯至冷战时期。1950 年，处于西方资本主义阵营的几个国家决定建立多边出口控制协调委员会（COCOM）。这个非正式的委员会旨在限制可以被用来发展军事实力的敏感物品的出口以及武器系统的扩散[6]。在冷战背景下，COCOM 实质上是西方资本主义阵营对向社会主义国家出口相关敏感设备的限制。冷战结束后，COCOM 成员意识到以东西方对立的思路限制出口已经无法适应时代的发展，故而 COCOM 于 1994 年 3 月终止运行，瓦圣娜协定于 1995 年 12 月 19 日正式提出①。瓦圣娜协定是一项政治性协议，其在原则上向全球所有同意遵守协定标准的国家实施无歧视的开放[5]。

作为一个出口控制协议，瓦圣娜协定适用范围包括常规武器以及具有双

① 关于“瓦圣娜协定”建立的详细历史，参见 http://www.wassenaar.org/about-us/。最后访问时间：2016 年 8 月 13 日。

重用途的货品和技术。这些物品被具体列举在双重用途货品及技术清单以及军需品清单之中。其中双重用途的货品和技术清单包括两个附件，分别列举了敏感和极其敏感的项目①。

为了实现瓦圣娜协定控制出口敏感/极其敏感物品及技术的目标，各参与国同意采取措施禁止未经许可的控制清单上的项目被转运/再转运。而关于转运相关被限制物品的许可则由参与国全权负责。同时，各参与国承诺制定国内标准，对于极其敏感货品及技术清单上的项目给予严格限制。与此同时，为了协调各国的政策，各参与国同意在自愿基础上交换信息。例如，当拒签许可证的原因与协议的目的有关时，参与国应对拒绝签发向非参与国出口双重用途清单上物品/技术的情形进行通报②；针对敏感的和非常敏感的项目，参与国应该对于协议目标相关的签发给非参与国许可证的情形进行通报③。

总体而言，瓦圣娜协定希望在保障透明度的基础上促使各参与国承担协定规定的责任，从而实现保证区域和国际安全的目的。至今为止，瓦圣娜协定有 41 个参与国④，其中包括美国、俄罗斯等世界级的航天强国；德国、法国、英国等欧空局重要成员国以及日本和韩国等亚洲航天国家。

MTCR 与 WA 都不具备法律约束力。一般认为，国家依据其政治意愿决定是否加入并遵守两个制度的规定[7]。但是，这两个制度对于航天合作的影响（尤其是以中国为中心的亚洲商业航天合作）值得注意。亚洲地区的主要航天国家，如日本、韩国、印度都已经加入了相应的国际机制并制定了国内规则。中国虽然也在国内层面采取了相应的出口控制措施并制定了相关规则，但是在游离于国际社会两个重要制度的前提下，开展以中国为中心的亚洲空间合作，难度可想而知。

（二）亚洲主要航天国家参与出口控制国际机制的状况

曾有研究指出，亚洲空间合作的最佳模式是集合亚洲主要航天国家（包括中国、日本、印度和韩国等）的优势力量共同开发航天项目。并且提出了

---

① 关于“瓦圣娜协定”的限制货品清单附件，参见 http：//www. wassenaar. org/control - lists/。最后访问时间：2016 年 8 月 13 日。

② 参见 http：//www. wassenaar. org/wp - content/uploads/2016/01/Guidelines - and - procedures - including - the - Initial - Elements - 2015. pdf。最后访问时间：2016 年 8 月 13 日。

③ 同上。

④ 关于“瓦圣娜协定”参与国的详细信息，参见 http：//www. wassenaar. org/about - us/。最后访问时间：2016 年 8 月 13 日。

仿照欧空局建立亚洲空间局（ASA）的思路[8]。当然，受复杂的亚洲地缘政治因素的制约，这些想法在短期内很难实现。但是，若要研究以中国为中心的亚洲航天合作，其他亚洲航天强国（包括日本、韩国和印度）的情况则必须加以重视。在出口控制问题上，亚洲其他主要航天强国参与国际机制的情况对中国以后区域航天合作的开展将会产生重要影响。

1. 日本

日本是 MTCR 的重要创始国之一，同时也作为参与国认可了瓦圣娜协定。如上述，MTCR 机制对于出口控制的执行依赖于各参与国国内立法的协调。相应的，日本制定了详尽的国内规范对出口控制问题进行规制。其中最为重要的法律为《外汇及对外贸易法》，依据该法的规定，在出口相关的受控制的项目前，应获得经济产业省的事先许可①。而需要控制出口的产品和技术则列举在《出口贸易控制规则》的附表一之中②。与火箭相关的设备、工具及产品，包括测试设备及其部件、制导系统、控制设施等，都在被控制的项目之列。另外，用于飞行器、卫星及其他空间运载系统生产和设计的氟化物产品也属于控制项目。总之，日本的国内出口控制措施基本上反映了 MTCR 以及 WA 等国际制度的要求，对相关的产品和技术进行了严格的控制。

另外，值得注意的是，日本国内出口控制规则沿用“一揽子控制（catch - all control）”方式。所谓“一揽子控制”是指日本经济产业省要求出口商在出口可能被用于开发大规模杀伤性武器的产品时进行许可证申请，无论这种产品是否被列举在国际出口控制制度的控制名单上③。为了更有效地实现“一揽子控制”的目标，日本经济产业省公布了“最终用户名单”，而被列举在这个名单上的公司/实体被认为是具有开发大规模杀伤性武器的嫌疑的。换言之，日本企业对名单上的企业的出口受到更严格的法律控制。在日本最新公布的“最终用户名单”中，中国（包括香港）有接近 50 家企事业单位入选④。其中包含了多家我国与国防和军工相关的企业和研究机构。

---

① 参见 Art. 25 and Art. 48 Foreign Exchange and Foreign Trade Act，Act No. 228 of December 1，1949. http：//www. japaneselawtranslation. go. jp/law/detail/? id = 21&vm = 04&re = 01. Last accessed，13 Aug 2016。

② 参见 Export Trade Control Order，Cabinet Order No. 378 of December 1，1949。

③ 关于“一揽子控制”的详细解释可以参见 http：//www. meti. go. jp/english/press/2016/0329 _ 01. html。最后访问时间：2016 年 8 月 13 日。

④ 关于“最终用户名单”的具体内容，参见 http：//www. meti. go. jp/policy/anpo/law _ document/ tutatu/kaisei/20160329 _ 3. pdf。最后访问时间：2016 年 8 月 13 日。

2. 韩国

韩国于2001年加入MTCR，同时，其也是“瓦圣娜协定”的参与国之一。韩国国内的出口控制法律规制与日本类似。其《对外贸易法》是规制出口控制问题最为重要的法律。除此之外，还有其他三部法律针对不同的项目进行了相应规制。《对外贸易法》第19条规定：“任何人如果试图出口任何与‘战略项目’有关的产品都应当获取许可证，许可证一般由知识经济部长或者是贸易、工业与能源部长与相关行政机构协商后颁发，许可证颁发后还应经过公告。”[①] 而韩国法律规定的“战略项目”的范围基本涵盖了出口控制国际机制规定的项目，其中当然包括MTCR与“瓦圣娜协定”所列出的应该予以出口控制的设备、产品以及技术等。如上所述，这些被控制的项目中基本涵盖了航天发射项目所需的所有重要技术、设备、设施等。

3. 印度

作为亚洲地区重要的空间大国之一，与日本和韩国相比，印度长期游离于上述两个重要的出口控制国际机制之外。而从国内机制角度看，印度颁布于1992年的《对外贸易法》以及2005年的《大规模杀伤性武器法》对出口控制问题进行了规范。

印度1992年《对外贸易法》针对对外贸易的许可证发放进行了规范。该法于2010年进行了修订，新修订的法律对双重用途物品的出口控制进行了规范[②]。而2005年《大规模杀伤性武器法》则明确规定，任何非政府实体不允许获取有可能用于开展大规模杀伤性武器敏感技术；针对这类技术，非政府实体在任何情况下都不允许出口[③]。

值得一提的是，印度一直试图加入国际社会上最为主要的出口控制机制（包括MTCR与“瓦圣娜协定”）。为此，其一直不断协调本国的相关规定（包括修改相应法律、更新出口控制项日名单以及改进许可程序等）使之与国际社会主要出口控制机制的相关规范相适应。通过上述努力以及与美国关系

---

① 关于韩国《对外贸易法》，参见 http：//unpan1. un. org/intradoc/groups/public/ documents/APCITY/UNPAN011483. pdf。最后访问时间：2016年8月13日。

② 印度1992年《对外贸易法》及其2010年修订案分别见于 http：//dgft. gov. in/exim/2000/download/Appe&ANF/38A. pdf >；http：//www. prsindia. org/uploads/media/Acts/The%20Foreign%20Trade%20（Development%20and%20Regulation）%20Amendment%20Act，%202010. pdf。最后访问时间：2016年8月13日。

③ 关于印度《大规模杀伤性武器法》，参见 https：//www. nti. org/media/pdfs/ Weapons _ of _ Mass _ Destruction _ Act _ 2005. pdf。最后访问时间：2016年8月13日。

的不断缓和，印度已经于2016年成功加入MTCR[9]。这无疑对改进其国内相关机制及促进新的航天合作具有重要意义。

4. 中国

中国至今为止并未加入上述两个与出口控制有关的国际机制（MTCR与WA）。但在国内层面，中国基本遵循了相关国际机制提出的原则，并对相应的项目进行出口控制。其中与航天活动发展相关的项目以及用于航天发射的设备和技术等基本包含在商务部及海关总署联合公布的《两用物项和技术进出口许可管理目录》① 之中。

综上所述，作为重要的出口控制国际制度，无论是MTCR还是“瓦圣娜协定”都不具备国际法上的约束力，且两个制度的公平性也受到很大的质疑。但无论如何，这两个机制是现存的最为重要的可能影响航天合作的国际制度。在商业航天活动快速发展的背景下，任何一个国家想要促进发展综合的商业航天合作，都必须处理好与上述国际机制的关系。

三、出口控制国际制度对以中国为中心的亚洲商业航天合作的阻碍

与航天活动相关的出口控制的国际制度主要为MTCR及“瓦圣娜协定”。上文已经对两个国际机制以及亚洲主要航天国家对于两个国际机制的参与包括其国内措施做了简单介绍。而两个机制对于以中国为起点的商业航天合作的阻碍作用可以表现为如下两个方面：其一，由于中国与两个机制的关系导致的消极影响；其二，出口控制措施本身对于未来可能全面参与国际航天合作的非政府实体活动的阻碍作用。

（一）由于中国与出口控制国际制度的关系而导致的阻碍

在亚洲的主要航天强国中，日本和韩国全面参加了上述两个出口控制制度。印度经过多年努力，也终于成为MTCR参与国。只有中国还不是任何一个制度的参加国。这当然是由极其复杂的历史及现实因素所导致。但中国缺席两个国际制度对于航天合作尤其是亚洲层面的航天合作的影响也是极为明显的。

① 参见 http：//www.mofcom.gov.cn/article/b/c/201512/20151201225148.shtml。最后访问时间：2016年8月13日。

作为亚洲地区较有潜力的与中国进行航天合作的国家，韩国曾在中国为东道国的亚太空间合作组织的筹办期间积极参与。但是其最终并未签署《亚太空间合作组织公约》。其中一个不可忽视的原因即为中国并非MTCR的参与国[10]145。除此之外，诸项韩国欲与中国合作的商业航天项目也因受到美国的阻挠而未能实现。例如，2001年，韩国曾与中国签订了一个发射多功能卫星的合同，但这个合同于2002年便被迫中止。因为美国向韩国施压，表明如果韩国继续履行与中国的合同，将不会再向韩国提供任何卫星部件。其理由便是中国并非MTCR成员国，有可能将相关技术扩散。2007年，中国邀请韩国等作为共同参与国发射一个多任务小卫星，韩国基于同样理由不得不退出合作[10]。

作为MTCR制度的主要参与国，美国一直试图通过其国内法以及制裁手段保障制度的运行。但是，通过上述事例也可以看出，MTCR其实也是美国控制其盟友同时排挤其所谓对手的重要手段。以是否为MTCR参与国为标准判断某国是否有可能扩散相关被控制物项的做法本身就存在极大的不合理性。事实上，我国已经按照MTCR等其他国际出口控制制度的标准制定了相关的国内规定，美国对于中韩航天合作的多次阻挠并无任何法律合理性，完全出于其自身政治利益的考虑。但是，不得不接受的现实是，MTCR包括“瓦圣娜协定”已经被多数发达国家所接受，并在一定时期内仍然会在国际社会发挥着重要作用。因此，如何处理好与这两个制度的关系，从而在最大限度内减少对航天国际合作的影响，仍然是中国必须面对的一个重要问题。

（二）出口控制制度对于私人国际航天合作活动的阻碍

私人航天活动的快速发展已经是一个不争的事实。而由私人实体普遍参与的区域/国际航天合作也是一个可以预见的趋势。如上文所介绍，多数航天国家都制定了关于出口控制的国内规则，而这些国内规则对于私人航天合作活动的影响也是值得注意的。

从私人实体实际航天合作操作角度讲，这样的影响可以简单地概括为如下两个方面：

其一，因为出口控制制度本身限制的物项包括了设备、设施以及技术等，所以，在合作过程中，尤其是涉及高端技术的航天合作过程中，出口控制制度可能在合同洽谈的第一步便产生阻碍作用。例如在商业谈判过程中需要提到的相关合作的技术细节以及数据信息，在很多情况下可能被视为限制出口的技术，需要提前获得许可[11]。而对于这种技术细节的认定以及许可则可能是耗时极长的过程。

其二，对于控制物项以及技术出口许可证申请本身也是一个极为复杂的过程。不仅需要专业技术人员对相关技术进行详细判定，还需要法律工作者按照程序进行申请。在这种情形下，规定混乱的法律和程序将极大地阻碍相关活动的开展。

当然，上述分析只有在私人商业航天合作普遍开展的背景下才有意义。现阶段，以国家为主体开展的航天合作仍旧占有主要地位，随着私人商业航天活动的日益发展，更为复杂的有关出口控制的问题将会不断出现，还需要进一步的协调。

四、改善措施及结论

本文探讨以中国为中心开展的亚洲范围的商业航天合作，具体分为两个层面：其一为以国家为主体开展的航天合作活动；其二则是以中国的私人实体为主体参与开展的航天活动。而在出口控制国际制度（包括国内制度）明显阻碍上述活动开展的背景下，中国可以采取以下改善措施：

其一，努力加入主要的出口控制国际制度。这当然是一个必要措施，但难度也可想而知。对于上述两个与出口控制相关的国际制度，我国经历了从排斥到积极参与的过程。2004 年，我国曾试图申请加入 MTCR，但是遭到拒绝[1]。而可以预见的是，短期之内，中国能否加入 MTCR 等国际出口控制制度，仍旧受制于中国与美国的关系。因此，除了在政治上加强与美国关系的处理，我国还可以采取措施逐渐完善国内法律，使国内法与国际规范不断契合，为未来加入相关国际制度做好准备。

其二，作为亚太空间合作组织的东道国，我国可以以该组织为平台，发展与其他亚洲国家和组织的合作。例如与日本主导的亚太区域空间机构论坛的合作等。早在 2009 年，日本宇宙航空研究开发机构（JAXA）代表访问亚太空间合作组织总部时，就曾经代表日本政府提出过合作意向①。虽然至今为止两机构之间还未曾开展过任何实质性的有关共同开发航天项目/航天科学技术的合作，但随着中日两国政治关系的不断变化，以及由于人类社会飞速发展带来的各种全球性危机对于航天技术的日益倚重，两机构之间利用航天技

① 参见 APSCO Meet with JAXA，available at：http：//www.apsco.int/NewsOne.asp? ID=68. Last accessed on 13 Aug 2016。

术治理全球性/区域性危机的合作可能性仍旧存在。而针对出口控制问题，《亚太空间合作组织公约》中有明确的技术管制和出口管制措施。例如，《公约》第23条第2款规定："为开展本组织的合作活动、方案和项目，成员国应订立有关技术保护措施的协定，并在特殊情况下推动有资格的组织及其他指定的组织订立此类协定，以制定并执行具体的技术安全计划。"第3款规定："成员国应依各自有关出口管制清单中所列物项和服务的国内法规和出口管制立法行事。"亚太空间合作在尊重各国国内出口控制措施的基础上，试图在相关的合作项目中达成协议，这其实在客观上履行了出口控制国际制度的义务。这一条款虽然只是针对成员国之间的合作进行规定，但是可以扩展适用到组织的其他模式的合作中去。《公约》第24条规定："经理事会成员一致同意，本组织为实现其宗旨可与非本组织成员国、其他国际组织和机构建立合作伙伴关系，理事会应为此类合作制定适当的指导原则和程序。"在制定指导原则和程序过程中，建议理事会考虑纳入第23条规定。这样，未来无论是韩国还是日本为主导的亚太区域空间机构论坛与亚太空间合作组织开展合作，都不存在美国所指责的扩散控制物项的风险。

其三，针对国内私人实体的区域/国际航天合作活动。我国面临的问题是私人性质的商业航天力量发展不足。所以当务之急是通过国内航天立法鼓励并促进私人实体对于航天活动的参与。而对于私人实体进行国际合作的出口控制问题，则是私人实体航天活动普遍发展之后需要面对的问题。我国应该在现阶段做好有关出口控制措施的立法准备，具体措施包括：依照国际及各国通行标准不断更新限制出口物项及技术；制定清晰明确的受控物项/技术出口许可证申请的前提条件及申请程序；以及制定清晰、透明的监管及处罚措施等。

作为政治性极强的两个有关出口控制的国际制度，MTCR与"瓦圣娜协定"对于商业化背景下的国际航天合作具有重要的影响。但是对于两个制度的大多数参与国而言，这种影响仅仅表现在加重相关合作实体的义务。而对于中国而言，这两个制度则在很大程度上发挥着政治影响。如果希望促进以中国为中心的亚洲商业航天合作的发展，除了积极采取措施参与两个制度，中国还可以利用亚太空间合作组织的平台，积极寻求合作机会。在国内立法层面，则可以采取措施鼓励私人实体对航天活动的参与，同时进一步完善有关出口控制措施的规定。

参考文献

[1] 李滨．导弹及其不扩散国际机制之效力辨析 [J]．北京理工大学学报（社会科学版），2016（4）：113－119.

[2] Federal Aviation Administration，Associate Administrator for Commercial Space Transportation，"Commercial Space Transportation：1997 Year in Review"，January 1998.

[3] Vedda James，Space Commerce，in Eligar Sadeh（eds.），Space Politics and Policy：An Evolutionary Perspective，Kluwer Academic Publishers，2002，pp. 201－227.

[4] Karl－HeinzBoeckstiegel（ed.），'Project 2001'－Legal Framework for the Commercial Use of Outer Space：Recommendations and Conclusions to Develop the Present State of the Law，Carl Heymanns Verlag，2002，pp. 55－403.

[5] Yann Aubin，Arnaud Idiart（eds.），Export Control Law and Regulations Handbook：a Practical Guide to Military and Dual－Use Goods Trade Restrictions and Compliance，Kluwer Law International，2007.

[6] Freeland Steven，Lee Ricky，The Impact of Arms Limitation Agreements and Export Control Regulations on Launch Activities，in Proceedings of the Forty－Fifth Colloquium on the Law of Outer Space，10－19 October，2002，Houston Texas，pp. 321－329.

[7] Ejova Macha，Euro－Russian Cooperation in Space and Export Control：Policies and Practices，in Proceedings of the Forty－Eighth Colloquium on the Law of Outer Space，17－21，October，2005，Fukuoka，Japan，pp. 393－399.

[8] KimDoo Hwan，Possibility of Establishing an Asian Space Agency，in German Journal of Air and Space Law，Carl Heymann Verlag，2001，pp. 397－408.

[9] MTCR，Chairs' Statement on the Accession of the Republic of India to the Missile Technology Control Regime，27 June 2016. Available at http：//mtcr. info/ wordpress/wp－content/uploads/2016/06/160627－India. pdf，last accessed 13 August 2016.

[10] Rhee，Sang－Myon，Regional Cooperation in Asia Relating to Space Activities Northeast Asian Issues，in Proceedings of the Space Law Conference 2006，2－3 August 2006，Bangkok，Thailand，pp. 141－152.

[11] BankCristian，The Complexities of International Space Industry Contracts，in Smith Lesley Jane，Baumann Ingo（eds.），Contracting for Space：Contract Practice in the European Space Sector，Ashgate，2011，pp. 133－149.

第五部分
中国空间法学会 2015—2016 年度
学术课题研究成果

国家“一带一路”倡议与中国航天的应对*

中国空间技术研究院课题组

目　录

前　言

党的十八大以来，党中央统筹国内国际两个大局，在保持外交大政方针连

* 本文为中国空间法学会 2015—2016 年度第 1 号学术课题研究项目结题报告，荣获中国空间法学会 2015—2016 年度学术课题研究项目一等奖。课题主持人为中国空间技术研究院钱学森空间技术实验室侯宇葵研究员，课题组成员包括汪夏、李寿平、苏金远等。

续性和稳定性的基础上，主动谋划，锐意进取，中国特色大国外交格局初步形成。以习近平同志为核心的党中央着眼新形势新任务，坚持人类命运共同体战略思想，秉持亲诚惠容的周边外交理念，强调切实抓好周边外交工作，坚持与邻为善、以邻为伴，坚持睦邻、安邻、富邻，深化同周边国家的互利合作和互联互通。在这一时代背景下，“丝绸之路经济带”应运而生。积极推进“丝绸之路经济带”建设的根本意义在于切实加强务实合作，努力寻求同各方利益的汇合点，通过务实合作促进合作共赢，走向共同繁荣。

外层空间蕴含着巨大的政治、经济和军事价值，已成为国家利益的新边疆、国家安全的新高地和大国博弈的新战场。各国日益关注空间系统在大国博弈中的战略作用以及商业航天发展带来的巨大经济利益。同时，“一带一路”沿线国家众多，具有巨大的市场发展空间。中国航天[①]在“一带一路”建设中，能够借助航天特有的行业优势和地位发挥重要作用，并在大国外交、资源保护、非传统安全合作等诸多领域提供服务。因此，有必要研究“一带一路”倡议对中国航天的需求、中国航天如何积极参与“一带一路”建设，以及对此需要采取什么样的政策法律措施等问题，从而为中国航天事业发展和“一带一路”建设的顺利推进提供保障和支持。

一、“一带一路”倡议及其对中国航天的需求分析

（一）“一带一路”倡议解读

1. “一带一路”的历史渊源

古丝绸之路具有狭义和广义两个概念。从狭义上讲，古丝绸之路一般是指从长安、洛阳出发，穿越中亚，翻过帕米尔高原，抵达西亚、中亚的交通路线；从广义上讲，古丝绸之路是从上古开始陆续形成的，遍及欧亚大陆乃至包括北非和东非在内的长途商业贸易和文化交流线路的总称，可分为陆上丝绸之路和海上丝绸之路。

（1）陆上丝绸之路

由于古丝绸之路的开辟是一个较长的历史过程，行走的线路也比较复杂，陆上丝绸之路主要分北方丝绸之路和南方丝绸之路。

① 本课题报告所涉及的航天属于“大航天”、“全行业”概念，并不局限于航天器研制、发射活动。

①北方丝绸之路

西汉时期，汉武帝为了消除北方边患，于建元三年（公元前 138 年）派张骞前往西域，联络曾被匈奴赶走的大月氏共同抗击匈奴。张骞一行先后到达西域的大宛（今乌兹别克斯坦境内）、康居（今哈萨克斯坦东南）、大夏（今中亚和南亚次大陆西北部）、大月氏（今中亚地区）等地，历尽千辛万苦，途中曾被匈奴俘虏，遭到长达十余年的软禁，此后才返回长安，由于此行是空前的壮举，史称“凿空”，“丝绸之路”由此开辟。汉宣帝神爵二年（公元前 60 年），为保护丝绸之路，西汉在河西地区设置张掖、武威、酒泉、敦煌四郡，并在乌垒城（今轮台县境内）建立西域都护府，开始行使国家主权。以此为标志，古丝绸之路开始进入繁荣时代。

②南方丝绸之路

早在 4000 年前，四川盆地就存在着几条从南方通向沿海，通往今缅甸、印度地区的通道。春秋战国时，中原地区群雄割据，战乱不已，西南地区的商人在蜀地（今川西平原）与身毒之间开辟了一条商路，人称“茶马古道”或“南方丝绸之路”。汉代张骞出使西域时，在大夏发现了蜀布、邛竹杖等，系由身毒转贩而来。他向汉武帝报告这些情况后，遂于元狩元年（公元前 122 年）被派到南方打通“蜀身毒道”，南方丝绸之路随后得以扩展。南方丝绸之路一直延续了两千多年，到二战期间，沿西南道开辟的滇缅公路、中印公路成为支援后方的一条生命线。

（2）海上丝绸之路

古代海上丝绸之路几乎与陆上丝绸之路同时发展，有南海航线和东海航线两条。海上丝绸之路以中国东部沿海城市为起点，向东通往朝鲜半岛、日本，向南通往东南亚、南亚、非洲和欧洲，是古代中国与朝鲜、日本和东南亚、南亚、北非等联系的海上重要通道。其中，南海航线是海上丝路的主线，东海航线为次线。它们形成于秦汉时期，发展于三国至隋朝时期，繁荣于唐宋时期。据史书记载，西汉时中国海船就携带大批丝绸、瓷器、茶叶等，从东南沿海起航途经今越南、泰国、马来半岛、缅甸等国，远航到印度的黄支国（今印度康契普拉姆）去换取香料、染料，然后从今斯里兰卡经新加坡返航。印度商人在这里把中国的丝绸、瓷器经红海运往埃及开罗港或经波斯湾进入两河流域到达安条克，之后再由阿拉伯商人经地中海运往希腊、罗马两大帝国的大小城邦[①]。

① 王喜成：《历史上的丝绸之路及其重要作用》。

丝绸之路自古以来就是我国与其他国家开展对外贸易和国际交流的重要通道，具有深厚的历史渊源和历史地位。从历史来看，“丝绸之路”兴盛的时期，往往都是我国国力强盛的时期。因此，通过“一带一路”倡议，复兴我国与沿线国家的贸易、交通、文化交流等领域，无论是从历史意义上还是中国当前的形势上看，都具有非同寻常的重要意义。也是我国具有历史必然性的战略选择。

2. “一带一路”倡议内涵与战略定位

“一带一路”倡议的战略构想最早由中共中央总书记、国家主席习近平于2013 年 9 月、10 月分别提出，之后写入党的十八届三中全会《决定》，上升为国家倡议。该倡议寄托着多层次的区域合作愿景，展现了中国发展区域共赢合作的新理念、新蓝图、新途径和新模式[1]。

国外智库和专家学者对“一带一路”倡议给予了高度关注和评价，大多从中国崛起的角度解读其内涵。世界银行前副行长帕拉西奥在“丝绸之路经济带建设国际学术研讨会”上表示，古丝绸之路成为文明沟通桥梁的代名词，不冲突不对抗的独立外交政策是新丝绸之路的精华所在。埃及开罗大学亚洲研究中心主任萨利赫认为，“一带一路”构想与“中国梦”的理念相辅相成。新加坡东亚研究所所长郑永年认为，丝绸之路既是中国古老文明的一部分，也是当代中国文明在国际政治舞台上自信和复兴的有效方法，是大国崛起所依托的时代精神。郑永年还提出，丝绸之路的核心是贸易，中国对外关系的核心是经济贸易。缅甸资深媒体人吴温丁认为，中国领导人高瞻远瞩，提出了“一带一路”构想，这也是为了解决和平发展、共同发展的问题。但是，也有部分国外学者质疑“一带一路”深层的地缘政治动机。俄罗斯学者、远东研究所副所长卢贾宁认为，该构想试图重新划分太平洋到欧洲的经济版图，是遏制美国并将其赶到大西洋的有效武器，是从根本上改变世界美元架构的起始平台。《外交学者》杂志副主编蒂耶齐刊文称，该构想是“珍珠链”在新的名义下继续发展壮大，使美国、印度等国家的战略家感到担忧①。

我国国内专家普遍认为，无论是“丝绸之路经济带”，还是“21 世纪海上丝绸之路”，都蕴含着以经济合作为基础和主轴，以人文交流为重要支撑，开放、包容的合作理念。特别是“一带一路”将中亚、南亚、东南亚、西亚等区域连接起来，有利于各区域间互通有无、优势互补，建立和健全亚洲供应链、产业链和价值链，使泛亚和亚欧区域合作迈上新台阶。有专家表示，虽

① 蒋希蘅，程国强：《国内外专家关于“一带一路”建设的看法和建议综述》。

然目前“一带一路”主要内容仍在研究之中，但应优先推进政策沟通、道路连通、贸易畅通、货币流通和民心相通等方面达成共识。

本课题组认为，推进“一带一路”建设，其最重要的手段就是要实现互联互通，往西形成我国在政治、经济、文化等方面更强的影响力，并由此辐射世界其他国家和地区。实现互联互通主要在以下几个方面：一是基础设施领域的互联互通，主要以交通基础设施的互联互通为重点领域，实现基础设施领域的互联互通一方面能够有利于促进我国与其他周边国家的贸易往来，另一方面能够有助于我国相关企业打开国际市场，提高国内企业的经济效益。二是信息领域的互联互通，包括互联网的相互融通、电信网络、电视网络、卫星通信等诸多信息领域。三是文化领域的互联互通，沿线国家经济发展水平不同、宗教信仰不同、生活习俗不同，带来一定程度上的文化融合壁垒，但同时也为多元文化融合提供了可能性。以交通基础设施、信息基础设施等为载体，将中华优秀传统文化传播到沿线国家，并影响到当地人民的认知和生活，是我国作为世界大国展现影响力的重要方面。四是经济领域的互联互通，基础设施、信息、文化等领域的互联互通必然会带来沿线国家与我国在经贸方面的往来更加频繁，促使形成区域性经济共同体，促进国际政治经济关系，形成我国在西部沿线国家和地区中较强的国际影响力。

从战略定位来说，中国航天参与“一带一路”建设需要落实如下战略意图：

一是保障我国国家战略安全，获取制信息权。“一带一路”建设涉及的沿线国家众多、地域广阔、自然环境复杂多变，国家间发展水平差异较大，地缘政治环境复杂，并且许多国家与我国接壤，我国国内疆独、藏独等势力也与一些沿线国家内的相关政治势力有着千丝万缕的联系。中国需要获取在“一带一路”沿线及周边国家区域的制信息权，从而保证国家的战略安全。

二是推动我国经济结构转型升级。2008 年以来，世界经济增速总体逐渐下滑。同时，以互联网产业为代表的新兴产业蓬勃发展，带来了巨大的市场空间。我国为了适应这种经济增长的新模式，亟需调整国内产业结构，达到调结构与保增长并举的目的。因此，我国可以结合“一带一路”建设将目光投向沿线国家。从现状来看，由于亚非地区新兴市场和经济欠发达国家之基础设施建设欠缺，我国运用庞大的外汇储备资产并以此投资为手段，可以大批量输出基础建设项目。我国通过现有基础建设领域的产能，为沿线国家提供基础建设的同时，也对我国实现经济转型和平稳过渡提供支撑。

三是创设区域合作平台，加快人民币国际化。随着“一带一路”倡议的推出，我国开始采取积极战略，主动促成地区性国际合作机制的建设，并积极创设主导新的国际制度安排。我国已发起成立“亚洲基础设施投资银行”（简称亚投行），其宗旨在于为亚洲区域的铁路、公路、桥梁、港口、机场和通信等基础设施建设项目提供融资服务。至 2015 年，亚投行创始成员国共计 57 个，其中区域内国家 37 个，区域外国家 20 个，涵盖亚洲、大洋洲、欧洲、拉丁美洲、非洲五大洲。

四是加强邻国能源合作，确保油气资源供应。“一带一路”是实现多个国家意图的战略定位，除了连接中亚资源供应国和中国大陆市场，促进经济发展外，另一方面就是扩大能源进口来源、拓展成本更低的运输管道、巩固能源管道安全。目前，在油气管道建设上，我国已经形成西北、西南、东北、海上四大油气战略通道，包括中俄、中亚、中缅油气管道及海上进口通道。

五是主导区域经贸整合，拓展经济战略空间。从区域经济一体化所施行经济合作的成功范例来看，无论是欧盟还是北美自由贸易区，均由大国主导。通过“一带一路”建设，实现我国在东亚区域的地位和影响力不断提升，在东亚区域经济整合中扮演更加重要的角色。

总之，共建“一带一路”倡议是一项关乎全局的重大构想，其范围涵盖政治、经济、文化、国际关系等诸多方面，可谓立意深远、高瞻远瞩，对我国未来一段时间的发展将产生深远的影响。

3. 中国航天对“一带一路”建设的支撑作用

从技术层面看，中国航天包括运载火箭系统、卫星系统、发射场系统、测控系统和卫星应用系统等五大系统。

从这五大系统来看，中国航天可以在“一带一路”建设中为我国和沿线国家提供多方面的支撑。如运载火箭系统方面，可以为他国研制的卫星提供商业发射服务，也可通过发射技术的出口帮助他国提高运载火箭研制能力。卫星系统可以承载的项目包括载人航天、深空探测以及未来可能出现的太空旅游等，可以与沿线国家，尤其是经济比较发达、有一定航天能力的国家进行合作，共同探索空间科学和进行商业探测活动。发射场系统方面，可以通过在海外共同建设发射场，并提供更加灵活的海外商业发射服务，同时还可以帮助沿线国家发展国内的航天基础设施。测控系统方面，可以在政策友好的沿线国家布站或与沿线国家共同建设地面测控站；一方面由于“一带一路”沿线国家和地区横跨的经度和纬度都较广，在相应地点建站对我国的卫星测控来说具有得天独厚的优势，另一方面也可以对沿线国家构建卫星测控系统提供帮助。卫星应用则更是大有可为，可以说“包罗万象”。如在信息、灾害、食品、航道、环境保护、公共卫生、跨国犯罪、恐怖袭击等非传统安全领域提升提供国际公共产品和服务的能力。“一带一路”沿线局部地区局势动荡，极端势力和跨国犯罪比较活跃，成为“一带一路”建设不可回避的不稳定因素。相关国家在该领域技术相对落后，亟待利用天地一体化卫星技术实现情报获取分析、行动指挥控制，有效打击暴力恐怖主义、分裂主义、极端主义和制贩毒品等跨国犯罪活动，维护地区安全与稳定。

此外，“一带一路”沿线国家矿产、油气资源储备丰富，地域广阔，地理情况复杂，交通等基础设施建设薄弱、资源勘探开发难度大，对地理信息数据获取和处理、位置服务信息采集与应用、数据通信的实时性和可靠性提出了较高要求，亟待利用中国航天的高科技手段解决上述问题。

（二）“一带一路”沿线国家分析

1. 投资环境分析

“一带一路”沿线包括 64 个国家[①]，从经济规模来看，其中大多为发展中国家和新兴经济体，只有 7 个国家属于国际货币基金组织（IMF）定义下的发达经济体，分别是捷克、爱沙尼亚、以色列、拉脱维亚、新加坡、斯洛伐克和斯洛文尼亚。在这 7 个国家中，除以色列和新加坡外，均位于中东欧地区。

2013 年，沿线国家人口规模达 30.8 亿，占全球总人口的 44%。经济规模达 12.8 万亿美元，平均 GDP 为 2 068 亿美元，低于世界平均水平（3 900 亿美元）。沿线国家有 17 个在该区域以上水平，25 个国家在 1 000 亿美元以上，6 个国家在 5 000 亿美元以上。

近年来，“一带一路”沿线国家吸收外国直接投资（FDI）增速放缓。但从 2008 年以来，中国对“一带一路”沿线国家的直接投资却处于快速增长阶段。2013 年，中国对“一带一路”沿线国家的投资流量高达 126.34 亿元，是 2008 年的 3 倍多。但与沿线国家吸收外资总量相比，仅占前者 3.7%。到 2013 年末，中国对“一带一路”沿线国家的投资存量为 574.17 亿美元，占“一带一路”沿线国家吸收国外直接投资总量的 1.3%，未来发展潜力很大。

中国企业加大对“一带一路”沿线国家的投资是落实“一带一路”倡议的关键一环。但针对企业如何选取东道国，目前中国业界的研究并不太多。

① 需要指出，广义的“一带一路”沿线国家并没有确切的数量或地域概念——编者注。

“国观智库”通过以“一带一路”沿线国家为样本，以政治、经济、制度、基础设施建设四大类指标为依据，通过实证分析构建中国在“一带一路”沿线国投资的评估体系，并得到一个综合排名系统。

根据“国观智库”的研究结果，在得分最高的国家中，第一为新加坡，第二为俄罗斯。从各区域的排名分布情况来看，中亚及蒙古地区各国排名相对较为均衡，哈萨克斯坦、蒙古、土库曼斯坦、乌兹别克斯坦、吉尔吉斯斯坦以及塔吉克斯坦依次位列第3、17、36、41、44及52名。南亚7个国家中除印度排在第23外，其余6国均排在后20位。东南亚国家排名相对较为均衡，新加坡、越南以及马来西亚分别位列第1、5和7名，印度尼西亚、泰国、文莱、老挝、菲律宾、柬埔寨、东帝汶以及缅甸则分别排在第19、32、35、43、46、47、56及57名。西亚北非区域中有9国排在前30名，而其余8国排在中后位，其中沙特阿拉伯、阿联酋以及卡塔尔分别排在第4、6以及第10名。中东欧区域国家的排名也较为均衡，其中俄罗斯表现最佳，排在第2名；而波兰、黑山、爱沙尼亚、斯洛文尼亚、捷克、克罗地亚、匈牙利以及保加利亚则分别为第8、9、11、12、13、14、15以及20名①。

2. 航天产业能力分析

从航天产业发展情况来看，“一带一路”沿线国家既有航天发展实力与中国相近的如俄罗斯、印度，也有略微逊色但仍然比较强的国家如以色列、乌克兰、伊朗，更多的则是航天事业刚刚起步的国家如巴基斯坦、白俄罗斯、新加坡、泰国、越南等国，甚至有些国家国内完全没有航天产业。

（1）俄罗斯

根据美国富创公司《世界航天能力发展评估（2015）》报告显示，俄罗斯在世界国家航天综合竞争力指数排名第三[2]②。高于中国第四的名次。俄罗斯航天工业体系健全，发展潜力巨大。俄罗斯现有航天企业100多家，大多由苏联时代留下的设计单位和工厂组建而成，主要包括有限责任公司和联邦实体两种类型，以及科研生产联合体，如生产载人航天器的航天建造公司，卫星制造商雷谢特涅夫信息卫星系统公司，生产联盟号运载火箭的进步国家科研生产航天火箭中心，开发未来运载火箭安加拉系列的赫鲁尼切夫国家研究生产太空中心。

俄罗斯已有多个运载火箭系列，目前正在进行新的研发项目。俄罗斯运

① 任力波：《对外投资新空间——“一带一路”国别投资价值排行榜》。

② 张召才：《世界航天能力发展评估》，美国富创咨询公司，2015年。

载火箭多在弹道导弹技术基础上改造而来，现在的运载火箭主要包括联盟号、质子号、天顶号等系列。联盟号主要发射载人飞船联盟号航天器，也发射其他类型的卫星。质子号原是苏联时代大型航天器的主要运载工具，在能源号火箭退役后，成为俄罗斯运载能力最强的火箭，也是世界上发射次数最多的运载火箭。天顶号是 20 世纪 70 年代苏联开始研制的，主要在乌克兰生产，用于发射军用卫星。此外，俄罗斯也在使用宇宙号、轰鸣号等其他火箭发射卫星；安加拉是目前俄罗斯正在研发的新型运载火箭。

目前，俄罗斯拥有 3 个发射场，分别是位于哈萨克斯坦的拜科努尔发射场、莫斯科以北 900 公里的普列谢茨克航天发射场和位于阿斯特拉罕州的卡普斯京亚尔发射场。此外，俄罗斯战略导弹部队基地也承担部分发射任务，并在远东新建东方发射场[3]①。

（2）印度

根据美国富创公司《世界航天能力发展评估（2015）》报告显示，印度在世界国家航天综合竞争力指数排名中位列第六。目前，印度在航天领域已经建立起门类较为齐全的部门，如空间探测、空间运输、遥感、通信、导航卫星和商业航天等。在国际合作领域，印度采取多途径、多维度的合作方式，通过有效载荷搭载、卫星数据共享、整星购买、联合研制和提供商业发射等各种途径，在卫星研制、卫星应用、空间科学、空间探索等领域开展深入、广泛的国际合作。2014 年 6 月 30 日，印度“极轨卫星运载火箭”以“1 箭 6 星”方式发射 6 颗外国卫星，成为印度 2014 年商业航天活动的最大亮点。截至目前，印度“极轨卫星运载火箭”已经发射 40 颗外国卫星。印度凭借其低廉的发射成本、可靠的发射性能，以及良好的国际合作关系，在国际商业发射服务市场占据了有利位置。

（3）以色列

根据美国富创公司《世界航天能力发展评估（2015）》报告，以色列在世界国家航天综合竞争力指数排名中位列第九。从整体上说，以色列的航天工业小而精，其航天产业门类虽不如美国、俄罗斯、中国等国齐全，但颇有特色，且在许多其所涉足的领域，都达到了世界领先的技术水平。以色列以其不足纽约一个城市的人口，拥有两大专业航天公司——通信卫星运营商空间通信公司和卫星宽带地面设备供应商吉莱特卫星网络公司，以及引以为傲的卫星主承包商——以色列航空航天工业公司，并由卫星成像公司负责本国

① 何奇松：《太空强国：俄罗斯的梦想与现实》，载于《国际问题研究》，2014 年第 5 期。

研制的“地球遥感观测卫星”在全球市场的商业化运行。以色列认为，航天除了是战略自主性的保证外，航天投资还可以是经济发展的推动力。以色列正在采取必要措施发展航天工业并支持其全球市场竞争力。由于以色列产品在轻型、高性能方面表现突出，目前其在国际成像卫星市场上的声望日益增长。2015 年，以色列航天领域的预算拨款达到 1.8 亿谢克尔（约合人民币 2.88 亿元），投资将涵盖卫星、通信卫星服务、发射、对地观测卫星和地面设备等诸多领域。

（4）巴基斯坦

巴基斯坦航天产业尚处于起步阶段，卫星主要集中在通信领域。截至 2015 年，巴基斯坦共发射 4 颗卫星，其中 3 颗为技术试验卫星，1 颗为民商用通信广播卫星。同时，巴基斯坦正在发展业务型遥感卫星。在地面设施方面，建立了与 PAKSAT 通信卫星配套的地面站。在遥感卫星方面，建立了斯波特、诺阿、陆地卫星、风云等国外卫星的数据接收站和低轨卫星遥测跟踪与控制站。在航天发射场方面，巴基斯坦目前有 2 个发射场，具有一定的运载火箭发射能力。巴基斯坦的通信卫星运营商包括 PAKSAT 公司、亚洲卫星公司、国际通信卫星公司、SES 公司、亚洲广播卫星公司和 O3b 公司等。

（5）新加坡

新加坡拥有微小卫星的设计与集成能力。新加坡从事航天技术开发、负责微小卫星平台与有效载荷研制的机构，主要有南洋理工大学和国防科技研究院。政府主导成立的 ST 卫星系统公司负责卫星产品与技术的商业化应用。

近年来，新加坡将发展航天技术、开拓航天市场作为推动技术与经济发展的一个引擎。新加坡加强航天工业的组织管理，成立部门间协调机构——航天技术与工业办公室，负责制定、执行新加坡航天产业发展战略与规划，促进卫星产业发展与创新，加强航天机构与企业间的合作。

新加坡航天工业未来的发展方向，一是将新加坡打造成为亚太地区的卫星运营中心，吸引国际知名卫星运营商入驻，成立分支机构；二是发展本土卫星研制能力，重点发展卫星中体设计与总装集成、卫星零部件研制等；三是将成熟产品和技术开展商业化应用，投放国际市场。

（6）马来西亚

马来西亚航天产品研制主要集中于小卫星领域。2001 年成立航空航天委员会，由总理担任委员会主任，成员包括 6 位内阁部长。该委员会负责确定马来西亚航空航天发展目标、原则、规划与方案，明确发展重点，提出技术发展建议。2002 年，马来西亚成立国家航天局，负责航天产品技术研发、制定航天政策与规划、组织实施并监管航天活动、开展教育培训等。

马来西亚能够研制 10～500 千克的卫星平台。航天技术公司是马来西亚唯一的卫星制造商，拥有设计、制造、测试和运行航天系统的经验。2000 年，航天技术公司与英国萨里卫星技术公司合作研制马来西亚第一颗小卫星并发射升空，试验了对地成像、气象观测、宇宙射线探测、数据存储和通信等技术。航天技术公司还与韩国卫星技术研究中心开创公司共同研制对地观测小卫星“拉扎克卫星”，并于 2009 年将其送入轨道。马来西亚首位航天员于 2007 年搭乘俄罗斯“联盟号”飞船进入国际空间站。

（7）印度尼西亚

印尼的航天活动涉及火箭、卫星与空间科学等多个领域。1963 年成立国家航空航天研究院，作为印尼国家航天局，主导印尼航天活动开展，负责军、民航空航天项目研究。主要开展火箭、遥感卫星技术和空间科学研究，负责管理与德国合作研制的小型科学技术卫星拉潘和对外采购的大型通信卫星帕拉帕。

在基础设施方面，印尼拥有火箭发动机实验室、推进技术实验室、卫星技术实验室、火箭飞行试验站、气象卫星地面站等一系列航天技术开发与应用设施，印尼还积极与俄罗斯、乌克兰合作，计划进一步发展火箭与卫星技术。

印尼航天工业的目标是能够自行研制火箭和卫星。印尼计划以 RX－420 作为助推器，研制大直径火箭，同时寻求俄罗斯帮助，规划建设航天发射场，并计划 2018 年建造大型商业卫星。

（8）越南

越南的卫星目前全部由美国、欧洲和日本制造，尚未独立开展卫星研制活动。但近几年与日本积极合作，正在进行航天技术储备。

越南航天科研活动以国家科研机构为主，包括越南航天技术研究所、国家自然科学和技术中心。越南航天技术研究所负责制定和实施空间技术发展计划，开展空间技术及其应用研究，包括卫星设计与组装技术、遥感技术与应用、航天动力学技术、建设包括实验室和地球站在内的航天设施等。

其他一些国家如埃及、泰国、白俄罗斯、老挝等国也有相应的航天活动，且从发展趋势来看，近年来这些国家越来越重视卫星应用领域的发展，与中国在航天领域的合作也越来越多。

（三）我国及沿线国家对中国航天的需求分析

1. 国内需求

（1）维护国家安全利益

我国的国家战略安全和国家利益主要包括资源安全、区域安全以及大国博弈等三个方面。

一是“一带一路”沿线国家许多与我国接壤，许多沿线国家为我国重要的油气资源供应国，且我国在相关国家已有大量的基础设施投入，因此其与我国的资源能源安全息息相关。同时，“一带一路”沿线国地理情况复杂，交通等基础设施建设薄弱、资源勘探开发难度大，对地理信息数据获取和处理、位置服务信息采集与应用、数据通信的实时性和可靠性提出了较高要求，亟待通过卫星应用解决上述问题。

二是我国国内许多分裂势力和宗教极端势力，包括所谓“东突厥斯坦国”、疆独藏独分裂势力等，与中东地区的恐怖组织有着千丝万缕的联系。且中东还有基地组织、“伊斯兰国”等被联合国及大多数国家和地区共同打击的暴力恐怖组织，这些恐怖组织对全人类的基本价值观和人道主义精神构成了挑战。近年来，我国也在积极参与的相关行动，履行国际义务，对这些组织进行打击。如我国在湄公河事件后，积极参与抓捕“金三角”大毒枭糯康，将其判处并执行死刑。但随着“一带一路”沿线相关国家事态的发展，近年来，反恐等非传统安全领域对我国在国家安全情报和信息领域提出了新的要求，对“一带一路”沿线相关国家和重点地区加强安全监控，成为保障我国与沿线国家商贸活动安全及我国区域安全的重要前提条件。

三是从大国博弈的角度看，我国对某些重要的海上通道缺乏有效的控制能力，“一带一路”沿线的重要海上通道——马六甲海峡、霍尔木兹海峡等均受到美国的监视和控制，且中国走向太平洋的“一二”岛链重要战略通道也受到美国的“新月形包围”，对我国的国家利益和安全保障构成了重大挑战。

利用天基信息系统在信息获取方面的“高边疆”地位，可以破解“一带一路”信息安全保障的困境。通过中国已有的空间信息获取和传输系统为“一带一路”沿线国家提供空间信息综合服务，保障我国油气资源生命线的安全，为我国“一带一路”沿线驻外使领馆、驻外机构、海外维和行动提供常态化信息服务保障，满足反恐合作等非传统安全形势对我国提出的新要求，满足陆上跨境重要经济带、海上交通要道、海外热点区域等战略要地的信息保障需求；为我国“一带一路”沿线武器平台、舰艇编队等军事力量提供空间信息应用服务，打破美国对战略信息的控制与封锁；可通过通信卫星系统等手段实时回传海外热点地区和敏感突发事件的卫星侦察信息以及位置信息，满足应急响应的需求。

（2）支撑我国企业“走出去”

“一带一路”沿线国家市场广阔，潜力巨大。中国航天参与“一带一路”建设，探索空间信息高效服务方式和创新应用模式，能够促进我国航天技术及应用产业商业化运行，在“互联网＋空间信息”的新思维模式下，通过与互联网融合、与其他行业融合，为我国各行业的企业“走出去”提供支撑，并带动金融、信息产业、装备制造、智慧城市、大数据、物联网、云服务等向“一带一路”沿线国家推广，逐步占领国际市场，实现产业国际化发展。

具体来说，在支持我国基础设施建设企业“走出去”方面，“一带一路”建设需要中国航天针对基础设施建设工程在工程设计、建设监管、运行管理等方面的需求，提供卫星遥感监测与评估、位置信息采集、时间基准和卫星宽带信息传输等空间信息服务。为跨境公路设计施工和运营管理企业及时提供卫星遥感影像和实时采集导航信息服务，支持车辆调度和安全运行，提高交通通行效率。加强与沿线港口建设运营企业合作，提升港口和航运的信息获取、精准定位和通信传输能力。

在支持生产制造企业“走出去”方面，“一带一路”建设需要中国航天支持油气和矿产资源相关企业项目建设，为资源勘探、开采、运输和监管等全过程提供空间信息支持和生态环境影响监测服务。支持高端装备、智能制造企业的产品研发植入卫星通信、导航和遥感技术和数据服务，为重大装备售后服务企业提供远程监测、远程诊断、产品维护等空间信息服务手段。

在支持现代服务企业“走出去”方面，“一带一路”建设需要中国航天为金融保险企业提供安全可控的通信保障和统一的时空基准服务。发挥卫星通信覆盖、精准定位和大范围观测优势，支持传统电信企业和互联网企业开拓服务领域。鼓励重大工程承包企业与空间信息服务企业强强联合，重大工程与空间信息服务设施同步建设与运行，支持“走出去”企业优先使用我国自主的空间信息资源，促进携手开拓国际市场。

（3）提供公共产品与服务

航天产业具有独特的战略地位，在国家安全、反恐、应急救援等领域具有不可替代的作用。而这些领域往往提供的是公共产品和服务。因此，对“一带一路”建设来说，中国航天在提供公共产品和服务方面具有独特的优势。

首先，配合政治和外交需要，中国航天可以与相关国家建立跨国合作的空间信息应急响应机制和服务网络，与沿线国家共同建设空间信息的快速获取、分析判读、紧急救援等星地一体化设施，为区域自然灾害监测以及各种紧急事件处置提供遥感影像采集、应急通信及导航定位服务等空间信息保障，推动空间信息为国际人道主义救援、灾难预警、安全合作等公共事务提供服务。

其次，由于空间信息企业是空间信息资源的第一手获得者，在提供基于空间信息资源的公共产品上具有天然的便利性，因此，“一带一路”建设需要空间信息企业与“一带一路”沿线国家开展合作，提供应急通信、位置服务、资源调查、环境生态监测、灾情监测与评估及空间信息综合服务平台等产品，提升沿线国家公共服务能力和社会治理水平。

最后，由于“一带一路”建设跨越面积广阔的海洋，因此，在完善海上空间信息保障方面，“一带一路”建设也对中国航天提出了需求。具体来说，需要加速中国——东盟卫星应用信息中心建设、发展海洋环境监测卫星、高分辨率卫星、导航卫星及卫星搜救系统，进一步拓展服务区域，建立覆盖海上丝绸之路的海上空间信息服务体系，提升海上航道安全、海上搜救、海洋资源开发，海岸带环境监测等领域空间信息服务能力。

（4）带动科技领域合作与交流

航天科技属于高新技术领域，也是体现一国综合科技实力、具有战略地位的新兴产业发展领域。航天科技领域的信息合作与交流，能够极大地推进各国在科技文化领域交流的层次，密切国与国之间的关系，从而更具有外交层面的战略含义。随着“一带一路”建设的推进，需要中国航天以在空间科技及相关的科学前沿领域与沿线国家的交流合作为载体，带动两国之间更加深层次的科技文化交流，体现大国外交战略。

具体而言，在空间信息相关科学前沿研究国际合作方面，中国航天可与“一带一路”相关国家建立空间技术与应用开放实验室，开展空间信息技术与服务的前沿方向研究。支持“一带一路”沿线国家开展包括碳源碳汇、土地退化、气溶胶微观特性等课题在内的影响区域长期稳定、可持续发展的重大科学问题。积极推动基于空间信息的厄尔尼诺现象、生态、气候演化等涉及全球变化的重大课题研究合作。

在加强多层次沟通交流方面，需要中国航天发挥相关学会、行业协会、产业联盟的作用，定期举办空间信息技术应用推广、培训和技术交流活动，促进供需衔接。鼓励采取多种形式开展沟通与合作，促进卫星应用相关领域人才交流。

2. 沿线国家需求

（1）支撑基础设施建设

“一带一路”沿线大多是发展中国家，具有较广阔的市场前景，但这些国家的基础设施建设相对不完备，影响到其经济建设速度和社会发展水平，迫切需要改变现状，加快经济建设和社会发展步伐。在“一带一路”倡议下，我国可以更好地利用我国的优质产能和外汇资产，支持“一带一路”沿线国家开展基础设施建设，实现互联互通，促进共赢发展。

加强“一带一路”沿线国家全方位的基础设施建设，不仅是由公路、铁路、航空、港口等传统基础设施，还包括互联网、通信网、物联网等新一代信息基础设施。新一代信息基础设施建设既是对传统基础设施的保障，也是对传统行业改造升级的重要手段，具有广泛的带动性，能够有效促进“一带一路”倡议的全面实施。

目前，中国在海外的基础设施投资中，多以交通设施基建为主。很多地区无法覆盖地面信息网络，难以满足当地居民对信息联通实时性和可靠性的需求，而目前我国已有的空间信息系统和能力，包括对地遥感、卫星通信、导航授时等，可以为“一带一路”沿线国家的资源开发、铁路、公路、港口等重大工程项目实施，提供工程规划、设计、施工、运维和信息管理全流程、全方位的空间信息服务保障，从而助力“一带一路”倡议目标的实现。

（2）提升沿线国家信息化水平及快速响应能力

“一带一路”建设涉及的国家众多、地域广阔、自然环境复杂、国家发展水平差异大，信息互联互通基础设施薄弱，影响了“一带一路”沿线国家的资源共享和互联互通，阻碍了商贸、物流、信息流以及人文合作交流。以中国航天参与“一带一路”建设为契机，通过利用中国航天在遥感、通信、导航等领域的信息资源采集和传输能力等为沿线国家提供服务，开展农业、水利、城乡建设、国土资源、环境、林业、交通、公共安全、测绘、气象预报、海洋、地球科学研究等方面的空间信息应用系统建设和应用示范，可大幅度提升“一带一路”沿线国家信息化水平。

以遥感信息在智慧城市方面的应用为例：通过遥感技术可以快速获取城市数据，主要包括：城市土地利用现状调查、城市历史变迁动态研究、城市水系调查、城市道路网络调查、城市污染源分布调查、城市热岛效应调查、城市绿化现状调查、城市在建工地调查、城市防汛设施分布调查等。这些信息可以服务于智能交通，应用于国家交通路网规划、综合交通基础数据库建设、道路建设规划与评估、道路地质灾害调查、城市交通网络的多尺度地理信息系统建模、道路防灾减灾、水路交通规划与评估、机场建设规划等方面。通过中国航天在“一带一路”沿线国家发挥已有的天基信息服务能力，可以支撑沿线国家信息化建设，实现资源互惠共享，促进“一带一路”信息互联互通、有效协同和兼容共用，使参与“一带一路”建设的各国均能获得最大程度的裨益，从而支撑“一带一路”沿线国家经济建设和社会发展。

此外，由于一些沿线国家，尤其是中东地区国家的地缘政治环境较为复杂，恐怖主义事件、军事政变等时有发生。由于其国内较为动乱，如果采用地面建站等方式提供应急通信等服务，很容易被其国内动荡的局势所影响，造成相关地面设备的毁损。因此，对这些“一带一路”沿线国家来说，其在应急事件响应方面的需求也较为迫切。而中国航天通过天基信息系统发挥在信息采集与传输等方面的独特作用，可以为沿线国家在应急通信、应急侦察等领域服务，满足这些国家在传统或非传统安全领域的需求。

（3）提升沿线国家航天科技实力

“一带一路”沿线国家航天科技实力参差不齐，既有部分领域强于中国的如俄罗斯，也有虽整体实力弱于中国但局部领域实力仍然较强的如印度、以色列等，但更多的是本国基本没有太多航天工业基础，如老挝、泰国以及一些中东和非洲国家等。从近年来的形势看，这些国家虽然国内航天基础较差，但其国内对航天信息服务的需求却越来越大，这也使得这些国家对中国航天科技产品的需求和技术出口的需求越来越大。如老挝于 2009 年与我国签订老挝卫星广播通信系统建设及商业化运营项目谅解备忘录，并在 2012 年正式启动老挝一号卫星项目，实现中国卫星出口东盟国家零的突破。与此同时，在“一带一路”沿线国家中，苏丹、埃及等国也表达了对我国遥感卫星的兴趣。从近年来国际宇航市场的需求看，已经从单一的卫星商业合作模式，扩展到卫星、培训、数据共享等多个领域，以及一揽子数据服务、分层级工程培训和技术转让、联合研制等技术服务。对于“一带一路”沿线国家来说，其不再单纯追求通过进口整套卫星系统来发展本国的航天服务能力，而是希望在引进产品的同时附带技术培训，并培养相关人才，通过这种方式逐步提升其本国的航天科技实力。而在出售系统级产品的同时为购买国提供相关技术能力培养，也已逐渐成为用户需求和市场竞争的焦点。

二、“一带一路”与中国航天的应对策略分析

（一）中国航天的发展现状

1. 基本建成完备的航天工业体系能力

经过五十多年的建设，我国卫星及载荷研制能力已经步入世界先进行列，在轨运行卫星超过 150 颗，涵盖通信、遥感、导航、空间科学、空间探测、载人航天等各个领域。据初步统计，我国空间资产总规模已达千亿元量级。

在运载火箭领域，目前我国以长征系列运载火箭为主，目前使用过或正在使用的包括长征一号到长征五号、长征六号、长征七号火箭系列，长征八号目前正在研制中。除此之外，我国还研制了快舟固体机动小型运载火箭，能够应用于各类灾害应急监测和抢险救灾信息支持等领域。目前，我国在运载火箭技术领域，已从单纯使用有毒化学燃料发展到掌握液氧煤油和液氧液氢发动机技术，我国在长征五号运载火箭上使用的是 120 吨级液氧煤油发动机和 50 吨级液氧液氢发动机。我国在大推力运载火箭方面虽与美、俄等国仍有差距，但在国际上已处于领先地位。

在卫星通信领域，我国大力发展通信卫星广播系统，目前在轨的同步轨道商业卫星 10 颗，包括中星系列、亚太系列等，覆盖国家和地区包括中国、亚太、中东、澳大利亚、欧洲、非洲等国家和地区。我国已规划第一代卫星移动通信系统；已经建成天链卫星数据中继系统，主要为载人航天等应用提供高速数据中继服务。

在卫星遥感领域，我国初步形成高分、资源、气象、海洋、环境减灾卫星体系，高分遥感系统快速发展，系统性能不断提升，遥感应用向深度化、综合化方向发展，产业发展初具规模，已成为国家重要的战略资源和基础设施。我国目前的民用卫星有高分卫星、气象卫星、海洋卫星和陆地卫星（风云系列、海洋系列、陆地资源系列、环境减灾系列和北京小卫星系列），自主数据源用户范围覆盖气象、测绘、防灾减灾等 20 多个领域，国产卫星数据在国内卫星遥感应用领域的市场占有率不断提高，尤其是“高分”系列卫星成功发射，标志着中国遥感进入亚米级的“高分”时代。同时，我国正组织实施民用空间基础设施规划，将进一步完善遥感卫星体系，形成规模化的卫星遥感数据获取能力。

在卫星导航领域，北斗卫星导航系统是我国自主建设，并与世界其他卫星导航系统兼容共用的全球卫星导航系统。空间段由 5 颗地球静止轨道卫星

和 30 颗非地球静止轨道卫星组成。截止目前，北斗卫星导航系统已经完成一期建设，先后发射了 5 颗地球静止轨道卫星、5 颗倾斜地球同步轨道卫星和 4 颗中圆轨道卫星，形成区域覆盖能力，并正式向亚太大部分地区提供服务，计划 2020 年前建成第二代卫星导航系统，面向全球提供服务。

在载人航天领域，从 1999 年开始，我国陆续发射神舟一号到神舟十一号飞船。其中，神舟五号、神舟六号、神舟七号、神舟九号、神舟十号、神舟十一号飞船的飞行为载人飞行。神舟五号是我国“神舟”系列第一艘载人航天飞船，神舟五号的发射，标志着中国成为继俄罗斯、美国之后，世界第三个独立掌握载人航天技术的国家。

在空间站建设方面，我国于 2011 年成功发射天宫一号目标飞行器。天宫一号是我国研制的第一个空间实验室，主要目的是突破掌握空间交会对接技术并为后续建设空间站积累经验。天宫一号是迄今为止我国发射的质量最大的航天器。2013 年，神舟十号飞船与天宫一号成功实施自动交会对接。2016 年，神舟十一号飞船与天宫二号空间实验室完成自动交会对接形成组合体。

与此同时，中国航天还有众多的地面站、网、发射场、回收着陆场以及各相关科研生产设施。目前，我国国内有五个陆上测控站，包括东风站、渭南站、青岛站、厦门站和喀什站。国外四个陆上测控站包括卡拉奇站、纳米比亚站、马林迪站和智利站。另外还有若干机动测控站。航天发射场包括酒泉、西昌、太原、文昌四个。回收着陆场为一个，即内蒙古四子王旗着陆场。其他相关科研生产设施包括航天科技集团、航天科工集团等军工集团、中科院及相关高校，以及其他参与商业航天活动的公司的相关资产。

2. 航天应用产业蓬勃发展

在卫星通信领域，我国已初步形成商业化的通信卫星研制发射、地面设施设备建设和运营服务模式。在卫星广播方面，全国直播卫星“户户通”开通用户超过 1 700 万户，卫星固定业务发展迅猛，各类固定、车载、便携卫星通信地面站点超过 10 万个，卫星移动通信超过 7 万多用户，为海上、边远地区和应急提供通信保障。灵巧通信试验卫星发射成功，机上卫星宽带上网技术取得突破。

在卫星遥感应用领域，正由试验应用型向业务服务型转变。我国从 2010 年实施高分辨率对地观测系统重大专项以来，已经基本建成遥感卫星数据接收、处理、分发和管控系统，开展了一系列应用共性技术攻关，在农业、资源、灾害、林业、环境、海洋、测绘、水利、交通、住建、气象、公共安全等 10 余个领域基本建立应用示范系统，在北京、河北、湖南等 16 个省市自治区建立高分辨率对地观测系统省级数据应用中心，开展了典型行业应用示范和区域综合应用示范，极大促进了基于自主卫星遥感数据的遥感应用产业的发展，初步形成卫星遥感应用产业发展规模。

在卫星导航领域，国家继续加大力度推动北斗应用产业化进程。北斗产业已经成为国家经济转型、社会发展的重要支撑力量，相关技术已广泛应用于交通运输、农业、电力、金融、测绘和通信授时等领域，在与移动通信、地理信息、卫星遥感、移动互联网等领域的跨界融合中得到迅速发展。北斗室内外位置服务基础平台建设和应用示范、行业重大应用示范、区域重大应用示范被列为重点支持领域。2014 年，北斗首获国际海事组织的认可，我国成为继美俄之后第三个全球卫星导航供应商。

3. 建立了良好的双边多边航天国际合作与交流基础

我国高度重视航天工业的国际交流与合作，国防科工局（国家航天局）作为航天领域国际交流和合作的职能部门，负责民用航天管理及相关国际合作工作。

在双边合作方面，中国国家航天局先后与俄、乌、英、美等 30 个国家签署协定，通过双边航天合作进一步深化与传统伙伴国家关系，务实推进航天技术和工程项目合作；积极与西方发达国家建立良好联系，力争取得实质性合作成果；大力拓展与发展中国家的合作，努力拓展宇航产品市场。双边合作已经形成以政府合作协定为指导，以双边合作机制为依托，以合作大纲为抓手的合作模式。

在多边合作领域，我国积极参加联合国外空委的各项活动，广泛参与政府间多边合作组织，包括亚太空间合作组织、空间与重大灾害国际宪章等国际组织 16 个，并充分利用非政府间多边合作平台，不断提高中国航天话语权，提升中国航天影响力。

（二）中国航天支撑“一带一路”建设的参与模式

1. 政府间参与模式

（1）航天外交与文化交流

航天外交是指利用中国航天的现有能力，以航天高端装备制造和应用产业推广等为手段，以推进我国与相关国家的双边或多边关系为目的所进行的一系列外交活动。航天属于具有战略意义的高科技领域，同时又是能够反映一国科技实力和综合国力的重要窗口。航天领域的国际合作与交流除了具有本领域内的需求与意义外，同时也是两国或多国之间关系密切的象征。因此，以航天产业各环节的国际合作与交流作为外交手段，可以达到增进国与国之间关系的目的。

目前，我国航天领域最受瞩目的新名片就是北斗卫星导航系统。2015 年 7 月，中国卫星导航系统管理办公室副主任杨军提出促进“北斗外交”的具体做法，提出结合“一带一路”倡议促进北斗与亚非国家合作的总体考虑。外交部亚非司司长陈晓东也表示，北斗走进亚非国家具有优势，后续合作前景广阔，“北斗外交”大有可为，也将促进双边外交关系的发展。此外，在专门针对“一带一路”沿线国家方面，我国 2016 年发布的首份《中国对阿拉伯国家政策文件》指出，要以核能、航天卫星、新能源三大高新领域为突破口，在航天领域内要积极探讨在空间技术、卫星及其应用、空间教育、培训等领域开展联合项目，加快推进北斗卫星导航系统落地阿拉伯国家，积极推动中阿载人航天领域交流与合作，提升双方航天合作水平。

此外，航天应用产业基本集中于信息服务业，以信息服务业为载体，与“一带一路”沿线各国进行深入的文化交流，加强我国与沿线国家在社会与文化等领域的相互理解和融合，对展现我国大国风貌、提升国际形象和增强我国的科技文化软实力均有重要作用。

（2）航天系统共建

系统共建是指由中方和外方就某一天基或地基系统按比例出资，并共同指派研发人员进行的研发活动。目前，我国在国际航天合作中，有许多是采用系统共建方式进行的。如中巴资源卫星，即为在中国资源一号卫星原方案基础上，由中、巴两国共同投资、联合研制的项目，其中中方出资 70%，巴方出资 30%，并规定卫星投入运行后，由两国共同使用。

与中国采用系统共建的方式进行国际合作的国家，一般来说，其国内需要有一定的航天工业能力。从目前与中国进行系统共建的国家来看，有一些国家相对中国技术实力较强或不相上下，如中法共同研制的中法海洋卫星，而另外一些国家则基础相对较弱。对技术实力与中国类似的国家来说，如俄罗斯、以色列、欧洲相关国家等，中国主要可以与相关国家和地区进行技术交流、取长补短，从而共同提高本国的航天科技实力，实现强强联合，创造经济社会效益。对技术实力仍然较弱的国家来说，采用这种模式中，中国在经费支配、技术路线、研制进程、卫星应用等方面都处于支配地位。如埃及、伊朗、乌克兰等国，中国主要是为打开国际市场，强化中国航天在国际市场的影响力，输出标准规范等，同时还可以为中国经济创造更高的效益和利润，并借此拓展国家间外交关系。

（3）地面站建设

除了天基卫星系统共建外，我国还可以与相关国家开展航天地面系统和设备的共建。“一带一路”沿线国家和地区在经度和纬度上的分布较广，我国若与相关地点的国家在卫星测控上合作和建站，对接收和发射我国卫星遥测遥控数据、接收卫星通信数据都有很大的便利。除此之外，对我国或沿线许多国家来说，都有共同建设航天发射场提供相关商业或民用发射服务的需求。这是因为，航天发射和运载技术属于敏感的军民两用技术，如果我国直接将运载火箭技术授予他国，不仅可能违反相关国际公约，而且对我国的国家安全和利益也会造成威胁。如果仅仅在我国为沿线国家提供商业发射服务，则又具有较大的局限性。对沿线国家来说，共同打造其本国国内的民商用航天发射场相对于单纯提供某一颗航天器的发射服务而言，对其国内航天技术实力的提高具有更大意义。因此，对沿线国家来说，尤其是尚无卫星发射能力的国家来说，共建民商用航天发射场可能是他们更加欢迎的合作方式之一。

（4）国际空间合作

国际空间合作以载人航天、国际空间站合作以及空间科学等领域最为典型。从美国、欧洲等主要国家和地区的航天实践来看，在载人航天领域开展合作是一个十分普遍的做法。中国在载人航天领域也有极大的国际合作空间。

从目前来看，我国在载人航天工程领域已经有了一定程度的实践：2002 年神舟三号飞船上搭载的蛋白质结晶试验样本分别来自中国和加拿大的 13 所大学和研究所；2008 年 9 月，俄罗斯向中国提供一套用于太空出舱活动的舱外航天服；在神舟八号飞船上，中国和德国科学家联合开展 17 项空间生命科学实验项目，并邀请欧空局、德国航空航天局的专家观看飞船发射；天宫二号空间实验室搭载由中国和瑞士、法国、波兰联合研制的伽马暴偏振探测仪，以开展天体物理研究①[4]。

总体来看，虽然我国在载人航天领域已有诸多国际合作尝试，但基本可以分为观察发射、联合试验和学术交流等三种类型。参与联合试验的国家虽然在试验设计方面参与程度较高，但对试验的执行进度影响较小。从这三种参与模式来看，国际合作层级仍然较低。对比国外载人航天领域的合作，我国的载人航天领域合作仍有巨大的发展空间。

在深空探测及空间科学领域，中国也可以与沿线国家加强合作，从而共

① 周黎妮等：《外国空间站国际合作模式分析及对我国的启示》，载于《装备学院学报》，2015 年第 2 期。

同探索宇宙奥秘、开发宇宙资源。从世界主要航天国家的实践来看，在深空探测、空间科学等领域采取系统共建的国际合作方式较为普遍。如近期研制并发射的执行“火星生物学”探测任务的 ExoMars 探测器即是由俄罗斯与欧空局合作研制的。

在国际空间站方面，我国在空间站领域的国际合作优势明显。目前，世界上只有美国、俄罗斯等国主导的国际空间站和中国自主研制的天宫一号、天宫二号目标飞行器。而由于国际空间站将要退役，到 2020 年，我国的“天宫”系列将成为世界上唯一的空间站。从“一带一路”沿线国家来看，目前对空间站具有需求的国家如俄罗斯、欧洲国家、以色列等国都极有可能与中国进行“天宫”系列的国际合作，合作前景广阔。

（5）履行国际义务

当前，由于人类探索和利用太空的活动增加，造成空间碎片数量不断增加，对在轨航天器的安全运行造成了巨大威胁；运载火箭末级、发射失败火箭残骸、失效的低轨航天器等大型太空垃圾不受控陨落，可能造成地面财产损失和人员伤亡；磁暴、太阳耀斑等空间天气异常事件可能引发空间系统损伤，甚至导致地面通信网、输电网等系统事故，造成社会影响和经济损失；地外小行星、流星等进入大气层，撞击地球表面，会造成地面财产损失和人员伤亡，甚至导致大范围恐慌和社会动荡。

对外空环境的治理和管控，国际社会已达成一定的共识，如联合国《空间碎片减缓指南》等。目前，众多“一带一路”沿线国家均为联合国外空公约成员国。因此，我国在履行如外空环境治理、空间天气预报和信息共享、空间碎片监测和减缓、空间非合作目标移除以及航天员人道主义救援等方面的国际义务时，也可与相关国家共同合作，从而既确保中国能够切实履行国际义务，又能够有助于保护我国的空间资产。

2. 企业间参与模式

（1）产品交付

产品交付模式是最直接的将我国航天科技工业成果与“一带一路”沿线国家分享并同时创造经济效益的模式。这种模式即通过国际商业谈判，确定用户单位对目标空间系统的技术需求，然后通过我国航天企业运用已有的航天器研制技术和产能，生产出符合条件的产品并进行交付的模式。近年来，我国已有多颗卫星通过这种方式出口，包括遥感、通信等多种类型的应用卫星。如我国为委内瑞拉研制的遥感卫星、为老挝研制的通信卫星等，以及近期正在市场开拓的埃及二号卫星、苏丹遥感卫星和马来西亚遥感卫星，都是采取的这种整星出口、产品交付的模式。

采用产品交付模式进行国际合作对“一带一路”沿线国家中具有最普遍的可行性。因为从沿线国家整体情况来看，大部分国家的航天科技实力相对薄弱，甚至许多国家一无航天工业管理机构、二无航天工业设施。但即使是这样，却并不意味着其市场小，因为航天产品如遥感、通信、导航卫星所提供的服务及创造的需求是实实在在的。随着全球信息化以及科技的发展，必然带来相关国家对空间信息系统所提供信息的强烈需求，由于空间信息系统所提供的信息往往具有战略制高点的作用，如卫星对地遥感观测、卫星电视广播通信等，这种服务往往无法或难以通过其他方式进行替代。同时，对这些国内航天实力十分薄弱的国家，要他们从零开始重新发展其航天工业能力不仅过程极为漫长艰难，同时也成本巨大。因此，对这些国家来说，从相关国家进口整星产品以及相应的大系统（包括地面系统、测控站等）就几乎成为必然选择。

（2）技术进出口与技术人员培训

由于“一带一路”沿线国家航天技术能力和发展水平各不相同，对中国来说，既有值得中国学习和进行技术引进的国家如俄罗斯、欧洲国家、以色列等国，也有值得通过技术出口获利的广泛市场。在技术的对外出口中，我国不仅可以为他国构建自己的天基系统及航天能力提供帮助，如提供卫星研制人员的相关培训服务、AIT 中心建设服务等，同时还能将我国航天领域所采用的标准规范、设计理念、思维方式等进行输出，并通过这种输出，强化海外相关用户对我国航天企业及其产品的需求粘性。

在目前的国际宇航市场，产品加技术出口和培训服务的模式逐渐取代了以往的单一产品出口交付模式。我国航天企业可以通过夯实星地一体化和数据共享体系，逐步与工程任务相结合的遥感卫星标准化培训体系，技术转让体系和联合研制体系。将技术服务类型进一步标准化、模块化，形成系统化课程培训方案，开发专门的培训平台，可扩展的通用卫星平台，为潜在客户在培训中提供实际接触卫星的机会。同时，在提供技术培训服务时，还可以梳理完善卫星研制标准国际对标工作，逐步推动国内标准在国际项目中的应用和转让。

（3）应用服务

目前，中国航天在遥感、通信、导航、技术试验、载人航天、深空探测、空间科学等诸多领域都形成了一定的技术实力，可以提供遥感测绘服务、卫星通信容量租赁服务、导航授时服务、空间天气预报、航天育种服务等。从当前来看，我国以北斗为代表的许多卫星应用服务已经走出国门，走向世界。相对于航天器制造业来说，应用产业往往都是大众消费产业和民用产业，其受到的国际和国内政策制约较小，一旦市场培育成功，其需求弹性较小、刚性较大。“一带一路”沿线国家由于航天器装备制造业能力的制约，其在应用业务上也并不具备自给自足的能力。在沿线国家大力推广卫星应用产业相关服务，也必将为中国带来丰厚的回报。

具体来说，对“一带一路”沿线国家中比中国航天工业实力要强的国家和地区，如俄罗斯、欧洲国家等，可在已有的卫星系统应用层面开展合作。对有一些卫星应用经验，有积极探索该领域意向的国家和地区，继续深入开展务实合作，在航天应用产业软硬件协助、人才交流、技术交流等方面加强合作。其中，由于中亚地区丰富的天然气资源等因素，与中亚地区可开展天然气管道无人监测等方面的工作。与中南半岛国家可实施空间技术交流与合作，实现面向流域内国家的粮食、林业、水资源、资源环境监测及综合评估、防灾减灾等领域的空间信息共享服务和空间技术交流合作。在西亚、北非地区，可结合区域内各国实际情况，开展包括卫星遥感、卫星通信在内的全方位卫星应用合作。由于该区域内的国家普遍对通信卫星应用具有强烈兴趣，开展通信卫星应用合作，对“21 世纪海上丝绸之路”西段的空间信息互联互通具有重要意义。

（4）商业发射服务

商业发射服务是指我国利用我国现有的发射场和运载火箭研制能力，为“一带一路”沿线国家具有民商用的各类卫星和其他载荷提供发射服务的活动。

2016 年，由中国航天三江集团筹备组建国内首家以商业模式开展研发和应用的火箭公司，实现运载火箭商业发射。不同于以往中国主要通过“长征”系列火箭为国外商业大卫星提供发射服务，三江集团组建的火箭公司主要通过“快舟”系列火箭提供发射服务。“快舟”系列火箭为固体发动机运载火箭，主要适用于为小卫星和微小卫星提供发射服务，成本更加低廉，因此具有更好地面向商业应用的价值。除此之外，翎客航天等一批民营创业公司也在尝试进入商业航天发射服务领域。对“一带一路”沿线国家来说，由于其国内普遍缺乏商用卫星发射能力，为我国筹建中的新型商业发射服务公司提供了广阔的市场空间，同时也有利于为沿线国家提供更好的民商用载荷发射服务。

三、“一带一路”建设对中国航天的政策法律需求

（一）中国航天参与“一带一路”建设存在的问题

1. 国内问题分析

（1）航天领域法律政策制度不完善

如前所述，中国航天参与“一带一路”建设的方式是多种多样的，如系统共建、产品交付、应用服务、国际合作、技术进出口等。在这一系列可能的活动中，需要大量行业法律法规及政策文件来规范企业行为、引导行业发展，从体制上构建完善的支持中国航天参与“一带一路”建设的市场环境。

目前，在中国航天领域，我国只有《空间物体登记管理办法》《民用航天发射项目许可证管理暂行办法》《导弹及相关物项和技术出口管制条例》《敏感物项和技术出口经营登记管理办法》《中华人民共和国军品出口管理条例》《卫星发射保险基金管理办法》等少数与航天有关的单行法规和部门规章。相对于美国的航天法律政策体系，中国航天在产业引导、国际合作、商业化发展、资本准入、产业投融资、技术创新支持等角度来看，远没有形成完整的法律政策体系，尚不能适应中国航天参与“一带一路”建设的需要。

就推进中国航天参与“一带一路”建设的切实需要来看，我国至少需要在航天产品与技术进出口领域、航天国际合作领域、航天项目配套金融活动领域、航天应用产业推广与扶持领域、航天产业国家安全领域等方面制定切实有效、并且具有可操作性的法律法规和政策。其目的，一方面能够对中国航天参与“一带一路”建设进行产业引导，鼓励符合我国经济发展和未来现实需要的产业发展方向。另一方面，能够对企业在“一带一路”倡议下“走出去”的行为进行规制，防止敏感技术扩散，对一些可能涉及国家安全和保密的领域如高分辨率遥感数据、卫星通信等从法律上明确其界限，并实行分类管理。

（2）航天体制机制不适应“一带一路”建设发展需要

在“一带一路”建设的推进过程中，在落实到相关的具体项目时，“政府搭台，企业唱戏”是其中的主旋律，商业化运作应该属于其中的主流运作模式。而对于目前我国航天产业的体制来说，主要还是以政府统购包销方式来运作的计划经济体制，我国的航天企业大部分既没有形成具有完善公司治理结构的现代公司制度，也没有形成完全适应市场竞争的成本管理制度和意识，甚至大部分科研事业单位还没有完成改制，不是能够在市场中自负盈亏、独

立经营、并追求股东利益和回报的市场主体。在我国现行的管理体制下，航天研制任务合同对这些企业来说不仅仅是商业合同，同时也是属于国家任务。在完成国家任务的过程中，利润率和成本都不是第一位的考量因素，最重要的是需要完成技术性能指标，而完成技术性能指标和质量指标的全过程明显缺乏应有的经济效率。这样的体制，在借助“一带一路”建设“走出去”的过程中，其产品的性能和服务水平可能不能完全满足相关国家的需求，在国际竞争中可能被在充分市场竞争中成长的国际宇航业巨头所打败，从而导致达不到预期效果。

另一方面，管理体制机制的不统一，令出多门的现象也长期困扰着我国的航天工业。由于我国的航天产业属于国家战略性新兴产业、高新技术产业、同时也属于军民两用技术产业等多个范畴。其归口管理单位包括国家发改委、科技部、工信部、国防科工局等，这些部门共同负责、多头领导、政出多门，导致其政策实施分散，政策体系性不强，资源整合性差。这使得我国航天企业在“走出去”过程中对市场反应不够灵敏，管理闭环反馈时间过长，从而导致错失发展机遇和市场开拓机会的风险。

（3）技术和产品竞争力仍有提高的空间

从总体来看，未来宇航市场对于中国航天的需求将会是更加面向应用的，更加注重整个体系效能的需求。目前中国航天尚缺乏可用的、可信的航天器体系设计和效能分析手段，无法量化支撑航天器体系化研究、论证、设计与应用，无法完美地提供面向市场应用的系统解决方案。

在航天应用方面，中国的航天技术应用能力也不足。相对国外知名研究机构，中国航天在从事技术创新人员的比例上也有较大差距。中国航天承担工程任务的人员比例较高，而从事应用研究的人员比例偏低，这一定程度上影响了中国航天在一些重要应用领域的创新竞争力。国外航天领域已经从解决技术能力有无阶段跨越到以应用牵引发展的阶段。然而我国的现状是，相对于航天器研制业务，中国航天卫星应用业务每年产值占比仍然较低，核心技术能力不足。

在新技术研究上，中国航天由于对型号任务保成功的要求很高，对传统技术领域投入比较多，对密切关系型号成败的关键技术比较重视，但对支持长远发展的技术敏感度却往往不够，如在航天器平台软硬件等方面，存在固步自封现象。在量子技术、太赫兹技术等方面，与国外先进水平具有一定差距。

2. 涉外风险分析

（1）法律风险

本课题所述及的法律风险是指中国企业在参与“一带一路”建设过程中，尤其是在与沿线国家进行商务活动的过程中，由于未能遵守东道国法律或与交易对手在交易过程中存在法律缺陷或由于东道国法律法规变化而影响企业对预期目标实现的不确定性。

按照其产生原因及表现形式，法律风险主要有合同风险、准入风险、劳工风险、环境保护风险、知识产权风险等[①]。

合同风险即企业在境外投资过程中，潜伏于合同谈判、起草、签订、履行等各环节的风险。主要体现在以下方面：一是合同谈判过程中，不重视谈判，忽视项目细节，或急于拿到项目，做出一些不可能实现的承诺。如承诺一些不现实的工期和项目进展计划，给自己造成违约风险。二是合同条款内容不明确，对双方权利义务的约定不够具体。如中国铁建麦加轻轨项目发生巨额亏损，主要是因为该项目在实施过程中实际工程数量比合同签订时预计的工程量大幅增加。据媒体报道，中国铁建在与沙特方面签署的合同中，并没有详细地列出项目工程量，这导致在工程实施过程中，沙特方面不断提出增加工程量的要求，甚至提出新的功能需求。三是合同条款不平等。如中铁波兰项目失败，除了一开始对项目整体估计不足、低价中标之外，还有一个重要原因就是合同条款不平等，明显剥夺中方权利。四是合同签署后履行过程中，合作国家当地法律发生变化。一些国家法律和政策非常不稳定，有时候甚至是朝令夕改。这些法律政策的变化可能对投资企业合同项下的预期利益产生重大不利影响。

准入风险主要是由于东道国由于投资审批、市场准入的限制而给海外投资带来的不确定性。主要表现在：一是投资审核风险，即东道国设置政治壁垒，利用投资审核的形式对境外投资企业的投资予以阻碍或否决。如美国颁布《外国投资和国家安全法》，就外国投资美国的项目对美国国家安全的影响进行非常严格的审查。加拿大、澳大利亚也有类似规定。二是股份比例风险，即东道国严格限制外国资本在某些领域的股份比例。如南非矿业投资法，对外来资本投资设立的矿产合资公司，要求当地黑人社团组织（BEE团体）占股比例不能低于25%。蒙古规定资源开发类项目外资持股比例不得超过49%。

---

① 李爱秀：《中央企业“走出去”法律风险防范研究》。

劳工风险是由于企业违反东道国的劳工法律规定，而受到东道国政府处罚或者受到工会抵制而遭受损失的风险。一是很多发达国家特别是“一带一路”沿线相关欧洲国家，对劳工都有严格的法律和政策保护，企业一旦违反，将受到严厉的惩罚。二是工会组织维护劳动者权益的力量强大，特别是工会组织健全、依法独立运作的国家尤为明显，有组织的罢工等行为将对企业正常运转产生重大影响。1992 年，首钢在收购秘鲁国有铁矿公司后，由于没有估计到秘鲁工会的强大势力，因劳资纠纷发生一连串罢工，直接影响了公司的日常生产，使企业原本计划的 1 500 万吨产量最终只实现 50%左右。三是各国对于非本地劳工的输入都有严格的限制。如有的国家规定，外国公司在本国进行建筑工程招投标，在履行合同时的本地劳动用工人员比例是 1∶1。

环境保护风险主要表现在：一是东道国采取环境规制措施。如在柬埔寨，当地政府曾因环境问题收回了中国投资者的森林采伐权。对于在东道国直接投资的企业，如违反东道国环境保护的相关规定，不仅可能意味着巨额罚款，甚至可能导致企业因严重违法而被责令关闭。如中石油在非洲国家乍得因为违反环保法律，被乍得政府撤销勘探许可证。二是环境成本支出增加风险。对于很多海外工程项目来说，东道国的环境保护要求将直接影响工程成本。如中铁波兰项目，波兰方面要求对项目施工路段沿途生存的珍稀蛙类提供充足保护，包括把蛙类运送至安全地带，为蛙类和其他大中型动物建设专门通道等，造成工期拖延和成本增加。三是环境诉讼风险。一旦发生环境违法行为，投资者存在被东道国追究民事责任甚至刑事责任的风险。

知识产权风险是企业由于对国际规则和东道国知识产权法律法规不了解，加上自主知识产权的缺乏，因侵犯东道国企业知识产权引发纠纷或因自身知识产权被侵犯而遭受损失的风险。主要表现在：一是知识产权侵权诉讼风险。涉外知识产权纠纷频发，可能面临的是巨额的诉讼成本和经济赔偿。二是知识产权被抢占的风险。三是法律法规不健全以及各国的知识产权制度差异所带来的风险。知识产权风险最大的冲击来自欧美市场，如美国国际贸易委员会经常启动 337 条款，进行知识产权调查[5]①。从“一带一路”沿线国家的实际情况来看，由于许多沿线国家处于社会经济发展较为初级的阶段，其国内知识产权保护相关的法律法规不完善、政府和国民知识产权保护意识不足，都有可能导致我国航天企业在沿线国家拓展业务时遭遇到知识产权保护上的

① 周兰萍：《“一带一路”下的法律风险防范》，载于《施工企业管理》，2015 年第 6 期。

困境，以及知识产权被侵犯时的无法可依等情况。这些情况亟需引起我国相关企业的足够重视。

（2）政治风险

近年来，中国企业在海外直接投资频频遭遇阻力，这其中，政治因素在很大程度上起到决定性作用。如中海油收购美国石油公司优尼科折戟、中铝增持澳大利亚力拓公司失利、华为在美国投资受阻等成为国内学者和媒体常常引用的几起投资失败的案例。就航天产业而言，由于其技术和产品更加敏感，因此其在国外遭遇的政治风险更大，政治风险构成了一个巨大的风险因素[6]①。

首先，"一带一路"沿线国家大部分都是一些发展中小国，许多国家国内政局动荡不安，社会制度体系不完备，经济发展水平较低，投资环境较差，基础设施落后。相比较于发达国家，一些国家不仅缺乏法治观念和契约精神，而且社会和政局动荡不安，现任政府撕毁前任政府签订的合约的现象时有发生。如在东南亚、南亚等地区的一些新兴经济体，中国企业遭遇的政治风险主要体现在官员腐败、市场准入及政党轮替引发的政策不稳定等问题；在利比亚、南苏丹等一些政治不稳定和社会动荡的国家与地区，中资企业面临巨大的人员生命和财产安全风险。

其次，"一带一路"沿线国家众多，横跨亚、非、欧洲诸国，社会风俗习惯、语言、政治体制、民众观念也差异巨大。同时，中国企业对"一带一路"沿线的国际市场不熟悉，国内中介机构发展程度较低，难以有效地对投资项目进行尽职调查和风险评估。主要表现在国内很多企业缺乏海外投资经验，企业经营人员的素质较低，不通晓当地语言和文化，缺乏具有国际经济专业知识和熟悉当地法律法规、税收制度的经营管理人员。甚至连熟悉当地语言的人才都严重短缺。许多中国企业虽然设立了风险控制部门，但专注于投资风险的研究人员很少，风险分析能力较差，难以覆盖企业投资所涉及的沿线地区。

最后，投资项目所在的行业也是决定投资是否遭受阻力的关键因素。航天产业在国际上属于较为敏感的行业，东道国政府对本行业外来资本的态度相对谨慎。已有研究显示，投资行业对中国企业海外投资遭遇阻力的可能性会产生显著影响。如投资到海外电信业和汽车业的中国企业就明显遭遇到当地的投资阻力。

---

① 王永中，王碧珺：《中国海外投资高政治风险的成因与对策，载于《全球化》，2015 年第 5 期。

（3）市场风险

从国内市场环境来说，“一带一路”沿线国家在市场经济环境构建的程度上差别很大。对这些本国市场经济体制发育较差的国家来说，投资这些国家就可能面临较大的市场风险。这种市场风险主要体现在：1）国家为保证公平公正的市场环境所需的法律法规、政策制度不足，一旦发生纠纷，将处于无法可依的地步，只能坐视投资遭受损失；2）由于当地居民尚未形成较强的市场经济意识，契约精神和诚信意识不足，一旦有利可图，存在撕毁合同、背信弃义的可能性；3）由于部分国家国内市场经济不发达，在许多方面并没有跟上世界科技的整体发展步伐。鉴于航天属于高科技产业，在开拓这些国家的市场时，很可能遇到当地居民对外来事物接受程度较低、市场开拓困难的情况。

从目前各主要航天国家的实际情况来看，航天产业基本都是政府主导或支持的产业，国内主要航天企业基本垄断了市场。这种垄断既有市场上的因素，同时也有国家法律制度、保密制度、国家安全以及产业保护等因素。这些因素集成在一起发生作用，从而使得航天产业很少是一个能够充分竞争的产业，对外资进入产生了极大的阻碍作用。因此，对我国航天企业来说，如何在沿线国家克服这种困难，并把我国的航天产品与服务打入相关国家的市场，面临行业垄断所带来的壁垒。

另一方面，国内市场经济较为脆弱的国家受到国际经济大环境的影响较大。许多国家，其国内财政收入或经济增长可能主要依赖于某一两种资源，一旦这种资源价格下跌，将对该国经济造成重创，从而引起巨大的市场风险。如中东产油国和俄罗斯等，对原油等自然资源出口的对外依存度较高。近年来，由于全球性经济增长放缓，原油价格暴跌等因素，这些国家面临很大的经济困难。在这种情况下，再去指望这些国家能够从已经严重缩水的财政收入中拿出一笔可观的资金发展航天产业是不太现实的。而航天产业无论是高端装备制造还是应用产业，无一例外需要首先通过政府在基础设施上的巨大投入来发展。

在市场环境方面，目前国内外有一些研究机构对沿线国家做了分析。根据“国观智库”的研究，2014 年排名前十的国家依次为新加坡、俄罗斯、哈萨克斯坦、沙特阿拉伯、越南、阿联酋、马来西亚、波兰、黑山和卡塔尔。在中国航天参与“一带一路”建设和“走出去”的过程中，要注意甄别各国的投资风险，尤其需要规避那些国内市场风险较大的国家。

（4）技术扩散风险

从目前国际社会的认知来看，航天技术对任何国家都是较为敏感的尖端技术。一方面，这是因为航天技术往往是较为高精尖的技术，其技术本身涉及大量学科门类，且对一个国家的工业基础、基础学科发展水平的要求很高，以航天技术为突破口，可以带动大量其他学科发展。另一方面，航天由于具有信息上的战略至高点的地位，在军事上和国家安全上的价值显而易见，通过航天技术的提升可以对一个国家的军事能力起到十分重要的作用。例如，运载火箭技术的提升可以带动一个国家制造战略导弹的能力；而遥感卫星能力的提升则不仅可以让一个国家在环境保护、农业、天气预报方面能力提升，更能够直接使得一个国家的军事侦察能力增强，尤其是战略侦察能力。

从我国在防扩散方面的管理制度来看，在改革开放以前，国家主要依靠行政手段对进出口进行管理。这在当时的历史条件下对执行防扩散政策是有效的。随着改革开放的深入，特别是加入世界贸易组织后，中国国内经济和对外贸易环境发生了较大变化。而我国的“一带一路”倡议属于国家层面的“走出去”大战略，必然带来国家经济政治层面上与相关国家融合程度的进一步提高。而沿线国家政治环境较为复杂，尤其在中东地区，一些国家国内政治稳定性较差，恐怖主义、宗教极端势力横行，而“一带一路”建设无法回避这些国家。一旦一些具有较高军事应用价值的侦察、通信、运载等技术被恐怖主义和宗教极端势力所掌握，后果将不堪设想。因此，对一些敏感技术而言，如何防范可能存在的技术扩散风险，则是一个关乎战略全局的重要问题。

（二）对政策及法律方面的需求

1. 与沿线国在航天技术与产品进出口领域对政策法律的需求

中国航天参与“一带一路”建设需要更加完善的航天产品出口法律法规、航天科技资源共享法律法规以及对现有的关于提供商业发射服务等方面的法律法规进行修订。

近年来，在军品出口领域，我国先后颁布实施《监控化学品管理条例》《核出口管制条例》《军品出口管理条例》《核两用品及相关技术出口管制条例》《导弹及相关物项和技术出口管制条例》等法规。另外还通过了《有关化学品及相关设备和技术出口管制办法》以及《生物两用品及相关设备和技术出口管制条例》等。2005年，商务部会同海关总署，在上述法规的基础上相继出台《两用物项和技术进出口管理办法》以及与之相配套的《两用物项和技术进出口许可证管理目录》并及时进行修订。

这些法律法规对中国敏感物项进出口管控机制的成型以及落实国家防扩散政策，履行有关国际义务，维护国家安全、社会公共利益以及对外经贸活动的正常开展，具有重要意义。经过长期的发展，我国已在积累大量立法与管理经验的同时制定了部分相关管理法规。但是，这些立法并不能适应航天产品贸易发展的现实需要。从目前来看，专门针对航天产品的进出口管理制度及其立法还没有建立起来。随着航天产品进出口的重要性在国际贸易领域的日益凸现，如何建立起专门针对航天产品的出口管理法律制度已经成为一个亟待解决的问题。

随着我国在航天产品贸易市场上的不断活跃，所遇到的贸易问题也在不断增加。我国必须在推动航天法尽早出台的前提下，制定针对航天产品贸易管控的专门立法，将航天产品贸易问题作为一项重要问题进行规范，才能促使我国的航天产品贸易朝着健康稳定的方向发展。

此外，在中国航天参与“一带一路”建设的过程中，除了成型的产品和服务外，必然涉及到许多航天科技资源如空间飞行器的设计理念、技术标准等一定程度的对外共享。这种科技资源的对外共享和输出，对我国来说，既能够在一定程度上体现我国作为航天大国的综合实力，同时对接收我国航天科技的设计思想和技术标准等的国家来说，其对我国航天技术的依赖度也会增加，尤其是在技术标准上，如果某国所打造的本国航天工业体系所依据的技术标准越依赖我国，那么其对我国航天产品的刚性需求越大，且我国产品的不可替代性也就越大，对构建中国航天在世界范围的“朋友圈”和打开市场将提供莫大的帮助。

然而，航天科技资源在世界范围内都属于较为敏感的资源，且具有极强的军民两用属性，一方面，西方国家对我国的防范和封锁较为严密。另一方面，我国在促进航天科技资源共享时，也应重视航天科技资源可能在军事上所起的作用。对一些关乎我国军事工业核心竞争力的、或共享后会造成不可预见后果的航天科技资源必须通过立法严格甄别并保密。而对于民用属性较强，并且无法用于军事用途的科技资源，则可以在审慎甄别的基础上依法向沿线国家进行推广，从而达到中国航天积极参与“一带一路”建设的目的。

从鼓励我国航天产品和技术出口的政策上来说，对于符合规定的企业及其商业行为，如果属于将我国航天产品和技术等推广到国外相关国家、尤其是“一带一路”沿线国家的，就应该在企业所得税减免、产品出口退税、贷款贴息等方面给予支持。可在政策中细化落实各种不同的优惠和补贴，对支持航天应用产业“走出去”、支持我国对外直接提供航天技术服务、支持我国航天产品系统级及分系统级产品出口以及高性能航天器的系统共建等不同类型的涉外航天活动制定详细、具有可操作性的税收减免及补贴管理办法。具体可借鉴美国《零重力税收法》，在立法中明确航天企业、航天配套协作企业、航天技术承接转化应用企业相应的税收减免规则，引入对商业航天项目的税收优惠，切实运用税收政策，扶持商业航天的发展。

此外，需要对目前已有的《空间物体登记管理办法》《民用航天发射项目许可证管理暂行办法》等进行修订。在《空间物体登记管理办法》中，需要着重对涉外的、尤其是涉外商业化运营的卫星等空间物体登记管理做出规定。在《民用航天发射项目许可证管理暂行办法》中，需要进一步细化落实对商用卫星发射、向国外商业用户提供空间飞行器发射服务的管理办法和细则，并在管理体制上适当放权，减少审批流程，并遵循“法无禁止即可为”的精神，鼓励原始创新，对创业公司涉足航天产业和航天器发射领域持更加宽容和鼓励的态度。

2. 航天配套金融活动对政策法律的需求

中国航天参与“一带一路”建设还需要更加完善的关于金融活动方面的法律法规。

航天产业既属于高新技术产业，又属于资金密集型产业，对资金的需求量巨大，且风险较高。融资渠道是否畅通对航天领域项目具有至关重要的作用。由于“一带一路”沿线国家绝大部分为发展中国家，虽然其国内经济发展各有特色，但综合经济实力普遍较弱。对走出国门的航天国际项目而言，配套的融资渠道和融资方案将会起到至关重要甚至是决定性的作用。

目前，我国已成立的“亚投行”和“丝路基金”，可以对“走出去”项目提供配套融资服务，并直接对“一带一路”沿线国家提供经济支持。但关于航天产业的投、融资，以及抵押、担保等相关的配套金融活动的管理办法尚未制定，航天飞行器以及一些地面设施等作为高价值物体所具有的经济效益分享、使用权和所有权转让，债权抵押和担保等活动仍不具有相应的法律和法理依据，在实践中也没有开展相应的商业融资活动，而这些对于中国航天参与“一带一路”建设以及在国内大力发展商业航天增加了较大的阻力。

从管理角度看，我国卫星产业商业化程度较低，投融资主要采用计划管理方式进行管理，资金来源主要为政府投资，而资金用途一般仅限于宇航项目的投资建设，以卫星为抵押物进行融资担保的活动从未涉及。而社会资本进入的产业投融资主要采用市场化管理方式，资金主要来源于企业自有资金，管理方式及资金使用与现行卫星投融资方式存在较大差异，导致了难以统一管理。这种体制也导致社会资本难以真正意义上深度参与航天企业研发生产。

本课题组认为，我国首先需要制定商业卫星融资及担保相关的管理办法，从法理上承认商业卫星作为高价值物体的经济价值和融资担保的属性，并对其进行定义，包括其使用权、所有权、处分权、收益权等。同其他能够带来经济利益的资产一样，需要从法律上来制定和完善关于商业卫星的融资和抵押担保的功能，承认其法律地位。其次，我国还需要制定政策鼓励、支持和引导社会资本进入航天产业，构建可以为航天产业融资服务的多层次资本市场。同时，实现航天企业现代产权制度的多元化，建立现代公司制度和治理结构。

3. 对沿线国家推广航天应用产业扶持政策的需求

中国航天参与“一带一路”建设需要制定关于整个民用航天应用领域的管理制度及导航、遥感、通信等细分领域的管理制度。

卫星导航产业、卫星通信产业、卫星遥感产业是航天应用领域中商业附加值最高的大产业。但我国在这些领域目前仍处于“有产品、无产业”的状态。这种现状将会制约通过中国航天的卫星应用能力打开“一带一路”沿线国家市场的进程。因此，更加需要在产业培育阶段开展法律层面的产业扶持。参照国外经验，我国可制定适合我国国情的空间应用产业促进条例，并在条例中明确对航天重大产业化项目的强制应用与鼓励应用原则。除此之外，我国还需在遥感、通信、导航等领域制定更加细化的扶持政策，以真正促使中国航天应用产业链在“一带一路”倡议之下不断延伸。

（1）对适应“一带一路”建设的民用航天管理的需求

除了政府间的合作，航天应用产业由于涉及较多的民商领域，其商业化、市场化空间更大。考虑到我国现有体制，我国亟需制定适应“一带一路”建设需要的民用航天管理相关条例，从而对接“一带一路”倡议对中国航天的需求。

具体来说，为适应“走出去”战略中与沿线国家国内市场竞争的环境，在我国航天领域，首先要通过立法来构建市场竞争机制，在航天项目中引入公开招标机制，降低民营企业进入航天产业的门槛，还需要通过立法推进军民融合发展，进一步畅通航天技术向民用转化的渠道，采取必要的税收减免，鼓励更多的社会经济资本、人力资本、技术资本等从事航天技术产业化的推广和应用，共同培育航天技术的衍生产业。

同时，在公司治理结构方面，为提高我国航天企业的国际市场竞争力和企业活力，可借鉴美国《NASA 灵活性法》①[7]，在法律层面鼓励并授权航天单位（集团、院、所、厂）基于市场竞争的需要，建立与市场化、商业化相适应的公司所有制结构、人员任用激励机制及投融资决策机制，积极推进航天资产证券化，在确保国家安全的前提下，同意航天单位由研究所或国有全资公司改制为引入市场化战略合作方的混合所有制企业。

最后，在产品定价方面，要制定航天产品定价机制市场化规则，建立受市场调整的定价机制。改革长期形成的以成本加成作为民用或商用航天飞行器定价依据的做法，推进更加市场化和商业化的航天产品定价方式，将市场机制和价值规律真正引入航天企业。

（2）对适应“一带一路”建设的遥感产业扶持政策的需求

在现有体制下，我国各类政府用户、行业用户使用遥感数据时，基本还是以从三大卫星数据处理中心（资源卫星、海洋、气象卫星中心）取得免费数据为主，“十二五”期间国家用于购买遥感数据的费用年均仅 10 亿人民币左右。

参照美国《地面遥感政策法》，我国也应该制定符合本国国情的遥感卫星应用管理办法，首先需要明确国家安全级遥感卫星数据范围和精度以及民商用的数据范围和精度，并分类进行管理。对于国家安全级遥感卫星数据，要严格依据国家保密相关法律法规，限制出口及民商应用。对于民商用级的数据，针对“一带一路”建设的特点，要采取措施积极推动产业发展。其次，要通过立法规定我国遥感卫星数据的商业化原则，改革现行的国内遥感卫星数据免费提供的现状，进行市场化运作。可参照美国的做法，由我国政府和机构用户作为国内商业遥感数据最大的购买者和用户，以保证在行业发展初期国内遥感数据领域具有足够的资本投入和利润，从而促进产业发展。对“一带一路”沿线国家，除涉及国家安全和保密要求的数据外，建议制定专门的产业扶持办法鼓励我国遥感卫星能力为沿线国家服务，在沿线国家国土资源测绘、气候监测等领域发挥作用，并在税收、融资、产业引导等方面提供优惠。

（3）对适应“一带一路”建设的卫星通信管理办法的需求

在通信卫星领域，我国的通信卫星仍以支持传统业务（电视直播、固定通信等）为主，还没有专门用途的宽带通信卫星及系统。在移动多媒体广播卫星方面，我国目前尚无自主的移动多媒体广播卫星。民用通信卫星领域的

---

① 李智：《外层空间法规与政策》，国防工业出版社，2015 年，第 94－114 页。

市场化运营能力相比美国存在较大差距。

仿照美国，我国在通信卫星应用领域，也应制定适合我国国情的管理办法。一方面要对我国军事通信卫星的安全和及时有效性予以保证，对破坏我国卫星通信的行为制定处罚措施。另一方面，还需要对能够应用于沿线国家民商用的通信卫星产业和技术出台促进办法，在税收、融资、产业引导等各方面提供优惠政策。鉴于“一带一路”沿线相关国家对我国民商用卫星通信和电视广播等业务的客观需求较大，应制定、推广我国卫星广播通信综合服务的管理办法和政策。如在业务应用和运营方面，建议从政策上加强支持及应用推广扶持，鼓励卫星运营商直接参与网络系统建设，面对移动互联网应用新发展，鼓励和允许适度拓展业务经营范围；鼓励采用市场化的业务运行体制机制，通过推动国际、国内范围和产业链内外环节的广泛合作，充分理解市场用户需求，鼓励采取试点业务运营探索方式快速进入市场。鼓励通过培育新型业务应用，推动应用的发展，助力“一带一路”沿线国家基础设施建设，实现沿线区域信息传输的互联互通。

4. 对可能遇到的涉外风险管理的政策法律需求

中国航天参与“一带一路”建设还需要制定细致的涉外风险管理办法。

（1）对关于沿线国家情况分析的研究、咨询机构的需求

“一带一路”沿线国家众多，在政治、经济、文化、社会制度、语言、人文、风俗等各方面都差异巨大，且多数国家为小国。从我国的角度看，以前对相关国家的认识相对较少，对其国内可能存在的诸多风险认识不足。因此，为配合“一带一路”建设的推进，国家在政策上鼓励设立相关沿线国家研究、咨询机构则是一件十分有必要的事情。

从目前来看，一是国内很多企业缺乏足够的“一带一路”沿线国家投资经验，企业经营人员不通晓当地语言和文化，缺乏具有关于沿线国家的国际经济专业知识和熟悉当地法律法规、税收制度的经营管理人员。在国际上一些知名的风险评估机构，国别风险分析师基本上在一个甚至多个国家或地区有过生活经验，通晓当地语言，同时对国际政治和国际经济学具有扎实的知识积累。我国的小语种人才严重缺乏，掌握发展中国家当地语言并深入了解当地政经体系的人才更是极度稀缺。二是国内会计、律师、咨询等中介机构发展程度较低，难以为国内企业的海外投资项目提供有效的尽职调查和中介服务。国内企业通常聘请外资中介机构进行尽职调查，而外资机构的评估方法和标准是以欧美发达国家为基础的，未充分考虑中国企业对“一带一路”沿线国家投资所面临的独特风险，从而外资中介机构出具的前期尽职调查报

告往往难以全面揭示海外投资风险，特别是政治风险。另外，国内企业与外资中介机构合作时需要防范委托代理风险，如国内企业商业机密的泄露、外资中介机构与目标企业的合谋等。三是国内企业对于海外投资政治风险的评估处于起步阶段，风险评估和管控能力较弱。目前，许多中国企业虽然设立了风险控制部门，但投资风险的研究人员人数很少，风险分析能力较差，难以覆盖企业投资所涉及的地区。中国企业虽然可以从驻外使馆和国内政策性银行（如中国进出口银行）获得一些有关国别风险评级的资料，但驻外使馆和银行并不属于专业的风险评级机构，其信息采集过程的客观性和研究方法的科学性难以得到保证。近年来，国内的一些智库机构已开始提供海外投资的国别风险分析报告，但囿于资金支持力度、研究人员的国际经验和分析能力等因素的制约，其发布的海外投资国别风险报告对企业海外投资决策的参考价值不高。

对我国来说，要推进“一带一路”建设，首先需要“探路”，即通过调查研究的方式，对沿线国家情况做出详尽分析。这不仅需要大量的学术研究机构参与进来，同时也需要具有实际商业背景和经验的咨询公司参与。因此，需要我国从政策和立法上鼓励、支持和引导此类研究机构和咨询公司开展研究，以切实支持中国航天参与“一带一路”建设。

（2）对沿线国家投资风险规避与保险相关政策的需求

从规避对沿线国家投资风险的角度，我国需要制定符合我国国情的境外投资管理办法和商业保险政策。

制定符合我国国情的境外投资管理办法的目的主要有以下三个。第一，无论是从政治、经济还是法律环境来说，“一带一路”沿线国家的相关情况都较为复杂，国别差异非常之大。即使有了相关的咨询评估机构，但作为一项国家级的大战略，其参与主体必然众多，相关评估可能无法全面覆盖，对一些需要规避的重大风险和陷阱，则需要通过制定管理制度来进行规避。第二，在“一带一路”倡议下，所有项目和商务活动都应体现我国“走出去”的国家形象，但由于涉及大量具体项目和商务活动，参与主体众多，亟需通过法律和政策来规制其中的行为，避免做出为了个人利益或小集团利益而对整体战略部署和国家形象有损的事情。如在沿线国家不遵守当地环保法律法规或劳工雇佣制度，导致引起当地抗议或社会治安问题等，这种行为有可能造成增大“一带一路”建设总体风险的后果，并增大其他正在实施项目的风险。第三，中国航天随着“一带一路”倡议“走出去”过程中，必然有大量的市场主体是国有企业。对这些国有企业来说，投资损失必然造成国有资产流失。

因此，需要通过制定严格的办法，规定对国有资产规定在境外采取怎样的产权制度、如何进行监督管理、境外国家工作人员如何雇佣、境外国有航天企业财务如何管理等，从而确保我国国有航天企业和国有航天资产在“一带一路”沿线国家能够安全、合理、稳健运行。

同时，在规避风险方面，保险机构可以发挥重要作用。而目前我国尚无针对“一带一路”沿线国家从事业务的专门商业保险机构。因此，我国需要从政策上引导相关商业保险公司开展此领域的业务，从而减少到沿线国家投资的商业风险①[8]。

（3）对技术扩散风险防范的需求

对可用于发展和生产大规模杀伤性武器及其运载工具的航天材料、航天设备和航天技术进行有效的管理，是各国履行国际防扩散义务的重要方面，也是国际防扩散努力取得成功的重要保证。作为一个具有一定航天科技工业能力的大国，中国需要履行这一重要的国际责任。包括敏感物项和技术的国内管理、出口控制等，并根据形势变化，不断完善相关制度。

从技术和产品的应用范围来看，同兵器、核武等行业军用属性较强，技术分类相对较容易甄别有所不同，航天领域的许多技术都具有军民两用的特点，如果一味为了防止技术扩散而进行限制，则运载技术、卫星应用等许多既有能力将无法通过“一带一路”倡议为沿线国家提供服务。但如果放任不管则必将造成航天敏感技术外流，从而对我国国家安全造成危害并带来负面的国际影响。因此，对我国航天产业来说，需要研究如何对相关航天领域产品和技术进行分类，如可分为严格禁止出口、通过国家相关部门审批后可出口以及无需管制等三个类别。由于技术和产品的敏感性，在出口等管理过程中，不能单纯考虑经济利益，他国与我国的关系远近、其国内政治局势也应该是重要的考虑要素。总之，就是既要在防止技术扩散方面保证我国国家安全和国际声誉，又要不妨碍中国航天参与“一带一路”建设并在民商领域发挥重要作用。

此外，除了国内需要通过制定法律政策来防范我国的航天技术扩散外，还需要通过国家间合作的方式来促使他国配合。如通过中国与相关国家签署政府间备忘录或双边、多边条约等方式，确保我国航天技术扩散风险始终可控。

---

① 刘志鹏：《“一带一路”下的海外信用风险管理》，载于《中国设备》，2015 年第 5 期。

四、　主要结论和建议

中国航天参与“一带一路”建设的政策法律研究，包括策略选择、政策措施制定和法律法规建设等三个维度。

（一）策略选择

中国航天参与“一带一路”建设，策略选择是首要因素。在策略选择上，本课题组认为，主要应从投资策略选择、建立风险评估与预警机构、人才培养等三方面来进行。

第一，在投资策略上，中国企业应采取与沿线国家当地资本联合建立合资公司等多种方式，实现互利共赢，减少投资项目的受关注度和政治风险。在国外重大航天项目招投标时，尽量避免单独投标大型或特大型的投资项目，尽可能与合作伙伴实现利益共享、风险共担。同时，由于航天产业属于高风险、高投入的产业，项目投资量往往较大。但从策略及风险上来说，我国企业在航天项目选择上，应不要盲目追求投资规模。投资规模越大，企业在海外直接投资中受阻的概率也越高。投资额庞大的项目往往受到当地社会、政府和媒体的高度关注，中国企业容易处于风口浪尖而遭遇投资阻力。

第二，构建中国对外投资的国别风险评级、预警和管理体系。鼓励企业设立独立的海外投资风险评估部门，加大对国别风险研究的投入力度。加快沿线国家投资风险分析师队伍建设，邀请国内退休外交官加入投资风险咨询行业，聘用优秀外籍留学生，以优惠条件吸引中国留学生特别是具有发展中国家求学经历、熟谙小语种的留学生回国发展。教育部门和国家财政应加大对研究机构及高校在国别风险识别与评估方面研究的支持力度，提高国别风险分析报告的质量，为中国企业海外投资提供参考。建立中国对外投资的国别风险的评级和预警体系，需要全面和量化评估中国海外投资所面临的战争风险、国有化风险、执政党更迭风险、缺乏政府间协议保障风险、金融风险以及东道国国家安全审查等主要风险，为国内企业降低海外投资风险、提高海外投资成功率提供参考。

第三，在人才培养方面，需要鼓励大学开设相关课程或设置相关专业，在小语种、社会学、投资学等领域培养能够适应“一带一路”国家投资相关需求的人才。在商业领域，鼓励各类咨询公司开展“一带一路”投资咨询相关业务，对能够开展相关业务或在本领域内做出突出贡献的相关人才及其培养机构，可依照政策给予各方面的奖励和所得税税收优惠等。

（二）政策措施制定

在中国航天参与“一带一路”建设方面，需要制定以下一些方面政策措施：

一是关于税收和财政补贴方面的政策措施，即按照“一带一路”总体战略布局的要求，在详细分析需要中国航天为“一带一路”倡议在具体项目中创造什么价值的基础上，制定切实可行的税收政策，包括对航天产品实行出口退税、出口补贴，对参与“一带一路”建设的航天企业认定为高新技术企业并享有相关企业所得税免税待遇等。在补贴上，可以采取直接补贴和贷款贴息等方式，对于特别符合“一带一路”倡议需要，对促进相关重大工程建设或国家外交有重要影响的企业，可以通过财政拨款直接补贴企业。对于符合“一带一路”倡议要求且企业有较大融资需求的，可以采取贷款贴息的方式，补贴其在银行的贷款利息，从而鼓励其在沿线国家开拓市场，推进中国航天“走出去”。

二是航天企业融资政策方面，要积极利用“亚投行”和“丝路基金”两个投融资机构。中央和地方财政专项资金要把中国航天在“一带一路”建设中的重点应用项目纳入支持范围，如空间信息走廊等；要研究推动“丝路基金”、中国—东盟海上合作基金、亚洲区域合作专项资金、中国—中东欧投资合作基金、中国—欧亚经济合作基金等主权基金参与投资空间信息走廊等重点项目。国家开发银行、中国进出口银行、出口信用保险公司等开发性政策性金融机构，要为相关企业提供优惠金融服务。建议研究采取多种筹措形式，适时建立中国航天参与“一带一路”建设的专项基金。同时还需要制定政策鼓励社会资本参与航天领域走出国门的相关建设与应用。要积极争取国家财政投入、基金支持、社会资本以及外资共同参与工程建设，建立多元化投融资体制，保障项目建设和运行。鼓励、支持和引导社会资本参与“一带一路”建设。

三是涉外商业活动及行为规范方面。企业的本质是逐利的，从事航天商业活动的目的归根结底也是追求商业利润，但“一带一路”倡议具有其独特的战略构想、战略目的和意义，影响涉及我国和沿线国家的政治、经济、文化等各个领域，并不仅仅是为了商业目的。因此，当航天市场主体参与“一带一路”建设中的各类工程或商务活动时，若其行为有可能对我国“一带一路”倡议的总体利益构成损害时，需要通过制定政策加以约束。具体来说，首先我国需要在深入了解各国实际情况的基础上，通过政策措施规定我国航天企业在沿线国家需要遵守沿线国在环保、人权、劳动、宗教制度等方面的规定，避免企业由于过分逐利行为导致对当地生态、法制、人文等各方面环境的破坏，避免引发当地抗议，影响两国关系。其次，由于处于不同的社会环境、市场环境、人文环境之下，我国的航天国有企业、国有资产及员工如何在新的环境下更好地适应并成长，也需要通过制定相关政策加以约束。

（三）法律法规建设

本课题组认为，中国航天参与“一带一路”建设，主要在以下三个方面需要解决法律法规的建设问题。

一是在航天国际合作的原则方面。从目前来看，并未在立法中明确我国航天国际合作的管理主体、监督主体等，各类航天国际合作协议中签署主体也比较多。各类合作协议有以两国政府名义签署的，也有以两国航天局名义签署的，还有的以长城公司等具体执行部门名义签署的。另外，由于法律具有高屋建瓴的作用，参照美国等主要航天国家的做法，我国可在航天法等相关法律中明确对沿线国家航天国际合作的国家鼓励原则。具体来说，我国可在正在研究中的中国航天法中管理体制部分规定国际合作的管理主体与监督主体，并明确其工作职责。同时，建议在立法中对开展国际合作的原则和国家鼓励的原则进行规定。

二是建立和完善海外投资保险制度。目前，我国尚未出台关于“一带一路”沿线国家投资保险制度方面的法律文件，不能适应中国企业海外投资高速发展的时代需求。因此，相关政府部门应在总结实践经验的基础上，加快《海外投资保险法》的立法进程。同时，明确承保对外投资保险业务的机构。目前，中国出口信用保险公司是承保国内企业海外投资业务的主要保险机构，但该公司并非官方专设的承保对外投资业务的机构，其设立的初始目标是承保中国企业的出口业务。随着中国企业对外投资的快速发展，将其业务逐步拓展为涵盖国内企业的海外投资保险势在必行。为适应国内企业强劲增长的海外投资保险服务需求，中国政府应大幅提高中国出口信用保险公司的注册资金规模，显著强化其海外投资保险业务。

三是国家安全领域。国家安全包括国家和国防秘密的保密以及防止敏感技术扩散两个方面。在保密制度上，由于航天产业涉及到较多的国家秘密和国防秘密。在中国航天参与“一带一路”建设过程中，有可能在航天领域国际合作方面比以往的合作层次更深入。因此，有可能遇到以前所未遇到的新情况、新问题。需要对涉外航天活动，尤其是涉及产业链上游的航天装备制造领域的活动，在保密方面可能出现的新情况、新问题进行分析，完善相应的保密制度和法律。

在防止敏感技术扩散方面，应要求从事所有被管制航天相关物项和技术的经营者须经中央政府主管部门登记；未经登记，任何单位和个人不得从事相关被管制产品和技术的出口活动。对特别敏感的技术领域和产品的出口，需要明确规定专营单位。在航天领域敏感物项和技术的清单上，需要编制面向“一带一路”沿线不同国家的、内容详细的相关航天敏感材料、设备和技术管制清单。在许可证管理制度上，需要规定航天敏感物项和技术的出口须经中央政府相应的主管部门逐项审批，获取出口许可证后方可出口。且对航天领域内不同细分行业、不同用途的产品和技术，需明确归口管理单位，理顺管理体制。在处罚措施上，需要对未经许可擅自出口受控航天产品和技术，擅自超出许可范围出口相关航天产品和技术，伪造、变造或买卖有关出口许可证的出口经营者，依照《中华人民共和国刑法》和相关行政法规进行处罚。

参考文献

[1] 国家发改委，等．推动共建“一带一路”愿景与行动［N］．人民日报，2015-03-28.

[2] 张召才．世界航天能力发展评估［R］美国：美国富创咨询公司，2015.

[3] 何奇松．太空强国：俄罗斯的梦想与现实［J］．国际问题研究．2014（5）．

[4] 周黎妮，等．外国空间站国际合作模式分析及对我国的启示［J］．装备学院学报，2015（2）．

[5] 周兰萍．“一带一路”下的法律风险防范［J］．施工企业管理，2015（6）．

[6] 王永中，王碧珺．中国海外投资高政治风险的成因与对策［J］．全球化．2015（5）．

[7] 李智．外层空间法规与政策［D］．北京：国防工业出版社．2015：94-114.

[8] 刘志鹏．“一带一路”下的海外信用风险管理［J］．中国设备，2015（5）．

[9] 王义桅，郑栋．“一带一路”战略的道德风险与应对措施［J］．东北亚论坛，2015（4）．

[10] 钟春平，潘黎．对外直接投资风险与一带一路战略［J］．开放导报，2015（4）．

[11] 张力行，黎军．国际投资法［J］中国远洋航务．法律，2015（6）．

[12] 李铁郦．国外卫星应用产业发展现状［J］．卫星应用．2014（1）．

［13］ 程绍驰．国外载人航天国际合作发展分析［J］．国际太空．2014（10）．
［14］ 徐晓权．航天国际合作项目的特点和管理模式［J］．航天器环境工程．2014（1）．
［15］ 罗开元．航天国际合作新模式分析［J］．中国航天．2004（11）．
［16］ 罗雨泽．坚持市场导向，构建“一带一路”政策支持体系［J］．北大经济．2015（6）．
［17］ 王喜成．历史上的丝绸之路及其重要作用［J］．许昌学院学报．2015（3）．
［18］ 高阳．论我国航天产品贸易管控法律制度的构建［D］．湘潭：湘潭大学．2012.
［19］ 朕伟．让人才跟上人民币国际化的脚步［J］．首席财务官．2015（8）．
［20］ 王之泰．丝绸之路经济带：丝绸之路的升华［J］．中国流通经济．2014（5）．
［21］ 何奇松．太空强国：俄罗斯的梦想与现实［J］．国际问题研究．2014（5）．
［22］ 马明，冯国忠．外资并购对医药产业安全影响展望［J］．现代商贸工业．2015（5）．
［23］ 李锦华．我国航天管理体制概况及国外经验借鉴［J］．科技工业管理．2015（4）．
［24］ 李志强，等．我国航天国际合作制约因素分析与对策研究［J］．自然辩证法研究．2015（12）．
［25］ 中国航天科技集团．我国卫星应用的国际合作［R］．卫星应用文集．2014.
［26］ 付玉辉．“一带一路”战略的信息丝绸之路及其主导力量［J］．移动通信．2015（11）．
［27］ 朱鲁青．印度航天发展战略一瞥［J］．国际太空．2015（7）．
［28］ 李成．载人航天器的法律制度探析［D］．湘潭大学．2010.
［29］ 钟飞腾，朴珠华，等．对外投资新空间——“一带一路”国别投资价值排行榜［M］．北京：社会科学文献出版社．2015：123－130.
［30］ 李永全．思路列国志［D］．北京：社会科学文献出版社．2015：428－500.

课题主持人简介

侯宇葵，男，中国空间技术研究院钱学森空间技术实验室研究员，工学博士，主要从事航天体系设计、空间技术战略规划、航天政策等研究工作，主持或并参与多项国家级重大工程、战略、政策论证工作，是 2006、2011、2016 年《中国的航天》白皮书的编制专家团队成员，曾任“高分辨率对地观测系统重大专项”、“国家民用空间基础设施中长期发展规划”编制专家组专家。目前正开展航天器体系结构设计、效能分析方法等研究，并以此为基础构建我国未来空间信息体系。获得北京市科学技术奖一等奖 1 项、部级科技进步二等奖 2 项，发表学术论文及国防科技报告 50 多篇，荣获 2014 年度中国航天基金奖。

中国北斗卫星导航系统法律问题研究

湘潭大学课题组*

目　录

---

* 本文为中国空间法学会 2015—2016 年度第 2 号学术课题研究项目结题报告，荣获中国空间法学会 2015—2016 年度学术课题研究项目二等奖。课题主持人为湘潭大学法学院蔡高强教授，课题组成员包括张军莲、陈露、刘蓉、焦园博、刘功奇等。

（二）重申国际法的相关原则与规定

（三）增加国际法对全球卫星导航的新规范

（四）实现国内法与国际法的协调

六、全球卫星导航立法经验的借鉴

参考文献

北斗卫星导航系统（BDS）是中国于 20 世纪 80 年代决定自主建设、自行研制，能够独立运行，并与世界其他卫星导航系统兼容共用的全球卫星导航系统，其发展分为三大阶段：验证阶段，扩展的区域导航系统阶段及全球卫星导航系统阶段①。北斗卫星导航系统包括北斗一号和北斗二号②。北斗一号是在验证阶段建立的，是北斗卫星的导航试验，能够提供基本的定位、授时和短报文通信服务。北斗二号于全球卫星导航系统阶段建立，是试用阶段的卫星导航，其提供的功能完全可以取代美国的全球定位系统（GPS）和俄罗斯的格洛纳斯卫星导航系统（GLONASS）③。北斗二号由空间段、地面段和用户段三部分组成，提供开放和授权两类服务，可在全球范围内全天候、全天时为各类用户提供高精度、高可靠定位、导航、授时服务，初步具备定位、授时、报文通信和 GPS 广域差分功能④，能在电信、水利、交通运输、渔业、勘测、森林防火、测绘和国土安全等诸多领域发挥作用⑤。北斗二号旨在将北斗卫星导航系统的服务由区域拓展到全球，先完成亚太地区的覆盖，然后逐步转向对全球地区的覆盖。

为促进北斗卫星导航系统的发展，国家陆续出台了相关政策，确保北斗卫星导航系统推广应用。近期，我国正在制定《卫星导航条例》，并已于 2016 年列入国务院立法工作计划。这将确立北斗系统作为国家空间信息基础设施的法律地位，推动北斗应用及产业发展。然而，随着北斗卫星导航系统的不断发展，服务范围不断扩大，相应的法律问题必将无可避免，期待有效规范。

---

① 王杰华：《外国卫星导航定位系统的新进展及发展趋势》，载于《数字通信世界》，2008 年第 1 期，第 10 页。

② 蔡高强，刘思阳：《论全球卫星导航的国际法规制》，载于《湘潭大学》，2014 年。

③ 张孟阳：《“北斗”卫星导航系统应用发展综述》，载于《国际太空》，2009 年第 11 期，第 27 页。

④ 李鹤峰，党亚民：《北斗卫星导航系统的发展、优势及建议》，载于《导航定位学报》，2013 年第 2 期，第 50 页。

⑤ 杨元喜：《北斗卫星大行系统的进展、贡献与挑战》，载于《测绘学报》，2010 年第 1 期，第 2 页。

一、全球四大卫星导航系统的发展

20世纪50年代，苏联成功发射人类第一颗人造地球卫星，为卫星导航时代拉开了帷幕。美国紧随其后推出第一代卫星导航：Transit（子午仪卫星导航系统），用于当时的定位、导航及测绘。苏联不甘落后，也在不久后推出了Cicada。这两个系统开创了世界卫星导航时代，为全球卫星导航的出现奠定了基础。到了20世纪70年代，美国推出第一代GPS，俄罗斯推出GLONASS，两个系统几乎同时在20世纪90年代投入运营。上述两大全球卫星导航系统，当时垄断了全球导航定位信息资源。随着全球信息化的普及，全球卫星导航的作用已经渗透到人们日常生活的各个方面，并且在经济、国土安全、公共安全等体现综合国力的领域取得了无可替代的作用。因此，各个国家寻求建立本国独立的卫星导航。目前，全球主要有四个卫星导航系统，他们分别是美国的GPS、欧洲的Galileo、俄罗斯的GLONASS和中国的北斗卫星导航。

（一）美国GPS的出现与全球应用

GPS出现于20世纪70年代，1994年建成并投入运营，共建设历时20多年，花费200亿美元，是目前应用最广泛、最成熟的卫星导航系统[①]。到目前为止，GPS在卫星信号、服务范围、应用领域等方面都日趋成熟。

首先，GPS卫星信号实现从军用到军民共享转变。GPS的最初出现是为了冷战时期与苏联进行军备抗衡。因此，美国颁布Selective Availability政策，即信号选择性供给政策，目的在于限制民用信号以保证军用信号的强度。随着美苏冷战结束，为巩固GPS信号的垄断地位，美国大力推广民用GPS信号的使用。1996年，美国颁布《国家GPS政策》，取消了信号选择性使用政策，增强了GPS民用信号，并承诺10年内免费向用户提供。2000年，GPS纳入《美国法典》。至此，美国卫星信号的使用规范以最具强制力的法律固定下来，坚定了民众使用GPS民用信号的信心，为GPS民用信号市场进一步扩大提供了保障。

其次，GPS的服务范围从国内扩大到全球。卫星导航作为一种战略资源，最初的信号服务供应范围被严格限定在本国国内。1991年之前，美国对GPS相关产品的出口进行了严格限制。冷战结束后，美国意识到抢占卫星导航民

① 曹冲：《全球卫星导航系统的现状和前景》，载于《中国测绘报》，2009年第1期，第2页。

用市场的重要性，马上简化了 GPS 设备出口手续，不再设置出口限制。美国 GPS 信号的终端接收设备出现在各大海外市场，为 GPS 争取了极大的市场份额。加之美国 GPS 导航服务技术已达到世界领先水平，使得 GPS 服务范围从国内迅速扩展到全球，直接用户终端设备销售额到 2010 年已突破 200 亿美元①。美国在技术上提升了 GPS 信号的精度、增强了 GPS 的星座部署，美国政府将 GPS 信号服务标准写入法律，使 GPS 信号服务质量得到了全方位的保障。近年来，美国政府为了保障 GPS 绝对垄断地位，同时也鉴于 GPS 与其他卫星导航系统合作的不断深入，推出了一系列政策，如《国家空间政策》《PNT 政策》等，以从国内立法方面保证 GPS 的服务质量，让 GPS 提供的信号服务与全球市场需求保持一致。

最后，GPS 的应用领域从单一到多元。GPS 建立之初只应用于军事领域的定位、授时，而随着民用信号的推广，其应用已渗入到通信、交通等多个领域。GPS 导航服务在陆地活动、空中活动、外空活动、海洋活动，甚至在人们的日常生活中，都有极其广泛的应用。在陆地上，人们日常的交通导航、位置定位、地面测量、搜救活动、货物追踪、军事应用等一系列要求进行位置定位的活动都离不开 GPS 的使用。民航客机、军用飞机的导航、飞机空中加油、空中交通管理、飞机起飞着陆等在空中的活动，GPS 信号是其主要的信号源之一。可以说，没有 GPS 信号的使用，这些活动甚至无法正常开展。

（二）俄罗斯 GLONASS 的推广使用

GLONASS 由苏联在 20 世纪 70 年代组建，与 GPS 有着长期的竞争关系。美苏开展军备竞赛时期，苏联利用其快速发射技术，将数量众多的 GLONASS 卫星发射入轨。因此，早在 20 世纪 90 年代，GLONASS 就已成为拥有 24 颗卫星的全球卫星导航系统。GLONASS 在系统设计时，出于军事用途的考虑，将卫星发射的频率与 GPS 区别开来。GLONASS 采用频分多址体制，即每颗卫星的信号频率均不相同，这样的信号区分方式在战时可以防止整个系统同时被敌军干扰，这在当时既是优势，同时也成为 GLONASS 进行商业推广的阻力。

由于 GLONASS 发射的时间较早，而且在苏联解体后缺少维护，因此大多卫星处于超期运行状态。随着卫星的故障越来越多，到 2000 年初，GLO-

① 李宇华，刘文平，魏俊峰，赵超阳，朱锐：《美国 GPS 政策的演变规律及启示》，载于《第四届中国卫星导航学术年会电子文集》。

NASS 能正常工作的卫星只有 7 颗。当用户需要进行定位时，其同时看到两颗卫星的概率只有 35%。系统严重老化，缺少维护，而且没有新的卫星及时补充。因此有专家曾预言，GLONASS 最多支持到 2000 年即会崩溃[①]。在 GLONASS 开始停滞不前的这段时间内，GPS 基本独霸了卫星导航市场，全球当时有 97%的用户都在使用 GPS。美国的信息霸权地位，让许多国家产生了不安。加之美国曾关闭过部分地区的信号，且加强了本国的军用信号，使得信号使用国长期处于被动地位。于是，很多国家都将打破美国垄断地位的希望寄托在曾经辉煌过的 GLONASS 身上。

针对美国展示基于 GPS 的军事野心和霸占全球 97%卫星导航市场的形势[②]，俄罗斯政府制定了 GLONASS 强制使用政策。俄罗斯航天局通过名为《2020 年前 GLONASS 联邦计划》的方案，该方案计划对 GLONASS 注资约 144 亿美元，用于卫星数量的维持，加快对卫星、地图和用户设备的研发，同时强制推广 GLONSS 的国内应用，首先是从国家政策上进行扶持。俄罗斯交通部要求将 GLONASS 接收机部署在所有的国内制造的汽车、船只和飞机上。其次，国家颁布专门法令为推广应用提供法律支撑，确立了 GLONASS 导航活动的法律框架，具体规定了各级实体的权力。再者，俄罗斯政府决定从 2009 年起取消 GNSS 部分进口关税，对不支持 GLONASS 的硬件俄罗斯政府开始征收关税。

鉴于 GLONASS 信号在多方面未达到 GPS 水平，俄罗斯强制推广使用的措施也有悖于民众的意愿。但从俄罗斯的国防目的与 GLONASS 迅速复兴计划来看，俄政府的行为具有一定的预见性，不失为发展国家独立卫星导航的一种有效的手段。

（三）欧洲 Galileo 计划的提出与实施

1996 年 7 月 23 日，欧洲议会和欧盟交通部长会议提出欧洲自主建立卫星导航的问题。1999 年 2 月 10 日，欧洲委员会发表名为《伽利略——欧洲参与新一代卫星导航服务》的报告，首次提出 Galileo 计划。Galileo 计划的提出，考虑到卫星导航对国家安全、经济发展两方面的重大影响。在国家安全方面，欧盟经济发展到一定程度后，最需要的就是在地区安全上努力减少对美国军

① 陈念茹，唐云：《GLONASS 加速现代化进程》，载于《卫星与网络》，2012 年第 1 期，第 9 页。

② 冷战结束后，美军在其几次参与的战争中，GPS 均发挥了超乎想象的作战能力美国“反卫星试验”的成功，外空武器化步伐不断加快，给各国敲响了警钟。

事和技术的依赖；在经济方面，卫星导航市场具有巨大的经济利益。Galileo 建成后，平均每年的经济效益可达 100 多亿欧元[①]。此外，Galileo 计划附加的经济效益也十分诱人。仅仅是在卫星导航领域，Galileo 计划就可以产生大约 15 万个就业岗位，预计到 2020 年左右，Galileo 计划大约可产生 740 亿欧元的产业效益[②]。

根据最初的建设规划，Galileo 作为全球首个民用卫星导航系统，其导航信号将被应用在农业、渔业、土木工程、能源、环境、财政、银行、保险、通信、航空、民防、海事、公共交通、公路、铁路等 15 个领域[③]，应用范围几乎涵盖了日常生活的方方面面。但卫星导航在民事上的应用与在军事上的应用是存在较大差异的，军事领域对导航信号服务的精准度与传输速度要求较高，而民用领域对信号服务的精度与传输速度要求根据具体的应用领域而有所不同。因此，Galileo 在应用中对信号的服务的类型作了独创性的分类。

与传统的全球定位相同，Galileo 在应用中能够提供的信息服务类型是有限的，包括位置、速度和时间。但是，Galileo 的导航服务根据不同应用领域对精度和可靠性的需求不同，将其导航信号按功能进行了分类。Galileo 能够提供五种服务[④]：一是公开服务信号（OS）。该信号服务是免费的，但是不提供保证，使用简易终端设施即可接收，其定位精度相当于 GPS 的标准定位服务，如日常生活中的车辆导航与移动电话定位。二是生命安全服务信号（SoL）。这种服务适合更高的定位要求，并且能与其他交通模式兼容，其性能满足国际民航组织的要求，专门用于涉及生命危险的航海、航空等领域。三是商业服务信号（CS）。它是以公开服务的为基础的一种增值服务模式，可以对导航数据进行加密和鉴别，并且收取相应的信号加工费用。四是公共特许服务（PRS）。该服务的卫星信号具有高连续性和强抗干扰性，受欧盟成员国控制，是针对国家安全部门设置的。五是搜救服务（SAR）。将失事船只和飞机的精确定位信息发送给救援中心，该服务提供多颗卫星覆盖和高频率的信

① 蔡艳辉，程鹏飞，李加洪：《伽利略计划进展简述》，载于《测绘科学》，2009 年第 1 期，第 6 页。

② 刘焘，郑晓光：《欧洲“伽利略”导航卫星系统浅析（下）》，载于《中国航天》，2011 年第 1 期，第 3 页。

③ 徐菁：《欧洲伽利略卫星导航系统的进展（中）》，载于《中国航天》，2011 年第 1 期，第 9 页。

④ 孙亚伟，曹乃：《全球卫星导航系统 GPS/GLONASS/伽利略的对比研究》，载于《中国航天》，2010 年第 1 期，第 7 页。

息发送，能保证信息的畅通和迅速传播，确保救援工作的顺利开展。

（四）中国北斗卫星导航系统的成功应用

近年来，我国致力于自主研发北斗卫星导航系统，一方面是基于卫星导航系统目前已成为国家经济发展、国家安全发展必备的信息来源，另一方面也是出于对过度依赖别国导航信号的担忧。美国曾公开表示：在其本国安全遭受威胁的情况下，会采取降低对方 GPS 信号精度或者暂时关闭信号源等措施，并且在我国一次军事演习时，美方人为关闭了 GPS 信号①。早在 20 世纪 80 年代，我国已提出自主研发双星定位系统的设想。目前，GPS 产品在我国市场的占有率在 90%以上。巨大的市场份额让中国政府意识到，建立卫星导航不仅是经济发展的需要，更是国家安全的保障。

基于双星定位工作的复杂性，以及自主研发项目需要不断实验和推演的特点，我国制定了卫星导航系统自主研制的三个步骤：试验阶段、试用阶段及应用阶段②。北斗卫星导航系统包括北斗一号和北斗二号。前者是北斗卫星的导航试验，后者是导航定位。北斗一号属于试验阶段的卫星导航，其研发从 1994 年开始，到 2002 年结束，从第一颗卫星入轨直到部署完成共花了四年时间。目前，北斗一号已在测绘、勘探等多方面发挥作用③，但是，由于北斗一号还在试验阶段，尚存在覆盖范围小、接收系统短缺等不足。

北斗二号是我国在卫星部署的第二阶段，也即试用阶段建设的卫星导航系统。北斗二号是一个具有独创性的开放系统，在设计时考虑了与 GPS、GLONASS、Galileo 的兼容性和互操作性，并且其提供的功能完全可以取代美国的 GPS 和俄罗斯的 GLONASS。北斗二号一期的定位精度为 10 米，授时的精度为 20 纳秒④。北斗二号导航电文还包含将数据转换成 GPS、GLONASS、Galileo 等卫星导航的参数。目前，北斗二号的地面设施建设已经基本完成，进入对外合作、宣传、市场开发阶段。

相对于其他卫星导航系统而言，我国的北斗卫星导航发展具有其自身的

① 陈俊勇：《中国的“天眼”北斗卫星导航系统》，载于《军民两用技术与产品》，2012 年第 2 期，第 5 页。

② 王杰华：《外国卫星导航定位系统的新进展及发展趋势》，载于《数字通信世界》，2008 年第 1 期，第 10 页。

③ 谭述森：《卫星导航定位工程》，国防工业出版社，2007 年，第 147 页。

④ 杨元喜：《北斗卫星大行系统的进展、贡献与挑战》，载于《测绘学报》，2010 年第 1 期，第 1 页。

特点。在区域部署方面，北斗卫星导航的部署计划是从区域到全球部署，先完成对我国及周边亚太地区的覆盖，然后逐渐转向对全球的覆盖。在信号质量方面，北斗静止轨道卫星数目将会增加，可结合非静止轨道卫星提供广域差分信息和完好性信息。北斗卫星导航的独创功能——短报文通信方式将会得到继承，并在北斗一号的基础上扩充容量。

2011 年，我国北斗卫星导航系统开始进入民用导航领域，标志着我国具有自主知识产权的卫星导航产业进入崭新的发展阶段。2012 年，我国北斗卫星导航系统组网卫星达到 16 颗，定位精度达到亚米级，实现对我国及周边地区信号的全覆盖并具备持续服务的能力，极大地提高了北斗卫星导航系统针对传统 GPS 定位导航系统的竞争力，为创新北斗位置服务的应用模式和商业模式创造了条件。

早在 2009 年，我国就启动北斗卫星导航系统全球系统建设，并于 2015 年开启全球组网，并对接“一带一路”建设。2016 年 6 月 12 日，我国在西昌卫星发射中心用长征三号丙运载火箭成功发射第 23 颗北斗导航卫星。根据北斗系统全球组网建设计划，2018 年将率先为“一带一路”沿线国家提供基本服务，2020 年完成 35 颗卫星发射组网，形成全球服务能力，为全球用户提供服务，建成国际一流的全球卫星导航系统。

随着北斗产业的不断壮大，北斗产业基地在国内各大城市陆续落成。我国的卫星导航产业脱胎于 GPS 应用产业，如今，越来越多的 GPS 企业开始参与到北斗卫星导航产业链的建设中来，不少企业已经开始推出北斗相关产品。根据《国家卫星导航产业中长期发展规划》，中国卫星导航产业规模将达到 4 000 亿元，北斗产业占比超过 60%，北斗产业市场规模年均复合增长率将超过 65%。与此同时，北斗卫星导航系统将与 GPS 抢占国际市场，未来几年将是北斗卫星导航系统发展产业化的黄金时期。

二、全球卫星导航系统产生的主要国际法律问题

随着科技的发展，卫星导航技术取得了惊人的突破。目前，全球卫星导航系统是以卫星组网运行为依托，可以实现对地球 24 小时无间断、三维立体、无缝隙的导航定位。在卫星导航全球化的趋势下，导航信息的获取成为保障国家政治、经济、领土安全的关键。相较其他航天活动来说，卫星导航活动具有其特殊性。卫星导航的范畴不仅包括卫星发射、在轨运行，还涵盖卫星信号的地面接收设施建设、天地之间信息传输等内容，其中涉及许多国

际法问题。卫星导航在受到越来越多国家关注的同时，涉及的诸多国际法问题也亟待解决。

卫星导航涉及的重要问题就是卫星导航是否构成对国家主权的侵害。由于国际上对卫星遥感是否需要经过被遥感国同意这一问题上一直没有达成一致意见，卫星的遥感、导航活动的范围并未受到相关法律的限制[①]。国际法在卫星导航所获取信息的传播问题上也暂无法律进行规制，国家主权面临着多方挑战。

（一）对国家领空主权的侵害

国家主权，是指“国家固有的、独立自主地处理其对内、对外事务的最高权力”[②]。国家领土，是指处于国家主权管辖下的地理范围，一般包含领土、领空、领水和水域底土。领空是国家领土的一部分，固然受国家主权管辖。《国际民用航空公约》第一条规定：“缔约国之间必须承认，每个国家对其领空（含领土之上的空气空间）享有充分的、完全的和排他性的主权”。目前，世界上仅有美、俄、中、欧等几个大国或地区具有独立的卫星导航，这就使得这些国家在卫星导航领域拥有一些“特殊的权利”[③]。而没有独立卫星导航的国家，在航空事务上就有可能处于劣势，甚至领空主权都面临遭受侵犯的可能。

1. 领空军事侦察

在分析卫星导航活动是否侵犯了国家领空主权这一问题之前，界定国家领空高度对于确定卫星活动是否在国家领空范围之内显得尤为必要。自外空活动开始至今，关于领空高度的问题一直争论不休，国际法上对领空高度至今都未达成统一共识。在人类第一颗卫星升空之后，关于太空战略系统部署的设想以及出于防御系统建设的战略需要，各国争相拔高领空主权的高度。领空界限的确定出现了不同声音，目前主流的观点是“人造卫星轨道最低点说”[④]。根据这一观点，领空的界限应介于离地面90～110公里处，与离地面最低卫星轨道的高度毗邻。这种领空高度的确定方式在实践中被国际社会广

---

① 周丽瑛：《外层空间活动商业化的法律问题》，中国政法大学学位论文，2006年，第62页。

② 王铁崖：《国际法》，法律出版社，1995年，第58页。

③ 何奇松：《约束太空武器化法律机制的困境及其出路》，载于《北京理工大学学报》，2012年第5期，第89页。

④ 仪名海，王晗：《外层空间定界问题及其解决途径》，载于《中国海洋大学学报》，2010年第2期，第1页。

泛接受。由于国家领空高度低于卫星运行的最低高度，卫星在轨运行的物理活动将不构成对领空的侵犯。

卫星导航在领空军事侦察活动的作用主要是协助侦察飞机，通过卫星导航定位，指引其进入别国领空获取他国军事信息。1996 年 5 月 1 日，美国 U-2 飞机为获取苏联劳动节阅兵信息，企图从巴基斯坦飞往挪威的途中，穿越苏联的领空，并通过 GPS 定位图像系统，对苏联进行卫星图像采集。后来，这一计划暴露，侦察机一进入苏联领空，便被立即击毁[①]。国家对领空享有绝对的管辖权规定，凡是需要进入一国领空范围的行为，都必须获得所在国的同意。空气空间与海洋法规定不一致，因为在空气空间不存在所谓的"无害通过权"，"国家对其领空的飞行器的活动都享有管辖权"，"任何飞行器都不得在未经允许的情况下，擅自穿越他国领空"。军事侦察行为属于对国家信息的窃取，一旦被发现，被侦查国家有权对空气空间飞行的侦查设备采取措施。

2. 领空电磁干扰

根据导航应用的需求，卫星导航传递数据的电磁波信号不断加强，必然会对与外层空间毗邻的空气空间活动造成干扰，其中最易受到影响的就是航空运输。在战争期间，美国曾有过关闭 GPS 区域信号服务的先例。美国还公开表示，在特殊时期，为保护本国信号的正常使用，将弱化其他区域的信号。信号服务的中断或者不完整，直接影响了国家领空通信是否正常运行。并且，现有的各种航天器的发射都是借助空气动力原理，这就不免会在发射过程中穿越他国领空。这种返回式的发射途径，不能排除飞行器在发射或者返回时，在他国上空搜集数据资料。当发射活动或者日常卫星通讯活动对领空形成电磁干扰时，国家对领空通信的管辖能力就会弱化。

（二）对自然资源永久主权的侵害

自然资源是一个国家赖以生存和发展的基础，而自然资源的永久主权是一个国家主权不可分割的组成部分，同时也是一个国家固有的、不可侵犯的权利。联合国于 1962 年，将自然资源永久主权以宣言的形式确立。国际上对自然资源永久主权的概念已经得到广泛认同，关于卫星导航对自然资源永久主权是否构成侵害的争议焦点主要有：导航数据资料的占有与商业利用是否符合国际法。

① 济贵：《领空到底有多高》，国防安全出版，1995 年，第 25 页。

1. 对自然资源数据资料的占有

目前，自然资源永久主权原则在国际社会已得到普遍认可，在现阶段卫星导航服务不断扩展的情况下，自然资源永久主权涵盖了对自然资源遥感数据的拥有权，即对自然资源资料的所有权，这项新权利对探讨导航数据传播的效力问题具有重要意义。

对于自然资源数据的占有是否符合国际法，首先需要讨论的是自然资源数据的来源是否合法。地面数据收集形式主要有“穿透性数据收集”和“外围数据收集”两种方式[①]。前者需要进入一国领土范围收集，且根据国际法主权原则，应当征得国家同意；后者是从非国家领土范围的公海或者外空收集数据。因此，位于外空的导航卫星以这种方式收集到的任何信息都是能得到国际法支持的。其次，关于国家是否有权占有数据的问题，由于国家卫星导航的所有权属于国家，那么导航卫星所属国理所应当享有卫星导航数据的所有权[②]。

2. 对自然资源数据的商业利用

导航卫星对地面活动具有监测功能，可以辨认出地面上农作物的种类，发现地面暴露的矿产，甚至还能根据农作物的面积，预计出农作物的年产量。因此，导航数据对于每个国家的经济发展都具有重大的参考利用价值。可以想象，一国的关键经济信息如果掌握在别国手中，或者被散发、滥用，那么将对一国的经济安全构成极大的威胁。目前，因为导航数据都掌握在具有卫星导航大国手中，这种担忧主要来自于没有独立卫星导航的国家，尤其是发展中国家。发展中国家为防止自己的经济信息被窃取，积极主张自然资源数据不应被商业利用。以蒙古为代表，早在 1976 年就提出，将“被遥感国领土内获取的有关国家财富的数据资料，应当视为自然资源主权不可分割的一部分，应当受到一切国家的尊重”[③]。而美国等发达国家就此争议持反对态度，他们主张“共同开发和利用外空原则”应当也意味着世界各国可以平等享有地面信息的权利。美国政府已经同意本国卫星私营公司将数据资料，以合同形式售给其他国家或者公司，并且从中赚取高额利润。法国的 SPOT 卫星也是商业化经营的，且销售业绩斐然。据统计，SPOT 卫星的卫星图片目前占全

① 郭景放：《卫星遥感商业化与国际合作法律问题浅析》，中国政法大学学位论文，2010 年，第 10 页。

② 仪名海，王晗：《外层空间定界问题及其解决途径》，载于《中国海洋大学学报》，2010 年第 2 期，第 1 页。

③ 引自联合国外空委文件：A/AC. 105/171. 附件九，1976. 5：28。

球卫星图片市场的六成份额，且为了扩大市场占有，SPOT卫星的经营公司正在努力降低图片价格，现在一张分辨率为30米，幅面为185 km×175 km的定位图片，已从原来的2 500～3 000美元降到了600～1 675美元[①]。

（三）对国家信息主权的侵害

国家的信息主权，即国家对网络信息所享有的管辖权，是指国家对信息具有的保护、管理和控制的能力[②]。信息主权主要分为以下三个方面的内容：一是信息控制权，指的是主权国家有效控制着跨境的数据交流方法和交流内容；二是信息管理权，即国家对信息在本国内外流通的管理权；三是信息资源共享权，通过国家间的交流、合作等方式，实现全球的信息共享[③]。信息主权是现代国家主权的重要组成部分，是国家主权在信息全球化背景下的表现形式。卫星导航技术的出现让国家信息主权面临着新的挑战。

1. 信息控制权被剥夺

信息控制有广义和狭义之分。广义的信息控制权，是指采取措施保护其具有管辖权的信息，以保证信息内容的安全，也就是保护信息的完整性与真实性；狭义的信息控制权，是指针对网络数据被窃取、篡改的风险，主权国家采取有效措施，抵抗外来有害信息对自身的侵犯和破坏[④]。鉴于国家对其主权管辖范围内的信息均享有控制权，因此，通过卫星导航技术获取的地面数据信息应当纳入其所在国信息控制范围之内。

目前，由于各国在经济和技术发展水平的差异，具有卫星导航能力的国家并不多，基于卫星导航的信息控制权也仅在拥有卫星导航系统的国家得以实现。联合国《遥感原则》虽曾明确信息收集的基本原则，但对被遥感国家对本国被遥感的信息享有什么样的权利并未提及。因此，目前对于还未具备导航能力的国家的信息主权如何保障还没有国际法上的依据。并且，导航卫星在获取地面信息之前以及使用数据之前是否应征得地面信息所在国同意这一问题，国际上也没统一说法，国家的卫星导航信息的控制权并没有国际法上的保障。

---

① 朱毅麟：《遥感卫星商业化路在何方》，载于《北京空间科技信息研究所论坛》，2003年第1期，第3页。

② 孔笑微：《全球化进程中的信息主权》，载于《国际论坛》，2005年第1期，第5页。

③ 任明艳：《互联网背景下国际信息主权问题研究》，载于《河北法学》，2007年第1期，第6页。

④ 孔笑微：《全球化进程中的信息主权》，载于《国际论坛》，2005年第1期，第5页。

2. 信息管理权被侵蚀

信息管理权是指信息控制权被一国掌握之后，为维护信息安全而采取的具体管理措施。信息管理权主要包含以下几点内容：第一，国家制定相关的法律与政策，对信息进行引导与有效管理；第二，为对流动的信息进行有效管理，对国家输入输出的信息，建立有效的市场监管机制；第三，依据本国法律，对与本国信息相关的纠纷提供司法依据与司法管辖。第一点是在信息领域中国家行使立法主权的表现，第二点主要是为了保护国家信息安全以及防范危及国家主权的不利信息。国家对卫星导航信息的管理权主要体现在对导航数据流通的管理上。国际法对导航数据的流通规定仅限于《遥感原则》中的支付“合理费用条件”，但这一定义相当模糊。由于缺乏有强制性的国际规定，国家对导航数据的流通管理行之有效的方式只能是基于国内法订立合同。虽然，国内法在合同订立和执行上对信息的流通和传播，以及对信息纠纷管辖都具有一定的约束力，但是，由于缺乏统一的信息使用范围以及导航信息的知识产权保护的统一标准，导致各国的信息管理权缺乏依据和保障[①]。

3. 信息资源的共享权被限制

信息资源的共享权意味着一国具有相对独立的信息产业市场和信息资源带来的利润，并且可以与其他国家的信息资源进行平等的共享与交换的权利[②]。通过国家对信息资源的占有与交换活动，维护主权国家参与国际信息规则制定活动的话语权和参加国际事务的权利。该项权利在卫星导航的背景下难以得到实现的首要原因是导航信息资源的高度集中[③]。目前，卫星导航的数据资源只掌握在少数国家手中，确切的说是掌握在少数拥有卫星导航技术国家的运营商手中，这意味着信息资源的利润也相应的被垄断了。

早在联合国外空委法律小组委员会拟定《遥感原则》草案时，就对卫星获取的地面信息能否被导航系统所有国占有的问题就进行了讨论。发展中国家强调对本国的地面信息的无条件占有：“处理其自然资源和有关这些资源的资料的不可剥夺的权利[④]”，主张未经信息获取国同意不能被散播或使用。而

---

① 参见 Futron Corp. Satellite Industry Association State of the Satellite Industry Report. 2006 (6). 7。

② 任明艳：《互联网背景下国际信息主权问题研究》，载于《河北法学》，2007 年第 2 期，第 7 页。

③ 参见 C. Chao，R. AGick. Long - term evolution of navigation satellite orbits：GPS/GLONASS/GALILEO［J］. Advances in Space Research. 2004（5）. 1221。

④ 引自联合国外空委文件：A/AC. 1/1047，1974 年 10 月 15 日，阿根廷—巴西方案。

发达国家则要求加上“应适当考虑其他国家及其自然人和法人按照国际法所拥有的权利和利益[①]”，要求肯定对导航信息资料的所有权及其带来的利润。最后，外空委法律小组采取了折中的方案，提出在不损害《外空条约》规定的自由探索和利用外空原则的条件下，遥感地球应尊重一切国家对其自然资源享有充分主权的原则[②]，但这一表述迄今并未得到航天大国的实质性认同。

三、北斗卫星导航系统营运面临的主要潜在法律责任

北斗卫星导航系统作为重要的空间信息基础设施[③]，改变了国家的商业模式和人们的生活方式[④]，使人们的相互联系更加密切。自从北斗验证系统开通以来，其用户终端接收机的生产规模不断扩大，注册用户快速增长，北斗系统的应用范围迅速拓展。北斗卫星导航系统的未来应用上至航空航天，下至工业、渔业、农业生产和日常生活，将无所不在。无论是在我国的经济建设过程中，还是在人们日常的生活中，它都起着举足轻重的作用。北斗卫星导航系统在造福人类的同时，亦将产生多样化的法律责任，亟待有效规范。本课题将立足可能出现的“最坏情形”，力求提出防范和应对相关法律责任的解决方案。

（一）北斗卫星导航系统的潜在“违约”责任

北斗卫星导航系统向用户免费提供服务，双方即使不存在合同行为，但未来如果制定出国际统一的服务标准，这些国际标准便可能被视为服务供应商即北斗卫星导航信号提供者与信号使用者间的双方协议。北斗卫星导航信号提供者基于国际统一的服务标准履行义务，而当其违反约定不履行义务或者不能完全履行义务时，即可能被认为产生“违约”责任。对此，必须结合国际通行做法，寻求解决方案。为全面剖析问题，我们在此不妨假设在相关“合同”存在的基础上对潜在的“违约”情形进行分析。

根据合同法基本原理，不履行义务或者不完全履行义务的行为既可能发生在合同履行期限届满之前，也可能发生在合同履行期限届满以后。在“合

① 引自联合国外空委文件：A/AC. 105mi. 附件九，1976－5－28。

② 引自联合国外空委文件：A/AC. 105mi. 附件九，1979－4－10。

③ 孙家栋：《北斗卫星导航系统发展之路》，载于《太空探索》，2010 年第 7 期，第 31 页。

④ 参见 Nam D. Pham. The Economic Benefits of Commercial GPS Use in the U. S. and the Costs of Potential Disruption［J］. NDP Consulting Group . 2011（1）. 3。

同”履行期限届满之前，北斗卫星导航信号提供者虽未开始正式向信号使用者提供服务，但其应当是处于提供服务的准备阶段。在此阶段，若北斗卫星导航信号提供者无正当理由明确向信号使用者表示将来不会为其提供使用信号或者以自己的行动表明将来不履行合同义务，譬如以阻碍信号使用者“用户机”注册或运作的方式使信号使用者无法使用北斗卫星导航信号，即可能构成所谓的“预期违约行为”。

在“合同”履行期限届满之后，北斗卫星导航信号提供者开始为信号使用者提供卫星导航服务，依据合同约定其有义务保证卫星导航信号服务的连续性，即在“在运行中功能运转不会中断的能力”[①]以及“服务不会因为军事、成本或其他非技术原因而受干扰、中断或者终止”[②]。而在实践中，由于卫星导航系统自身的相对脆弱性以及外在影响，卫星导航信号提供者并不能完全保证“合同”的履行，其可能有“不履行或者履行不符合约定”的行为[③]，这便可能产生实际“违约”，其形态可能包括拒绝履行、履行不能和不完全履行。

卫星导航信号提供者拒绝履行“合同”义务，体现在卫星导航信号提供者能够履行但消极懈怠拒绝履行或是明确表示不履行[④]，譬如美国曾表示，“如果提供的GPS信号妨碍军用或者危及本国安全，将停止GPS信号服务的提供”；履行不能则是信号提供者愿意履行合同义务却丧失了履行能力，一方面或是基于北斗卫星导航系统自身故障致使信号无法提供从而不能履行，另一方面或是基于北斗卫星在空间段运行过程中与其他空间物体相撞受损导致卫星导航信号提供者无法履行合同义务，产生在客观上不能履行的情形；当卫星导航信号提供者积极为信号使用者提供服务，但其信号服务质量未达到合同标准时即是不完全履行。服务质量不达标的原因既可能是技术因素也可能是人为因素。从技术因素而言，卫星导航信号本身就是一种较弱的信号，

---

① 参见 International Civil Aviation Organization. Report on the third meeting of the global navigation satellite system panel, appendix c to the report on agenda item I, GNSSP/3 - WP/66 [R]. Montreal: International Civil Aviation Organization. 1999。

② 参见 International Civil Aviation Organization. Report of experts on the establishment of a legal framework with regard to GNSS, ICAO Doc. LTEP/1 [R]. Montreal: International Civil Aviation Organization. 1996。

③ 详见《合同法》第107条，《民法通则》第111条。

④ 杨娟：《浅论违约责任制度的完善与发展》，载于《法制与经济》，2009年第213期，第77页。

容易受到外界的干扰而发生错误，并对定位的精度产生影响①，从而不能完全达到“合同”所要求的精准度。人为因素则包括故意为之也包括不得已而为之。故意为之如早期美国 GPS 系统，其国防部曾通过设置不同的准入权和服务标准，将 GPS 分为标准定位服务和精确定位服务②，以此使得民用卫星信号精确度降低，此外美国也曾出于国家安全考虑故意使用“选择性干扰”③ 的办法降低导航信号的精确度。不得已而为之情形如对北斗卫星导航系统进行定期维修或者由于恐怖袭击④等因素造成卫星导航信号服务部分或者全部中断。

北斗卫星导航信号提供者在履行“合同”过程中出现的上述违约情形，使信号使用者产生损害，可能会被要求承担“违约”责任。当信号使用者为国外主体时，鉴于国家是北斗卫星导航系统的所有人，其实施国际法不加禁止行为产生的违约责任，应当由国家来承担。此外，在合同意思自治原则下，信号使用者可以依据“服务合同”要求信号提供者承担责任，若“服务合同”对此没有约定，信号使用者可以从双方国内法中择一最有利于其求偿的法院地和法律来追究信号提供者的“违约”责任。当信号使用者为国内主体譬如电信营运商时，信号使用者可以依据我国《合同法》要求信号提供者承担“违约”责任⑤。

在预期“违约”的情形下，一方面，信号使用者可以待“合同”履行期届满，卫星导航信号提供者仍有实际“违约”行为时再提请追究“违约”责任。另外，信号使用者也可以依据《合同法》第 94 条的规定，提请解除与信号提供者签订的“服务合同”（如果有）。信号使用者因为信号提供者的“违约”行为造成损失时，可以要求赔偿损失。赔偿损失的范围“应相当于因违约所造成的损失，包括合同履行后可以获得的利益，但不得超过违反合同一方订立合同时预见到或者应当预见到的因违反合同可能造成的损失”。也就是说，信号提供者以明示或默示的方式表明将来不会履行合同后，信号使用者

① 参见 Langhorne Bond. The GNSS Safety and Sovereignty Convention of 2000 AD [J] . Journal of Air and Commerce. 2000 (2) . 31。

② 参见 S. A. Kaiser. Legal Implications of Satellite Based Communication [D] . Montreal: Institute of Air and Space Law. McGill University. 1990 . 139。

③ 参见 J. A. Rockwell. Liability of the United States Arising out of the Civilian Use of the Global Positioning System [D] . Montreal: Institute of Air and Space Law. McGill University. 1996. 116。

④ 戚永亮：《全球导航卫星系统及其相关法律问题研究》，载于《北京航空航天大学学报（社会科学版）》，2006 第 4 期，第 19 页。

⑤ 崔建远：《合同责任研究》，吉林大学出版社，1992 年，第 16 页。

应采取合理措施减轻信号提供者预期违约行为带来的损害；若其没有采取合理措施而让损害肆意增加，损害增加部分则不能寻求赔偿。信号提供者在“合同”履行期限届满后实际违约的，基于合同“当事人意思自治”原则，“合同”当事方对违约责任问题事先作出约定的，应当按照约定解决，这种约定方式既可用具体金钱数额表示，也可采用某种损害赔偿的计算方法来确定。“合同”当事方没有约定的，依《合同法》第107条，“当事人一方不履行合同义务或者履行合同义务不符合约定的，应当承担继续履行……等违约责任”，即信号使用者有权要求信号提供者继续履行①合同。另外，当事人一方实际违约的，依《合同法》第112条规定，“在履行义务或者采取补救措施后，对方还有其他损失的应当赔偿损失”，一般情况下，违约损害赔偿仅具有补偿性而不具有惩罚性，因而赔偿范围应以实际发生的损害为计算标准，以赔偿当事人实际遭受的全部损害为原则，既包括守约方遭受的财产损失也包括所遭受的可得利益损失[20]。当信号提供者消极懈怠不履行“合同”义务或是因不可抗力不能履行“合同”义务、致使“合同”目的不能实现时，信号使用者可以依据法律规定或“合同”约定，行使“合同”解除权。《民法通则》第115条规定：“合同的变更或者解除，不影响当事人要求赔偿损失的权利”，因此在合同解除的情形下，信号使用者仍然可以提请赔偿。

（二）北斗卫星导航系统的潜在“损害赔偿”责任

责任总是分外多样的，尤其是在高度危险的空间活动中。北斗卫星导航系统的飞速发展和广泛应用，要求其所有者应“保证采取‘适当措施’或‘作出适当努力’以控制或减少其活动造成的跨国损害”②。但是，基于卫星导航活动的特殊性，在导航系统建设如卫星发射、在轨运行或是导航系统的运用如卫星信号的地面接收、外空与地面间信息传输等过程中都有可能会造成损害，由此损害产生的责任即国际赔偿责任，亦称为损害责任③。“损害的发生乃事实现象，其本身不具有法律价值判断上的作用，充其量只能作为产生责任的前提条件，而不能作为归责基础”④。因此，损害责任的实质可能是，卫星导航系统所有者即国家“违反”了特定的国际义务。

北斗卫星导航所有者“违反”国际义务可能产生的损害可以分为三类：

① 王卫国：《论合同的强制实际履行》，载于《法学研究》，1984年第3期，第46页。

② 慕亚平，周建海：《当代国际法论》，法律出版社，1998年，第118页。

③ 李寿平：《现代国际责任法律制度》，武汉大学出版社，2003年，第465页。

④ 孔俊详：《论侵权行为的归责原则》，载于《中国法学》，1992年第5期，第72页。

其一，卫星发射的损害。在北斗卫星发射过程中，卫星导航信号提供者没有恪尽职守的预防和注意，将可能产生难以避免的损害。一方面，在卫星发射时，由于速度过快、冲击力度大，其火箭发射残骸可能会掉落于民宅，给民众带来损害，虽然这种机会微乎其微[①]。另一方面，卫星发射升空时燃烧的化学制剂等亦可能对周边环境带来损害，而且这损害将是潜伏的、长期的；其二，卫星运行造成的损害。在卫星运行过程中，卫星相撞致损的事件常有发生。譬如，2009 年一颗美国卫星在西伯利亚上空与俄罗斯卫星相撞[②]，不仅导致卫星服务中断，给卫星信号使用者带来损失，而且其产生的数千块空间碎片，既对其他卫星和空间物体构成了潜在的威胁，也对外空环境产生了无法估量的损害。这些事件都表明卫星导航纠纷一旦产生，对生命财产的损害是不可估量的。其三，卫星应用中的损害。在北斗卫星导航系统的应用过程中，若北斗卫星导航信号提供者疏于防范和注意，基于故障引发卫星导航信号质量下降、信号错误等问题，从而干扰用户获得精准的定位导航和授时数据，影响卫星导航信号服务的连续性、准确性和可靠性，继而导致灾难性后果的发生，这在高度依赖此类导航服务的领域譬如民航和应急救援将尤为明显[③]。未来，北斗卫星导航系统信号将会作为民航客机的导航依据，而当该信号发生质量降级或者错误时，民航飞机将可能发生飞行失灵甚至坠落，这无疑可能会导致机上乘客受伤或者死亡，与此同时客机坠落的残骸亦可能对地面第三人造成损害或严重损害。此外，当我们将北斗卫星导航系统的定位广泛引用至灾后应急救援时，若卫星导航信号部分或者全部中断，灾区基于地面中转基站及光缆通信网络破坏便完全无法与外界取得联系[④]，救灾行动将无法按照计划顺利进行，从而可能导致灾民不能得到及时救援。

损害在恪尽审慎注意及预防义务的前提下仍不能避免时，依据《空间物体造成损害的国际责任公约》（以下称为《责任公约》），损害是责任问题的

① 参见 Shelby B. Spires. O’ Keefe Says Local Center’ s Place in Space is Crucial to Agency’ s Key Programs [J] . Huntsville Times A1. 2002 (1) . 16。

② 薄守省：《从美俄卫星相撞事件看航天活动之损害赔偿责任》，载于《暨南学报（哲学社会科学版）》，2010 年第 4 期，第 15 页。

③ 陈凌：《卫星导航信号提供者责任分析》，载于《北京航空航天大学学报（社会科学版）》，2013 年第 4 期，第 30 页。

④ 范本尧，李祖红，刘天雄：《北斗卫星导航系统在汶川地震中的应用及建议》，载于《航天器工程》，2008 年第 4 期，第 11 页。

导火索[1]，损害如果发生，即可能需要北斗卫星导航信号提供者承担一定的责任。《责任公约》第 1 条认定损害是“生命丧失，身体受伤或健康的其他损害；国家、自然人、法人的财产或政府间国际组织的财产受损失或损害”，在卫星导航信号的应用中，错误信号导致的损害既有物质损害也有身体损害。物质损害包括财产损失、经济损失和收入损失，身体损害包括直接的身体损害诸如死亡、受伤，也包括间接的身体损害诸如受惊吓即精神损害[2]。因此，当北斗卫星导航信号提供者在卫星发射、运转、应用等过程中给他人造成损害时，不论是何种损害，如果行为与结果之间存在因果关系，北斗卫星导航信号提供者必然地要承担损害责任。对于北斗卫星导航在运行过程中与其他卫星或者空间物体相撞造成的损害，依据《责任公约》第 3 条“任一发射国的空间物体在地球表面以外的其他地方，对另一发射国的空间物体或其所载人员或财产造成损害时，只有损害是因前者的过失或其负责人员的过失而造成的条件下，该国才对损害负责”，即北斗卫星导航系统服务提供者对损害的发生存在过错时应当承担损害赔偿的责任。而对于北斗卫星导航系统由于信号故障或降级导致民航飞机坠毁的损害，则应当被《责任公约》第 2 条“发射国对其空间物体在地球表面或给飞行中飞机造成损害，应负有赔偿的绝对责任”所包含，因为结合《责任公约》第 1 条和第 2 条可明显看出，《责任公约》中的损害是适用于间接损害的，而卫星降级或故障致使飞机坠毁从而导致损害无疑也是一种间接损害，绝对责任原则对于不论是一个空间物体直接造成的损害，还是空间物体之间相互作用间接造成的损害都应当承担责任[3]。“责任会引起义务，而赔偿责任则是作为未完成某种义务而产生的后果”[4]，荷兰学者哥尔德如是说。因此，在遭受损害后，受损害一方的国家、自然人或法人皆有权提请损害赔偿，在“损害发生之日起或判明应负责任的发射国之日起一年内”可以提出赔偿要求，基于“给予受害人充分且公允的赔偿”，并遵循公平合理的原则来确定赔偿数额。依据《责任公约》第 12 条“发射国根据本公约负责偿付的损害赔偿额……能保证提出赔偿要求的自然人或法人、

---

① 陈凌：《卫星导航信号提供者责任分析》，载于《北京航空航天大学学报（社会科学版）》，2013 年第 4 期，第 30 页。

② 参见 Perez P R C. GNSS Liability Issues：Possible Solutions to a Global System［D］. Montreal：Institute of Air and Space Law. McGill University. 2002。

③ 王峰：《浅析外空活动中的国际损害责任》，载于《中南财经政法大学研究生学报》，2007 年第 1 期，第 133 页。

④ 周忠海：《和平、正义与法》，中国国际广播出版社，1993 年，第 376 页。

国家把损害恢复到未发生前的原有状态”来确保赔偿的范围。

（三）北斗卫星导航系统的潜在“侵权”责任

北斗卫星导航系统以卫星组成的网络平台为基础通过连续发出无线电信号将定位信息发送至运营商，运营商将其收到的信号进行解算，给消费者抑或第三方譬如商家、执法机构等提供某人所在位置的信息并能精确到地球上任一位置[①]。这为人们生活带来便利，却也使人们的个人隐私无所遁形，并受到前所未有的严重威胁[②]。隐私权作为个人免受外界干扰的独处的权利，迄今为止，已被扩大到信息、空间以及自决等领域[③]。在美国，隐私权被定义为“个人、团体、机构自主决定自己的信息在何时、怎样以及在多大程度上可以与他人交流的主张”。在中国，民法学家彭万林认为“隐私权是指公民不愿公开或让他人知悉个人秘密的权利”，王利明则认为“隐私权是自然人享有的对其个人的、与公共利益无关的个人信息、私人活动和私有领域进行支配的一种人格权。”这些定义中谈到的隐私权包括人们不愿意透露给他人的任何个人信息，当然也包括其在某一时刻的准确位置[④]。

依据法律“绝对权赋予了相对人不得侵害的义务”[⑤]。因此，就隐私权而言，运营商为用户提供服务时，亦应负有不得侵害对方隐私权的法定义务。当其违反法定义务，由于过错行为而侵害用户的隐私权益时，承担“作为”侵权责任；当第三方窃取定位信息侵犯用户隐私权益时，运营商虽然没有实施直接的作为侵权行为，但其可能构成间接的“不作为”侵权责任。换言之，通过北斗卫星导航技术收集的信息不论是运营商出于商业利益使用，还是受第三方攻击而被窃取，都应当有人承担侵权责任。当北斗卫星导航定位技术收集的信息被运营商用于商业利益，用户的定位信息转而会被某些人拿来与有关消费者习惯的既存数据信息相互对照利用，有关消费者习惯的信息便会被大量收集[⑥]。譬如，运营商为用户提供网络服务，“用户访问过的任何网站，

---

① 参见 Kevin Washington. Locator System Draws Bead on Better Accuracy ［J］. Balt. Sun. 2000（1）. 8。

② 参见 Gini Gramam Scott. “The Death of Privacy?” ［M］. iUniverse. 2008. 146。

③ 王利明：《人格权法研》，中国人民大学出版社. 2005 年，第 500 页。

④ Aaron Renenger：《卫星定位与隐私权》，载于《黑斯廷斯法律杂志》，2002 年第 1 期，第 34 页。

⑤ 魏振瀛：《民法》，北京大学出版社，2012 年，第 645 页。

⑥ 参见 Jeffrey Rosen. The Unwanted Gaze：The Destruction of Privacy in America［M］. Vintage. 2000. 195。

浏览过的网店、杂志，以及所花费的浏览时间都会成为探察信息的电子痕迹，并会暴露用户的喜好、偏好和个人想法。”运营商可能利用这些有关个人偏好的信息和定位技术发送大量有针对性的广告[①]；经营企业亦可以通过与运营商合作，轻易获取订购服务的用户信息，及时感知用户的变化动态，面向用户频繁进行广告宣传以及推行个性化服务。此外，运营商通过定位信息还可以不断监测用户所在的位置，譬如私家车主通过卫星定位为自己驾车指引路线，其运动轨迹会被记录，当其信息被泄露时，不论其行驶在何处都将“无处躲藏”；从理论上讲，对某一用户行踪感兴趣的其他人也能够通过运营商来充分利用定位信息。正如詹姆斯·登普西所说：“如果你的保险人发现你去极限攀岩或去红灯区彻夜狂欢了怎么办？如果你的雇主知道你正在一家地方诊所治疗艾滋病怎么办？他们很可能根据你的行踪而推断出你的相关情况”[②]。通过定位技术收集的信息若被不法分子窃取，其个人信息和隐私权益的保护将岌岌可危。不法分子可能利用所窃取的个人信息，进行违法活动或者做出有损该用户名誉的事情，用户的合法权益将会因此受到侵害。

当用户权益遭受上述侵害，运营商应承担相应的法律后果。基于北斗卫星导航系统的服务信号是通过各国国内运营商直接为用户提供，各国基本制定有本国的导航服务标准、监管制度及法律适用，因而，当运营商侵犯用户的隐私权时，用户皆可依据各国国内法来提请对运营商的侵权之诉。以我国为例，国内运营商若对我国用户隐私权进行侵犯，无论其是作为的侵权行为还是不作为的侵权行为，依据《侵权责任法》第6条第1款规定：“行为人因过错侵害他人民事权益造成损害的，应当承担侵权责任。”第7条“行为人损害他人民事权益，不论行为人有无过错，法律规定应当承担侵权责任的，依照其规定”。过错责任原则适用于一般侵权行为，因而当运营商基于“作为”行为侵犯用户隐私权时，其应当承担侵权责任。而基于法律对第三方侵犯用户时运营商应承担的责任则未进行规定，该条款作为一般侵权请求权法律基础的细化条款[③]，亦可以直接作为运营商承担“不作为”侵权责任的基础。侵权行为发生，北斗卫星导航服务的直接用户、间接用户、第三人皆可以依据与运营商之间订立的服务合同来要求运营商承担侵权责任，其既有民事责任

① 参见Anne Colden. Privacy Concerns Expected to Grow，《丹佛邮报》2001年1月1日第E-01版。

② 联邦通信委员会新闻稿：FCC Adjust Its Rules to Facilitate the Development of Nationwide Enhanced Wireless 911 Systems（2000年9月8日），http：//www.fcc.gov/e911/。

③ 杨立新：《侵权责任法》，法律出版社，2012年，第134页。

也有刑事责任[①]。就民事责任而言，当用户的隐私权益遭受上述侵害，且该侵权行为正在持续并有可能不断传播产生严重后果时，不论运营商是否有过错，用户都可以要求运营商迅速停止侵害行为[②]。非法披露用户隐私、对用户造成不良影响，用户有权要求运营商通过登报或者采取其他合理方式来消除影响、恢复名誉，消除影响以及恢复名誉应当依据侵害行为及造成影响所及的范围和名誉毁损的后果来决定[③]。此外，当运营商的侵权行为造成损害事实发生，用户有权请求运营商赔礼道歉。如法国学者提出的"一切人都享有隐私得到保护的权利，他们有权就这项权利可能受到的不同损害主张赔偿"[④]，运营商给用户造成损失的应当予以赔偿。损害赔偿以全面赔偿为原则，既包括直接损失的赔偿，也包括间接损失的赔偿，既包括用户财产损害的赔偿，譬如对侵害隐私权所产生的经济费用支出的赔偿，也包括对用户精神损害的赔偿。通过消除影响、恢复名誉、损害赔偿等方式来救济遭受侵害的隐私权，方能保护作为弱势一方的用户。

综上所述，就目前而言，北斗卫星导航系统小范围应用所产生的侵权责任、违约责任及损害责任问题虽然极少出现，但伴随其未来在农林牧渔、海陆航空、移动通信、抗震救灾等民用领域和武器定位、军备防务等军事领域的广泛运用，责任问题将日益凸显。通过国际法学理论和国内法学理论的视角来分析卫星导航服务引发的责任问题，探求可能的解决方式，将更有益于北斗卫星导航系统的未来发展。

四、北斗卫星导航系统市场化的法律风险

随着我国北斗卫星导航技术日趋成熟并广泛运用于各个领域，深刻改变了人们的生活方式。人们对北斗卫星导航的依赖程度增强，这加速了北斗卫星导航活动商业化进程。北斗卫星作为未来导航技术的主导方式，它在民用领域的应用不断拓展，促使其日益走向市场化道路。只有打开市场，增强其影响力，才能发挥北斗卫星作为全球导航系统应有的作用。同时，市场的开放性导致法律问题的多样化，北斗卫星导航作为市场的一分子，进入国内外

---

① 参见 Basil S. Markesinis. Foreign Law and Comparative Methodology［M］，Oxford：Hart Publishing. 1997. 385。

② 张新宝：《隐私权的法律保护》，群众出版社，2004 年，第 369 页。

③ 杨立新：《侵权损害赔偿（第五版）》，法律出版社，2010 年，第 265 页。

④ 参见 Thierry Gare. Le droit des personnes（2e edition）［M］. Dalloz. 2003. 75。

市场后，其涉及的相关法律风险也会多样化和复杂化。

（一）北斗卫星导航系统的营运模式

中国北斗卫星导航系统是继美国 GPS、俄罗斯 GLONASS 之后，由中国独立自主研制出的世界上第三个相对比较成熟的卫星导航系统。中国北斗将实现全球范围内为各类用户提供较高精度、较高可靠的定位、导航、授时等服务，并具有其他全球系统所不具备的短报文通信能力。目前，联合国全球卫星导航国际委员已经将北斗卫星导航系统和美国 GPS、俄罗斯 GLONASS、欧盟 Galileo 确认为正式的 GNSS 供应商。我国目前的北斗卫星导航建设分为北斗一号和北斗二号两个阶段。前者是北斗卫星的导航试验，后者是导航定位。随着北斗一号试验成功，北斗二号进入了试运行阶段，我国卫星导航进入产业化发展的关键时期①。2003 年，我国的北斗系统开放民用领域，很快被广泛应用于数据采集、检测和监控、指挥、调度等许多方面。目前，北斗卫星导航系统已经能够在亚太地区为用户提供导航、定位、授时和短报文等基本服务。到 2020 年，我国力求实现北斗卫星全球覆盖，将 35 颗导航卫星发射进入太空。自北斗卫星导航系统 2011 年 12 月 27 日正式宣布提供试运行服务以来，我国进入系统建设和应用推广双管齐下的新阶段，并逐步拓展到交通运输、气象、渔业、林业、电信、水利、测绘等应用领域，产生了显著的社会经济效益②。

随着北斗卫星导航的进一步发展和广泛运用，北斗卫星商业化趋势日益明显。北斗卫星导航产业未来在主体方面将朝着多元化发展方向进行，与生活的多重领域相结合，导航信号、定位信号与网络信息相互结合形成信息融合化和产业一体化、从以销售导航产品为主逐步过渡到服务和营销并举的模式。中国的航空用户、航海用户、铁路运输、公路交通、物流管理、通信定时等与民生、国防息息相关的行业未来必将成为最大的导航用户。这预示着北斗卫星导航未来优先保证国家军事需要的前提下，也要满足广大普通用户的需要。未来北斗卫星系统的经济链条将以市场为依托加以运作，而市场在资源配置中起着决定性作用，市场主要通过价格的涨落、供求变化、竞争来实现对资源配置的调节。因此，将北斗卫星置于开放的市场，由市场通过价

① 张孟阳：《北斗卫星导航系统应用发展综述》，载于《国际太空》，2009 年第 11 期。

② 按照北斗卫星导航系统“三步走”的发展战略，2020 年左右，我国将建成由 30 余颗卫星组成的北斗卫星导航系统＃提供覆盖全球的高精度、高可靠性的定位、导航和授时服务。

格的涨落、供求变化决定北斗卫星商业化的走向，由国家这只“有形的手”行使监管权力将是未来的发展趋势。

北斗卫星导航业务实现市场化发展的先决条件是放开经营主体。本课题组所说的放开，并非任何自然人主体都可成为经营主体，而是需要限定一定的资质条件。就如同证券行业的证券公司一样，需要满足《证券法》关于证券公司成立要件，方可从事证券业务，北斗卫星的经营主体同样需要符合一定的标准。虽然目前中国卫星导航服务的经营主体基本是国家，但是随着卫星导航活动商业化趋势不断加强，国家可以适当放宽非政府实体参与卫星活动，充分利用私人资本[①]。经营主体的扩大，从某种程度上说，使得普通民众利用北斗卫星导航技术更加快捷方便，将有利于北斗卫星在民用领域的推广，形成以市场为主导的经营模式。其次扩大应用领域，将北斗卫星导航技术运用至手机、汽车、个人定位服务、交通导航、地面测量、搜救活动、货物跟踪等各种私人和公共安全服务，改进传统产业，发展现代产业。多个行业领域的交集催生了相关产品的生产，因而能够形成一个个完备的产业链，为北斗卫星导航事业的进一步发展提供良性的经济循环。同时，积极拓展国际国内市场，支持我国北斗企业开发国内外市场，建立国内外北斗企业合作交流机制，促进技术合作与应用推广。大力促进我国北斗企业走出国门，推动拥有创新自主知识产权的高新技术产品、软硬件产品以及技术服务进入国际市场。积极推进北斗产业海外扩展，引导、支持有条件的省内北斗企业在境外投资建立自己的生产园区，研发北斗产品并直接售卖，扩大我国北斗产业的国内外影响力。

（二）北斗卫星导航系统的主要法律风险

北斗卫星导航的范畴不仅包括卫星发射、在轨运行，还涵盖卫星信号的地面信号接收设施建设、外空与地面之间的信息传输等内容，其中涉及许多法律风险[②]。北斗卫星导航范畴的多样性间接反应了北斗卫星运用过程法律关系主体的广泛性、内容的复杂性。因此，其所伴随的法律风险也是多样的。

1. 卫星数据他国军事化利用风险

军事利用卫星是指利用卫星的图像侦察、电子侦察、海洋监测、预警、通信、导航、气象和测量等各种功能，支持和增强以地球为基地的武器系统

① 杨宽：《论卫星导航的法律规制》，载于《北京航空航天大学学报》，2011年第5期。

② 蔡高强，刘思阳：《论全球卫星导航的国际法规制》，湘潭大学，2014年。

和陆、海、空的作战效能[①]。军事利用北斗卫星数据是利用北斗卫星监测地球的过程中形成的一系列数据，其中包括他国地形数据、自然资源数据、军事机关信息数据等。这些数据可以用于军事打击敌对国家，有助于增强地基武器系统，提高陆海空作战效能。在近年的局部战争中，卫星通过提供战场态势感知、目标定位、攻击引导等直接参与到作战行动中，成为重要的支援系统[②]。以上都说明，卫星数据可以明显增强该国的军事实力，打击的准确性、危害性明显得到提升。因此，这类数据在市场上的转让应当受到限制，以确保我国中立国的地位，避免涉入无谓的两国争端。

未来的北斗导航具有全球导航定位功能，对地球进行全天候的监测，获取全球资讯，其中包括其他国家的国防信息。成熟的卫星导航技术可以获取许多国家的军事机关和重要部门等信息，并将这一切呈现在卫星地图上。随着网络的开放，信息市场化，只需要通过互联网搜索，获取北斗导航信息变得轻而易举。通过卫星所获取的有关一国军事数据资料一旦被随意取得和发放，势必对被遥感国的经济和国家安全产生十分不利的影响。特别是随着卫星遥感商业化的发展，卫星遥感数据越来越详细，图片的分辨率也已经达到很高的程度[③]。这些信息数据被用于本国的军事服务当然无可厚非，如若被他国窃取亦或通过其他合法与非法途径获取用于军事服务，势必会对被监测国产生不利影响，这极有可能影响到我国与被监测国的外交关系，甚至引发国际争端。2007 年 1 月，恐怖分子袭击英国位于伊拉克巴士拉的基地时就是利用 Google Earth 的网页显示来瞄准目标[④]。Google Earth 作为一个网络经营商都可以获得如此精准的定位服务，意味着未来北斗卫星导航数据也可能被其他经营商随意取得，通过转让的方式可以被国外主体享有，这些数据被他国获取后是否用于军事服务便不在我国的管辖范围之内，但是却加大了其用于军事目的的可能性，一旦被军事化利用将对整个国际社会的和平带来极大的威胁。然而，目前并没有相关国内法或者国际协议禁止涉及他国军事信息的传播并处罚国内经营主体提供卫星导航数据为他国提供军事服务的情形。因此，我们必须在建立健全的法律架构的前提下利用法律规制此类风险，防止北斗导航数据未经许可而随意用于军事目的。

---

① 贺其治：《外层空间法》，法律出版社，1992 年。

② 吴晓丹：《军事利用民用卫星的国际法问题》，载于《政法论坛》，2011 年第 2 期。

③ 郭景放：《卫星遥感商业化与国际合作法律问题浅析》，中国政法大学，2010 年。

④ 蔡高强，刘思阳：《论全球卫星导航的国际法规制》，湘潭大学，2014 年。

2. 自然资源数据商业化利用风险

卫星数据的商业化问题是指我们的遥感卫星数据，出售给国外用户，开拓国际市场，这是商业化的范围；以市场公司为投资主体研制的遥感卫星产生的遥感数据，以营利为目的，进行商业化运营，在国内外市场上销售，这也是商业化的范围[①]。自然资源数据属于卫星数据的一种，自然资源数据商业化和卫星数据商业化如出一辙。因此，自然资源数据同样分为国内销售和国外销售，国内销售并不威胁第三国安全自然得到允许，但是由于自然资源数据本身的特殊性导致国外销售应当受限。本国的自然资源数据对于衡量一个国家的经济发展能力具有很大的作用，也是国家安全信息的组成部分。如果遥感资源的资料，特别是关于自然资源的资料被他国掌握和利用（甚至滥用），就有可能影响被感测国的经济发展和安全。在协商勘测（资源）权利中能够提供很大的讨价还价能力[②]。掌握自然资源的数量和位置这样重要、精确的情报，在国际贸易谈判中对国家策略的选择决定产生了重要的影响[③]。北斗导航卫星对地面状况具有监测功能，对于自然资源的分布种类了如指掌，可以辨认出地面上农作物的种类，发现地面暴露的矿产，甚至还能根据农作物的面积，预计出农作物的年产量。这些信息涉及一国的经济安全，对国家的经济政策产生重要的影响。

自然资源的所有权毫无疑问归属自然资源所在的主权国家，而自然资源数据的所有权应该由卫星所属国享有。资源数据的转让权掌控在卫星所有国的手里，数据已经被认为是资产[④]，而资产可流通，便可在市场进行交易。美国 GPS 就曾出现此种情况。美国政府曾公开表明，允许私营的卫星公司把卫星所收集的一些数据资料经过处理后以专卖合同的形式出售给某个国家或公司。北斗卫星导航应用业务私营化以后，带来的是数据拥有主体会以各种合同形式出售给其他国家或者公司以获取经济利益。自然资源数据泄露后，会给被监测国家会带来诸多风险，既影响了其国防安全，也对其经济发展造成了一定程度的影响，造成被监测国家在国际谈判中处于劣势地位，破坏公平交易原则。

---

① 靳颖，张曼倩，负敏，甄小云：《把脉卫星遥感数据商业化——院士、专家谈卫星遥感商业化发展》，载于《卫星应用》，2015 年第 3 期。

② 德素絮尔：《卫星遥感：将来的国际制度》，载于《美国国际法杂志》，1977 年第 4 期。

③ 穆尔：《地球资源卫星》，载于《哈佛国际法杂志》，1975 年，第 653 页。

④ 《争议科学数据能否走商业化道路》，载于《中国教育网络》，2014 年第 1 期。

3. 侵犯个人隐私风险

卫星定位技术在这个数字化时代已经越来越普遍了，手机、计算机及其他数字产品或者无线设备里都可能包含卫星定位技术[①]。北斗卫星导航相关产品市场的流通，其定位技术容易对公民人格权中隐私权的侵犯。北斗卫星导航系统是以卫星组成的网络平台为基础，通过连续发出无线电信号将定位信息发送至运营商，运营商将其收到的信号进行解算，给消费者抑或第三方譬如商家、执法机构等提供某人所在位置的信息并能精确到地球上任一位置[②]。北斗卫星导航定位的精确性蕴藏着巨大的价值，但同时也带来了巨大的挑战，个人隐私保护问题就是其中之一。比如，北斗卫星在 2008 年的汶川抗震救灾中发挥了重要作用，灾民的人身财产安全得到了迅速的救助。但在非紧急和非灾难的情况下，这种定位技术无形中可能暴露个人的私生活，从而侵犯隐私权。隐私权作为个人免受外界干扰的独处的权利，迄今为止，已被扩大到信息隐私、空间隐私以及自决隐私等领域[③]。尽管我国包括《民法通则》在内的所有法律均未对隐私权做出法律上的界定，但是其作为人格权的范畴已经被广大民众所接受。张新宝先生认为，隐私权是指自然人享有的私人生活安宁与私人信息秘密依法受到保护，不被他人非法侵扰、知悉、搜集、利用和公开等的一种人格权。而且权利主体对他人在任何程度上可以介入自己的私生活，对自己是否向他人公开隐私权以及公开的范围和程度等具有决定权[④]。个人的位置信息当然属于私人信息秘密，属于隐私权的范畴，理应不容侵犯。

随着北斗卫星系统的逐渐成熟化，导航定位产品使用的广泛性导致侵犯隐私权的形式呈现多样化。主要有以下几种形式：1）利用北斗卫星定位功能发布商业广告短信息侵害他人隐私权。譬如，当运营商为用户提供网络服务时，“任何我们访问过的网站，浏览过的网店、杂志，以及所花费的浏览时间都会成为探察我们信息的电子痕迹，并会暴露我们的喜好、偏好和个人想法”。运营商通过利用这些有关个人偏好的信息和定位技术向我们发送大量有针对性的广告[⑤]。2）利用北斗卫星定位功能确认他人所处的具体位置，侵害

① 杨彩霞：《卫星定位技术的应用与隐私权的保护》，载于《哈尔滨工业大学学报（社会科学版）》，2011 年第 2 期。

② 参见 Kevin Washington. Locator System Draws Bead on Better Accuracy，Balt. Sun，May 8，2000，at 1C。

③ 王利明：《人格权法研究》，中国人民大学出版社，2005 年第 500 期。

④ 张新宝：《隐私权的法律保护》，群众出版社，2004 年第 369 期，第 88 页

⑤ 参见 Anne Colden. Privacy Concerns Expected to Grow。

他人隐私权。譬如，私家车主通过卫星定位为自己驾车指引路线，其运动轨迹会被记录；当其信息被泄露时，不论其行驶在何处都将无处躲藏。3）北斗卫星搜集的个人信息被商业化亦或被窃取，也有可能因此侵犯他人的隐私权。当北斗卫星导航定位技术收集的信息运营商用于商业交易，这对个人信息的泄露带来极大的威胁。如果被不法分子攻击窃取，其个人信息和隐私权益保护更是岌岌可危。不法分子可能通过所窃取的个人信息，进行违法犯罪活动。

4. 损害赔偿责任风险

科技的发展使得北斗卫星导航运用于各类产品当中，改变了国家的商业模式和人们的生活方式，使人们的联系更加密切①。北斗卫星导航在造福人类的同时，也存在危险性，其潜在的危险可能会引发责任问题。北斗导航系统运用过程中会产生诸多损害，其中包括物质损失和人身损失。人身损害包括死亡、受伤和受惊吓。物质损害包括财产损失、经济损失和收入损失②。北斗卫星运用过程中，损害产生的原因有北斗卫星系统的本身带来的损害，如技术缺陷导致信号失真造成地面或者飞行中的航空器的损害、依靠卫星信号来导航的飞机由于误导坠落将导致机上乘客受伤或死亡，并可能对地面第三人造成严重损害、卫星碰撞带来的人身和物质损害；北斗导航信号提供过程中侵犯他人隐私权带来的精神损害；运营商不能履行合同义务、拒绝履行义务、延迟履行义务、履行义务不符合合同约定带来的物质和人身损失等。有损害必然涉及损害责任承担的问题，因此，北斗卫星系统产生责任类型可以归纳为损害责任、侵权责任、违约责任等多样化的法律责任。

北斗卫星导航和 GPS 虽然目前是免费向用户提供服务，但未来若制定国际统一的服务标准，那么这种服务标准就可能被视为卫星导航提供者与导航服务使用者之间的某种特殊“合同”关系，都可以要求其承担损害赔偿责任。北斗卫星导航成为全球卫星导航系统后，所涉及到的法律主体更加广泛，国内外的自然人，国际组织、国家等一切国际法上的主体都可以成为此类法律关系的主体，都可能成为潜在的求偿主体。国际民航组织在其某次 GNSS 制度框架工作组会议报告中写道，“如果导航服务过程中，乘客或用户遭受损害应得到公正平等的补偿”，还“要周全地考虑 GNSS 各供应商间的责任分配，

---

① 参见 Nam D. Pham. The Economic Benefits of Commercial GPS Use in the U. S. and the Costs of Potential Disruption，Washington，DC：NDP Consulting Group，2011，pp. 3。

② 陈凌：《卫星导航信号提供者责任分析》，载于《北京航空航天大学学报（社会科学版）》，2013 年第 4 期。

不应相互推诿而影响责任的承担[①]。”全球卫星导航系统作为全球性公共产品提供者，应保证因卫星导航受损的用户得到公正的补偿。因此，我国有必要有针对性地研究相关的赔偿责任问题，保障卫星导航服务的公平和效率，均衡有效一体保护责任方和受害方的合法权益。

（三）北斗卫星导航系统法律风险的防范之策

有风险就必须要有规制，一个行业缺少规制，整个市场将处于一片混乱。只有未来我国拥有健全的监管与赔偿机制，才能使北斗系统更好地走向国际市场。也只有如此，才会为各国带来便利，从而促进全球卫星导航事业的共同发展。

1. 完善国内法律规范

现代社会是一个法治社会，社会对法治的需求无所不在。北斗卫星急切需要一个法治环境，规范北斗市场的正常运行。卫星导航系统对于发展国家经济和维护国家安全具有极为重要的作用。在现代社会中，法律具有的强大的公共治理功能，卫星导航系统的法治（既包括国内法治，也包括国际法治）需求是不言而喻的[②]。欧盟发展的 Galileo 项目和美国 GPS 项目均有相应的专门立法支撑，我国目前在北斗卫星导航方面没有相应的法律文件规制其全球化后产生的一系列法律风险。从美、欧、俄的立法实践和实效来看，我们可以参照他们的立法体例，结合本国实情建立符合自己国情的法律规范体系。

总体上看，美国的 GPS 系统政策法规体系主要可分为顶层、中层、底层三个层次。涉及 GPS 的国会法律属于顶层设计，对 GPS 的发展原则，部门职责分工做出规定。与 GPS 相关的政府行政命令属于中层设计，其主要是对国会法律相关规定的拓展和细化。部门规章和文件属于底层设计，则是用于指导部门开展具体的工作[③]。从形式上来看，美国采取在现有一般法律框架下规制 GPS，欧盟采取的是单独的专门立法方式，这两种立法方式均属于分散式的立法模式。分散式立法模式是指多数法律规范散见于已有的法律部门文件当中，仅对个别领域的具体问题有专门单独立法。俄罗斯的立法模式则是集中式的，即由大量集中于该领域的具有相对独立体系的专门性立法所构成。

---

① 姚鸿：《卫星导航服务法律责任规范探析》，深圳大学，2013 年 .

② 肖冰：《论中国卫星导航立法的基本定位》，载于《南京大学学报（哲学 . 人文科学 . 社会科学）》，2014 年第 3 期。

③ 赵爽：《美国 GPS 政策法规体系概览》，载于《国际太空》，2015 年第 6 期。

在中国特色社会主义法律体系已经形成的大前提下[①]，本课题组认为，我国在北斗卫星形成全球服务能力之前，可以先由国务院制定卫星导航行政法规，等到我国北斗卫星导航系统发展成熟后，再考虑制定相关法律。对于未来法律制定，本课题组认为，在维护法律稳定性的前提下，没有必要建立专门的北斗卫星导航集中式立法模式，北斗卫星导航产生的某些法律关系可以将其纳入当前的民法、刑法、行政法等立法规范当中，其他不能纳入上述法律规范的才须制定专门法律规范调整，以此避免重复。我们将总体的法律建设定位于一般法律框架下，对北斗卫星进行规制，也就是仅针对该领域的具体问题，运用专门立法，其他问题则由现存法律调整。比如对于上文提到的北斗数据被他国军事化利用风险、自然资源数据商业化风险不能归纳到我国现有法律调整，那么就应当制定专门条文规制此类现象。对于涉及军事信息的数据进行屏蔽，禁止涉及自然资源的数据进入商业领域，并设置处罚条款，处罚的方式可以是民事处罚、刑事处罚也可以是行政处罚。而对于侵犯隐私权风险，赔偿责任风险大部分可以由民法来调整，无需将这些可以由其他法律调整的再纳入专门法。

2. 健全监管机制

从市场活动本身来看，市场机制发挥作用所必须具备的市场条件：健全的市场体系，完善的价格、供求和竞争机制以及适应市场的管理体制[②]。任何一个行业在市场上要想得到稳定的发展，监督管理部门不可缺少。北斗卫星导航要想在市场稳定持续的发展必须要像证券业、银行业一样，未来应当由国务院授权建立一个监督管理部门履行行政职能，依法对北斗卫星导航行业及其相关产业进行统一监管。关于以何种形式建立这一部门，本课题组认为，民用领域的卫星导航业务设立单独的监管部门即卫星导航监督管理部门，该部门为国务院直属正部级单位，依照法律、法规和国务院的授权统一管理卫星导航市场，维护市场秩序，保障系统的合法运行。

前文已经提到，卫星导航的运营主体只能放开到一个个运营机构，并不是任何民事主体均可经营。法律需对运营机构的运营范围作出规定，例如禁止销售他国自然资源数据给其敌对国，禁止传输北斗数据给他国用于军事目

① 2011 年 3 月 10 日，时任全国人大常委会委员长吴邦国在第十一届全国人大第四次会议第二次全体会议上宣布，中国特色社会主义法律体系已经形成。

② 蔡高强，徐徐：《论外层空间活动商业化的法律机制》，载于《社会科学辑刊》，2007 年第 3 期。

的行为。北斗卫星监督管理部门的基本职能是建立统一的卫星导航定位服务标准，加强对该行业竞争的监管，研究和拟定北斗卫星市场的方针政策，组织起草相关法律法规草案，以及完成国务院交办的其他事项。监管模式可以借鉴证监会的监管模式，即处罚“个人加机构”的模式，从而督促证券公司调整内部治理结构，积极提高自身业务素质。运营机构在接受相关机关处罚后，需要主动与监管机构进行沟通，恰当的时候可以运用行政复议或者提起行政诉讼。运营机构应该积极整治内部治理结构，强化对整个行业业务开展的有效控制。国家要严格限制监督管理部门的职权，防止监督权力的滥用和寻租。

3. 融入国际卫星导航法律机制

国际民航组织（ICAO）是民航领域里最具权威性的组织，在卫星导航系统运作之初就参与了卫星导航的国际立法活动。因此，未来我们可以借鉴ICAO 针对卫星导航领域的有关立法成果。ICAO 关于卫星导航的法律包括《芝加哥公约》与《关于全球卫星导航服务的国家权利与义务章程》。前者是有关国际航空运输现行法律中最重要的航空公约，后者是 ICAO 针对规制全球卫星导航系统的民航应用而制定的法律文件。虽然《关于全球卫星导航服务的国家权利与义务章程》仅就卫星导航在民航领域进行立法，但我们在今后可以借鉴此种立法方式和立法内容扩展至其他应用领域，譬如航海、手机定位、气象等其他相关领域。《芝加哥公约》在第 37 条和第 38 条中提出了缔约国之间一起商量制定统一的国际民航服务标准，该标准在民航的实践活动可以保持高度的可行性。中国北斗卫星导航作为全球四大卫星导航系统之一，应该促进国际合作，参照 ICAO《关于全球卫星导航服务的国家权利与义务章程》制定统一的卫星导航服务标准。四大全球卫星导航系统严格执行统一的服务标准，有助于规避不正当竞争，维持国际市场上卫星导航产业的和谐发展。

关于卫星导航领域的国际合作，实际上从 20 世纪 50 年代开始，一些空间法学家就开始提出建立一个统一的空间组织的主张。其中，有两种建议在学界备受讨论：一是建立一个较为全面的国际组织；二是以联合国为背景的全面性空间组织和各个局部的国际空间组织并存的空间国际合作格局[①]。本课题组认为，这两种模式兼可考虑，但更赞同在联合国的指导下建立并存的空

① 尹玉海：《空间开发中的国际合作机制》，载于《郑州航空工业管理学院学报》，2001 年第 3 期。

间国际合作格局。在联合国的支撑下，该组织可以得到来自联合国的一部分经费，联合国在提供财政的同时，也提供人员和技术支持。同时由于联合国在一定程度上拥有强制执行的权力，有权对该组织进行管理。这种管理不仅包括行政管理还包括司法裁决，保障 GNSS 非成员国的权利。GNSS 成员国发生纠纷后，也可以由空间组织进行协调、调解，从而和平解决一系列法律问题。国际组织可以组织四大卫星导航系统所有国达成全球卫星导航的国际协定，各国须以主人翁的姿态融入该协议的制定，并将其转化为国内法，积极履行自己的义务。国际协定中需要明确主权豁免、风险保障和责任机制，保障卫星导航法律机制运用的稳定。

4. 建立健全赔偿法律机制

目前，我国只有民法中的《合同法》《侵权责任法》涉及赔偿法律机制。国际上有联合国 1972 年《空间物体造成损害的国际责任公约》（简称《责任公约》）对责任进行了规定，但并没有专门的条款规制卫星导航运用过程中产生的赔偿责任。北斗卫星全球化的过程中势必会遇到不同范围、不同程度的潜在违约、侵权法律行为。譬如与其他国家进行合作为第三人提供导航定位，如若出现违约事实，或者侵犯他人权利事实，究竟应追究单独责任、共同责任抑或连带责任，第三人往往无所适从[①]。再者，卫星导航国际纠纷不同于一般意义上的民事纠纷，其特殊性体现在一旦发生纠纷将波及至少两个国家甚至国际组织，凡是国际法上的主体可能成为该纠纷的主体，同时纠纷产生的影响力也远非一般民事纠纷所能及。

损害的独特性和复杂性决定了不能仅靠《合同法》《侵权责任法》《责任公约》的一般条款进行规制。本课题组认为，未来建立赔偿机制可以采取单独立法规制此类责任。在该部法律中，应当穷尽卫星导航业务可能出现的纠纷类型，规定对应的法律后果，责任承担的方式也涵括在单独立法当中。同时，立法时必须区分国内主体与国外主体，制定特殊条款确立外国主体的特殊地位，以达到规制和保护国外主体的目的。

我们也可以引入保险以达到风险转移的效果。毕竟，卫星导航业务的全球化将导致发生国际违约纠纷、侵权纠纷的可能性大大增加，这类纠纷涉及到的标的额也不容小觑。建议引入这方面的保险条款，当发生损害时，由保险公司进行理赔，超出保额的范围再由经营者或其他主体进行必要的承担。

① 张华：《欧美全球卫星导航系统立法及其对中国的启示》，载于《北京理工大学学报（社会科学版）》，2012 年第 7 期。

保险条款的设立，有利于中国与其他国家在外空活动上的商业往来。其他国家的潜在用户基于北斗卫星导航的技术和法律保障上的优势使用该系统，将促进北斗卫星进一步占领全球市场。

总之，随着外空活动的私营化，北斗卫星导航系统的营运即将进入全方位商业化和市场化的发展机制，有效规制其商业化背后潜在的法律风险，使北斗卫星导航国内外市场秩序得以维持，市场占有率大大提高。我国的北斗卫星导航也会增强我国的国防力量，加快经济发展，为老百姓的日常生活提供便利。中国北斗成为全球四大卫星导航系统和全球卫星导航事业的中坚力量、重要的竞争者，将有效促进全球卫星导航系统竞争的有序化。

五、加强国际法对全球卫星导航的规制

随着全球卫星导航事业的发展，各国在技术研发、设施部署和开展国际合作的过程中出现了诸多的法律问题，特别是卫星导航侵犯国家主权应如何界定、国际空间法上的绝对责任原则是否适用等问题都亟待明确。由于现行国际法在卫星导航方面的立法空白而出现法律规制的困境，加强国际法对全球卫星导航法律规制，已成为国际社会的当务之急。

（一）借鉴国际民航组织关于卫星导航的立法经验

卫星导航一个重要的应用领域就是民用航空。精准的导航信号对于安全、稳定的飞行航程来说极其重要。国际民航组织（ICAO）作为民航领域最具权威性的国际组织，自卫星导航系统运作之初就积极参与卫星导航的立法活动。目前，ICAO 在全球卫星导航法律框架制定过程中已经做了不少工作，虽然任重道远，但其相关经验对卫星导航法律的制定具有较高的借鉴价值。

ICAO 关于卫星导航的法律分别是《芝加哥公约》与《关于全球卫星导航服务的国家权利与义务章程》。前者是有关国际航空运输现行法律中最重要的航空公约，后者是 ICAO 针对规制全球卫星导航系统的民航应用而制定的法律文件。芝加哥国际民用航空会议于 1944 年签订《国际民用航空公约》，即《芝加哥公约》，是目前被最广泛接受的国际民用航空公约，涉及政治、经济、技术等领域各方面的问题。《芝加哥公约》第四十四条规定，ICAO 工作目的就是促进空中交通的规划与发展，管理全球卫星导航。2001 年 10 月，ICAO 成员国大会第 32 届会议通过了 A32-20 号决议，即《关于全球卫星导航服务的国家权利与义务章程》（以下简称《章程》），《章程》是国际上首个由

ICAO 主持制定的专门性卫星导航的法律文件。

《芝加哥公约》和《章程》均对保证国家权利与义务的一致性方面进行了规定。《芝加哥公约》规定，“缔约国必须承认每个国家对其领土之上的空气空间享有完全排他的主权”①，“缔约国有权拒绝外国飞机在其国内两地之间的商业运输，并且根据军事理由可以设定禁飞区”②。在国家义务方面，缔约国需要配合 ICAO 的管理活动，保障合法通过本国领土的航空器的安全。《章程》提出，各国保持权利与义务相统一应遵循三个原则：一是国家无歧视地获得导航信号原则，即国家在同等条件下应当享有卫星导航统一质量的信号服务；二是国家对领空享有完全的管辖权且不受任何限制原则，该原则明确了国家领空主权的管辖范围，对避免卫星导航的管辖权争议十分必要；三是国家有积极参与国际协作制定信号标准的义务，体现了全球卫星导航信号资源的平等共享，有利于平衡发展中国家与发达国家的利益。

为保障国际标准在民用航空服务领域的高度可行性，《芝加哥公约》第三十七条规定了 11 项 ICAO 可以根据实践所需随时制定并修改的国际标准及其建议措施和程序③。《芝加哥公约》第三十八条进一步规定，“任何国家在不能遵守国际标准或程序时，应当立即将本国标准与国际标准之间的差异通知 ICAO；如果在国际标准修改之后，仍不能修改本国规定使其与国际标准相适应，则 ICAO 会将其国家标准与国际标准的差异通知其他国家”。这一规定在于建立一个灵活的国际民航服务标准适用机制，既可以普及国际标准的适用，又能协调少数国家国内法与国际公约的冲突，并及时通知其他国家采取相应措施。而《章程》对卫星导航信号标准的变化或者与国际标准出现差异时的规定则更具前瞻性。根据其原则规定，“任何民航信号的变动都要提前通知”。鉴于卫星导航信号的任何变动都会给民用航空活动带来不可估量的影响，因此，预先通知是非常必要的。

由于全球卫星导航业务的法律框架构建是个漫长的过程，法律内容的充实需要长时间的实践检验。因此，ICAO 立足于卫星导航在民航领域的实践经验，根据法律需要规制内容的不同，确定了与之相适应的法律文件形式。

---

① 《芝加哥公约》第一条。

② 《芝加哥公约》第四条。

③ 通信系统和助航设备，包括：1）地面标志；2）机场和降落区的特征；3）空中规则和空中交通管制办法；4）飞行和机务人员执照的颁发；5）航空器的适航性；6）航空器的登记和识别；7）气象资料的收集和交换；8）航行记录簿；9）航空地图及图表；10）海关和移民手续；11）航空器遇险和失事调查；以及随时认为适当的有关空中航行安全、正常及效率的其他事项。

首先，ICAO设立了全球卫星导航的指导原则、政策、建议。目前，在《章程》中确定了基本原则，保证了法律内容与立法目的的一致性。此外，民航组织也将其制定的相关政策分别纳入已有国际法公约的附件或指导手册中，如《芝加哥公约》的附件十。这有利于弥补全球卫星导航相关法律在适用上的空白，保证国际法对卫星导航活动及时有效的规制。而ICAO建议的独创性法律文件形式对全球卫星导航的借鉴意义更是重大，国际立法机构与国内立法机构的相互建议保证了国际法与国内法在共同规制卫星导航活动中的一致性①。

其次，ICAO制定了全球卫星导航国际标准。国际标准的建立有利于卫星导航的全球化，制定卫星导航相关国际标准是《芝加哥公约》赋予国际民航组织的职责。目前，卫星导航信号的持续性和完整性成为国际社会普遍关注的问题。长远来看，全球卫星导航信号的标准应该由国际公约进行统一规定。但是现阶段，信号标准都是在双边协议中进行规定的，出现区域性信号误差的可能性较大。因此，制定国际卫星导航信号的标准是现阶段的当务之急。当前，国际民航组织的做法是要求各成员国保证国内电信局与民航局的无线电信号频率一致，进而保障国际合作中卫星导航服务信号的一致性。

最后，ICAO拟就全球卫星导航达成国际协定。国际协定在形式上可分为国际公约与双边协定，其中，国际公约的制定是解决卫星导航法律问题的长远出路。依据ICAO的计划，制定《章程》的原则只是第一步，关于其内容的制定应该考虑到卫星信号误传致损的责任机制、卫星导航信号的兼容性等。而在民航领域的卫星导航责任机制中，主要适用国内法的过错责任原则。这种规制方式对于民航领域实践性较强，但是涉及到主权豁免等问题时，责任的认定应通过确定性较高的双边协定来解决。签订双边协定是目前卫星导航跨国合作的主要形式，具有约束力强、内容明确等其他法律文件形式无法比拟的优势。ICAO希望通过在国家间双边协定中明确主权豁免、风险保障、责任机制，保证全球卫星导航法律机制运用的稳定②。

（二）重申国际法的相关原则与规定

各国就构建新的法律体系在关键概念上没有达成共识之前，新的全球卫

① 王杰华：《外国卫星导航定位系统的新进展及发展趋势》，载于《数字通信世界》，2008年2期，第10页。

② 参见 Jasentuliyana（ed.）. Space Law. Development and Scope［M］. 1992. 43。

星导航公约的制定和签署将会步履维艰。因此，维持现有法律机制，重申与卫星导航相关国际法的基本原则，倡导各国在现有国际法基本原则内进行卫星导航活动，不失为一种明智的选择。

1. 共同利益原则

《外空条约》第一条规定，外空活动是以"为全人类谋求共同利益而开展的"[①]。有学者曾经说过，"人类共同利益原则的重要性，体现在它的普遍适用性中"[②]。为保护整个国际社会的利益，"人类共同继承财产"这一概念被囊括进共同利益原则的保护对象之中。根据联合国《空间利益宣言》，近地轨道资源属于"人类共同继承财产"的范畴[③]，应当遵守共同利益原则。共同利益原则的另一个重要内容就是"应本着为所有国家谋福利与利益的精神"。这一内容被很多学者解释为"不损害他国利益说"，但是，由于数据资料可能存在被航天大国滥用的风险，因此，卫星导航活动不应只是消极适用共同利益原则，而应当积极追求《外空条约》为人类谋求共同利益的目标。

2. 国家责任与赔偿

《外空条约》第六条、第七条分别规定了外空活动中的赔偿责任主体为发射国，《责任公约》则进一步解释了发射国的适格条件。依据相关规定，国家和国际组织对卫星导航活动造成的损害承担赔偿责任；当多国发射时，发射该导航卫星的国家或者国际组织将承担连带赔偿责任。实际上，鉴于卫星导航活动中的发射国与信号提供主体已经不再仅限于国家，因此，有学者认为，根据《外空公约》中的"发射国"来确定责任主体具有一定的不合理性。因为信号提供者并不等同于发射导航卫星的国家和国际组织，不同的卫星导航系统在明确各自的卫星导航的信号提供者方面又有着区别[④]。对此，《责任公约》第六条规定，国家应对本国的外空活动负有监督的义务，完美解答了这一问题。鉴于卫星导航系统的建立以及运营导航卫星需要强大的科技与经济实力做支撑，单靠企业是很难完成的。因此，国家对企业的外空活动负有监管义务。本国的卫星运营商要经过严格的审核后才能获得卫星导航运营资格，

---

① 《外空条约》第一条第一款："探索和利用外层空间，包括月球与其他天体在内，本着为所有国家谋福利与利益的精神，不论其经济或科学发展的程度如何，这种探索和利用应是全人类的事情。"

② 贺其治：《外层空间法》，法律出版社，1992 年，第 58 页。

③ 即卫星导航活动，包括卫星的发射、卫星在轨运行以及卫星获取地面资料的活动都是利用外空资源的活动，都属于对人类共同继承财产的利用。

④ 参见 Official Records of the General Assembly. Twenty - First Session , First Committee , Summary Records of Meetings [J] . New York. 1966 (1) . 427。

并且在国际法与国内法规定的活动范围内进行卫星导航服务。国家若未尽到其监管义务，应承担相应的国际法律责任。

3. 国际合作原则

根据《外空条约》的第一条，“为所有国家谋福利与利益的精神，不论其经济或科学发展的程度如何，这种探索和利用应是全人类的事情”。根据《外空条约》第三条，“应按照国际法，包括联合国宪章，并为了维护国际和平与安全及增进国际合作与谅解而进行”。根据《外空条约》第九条，“以合作和互助的原则为指导”等与国际合作相关的条约，都充分体现了国际合作原则的精神①。外空活动具有高投资、高风险的特点，任何一个国家单凭本国实力很难独立完成一项外空活动。随着卫星导航业务的全球化发展与卫星导航产业的专业化分工，从卫星研发到生产再到地面信号接收设施的建设，都需要国际合作。在卫星导航服务中再次重申国际合作原则，更能促进航天大国与未拥有卫星导航系统国家的合作，从而通过共同开发、共享资源，缩小国家之间卫星导航业务的发展差距。

（三）增加国际法对全球卫星导航的新规范

目前运营的全球卫星导航系统大部分都是为军事初衷而建立的，维护及更新系统的巨大花费需要靠卫星导航应用带来的经济利益进行弥补。因此，卫星导航系统所有者在确定能够通过法律维护其利益之前，其动作都是小心谨慎的。有鉴于此，在增加新的全球卫星导航法律规范时应采用多元化立法形式，以适应不同阶段、不同情形的需要。

1. 全球卫星导航法律文件的多元化

经过长期的实践，ICAO 的法律专家一致认为，“全球卫星导航的法律框架不应只存在一种单一的法律文件，而应该由不同形式的法律文件构成”。多样化的法律文件形式可以解决适航、赔偿责任、管理、金融等方面的法律问题。譬如，在规制国家之间的卫星导航问题时，应当运用国际协定或者国际公约的法律文件形式。国际协定或者国际公约是国际法中最具有约束力的法律文件形式。此类形式的法律文件有利于得到国际上的一致认可。另外，当外空活动与国际法之间存在摩擦时，可以提交立法小组讨论，由联合国立法小组提请通过相应的大会或者专门决议来解决。再者，还可以根据卫星导航服务的需要，既在技术层面统一信号使用的标准，又在法律层面制定统一的

---

① 周丽瑛：《外层空间活动商业化的法律问题》，中国政法大学学位论文，2006 年，第 44 页。

标准，如卫星信号误传致损的责任认定标准、卫星军事化界定标准等。

2. 关于全球卫星导航新规范基本内容的设想

（1）设立卫星导航活动的许可、登记、通知制度

在卫星导航活动中，设立有关全球卫星导航活动的许可、登记及通知制度具有十分重要的意义，既可以将发射致损和卫星信号致损的责任主体明晰，又能明确卫星活动的合法范围，在一定程度上抑制卫星活动的军事化。鉴于目前还未设立专门管理卫星导航事务并且得到国际认可的机构，联合国外空委应根据一定的标准，对卫星导航信号提供者的资格进行审核，并在审核通过后颁发相应的卫星导航活动许可证，未得到许可证的都不允许参与卫星导航服务①。当国家授权本国私营企业经营卫星导航服务时，国家应当到联合国或外空委进行相关情况的登记，明确该国仍是卫星导航活动的责任主体②。这种登记制度有助于督促国家对本国私营企业的卫星导航经营活动进行的监管。

（2）规范卫星导航与国家主权之间的协调

为规范卫星导航的商业利用，协调卫星导航与主权国家关系，卫星导航信号的提供国、使用国与联合国之间应建立通知制度。通知的内容包括：1）卫星导航信号提供国在信号服务出现错误时，应及时通知信号使用国；2）信号使用国发现卫星导航信号对本国通信信号造成干扰或其他侵犯国家主权行为时，应及时通报联合国，同时还应提醒信号提供国；3）联合国在发现私营信号提供者做出违反国际法规定的导航行为时，应当通知其所属国家以及信号使用者采取相关措施。通知制度的优势在于其灵活性与高效性，及时有效的通知可以减少主权侵害行为的发生；同时，通知制度还应成为国家为排除卫星导航主权侵害行为而采取相应措施的前置行为。

（3）增加禁止外空武器化的条款

外空武器化不仅威胁国家与外空的安全，还违背了国际法中共同利益原则与和平利用外空原则。因此，应当限制外空武器化的扩张，以进一步维护外空安全。对此，全球卫星导航的立法有必要将禁止外空武器化的条款纳入其规范内容之中。在制定具体的禁止卫星导航武器化条款时，可以从以下几方面进行考虑。首先，导航卫星在轨道运行时不能做出攻击其他卫星的物理行为，也要求不能通过电磁波干扰其他导航卫星的运行。其次，在卫星数据

① 邵沙平，余敏友：《国际法问题专论》，武汉大学出版社，2002 年，第 142 页。

② 王峰：《浅析外空活动中的国际损害责任》，载于《中南财经政法大学研究生学报》，2007 年第 1 期，第 133 页。

资料的处理方面，不得将其获取的资料运用在军事方面。同时，在禁止卫星导航军事化方面可建立起相应的审查制度[①]，指定特定的国际机构或国际组织对导航卫星的发射目的及使用情况进行审查，确保卫星导航信号的使用在和平利用外空的范畴之内。

（4）完善全球卫星导航的责任机制

建立何种责任机制是讨论卫星导航立法中最为复杂的一个问题，主要是由于卫星导航服务同时涉及了私法领域与公法领域。私法领域，卫星导航服务的提供者与使用者是合同关系，二者之间的问题可以通过合同中的责任条款解决。而在公法领域，根据《责任公约》，国家始终是空间责任的承担主体，因此，即便私法领域将卫星导航的责任直接归置于信号服务合同的双方，也无法消除国家的一般责任。由于全球卫星导航的责任机制问题在公私法领域的不同，全球卫星导航更应当在立法中制定明确的责任条款，以方便准确划分各方的赔偿责任[②]。国家作为外空活动的主体，应当承担卫星导航服务的安全责任。因此，在卫星导航相关法律中，可要求私营企业必须获得卫星导航的资格，必须通过国家相关部门的严格审批，并限定卫星导航经营许可的范围[③]。

（四）实现国内法与国际法的协调

1. 吸收欧美国内立法的国际法因素

（1）欧美的国内立法

美国的GPS立法随着GPS现代化的发展，立法形式已经不再限于判例法，而是进行了相应的法律形式调整。目前，GPS受到美国国内法律和政策的共同调整，如《美国法典》第十编规定，“GPS信号应由国防部和交通部共同管理，制定的GPS信号政策应与商务部协商，政府应保证GPS民用信号与军用信号的质量相当”[④]。《美国法典》在国际合作方面规定，“总统采取的措施应以促进国际合作，增加商业利润，维护公共安全为目标”。欧盟关于Galileo卫星导航系统的立法体现在《欧洲联盟运行条约》与欧盟关于卫星导

---

① 参见 Julian Hermida. Legal Basis For A National Space Legislation [M]. Kluwer Academic. 2004. 21。

② 夏春利：《外空国际法治：现状与前景》，载于《北京航空航天大学学报（社会科学版）》，2014年第1期，第27页。

③ 谭述森：《卫星导航定位工程》，国防工业出版，2007年，第16页。

④ 引自 10 U. S. C. § 2281：Global Positioning System。

航的二级立法之中。《欧洲联盟运行条约》规定，“欧盟应致力于在运输、通信和能源等基础设施领域建立和发展泛欧网络；在一个开放和竞争的市场体系框架内，欧盟的行动旨在促进各国网络的互联性、互通性，以及对此网络的使用”①，“欧洲议会和部长理事会应按照普通立法程序来通过行动指南和其他措施”②。在欧盟的二级立法中，对卫星导航最具指导意义的是根据 2010 年通过的第 912/201 号条例建立的“欧洲全球卫星导航局”③。

（2）欧美卫星导航立法中体现的国际法因素

美国以最高法律形式规范 GPS 运作表现了其对 GPS 的高度重视，也表明 GPS 对美国国防、经济的重要性。从最新版的《美国空间政策》（2010 年）可以看到，美国发展 GPS 的目的就是维护其在全球卫星导航中的领导地位。虽然国内政策的制定都是出于维护本国利益，但也应是对国际法基本原则的贯彻。

欧盟在其关于卫星导航的立法中体现了国际法中的责任原则与国际合作原则。国际合作原则体现在“泛欧网络”的第三国合作制度，有利于 Galileo 卫星导航的市场推广，同时也让更多没有导航能力的国家通过与欧盟的合作分享到欧盟卫星导航建设先进的经验，并共享卫星导航资源。“欧洲全球卫星导航局”被赋予法人人格，并规定了相关的责任追究机制，充分体现了卫星导航大国的权责一致原则。

2. 实现国际法与国内法对全球卫星导航的共同调整

（1）促进国内法与国际法中全球卫星导航的标准化

国内法是国际法的法律渊源之一，国内法的不断改进对促进国际法完善具有积极的作用。美国《国际民用航空组织与美国的信件交换》和俄罗斯《国际民用航空组织与俄罗斯的信件交换》，为各国主动协调卫星导航服务标准树立了典范。

这两次信函的提交对卫星导航服务在协调全球卫星导航国际法与国内法方面做出了表率，在统一全球卫星导航应用的国际标准方面具有巨大的促进

① 参见《欧洲联盟运行条约》（Consolidated version of the Treaty on the Functioning of the European Union [2010] OJ C83），第 170 条。

② 参见《欧洲联盟运行条约》（Consolidated version of the Treaty on the Functioning of the European Union [2010] OJ C83），第 172 条。

③ 参见欧盟部长理事会第 912/2010 号条例（Regulation（EC）No. 912/2010 of the European Parliament and of the Council of 22 September 2010 setting up the European GNSS Agency [2010] OJ L276/11）。

作用。首先，统一了全球卫星导航的应用标准。自1996年起，美国就以政策形式确定了国内卫星导航的应用标准，之后又向国际社会保证了提供导航信号的质量与可互相操作性，基于与ICAO目标的相似性，美国政府同意了ICAO关于卫星导航应用标准化的提议，并且积极配合ICAO在促进全球卫星导航信号标准化的一系列工作。其次，在国际上卫星导航服务收费方面建立了普遍的标准。受到美国与俄罗斯的影响，后来新建的卫星导航系统的国家都将相关的卫星导航服务收费标准纳入到本国的卫星导航法律文件之中，如欧洲与中国都表示对基本的卫星导航服务不会收取任何费用，但是针对特殊的卫星导航服务要求则会收取合理的费用。

（2）建立全球卫星导航的争端解决机制

国家是国际空间法的重要主体，但其并非国际空间法的唯一主体。随着外空商业化的发展，越来越多的国际组织和私营企业参与到卫星发射、卫星导航等外空活动中来。因此，外层空间商业化带来的合同当事人，尤其是非国家主体权利义务问题，成为近年来各国学者和学术机构研究的焦点，而如何制定空间商业活动的新争端解决机制已成为国际社会最关注的问题①。

由于外空活动中的非国家主体并未被完全认可为国际法的主体，所以现有的国际法与国际空间设立的争端解决机制都不能解决卫星导航商业运营中的法人或者自然人的权利义务责任问题。对此，将国际商法的商事仲裁制度纳入争端解决机制的选择范围，无疑为各国政府、国际组织以及私营企业提供了有效的问题解决方式②。正如国际货物销售或服务合同中可约定仲裁条款一样，当事人也可以在卫星导航商业运营中协议或者在合同中约定仲裁条款，还可以在签订合同或者争端发生之后，单独签订仲裁协议。目前，各航天大国均已成立商业航天私营企业，而且私营企业之间，以及私营企业与国家机构之间，已签署了许多关于外层空间活动和与外层空间活动相关的合同。在商事仲裁中，仲裁员有时候为了追求合理裁决，而采用商人法的一般原则进行仲裁，这对于空间商业活动的参与者来说，正是商事仲裁相对于国际公法仲裁更具吸引力的地方。由于商业活动参与者在全球卫星导航的商业管理和运作中更加熟悉一般交易中的商业惯例，采用商事仲裁制度将能更有效地解决全球卫星导航业务的商业争端。

---

① 参见 Christina Giannopapa. Securing Galileo's and GMES's place in European policy［J］. Space Policy. 2012（4）. 270。

② 参见 Paul B Larsen. Issues relating to civilian and military dual uses of GNSS. Space Policy. 2001. 2.（119）。

六、全球卫星导航立法经验的借鉴

北斗卫星导航系统的建设实践，实现了在区域快速形成服务能力、逐步扩展为全球服务的发展路径，成为全球卫星导航系统的重要组成部分。中国北斗系统具有鲜明的特点：一是北斗系统空间段采用三种轨道卫星组成的混合星座，与其他卫星导航系统相比高轨卫星更多，抗遮挡能力强，尤其低纬度地区性能更为明显。二是北斗系统提供多个频点的导航信号，能够通过多频信号组合使用等方式提高服务精度。三是北斗系统创新融合了导航与通信能力，具有实时导航、快速定位、精确授时、位置报告和短报文通信服务等五大功能。并且，为满足日益增长的用户需求，北斗系统将加强卫星、原子钟、信号体制等方面的技术研发，探索发展新一代导航定位授时技术，持续提升服务性能。因此，解决北斗卫星导航的法律问题，既要借鉴美国、欧盟、俄罗斯等国的经验，又要体现中国自己的特色。

1. 美国 GPS 立法经验

美国 GPS 立法主要参照《美国法典》中的相关条款和“GPS 法”，“GPS 法”是美国关于全球导航系统立法的重点。

《美国法典》关于 GPS 的规定，主要体现在第 10 编、第 49 编和第 51 编，对管理与协调美国 GPS 系统和各地增强系统进行了总括性的规范。第 10 编第 2281 节主要规定美国总统、美国国防部以及其他相关管理机构在 GPS 应用中的职能。美国总统对 GPS 系统享有签署国际合作协议，协调国防部、运输部以及商务部做出有关决定等职权。《美国法典》第 10 编特别强调 GPS 系统对美国经济发展、国家主权地位、国防外交、交通运输安全以及国际贸易合作发展的重要性。《美国法典》第 49 编第 301 节规定了美国交通运输部部长在建设 GPS 方面相关的职权。《美国法典》第 51 编第 50112 节主要规定美国 GPS 系统标准。如在国际层面，通过协商达成全球卫星导航定位系统的国际标准，使 GPS 在全世界范围内消除壁垒，进而实现更广泛的应用等。

“GPS 法”是美国关于全球卫星导航系统的分散性规定。由于美国尚未实现对 GPS 系统进行统一立法，因此，对于 GPS 主要是通过“GPS 法”加以解决。目前专门法主要是针对财政预算、防止信号干扰等立法。如 2010 年《综合拨款法》和《国防拨款法》，2014 年《巩固和持续拨款法》以及《地理定位隐私与监督法》等。按照规定，在紧急情况下，执法官员可以决定是否拦截地理定位信息，条件是执法官员确定存在紧急情况。紧急情况包括：对任何个人造成死亡或严重的身体伤害之类的迫切危险；威胁国家安全的阴谋活动；呈现出有组织犯罪特征的阴谋活动。同时，这些情况的紧急性要求在获得授权命令前必须进行拦截。该节还附加了两个程序性的限制条件：第一，执法官员有理由获得拦截授权的命令；第二，在拦截发生后 48 小时内执法官员应申请授权命令。该节同时要求，如果执法官员事后没有获得授权命令，则应立即终止信息拦截活动，此时获得的信息不能作为证据。

“GPS 法”还规定了民事损害赔偿制度：任何地理定位信息被拦截、披露或故意使用的个人或法人都可以通过民事诉讼的途径从违法者处获得赔偿——美国官方除外。赔偿金额以两种方式计算：原告的实际损失和被告的违法所得之和；或者法定赔偿金，两者以数额高的为准。其中法定赔偿金可以按照违法期间每天 100 美元，或者赔偿金总额为 10 000 美元，两者同样以数额高的为准。同时规定，被告在相关民事或刑事诉讼中可以援引授权或者是例外情况进行抗辩或辩护。此外还规定，美国行政部门的官员或雇员出现违法行为时，应受到一定的行政纪律处罚。

2. 俄罗斯 GLONASS 立法经验

为保障国防与国家安全，实现社会经济发展，自 2007 年后俄罗斯通过制度体系的构建，保障了 GLONASS 系统不仅在军事领域，且在民用与商用领域的广泛应用。现阶段，俄罗斯发展 GLONASS 的制度体系由联邦法律、总统令与总统决定、联邦政府决议及相关部、委、局制定的法律文件及 GLONASS 发展专项纲要与技术规程组成。2009 年 1 月，俄政府通过《俄罗斯联邦导航定位活动法》（以下简称《卫星定位法》）是俄罗斯卫星导航方面的专门性基本法。

《卫星定位法》主要是俄罗斯为了更好促进 GLONASS 系统的建设，满足导航定位服务需求，逐步实现其在民用领域的推广。该法案通过 12 条款规定了有关卫星导航活动的关键性法律问题。如法律关系的主体、资金投入、相关政府机构间的职责划分、商业化发展、承诺免费向全球提供基础服务，以及系统包含的财产归属等等，对导航活动的发展起到指引作用[①]。

第一，明确 GLONASS 提供的服务范围。根据《卫星定位法》第二条第 4 款，GLONASS 能够满足用户对导航信息、导航设备以及导航设备利用的需求。导航服务的范围包括：提供导航信息，提供导航设备以及使用导航设备

① 贾雪池：《俄罗斯导航定位活动法》，载于《中国空间法年刊（2011 年）》，2012 年，第 255 - 257 页。

的培训服务。

第二，明确 GLONASS 导航活动的法律关系主体。该法第三条规定：建造与运营卫星导航系统以及提供与获得卫星导航服务的国家权力机关、自然人、法人是导航活动的主体。该法在提供与获得卫星导航服务的主体规定中，排除了其他国家以及国际组织。

第三，明确 GLONASS 及其相关设施的所有权归属。《卫星定位法》第五条指出：航天装置与宇航地面设施，由于由俄罗斯政府承担预算，因此其所有权归俄罗斯所有。此外，法案不排除俄罗斯政府、自然人以及法人之间通过合同约定其所有权的归属。

第四，明确 GLONASS 的使用原则。《卫星定位法》第九条规定：卫星导航活动法律关系的主体可以无偿、无限制地获取开放式的导航信号。因此，无偿和无限制的开放式信号仅限于导航活动的法律关系主体，对于其他国家和国际组织并没有此项权利[①]。

3. 欧盟关于 GNSS 的立法经验

基于欧盟独特的治理结构，欧盟法成为“自成一类”的法律体系。欧盟“宪法”，即目前经《里斯本条约》修订后的《欧洲联盟条约》和《欧洲联盟运行条约》是欧盟关于 GNSS 立法的宪法依据。条例、指令和决定，通常是由欧盟部长理事会制定，或者由欧盟部长理事会与欧洲议会一道制定。从 20 世纪 90 年代末欧盟提出“伽利略项目”以来，欧盟关于 GNSS 的法规基本上以“条例”形式出现。在“伽利略项目”发展过程中，欧盟有关 GNSS 的立法主要是条例。

第 876/2002 号条例是 2002 年 5 月欧盟部长理事会通过的，主题是建立“伽利略合资企业”。2006 年 12 月 12 日，欧盟部长理事会通过第 1943/2006 号条例，决定“伽利略合资企业”的运作期限截至 2006 年 12 月 31 日。所以，第 876/2002 号条例目前实际上已经失效[②]。

第 1321/2004 号条例是 2004 年 7 月欧盟部长理事会通过，主题是建立“管理欧洲卫星导航项目的机构”，即欧洲 GNSS 监管局。2010 年 9 月，欧盟部长理事会和欧洲议会一道通过的第 912/2010 号条例废除了第 1321/2004 号条例，欧洲 GNSS 监管局被新设立的欧洲 GNSS 局所取代。

---

① 赵贝贝：《北斗卫星导航系统法律规制研究》，哈尔滨工业大学，2015 年。

② 张华：《欧美全球卫星导航系统立法及其对中国的启示》，载于《北京理工大学学报（社会科学版）》，2012 年第 4 期，第 117－118 页。

第683/2008号条例是2008年7月欧盟部长理事会与欧洲议会共同制定的，主题是“进一步实施欧洲卫星导航项目”。该条例详细规定了实施“EGNOS项目”的规则，其中主要涉及机构职能划分和财政预算规则，是目前欧盟发展GNSS的核心法规。

第912/2010号条例于2010年9月由欧盟部长理事会和欧洲议会共同通过，主题是“建立欧洲GNSS局”。欧洲GNSS局继承了第683/2008号条例第16条为欧洲GNSS监管局设置的职能。

此外，欧盟在发展“Galileo项目”的过程中非常强调国际合作。在多边层面上，欧盟充分利用国际民航组织、国际海事组织、国际电信联盟、世界贸易组织以及联合国外空委员会框架下的GNSS国际委员会等多边机制推动GNSS的兼容和互操作，并谋求建立相应的国际标准。在双边关系中，近年来，欧盟与美国、挪威、以色列、韩国等国签署了一系列合作协定，努力促进“Galileo系统”与第三国开发的GNSS或增强系统的兼容和互操作，同时谋求在“Galileo系统”的部署和产业化进程中尽可能地吸引第三国的参与。《欧盟与美国关于推广、提供和使用Galileo和GPS星基导航系统的协定》是欧盟与美国于2004年6月26日签署的，并从2008年11月1起开始临时适用。根据该《协定》第二十条，在2011年6月6日和12月12日美国与欧盟先后完成各自的内部批准程序后协定开始生效。不仅如此，欧盟机构制定的一些政策文件对“Galileo项目”的发展也起到了重要的推动作用。例如，欧盟委员会在2006年发布的《卫星导航应用白皮书》以及2010年发布的《关于全球卫星导航系统应用行动计划的通讯》。欧盟机构制定的空间政策文件，如《欧盟空间政策绿皮书》《欧盟空间政策白皮书》《欧盟空间政策决议》等，也部分涉及“Galileo项目”的发展和相关组织机构的协调问题[①]。

4. 中国北斗卫星导航系统立法的主要借鉴

北斗卫星导航系统自2011年12月27日正式宣布提供试运行服务以来，已转入系统建设和应用推广并举的新阶段，并逐步拓展到交通运输、气象、渔业、林业、电信、水利、测绘等应用领域，产生了显著的经济社会效益。当前，中国北斗系统面临的挑战并非来自技术方面，而在于商业化应用。因此，为促进北斗系统的良性发展，中国有必要借鉴欧美俄的立法经验，以法律手段更好地推动北斗导航系统的应用产业化。对于中国来说，最具有借鉴

① 张华：《欧美全球卫星导航系统立法及其对中国的启示》，载于《北京理工大学学报（社会科学版）》，2012年第4期，第117－118页。

意义的是以下四个方面。

第一，管理机制的法治化。我国立法中应明确界定中国北斗系统的发展阶段、财政预算规则。尤其应明确管理机构及其相应职责，以方便未来发生法律纠纷时，厘清法律主体和相应的法律责任，避免互相推诿，从而损害北斗系统用户的利益。

第二，全球卫星导航兼容与互操作的制度化。鉴于各种 GNSS 之间实现兼容和互操作是国际发展潮流，北斗系统也不例外，未来的立法应突出这一点。

第三，明确政府采购的原则和规范。考虑到目前中国仍处于北斗系统的建设阶段，为将北斗系统部署到位，必然涉及大量的政府采购问题。制定明确的政府采购原则和规则对于减少国家财政负担，推动北斗系统上游产业的有序竞争和良性发展至关重要。

第四，确立隐私权和数据信息的法律保护。鉴于目前移动通信产业中侵犯公民隐私权和个人数据的不良现象，北斗系统在应用过程中应尽量从技术和立法上保障公民的隐私权和个人地理定位数据。

第五，依法开展国际合作。鉴于北斗系统面向世界，免费开放，同时又面临和美国 GPS、俄罗斯 GLONASS 和欧盟 Galileo 的激烈竞争，立法中可以明确规定中国与其他国家在多边、区域和双边层面上应加强合作，共同致力于统一国际规范和准则的建设，并不排除通过缔结国际协定的形式吸收其他国家参与北斗系统的发展和应用，谋求北斗系统与其他 GNSS 之间的优势互补，为全球 GNSS 使用者提供更好的产品和服务[①]。

当前，我国正在制定《航天法》和《卫星导航条例》，在充分借鉴欧美俄的立法经验的基础上，要谨慎处理好有关法律问题，其中最为突出的问题有四个方面。

首先，明确北斗卫星导航活动所涉及的法律关系，以及北斗卫星导航系统服务的类型。

北斗系统是我国自行研制的全球卫星导航定位系统。一方面，为顺应国防科技和国民经济发展的重大战略需求，打破 GPS 在国内导航市场的垄断地位，全面提升我国导航与位置服务产业的核心竞争力，必须加速其应用与产业化，形成自主可控的导航与位置服务能力；但另一方面，由该产业所涉社会关系的广泛性和复杂性所决定，以往“政策导向”的推进方式已显捉襟见

① 孔金凤：《浅析我国北斗卫星导航的发展》，载于《中国西部科技》，2014 年第 1 期，第 1－2 页。

肘之弊，亟须通过国家立法促进并加速发展进程。而就立法本身，必须基于北斗卫星导航系统的建设目标、客观进程及其不同于一般产品或服务的特殊法律属性，确定相关模式选择、规制重点、法治原则和具体规范。

卫星导航法律制度应当是一个综合性的法律体系，是由调整卫星导航领域各种社会关系的多种不同内容、属性的法律规范所共同构成的有机整体。由此所决定，构建该体系遵循的基本要求是：既要根据卫星导航领域的特殊法律需求，体现其制度个性；又要在所属相关社会关系的共性法律需求层面上，与其他各相关法律制度之间协调一致①。

其次，根据服务种类的不同采取区分归责原则。

北斗系统提供公开服务和授权服务，其中公开服务主要是利用北斗卫星系统的公开服务信号，向用户提供导航的基础服务，如用户定位、测速以及无线电导航服务等，这部分服务由我国免费公开向全球提供。而授权服务主要是北斗系统为了满足特定用户对服务高精度、高可靠性的需求，而提供的技术要求较高的服务。对此类服务，我国会根据服务需要，相应收取一定的费用。由于服务形式不同，我国应当对卫星服务商责任采取不同的归责原则，力求使我国利益最大化、风险最小化。美国 GPS 系统即采取了此种做法，对于标准定位服务产生的损害原则上不予赔偿。

再次，将外空侵权责任转化为国内法，严格遵循国际条约规范。

中国作为《责任公约》缔约国，在确立卫星导航服务商责任时，应当将《责任公约》的相关内容转化为国内法。在这里我们应当首先明确两个概念“空间活动损害责任”与“空间物体损害责任”，前者包括有形物体和无形服务，北斗卫星导航活动即属于此类。我国应当在协调服务提供商与接受卫星服务主体之间的关系，达成卫星提供商法律责任的一致意见。这不仅可以切实维护我国利益，还有利于推进北斗系统的应用推广②。

最后，完善商业保险法律制度 。

考虑到卫星导航服务商要为服务中带来的损害或者服务带来的误差等承担责任，建立商业保险制度可以降低北斗卫星导航系统产业化发展中企业面临的投资风险。北斗卫星导航活动属于外空活动的一部分，其本身就存在高投入、高风险的特性，这些因素是导致企业在选择北斗卫星导航系统行业时，

---

① 肖冰：《论中国卫星导航立法的基本定位》，载于《南京大学学报（哲学．人文科学．社会科学）》，2014 年第 3 期，第 40 页。

② 赵贝贝：《北斗卫星导航系统法律规制研究》，哈尔滨工业大学，2015 年。

顾虑重重的重要根源。因此，可以考虑在北斗卫星导航系统国内立法中，明确第三方责任保险机制。

对于此种第三方责任保险机制，由于其保险领域较为特殊，我国可以先给予其一定的政策补贴，并在设置初期加强政府监管，促进该保险机制的顺利开展。同时，针对保险的形式和内容，可以通过与卫星导航服务受益的行业组织（如船舶运输业、导航服务业以及移动通信业等）进行合作，从而确保第三方责任保险的资金来源。此外，由于该制度刚开始推行，并非要求北斗卫星导航系统相关的所有的主体如服务提供商、产品制造商以及运营商必须全部购买，可以先采取任意保险机制，由相关人员决定是否购买保险。随着该制度的不断完善和健全，逐步实现强制保险。这一制度不仅可以保证卫星导航服务商赔偿责任的顺利实现，也可以减轻北斗卫星导航行业的运行风险，促进我国北斗卫星导航行业发展①。

参考文献

［1］ Aaron Renenger. 卫星定位与隐私权［J］. 黑斯廷斯法律杂志. 2002（1）：34.

［2］ Anne Colden. Privacy Concerns Expected to Grow，《丹佛邮报》2001年1月1日第E-01版.

［3］ Basil S. Markesinis. Foreign Law and Comparative Methodology［M］，Oxford：Hart Publishing. 1997. 385.

［4］ C. Chao，R. AGick. Long-term evolution of navigation satellite orbits：GPS/GLONASS/GALILEO［J］. Advances in Space Research. 2004（5）. 1221.

［5］ Futron Corp. Satellite Industry Ass’n. State of the Satellite Industry Report. 2006（6）. 7.

［6］ Gini Gramam Scott. "The Death of Privacy?"［M］. iUniverse. 2008. 146.

［7］ International Civil Aviation Organization. Report of experts on the establishment of a legal framework with regard to GNSS，ICAO Doc. LTEP/1［R］. Montreal：International Civil Aviation Organization. 1996.

［8］ International Civil Aviation Organization. Report on the third meeting of the global navigation satellite system panel，appendix c to the report on agenda item I，GNSSP/

① 高琦，薄守省，夏春利：《卫星导航服务提供商责任问题研究》，载于《北京航空航天大学学报（社会科学版）》，2014年第11期，第40-45页。

3 -WP/66 ［R］. Montreal：International Civil Aviation Organization. 1999.

［9］ J. A. Rockwell. Liability of the United States Arising out of the Civilian Use of the Global Positioning System ［D］. Montreal：Institute of Air and Space Law. McGill University. 1996. 116.

［10］ Jeffrey Rosen. The Unwanted Gaze：The Destruction of Privacy in America ［M］. Vintage. 2000. 195.

［11］ Kevin Washington. Locator System Draws Bead on Better Accuracy ［J］. Balt. Sun. 2000（1）. 8.

［12］ Langhorne Bond. The GNSS Safety and Sovereignty Convention of 2000 AD ［J］. Journal of Air and Commerce. 2000（2）. 31.

［13］ Nam D. Pham. The Economic Benefits of Commercial GPS Use in the U. S. and the Costs of Potential Disruption ［J］. NDP Consulting Group. 2011（1）. 3.

［14］ Perez P R C. GNSS liability issues：possible solutions to a global system ［D］. Montreal：Institute of Air and Space Law. McGill University. 2002.

［15］ S. A. Kaiser. Legal Implications of Satellite Based Communication ［D］. Montreal：Institute of Air and Space Law. McGill University. 1990. 139.

［16］ Shelby B. Spires. O'Keefe Says Local Center's Place in Space is Crucial to Agency's Key Programs ［J］. Huntsville Times A1. 2002（1）. 16.

［17］ 薄守省. 从美俄卫星相撞事件看航天活动之损害赔偿责任 ［J］. 暨南学报（哲学社会科学版）. 2010（4）：15.

［18］ 蔡高强，刘思阳. 论全球卫星导航的国际法规制 ［D］. 湘潭大学. 2014.

［19］ 蔡艳辉，程鹏飞，李加洪. 伽利略计划进展简述 ［J］. 测绘科学，2009（1）：6.

［20］ 曹冲. 全球卫星导航系统的现状和前景 ［J］. 中国测绘报，2009（1）：2.

［21］ 陈俊勇. 中国的“天眼”北斗卫星导航系统 ［J］. 军民两用技术与产品，2012（2）：5.

［22］ 陈凌. 卫星导航信号提供者责任分析 ［J］. 北京航空航天大学学报（社会科学版），2013（4）：30.

［23］ 陈念茹，唐云. GLONASS 加速现代化进程 ［J］. 卫星与网络，2012（1）：9.

［24］ 崔建远. 合同责任研究 ［M］. 吉林：吉林大学出版社. 1992.

［25］ 德素絮尔. 卫星遥感：将来的国际制度 ［J］. 美国国际法杂志，1977（4）.

［26］ 范本尧，李祖红，刘天雄. 北斗卫星导航系统在汶川地震中的应用及建议 ［J］. 航天器工程. 2008（4）：11.

［27］ 郭景放. 卫星遥感商业化与国际合作法律问题浅析 ［D］. 北京：中国政法大学学位论文，2010：10.

［28］ 何奇松. 约束太空武器化法律机制的困境及其出路 ［J］. 北京理工大学学报，2012（5）：89.

［29］ 济贵．领空到底有多高［M］．北京：国防安全出版社，1995：25.

［30］ 孔俊详．论侵权行为的归责原则［J］．中国法学 1992（5）：72.

［31］ 孔笑微．全球化进程中的信息主权［J］．国际论坛，2005（1）：5.

［32］ 李鹤峰，党亚民．北斗卫星导航系统的发展、优势及建议［J］．导航定位学报，2013（2）：50.

［33］ 李寿平．现代国际责任法律制度［M］．武汉：武汉大学出版社．2003.

［34］ 联邦通信委员会新闻稿：FCC Adjust Its Rules to Facilitate the Development of Nationwide Enhanced Wireless 911 Systems（2000 年 9 月 8 日），可用链接：http：//www. fcc. gov/e911/.

［35］ 刘泰，郑晓光．欧洲“伽利略”导航卫星系统浅析（下）［J］．中国航天，2011（1）：3.

［36］ 慕亚平，周建海．当代国际法论［M］．北京：法律出版社．1998.

［37］ 穆尔．地球资源卫星［J］哈佛国际法杂志．1975：653.

［38］ 戚永亮．全球导航卫星系统及其相关法律问题研究［J］．北京航空航天大学学报：社会科学版．2006（4）：19.

［39］ 任明艳．互联网背景下国际信息主权问题研究［J］．河北法学，2007（1）：6.

［40］ 任明艳．互联网背景下国际信息主权问题研究［J］．河北法学，2007（2）：7.

［41］ 孙亚伟，曹乃．全球卫星导航系统 GPS/GLONASS/伽利略的对比研究［J］．中国航天，2010（1）：7.

［42］ 谭述森（编著）．卫星导航定位工程［M］．北京：国防工业出版社，2007.

［43］ 王峰．浅析外空活动中的国际损害责任［J］．中南财经政法大学研究生学报．2007（1）：133.

［44］ 王杰华．外国卫星导航定位系统的新进展及发展趋势［J］．数字通信世界．2008（1）：10.

［45］ 王利明．人格权法研究［M］．北京：中国人民大学出版社．2005.

［46］ 王铁崖．国际法［M］．北京：法律出版社，1995.

［47］ 王卫国．论合同的强制实际履行［J］．法学研究．1984（3）：46.

［48］ 魏振瀛．民法［M］．北京：北京大学出版社．2012.

［49］ 徐菁．欧洲伽利略卫星导航系统的进展（中）［J］．中国航天，2011（1）：9.

［50］ 杨娟．浅论违约责任制度的完善与发展［J］．法制与经济．2009（213）：77.

［51］ 杨立新．侵权责任法［M］．北京：法律出版社．2012.

［52］ 杨元喜．北斗卫星大行系统的进展、贡献与挑战［J］．测绘学报，2010（1）：1.

［53］ 仪名海，王晗．外层空间定界问题及其解决途径［J］．中国海洋大学学报，2010（2）：1.

［54］ 张孟阳．“北斗”卫星导航系统应用发展综述［J］．国际太空．2009（11）：27.

［55］ 张新宝．隐私权的法律保护［M］．北京：群众出版社．2004.

[56] 周丽瑛．外层空间活动商业化的法律问题［D］．北京：中国政法大学学位论文，2006：62.
[57] 周忠海．和平、正义与法［M］．北京：中国国际广播出版社．1993.
[58] 朱毅麟．遥感卫星商业化路在何方［J］．北京空间科技信息研究所论坛．2003（1）：3.

课题主持人简介

蔡高强，男，法学博士，湘潭大学法学院教授，博士研究生导师，“法治湖南建设与区域社会治理协同创新中心”教授，湘潭大学国际法学博士学位点责人。中国空间法学会常务理事、湘潭大学非洲法律与社会研究中心副主任。主要学术领域为国际法基本理论、国际贸易法、国际空间法等，著有学术著作8部，在《现代法学》《法学评论》《政治与法律》等30多种刊物公开发表学术论文80余篇。先后主持和参与国家社科基金课题、省社科课题、司法部课题30余项。荣获“国家教学成果二等奖”“湖南省教学成果一等奖”等奖励20多项。

宇航产品及技术出口法律问题研究*

北京航天长征科技信息研究所课题组

目 录

* 本文为中国空间法学会2015—2016年度第3号学术课题研究项目结题报告，荣获中国空间法学会2015—2016年度学术课题研究项目二等奖。课题主持人为北京航天长征科技信息研究所许源工程师，课题组成员包括梅桐、伍赣湘、曹志杰等。

广阔的外层空间是等待人类探索的新领域，是全人类的共同财富。在实际操作层面，进入外空的能力是一个国家主张对外空和平利用权利的前提。因此，支撑一个国家进入外空的宇航产品及技术成为衡量一个国家的科技最高水平的重要标志。因此，宇航产品及技术与国家的国际地位息息相关、相辅相成。对于很多国家而言，拥有进入和利用外层空间的能力，是获得大国地位的必由之路。鉴于宇航产品及技术与战略导弹、战术导弹等远程杀伤性武器在设计思路、研制设备等方面有相通之处，对其出口进行规制具有重要的战略意义。

自20世纪60年代开始，中国先后研制了长征一号、长征二号、长征三号和长征四号运载火箭系列，具有发射从低轨道到高轨道的各种用途、不同质量航天器的能力。中国不仅成为具有进入外层空间能力的国家，而且成为具有完整的航天运输能力的国家。2003年，长征二号F火箭发射神舟五号载人飞船，标志中国已经成为世界第三个具备独立开展载人航天活动能力的国家。探月工程实现了中华民族“嫦娥奔月”的梦想；2016年长征五号系列火箭成功首飞，极大地提升了国家的整体航天技术水平和能力。宇航产品及技术的长足进步为我国综合国力的大幅提升和我国成长为世界新兴大国提供了重要战略支撑。

由于宇航产品和技术的重要作用，各国为此开展相关合作的愿望和需求是迫切和旺盛的。目前，世界航天领域的活动呈现出两个主要方向，其一即随着人类探索外空的距离和周期不断增长，任务复杂程度不断提高，国际合作是各国开展大型航天项目的便捷途径[1]；其二是一些迫切希望建立本国自主进入外空能力的发展中国家对宇航产品及技术的引进需求十分迫切。我国作为迄今为止宇航产品与技术总体水平最为先进的发展中国家，一方面尝试与西方航天强国开展项目合作，另一方面是其他不具备进入外空能力的发展中国家首选的宇航产品与技术引进对象。

上述两类国际合作均涉及宇航产品及技术的出口。反观我国该领域近40年的国际合作历程，在与西方航天强国开展合作方面，我国主要集中在科学领域的项目合作，在工程领域的合作经验有待积累，合作模式有待确定，合作信任有待建立；在与发展中国家合作方面，我国考虑到该领域项目合作对国家与地区安全、政治、军事、外交等领域的敏感性，以及来自美国的防扩散制裁风险，一直采取保守和低调的态度处理此类合作请求。目前，在多极世界形成的过程中，在新型大国关系确立的过程中，开展国际合作是我国实现航天强国目标的根基、提升国际地位的筹码和维护国家利益的途径，是实现中国梦的有力支撑。因此，我国应以更积极的态度面对该领域的国际合作。

基于我国最主要的宇航产品及技术工程研制单位开展国际合作的经验，本课题组认为，我国要在国际合作领域取得更大进展，首先要解决的问题是宇航产品及技术出口的法律问题。

在国内现有法律法规体系下，我国宇航产品及技术出口依照《中华人民共和国军品出口管理条例》和《中华人民共和国导弹及相关物项和技术出口管制条例》进行管理，在操作层面存在两项管理条例配套清单未能有效衔接，界面相对模糊，类别不够细化等问题。由此导致报审单位在选择审批部门时存在疑惑，审批部门在行使审批职责时对操作依据存在疑惑，致使部分报批项目审批流程增加，审批周期增加，甚至停滞在审批流程中，最终导致合作项目中止或合作时机的延误。

在国外现有法律环境下，在联合国框架下，现有各项条约均鼓励和平利用外空的国际合作，特别是《关于各国探索和利用包括月球和其他天体在内的外层空间活动的原则条约》（简称“外空条约”）明确规定在“和平目的”的前提下，“希望在和平探索和利用外层空间的科学和法律层面，促进广泛的国际合作”。在国际多边机制层面，“导弹技术控制机制”（MTCR①）配套清单对宇航产品及技术的出口有明确限制，在其“准则”中虽然明确提出“制定这些准则不是为了阻碍那些与发展大规模杀伤性武器运载系统无关的国家空间项目或国际空间合作项目”，但并没有给出判定标准，从而留下了进行双重标准操作的空间；由于美国将本国法律与 MTCR 进行挂钩，由此依据本国法律中的经济制裁法条对其他国家经济实体或个人的 MTCR 相关物项出口行为实施制裁，且以我国经济实体和个人受影响最深，导致我国宇航产品及技术出口面临经济制裁的风险。

在上述背景下，本课题将总结外国在管理宇航产品出口领域的经验与做法，典型的国际宇航产品与技术出口案例，总结成功经验供我国借鉴；梳理我国在现有管理法律和法规方面的问题，便于对比国外经验寻找解决途径；最后试图从我国国内立法和参与国际条约与机制的角度，提出建议。总之，开展本课题研究旨在了解当局之状，思考困局之辨，寻找破局之路，促进我国宇航产品及技术出口实现健康、有序、可持续发展，支撑我国实现航天梦和中国梦。

---

①　即 Missile Technology Control Regime。

一、国外宇航产品及技术出口管控法律及案例研究

以美国为代表的西方国家是最先掌握导弹武器技术的国家，并在第二次世界大战中首次使用了A-4导弹、“小男孩”和“胖子”原子弹，发挥了扭转战局的作用[2]。在实战验证下，西方国家充分认识到导弹武器和技术对维护国家利益和国际地位的战略意义，预感此类技术将成为发展中国家竞相发展的国防装备，开始在本国和国际上同时建立和推广防扩散管控法律和机制，防止产品与技术在世界范围内的扩散。由于现代火箭起源于导弹技术，因此以航天运输系统为代表的宇航产品及技术同样受到西方国家出口管理法律的管控，也在以MTCR为代表的国际多边防扩散管控机制的管控清单中。

针对国外宇航产品及技术出口法律及案例开展研究，主要出于以下考虑：首先，西方国家的现代的出口管控法律运行时间较长，考虑更为全面，在世界各国推行范围较广，有更多的成熟经验可供参考借鉴，启发我国完善现有的法律法规体系；第二，西方国家的出口管控法律体现了国际的主流思路，对其进行研究，有利于我国在宇航产品及技术出口的过程中充分评估防扩散经济制裁风险，准备好交涉预案，甚至做好舆论导向工作，通过各方协作，维护好方方面面的国家利益。

（一）联合国条约及国际多边机制

由于宇航产品及技术出口更多地涉及国家主权，且对全人类福祉具有积极意义，因此在联合国框架下达成的条约对航天领域国际合作均为鼓励和倡导。在国际多边机制的层面，由于此类机制多体现为西方国家的利益关切，因此对宇航产品及技术出口从管控物项清单的角度提出了限制，但在总体原则上仍然支持以和平利用为前提的国际合作。

1. 联合国条约

1959年12月21日，联合国大会决定将和平利用外层空间特设委员会改为常设机构，称为“和平利用外层空间委员会”（简称“外空委”），主要功能为探讨外空法律问题、草拟法律文件以及协调人类外空活动，截至目前形成了五个条约和若干原则。其中的五个条约为：

1967年《关于各国探索和利用包括月球和其他天体在内的外层空间活动的原则条约》（简称《外空条约》）；

1968年《营救宇航员、送回宇航员和归还射入外层空间的物体的协定》

（简称《营救协定》）；

1972年《空间物体造成损害的国际责任公约》（简称《责任公约》）；

1975年《关于登记射入外层空间物体的公约》（简称《登记公约》）；

1979年《指导各国在月球和其他天体上活动的协定》（简称《月球协定》）。

上述条约中与航天国际合作最为直接相关的是《外空条约》。《外空条约》是国际法中的"外空宪章"，确立了若干条重要原则，包括共同利益原则、自由探索和利用原则、不得据为己有原则、限制军事化原则、援救宇航员原则、国家责任和赔偿责任原则、对空间物体的管辖权和所有权原则、空间武器登记原则、保护环境原则、国际合作与互助原则以及遵守一般国际法原则等。

现选取《外空条约》中与航天国际合作高度相关的内容摘录如下：

……确认为和平目的发展探索和利用外层空间，是全人类的共同利益，深信探索和利用外层空间应为所有民族谋福利，不论其经济或科学发展程度如何，希望在和平探索和利用外层空间的科学和法律层面，促进广泛的国际合作，……

第一条　探索和利用外层空间（包括月球和其他天体），应为所有国家谋福利和利益，而不论其经济或科学发展程度如何，并应为全人类的开发范围。

所有国家可在平等、不受任何歧视的基础上，根据国际法自由探索和利用外层空间（包括月球和其他天体），自由进入天体的一切区域。

应对外层空间（包括月球和其他天体）进行科学考察的自由；各国要促进并鼓励这种考察的国际合作。

第二条　各国不得通过主权要求，使用或占领等方法，以及其他任何措施，把外层空间（包括月球和其他天体）据为己有。

第三条　各缔约国在进行探索和利用外层空间（包括月球和其他天体）的各种活动方面，应遵守国际法和联合国宪章，以维护国际和平与安全，促进国际合作和了解。

……

虽然《外空条约》中没有包含任何有关技术转让的专门条款，但明确规定"探索和利用外层空间（包括月球和其他天体），应为所有国家谋福利和利益，而不论其经济或科学发展程度如何，并应为全人类的开发范围。"而宣布某种资源为人类共有财产，只有在所有国家都具备了开发利用该资源的条件下才有意义。不具备进入和探索外空能力的国家认为：航天技术同时构成了共有财产的一部分，认为《外空条约》将外层空间（包括月球和其他天体）

确定为全人类的开发范围，是联合国在认可发展中国家获得自身不具备航天技术的进程中迈出的重要一步。

可见，在国际法层面，在和平利用外空、遵守国际法一般原则的前提下，《外空条约》认同并鼓励航天国际合作，且包含宇航产品及技术出口在内。因此，在符合国际法的前提下，开展宇航产品及技术出口是具有国际法依据的。

2. 国际多边机制

西方国家在国家战略利益的驱动下，在国际上推动了一系列涉及武器及相关技术出口的多边防扩散机制，如：桑戈委员会、澳大利亚集团和MTCR等。由于此类机制的成员多以拥有某项武器或技术的国家为主，此类机制因此也被称为“拥有者俱乐部”。这些机制是松散的多边组织，其机制往往不具备法律效力。

其中，MTCR与宇航产品及技术出口密切相关。该机制由“准则”和“清单”两部分组成，其中的“准则”部分明确表示了以和平探索空间为目的航天合作不在控制范围之内。现将原文摘录如下：

> 本准则旨在对可能用于发展核武器、化学和生物武器等大规模杀伤性武器运载系统（不包括有人驾驶飞机）的转让项目加以控制，以减少上述武器的扩散风险。本准则的另一目的是减少管制项目及其技术落入恐怖组织和恐怖分子手中的风险。制定这些准则不是为了阻碍那些与发展大规模杀伤性武器运载系统无关的国家空间项目或国际空间合作项目。……

MTCR在其“清单”部分则包括了运载火箭总体和分系统的设备、组件和部件、试验和生产设备、材料、软件、技术等。因此，一个国家出口的“清单”物项是否与大规模杀伤性武器运载系统的研发和制造无关，是判断该行为是否符合MTCR管控要求的重要指标。但是由谁判断、如何判断并没有写入机制中，因此该机制存在被操纵和被利用的空间。

需要指出，MTCR作为“拥有者俱乐部”类型的、不具备法律效力的多边机制，在国际上能具有现今的影响力和威慑力，是由于美国将MTCR“清单”管控物项及技术列入了本国法律体系，如：武器出口控制法、出口管理法等，并规定了制裁触发条件和制裁条款。一旦美国根据其本国法律认定某一国家或某一实体的行为违反了MTCR，即违反了美国出口管理法律，随即触发制裁条款。也就是说，美国先将国际机制在国内法律化，加之其在国际上特殊的政治和经济地位，实施治外法权。因此，尽管《外空条约》认同和鼓励航天国际合作，但由于上述原因，开展宇航产品及技术出口在国际上存在一定的法律与经济风险。

另外，我国于 2008 年申请加入 MTCR，并承诺遵守 MTCR 要求，目前我国不是 MTCR 正式成员国，是 MTCR 遵守国。因此，我国在进行宇航产品及技术出口的过程中，不仅存在前述的法律与经济风险，还面临被西方国家以“大国责任”为由施加舆论“绑架”的风险。

可见，在国际多边防扩散机制的层面，MTCR 原则上认可以和平探索空间为目的的宇航产品及技术出口，但在执行层面存在双重标准操作空间。考虑到战略性产品及技术的国际贸易和国际合作，不仅仅是单纯的贸易或技术问题，总是受到政治因素的影响，因此也不排除美国出于本国利益考虑以 MTCR 为名进行干涉、舆论操控和经济制裁。鉴于该风险评估的影响因素较多，在实际操作过程中还需多方配合、妥善应对，以便将该风险控制在可控范围内。

（二）西方国家的出口管控法律

法国、英国和美国等西方军事强国、航天强国是世界上最早一批建立现代出口管控法律体系的国家。对这些国家的出口管控法律体系进行研究，一方面有助于我国借鉴其成功的管理经验，持续优化现有的出口管理法律法规体系，另一方面有助于了解美国依据本国法律对其他国家宇航产品及技术出口行为实施经济制裁的法理依据，从而更有依据地处理此类问题。

1. 西方国家出口管控概述

纵观各军品出口大国，尤其是美国、俄罗斯、英国等国的军品出口许可制度[3]，可以总结出以下四个方面的主要特点。

（1）审批层次高

在西方国家，军品出口与两用物项出口是其国民经济的重要组成部分，而且在国家维护同盟关系方面和在世界各地施加政治军事影响力方面起到重要的战略作用。因此，西方国家将此类出口管理提升到很高的级别。较为典型的是美国总统和立法机构直接参与此类出口的决策和审批。俄罗斯重大武器装备出口或具有国家战略意义的装备出口均由俄总统亲自批准。英国参众两院都参与此类出口的审批工作。

（2）统一管理

政治体制决定了西方国家军品与两用物项出口审批涉及面广，需要多部门按照职责分工分别审批，但通常是由一个部门负责统一管理。例如，英国军品出口审批工作由国防部统一管理，涉及外交和联邦事务部、国际发展部、商务改革技术部等多个部门[4]；美国国务院和国防部分别负责审批通过“直接商业销售”和“对外军品销售”渠道出口的军品和两用物项，商务部、财政部、中央情报局、参联会等机构则从技术、财务、情报及国家安全等不同方面、不同层次参与并提出意见。

（3）审批程序基本趋同

西方国家的军品出口管理思路相似，其报批与审批程序一般都包括受理申请、审查、决定、监督、处分等几个步骤。此外，西方国家利用自身的国际影响力，向发展中国家推广同样的出口管理思路。目前此类审批程序已经成为国家建立出口管理体制机制的一种标准思路。

（4）明确模糊物项辨识流程

尽管从清单层面已经尽量区分军品和两用物项，但是难免存在出口商不能确定所要出口的物项所属管辖范畴的情况，即无法判断该物项属于军品还是军民两用品的情况。美国给出了确认流程，即出口商向国务院国防贸易控制办公室提交一份商品管辖权确认申请。该申请通常需要4～6个月方能获得批复。由此避免了出口商错选审批途径导致审批停滞、管理资源浪费和商机延误。

2. 美国的出口管控法律体系

美国的出口管控法律体系复杂而严密，目的是对向外国人转让敏感技术的行为和转让的物项进行管制，以确保美国的国家安全和军事优势，同时作为美国在世界范围施加影响力的“杠杆”。此外，美国还将本国管控清单与MTCR管控清单对接，由此实现对外国经济实体与个人实施经济制裁。因此，本课题组将在梳理西方国家出口管控法律体系特点的基础上，对美国出口管制体系的构成、内容和操作依据进行研究。

（1）美国出口管制体系概述

美国的出口管制法规和管理体制主要由两大部分组成：

第一部分为管制军用物项（Munitions Items），即武器、军火及防务技术、产品和服务的出口。根据美国《武器出口控制法》，此项工作由国务院执行。国务院在《武器出口控制法》基础上制定了《国际武器贸易条例》（ITAR①），其下属的国防贸易控制指导机构负责具体的政策解释和出口许可证审批工作。

第二部分为管制两用物项（Dual - use Items），即兼用于民用目的和军用

① 即International Traffic in Arms Regulation。

目的的技术和产品的出口。根据美国《出口管理法》，此项工作由商务部执行，商务部在此法律的基础上颁布了《出口管制条例》（EAR[①]），其下属的产业安全局负责具体的政策实施、政策协调和出口许可证审批等工作。

美国出口管制的目标决定了管制范围的两个重点，即管制的人员和物项。

管制的人员主要针对外国人。“外国人”是指所有在美国的外国学生、商人、旅游者、军人、学者、研究人员、技术工人等。但有三种外国人不属于管制范围：一是有在美永久居留权的或者有绿卡的人；二是被授予美国公民身份的人；三是根据特定法律规定在美国“受保护”的人，如政治流亡者和政治避难者等。也就是说，所有非移民留美的外国人，以及持有非移民签证的入境者，均被视为出口规则的潜在管理对象，而美国人则不在此列。

管制的物项十分繁杂。具体物项包括任何能够使得外国人得到敏感技术的行为，如阅读技术材料、口头交流、电话电传以及在掌握敏感技术的人员指导下的试验操作等。此外，还包括外国人查看美国的设备、资料；在美国国内或国外进行的口头信息交流；在国外应用在美国获得的个人知识或进行技术实验。

（2）《国际武器贸易条例》（ITAR）

ITAR 旨在对美国国防物项、防务服务和相关技术数据向外国目的地、美国国内或国外的外国人的转让进行管制。

①物项的范围

ITAR 将军品物项分为三个类别：物项、技术数据和防务服务。物项，指任何为军用物资、导弹、卫星及其他在“军品管制清单”中的物项；技术数据，指任何与设计、研发、组装、生产、操作、维修、测试、养护和改进等信息，以及记录该信息的电子邮件、电话记录等；防务服务，指在美国国内或国外为外国人提供军品物项有关的设计、制造、修理或操作的训练或协助。

②对出口的定义

ITAR 对出口具有特别的定义，凡在定义范围内的行为都视为出口行为，必须走 ITAR 的出口审批流程。具体的出口行为包括三方面：

从美国本土出口军品物项，指通过水路等方式使军品物项离开美国本土；在美国国内或国外将美国军品物项所有权转让给外国人。

美国本土以外的军品物项转让，指在未经许可的情况下，美国军品物项从一个外国人转运给或再出口给第三方；在美国国内或国外，将 ITAR 管控

① 即 Export Administration Regulations。

物项（如飞机、舰船或卫星等）的登记、使用或所有权转让给外国人。

出口不可见物项，指在美国国内或国外通过口述、视觉展示等途径向外国人公开技术数据；在美国国内或国外为外国人提供防务服务。

③审批的流程

当美国个人或公司向外国人出口ITAR管控的物项时，应按下列流程报批。

首先，登记。美国从事防务物项和服务制造、代理和出口的个人或实体首先应该在国防贸易控制指导机构进行登记。

其次，提交审查申请。登记后，从事防务物项和服务制造、代理和出口的个人或实体提交一个相对简单的审查申请，说明计划出口的物项和数据。在有些情况下，还需要提交支撑性文件等。

对于美国实行武器禁运的国家，如中国、朝鲜、伊朗、苏丹、叙利亚等国，一般需要凭许可证豁免令才能向上述国家出口防务物项和服务。

(3)《出口管制条例》(EAR)

EAR旨在对既可以用于军用又可用于民用的物项进行出口管制。与ITAR的不同之处在于，EAR管理的物项范围更加宽泛，不仅审查出口物项而且审查物项的最终用途。

①物项的范围

EAR将两用出口物项分为五个类别：产品、制造设备、材料、计算机软件和技术。产品，指从高端微处理器到飞机等成品或半成品状态的产品；制造设备，特指用于生产受控两用品的生产和测试设备，如计算机数控的制造与测试设备等；材料，指某些合金和化学复合物；计算机软件，指受控两用品和两用品生产设备使用的计算机软件；技术，指相关的技术数据和服务。

②对出口的定义

EAR对出口有特有的定义，凡在定义范围内的行为都视为出口行为，必须走EAR的出口审批流程。具体的出口行为包括四方面：

出口，指将EAR管制的两用物项（产品、制造设备、材料、计算机软件和技术）通过水路等方式离开美国。

视同出口，指将EAR管制的技术在美国国内或国外向外国人公开，具体方式包括展示、口述、厂房参观、电子传输等。

再出口，指已出口的EAR管控物项被再次转让给第三方。

视同再出口，指已出口的EAR管控的技术被再次向第三方公开。

③审批的流程

当美国个人或公司向外国人出口 EAR 管控的物项时，应从以下三方面判断是否需要申请许可证。

首先，确定两用物项的用途。EAR 规定，两用品用于某些用途的，必须申请、获得出口许可证。这些用途被划分为 13 类，如反恐、导弹技术等。

其次，填报出口国别。申请人根据 EAR 的国别制度，判断向该国家出口某一物项是否受管控。

最后，许可证豁免。EAR 规定了 17 种许可证豁免的情形。如果符合这 17 种情况的任何一种，则可以不用申请出口许可证。

（4）美国的防扩散制裁法律依据分析

美国为了在国防建设方面达到发展自己、遏制他国的目的，不仅在国内制定法律严格管制本国的出口行为，而且在世界范围内推行多边防扩散机制，防止其他拥有先进国防技术的国家出口美国管制的技术。美国通过国内防扩散机制国际化、国际防扩散机制国内化，实现本国法律与国际多边防扩散机制的挂钩，从而对其认定具有扩散行为的外国实体和个人以美国法律为依据进行制裁。其主要途径如下：

首先，在国际上推动多边防扩散机制，根据国际形势发展不断修订管控内容、吸收新成员国。目前，美国在国际上主导建立的国际防扩散机制有：瓦森纳安排、导弹技术控制机制、防扩散安全倡议、集装箱安全倡议以及国际船舶和港口设施保安规则。经过数十年的建设，这些机制相互重叠，在国际上形成了对所有导弹技术领域的管控，实现了美国防扩散机制的国际化。

其次，将美国主导的国际多边防扩散协议清单的管控物项纳入本国出口管理的框架性法律，如《武器出口控制法》《国际武器出口贸易条例》《出口管理法》和《出口管制条例》等，并明确规定了对违反以上法律的实体和个人的制裁措施，从而实现国际防扩散机制的国内化。

以《武器出口控制法》为例，该法第 71 章（a）规定，《美国军火清单》应包含《导弹技术控制机制》（MTCR）附件所列的一切物项，并对照 MTCR 每年修订的清单更新《美国军火清单》。由此实现美国本国法律与国际多边防扩散机制的挂钩，为美国对外国实体和个人实施制裁奠定了基本的“法律基础”。

最后，根据美国重点“敌对国家”和防扩散形势的变化，有针对性地随时出台防扩散法律和总统行政令，与出口管理框架性法律形成互补，如《伊朗不扩散法》《伊朗—伊拉克不扩散法》《伊朗、叙利亚、朝鲜不扩散法》以及12958号总统行政令等。

此类法律直接在条款中明确对违反该法的外国实体和个人的制裁措施，不仅制裁目标更为具体，而且制裁范围也由个人、实体扩大到国家层面。

综上，美国通过制定和修改本国武器进出口框架性法律和有针对性地发布不扩散法和总统行政令，再将上述法律与国际防扩散机制挂钩，实现使用本国法律对外国实体、个人甚至国家实施防扩散制裁之目的。

迄今为止，美国依照本国法律对中国个人和经济实体已经先后进行了20余次的防扩散经济制裁。这些制裁在政治上严重损害了中美关系的健康发展，在国际舆论上对中国形象造成了负面影响，不仅对我国经济和航天工业的发展不利，更重要的是在一定程度上对中国从事此类出口的经济实体和审批人员产生了消极影响，对我国宇航产品及技术的出口造成了一定冲击。

（三）宇航产品及技术出口的国外案例分析

纵览世界上具有进入外空能力的国家和国际组织的运载技术发展路线可知，在航天领域，宇航产品及技术的进出口行为从未停止过。以航天运输系统为例，俄罗斯、美国、乌克兰和欧空局（法国和英国在此不单独列出）或通过自主研制、或通过技术继承成为运载技术的首研国；中国、日本、印度、以色列、伊朗、朝鲜和韩国则在引进他国运载或导弹技术、产品的基础上建立起本国的运载能力，成为运载技术的引进国[5]。首研国与引进国之间的技术转移路线如图1所示。

美国1969年出口雷神-德尔它运载火箭技术，帮助日本发展N系列运载火箭。在N系列基础上，日本研制了H系列运载火箭，从国际空间站的参与者变为建设者。在诸如此类敏感性项目合作的基础上，日本在政治上完全依赖美国，成为美国在亚洲利益的代言人，成为近年美国“重返亚太”战略的最佳落脚点。

苏联向中国和印度出口导弹技术，在此基础上，中国和印度各自发展了航天运载器。苏联解体后，俄罗斯继承了苏联大部分的航天工业。2004年，俄罗斯与韩国签署罗老-1一级火箭研发协议。此时，俄罗斯的经济已经基本恢复至苏联解体前的水平。因此，签署该协议背后的动因更多出于政治、军事和国家安全等战略性问题的考虑，而非仅仅出于经济因素的考虑。

欧洲在二战后美苏争霸时期为保证自身航天工业的发展空间，在英国和法国政治家的推动下，成立了欧洲运载器发展组织（ELDO[①]），旨在利用并发展已有的发动机技术，拥有独立于美国的进入太空的运载能力。后来，ELDO与其他欧洲航天组织合并成立欧空局，并在该框架下研制了阿里安系列运载火箭。阿里安系列运载火箭不仅满足了欧空局成员国的航天发射需求，而且满足了成员国以外欧洲国家的航天发射需求，进而带动这些国家参与欧空局其他领域的航天合作，最终服务于实现欧洲一体化的目标。

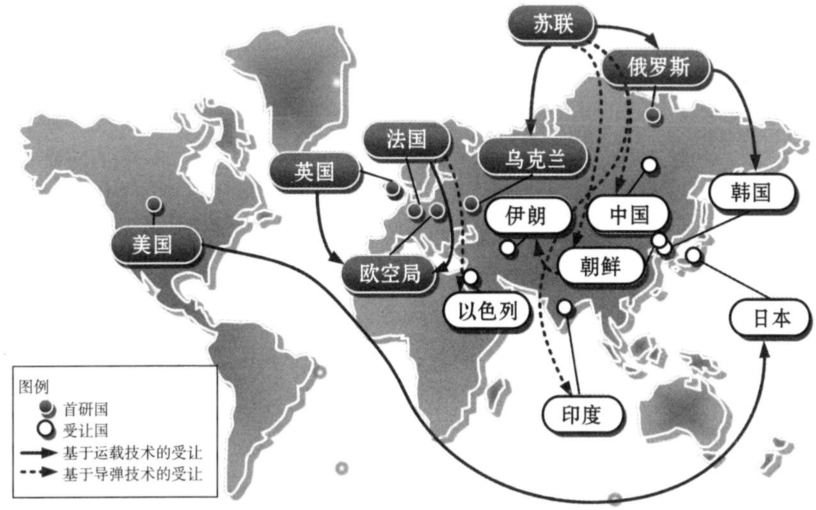

图1　具有进入太空能力的国家、国际组织及其的技术继承与引进关系

对世界范围内现有的典型的宇航产品及技术出口案例进行分析，有利于我国在西方既定的防扩散法律环境下，制定宇航产品及技术出口策略，降低此类出口潜在的经济制裁风险。考虑到我国未来的宇航产品及技术出口的主要合作对象为发展中国家，以及我国与以美国为代表的西方国家之间微妙的大国博弈关系，本课题组在众多合作案例中，选取巴西与多国之间、韩国与俄罗斯之间以及印度和俄罗斯之间合作的案例进行剖析，以期从中总结出更多可借鉴的经验，供我国有关部门参考。

1. 巴西与多国的宇航产品与技术进口

巴西在发展本国航天工业的同时，努力谋求广泛的技术合作，在产品研制生产方面与美国、乌克兰、中国、俄罗斯以及法国等多个国家和地区具有

① 即European Launcher Development Organization。

合作关系，国际合作形势有多种，但主要目的都是为了提高本国的技术水平，在合作中吸取别国的先进技术。

（1）巴西与美国的宇航产品与技术进口

多年来，美国一直希望巴西遵守其国际防扩散关切。最终，在美国施压以及许诺巴西从美国获得运载火箭技术等因素的共同作用下，巴西放弃其弹道导弹计划，于 1995 年加入 MTCR。但巴西与美国的航天合作进展并不顺利。有消息称，2000 年，巴西与美国签署技术保证条款协议，允许美国公司从巴西的阿尔坎特拉发射中心发射美国卫星，但由于美国在协议草案中有侵犯巴西主权之嫌，此协议在巴西议会搁浅。

（2）巴西与乌克兰的宇航产品与技术进口

1995 年 10 月，时任乌克兰总统库奇玛访问巴西，称乌克兰愿为巴西运载火箭 VLS 提供技术，作为交换乌克兰将在巴西发射场进行廉价火箭发射。

2001 年，巴西与乌克兰签署利用旋风-4 运载火箭发射卫星的协议。该协议规定，乌方主要负责火箭的研制工作，巴方则保障阿尔坎特拉发射中心所必需的地面设施（见图 2）。这项计划总投资 1.8 亿美元，双方各负责一半。巴西与乌克兰计划成立一个合资企业，投入运营后，旋风-4 运载火箭将每年发射 6 次，估计 6 年可回收全部成本，首次发射定于 2005 年。

图 2　旋风-4 运载火箭及发射场示意图

2003 年，巴西在阿尔坎特拉发射中心发射 VLS-3 火箭时，发生重大事故，与乌克兰的合作项目遭搁浅。2007 年，双方决定投资 2 亿美元，开展火箭研制和发射科研合作；2011 年 11 月，乌克兰总理访问巴西后，双方决定加快旋风-4 火箭的研制和发射，并计划于 2012 年 11 月于阿尔坎特拉发射中心发射一枚旋风-4 火箭，后因双方在合资公司注资方面发生争议，发射时间推迟至 2015 年。近两年，乌克兰局势不稳，经济陷入困境，最终导致巴西政府在 2015 年 7 月单方面宣布正式终止与乌克兰政府在该项目上的合作。据巴西航天部门单方面统计，双方在该项目上已经投入约 3.2 亿美元，项目终止将给两国分别造成约 1.6 亿美元的损失。

2. 韩国与俄罗斯的宇航产品与技术进口

20 世纪 90 年代，韩国曾先后发射 3 枚本国设计和制造的固体探空火箭，但后续项目由于经费和技术问题最终搁浅，于是决定通过开展国际合作解决运载火箭发展问题。2004 年，韩国航空宇宙研究院（KARI）与俄罗斯赫鲁尼切夫航天科研与生产中心签署价值 2 亿美元的 KSLV-1（罗老-1）火箭第一级研发合同。火箭改用全新设计，由俄韩两国分别负责火箭各级的研制工作。火箭第一级由俄罗斯负责研制，其中 80%的部件源自俄罗斯在研的安加拉火箭。火箭第二级由韩国研制，俄罗斯给予一定的技术指导。

2009 年 8 月 25 日，韩国首枚运载火箭 KSLV-1 发射，发射后约 70 分钟，韩国当局宣布火箭与卫星分离，但卫星未能进入目标轨道，发射取得部分成功。有专家分析称，火箭第二级在调姿时出现问题，可能是导致卫星未能进入预定轨道的主要原因，但也不排除测控方面的原因。

时隔 10 个月之后，韩国于 2010 年 6 月 10 日再次发射 KSLV-1 火箭，但火箭在升空 137 秒后与地面失去联系，随即发生爆炸坠毁。原定于 2012 年 10 月进行第三次发射，由于天气、火箭连接部分裂隙等问题一再延期。最终，KSLV-1 于韩国当地时间 2013 年 1 月 30 日发射升空，成功将卫星送入预定轨道。

针对韩国与俄罗斯的航天国际合作行为，美国国务院发言人在 KSLV-1 首次发射后表示，韩国以非常开放与透明的方式建立了航天发射计划，并遵守了其承诺的国际协议。在此之前，韩国同意美方的要求，不发展远程弹道导弹，避免引起东北亚地区的不安。

3. 印度与俄罗斯的宇航产品与技术进口

印度自 1947 年独立以来，一直将发展空间技术作为其迈向大国地位、体现综合国力、加快科技发展的重要途径。与我国独立自主发展航天事业的道路不同，印度航天事业发展是从卫星技术起步，因此高度重视国际合作。为了加快发展进程，印度的航天政策允许全球性外购，吸引了一些全球性合作伙伴在印度成立公司，共同进行航天技术开发，共享技术与商业利益。因此，印度的空间技术发展迅速，已经形成比较完备的航天工业体系，能够自主进行火箭和卫星设计生产及发射[6]。

以印度运载火箭为例，从最初的运载火箭-3（SLV-3）到地球同步轨道卫星运载火箭（GSLV）都直接从国外大量购买部件，其中用于GSLV三子级的7台低温发动机直接向俄罗斯采购。另据报道，印度载人航天和载人登月计划也将采用与俄罗斯合作的方式，以加快研制进度。

特别需要指出，印度在20世纪80年代启动GSLV项目之后，就开始研究低温发动机技术。由于美国等西方国家不愿意转让技术，印度最初并没有获得重要的成果。1991年1月，印度与苏联达成协议，从苏联航天局购买5台低温发动机及相关技术。但此后美国不断对俄罗斯施加压力，迫使其在1992年4月加入了禁止向印度转让低温发动机技术的协议。俄罗斯并没有完全履行禁止向印度转让技术的承诺，1993年7月再次售给印度2台低温发动机。印度也一直在进行自主低温发动机的研制工作，制定了低温上面级计划（CUSP），并在印度泰米尔纳德邦成立了ISRO液体推进系统中心（LPSC）。经过近20年的探索与努力，同时也受益于俄罗斯低温上面级技术，ISRO终于在2008年12月完成了本国低温发动机的飞行验收热点火试车，成功验证了关键而复杂的低温发动机技术。2014年1月5日，印度GSLV-MK2试验飞行验证了印度自主低温上面级技术，使印度成为第六个掌握低温推进技术的国家或地区。印度GSLV低温技术的成功掌握不仅得益于国家的高度重视，同时也应得益于与俄罗斯在低温发动机配套过程中的国际合作。

（四）小结

基于本章节的法律研究和案例剖析，总结形成如下结论，以期有助于我国在从事相关法律、法规和政策制定修订时，从定调、策略、方法以及实际操作层面起到借鉴作用。

第一，对于以和平利用外层空间为前提的宇航产品及技术出口行为，无论是在联合国条约框架下，还是在西方国家主导的防扩散管控机制框架下，不但不予以禁止，而且予以鼓励和提倡。只有广大发展中国家具有进入外层空间、探索和利用外层空间的能力，外层空间才在真正意义上属于全人类，而宇航产品及技术出口则是广大发展中国家快速获得航天能力的首选途径。

第二，在国家出口管理层面，尽管以美国为代表的西方国家的管理机构和管理流程有所精简，但是参与管理的部门仍然很多，这是军工产品和两用品的特殊属性所决定的。我国在梳理和调整此类产品和技术出口审批流程的过程中，不必过分强调部门和流程的精简，可在职责定位、工作流程的规范化方面多借鉴西方思路，只要给出明确的审批路径和操作规范，明确各部门分工和职责，明确各环节工作周期，即可构建成一个多方满意的管理体系和机制。

第三，尽管开展宇航产品及技术出口工作存在防扩散经济制裁风险，但是更应关注两点事实：首先，宇航产品及技术的扩散和转移在世界上从未停止过，不仅发生在航天强国之间，更多地发生在航天国家与希望建立航天能力的国家之间。这些希望建立航天能力的国家无论面对何种形式的约束和阻碍都无法逆转和阻挡其获取该项能力和技术的决心，因为这是一国的根本利益所在。其次，重视宇航产品及技术出口的政治属性和战略作用。从航天运输系统首研国与引进国之间的国家关系可以看出，宇航产品及技术领域的合作既是国家间友好关系的体现，同时也是建立友好关系甚至战略合作关系的途径。在诸多合作案例面前，我国可以借鉴其规避防扩散制裁风险的经验和方法，同时利用好宇航产品及技术出口在经济作用以外的政治和战略作用，为我国在世界上确立新兴大国地位并构建多极世界起到积极推动作用。

二、我国宇航产品及技术出口的法律法规分析

我国出于国家安全等国家利益的考虑，对武器装备和两用物项及相关技术的出口实施管控。在西方国家防扩散关切的作用下，我国借鉴了西方出口管控的思路，采用了出口管理法规配套出口物项管理清单的方式，对我国的武器、宇航和两用物项的产品及技术出口进行管理。本章将首先概述我国现行的与宇航产品及技术出口相关的政策法规情况，再进一步结合案例分析在法规的实际操作层面存在的困惑和有待优化的方面，此外，还将梳理我国该领域出口遭受美国防扩散制裁的典型案例。最后，在上述分析的基础上总结我国宇航产品及技术出口在法规层面和实际操作层面有待解决的问题。

（一）我国出口管控政策与法规的概况

1. 国内管理政策

我国涉及航天国际合作的政策性文件主要为《中国的航天》白皮书，至今已经发布了 4 版，发布年份分别为 2000 年、2006 年、2011 年、2016 年，

其“国际合作与交流”部分阐述了中国政府在开展国际空间交流与合作中的基本政策，摘录如下：

——支持联合国系统内开展和平利用外层空间的各项活动，支持政府间、非政府间空间组织为促进航天事业发展所开展的各种活动。

——重视亚太地区的区域性空间合作，支持世界其他区域性空间合作。

——加强与发展中国家的空间合作，重视与发达国家的空间合作。

——鼓励和支持国内科研机构、工业企业、高等院校和社会团体，在国家有关政策和法规的指导下，开展多层次、多形式的国际空间交流与合作。

——合理利用国内外两个市场和两种资源，开展积极、务实的国际空间合作。

2. 国内管理法规

在立法层面，我国目前尚未就出口管理进行立法，以国务院和国家部委出台的管理法规为管理依据，而且没有针对宇航产品及技术出口管理出台专门的管理法规，相关的管理要求分散在多个与航天国际合作相关的管理法规中（见表 1）。

表 1　我国航天合作相关管理法规

名称	发布者	发布时间	修订时间
中华人民共和国军品出口管理条例	国务院、中央军事委员会	1997 - 10 - 22	2002 - 10 - 15
外层空间条例	香港特别行政区政府	1999 年第 55 号	
空间物体登记管理办法	国防科工委、外交部	2001 - 2 - 8	
民用航天发射项目许可审批程序	国防科工委	2002 - 6 - 20	
中华人民共和国导弹及相关物项和技术出口管制条例	国务院	2002 - 8 - 22	
关于印发《军品出口管理清单》的通知	国防科工委	2002 - 11 - 1	
民用航天发射项目许可证管理暂行办法	国防科工委	2002 - 11 - 21	

在上述制度文件中，《中华人民共和国军品出口管理条例》、《中华人民共和国导弹及相关物项和技术出口管制条例》与宇航产品及技术的出口紧密相关。其中，《中华人民共和国导弹及相关物项和技术出口管制条例》规定：

第二条　本条例所称导弹及相关物项和技术出口，是指本条例附件《导弹及相关物项和技术出口管制清单》（以下简称《管制清单》）所列的导弹及相关设备、材料、技术的贸易性出口以及对外赠送、展览、科技合作、援助、服务和以及其他方式进行的技术转移。

……

第五条　出口《管制清单》第一部分所列的物项和技术，依照《中华人民共和国军品出口管理条例》及其他有关规定办理。

出口《管理清单》第二部分所列的物项和技术（以下简称导弹相关物项和技术），应当依照本条例第七条至第十三条的规定履行审批手续；但是，出口用于军事目的的导弹相关物项和技术，应当依照前款规定办理。

……

在《管理清单》第一部分中，与航天国际合作相关的条款为：

一、能把500千克以上有效载荷投掷到300千米以上的完整弹道导弹、运载火箭、探空火箭、巡航导弹和无人驾驶航空飞行器，以及为其专门设计的生产设施。

二、能用于第一项中各系统的如下各项：

……

（二）火箭的各级

……

（八）推力大于或等于90千牛顿的可贮存推进剂液体火箭发动机

（九）总冲大于或等于1100千牛顿·秒的固体火箭发动机

（十）能使射程为300千米的弹道导弹的精度达到10千米或以下圆公算偏差的制导装置

（十一）推力矢量控制系统

……

（十三）为上述第（一）至第（十二）项专门设计的生产设施与设备

三、运载火箭的级间机构及为其专门设计的生产设备

四、火箭发动机的壳体及为其专门设计的生产设备

……

八、为了优化导弹或火箭弹道而使制导、控制和推进数据一体化成为一个飞行管理系统的设计技术

……

十三、精密跟踪系统

（一）安装在火箭系统或无人驾驶航空飞行器上的采用转发器的跟踪系统，它连同地面或空中的参考标准或导航卫星系统可提供飞行中位置和速度

的实时测量数据。

……

现行的军品出口管理清单纳入了运载火箭，视同军品出口，需要审批。因此，开展宇航产品及技术出口业务时，应遵照《中华人民共和国军品出口管理条例》之原则和规定予以执行，其中原则规定如下：

1）有助于接受国的正当自卫能力；

2）不损害有关地区的和世界的和平、安全与稳定；

3）不干涉接受国的内政。

考虑到宇航产品出口一般不涉及军事用途，因此上述原则对宇航产品出口审查在实际操作层面的指导意义有限。这也在一定程度上造成参与审批的各个机构和部门对宇航产品及技术出口审批的疑惑。

（二）我国宇航产品及技术出口的国内案例分析

目前，我国在工程层面具备出口条件的产品和技术主要集中在航天运输系统和卫星领域，其中航天运输系统发射服务出口是我国宇航产品及技术出口的开端。因此，本部分将集中分析数个该领域的案例，以期总结我国现行管理法规在实际操作中存在的问题。

1. 商业发射服务出口

20世纪80年代，我国长征系列运载火箭冲破美国等西方国家的封锁和限制，开始承揽国际商业发射业务。但我国商业发射业务发展并不顺利，其影响和限制因素并不是我国火箭的能力和质量问题，而是国际政治问题。

长征系列运载火箭进入国际商业发射服务市场后，美国和欧洲以制裁为借口禁止出口其生产的卫星到我国进行商业发射。美国依据ITAR限制甚至禁止美制卫星、零部件以及装有美制卫星零部件的卫星（大部分欧洲卫星均从美国采购零部件）出口到中国进行商业发射，从而阻止了绝大多数美国本国和欧洲国家制造的卫星发射任务出口到中国，对我国的运载火箭国际化造成重创，迫使不具备火箭发射能力的国家放弃选择我国执行发射任务。在这种限制下，我国长征系列火箭近30多年间承揽的国际商业发射订单十分有限，且多次因美国的无理制裁而中途取消，给我国航天工业造成了经济损失，给我国长征系列运载火箭、航天工业以及整个国家的声誉都造成了严重的影响。

从我国开展商业发射服务至今的近40年中，美国通过操控卫星出口操控着我国的商业发射服务，并且已经把对我国商业发射服务的操控升级为美国政府操控对华关系的一张牌。克林顿政府在其第一任期内，将经济安全设定为首要目标，在对我国卫星出口问题上，认为放松制裁是使其利益最大化的行为，因而采取了放松制裁的措施。从第二任期开始，克林顿政府对我国实行“全面接触”政策，并随着两国首脑互访达到高潮，两国确立了“致力于建立建设性战略伙伴关系”的目标。因此，在克林顿任期内，我国签下了多笔商业发射服务订单（见表 2）。

表 2　克林顿任期内通过签署豁免令向中国出口的卫星清单

时间	卫星项目 （个别项目多颗卫星）	涉及的卫星	最终用户	制造商
1993.07.02	Iridium	Iridium	Intelsat Iridium	洛克希德公司
	Intelsat	Intelsat－8	Intelsat	劳拉公司
1994.07.13	Echostar	Echostar－1 Echostar－2	Echostar	马丁·玛丽埃塔
1996.02.06	Chinasat	Chinasat－7	中国	休斯公司
	Cosat（Chinastar）	Chinastar－1 Chinastar－2	中国	马丁·玛丽埃塔
	Mabuhay	Mabuhay	菲律宾	劳拉公司
1996.06.23	Asia Pacific Mobile Telecommunications（APMT）	APT Satellite	APT Satellite	休斯公司
1996.07.09	Globalstar	Globalstar	Globalstar	劳拉公司
1996.11.19	风云一号气象卫星的零部件	风云一号	中国	中国
1996.11.23	Sinosat	Sinosat－1	中国	Aerospatiale

但是，在美国三权分立的政治体制下，国会对政府行为进行了干预，导致此前签订但未来得及执行的订单全部终止。1999 年初，克林顿政府拒绝向休斯公司签发卫星出口许可证。事实上，休斯公司从 1998 年 4 月就开始申请卫星出口许可证，该卫星计划由中国火箭发射，在从中国到印度尼西亚再到巴基斯坦的上空建立移动电话网。这就意味着休斯公司必须撕毁与中国、新加坡高达 4.5 亿美元的通信卫星出口合同，并为其违约行为支付 1 亿美元的违约金。同年 3 月 15 日，《斯特罗姆？瑟蒙德国防授权法》生效，美国出口卫星的审批权重新从商务部转移到国务院。这项转移导致中美之间此前已经生效、执行的、此后签署、执行的发射合同，包括卫星整星出口许可和星上

零部件再出口合同的许可证无一获得批准，致使 5 个合同被迫取消，其他已经签署和商谈的发射采购协议也都作废，其中包括 1998 年 3 月中国长城工业公司与美国劳拉空间系统公司签署的一项多次发射服务采购协议。按照原定协议，劳拉公司将在 1998 年 3 月至 2002 年 3 月间，采购长征三号火箭进行 5 次发射。

美国《2013 财年国防授权法》再度收紧对华卫星出口，把中国同朝鲜及其他从事恐怖主义的国家列为同一管控级别，即美国的卫星及其零部件，不得直接、间接地出口、再出口或转运给中国、中国公民或实体以及任何代表或服务于中国、中国公民或实体的个人和实体以进行发射或作为中国拥有、操作或生产的运载器的一部分进行发射。上述规定可以说彻底封死了我国长征系列运载火箭发射外星的可能。我国曾经为长征系列运载火箭进入和开拓国际商业发射市场所作的努力有付诸东流的风险。

一方面是我国长征系列现役型号发射可靠性不断提高，大型运载火箭研制进程稳步推进，另一方面是我国长征系列火箭将逐渐淡出国际商业发射市场，两相比较下，更显得我国航天运输系统远期发展堪忧。欧洲和俄罗斯尚且依靠商业发射服务保证航天运输系统的研制和生产投入，我国航天运输系统的发展更需要国家投入之外的资金，以保证拥有符合我国航天发展需要的进入太空的能力。否则长此以往，近期的资金问题将演变为中期的航天行业发展问题，并发展成远期影响我国进入和探索太空能力的安全问题，给我国的国家利益造成不可逆转的损害。美国利用其自身技术优势，在 ITAR 的作用下操纵国际商业发射市场，严重影响了国际发射服务市场的稳定性、多样性，破坏了该市场的有序竞争。这一行为不仅危害了我国的利益，也损害了美国本土的卫星研发与制造行业，更重要的是损害了众多具有商业发射服务需求的发展中国家。

2. 火箭产品和技术出口

运载火箭产品及技术出口，以及在此基础上延伸的合作研制是当今航天运输领域开展国际合作的主要模式，而且已有诸多先例。我国长征系列运载火箭以高质量的发射记录在世界航天运输领域赢得良好的声誉，已有多个国家表示希望在该领域与我国开展国际合作。但实际上我国从未开展过此类出口和合作研发，主要问题在于我国对此类宇航产品及技术的出口在审批原则和指标上存在不确定性，手续繁琐，权责不清，因此造成审批链条延长和审批周期延长，最终延误合作时机，导致合作失败。

20 世纪 90 年代末，德国一家航天企业曾向我国相关单位表示希望采购长征二号丙火箭的子级，相关方就合作意向和合作方式进行了详细的沟通。由于审批过程过于漫长，历经两年才获批，当初提出合作意向的德国公司已经被兼并重组，因此该项合作也随之停止。此后，一些对发展航天事业、和平利用太空有迫切需求的国家也向我国提出了进口我国部分火箭部件以及合作研制的意向，但这些合作意向不是在洽谈的过程中就被叫停，就是在审批的流转程序中停滞，最终以失败而告终。

（三）我国遭受防扩散经济制裁的案例分析

迄今为止，美国已对中国实体和个人进行了 20 余次的防扩散经济制裁，阻碍了中国经济和国防发展。

1. 对华防扩散制裁概述

美国对我国实施的防扩散制裁的历程可以从时间上分为三个阶段：

（1）第一阶段：20 世纪 90 年代以前

1987 年，伊朗使用中国蚕式导弹打击美国军舰，引发中美防扩散磨擦。时任美国总统里根终止对华技术出口正常化进程。直至 1988 年 3 月，我国政府表示停止向伊朗出口蚕式导弹，并提供足够的导弹技术指标供美国研究对策，美国政府才解除对华技术出口禁令，允许美制卫星出口到中国发射。

（2）第二阶段：20 世纪 90 年代

1991 年，美国称中国向巴基斯坦和叙利亚出口弹道导弹，严重威胁中东地区的稳定。老布什政府随即停止向中国出口卫星零部件和高速计算机，禁止中国从事美制卫星的商业发射，制裁了有关军贸公司和中国航空航天工业部，随后又将对台军售拉入中美防扩散制裁的较量中。

（3）第三阶段：21 世纪

进入 21 世纪后，在美国媒体“中国威胁论”的渲染下，美国国会和民众对华实施制裁的呼声渐高，导致美国针对中国实体和个人的防扩散制裁更加频繁。

由于制裁的原因，美国数度停止对华卫星出口，导致我国运载火箭参与国际商业发射服务十分受限。制裁还导致我国多家军贸公司及其子公司和分支机构的国际业务处于停顿状态，经济损失和商誉损失惨重。以中国北方工业公司为例，2003 年 5 月，美国政府称其向伊朗出口马氏体高强度热处理钢触发了制裁条款。此次制裁导致该公司在美国的进出口业务全面停止，民用轻工业、高科技产品等业务年损失近亿美元，同时严重影响了已有的合作伙伴关系和新市场的拓展。

较为典型的一次此类制裁为 2013 年 2 月 11 日，美国通过其国务院网站发布对多个外国实体和个人实施防扩散制裁的报道，其中被制裁方包括我国数家实体和个人（具体情况见表 3)。此消息一经发布，在国际和国内引起广泛关注，我国政府和相关企业通过多个层面、多种渠道积极斡旋，希望能减小受制裁实体的经济损失，降低对我国国际形象的损害，但情况并不乐观。

表 3　美对华实体和个人实施制裁案例

制裁对象	美国法律依据	制裁措施	生效日期/有效期
大连盛辉公司； 李方为（卡尔·李）	《国际紧急经济权力法》； 《国家紧急法》； 《武器出口管制法》； 《美国法典》第 3 编第 301 款； 第 12938 号总统行政令	1）任何美国政府部门不得制定或参与被制裁方任何产品、技术和服务采购合同，终止已有合同； 2）任何美国政府部门不得向被制裁方提供任何援助，无进一步提供资金援助的义务； 3）财政部长应禁止美国进口被制裁方生产或提供的任何产品、技术和服务	2013-2-11/ 2 年
大连盛辉公司； 李方为（卡尔·李）	《武器出口管制法》第 73 条； 《1979 年出口管理法》第 11B 条； 第 13222 号总统行政令； 第 12851 号总统行政令	1）凡向被制裁方转让《导弹及其技术控制制度》（MTCR）附件所列项目的，拒发新的出口许可； 2）撤消美国政府与被制裁实体签订的所有涉及 MTCR 附件所列项目的合同	2013-2-11/ 2 年
深圳倍通科技有限公司及其所有继承者、子公司和附属机构； 保利科技有限公司及其所有继承者、子公司和附属机构； 中国精密机械进出口公司； 大连盛辉公司； 李方为（卡尔·李）	《伊朗、朝鲜和叙利亚防扩散法》	1）任何美国政府部门不得制定或参与被制裁方的产品、技术和服务采购合同，国务卿另行判定的情况除外； 2）任何美国政府部门不得向被制裁方提供任何援助，取消被制裁方参与任何美国政府援助项目的资格，国务卿另行判定的情况除外； 3）美国政府不得向被制裁方出售任何武器，终止向被制裁方出售《武器出口管制法》限制的所有国防用品和服务、设计和建设服务； 4）不得向被制裁方发放受《1979 年出口管理法》和《出口管理条例》管制产品的转让许可，并暂停已发放的许可	2013-2-5/ 2 年

2. 对华防扩散经济制裁的动因分析

基于对制裁案例的分析，本课题组认为，美国对华实施防扩散制裁之目的有以下几点：

（1）迫使中国积极应对美国的防扩散关切

督促中国在西方国家建立的国际准则框架下承担国际义务，是美国外交政策的基石。防扩散机制是这个国际准则框架的重要组成部分。美国作为防扩散机制最积极的推动者和建设者，从中获得政治、经济、军事和外交等战略利益的愿望比其他西方国家更为迫切。美国政府一直认为，经济制裁是迫使中国重视美国防扩散关切的最有效手段。

（2）限制中国在国防等高科技领域的发展

美国对华防扩散制裁的主要措施包括：禁止对华出口高科技产品、零部件、技术服务；禁止对华出口美制卫星；终止美国与被制裁方一切进出口许可和合同等。这些措施与美国不断调整的各财年《国防授权法》共同作用，几乎掐断了中国获取高科技产品、零部件和技术服务的全部渠道，对我国运载火箭参与国际商业发射、先进武器系统的研制和生产、国防技术基础建设等造成打压。

（3）打压中国军贸的发展空间，圈占更多市场

美国通过防扩散制裁迫使中国政府积极应对美国防扩散关切，抓住20世纪末和21世纪初中国航空、舰船、潜艇等先进系统级武器不具备出口能力的时机，掐断中国相对成熟的弹道导弹出口渠道，积极运作本国系统级武器设备的出口，垄断了全球大半的武器出口市场，使军售成为拉动美国经济增长的强劲动力。

另外，美国通过控制对华卫星及零部件出口，一方面为本国研制低成本、可重复使用商业发射运载器争取了时间、预留了市场，另一方面限制了中国卫星研制和生产能力的快速提升，保持了美国卫星产品的竞争优势。

（4）防止中国威胁美国的军事安全利益

由于美国在世界各地区具有巨大利益，因此必须保证各地区的军事安全形势有利于美国利益的实现。通常，改变地区军事安全形势最快速、有效的途径之一是引进或研制弹道导弹。中国作为美国、俄罗斯之外最主要的导弹技术拥有者和供应者，已成为美国防扩散的重点监控对象。美国对中国施加防扩散制裁，意在防止中国威胁美国在全球的军事安全利益。

（5）遏制中国的世界影响力快速提升

美国通过实施防扩散制裁企图达到维护美国国家利益、限制中国国防发

展、打压中国军贸发展空间的目的。这些目的的达成，意味着中国很难通过军品贸易的渠道同其他国家建立和加深友好关系、施加军事影响和争取利益，从而遏制中国在世界影响力的快速提升。

3. 我国就减少制裁所作的努力

美国最初对我国实施防扩散制裁的主要原因之一是希望中国照顾美国在防扩散方面的利益和关切。在多年的博弈过程中，我国建立了出口管制机制，并表示愿意遵守 MTCR 要求，甚至正式申请加入 MTCR。我国在减少制裁方面做出了诸多努力，但美国始终是我国成为 MTCR 成员国的主要障碍。

针对“是否让中国加入 MTCR”这一问题，美国政府和学术界有着很多不同的声音和考虑。美国国会研究机构在 2010 年 8 月向国会提交的一份报告进行了归纳[7]。

第一种观点是进一步加强国际防扩散机制。这一观点的支持者主要出于以下两点考虑：一是强迫中国遵守这些多边防扩散机制，二是通过制定更加严格的出口控制标准，迫使中国出台更加严格的国内出口控制法规，借此达到西方国家希望中国达到的出口控制水平。

第二种观点赞成中国加入国际多边防扩散协议，其理由是：中国会更加配合和维护国际多边防扩散机制。

第三种观点反对中国加入国际多边防扩散协议，其理由是：MTCR 成员国资格对中国来讲是对其“国际大国”地位的一种认可，为其成为“世界领导者”赚取资本。如果制定更加严格的国际防扩散机制，中国作为 MTCR 成员国将是一个阻力，甚至有可能使防扩散努力偏离正轨。中国将可能以防扩散为名干涉和阻止对台军售。此外，中国将接触防扩散机制的内部情报和信息。

第四种观点认为，中国加入多边防扩散机制除了使中国享有内部情报和话语权以外，还将使中国免去现在背负的部分制裁，促使西方国家放松对中国的出口限制。

此外，温迪·弗里曼（Wendy Frieman）在《中国，军备控制及防扩散》一书中对美国批评家、政府官员以及研究中国的学者对如何促使中国形成符合美国国家安全利益的出口管制政策进行了如下总结：

美国批评家持强硬态度，认为美国应就其掌握的中国不符合国际多边控制机制的出口行为进行严格的惩罚性制裁，并严格控制中美军事接触。

部分美国政府官员和美国研究中国的学者则认为，对华实施制裁不利于中国加强对武器出口的控制，甚至可能造成恶性循环，应该通过“静默外交”加强对话，促使中国了解美国的关切，并最终接受美国在武器出口控制方面的提议。

持有这一观点的政府官员和学者一方面深信中国将向美国关切的国家出口导弹技术和部件，另一方面这些官员需要与中国保持适当的关系。因此，这些官员相信，通过“静默外交”和坚持不懈的干预，可以最终禁止中国出口敏感技术和物项。即使目前不能完全禁止，在美国的干预下，许多本来可以达成的合同流产了，说明美国的干预和督促发挥了作用。

尽管我国通过参与国际防扩散多边机制以降低制裁风险的希望十分渺茫，但是，以更加积极的态度参与甚至建立相关的国际机制和国际条约，对我国打破美国防扩散制裁始终是一条值得尝试的途径。

（四）小结

基于本章的法律与案例分析与研究，本课题组认为，我国的宇航产品及技术出口工作在内部法规和法规执行上，在对外工作开展上有以下几点需要提升和优化：

第一，我国现行的管理法规和清单在宇航产品及技术出口方面具有一定的局限。目前我国开展宇航产品及技术出口管理的执行依据是《中华人民共和国军品出口管理条例》及其管理清单、《中华人民共和国导弹及相关物项和技术出口管制条例》及其配套清单。使用这两项法规和配套清单对宇航产品及技术出口进行审批存在一定的局限性。前者主要针对武器等军用物资，审批时更多考虑武器的技术指标等与国家安全相关的问题，用于审批宇航产品及技术容易过于注重指标，而忽视宇航产品的民用性质和推动全世界科技进步的意义，容易造成审查过严，失去合作基础和合作时机。后者主要针对可用于军用领域的民用产品和技术，审批时更多考虑产品是否有被滥用的潜在风险，用于审批宇航产品及技术容易对因其最终用途均为和平利用外层空间而过于宽松，而对国家安全等问题疏于考虑，容易增加国家利益受损的风险。正因为现行的上述两套法规及其配套清单的上述局限，导致审批过程中各部门因审批依据不明确，造成权责不清、流程不畅、周期过长等问题，最终导致我国在该领域的国际合作乏善可陈，错失了多个推动全人类科技进步、巩固国家间友谊和发挥大国影响力的机会。

第二，我国政府及主管出口审批的部门对宇航产品及技术出口背后的外交利益、国防利益和大国影响力等战略意义与遭受防扩散风险背后的外交成本和经济成本等现实问题之间的平衡还有待进一步深化认识。在舆论层面，宇航产品及技术的出口最重要的一点就是帮助没有进入外层空间能力的国家实现和平利用外空之目的，这是推动实现全人类共享外空资源的国际善举。从这个角度讲，宇航产品及技术的出口比西方国家推动的防扩散行为更符合人类进步的主流方向。因此，我国需要从最根本的层面来认识和定位宇航产品及技术的出口工作。至于防扩散经济制裁，从被动角度看是开展宇航产品及技术出口的一种风险，但是从主动角度看，这也是一张可以为我所用的外交筹码。如果我国因为经济制裁的风险而对开展该领域合作存在疑虑，那么我国放弃的不仅是一个可以与美国等西方国家在大国博弈中可以运作的一条战线，而且放弃了我国发展航天工业的一个补充资源。缺乏这一补充资源，我国航天工业发展不仅很难顺应国际合作的主流趋势，而且容易因为资源来源过于单一而在发展速度和发展思路上受限，最终影响能力和技术的储备，对我国科技进步造成损失。

第三，我国与西方国家在防扩散问题上的博弈缺乏斗争“武器”和相应的法律依据。美国实施的单边防扩散经济制裁能够威慑世界各国，主要是其经济、外交、军事等各领域的软实力在起作用。我国作为新兴国家，在工业、科技、经济乃至国防等领域，还处在向发达国家看齐的发展过程中，尚不具备足够的软实力在地区和全球事务上施加更大的影响力，但是政策和法律上的储备应该先行。我国既然深受美国带有治外法权性质的经济制裁危害，本着己所不欲、勿施于人的原则，可以针对实施损害我国利益的行为的外国政府和外国经济实体及个人在我国领土上实施制裁，作为国家利益博弈和斗争的武器。但目前我国在这方面的政策、法律和实操等层面的储备还十分不完备，这也导致我国在处理某些问题时缺乏更加有效的方式。

三、启示与建议

（一）提升宇航产品及技术出口的战略地位和作用

在当今以和平与发展为主旋律的国际社会上，希望建立本国航天能力的发展中国家较多，需求十分旺盛。对于我国而言，宇航产品及技术出口在实现国家利益拓展、运筹平衡大国关系和盘活外交局面上与常规武器出口具有同样的作用，而且由于其民用属性和服务全人类福祉的本质，较之常规武器出口更有利于我国掌握国际舆论主动权，提升国际形象。因此，我国政府，特别是从事宇航产品及技术出口审批的机构，亟需明确宇航产品及技术出口在国家利益实现过程中的战略定位，把该领域出口工作与“一带一路”建设相结合，作为实现我国政治、经济、外交利益最大化的重要举措，促进我国航天工业体系建设和可持续发展的重要抓手，以及支撑大国利益博弈和国际地位提升的重要筹码，进行积极谋划和妥为运用。

（二）制定宇航产品及技术出口的行政法规

宇航产品及技术虽然起源于战略武器研制，但是并不改变其民用属性和服务全人类福祉的本质。我国现行的出口管理法律在宇航产品及技术出口方面存在一定的局限性，而且现实数据和典型案例也佐证了这一情况。针对该问题，建议抓住我国航天立法的宝贵机遇，就宇航产品及技术出口制定专门的出口管理法规。

我国自 1998 年启动航天立法研究与起草工作，针对《外空条约》中“希望在和平探索和利用外层空间的科学和法律层面，促进广泛的国际合作”的宗旨，在我国尚缺乏有针对性的法律予以落实。结合我国宇航产品及技术出口在审批过程中现实存在的问题，同时考虑到我国正处在航天立法的机遇期，建议在我国正在论证的《航天法》框架下，制定《宇航产品出口管理条例》及其配套产品、技术及服务清单，进一步丰富现有的航天法律体系（见图 3）。

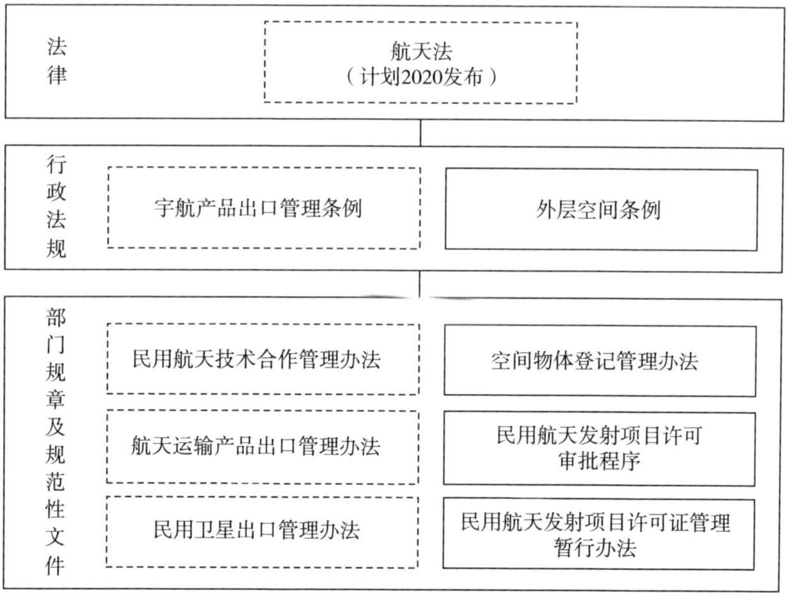

图 3　航天法体系设想图

特别需要指出的是，制定《宇航产品出口管理条例》，旨在明确该领域出口管理宗旨、管理原则和概述性管理流程。该条例应属与我国现行的《中华人民共和国军品出口管理条例》和《中华人民共和国导弹及相关物项和技术出口管制条例》形成同等位阶的互补性出口管理条例。在配套清单方面，建议将宇航产品及技术从现行的两项管理条例的配套清单中剥离出来，同时结合国际上该领域合作的趋势和方向就所列物项进行补充和细化，最终敲定管理清单。此项工作还需协调我国现行两项管理清单的拟定单位协同工作，以保证清单之间的互补性和相对独立性。

在制定《宇航产品出口管理条例》的过程中，建议负责审批工作的主要管理部门针对我国目前在工程层面出口的宇航产品类型分别制定管理办法。本课题组的初步设想是，针对我国航天领域较为成熟的航天运输系统、卫星系统和国际合作，分别出台管理办法，明确审批流程、相关部门的职责分工以及各环节的工作周期等要求，明确对报批单位在申请材料方面的要求和审批过程中的配合职责等。另外，针对审批过程中有待明确的问题要明确咨询方式和咨询途径，以减少报批方和审批方双方在管理成本和时间成本上的不必要支出，确保审批流程严谨高效。

（三）确立宇航产品及技术出口的多方联动模式

为了将宇航产品及技术出口的风险限制在可控范围内，切实发挥其在实现国家利益拓展、运筹平衡大国关系和盘活外交局面上的作用，建议我国相关政府部门预案先行，参照国际上主流的合作模式，结合我国宇航产品及技术出口的实际，制定多方联动的基本管理模式。

该模式在组成部分上由预案、审批和运作等三部分组成，其中预案部分包含出口对象评估标准、出口产品可选范围、出口模式可选范围、出口合同模板、防扩散制裁应急预案等；审批部分包括相关物项清单、审批流程、争议事项处理流程、会签工作流程等；运作部分包括出口行为舆论引导机制、出口行为通报机制、技术咨询支持、外交交涉运作机制等。该模式的工作流程包括：评估出口对象，核验通过评估后的出口物项是否在出口产品范围内，符合后判断出口模式是否符合双方要求，达成一致后就出口意向进行报批，审批过程依据审批部分操作流程和依据进行，必要时请求技术支持协助审批工作，通过审批后，舆论引导机制启动，在国内和国际上就双方合作行为的积极作用开展舆论引导，同时双方以出口合同模板为依据进行个性化调整并签订合同，在出口过程中，通报机制启动，保证出口行为具有一定透明度。

一旦美国就出口行为提出外交交涉，则启动外交交涉运作机制，将风险和负面影响降至最低（见图 4）。

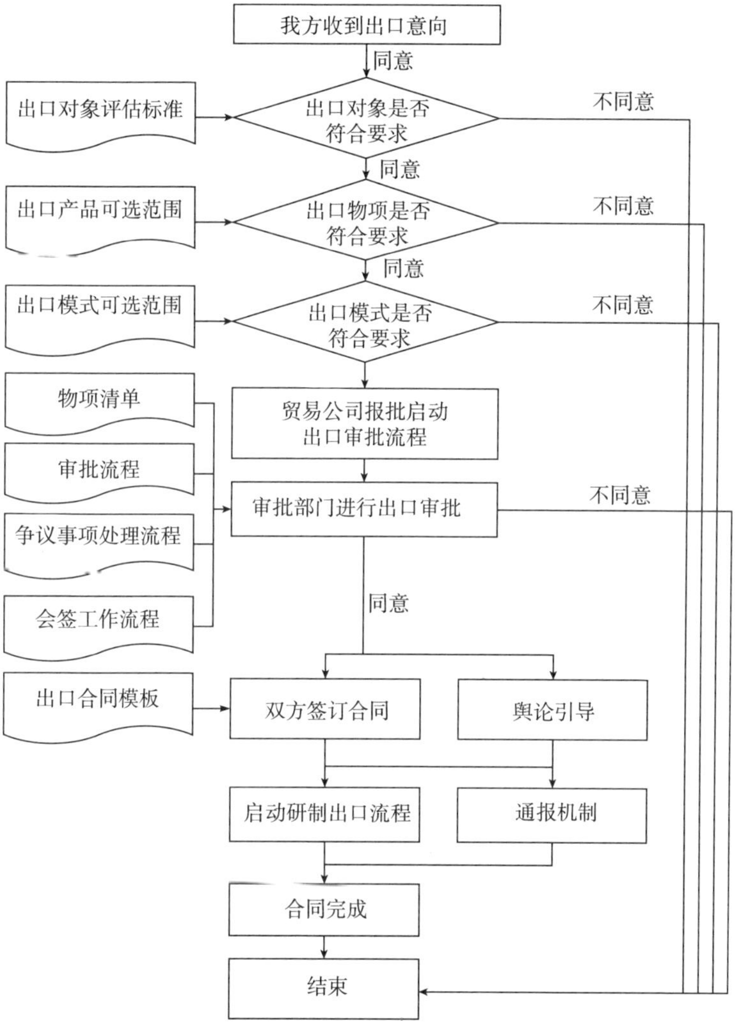

图 4　多方联动模式流程图

（四）建立健全中国特色的经济制裁法律法规

提升宇航产品及技术出口在国家战略中的地位、制定专门的出口管理法律法规以及建立多方联动管理模式，旨在实现在国内对该领域的出口进行合理高效的协同管理，同时主动适应在西方建立的防扩散环境下开展该领域工作，为我国在政治、经济、外交和军事等领域的效益最大化提供支撑和贡献。但是，与美国的防扩散制裁手段相比，我国还缺少主动出击的武器。

参考我国2014年底就美国对台军售行为提出外交交涉，交涉中提到可能对美国向台湾出售武器的企业实施制裁。此种表态引起了国内外关注，而且有学者就该措施的可行性进行了论证。事实证明，美国军工企业的军民融合特点为我国采取制裁措施提供了基础，我国完全可以就相关企业在我国的民用领域业务进行制裁。我国目前采取制裁措施或许对相关公司经济影响并不大，但是在国际舆论方面可以提供更丰富的运作空间。随着我国经济实力和软实力的提升，制裁的效果和影响力将逐渐提升。因此，我国可提前进行法律和政策储备。建议结合美国对台军售和联合军演等行为，以我国《反分裂国家法》为依托，制定针对美国对台军售企业的国内经济制裁措施，以此为斗争工具，牵制和威慑美国对台军售和对华防扩散经济制裁等危害我国国家利益的行为。

（五）探索我国参与防扩散多边机制的可能性

尽管从目前的情况看，我国通过加入MTCR减少被制裁风险和参与国际防扩散多边机制运作的可能性很小。出于种种负面的预测和评估结果，美国始终是我国成为该机制正式成员国的障碍。但是不能否认的是，通过参与甚至建立航天合作国际多边机制和条约有利于我国在西方国家把握话语权的环境下，争取更多符合我国利益和关切的发展空间。

四、结束语

通过对本课题的研究，我们越发认识到，宇航产品及技术出口在我国解决和处理国内和国际问题上具备特有的抓手作用和突破口作用。宇航产品及技术出口绝不仅仅是简单的经济利益，更多的是我国在开展“一带一路”建设和践行大国外交战略过程中，将国家利益、国家影响力和良好国际形象持续向世界渗透的有效途径。在全面依法治国的氛围下，该领域法律体系构建先行既是我国开展该领域出口管理工作的需要，同时也是向世界彰显负责任大国形象的基础所在。希望本项目的研究所得可以为推动我国宇航产品及技术出口工作健康持续发展尽到绵薄之力。

参考文献

［1］ Approaches to Future Space Cooperation and Competition in a Globalizing World: Summary of a Workshop ［C］. the National Academies Press, 2008, http://www.nap.edu/catalog/12694.html.

［2］ 高望来．核时代的战略博弈-核门槛国家与美国防扩散外交［M］．北京：世界知识出版社，2015.

［3］ Bonnet, Roger M., Manno, Vittorio. International Cooperation in Space - the Example of the European Space Agency ［M］, Harvard University Press, London, 1994.

［4］ 靳仲华，周国林．欧盟科学技术概况［M］．北京：科学出版社，2005.

［5］《世界航天运载器大全》编委会，世界航天运载器大全（第二版）［M］．北京：中国宇航出版社，2007.10.

［6］ Charlotte, Mathieu. Assessing Russia's Space Cooperation with China and India - Opportunities and Challenges for Europe ［C］. IAC, 2008.

［7］ Fireman, Wendy. China, Arms Control, and Nonproliferation. London. New York: Routledge, 2004.

课题主持人简介

许源，女，现任中国运载火箭技术研究院北京航天长征科技信息研究所工程师。2007 年获黑龙江大学英语语言文学学士学位，2009 年获哈尔滨工程大学英语语言文学硕士学位。2009 年 8 月起就职于北京航天长征科技信息研究所，主要研究领域包括国际导弹防扩散政策研究、企业知识产权管理与信息利用研究等。

美国空间安全政策发展及影响研究*

中国航天系统科学与工程研究院课题组

目　录

---

* 本文为中国空间法学会2015—2016年度第4号学术课题研究项目结题报告，荣获中国空间法学会2015—2016年度学术课题研究项目一等奖。课题主持人为中国航天系统科学与工程研究院许红英高级工程师，课题组成员包括许红英、张莉敏、曹秀云等。

尽管“空间安全”一词的提出相对较晚，美国在 2011 年才正式出台首份“国家安全空间战略”，但通过对美国空间政策及其军事空间装备与技术的发展研究，我们发现：从人类 20 世纪 50 年代进入外层空间伊始，美国就已高度关注空间安全问题。不同时期，美国空间安全关注的焦点和策略不尽相同，但维护美国在空间的绝对优势、确保空间霸主地位，始终是其空间安全政策的核心。

一、美国空间安全政策的发展脉络

21 世纪之前，在冷战时期“三位一体”核战略背景下，美国空间力量实现从无到有，并成为核威慑战略力量的组成部分。美国空间安全政策是：利用空间，确保本国核威慑力量的建设与运用，同时免受苏联核力量的威胁与打击。随着空间力量的不断发展与运用，空间威慑①相对于核威慑而独立，到 20 世纪末，美国已从国家层面明确了空间威慑的作用。21 世纪之后，在新“三位一体”核战略背景下，美国空间力量进一步与常规打击力量结合（非核进攻性武器大量利用空间军事力量），同时空间力量自身的作战能力也在不断发展。美国空间安全政策是：控制空间，谋求绝对空间优势，确保在轨空间资产对国家利益及军事行动的保障能力。

（一）在旧“三位一体”核战略背景下美国空间安全政策的发展历程

在冷战时期以及冷战之后相当长一段时间内，美国奉行的核威慑战略是由陆基洲际弹道导弹、潜射弹道导弹，以及远程战略轰炸机组成“三位一体”核力量，用以确保美国的国家安全②。

20 世纪五六十年代开始，军备竞赛在弹道导弹核威慑竞争中延伸至外层空间，美苏两个超级大国通过这种方式展示各自的科技实力以增强其国民和盟友的信心，争取各自信仰的追随者。客观上，空间系统已被广泛用于实施核威慑。围绕核弹头投送，美国发展了弹道导弹技术，并以此为基础发展了一次性运载火箭系列。利用空间在高度上的优势部署预警系统能够防止突然

① 本课题报告中的“空间威慑”是指以空间力量作为手段的战略威慑。

② 参见美国 2001 年《核态势评估》。

袭击；通信卫星增强了作战司令部与部署核武器部队之间的通信能力；在轨侦察卫星使两个超级大国掌握彼此的真实实力，准确了解对方的核武潜力[①]。美国还初步发展了核反卫星技术。航天装备从无到有并实用化发展，成为“三位一体”核威慑的重要组成部分，实现对美国国家战略的重大支撑。这一时期美国空间安全政策关注焦点是：应对苏联战略弹道导弹通过空间的核打击威胁。20 世纪 80 年代，美苏对抗陷入核僵局，美国将目光投向新的竞技场，启动“星球大战”计划，标志着美国已经形成较为系统的空间威慑战略[②]。20 世纪 90 年代，苏联解体，冷战结束。美国政府转而依靠条约实现对俄罗斯的遏制，导弹防御计划得到延续但大幅调整，美国空间威慑战略进入实际动作阶段[③]。

1. 冷战初期（1957 — 1962 年）

冷战初期，在核战背景下，美国与苏联展开争夺空间战略优势的竞赛。美国空间安全政策的关注焦点是：应对苏联战略弹道导弹通过空间的核打击威胁，空间竞赛关注核武器和近期空间防御能力的部署（特别是依靠军事引领实现空间安全）。其主要措施包括：积极筹建完善的航天组织机构，发展空间支持与空间力量增强技术（包括可确定苏联导弹研发实力及核攻击的探测与预警能力、增强作战司令部与核部署武器部队之间的通信能力），提出发展反卫星技术。

二战之后，美苏竞相发展弹道导弹核力量[④]，导弹成为核武器之外美苏两国最大型的军事研发项目。空间能力的发展很大程度上受益于导弹研发，弹道导弹核威胁又催生了空间安全问题。受到苏联率先成功发射首颗人造卫星的刺激，艾森豪威尔政府意识到卫星为核攻击侦察预警提供了最佳途径，迅速做出反应。1958 年，美国首次发布国家航天政策，一方面积极筹建完善的航天组织机构，包括授权成立总统科学顾问委员会、国家航空航天委员会（最高决策咨询机构）、国家航空航天局（NASA，民用航空航天领导机构）；在军事航天领域，明确国防部作为军事航天活动的主要管理部门，成立高级研究计划局（DARPA 前身），设立国防研究与工程主任职位。国会参众两院也成立相应的航天委员会。上述举措为美国军民航天项目的分头管理与经费

① Wilson W. S. Wong 等：《军事航天力量——相关问题导读》，国防工业出版社，2012 年。

② 李津军等：《空间威慑战略刍议》，载于《中国军事科学》，2002 年第 1 期。

③ 同上。

④ 二战期间，德国火箭技术达到实用阶段。二战之后，德国火箭技术的转移形成包括美国在内的许多国家发展航天技术的重要基础。

划拨建立了渠道。另一方面，发展卫星侦察、监视和预警手段。艾森豪威尔认识到，当时的技术水平不足以实现空间武器化，坚持侦察卫星对美国更为重要，因而尽管军方提出了多项反卫星计划，但并未深入推进，而是大力发展了卫星侦察技术。

美国发展了多种火箭、卫星，并多次测试利用核爆实施导弹防御的可行性。例如，美国中央情报局（CIA）和美国空军于 1959 年联合制订了多项卫星侦察计划，包括哨兵计划、氩气计划、火绳计划、后发制人计划和六角形计划等。其中哨兵计划含有卫星反导弹观测系统计划、导弹防御警报卫星等。1958 年夏，距离苏联发射卫星不到 1 年，美国三次在平流层之上测试核武器。美国国防部也开始筹划瞄准地球的月基核武器、核反卫星武器、载人军事空间站以及许多其他攻防系统。美国空军还提出研发新型可重复使用飞行器的 X－20 计划（可能是 X－37B 空间机动飞行器的前身），用于执行反卫星攻击、天对地轰炸以及侦察等任务。

2. 冷战中期（1963—1980 年）

冷战中期，美国政府开始担心，发展空间武器技术不成熟，可能带来不良的政治、环境、战略影响，同时也受到苏联在载人航天飞行、月球探测等领域步步领先的不利局势影响，美国空间安全政策关注焦点从艾森豪威尔政府以发展军事空间项目为主、伴有少量民用空间项目，转向肯尼迪政府以大规模民用项目为引导，伴随有效的空间力量增强项目。其主要措施包括：在武器设计方面进行自我约束，但在政治、经济、军事侦察领域继续开展竞争；签署国际协议，以促成更大范围的空间安全。此后的尼克松政府遵循肯尼迪政府的施政方针，但迫于财政压力，已不再对航天计划增加投资。福特、卡特政府虑及苏联对美国空间系统的现实威胁，考虑发展空间控制力量。

肯尼迪政府时期，美国不但要与苏联竞争夺回军事优势，还要重塑民族信心①。事实证明：核爆试验已证实空间环境并不适合核辐射，不但会受到国际舆论谴责，而且更广泛的空间利益也会受到核辐射的影响。有鉴于此，肯尼迪政府明确表示，载人飞行优先于核试验。因而，从 20 世纪 60 年代早期开始，美苏转而在载人航天飞行和军事空间力量增强技术（侦察、通信、预警以及导航）两个领域开展竞赛，并出现竞争高潮。在确定载人登月计划的同时，肯尼迪政府大幅增加空间项目，发展军事空间力量增强技术。1960—

① 在全面核战争战略的笼罩下，航天成就遂成为国家威望、军事实力、科学技术以及国家制定优越性的重要标志。

1963年，美国国防部空间预算从艾森豪威尔政府1960年的5.61亿美元上升为肯尼迪政府1963年的15.5亿美元，增长了3倍。

随后执政的美国总统约翰逊更热衷于载人登月计划。这一时期美国的空间政策有三大特点：一是强力承诺发展载人航天计划；二是力促实现美国在空间的全球领导地位；三是显著裁撤军事空间项目。约翰逊政府时期民用航天优先于军事项目，军事空间政策强调谈判协商，而非发展新式武器。此时，美国商业卫星有了初步发展，开始引发对空间资产安全的关切。

尼克松政府继续约翰逊政府的思想，不愿与苏联开展竞赛，更愿意推进双方的空间合作。这一时期美国登月成功，后续计划仍在继续，但国力迫使尼克松政府不再启动大型航天计划，转而发展实用化的空间系统，如国防卫星通信系统（DSCS）、国防支援系统（DSP），以及海军导航网。随着《部分禁止核试验条约》《外空条约》《反导条约》等一系多边条约的签署，通过空间的核威胁被基本解除。此外，尼克松政府批准了航天飞机计划。

福特政府除推动美苏合作外，在军事航天方面，由于1975年苏联以激光照射美国卫星，促使福特总统下令研发用于作战的反卫星武器。其间，美国部署了KH－11侦察卫星，从而获得高精度、实时侦察的能力。尽管如此，美国政策始终没有正式强调苏联的空间威胁。

此后的卡特政府于1978年发布国家航天政策和民用航天政策，隐含了美国加速发展反卫星能力的重要性。其空间安全政策主要包括：1）不采取措施退出现有的《反导条约》，而是通过与苏联正式谈判强化条约的作用；2）推进空间防御相关项目的发展。美国国防部的空间开支剧增，从24亿美元增长到48亿美元。其中部分资金用于发展机载动能杀伤性武器，但更多资金用于海军导航网、军事通信网络、“长曲棍球”雷达成像卫星，以及新的KH－12侦察平台，发展空间监视、通信与导航能力。

3. 冷战后期（1980—1991年）

冷战后期，美苏对抗陷入核僵局，美国的盟主地位受到挑战，美国空间安全政策的目标是：发展战略弹道导弹与导弹防御系统与苏联展开空间攻防对抗。其主要措施包括：对军事空间利用给予政策支持，推行战略防御倡议（SDI，即“星球大战”）与空间产业化构想。

美苏争霸的结果是，一方面美国未能取得对苏联的军事战略优势，双方陷入核僵局；另一方面欧日在经济上迅速崛起，导致西方出现三个经济中心，危及美国的盟主地位。而此时，美国在弹道导弹防御技术及空间技术方面已处于领先地位。在此背景下，里根政府制定“高边疆”国家战略，旨在依靠美国高度发达的空间技术，选择空间作为振兴美国的突破口，以“空间军事化”和“空间产业化”作为这个战略的两大支柱，以实现美国对苏联军事战略优势，恢复对盟国的控制和“霸主”地位[①]。

里根政府寻求以军事引领的空间安全，将空间优先发展事项从民用项目转为军事项目，明确提出发展空间控制能力。1982 年 7 月，里根政府发布包含空间政策的《第 42 号国家安全决策指令》（NSDD－42），美国空间计划的主要目标之一是建立“宇宙防御”能力。1981 —1983 年，美国国防部的航天预算从 48 亿美元增长到 85 亿美元，军事航天费用超过 NASA。1982 年，美国成立航天司令部，推动空间系统从支持战略应用向支持作战应用扩展；同年，正式发布第一部空间作战条令，即 AFM－6《军事航天理论》，从理论上阐释了空间力量的职责、任务和空间作战的主要行动等。1983 年，美国启动战略防御倡议（SDI），提议发展国家航空航天飞机（NASP）。同年，白宫公布 NSDD－85 号文件，指出美国将通过长期努力消除核弹道导弹构成的威胁。1987 年，美国国防部发布空间政策，首次提出空间控制与空间力量运用概念。1988 年，美国空军发布空间政策，明确空间力量在未来战争中的决定性作用。二者秉承国家空间政策的宗旨，将军事航天活动领域由原来的空间支持、空间力量增强，扩展到空间控制以及空间力量运用。

作为“高边疆”战略的组成部分，SDI 要在 200～1 000 千米高空建立一个以定向能武器（包括天基激光武器、陆基激光武器、天基粒子束武器）为主、以动能武器（高性能反弹道导弹、密集发射火箭弹、精确制导的高速炮弹）为辅、空间武器与地基武器相结合的多层次、多手段的反弹道导弹系统，防御苏联对美国的大规模导弹攻击，增强美国的战略核威慑力量[②]。SDI 发展的技术主要包括监视、捕获、跟踪和杀伤评价技术；定向能武器技术；动能武器技术；系统分析与作战管理技术；生存能力、杀伤能力和后勤保障技术；创新科学技术计划等几个方面。1984 年，里根总统签署 119 号国家安全指令，命令着手研究激光和粒子束等空间定向能武器，这标志着 SDI 正式付诸实施。高边疆战略与 SDI 的实施，极大地提升了美国的空间军事能力，同时储备了大量的空间相关技术，为后续航天发展奠定了技术基础。

乔治·布什执政后，于 1989 年发布国家安全指令，1990 年做了更新。美国政府转而重视民用航天项目，寻求通过政治途径解决空间安全问题，与苏

① 朱昕昌，刘菁文：《美国“高边疆”战略的发展历程及其影响》，载于《解放军报》，2004 年。

② 李永锋，等：《美国弹道导弹防御系统发展研究》，载于《飞航导弹》，2014 年第 2 期。

联的竞争态势减缓。在导弹防御政策方面，由于成本、技术以及违反国际条约等原因，SDI 遭到国会反对，1989 年政府缩减 SDI 经费。海湾战争期间，美国空间系统首次系统地、大规模用于战争，利用技术优势获得制天权的思想得到实战检验。苏联解体之后，美国调整 SDI，从以针对苏联大规模导弹攻击为主，重点研究第一阶段战略防御系统（SDS－1），转向以针对苏联意外发射或未经授权发射的、第三世界国家发射的少量导弹攻击为主，重点研究防御有限攻击的全球保护（GPALS）系统，强调先实施“战区导弹防御计划”，升级爱国者导弹，为防御战略导弹储备技术①。老布什政府还诱使苏联同意修改《反导条约》，允许部署有限的非核防御系统。美国国会对 SDI 的支持进一步加强，将开支从 1991 财年的 29 亿美元提高到 1992 财年的 41 亿美元，要求政府在本土部署地基战略防御系统，为 SDI 从技术可行性研究向研制和部署战略防御系统方向过渡铺平道路。

4. 克林顿政府时期（1992—2000 年）

苏联解体后，美国一超独霸，认为最大的外部威胁已经解除。叶利钦执政期间与美国克林顿政府的关系进入“蜜月期”。1996 年，美国发布国家航天政策；1999 年，美国国防部发布空间政策。在空间安全政策上，克林顿政府选择“折中”战略，倾向于依靠条约束缚，抑制俄罗斯采取措施应对美国的空间活动，推进导弹防御系统走向部署。其采取的措施主要有：一是大幅度调整发展导弹防御系统的计划，放弃老布什的防御有限攻击的全球保护计划，并大幅度削减用于导弹防御系统的预算开支；二是主张维护《反导条约》有效性，并承认反导条约是“战略稳定的基石”②。克林顿发展与苏联的空间合作，还推动空间碎片工作的发展。

1993 年，克林顿政府下令将 1994 财年导弹防御的资金砍掉 41%，削减为 37.63 亿美元；彻底终止 SDI 项目；将战略防御计划局更名为弹道导弹防御局；将发展陆基“战区导弹防御”系统作为重点，而不是天基“国家导弹防御”。克林顿政府《1994 财年国防授权法》还强调，美国将遵守《反导条约》，转而与俄罗斯合作寻求联合导弹防御。

克林顿执政后期，共和党再度掌控国会，强硬派势力抬头。迫于国会压力，克林顿政府宣布了三年研制、三年部署的“3＋3”新计划，正式将国家

① 温德义，李贺春：《1991 年美国 DSI（战略防御倡议）计划发展态势跟踪研究》，载于《专题研究》，1992 年。

② 顾国良：《布什政府与克林顿政府军控政策之比较》，载于《国际经济评论》，2001 年 9—10 月。

导弹防御计划从技术准备转为部署准备，并重启动能反卫星（KEASAT）系统项目。1998 年，国会授权成立拉姆斯菲尔德委员会并发布评估报告认为，美国本土将会在 5～10 年内受到朝鲜、伊朗、伊拉克等国家的导弹威胁。随后，朝鲜利用三级火箭发射试验卫星。在此压力下，1999 年，克林顿政府又大量增加导弹防御预算，签署《国家导弹防御法》，要求尽快部署国家导弹防御系统保卫本土。尽管如此，克林顿政府的基本主张仍然是在不突破《反导条约》的前提下，发展有限的、陆基国家导弹防御系统。1999 年 12 月，克林顿政府明确提出决定部署系统的四个必备标准：威胁迫近、技术可行、费用可承担以及对军控与国际关系无负面影响。2000 年，克林顿宣布推迟部署国家导弹防御系统。

值得一提的是，20 世纪 90 年代之前，美军广泛探索各类卫星应用并形成以侦察、通信、导航为主的天基信息系统构架，各类军事航天装备发展重视自身性能提升。随着空间力量的不断发展与运用，空间威慑与核威慑从相伴而生，逐步走向分离。20 世纪 90 年代之后，经过海湾战争等几次高科技局部战争的检验，美国军事航天装备从自成体系发展走向面向作战运用的战场融入、体系嵌入。1996 年和 1999 年，美国相继发布《国家空间政策》和《国防部空间政策》，从国家层面明确了空间威慑的作用。

（二）在新“三位一体”核战略背景下美国空间安全政策的演进分析

21 世纪初，美国政府提出将美国战略力量结构由旧“三位一体”改变为新“三位一体”。新“三位一体”由以下三个部分构成，即进攻性打击系统、防御系统和具有活力的国防基础设施，通过改进的指挥、控制、情报与规划系统紧密结合在一起。空间力量在新“三位一体”中占据非常重要的地位，空间系统成为防御系统（导弹防御）的主要组成部分，而且非核的精确打击力量也是建立在强大的空间信息能力基础之上。因此，美国当前的威慑战略实际上是由核威慑和空间威慑组合的复合威慑①。

随着新“三位一体”核战略的转变，21 世纪头十年，美国谋求绝对空间优势，空间安全政策的关注焦点转为全面发展导弹防御能力，实现军事控制空间。2010 年至今，面对日益严重的空间威胁，美国试图重塑新型领导地位、综合控制空间，其空间安全政策关注的焦点是在轨空间资产的安全，确保为国家利益及军事行动提供保障。

---

① 侯宇葵，侯深渊：《核威慑与空间威慑》，载于《卫星应用》，2016 年第 14 卷第 1 期

1. 小布什政府时期（2001—2008年）

进入21世纪，美国面临更多挑战，对核战略力量进行了根本性调整。这一时期，美国空间安全政策的关注焦点是：全面发展导弹防御能力，实现军事控制空间。其具体措施包括：退出《反导条约》；发布具有浓厚军事单边主义思想的空间政策；全面发展弹道导弹防御系统；大力研发全球打击的空间攻防武器。

9·11事件后，美国调整国家安全战略，将恐怖主义和大规模杀伤性武器确定为美国面临的最大威胁，对内加强本土防卫，对外强调"先发制人"。此外，俄罗斯的空间复兴计划也对美国构成了压力。2001年，美国宣布退出《反导条约》。其理由包括：《反导条约》限制美国发展防范恐怖主义的防务能力；《反导条约》是冷战产物；《反导条约》阻碍美俄两国合作发展。《反导条约》禁止拥有核武器的国家发展导弹防御系统，美国退约后使布什政府建立导弹防御系统的努力合法化，这就必然会将"战略防御"概念正式引入战略力量建设，使美国战略力量的威慑体系兼备了"进攻性威慑"和"防御性威慑"的双重内容[①]。2006年，小布什政府发布《国家空间政策》，强调绝对空间优势和军事控制空间。为保持美国的空间领先地位和"制天权"，建立一个健全、有效和高效的空间能力的战略目标，要求国防部"提供空间能力以支持持续的、全球战略性的、战术预警性的多层次一体化导弹防御"。2006版《国家空间政策》从空间自由进入和通过的能力、空间监视能力、空间攻防能力和航天产业发展、基础能力建设、保障能力建设等方面全方位提出了战略任务，形成任务体系框架，突出从空间基础能力建设向空间军事化攻防能力建设的转变，从防御和开发型政策向进攻性和控制型政策转变[②]，强调空间武器化，单边主义和霸权主义意图十分强烈。

在其军事控制空间政策指导下，美国完成大型火箭升级换代，优先发展空间力量增强能力，不断细化完善空间控制思想，提升军事空间控制能力。小布什政府全方位发展的导弹防御项目包括：用于导弹预警的天基红外系统（高轨/低轨）；用于导弹跟踪的X频段雷达；拦截近程和中程导弹的爱国者-3、战区高空防御、海基宙斯盾系统，机载激光器；以及拦截远程导弹的中段陆基拦截器、天基激光、天基动能杀伤拦截器。2004年秋，美国国会批准为导弹防御计划投资90亿美元。在小布什的第二任期内，来自鹰派的批评促使美

① 《美国退约：是耶，非耶？——评布什退出反导条约声明》，载于《中国日报网》，2003年。

② 蒋宇平：《美国〈国家航天政策〉（2006年）解读》，载于《专题研究》，2006年。

国政府大力发展天基能力，开展一系列试验，包括：机载激光器试验、微卫星近距离飞越、众多跟踪与拦截测试等。小布什政府将空间对抗定位在利用空间的基础、获得并维持空间优势的保障这一战略高度，优先发展空间态势感知能力；发展和部署地基软杀伤反卫星装备，加强先进进攻性空间对抗装备技术储备。与此同时，也不断强调维护空间资产安全。

2. 奥巴马政府时期（2009—2016 年）

奥巴马政府时期，战略重心东移，美国在地缘政治中更加关注“重返亚太”，逐渐确立“亚太再平衡”战略，面对空间领域俄罗斯的复兴与中国的崛起，美国试图重塑新型领导地位、综合控制空间。其空间安全政策关注的焦点是：在轨空间资产的安全问题，确保可为国家利益及军事行动提供保障。主要措施包括：综合利用政治、经济、外交、军事等多种手段实现空间安全的战略目标。

（1）空间安全战略环境与战略目标

美国认为，当前及未来空间安全战略环境呈现三大趋势，即空间变得越来越拥挤①，越来越具有对抗性②和竞争性（3C）。空间安全战略目标包括三个方面：一是增强空间环境的平安、稳定与安全；二是保持并增强空间赋予美国的战略性国家安全优势；三是使支撑美国国家安全的空间工业基础充满活力。为实现上述空间安全战略目标，美国将综合运用各种国家力量。奥巴马政府通过空间安全态势评估，在空间安全观的阐释上已经有所转变。从美国政府对空间安全战略目标多样性的理解与阐述中可以看出，奥巴马政府已经意识到，仅仅依靠空间力量维护不了空间安全，无论美国空间武器有多先进，仍然无法仅凭空间力量遏制其他国家对其空间资产进行攻击；同时，空间战争对于高度依赖空间资产的美国更加得不偿失。因此，美国政府目前强调的空间威慑，不仅包括空间武器威慑，还包括政治、外交、经济等一系列威慑手段，美国政府希望采用多种手段的综合运用来制止其他国家对其空间资产进行攻击，从而实现战略目标。见图 1。

（2）空间安全战略措施

一是主导构建国际空间新秩序。在 2010 年《国家空间政策》中，美国提出：通过倡导“负责任的空间行为”扩大美国的空间利益。2011 年《国家安全空间战略》提出：美国倡导负责任地、和平地、平安地使用空间，并以此

① 拥挤主要表现在：空间物体增多、空间活动行为体增多、无线电频谱需求增多等。

② 对抗性表现在：空间系统及支持其运行的基础设施，面临更多人为威胁。

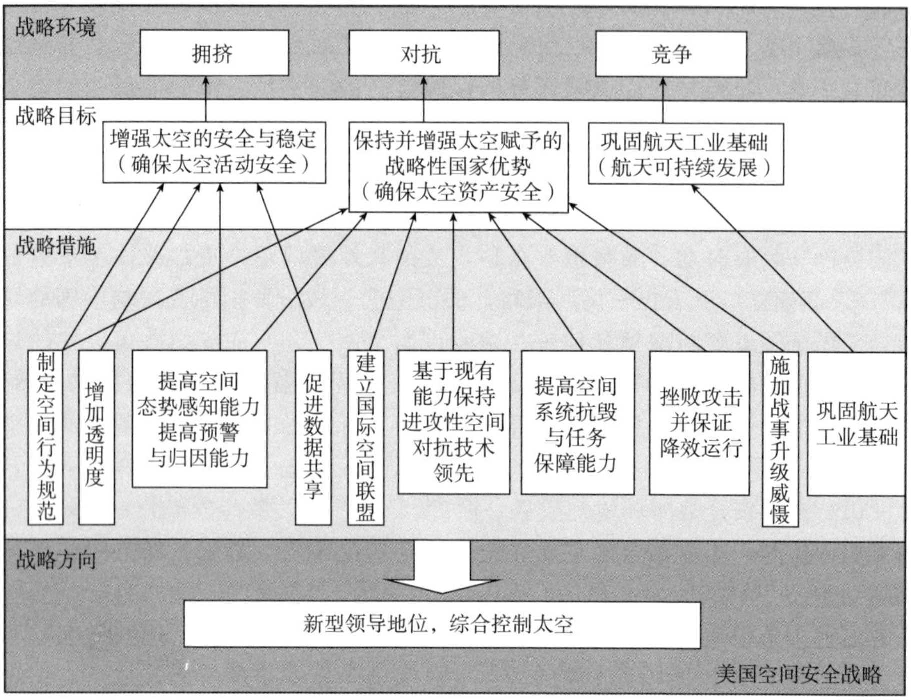

图 1　美国空间安全战略内涵示意图

作为应对空间拥挤问题和对抗性问题的基础，使其他战略方针落地成为可能。为此，美国提出以下举措：第一，美国鼓励负责任的空间行为，并用以身作则的影响力，鼓励盟国、伙伴国和其他国家都这样做。第二，美国还将通过外交接触提高与盟国和伙伴国的合作能力。第三，美国将支持制定数据标准、最佳做法、透明度和信任措施建立，以及负责任的空间作业的行为规范。第四，倡导改善空间飞行活动相互告知制度，以促进全球空间飞行的平安，有助于预防事故、误解和猜疑。第五，美国国防部继续改善其所获空间态势感知信息的数量和品质，扩大对美国政府各部门、对其他国家和商业公司的平安飞行服务。美国倡导负责任的空间行为有利于减少美国面临的现实威胁，保护有利于美国的空间环境及空间利用，同时也有利于营造符合美国发展利益的国际法律氛围。

二是建立美国主导的、广泛的国际空间合作联盟。美国 2010 年《国家空间政策》强调，以国际合作为先导推行空间秩序新理念。2010 年《国家空间政策》还提出，“美国号召所有国家一道采取负责任的空间活动方式，通过国际合作共同维护自由进入与利用空间的自由”；美国寻求制定双边和多边“透明与信任建立措施”，鼓励在和平利用空间方面采取“负责任的行为”。美国2011 年《国家安全空间战略》指出，美国强调与负责任的国家、国际组织以及商业公司建立广泛的伙伴关系。其方式包括：认可既定的 ITU 频谱轨位申请及使用规则，维护本国的最大既得利益；探索主导制定新规则；推介美国制造，共享空间信息；分担成本与风险，共享能力。通过国际合作，美国将强化领导地位，为推行空间新秩序奠定基础；同时利用整个联盟之力，依靠“软实力”，提升美国自身能力，孤立、约束潜在对手，提高对方与其进行对抗的风险与代价。

三是多层次提升慑退与空间对抗实战能力。2010 年《国家空间政策》指出，将强化军事空间能力全面保障国家空间安全。2011 年《国家安全空间战略》提出“多层次慑退”，包括：支持那些倡导负责任空间行为规范的外交努力；寻求国际伙伴关系，以迫使潜在敌人自我克制；优先发展空间态势感知能力，提高美国追查攻击者的能力；增强美国的体系架构的抗毁能力，使攻击方得不到什么收效；保留反击的权利以防万一威慑失效[①]。此外，美国还进一步施加战争升级威慑。明确攻击其空间资产等同于攻击其本土，要综合运用政治、军事、外交、经济等多重手段进行严厉报复，且报复的目标不限于空间目标。美国借助多层次、多手段威慑，目的是迫使敌方相信，攻击美国空间资产得到的好处不及承受报复所付出的代价，从而达到不战而屈人之兵的效果。

四是巩固航天工业基础以期提升空间能力。2010 年《国家空间政策》指出，美国将以实力为后盾维护美国空间利益不受侵犯。该政策激励商业航天抢占国际空间服务市场；重振民用航天提升航天技术创新能力。2011 年《国家安全空间战略》指出：美国将研制、采购、部署、运行并维持空间能力。而保持美国领先地位的关键在于：改善采办流程、激活航天工业基础（包括改革出口管控制度）、加强技术创新、发展航天人才。巩固航天工业基础，有利于国防部和情报部门优先投资那些积聚最大优势的能力，将为国家长期安全奠定基础。

五是针对竞争对手的航天技术与产品出口管制力度不断加大。实施严格

① 需要指出，近年来美国以俄中威胁加剧、反卫星武器能力扩散为由，明确提出在国家安全体系下，重新研发进攻性空间对抗系统。有专家认为，此举与奥巴马政府一贯主张的采用多种方式塑造空间环境的战略遏制有着明显差别，将对新一届政府空间政策产生重要影响。

的航天出口管制是美国阻止对手发展航天技术、维护和巩固其全球领先地位的一贯策略和重要方式。在空间安全新形势下，美国更加注重利用严密、完整的航天出口管制体系，不断加大针对敌对国家和竞争对手的航天技术与产品封锁。2009 年，奥巴马启动国防出口管制体系改革，航天出口管制成为改革的焦点与难点。2013 年，经过多方博弈，美国最终确定卫星出口管制改革方案，将部分卫星及相关物项从美国军品管制清单（USML）转入商业管制清单（CCL）[①]，但严禁卫星及相关物项向中国、朝鲜和支持恐怖主义的国家出口、再出口和转让，并对转出 USML 的航天物项实施更加严格的专门管控措施[②]。美国在总体放宽航天高技术出口管制的同时，加大针对敌对国家和竞争对手的航天出口管制力度，遏制其发展，为巩固其长期领先地位创造条件，是美国在新时期维护空间安全的又一举措。

3. 特朗普政府（2017 年至今）

2017 年 1 月特朗普政府上台后，除重新启用国家航天委员会机构之外，其航天政策尚不十分明朗。尽管 2014 年美国开展《空间战略综合评审》之后，军方高调倡言空间控制，国防部装备与技术发展规划及预算也做出相应的倾斜，意欲加强美国的国家安全，但在空间“开放、拥挤、竞争、合作、对抗”趋势日益明显的时代环境下，再度强调以军事控制空间、恢复小布什政府时期的单边主义和霸权方式未必能实现美国的空间目标。

二、美国空间安全政策的发展特点

纵观美国空间安全政策与战略发展的演变过程可知：尽管各阶段美国空间安全关注焦点及采取措施不尽相同，但美国政府始终强调：空间安全对于美国至关重要，保护美国的空间利益并确保国家安全是美国空间安全政策总目标；保持美国空间霸主地位，发展军事控制空间能力是美国实现空间安全目标的根本举措。

---

① “军品管制清单”是美国务院依据《武器出口管制法》制定的《国际武器贸易条例》中的重要部分，清单所列物项的出口审批、许可证发放由国务院归口管理；“商业管制清单”是美商务部依据《出口管理法》制定的《出口管理条例》中的重要部分，清单所列物项的出口审批、许可证发放由商务部归口管理。

② 谢一涵：《“中国例外”的美国卫星出口管制政策分析》，载于《卫星应用》，2014 年第 9 期。

（一）伴随空间威慑能力的形成和发展，空间安全内涵不断丰富

美国空间威慑能力的形成和发展与核威慑战略演进及空间力量自身发展紧密结合。20世纪60年代，美国研发的大部分空间系统都用于支持核作战和威慑任务。在20世纪80年代核饱和的情况下，美国亟需寻求新的威慑形式，空间力量的蓬勃发展为之提供了思路。在20世纪90年代后冷战时代，空间力量经过战争实践的检验，日益发挥出强大的威力。空间系统是夺取制信息权的核心，可形成强大的信息不对称态势；是实施远程精确打击的关键，可形成震慑效果；是高技术条件下协同作战的指挥控制中心，可形成制敌先机。尤其是远程精确打击已经可以部分取代核威慑力量[①]。1996年，美国《国家空间政策》提出建立空间威慑，“国家空间活动应该威慑、警告，并在必要时，抵御敌方攻击”；1999年《国防部空间政策》首次系统阐述了空间威慑概念，即“威慑、警告以及如有必要抵御敌方进攻，并确保敌方不能防止美国使用空间”。2001年，美国《核态势评估报告》提出，将美国的战略力量结构由旧“三位一体”改变为新“三位一体”，确立了核威慑和空间威慑组合的复合威慑。

冷战期间及冷战后十年，美国空间力量伴随核战略而生而长，战略空间力量与核力量结合，作为核杀伤链的一个环节，不能成为攻击目标，否则就被视为挑衅和战事升级，将拉开核战序幕。空间安全的实质与焦点并不在“空间环境”与“空间资产”本身，而是利用空间，确保本国核威慑力量的建设与运用，同时免受苏联核力量的威胁与打击。冷战期间，美国与苏联展开争夺空间战略优势的竞赛，美国空间安全的关注焦点是战略弹道导弹通过空间的核打击问题，重点发展空间支持能力与空间力量增强能力；在世纪交替之际，导弹技术全球扩散，美国空间安全的关注焦点是战略弹道导弹与导弹防御系统在空间的攻防对抗问题，在优先发展空间力量增强能力的基础上，重点发展了空间控制能力与空间力量运用能力。

进入21世纪，伴随着空间威慑的确立，美国空间安全观的出发点从基于威胁向基于能力转变。美国从国家安全层面上谋划空间安全问题，将空间安全界定为：确保可持续、稳定、安全、自由地进出和利用外层空间，用以维

① 侯宇葵，侯深渊：《核威慑与空间威慑》，载于《卫星应用》，2016年第14卷第1期。

护国家重要利益①。相应地，空间安全内涵也得到进一步扩展，包括：空间活动安全、空间资产安全、空间产业安全，以及免受来自空间威胁的安全。空间活动安全包括：自由进出空间、充分利用空间，以及有效控制空间。空间资产安全包括：空间系统自身的抗毁伤，空间系统受到攻击受损时的系统重构等。空间产业安全包括：空间安全相关的航天工业基础平时的综合实力，以及战时航天工业基础能力快速响应作战需求的能力。免受来自空间威胁的安全包括：对空间天气、空间活动废弃物、地外危险天体的监测预警和应急处置等。

当前，空间安全相关问题包括在轨空间系统可能受到攻击、潜在空间武器化和日益增多的空间碎片及在轨航天器的互碰对在轨航天器的威胁、对空间资源的争夺、保障空间能力持续发展的航天工业基础，以及地外天体撞击地球的威胁等，但重点是在轨空间资产的安全问题。冷战结束后，空间力量与常规力量日益结合，空间资产从核战幕后走出，成为独立的威慑力量，也成为潜在对手攻击的目标，对空间资产的攻击不再受到核报复威胁的保护。2001年以来，空间威慑的内涵已从最初的利用空间力量实施威慑，扩展到为保护空间资产而实施威慑，在轨空间资产的安全成为美国空间安全关注的焦点。

（二）从美苏争霸到独步天下，美国空间安全政策目标发生转变

冷战期间，美国的空间安全问题与美苏争霸的对抗关系紧密结合在一起，空间安全的首要目标是利用空间争夺世界霸权，取得对苏联的空间优势。

20世纪50年代末，在美苏争霸的战略背景下，航天成就被视为国家威望、军事实力、科学技术以及国家制度优越性的重要标志，其政治影响尤为突出。加之此时受航天技术发展水平的限制，使得美国对军事航天活动地位与作用的认识尚不深入，被苏联拉入一场围绕争抢各种载人航天第一的空间竞赛中。美国启动了先锋号、丘诺号、雷神系列、宇宙神系列等多种型号的轻型火箭的研制，很快发射了首颗通信卫星（1958年12月）、光学侦察卫星发现者一号（1959年2月）、美国首颗月球探测器先驱者一号（1959年）等航天器，成功实施以阿波罗载人登月、航天飞机为代表的重大计划，抢占空

① 参见 State Department. Space Security - An American Perspective，January 31，2012，Remarks by Frank A. Rose Deputy Assistant Secretary Bureau of Arms Control，Verification and Compliance U. S. Department of State，The 7th Ilan Ramon International Space Conference。

间技术的领先地位。美国通过阿波罗工程，夺回空间优势，确立了在西方阵营中的霸主地位。20 世纪 80 年代，为打破“确保相互摧毁”战略下的恐怖平衡，在与苏联的对抗中取得绝对优势，美国以高边疆理论为基础，启动星球大战计划，以此为转折点，美国夺得空间制高点，苏联逐渐失去战略主动权。

冷战结束后，空间活动主体的数量迅速增长，各国空间技术实力不断增强，美国强调在空间的绝对优势，通过控制空间巩固其世界领导地位逐渐发展成为美国空间安全战略的总目标。

苏联解体后，美国成为世界上唯一的超级大国，没有哪个国家能够与美国抗衡。由于美国的战略地位和认识到空间的重要性，美国强调绝对空间优势和军事控制空间。美国 2006 年《国家航天政策》明确，“在新世纪，谁能有效地利用空间，谁就将享受到更大的繁荣和安全，并将比那些不具备这种能力者拥有更显著的优势……空间行动自由对美国的重要性不亚于空中力量和海上力量”。2006 年《国家航天政策》强调，美国的空间系统要不受阻碍地在空间运行或通过空间开展操作，否则将“拒止敌方利用与美国国家利益相抵触的空间能力”。2010 年以来，美国颁布一系列空间顶层政策文献，对当前空间安全战略环境、空间安全战略目标与措施等做出阐释。2010 年，美国发布《国家空间政策》，在强调发展硬实力的同时，提出构建空间新秩序，软、硬结合实现国家安全目标。2011 年，美国发布《国家安全空间战略》，提出未来 10 年的空间安全战略目标，为国防部发展军事航天提供了行动指南。2012 年，美国国防部发布《空间政策指令》，就全面落实上述空间政策与战略进行具体部署[①]。2013 年，美国助理国务卿罗斯在国家航天研讨会上发表题为《通过空间合作推进亚太再平衡战略》的报告，强调加强亚太空间合作的重要性，意图通过强化美日同盟关系、深化与印度等国家的伙伴关系，推进美国的重返亚太战略。美国拟通过全政府统一行动的方式，在全球化框架下塑造新型领导地位，综合利用控制空间。

（三）综合运用巧实力，美国空间安全战略措施得到扩展

从冷战初期依靠军事引领实现空间安全，到冷战后期空间军事化，再到 21 世纪初谋求空间霸权，美国以军事控制空间的思想得到逐步完善。

冷战初期，美国一方面完善航天组织机构，一方面大力发展空间支持与空间力量增强技术；冷战中期，为了重塑民族自信心，转向以大规模民用项

① 曹秀云：《美国的空间安全政策与战略》，载于《国防科技工业》，2013 年 6 月。

目为引导，伴随有效的空间力量增强项目；冷战后期，美国政府对军事空间利用给予政策支持，强力推行星球大战计划，发展各类军事航天能力，包括空间武器。冷战结束后，美国调整导弹防御系统，积极发展面向战术运用的军事航天装备，同时借助条约束缚，抑制俄罗斯的空间活动。21 世纪头十年，美国退出《反导条约》，发布具有浓厚军事单边主义思想的空间政策，全面发展弹道导弹防御系统，大力研发全球打击的空间攻防武器，军事控制空间意味浓厚。

但美国推行空间霸权主义的效果并不理想。2010 年之后，美国转而采取综合利用政治、经济、外交、军事等多种手段实现空间安全的战略目标。

奥巴马执政期间，既依托强大的军事实力和空间优势，又运用所谓“巧实力”策略，采取更加灵活务实的方式，力图综合运用国家权力的所有要素，通过“相互关联”的多种途径，应对空间日益拥挤、越来越具对抗性和竞争性带来的诸多挑战。

三、美国现行空间安全政策的影响分析

本部分从国内、国际两个角度分析美国现行空间安全政策可能带来的影响，包括促使国内空间武器装备获得大力发展，引发国际空间军备竞赛，国际空间安全规则话语权争夺日趋激烈，同时对我国的空间安全产生重大影响。

（一）空间领域对抗性增强，美国空间控制装备成发展重点

近年来，美军不断强调，国际空间对抗性日益突出，美国空间资产正受到严重威胁①。在此背景下，美军决定重点发展空间控制装备，增大投资应对空间威胁。美军空间武器装备的发展重点主要包括：

1. 空间态势感知重在填补能力缺口

针对现有空间监视传感器不能探测、跟踪或确定深空的小型先进航天器的未来位置和潜在威胁，对地球同步轨道的服务任务也需要灵敏的空间态势感知能力；多种类型传感器生成的数据有待实现进一步集成融合和可视化等新问题和新需求，美军主要采取两大措施填补现有能力缺口，一是升级现有传感器与系统，二是研发新型传感器与系统。

升级现有传感器与系统的工作主要包括：升级专用传感器，包括艾格林

---

① 参见 Mike Gruss. Maneuvering Russian Satellite Has Everyone’s Attention，July 17，2015。

传感器，以及地基光电深空监视传感器（迪戈加西亚、毛伊、赛贡多）；升级兼用传感器，包括弹道导弹预警系统传感器（克利尔、菲林代尔斯、图勒），丹麦眼镜蛇（谢米亚岛），以及海射弹道导弹传感器（比尔、科德角）；迁移重要的传感器，包括空间监视望远镜（SST）和 C 波段雷达；更新联合空间作战中心（JSpOC）任务系统、升级专用空间指挥与控制-达尔文任务系统，升级空间天气分析与预测系统、升级气象传感器网络。研发新型传感器与系统的工作主要包括：建造空间篱笆地基雷达、气象系统后继星高能带电粒子传感器、天基空间监视系统（SBSS）后继星、作战响应空间-5（ORS-5）卫星、地基下一代电离层探测器、空间监视望远镜；实施联合空间作战中心任务系统（JMS）-增量 2、JMS-增量 3、服务任务系统的空间疆域感知项目、特征（Hallmark）项目（见图 2）①。

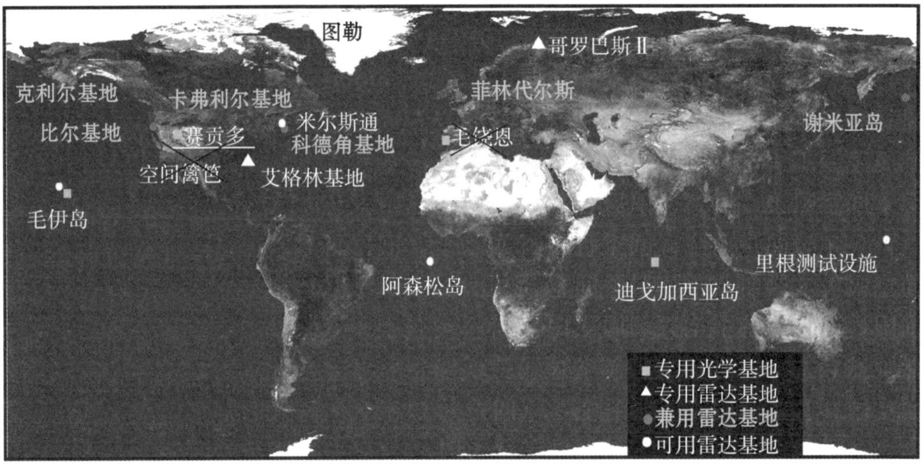

图 2　美国空间监视网地基传感器与系统全球布站图

其中，“空间篱笆”采用高效率的氮化镓功率放大器、单片微波集成电路、规模可调数字波束形成器等关键技术，以调频脉冲信号朝东西方向扫描，探测目标数量提高 20 倍，最大探测高度提高 2 倍。该雷达可在无预先提示或指派任务的情况下，发现、锁定并测量所有中低轨目标，重点是尺寸≥5 厘米的目标。SST 旨在研发并演示验证先进的地基光学系统，探测并跟踪空间晦暗目标，实现从地面对深空无提示目标进行探测，提供快速、广域的搜索能

① 参见 GAO Space Situational Awareness Efforts and Planned Budgets，October 8，2015。

力，形成的数据还将用于数据分析与融合。SST采用弯曲焦平面阵列技术，其探测灵敏度、数据采集速度提高约一个数量级。望远镜迁移到澳大利亚之后，能跟踪更多地球同步轨道目标。SBSS后继设计及研发项目为系统提供天基空间态势感知分析、研究及研发。该项目已经进行初始系统后继方案分析及方案精选，将利用“作战响应空间-5”（ORS-5）任务验证的技术开始有效载荷研发。空间疆域感知项目旨在研发并演示验证一种运行框架及响应型防御系统应用，以此增强天基资源的有效性。该项目在两个领域研究革命性技术，一是先进空间监视传感器技术，以便更好地探测、跟踪和表征空间目标，重点是深空目标；二是空间监视数据收集及数据处理/融合，用于提供数据的自动协同。JMS项目主要是软件工作，形成一体化、以网络为中心的面向服务的体系架构（SOA），并提供必要的软件应用满足所需任务。此项目还将利用“以网络为中心的传感器与数据源”项目取得的成果，整合来自空间态势感知传感器的数据。增量-3项目是2016财年的新启动项目，提供任务应用，将提供稳固的、快速响应的战斗管理指挥、控制与通信（BMC3），使空间联合职能司令部能够应对新兴威胁①。

2. 大量部署已具备实战能力的动能武器

反导系统大都具备反近地轨道卫星的实战能力。2004年，美国开始部署能够在大气层外拦截弹道导弹的战略导弹防御系统，该系统在一定程度上具有反近地轨道卫星的能力。随着陆基中段、海基中段导弹防御系统的部署，美国已具备陆、海基动能反卫星的实战能力。2008年，美军利用改装的海基标准-3导弹摧毁本国一颗失控的间谍卫星；2014年，美国外空杀伤拦截器拦截一枚中程弹道导弹。截至2012年底，美国已部署30枚陆基中段防御拦截弹，100多枚海基标准-3导弹。预计2017年美国将部署44枚陆基中段防御拦截弹；2019年，将携带标准-3导弹的宙斯盾舰数将增至43艘。

3. 促使定向能武器进一步实现实战部署

美军持续发展激光武器并促成其走向实战部署，并对已部署的射频武器实施升级。

在对早期机载激光器研究的基础上，美军正在通过“持久”专项，重点研究可由飞机装配的吊舱式激光武器，用以击毁来袭导弹。美军认为，高能机载激光武器已达装机就绪水平，可作为防御性武器击毁导弹或应对其他威

① 参见Maj Michael Morton. Joint Space Operations Center（JSpOC）Mission System（JMS），2011。

胁。美国正在实施的另一项空基高能激光反卫星计划仍处于技术验证阶段。该计划旨在利用空基高能激光，借助卫星反射镜，对地面、空中及轨道目标实施打击。

2015 年，美军继续推进研发、集成并测试卫星通信对抗系统（CCS）预规划产品改进项目，目的是采取增量方式提供地基通信对抗系统 Block 20 能力。CCS 是软杀伤反卫星武器系统，利用射频能量干扰卫星上行/下行链路，可暂时且可逆地干扰卫星通信但不烧毁元器件。该系统 2004 年具备初始作战能力，目前至少已有 7 套 CCS 全面运行。此外，美国正在研制天基高功率微波武器。这是一种杀伤地面、空中和空间目标的武器，由低轨道的卫星星群构成，它可把超宽带微波能导向目标，并在目标区的几十到上百米范围内产生高电场，从而摧毁或损坏任何电子部件。

4. 推进空间操控武器开展技术可行性的在轨验证

在前期基于微小卫星在轨操作技术演示验证的基础上①，美国持续推进空间碎片主动移除技术和空间机器人在轨服务技术研究，为日后发展空间操控武器在轨验证技术可行性。这些项目涉及的渔网抓捕技术、服务星的远程机动技术、与非合作目标的交会与逼近技术、卫星识别技术、机械手捕获卫星技术、在轨切割卫星天线和拧取部件的操作技术等，均可用于侦察和攻击在轨卫星。综合运用这些技术可以精准毁伤轨道目标。

目前，美国已在轨部署利用弹簧能量释放轻质紧凑型薄膜，拉紧后产生足够的拖拽力使航天器脱轨；美国还利用微重力环境，验证了利用简单的充气管部署渔网捕捞碎片。已经开展的机器人服务在轨演示验证包括在轨燃料加注与在轨模块更换技术，正在推进和拟定研发的技术包括在轨燃料加注、在轨组装模块化航天器、在轨制造大型空间结构、机器人卫星服务等。其中，凤凰项目将检验利用搭载能力将硬件送入地球静止轨道（GEO），支持卫星的升级、维修、组装及重构。凤凰项目包括早期的细胞星近地轨道飞行试验，目的是探寻模块化在轨组装风险降低途径。静止轨道卫星机器人服务项目源自凤凰项目，将在地球静止轨道开展机器人操作，与现有卫星所有者全面合作，实施多种潜在的服务任务，实现高轨空间机器人的业务化操作②。

---

① 21 世纪以来，美国通过“试验卫星系统（XSS）”、“轨道快车”项目等，验证了多种在轨操作技术。

② 拟提供的服务包括：处理机械故障（诸如太阳能阵列部署）；提供辅助推进，增强业务卫星编队的灵活性；利用摄像机系统实施非常详细的检视，帮助找出卫星问题所在；提高 GEO 运行透明度等。

5. 完成天基武器平台技术的试验鉴定

2010—2015年，美军两架X-37B轨道试验飞行器（OTV）先后四次入轨①，并长期在轨飞行。前三次重点试验飞行器本身的技术；第四次重点作为空间平台，在空间环境下测试霍尔推进器和材料等，意味着美军基本完成空间机动飞行器技术的试验鉴定工作，可天地往返的空间机动平台技术取得里程碑式进展。X-37B空间机动能力强，具有快速部署小卫星、提供在轨服务、甚至攻击/捕获敌方卫星的潜力。基于X-37B技术，有望实现可重复使用军用空天飞机，执行多种作战任务。

6. 寻求快速响应进入空间的能力

借助“试验航天飞机”等项目开发的技术，能在空间系统受到攻击受损后实现快速发射补网，使空间系统更易于维持、更有效并具有更强的生存能力，将成为防御性空间对抗的重要技术途径。

美军正在实施的试验航天飞机-1项目将使有关技术成熟化并实现低成本、持久、快速响应空间进入和全球到达。以前的工作中已经确定并验证的关键性赋能技术包括：复合材料或轻质结构、推进剂贮箱、热防护系统、火箭推进、先进的航空电子设备以及软件。至关重要的技术缺口是把这些整合进一次飞行验证，使其能够提供与航空器类似的能力。空中发射辅助空间进入项目有4个目标：一是单次发射成本降至100万美元以下，利用简化设计、基础设施最小化、靶场支持等，实现此目标；二是实现命令下达后24小时内发射；三是通过采用空中发射的方式，避免受固定发射场的地域、方向限制；四是验证在12小时内从一个机场转移至另一机场进行发射操作所需的技术。尽管该项目现已取消，但已经取得的技术成就，将转化到其他项目中，用以继续发展相关能力。

（二）引发国际外空军备竞赛，多国隐蔽发展空间攻防对抗装备

美国以空间系统面临日益严重的安全威胁、维护国际空间环境可持续发展及稳定发展的名义，大力发展新型空间攻防技术和赋能技术，引发了多国外空军备竞赛的持续升温，促使更多国家从政策层面上强化空间安全，多渠道发展空间攻防对抗装备。

更多国家从政策层面上强化空间安全。近年来，英国、日本等国先后发布与美国类似的空间安全政策，都提出将综合利用政治、经济、军事、外交

---

① 2010年与2012年入轨的是同一架飞行器；2011年与2015年入轨的是同一架飞行器。

等手段，维护空间既得利益，确保空间生存安全与发展安全。继 2011 年美国发布《国家安全空间战略》提出三个空间安全战略目标和五项战略措施，英国于 2014 年发布《国家空间安全政策》，提出四个战略目标和多项战略措施[①]。2015 年，日本发布第三版《航天基本计划》，以空间系统遭受攻击的风险加大为由，明确将“保障空间安全”放在航天政策目标的首位，成为全球第三个通过国家层面文件确定空间安全重要性的国家。日本提出为应对空间垃圾和对卫星攻击的风险，提高空间系统整体弹性、开发碎片移除技术等空间安全措施，加剧了国际外空军备竞赛的色彩。

美俄弹道导弹攻防对抗趋势增强。近年来，美国以应对伊朗导弹威胁为借口，并以该系统并非针对俄罗斯为幌子，执意推进欧洲反导计划。按计划，欧洲反导计划的第二阶段已在 2015 年底基本完成，实现多艘战舰在地中海巡航，在土耳其、罗马尼亚部署反导系统。俄罗斯也在致力于构建新型反导系统。其新一代天基预警系统针对美国的天基红外系统设计，具备全天候监视、跟踪美欧的洲际导弹、潜射弹道导弹和战术导弹发射的能力，同时还可以连续观测和发现地表核爆炸。美俄两国发展战略弹道导弹防御体系各有侧重：美国强调陆基、海基多系统全程拦截，俄罗斯则采取陆基战略防御与非战略防御相辅的拦截方式；美国重点发展海基防御系统，俄罗斯优先发展战略预警能力与非战略防御系统；美国采取破片杀伤原理并发展通用杀伤拦截方式，俄罗斯则采取核爆与常规破片杀伤组合拦截；美国采用边试验、边部署、边集成的螺旋升级模式进行研发测试和部署，俄罗斯采取恢复、改进与研制部署相结合的发展模式。此外，围绕《中导条约》，双方也展开了激烈交锋。

多国以移除空间碎片和在轨服务的名义，发展具有空间攻防对抗潜力的赋能技术。其中，空间碎片主动移除技术已开展在轨演示验证。欧洲在轨演示验证了利用太阳辐射增压太阳帆而使目标脱轨的技术；日本验证了利用母星释放绳系小卫星移除空间碎片的方案；美国已在轨部署利用弹簧能量释放轻质紧凑型薄膜，拉紧后产生足够的拖拽力使航天器脱轨。美国还利用微重力环境，验证了利用简单的充气管部署渔网捕捞碎片；欧洲在失重条件下验证了利用飞网抓捕模拟卫星的方案。此外，国际科学家小组正在研究在大型

① 英国提出的四个战略目标包括：一是使英国应对空间服务和能力遭受破坏的风险时（包括来自空间天气的风险）更具抗毁能力；二是通过空间增强英国的国家安全利益；三是提倡平安且更加安全的空间环境；四是使工业界和学术界能够利用科学、抓住商业机遇，支持国家空间安全利益。尽管内容表述不尽相同，实施手段各具特色，但英国《国家空间安全政策》的实质与美国《国家空间安全战略》提出的战略目标可谓如出一辙。

空间平台上部署高效激光系统移除空间碎片。空间机器人在轨服务技术正在陆续开展在轨验证。在前期基于微小卫星在轨操作技术演示验证的基础上，美日等国家持续推进空间机器人在轨服务技术研究，已经开展在轨演示验证的包括：在轨燃料加注与在轨模块更换技术；正在推进和拟定研发的技术包括：在轨燃料加注、在轨组装模块化航天器、在轨制造大型空间结构、机器人卫星服务等。

（三）外空治理难度加大，主导规则制定话语权成为大国博弈焦点

美国坚持发展本国空间武器，增大外空治理难度；同时促成主导外空活动规则制定成为大国博弈的焦点，话语权争夺日趋激烈。

1. 美国执意推行外空武器化，增加外空活动治理难度

美国一贯主张不受束缚地发展本国空间武器。美国 2010 年《国家航天政策》表明其坚持大力发展空间攻防技术与装备、全面提升空间对抗作战能力、谋求空间霸权的思想。2011 年《国家安全空间战略》更清晰地表达其坚持不放弃动用武力的原则；美国要保持强大的空间威慑，继续发展空间武器以达到控制空间的目的。2014 年底，美国国会要求国防部重点研发空间对抗能力，用于“积极防御”行动和“攻击性”行为。

美国 2010 年《国家空间政策》指出，“美国认为，各国的空间系统均有权不受干扰地通过空间和在空间运行。有意干扰空间系统，包括干扰配套基础设施，将被认为是对一国权利的侵犯。美国将动用各种措施来帮助确保所有负责任各方的空间利用，并依照固有的自卫权吓阻他方不要从事干扰和攻击行为，保卫我们的空间系统并帮助保卫盟国的空间系统，并在吓阻失败的情况下挫败对这些空间系统的攻击行为。”国防部长应“建立能力、规划和选项，以吓阻、防御及在必要时挫败干扰或攻击美国或盟国空间系统的行为；维护实施空间支持、力量增强、空间控制和力量运用任务的能力。”2011 年《国家安全空间战略》指出，不但要“慑退针对美国空间基础设施的侵犯行为”，还要“准备挫败攻击并在降效环境下作战”。美国空间政策明确将“和平目的”理解为“非攻击性”，为此，新空间政策要求美国国防部等机构“根据威胁环境的变化，研发并应用先进技术及能力”，“发展和实施那些对于国家重要安全利益至关重要的计划、程序、技术和能力，包括空间资产的快速修复”，为美国推进外空武器化提供政策支持。美国《2015 财年国防授权法》阐述了实施“多层面空间安全和防御计划”的必要性，呼吁国防部长和国家情报局长就进攻性空间作战的应用展开研究，并要求 2015 年空间安全和国防

计划预算大多数用于发展进攻性空间控制和积极防御战略及能力。美国官员曾向国会明确表示：加入任何国际准则都不能对美国发展空间武器产生负面影响。充分利用法律手段确保自由进出外空、利用外空、控制外空，成为美国制定实施国家安全战略、建立国际竞争新优势的重要内容。尽管世界各国都主张外层空间是人类共有的领域，各国均拥有和平开发利用外层空间的权利，积极反对空间武器化，但美国执意推行外空武器化，使国际社会意见难趋一致，增加外空活动治理难度①。

2. 明确反对外空禁武条约，争夺外空活动规则制定主导权

美国明确反对中俄提出的外空禁武条约草案，转而强调外层空间的“透明与建立信任措施”（TCBMs）。为了限制外空武器化，2002 年，中俄等国家向联合国裁军大会提交了《关于未来防止在外空部署武器、对外空物体使用或威胁使用武力国际法律文书要点》（建议的条约名称为《防止在外空部署武器、对外空物体使用或威胁使用武力条约》，即 PPWT），此后又多次向联合国裁军大会提出草案修改稿。但在裁军大会上，美国以缺乏验证机制等为由，阻碍 PPWT 谈判。目前，包括《外空条约》在内的联合国所有有关空间利用的文件，都明确规定人类“和平”利用外空，但国际社会对“和平”一词并未形成统一的权威界定。美国坚持认为，空间军事利用并非不是“和平利用”，许多空间军事利用能够对维持和平作出贡献。

2008 年，联大邀请会员国“提出关于国际外层空间的透明与建立信任措施（TCBMs）的具体建议”，欧盟提出《外空活动国际行为准则》（草案），并推动该准则在联合国开放签署。2012 年初，美国一反初始的暧昧态度，支持欧盟草案，并推出美版准则“内容概要说明”，力图夺回主导权。与此同时，美国与日本、澳大利亚、印度开展了空间安全对话，探讨共同制定外空行为准则等问题。美国还与多国签署空间态势感知协议，建立国际空间利益联盟，共享空间态势感知信息，提高外空活动透明度。截至 2016 年 4 月，美国已与 11 个国家②，欧空局与欧盟气象卫星研究组织以及 50 多个商业实体签署了空间态势感知数据共享协议。美国还将向澳大利亚迁移功能强大的空间态势感知装备，并协助日本发展空间安全能力。美国希望通过主导制定国际空间新秩序，建立国际空间利益联盟，构建有利于本国的空间安全环境和态

---

① 孙雪岩，何奇松：《太空安全治理的五个倡议刍议》，载于《北京理工大学学报（社会科学版）》，2013 年第 15 卷第 4 期。

② 分别是：法国、英国、德国、意大利、西班牙、加拿大、日本、韩国、澳大利亚、以色列、阿联酋。

势，在约束和监督对手的同时，又不捆住自己的手脚。

（四）多途径维护本国利益，我国空间安全面临更加迫切的现实威胁

美国多方维护其空间安全的举措主要包括四个方面，即增强空间态势感知能力、发展空间攻防对抗武器、建立国际空间利益联盟、主导建立国际空间新秩序。这些举措对我国空间安全形成诸多不利影响。

增强空间态势感知能力的影响：我国的空间活动将处于美国的严密监视之下。近年来，美国以缔结“国际空间联盟”为由，联合英、法、日、澳等多国，加强空间态势感知能力建设，进一步监视其他国家的空间活动，对其他国家的有限制天权带来重大挑战。从近期美国频繁披露俄罗斯利用小卫星开展在轨机动测试的信息看，从开始机动到完成在轨交会，俄罗斯军星运行的整个过程都在美军的严密监控之下，显示出美国强大的空间侦察监视能力。目前，美国仍在加强空间侦察监视能力建设，预计 2020 年前后，将有能力及时侦察监视低轨大于 1 厘米、高轨大于 10 厘米的目标，将形成航天器在轨活动全过程的跟踪监视能力，使我国包括航天器在轨运行和机动变轨在内的空间活动都在其密切监视之下。

发展空间攻防对抗武器的影响：我国高轨高价值空间资产受到美军空间武器的直接威胁。近十多年来，美国已将空间目标打击能力建设的重点从研制部署地基系统扩展到开发验证新一代天基反卫星武器的关键技术上，试验验证了天基自主接近目标卫星和对其进行近距离观测、捕获、操控等技术和能力。与地基系统相比，新一代天基反卫星武器具有很强的隐蔽性，可以在轨燃料加注、空间碎片移除等名义发展，便于“以民掩军”，国际政治影响小；距离目标近，可利用射频、激光、电子干扰等手段对目标实施“软杀伤”，也可通过碰撞等多种手段实现“硬杀伤”，具有更大的作战灵活性和隐蔽性；可以对部署在高轨道的军事通信、导航、导弹预警等高价值战略卫星构成威胁。目前，我国在地球同步轨道运行着高价值空间资产，具有重要的战略意义。随着美军获得按需访问地球同步轨道目标的能力，空间态势感知能力与打击能力大幅提升，将对我国同步轨道内的战略资产带来严重威胁，进而获得战略上的不对称优势。

建立国际空间利益联盟的影响：我国的战略生存空间将受到限制。继 2010 年美日建立空间安全关系，开展首次空间安全对话之后，双方于 2013 年启动全面空间对话，第三版《日美防卫合作指针》又要求在两国防长之间设立空间合作工作组，并力促改善三边及多边安全与防御合作。此外，美国、

日本、澳大利亚三国开展了年度空间安全对话，尝试从战略层面确立多边空间关系，以政府一体化的方式应对空间安全问题。2015 年，美国与印度开展首次空间安全对话①。美国与我国周边重要的亚太国家在战略层面上开展空间安全对话已成为国际空间安全形势发展的新态势，我国的战略生存空间或将受到限制。

主导建立国际空间新秩序对我国的影响：我国国际空间活动的话语权及利益将受到挑战②。美国出于维护其在空间领域的霸权地位考虑，反对空间军备控制，退而求其次地寻求制定新的空间行为规范。如果美国成功主导建立国际空间新秩序，将对我国国际空间活动的话语权及利益造成挑战。美国 2011 年《国家空间安全战略》提出，由美国主导制定国际空间行为准则，且强调各国都应遵守行为准则，意味着美国将通过建立规则的方式强制各国遵循和服从美国的意志与利益。美国不断指责我国是不负责任的国家，其《国家空间安全战略》宣称，“负责任的国家可以进入空间并能从空间活动中获益”，意味着美国一旦主导建立国际空间新秩序，将可能对我国的合理诉求行使否决权。

四、对策与建议

通过前面对美国空间安全政策发展及影响的研究，我们有针对性地提出维护我国空间安全的策略与建议，具体包括：

（一）适时制定符合我国大国利益的空间安全政策

航天技术的兴起和发展，使国家的战略纵深进一步延伸到外层空间，形成了一个空天地一体化、多维交融的战略新疆域。空间已经成为世界大国维护国家安全与利益所必须关注和占据的战略“制高点”。空间安全直接关系到国家安全和发展，已成为国家安全新的重要领域。目前，已有越来越多的国家从政策层面表达了对空间安全的高度关注。作为最早发展航天技术的国家之一，美国从其涉足外层空间伊始，即对空间安全给予大量关注。随着美国航天技术的不断进步，对空间安全的关注程度也在与日俱增，在历次发布的

① 对话主题包括探讨共同制定外层空间活动行为准则，以及确立空间态势感知及海上态势感知数据共享合作关系等问题。

② 何奇松：《太空安全问题及其多边主义博弈》，载于《现代国际关系》，2012 年第 5 期。

《国家空间政策》中均有重点表述。2011 年，美国历经 10 年研究发布首份《国家安全空间战略》，系统阐述了其国家层面的空间安全战略。其中强调，国防部和情报机构与美国政府的其他机构和部门协调、合作，要进一步制定各项政策、战略和条例，要以“全政府统一行动”保证空间安全。美国已经认识到，空间安全涉及国家安全多方面的权益，研究制定空间安全战略措施必须加强顶层领导和各方面的权衡、协调。

当前，我国站在新的历史起点上，面临的国家安全形势和挑战比以往任何时候都要更加复杂严峻。伴随着航天强国的建设进程，我国应坚持总体国家安全观，全面推进外空领域国家安全体系建设，全面深入研究并适时制定、发布符合我国大国利益的空间安全政策，正式对外宣贯我国的空间安全观。我国已于 2015 年 7 月发布新版《国家安全法》，部分填补了关于空间战略安全、空间资产安全、空间物体运行安全管理等方面的法律空白，在中国特色社会主义法律体系建设中可谓历史性突破[①]。在此基础上，研究制定我国空间安全政策要全面考虑国家安全对空间安全的各种需求及其重要性排序，明确我国的空间安全概念，确保突出重点、协调发展。同时重视研究空间环境变化、国际空间活动行为准则制定对我国产生的影响和应对措施。在空间安全方面，我国不但要维护本国空间安全，消弭军事强国空间系统提供的作战优势和战略防御优势，打赢信息化条件下的局部战争、进行区域联合作战保障我方空间信息系统的安全、稳定，而且要树立负责任航天大国的正面形象，在空间碎片治理、国际空间灾害预防及治理方面，发挥积极的作用。

（二）积极有效参与国际空间安全治理规则制定

积极参与国际空间安全规则制定已成为主要航天国家维护本国空间安全的重要手段。美国新时期的空间安全策略已从单纯的军事行动拓展到综合运用政治、经济、外交与军事等国家权力的所有要素，既强调制定国际准则、构建空间利益联盟等“软”实力，也不放弃武力攻击等“硬”手段。美国借欧盟先前制定的《外空活动国际行为准则》，联合欧盟、日本、澳大利亚和印度等国研究制定新的国际空间行为规范，试图夺回规范制定的主导权。持续推动与日本、澳大利亚、印度等国的空间安全对话，尝试建立由其主导的国际空间秩序，限制其他国家为维护本国空间安全而发展空间对抗能力。国际

① 张振军：《新版〈国家安全法〉与中国航天事业的战略使命》，载于《中国航天》，2015 年第 7 期。

空间行为规范对各国外层空间的活动、行为有一定的政治约束力，但准则与条约不同，不具有条约的签约国必须遵守的法律约束力。

我国在积极参与国际空间安全规则制定方面，已经有所举措，并取得一定成绩。2016年2月，我国正式向联合国递交《中国关于“外空活动长期可持续性”问题的立场文件》[①]。面对新的发展形势，我国需要认真研究国际空间行为规范带来的政治、军事、外交等影响及其对准则制定国家和其他国家的约束范围与力度，保护我国空间安全利益。与此同时，在外交风格上，要进一步增强战略使命感和时代紧迫感，主动适应新常态和新形势，把国家安全与航天事业发展大局紧密地结合起来，自觉做到守土有责、守土负责[②]，有力、有效地介入到国际空间行为规范的制定中，大胆发声，表达立场与关切，切实维护我国的安全利益，推动国际空间治理体系和治理能力现代化、法治化。

（三）广泛开展合作营造互利共赢的国际空间安全新环境

与国际伙伴广泛开展空间合作是当前国际空间环境的重要特点之一。时至今日，国际关系日趋复杂，国际关系的价值取向不再是简单的“非合作即对抗”，广泛开展国际空间合作是航天领域的大势所趋，国际合作已经成为维护国家空间安全的必要手段。奥巴马政府强调综合运用政治、外交等所有国家力量，开展国际合作，建立空间新秩序和空间联盟，维护并加强其空间安全与空间利益。近年来，美国继续落实其“谋求新型领导地位，综合控制空间”的战略思想，在与欧洲传统盟友加强空间合作的同时，强化与亚太盟友的空间安全对话。目前，美国已经与11个国家、两个国际组织、50多个商业实体签署了空间态势感知数据共享协议。美国还重点与日本、印度开展了空间安全对话，希望通过合作推进其“亚太再平衡”战略。

复杂的国际关系给我国发展带来严峻挑战，同时也为推动我国与外部世界关系的发展提供了更多的选择和回旋余地。我国应以航天大国应有的胸襟与气度，制定适应时代形势的国际化航天发展战略路线图，借助“一带一路”倡议的东风，在深化已有航天合作关系的同时，着力突破美国对我国的制裁与限制，在深空探测等合作热点问题方面开展务实合作。要高度重视与“一带一路”国家开展多边合作，着力营造互利共赢的国际空间安全新环境。

---

① A/AC. 105/C. 1/2016/CRP. 13，联合国外空司官方网站。

② 张振军：《新版〈国家安全法〉与中国航天事业的战略使命》，载于《中国航天》，2015年第7期。

（四）大力提高我国空间态势感知能力

空间态势感知能力是一国获得战略侦察制高点的重要依托。为取得对苏联的空间优势，美国在冷战时期就已形成低轨空间目标探测、跟踪、识别和定轨能力。随着时代的发展，美国不断强化其空间态势感知能力。迄今，美国不但建成全球布站、天地一体的空间监视网，拥有世界上最强大的空间态势感知能力，而且将空间态势感知排列在美军空间任务领域的首要位置，继续推进重点发展项目，填补现有能力缺口。未来美军将形成对航天器在轨活动全过程的跟踪监视能力，使整个空间对美国更加单向透明①。

我国应在已有空间监测能力基础上，构建天地一体化的空间目标监测系统，尤其要加强天基空间侦察、监测装备的研制与应用，提升我国空间态势感知能力，掌握空间对抗的制信息权。强大的空间态势感知能力，不但可以有助于我国更好地辨别有意攻击、技术故障或环境干扰，避免误判产生的敌对行为，还有助于增强空间活动的透明度与互信度，进而增强空间环境的整体稳定性。

（五）加快发展我国航天工业基础能力

健康的航天工业基础能力是确保一国空间安全的基本保障。美国航天政策不断演变，但其始终强调构建强健、灵活、富有竞争力的航天工业基础。为维持完备而强大的国防工业基础，确保政府对包括航天工业在内的国防工业基础情况的全面掌握，美国政府一直重视对工业基础的审查和监管。通过立法要求国防部每年向国会提交《年度工业能力评估报告》，同时每4年提交一份《四年防务评估报告》。2011年，美国发布《国家安全空间战略》，提出要加大对航天工业基础的投入；充分利用民用航天部门、商业航天力量等多种资源加强空间工业基础实力；2012年，美国空军、NASA、国家侦察局等部门合作开展的面向空间产业的“深潜”评估，以前所未有的详细程度，全面了解支撑国防、情报、民用和商业空间领域产品和服务研发、生产和维护的错综复杂的供应链网络，确保空间产业健康、协调、可持续发展，从而培育更强大、高效、快速响应的航天工业基础。2013年，美国确定航天出口管制改革方案，使其既能保护敏感核心技术，对敌对国家和竞争对手进行更为

① 2014年，美国发射两颗“地球同步轨道空间态势感知计划”（GSSAP）卫星。经过约一年的在轨测试，现已获得初始运行能力。GSSAP卫星将使美军高轨目标巡视侦察能力获得大幅提升。

严格的技术封锁，又有利于美国企业在国际市场获得更大的竞争优势和机会。

我国应加快发展航天科技工业基础能力，进一步提升自主创新能力。加强航天基础性、前沿性、前瞻性技术的研究与开发，全面提升航天产品自主保障能力。把握先进制造发展潮流，变革航天科研生产组织管理模式，提高管理效率、提升产品质量。开展航天工业基础评估，全面了解航天工业基础能力现状，为后续发展做好准备。

参考文献

[1] 北上．风起青萍——星球大战计划诞生之回顾［J］．现代兵器，2010.

[2] 何世华．艾森豪威尔政府的外层空间政策及其影响［J］．东北师大学报（哲学社会科学版），2001（2）．

[3] 侯宇葵，等．美国航天政策的演变与布什新空间计划［J］．卫星应用，2004（2）．

[4] 李津军，等．空间威慑战略刍议［J］．中国军事科学，2002（1）．

[5] 侯宇葵，等．核威慑与空间威慑［J］．卫星应用，2006，14（1）．

[6] 何奇松．脆弱的高边疆：后冷战时代美国太空威慑的战略困境［J］．中国社会科学，2012（4）．

[7] 周黎妮，等．太空威慑与核威慑比较研究［J］．国防科技，2015.

[8] 方勇．信息时代战略威慑新高地——美国空间威慑战略分析［J］．国际太空，2016（6）．

[9] 杨秀敏．美国侦察卫星近年来的发展［J］．1982.

[10] 程永曾．里根政府的全国空间政策咨文简介［J］．1988.

[11] 罗伯特·M. 鲍曼．里根“星球大战”演说，星球大战——防御星还是死亡星（附录B）［M］．程不时，叶惠民译，上海：上海科学普及出版社，1988.

[12] 李红军．美国弹道导弹防御系统发展及启示［J］．装备参考，2015（27）．

[13] 谭家骥，等．美国军事卫星通信系统发展概况［J］．军事通信技术，1985（14）．

[14] 刘晓恩．转型下的美军空间力量发展［J］．中国航天，2004（11）．

[15] 但金城，等．“飞行转型”计划出台：美军欲独霸太空［J］．中国国防报，2004（6）．

[16] 李旭，等．美俄军事卫星系统发展现状与趋势［J］．国防科技，2015.

[17] 焦亮．试析美国空军新版《空间作战》条令［J］．外国军事学术，2007（5）．

[18] 孙哲，等．奥巴马政府战略中心东移对美俄关系的影响［J］．美国研究，2013（1）．

[19] Hillary Rodham Clinton，America’s Pacific Century，Foreign Policy，November

2011，www. state. gov. secretary/rm/2009a/117345，htm.

［20］ US Department of Defense，Sustaining US Global Leadership：Priorities for 21st Century Defense. January 2012，www. defense. gov/……/Defense _ Strategic _ Guidance. pdf.

［21］ 徐鹏，等．构建以美国为主导的世界空间新秩序——美国 2010 年版国家空间政策评析［J］.863 航空航天技术，2010（8）.

［22］ Air Force Space Command Resiliency and Disaggregated Space Architectures White Paper，April 2013.

［23］ 李滨．美俄卫星相撞事件中的国际法问题探析［J］．北京航空航天大学学报，2011，24（4）.

［24］ The Future of Milsatcom，Center for Strategic and Budgetary Assessments，2013.

［25］ 张占月．美国新版《空间作战》条令浅析［J］．装备指挥技术学院学报，2009（5）.

［26］ 张占月．美国新版《空间作战》条令剖析［J］.863 航天航空技术，2013（8）.

［27］ 王若衡，等．英国《国家空间安全政策》解读［J］．中国航天，2014.

［28］ 宇宙開発戦略本部．宇宙基本計画，平成 27 年（2015 年）.

［29］ 李云，等．日本加速军事航天能力建设值得警惕［J］．专题研究，2014.

［30］ 张振军．美国外空安全新政策及其国际影响［J］．北京理工大学学报（社会科学版），2013.

［31］ 曹秀云．美国的空间安全政策与战略［J］．国防科技工业，2013.

［32］ 谢一涵．“中国例外”的美国卫星出口管制政策分析［J］．卫星应用，2014（9）.

［33］ 何奇松．太空安全问题及其多边主义博弈［J］．现代国际关系，2012（5）.

［34］ 刘栋．有效的空间控制战略将确保美国的空间优势地位［J］．防务视点，2015（2）.

［35］ 尹玉海．反卫星武器的国际法律规制浅析［J］．空间法学研究年刊，2014.

［36］ James Clay Moltz. The Politics of Space Security［J］，2011.

［37］ Jim R. Holmes & James J. Rrzystup，eds.，Between Diplomacy and Deterrence：Strategies for U. S. Relation with China［J］. The Heritage Foundation，1997，foreword.

［38］ 尹玉海．国际空间立法概览［M］．中国民主法制出版社，2005.

［39］ 杨毅．中国国家安全战略构想［M］．时事出版社，2009.

［40］ US National Security Space Strategy，2011.

［41］ 王克，等．国外空间目标监视系统组织体制研究［J］．学术论文，2010.

［42］ 李智，等．外空安全治理及对策研究［J］．空间法学研究年刊，2014.

［43］ 刘馨阳．中国国防科技研发投入特点及对策分析［J］．北京航空航天大学学报，2013（5）.

[44] 姚立佳，等．美外交关系委员会分析弹道导弹防御 [J]．防务视点，2014 (11)．
[45] 陈亨轩，等．俄美战略导弹防御体系实战化能力发展对比研究 [J]．外军导弹装备发展动态，2014 (1)．
[46] GAO Space Situational Awareness Efforts and Planned Budgets，October 8，2015.
[47] 张冬青，等．美俄围绕《中导条约》的争议及其未来走向 [J]．战术导弹技术，2015 (1)．
[48] 戴阳利，等．航天强国发展与启示 [J]．卫星应用，2014 (3)．
[49] 李寿平．美国奥巴马政府空间政策及其对国际空间法的影响 [J]．北京理工大学学报，2012.
[50] 张振军．新版《国家安全法》与中国航天事业的战略使命 [J]．中国航天，2015 (7)．
[51] SPACE SECURITY INDEX 2015，WWW. SPACESECURITYINDEX. ORG.
[52] 中国政府提交联合国外空委的《中国关于“外空活动长期可持续性”问题的立场文件》，2016 年 2 月，A/AC. 105/C. 1/2016/CRP. 13，联合国外空司官方网站．
[53] Wilson W. S. Wong. Military Space Power，A Guide to the Issues [M]，国防工业出版社，2012.

课题主持人简介

许红英，女，中国航天系统科学与工程研究院高级工程师，专业研究方向：空间安全与空间对抗。主要业绩与研究成果包括：《国外空间安全态势分析与研究》《世界太空态势评估研究》《国外空间安全体系与核心技术分析研究》《国外航天器在轨服务与服务技术研究》《美军航天装备发展演变规律研究》等。

关于近地空间安全的法律问题研究*

中国运载火箭技术研究院课题组

目　录

* 本文为中国空间法学会2015—2016年度第5号学术课题研究项目结题报告，荣获中国空间法学会2015—2016年度学术课题研究项目一等奖。课题主持人为中国运载火箭技术研究院张琦研究室主任、高级工程师，课题组成员包括李洪波、李宇飞、黄辉等。

1957 年 1 月 20 日，美国时任总统艾森豪威尔在其国情咨文中从首次使用了外层空间这一概念。1957 年 10 月 4 日第一颗人造地球卫星升空和 1961 年 4 月 12 日人类首次进入太空，宣告了太空时代和载人航天时代的到来。从此，人类对于近地空间的探索就进入了一个崭新时代。

进入 21 世纪，空间领域的竞争日趋加剧，空间安全正在逐步演变为国家利益和国家安全的重心。空间安全问题已经不仅限于空间本身，而是与国际政治、经济、军事及其他方面的安全密不可分，具有牵一发而动全身的战略影响和效果。世界航天强国认识到空间安全的重要性，纷纷投入大量人力、财力和物力制定空间安全相关战略及政策，指导本国空间安全技术与装备的研究与应用，提升维护本国开展空间活动、保护空间资产安全、拒止他国空间威胁等一系列空间安全的能力。

近地空间技术的精髓是“全球化”，近地空间已经成为人类新的“全球公域”。因此，如同陆地、海洋、天空环境一样，必须寻求一种法律框架规范各国行为，才能保证全世界各国都能够和平共享近地空间利益。也只有这样，才能使近地空间不断造福于人类，而不是毁灭于人类相互之间的争执。

本课题将在充分研究空间安全理论、空间安全概念与内涵的基础上，分析空间安全体系的构成要素，研究国外应对近地空间安全问题的立法经验，针对我国在相关理论上的认知水平及不足之处，提出我国维护近地空间安全需要建设的法律框架，供有关方面参考。

一、课题研究背景及必要性

（一）课题研究背景

外层空间是人类继陆地、海洋和空中之后的第四维活动空间，也是人类认知世界、获取资源、走向未来的战略高边疆，具有改变历史进程和国家命运的巨大作用和潜力。当今世界对外层空间的依赖和应用随处可见，已经渗透和传递到社会生产生活的方方面面，在相当程度上决定了人类生活方式及战争方式的演变与进步。由于外层空间巨大的战略作用、利益与影响，从20世纪50年代末期开始，空间安全就始终是人类航天活动关注的重大问题，只是在不同时期，问题的紧迫性和聚焦点不同。冷战期间，外层空间主要是超级大国的竞技场，空间系统基本上被美苏两国垄断，它们的利益和需求主导了空间系统的发展与应用。当时，外层空间基本上是一个精英关注的遥远世界，影响主要局限于较为抽象的政治和战略活动领域。今天，随着世界多极化、经济全球化和社会信息化发展，外层空间正在褪去神秘面纱，大步走入大众视野，多元化成为外层空间领域新的主导因素，一些新的安全问题应运而生。

2013年11月，我国决定成立国家安全委员会。2014年4月，习近平主持国安委首次会议时指出，当前我国国家安全内涵和外延比历史上任何时候都要丰富，时空领域比历史上任何时候都要宽广，内外因素比历史上任何时候都要复杂。必须坚持总体国家安全观，以人民安全为宗旨，以政治安全为根本，以经济安全为基础，以军事、文化、社会安全为保障，以促进国际安全为依托，走出一条中国特色国家安全道路。贯彻落实总体国家安全观，必须既重视外部安全，又重视内部安全，对内求发展、求变革、求稳定、建设平安中国，对外求和平、求合作、求共赢、建设和谐世界；既重视国土安全，又重视国民安全，坚持以民为本、以人为本，坚持国家安全一切为了人民、一切依靠人民，真正夯实国家安全的群众基础；既重视传统安全，又重视非传统安全，构建集政治安全、国土安全、军事安全、经济安全、文化安全、社会安全、科技安全、信息安全、生态安全、资源安全、核安全等于一体的国家安全体系；既重视发展问题，又重视安全问题，发展是安全的基础，安全是发展的条件，富国才能强兵，强兵才能卫国；既重视自身安全，又重视共同安全，打造命运共同体，推动各方朝着互利互惠、共同安全的目标相向而行。

空间安全作为非传统安全已得到国家的重视。2015年7月1日，第十二届全国人民代表大会常务委员会第十五次会议通过《中华人民共和国国家安全法》，其中第 32 条规定“国家坚持和平探索和利用外层空间、国际海底区域和极地，增强安全进出、科学考察、开发利用的能力，加强国际合作，维护我国在外层空间、国际海底区域和极地的活动、资产和其他利益的安全。”

当前，世界航天强国在不断调整空间安全战略，完善空间安全政策，加快发展空间作战技术与能力。我国如何在全世界博弈的空间安全领域争夺话语权？除了开展体系顶层规划，提升技术水平等，还有很重要的方面就是研究我国在空间安全领域的发展策略，从总体角度研究寻求对策。因此，有必要开展关于近地空间安全的法律问题研究，为确立我国在空间安全领域的世界地位提供支撑。

（二）课题研究的必要性

21 世纪是外空探索和开发利用的世纪，在空间商业化、工业化的同时，外层空间也在加速军事化。外层空间已成为同全球政治、经济、军事、外交、文化、日常生活密不可分的领域。在全球信息化、经济全球化、政治多极化和军事全面变革的今天，航天技术正在发挥越来越重要的作用。外层空间是最终的战略高地，是信息的重心，也是军力倍增器。外层空间正成为信息化社会、信息化商务和信息化军队的重心。保证利用外层空间，对国家安全、经济繁荣、科学发展、社会进步和日常生活至关重要。外层空间既作为军事上的制高点、国家安全的高边疆，同时又是经济增长的主要源泉之一。

开展外层空间安全法律问题研究符合国家综合安全的发展需求，军事空间安全的发展需求，以及国家对外空安全的依存性需求。

1. 国家综合安全的发展需求

外层空间已成为继陆海空之后的第四作战空间，又是大国争夺的制高点，对于正在向航天强国迈进的中国来说，外层空间是国家安全利益的新领域，与国家的综合安全息息相关。航天事业是综合国力的象征，是国防现代化的重要方面。空间技术和装备能力在形成战略威慑、保卫国家安全方面，发挥着重要作用。如果未来没有通过国际法律框架确保我国在近地空间的利益，我国就无法保持世界大国的国际地位，就失去许多发言权和影响力。

2. 军事空间安全的发展需求

进入新世纪以来，世界范围内的武装冲突和局部战争不断发生，贫富差距在扩大，恐怖主义猖獗，能源危机加剧，影响和平安全的不确定因素和不稳定因素不断增加。利用空间技术增强综合国力和地面作战能力，已成为世界潮流。钓鱼岛之争、南海争端以及未来局部战争爆发的可能性对外空安全能力的发展提出了迫切需求。先进的空间技术装备，将为我国提供灵活应对周边及世界各种不确定威胁的手段，对我国保护能源供应生命线、保卫领土主权、反恐、维持稳定、保持和平建设环境，具有至关重要的作用。通过空间法律框架的构建，维护我国发展空间技术装备的权利，是保证我国未来空间安全的重要手段。

3. 国家对外空安全的依存性需求

美国把外空称为自己的高边疆和战略制高点。提出“空间正成为综合国力的增长源，就像 19 世纪和 20 世纪工业的生存与发展依赖于电力和石油一样”。外空是信息时代人类活动的重要领域，与国家社会经济发展和人民群众安居乐业密切相关。人类对空间技术系统的依赖性在迅速增长，卫星电视、电话、电信、交通、运输、供电、供水、资源储备、自然灾害监测、紧急救援、银行和金融业、政府运行、国家安全等社会生活的方方面面都离不开空间技术的发展。各类空间系统是国家从事政治、经济、科技、外交和军事活动的关键信息基础设施，一旦遭到攻击，将可能引发通信、广播、电视、金融、交通等国家重要公共基础服务设施的混乱甚至瘫痪，严重影响国家的正常运转和人民群众的日常生活。因此，为了营造安定的国际国内环境，保障社会进步，必须高度重视空间安全问题，具备有效的防范手段。

二、近地空间安全概念

（一）概念

1. 相关的基本概念

（1）空间

外层空间（本文亦简称为空间），也称太空，一般认为是指地球表面 100 千米以上无限延伸的宇宙空间。近地空间一般系指距离地面 100～65 000 千米（约为 10 个地球半径）的地球外围空间。经过 60 余年的开发，近地空间逐渐发展成为与人类生存发展密切相关的一个新领域。尤其是信息技术的迅猛发展，使得近地空间在通信、导航、遥感等领域发挥着重大作用。近地空间与人类社会经济发展、社会进步、科技创新和军事变革的联系更加紧密，凝聚着国家重大的战略利益。

近地空间以外的很远的空间，包括太阳系以外的空间，目前统称为深空。目前人类在深空的活动主要是科学探索，人类探测器旅行者一号已经离开太阳系边界，进入太阳系外空旷的恒星际空间。

另一个与外层空间密切相关的名词是“临近空间”。临近空间被定义为介于海拔 20 千米[①]和 100 千米之间的区域。之所以限定为 100 千米，是因为依据国际航空联合会（FAI）对于地球大气层（空气空间）与外层空间的分界线定义，将外层空间定义为“距地球海平面 100 千米高度以上的区域”，临近空间只能是 100 千米以下。100 千米通常也是航天的一般分界线，在此高度以上，大气层所产生的力、热载荷对于航天器的影响较小。临近空间的主要属性在于，依然依靠空气来获得飞行所需要的升力，然而其获得升力的手段与现有航空器差异较大。高动态的临近空间飞行器需要以相比于普通航空器快得多的速度（大于马赫数 3，甚至更高），才能维持飞行所需要的空气升力。获得这样的速度需要使用传统航天所使用的火箭发动机、冲压发动机或组合发动机。低动态的临近空间飞行器需要以空气浮力升空，为实现位置操纵也无法使用传统航空器所使用的动力装置（螺旋桨、航空喷气发动机等），而需要采用电推进等推进方式。目前人类的临近空间飞行器尚处于研制试验阶段，临近空间尚未开展大规模的人类活动，但有望成为未来人类活动的主要空间。

表 1　近地空间、深空、临近空间概念对比简表

	近地空间	深 空	临近空间
飞行器成熟度	高	高	低
目前主要的人类活动	通信、导航、遥感、科学探索、军事通过	科学探索	军事通过
目前的经济价值	高	低	低
安全紧迫性	强	弱	弱

近地空间、深空、临近空间的概念对比可以简要使用表 1 进行概括。目前相比于仅限于开展科学探索的深空，以及尚未产生实际应用价值的临近空间，近地空间分布着大量与人类利益密切相关的航天器。因此可以说，目前近地空间就代表着空间，近地空间与空间两个概念现阶段可以混用。

（2）安全

无危则安，无损则全。在现代汉语中，安全是一种没有危险、不受威胁或损害的状态。汉语中的“安全”通常是指平安的、无危险的，用以描述某种客观或主观状态。英文中“安全（ security）”一词，最早是形容一种没有任何顾虑、无忧无虑的状态，代表对美好生活和人类美好精神状态的追求和

① 接近国际公认国家主权空域的上限，国际民航组织（ICAO）管制的空域界限为 18.13 千米。

向往。《牛津英汉词典》中对“安全”给出的定义是“拥有或足以提供信心、保障和确定的状态”。可以看出，在西方的安全思维中，“安全”包含两重意思，一方面指一种状态，就是免于危险、没有恐惧的状态；另一方面指一种行为，即通过努力去维护和确保某种状态。

从西方语言和汉语中对“安全”一词的释义和演变来看，无论何种文化背景或历史时期，“安全”在任何语言和文明中的含义都有着惊人的共同之处：一是都指一种状态，强调“安全”就是没有危险、不受威胁的精神和物质状态。二是都强调了“安全”还包含努力消除危险或威胁、实现安全状态的行动。随着人类社会的不断进步，“安全”已经提升为一种重要的社会行为和国家行为，其内涵发生了深刻变化。现代安全领域的学术研究通常会将安全细化为安全状态论、安全感觉论、安全行为说、安全相对论等。但无论哪种学说或是理论，其安全理念的本质和根源都没有太大的差异。

我们可以对安全的含义作如下理解：首先，安全是一种状态，这种状态包括两方面因素：一方面是客观因素，即不受威胁，或没有危险；另一方面是主观因素，即不存在恐惧心理。其次，安全还是一种行动，即实现不受威胁、消除或降低危险的行动。第三，安全是相对的。世界上没有绝对的安全，任何事物中都包含着不安全的因素，都具有一定的危险性；当这种危险性降低到某种程度时，人们就可以认定该事物是安全的。

2. 空间安全的定义

空间安全（Space Security），也称外空安全、太空安全。目前各国及学术界对空间安全的定义比较多，主要是因为空间安全大多基于不同的国情和国家利益提出。例如，美国对空间安全的定义是基于美国国家空间政策、总统令、《外层空间条例》以及其他国际法规，将安全与确保持续、稳定和自由进出、利用空间的行为相结合，以维护国家重大利益。

国外学术界大多认为，空间安全是保护关键轨道区域能够长期持续性地使用；保护全人类为社会经济利益而自由进出和利用空间。

总的来看，从广义层面而言，空间安全是指“空间系统可自由、安全和持续地往返空间和在空间运行，并且不受自然或人为因素的干扰和破坏”。从狭义层面而言，空间安全是指该国或组织的空间系统（主要是航天器）可自由、安全地往返外层空间并在其中运行，并有能力预防和保护自身空间系统不受自然或人为因素的干扰和破坏。但是，美国2010年《国家空间政策》明确提出，“要对盟国空间系统的防卫做出贡献”。这表明美国所谓的空间安全，其范围并不只局限本国空间系统的安全，还包括对盟国空间系统安全的保护。

空间安全是一个意义广泛的战略概念。就国际社会而言，空间安全是指世界各国在开发和利用空间过程中面临的一系列事关世界和平和全球战略格局的重大问题，包括空间武器发展与军备控制，空间系统防护、空间环境保护与资源管理等，它直接关系到全球战略稳定和大国关系的调整，是 21 世纪世界和平与发展面临的重大挑战。就我国而言，由于空间所具有的军事战略价值和对经济、社会活动的广泛影响，空间安全既具有传统军事安全激烈对抗的本质特性，又对经济、环境和信息等非传统安全领域具有重要影响，是集传统和非传统安全因素为一体的综合安全。

根据 2011 年 12 月出版的《中国人民解放军军语》，“太空安全，亦称外层空间安全。①外层空间处于和平开发、利用和非军事化的状态。②本国航天器在外层空间不受干扰、碰撞或攻击威胁的状态。”可以认为，空间安全是指国家在外层空间的利益不受威胁或侵害的状态，包括确保国家能够自由安全地进出空间、开发和利用空间，并消除空间系统面临的各种威胁。

（二）内涵

空间安全是以空间技术发展为前提条件，以空间装备为物质基础，伴随着国家利益的不断拓展而产生和发展起来的。其内涵包括以下几个方面：

1. 空间活动安全

空间活动是指国家为进出空间、开发和利用空间资源进行的一切活动。包括发展航天工程，使用空间轨道资源、利用卫星进行通信、利用航天器对地面或空中进行探测、定位和导航、开展空间科学技术研究与试验、进行载人航天活动等。空间活动按活动的目的可分为民用活动和军用活动。空间活动是国家利益向空间领域拓展的集中体现。空间活动安全的标志是：国家平等地享有进出空间，开发和利用空间资源的权利与自由；国家以和平为目的的空间活动神圣不容侵犯。

2. 空间资产安全

空间资产是指国家进行空间活动的设备与设施以及信息链路的总称。空间资产是国家进行空间活动的物质基础。空间安全的基本条件与目标之一就是国家的空间资产处于安全状态，即空间资产安全运行，不受威胁，不受软、硬攻击的状态。空间资产安全的主要内容是：国家在空间领域进行空间活动的人员（如航天员等）的安全；国家进行空间活动的设备与设施以及相关保障设备与设施的安全；空间以及空、天、地之间信息链路的安全。

3. 空间环境安全

对航天活动具有较大影响的自然空间环境要素主要包括电磁辐射、中性大气、地球电离层、空间等离子体、地球磁场、空间带电粒子辐射、空间碎片与微流星、污染等。总体来看，可分为空间天气及空间碎片两部分。

根据美国在2010年6月发布的最新国家空间天气战略规划中给出的定义，空间天气即是指从太阳表面到日地空间以及地球磁场、高层大气内能够影响天基、地基技术系统性能与可靠性，并可能危及人类健康与生命变化的条件状态。空间碎片是指人类遗留在空间的废弃物。包括完成任务的火箭箭体和卫星本体、固体火箭的喷射物、在执行航天任务过程中的抛弃物、空间物体之间的碰撞产生的新碎片等。

这些空间环境要素单独或共同地与运行在近地轨道的航天器发生相互作用，在航天器材料和电子元器件上产生各种空间环境效应进而对航天器的长期可靠运行产生影响。

4. 空间产业安全

空间产业安全是指我国国内的航天产业在公平的经济贸易环境下平稳、全面、协调、健康、有序地发展，使我国航天产业能够依靠自身努力，在公平的市场环境中获得应有的发展空间，从而保持全面、稳定、协调和可持续发展的能力。

目前我国的航天产业安全包括三个方面，即航天产业自主可控、航天产业市场化发展程度、创新与可持续发展能力。目前与空间安全关系较大的是航天产业的自主可控，包括国内是否可以自主研发生产，或者核心元器件、基础原材料的可靠性水平能否满足使用需求等。

（三）空间安全的基本特征

空间安全具备条件性、相对性、关联性、战略性、前沿性等明显特征。

1. 条件性

空间安全的必要前提是国家空间利益的开发与拓展，具有条件性，或者可以称为伴生性。可以理解为：第一，一个国家存在空间利益，才有空间安全问题；第二，空间利益拓展到哪里，空间安全问题就可能会在那里出现；第三，空间利益越大，空间安全的潜在威胁也会越大。因此，空间安全真正成为国家综合安全的重要内容和组成部分是有条件的。

2. 相对性

空间安全问题不仅与国家潜在对手的空间科技实力、空间武器装备水平等客观因素相关，也与潜在对手友好或敌对的状态密切相关。存在空间利益是形成空间安全问题的必要条件，有没有对空间利益构成威胁是另一个必要条件。在世界很多强国都具备航天实力的前提下，无论对手具有多强的空间安全实力，都不可能保证其空间利益的绝对安全，因而空间安全具有相对性。对于空间实力很弱的潜在对手而言，其敌对活动不太可能对我方空间利益构成威胁，基本不存在空间安全问题；对于空间实力很强但处于友好或同盟状态的国家而言，本国空间安全问题也不会很突出；而对于空间实力很强且处于不友好或敌对状态的国家来说，本国空间安全问题就可能面临潜在或现实的威胁。

3. 关联性

随着空间科技应用在国家各个领域的逐步深入，空间与国家的政治、经济、军事、外交、科技、信息等其他领域的相互关联程度日益紧密，成为影响国家综合安全的重要组成要素。一方面，空间安全影响国家安全，空间是国家利益拓展的新领域，空间安全问题很可能触发国家政治、经济、军事、外交等诸多领域的安全问题，“牵一发而动全身”，具有联动效应；另一方面，国家安全诸要素也可以影响或制约空间安全，国家其他领域的安全问题既可能触发、激化空间安全问题，产生连锁反应，也可能减缓、消除空间安全问题，从而弥补国家空间安全能力的不足。

4. 战略性

空间具有范围广阔、位置高远、环境特殊、资源宝贵等特点，对解决人类社会面临的资源与环境问题至关重要，蕴含着重大的国家利益，空间资源已成为重要的战略资源和经济发展新的增长点。国家空间安全问题随着空间资源在各个领域的深入运用而逐步显现，空间安全将深刻影响国家其他相关领域安全。空间安全问题一旦出现，将对国家其他领域的安全产生深远影响，甚至危及国家安全的全局，具有十分突出的战略意义。

5. 前沿性

空间是人类活动的新领域，从苏联第一颗人造地球卫星升空至今也不过60 年的时间，与人类赖以生存的陆、海、空领域的活动时间相比是很短暂的。尽管美苏冷战期间竭尽全力争当空间霸主，空间科技工业和空间力量发展远超其他国家，但无论从空间装备技术开发应用，还是从空间军事力量建设发展来看，仍处于不断探索、优化的过程中，空间依然是一个存在诸多未知的新领域，空间安全问题是人类共同面对的前沿问题。空间安全伴随着空间利益拓展而来，既要从空间活动中获取巨大的国家利益，又能同时确保空间安全，是各航天强国正在认真思索解决的问题。如何从空间公平合理地获取各自利益，且不干扰、破坏这个共共环境，各国至今仍没有完美的解决方案。因此，空间安全问题仍需各国不断探索，深化研究，并最终形成共识。

（四）空间安全与国家安全的关系

2011年12月出版的《中国人民解放军军语》明确指出："国家安全，是指国家的主权、领土、政治制度、人民生命财产等处于不受外部或内部威胁的状态。按领域，分为政治安全、经济安全、军事安全、科技安全、文化安全及信息安全等；按空间，分为陆上安全、海上安全、空中安全、太空安全、网络安全等；按性质，分为传统安全和非传统安全"。可以看出，空间安全（太空安全）是国家安全的重要组成部分，与国家安全关系紧密。

1. 空间安全是国家安全领域扩展的必然结果

地球的物理空间特性决定了生活在地球上的人类的活动领域扩展的基本方向，即由地球向空间无限扩展。人类活动的现实领域包括陆地、海洋、空中、空间四个领域。人类活动领域的扩展决定了国家利益以及与之相伴的国家安全在现实领域的不断扩展。而人类活动领域的扩展是维持生存并提高生存质量的必然要求，因此，空间领域是人类活动领域不断扩展的必然结果，空间安全是国家安全领域扩展的必然结果。

2. 空间安全是国家利益拓展的必然结果

空间具有疆域广阔、位置高远、环境特殊、资源宝贵等特点，对解决人类社会面临的资源与环境问题至关重要。空间蕴含着重大的国家利益，空间资源已成为重要的战略资源和经济发展的新的增长点。

3. 空间安全是国家安全新的战略制高点

空间既是军事安全的制高点，又是国家安全的制高点，占领了这一战略高地，就可以为有效维护国家安全提供更有力的保障。

由此可以看出，空间安全既是国家安全的重要内容和组成部分，又是影响国家安全的重要因素，对国家安全具有有效提升作用；国家安全既是空间安全的基本出发点，又是空间安全的最终目标，对空间安全具有根本的指导作用。

三、国外应对近地空间安全问题的立法经验

（一）国外空间安全理论

空间安全问题的出现是伴随着人类进入空间的脚步而来的。自1957年10月4日苏联发射第一颗人造地球卫星以来，美苏把在陆、海、空领域的激烈

竞争扩展至外层空间，空间安全思想不断涌现，空间作战技术与装备迅猛发展，空间安全问题随之凸显。

1. 美国空间安全理论的发展

20世纪50年代至70年代初，美国的空间安全理论开始酝酿。时任总统约翰·肯尼迪曾发出预言："谁控制了宇宙，谁就控制了地球；谁控制了空间，谁就控制了战争的主动权"。随着航天技术取得突破性进展，美国空间安全思想开始萌芽，产生了诸如"航天作战是在国家最高军事指挥机关领导下，使用空间与反空间武器和系统，以削弱敌人航天力量，夺取制天权为目的的战斗行动"、"太空战应看作整个战争的一部分"等思想。

20世纪70年代初至80年代初，美军的空间安全理论开始以条令的形式进行明确。这一阶段太空作战理论开始产生，代表性事件是1971年版空军条令AFM1-1号第一次提出太空作战概念并且把"空军在空间的作用"列为条令内容。1975年版条令中突出美国本土的防天作战和航天器监视与侦查。1979年版条令中提出"航天保障、提高战斗力和空间防御"等三种太空作战使命。

20世纪80年代初至90年代初，空间安全理论继续发展。这一阶段由于联合航天司令部的建立以及太空作战力量的发展，具有普遍指导意义的太空作战思想与理论相继出台。1982年，美国防情报局前局长D·格雷厄姆在《军事战略》上发表副标题为"美战略防御计划的理论先导"的《"高边疆"研究报告》，提出美国只有利用最新技术首先在军事上占领太空，夺取控制太空权，才能够改变核时代出现的"恐怖均衡"局面，改变美苏互有攻守的战略态势，重新夺取有利的战略地位，达到统治世界的目的。1983年3月23日，里根总统在向全国电视观众发表演说时，将"高边疆战略论"正式公诸于世，于1984年全面实施。所谓"高边疆战略论"就是关于美国未来在军事、经济和科学诸方面综合开发和利用宇宙空间的总体空间战略理论，其核心思想是建立空间武器系统，即所谓"星球大战"计划[①]，建立多层次、大纵深防御体系，把太空辟为除海、陆、空之外的第四战略领域，以取得对苏联的军事战略优势；把"确保生存"作为美国新的军事理论和外交战略，进而调整太空工业化发展战略。

20世纪90年代初，美国空间安全理论不断扩展完善。随着美国军事转型的进行，太空作战理论不断发展。1992年出版《美国空军航空航天基本概

① 又称"战略防御计划"。

则》，1993年6月颁布的《作战纲要》把联合作战由“空地一体化”扩大到“空地海天一体化”，并阐述了航天作战的重要性。1998年美国空军颁布《长期规划一2020年设想》，提出控制空间、全球交战、全面力量集成和全球伙伴关系等四大未来太空作战概念，这是21世纪美国太空作战理论正式出台的标志。

2009年，美国著名智库兰德公司的福雷斯特·摩根等人公布一份名为“太空威慑与先发制人”的研究报告。该报告分析了在美国国家安全更加依赖日益脆弱的太空系统条件下，采取何种措施才能加强太空威慑、提高先发制人稳定性的问题。报告将威慑原则应用于太空战略环境，为实施综合性国家太空威慑战略，实现政策、战略和系统的优化组合提供了一个架构。

近年来，美军空间安全理论已日趋成熟，已从战略指导细化到战术操作层面，主要体现在《国家安全政策》《国家安全战略》、空军《空间作战》条令与相关的联合出版物JP3－14之中。

克林顿政府提出，空间对美国国家安全至关重要，有意干扰美国空间系统被视为对其主权的侵犯，美国要具备控制空间的能力，必要时剥夺敌人使用空间的自由。小布什政府强调，控制空间和在空间的绝对自由，拒绝制约美国空间活动自由的任何协议，坚持发展空间武器，强调军事先发制人和单边行动。奥巴马政府强调，综合运用政治、经济、外交、军事等国家全力的所有要素解决空间安全问题，将空间力量构成由空间支援、空间力量增强、空间控制和空间力量运用等四大领域扩展为空间态势感知、空间支援、空间力量增强、空间控制以及空间力量运用等五大领域，把原来从属于空间控制的空间态势感知提升到与空间支援等并列的位置，凸显空间态势感知的重要作用和未来加强空间态势感知能力建设的意图。

2. 俄罗斯空间安全理论的发展

从苏联时期开始，俄罗斯就非常重视空间安全的研究和探讨。俄军提出，未来的高技术战争将首先从太空开始，太空作战必须在保障己方航天兵器发挥作用的同时，打击并摧毁敌方航天兵器。未来战争将是交战双方的航空航天进攻作战，“空天袭击”是未来的主要威胁；为了国家安全，必须实施“空天防御”。未来空天斗争形势日趋复杂，空天作战任务繁重，而各军种都拥有各自遂行空天防御的兵力兵器。在这种情况下，只有把各军种防空防天的兵力兵器结合在一起，进行优化组合，建立起以空军为主、全军协同的一体化空天防御体系，才能发挥最大作战效能，破坏敌方的空天袭击企图。基于上述认识，俄军正加紧发展完善抗击敌方空天袭击作战的理论体系。

俄军认为，空天防御战役的主要作战行动包括在太空实施侦察预警、指挥己方太空部队摧毁或瘫痪敌方卫星、在空中进行防空作战、在太空和空中进行反导作战、在低空或超低空打击巡航导弹或武装直升机等。为了发挥部队的整体作战效能，俄军在总参谋部建立了相应的指挥体系，统一指挥俄军的空天防御力量。为了对付美国的导弹防御体系，俄军还认为，应该研制高超声速的远程打击武器，以此打破导弹防御系统的威胁和围困。

近年来，在俄罗斯空间安全理论的指导下，俄军空天防御体系正在经历着深刻的调整和变革，指挥体制和空天防御力量部署逐步优化，同时也面临着不少深层次的矛盾和问题。

（二）国际空间安全法规

1. 国际空间政策法规概述

（1）国际空间法发展历程

国际空间法的发展大致经历了四个阶段：

准备阶段（1958—1966年），1963年，联合国大会通过《关于各国探索和利用外层空间的法律原则宣言》（即第1962号决议），简称《外空宣言》。

初期发展阶段（1967—1979年），联合国大会先后通过了5个国际条约，分别简称为《外空条约》《营救协定》《责任公约》《登记公约》以及《月球协定》，标志着国际空间法体系的形成，其中前四大条约得到包括美国、苏联在内的大多数空间国家和非空间国家的批准或加入。与此同时，政府、非政府间国际组织围绕空间的和平利用和国际合作，在联合国通过的国际公约的指导下，制定和签署了多项双边或多边条约。

现代阶段（1980年至20世纪末），外空活动商业化与军事化趋势增强，引起的法律问题日趋复杂。各国国内空间立法也不断加强，一些成熟的空间国家担心联合国主持的立法活动会在一定程度上限制其本国的空间开发计划，因此联合国未能制定新的公约或协定。联合国大会以大会决议的形式通过了6项法律原则、宣言或决议，分别简称为《卫星直播原则》《遥感原则》《核动力源原则》《外层空间利益宣言》以及《空间碎片减缓指南》。此间，政府间、非政府间国际组织就外空的和平利用和国际合作签署多边条约或协定。近年来，国际社会在国际空间法研究、宣传普及等方面做了大量工作。

21世纪以来，国家、国际组织间也在国际空间立法方面表现积极，推动了一系列重大航天项目的国际合作、防止外空军事化与武器化等方面的法律法规的出台。如欧盟《外空活动国际行为准则》草案、关于国际空间站的法律框架、中俄“禁止在外空部署武器条约”草案等。

（2）国际空间法所体现的基本原则

第一，探索和利用外层空间必须为全人类谋福利和利益原则；

第二，各国在平等的基础上，根据国际法自由探索和利用外层空间及天体的原则；

第三，外层空间和天体不得通过主权要求、使用或占领、或以其他任何方法据为己有的原则；

第四，各国探索和利用外层空间必须遵守国际法的原则；

第五，各国对本国在外层空间的活动负有国际责任的原则；

第六，各国在探索和利用外层空间时应遵守合作和互助的原则；

第七，和平利用外层空间和限制军事化的原则；

第八，保护外空环境原则。

2. 近年来重要的外空安全多边进程

（1）欧盟《外空活动国际行为准则》草案

2008 年 12 月，欧盟理事会通过《外空活动行为准则》初步草案，旨在解决国际社会对于外空安全问题的关注。根据提议，签署国须承诺和平利用外空，并充分保障空间物体的安全和完整。该草案从法律性质上看，属于欧盟单方面起草的一份建议性文件，具有自愿性，对各国并没有约束力。文件内容反映了欧盟在外空安全问题上的基本观点、利益和立场，可作为一份执行联合国有关外空条约和决议的备忘录赋予其一定的国际法地位和约束力。

2012 年以后演变而成的欧盟《外空活动国际行为准则》草案提出了核心原则与目标、一般性措施、合作机制、组织层面等内容。草案提出了《准则》适用范围为国家或私人从事的外空活动，承认《联合国宪章》赋予的自卫权、避免对空间物体和活动造成有害干扰的原则、和平利用外空并避免外空冲突的原则，遵守并促进与外空活动相关的条约、公约和其他承诺。一般性措施则包括空间交通管理措施及控制和减少空间碎片措施两部分。合作机制主要涉及空间活动通报、空间物体登记、磋商、调查等内容。同时，草案建议每两年举行一次会议，以保障《准则》的有效实施。

（2）中俄《禁止在外空部署武器条约》（PPWT）草案

在 2008 年 2 月举行的日内瓦联合国裁军会议上，中俄联合提出一项题为《禁止在外空部署武器》的条约（PPWT）草案，旨在弥补 1967 年《外空条约》第 4 条的不足。《外空条约》第 4 条禁止绕地球轨道及天体上放置或部署核武器，或任何其他大规模杀伤性武器，但并没有禁止部署非核武器或者

“潜在的”大规模杀伤性武器。

中俄 PPWT 草案提出，“在外空的武器是指位于外空、基于任何物理原理，经专门制造或改造，用来消灭、损害或干扰在外空、地球上或大气层物体的正常功能，以及用来消灭人口和对人类至关重要的生物圈组成部分或对其造成损害的任何装置。”PPWT 草案进一步提出，“放置是指武器如果至少绕地球一圈，或在离开此轨道之前沿这样的轨道运行一段，或被置于外空某个永久基地。”草案的定义只针对于专门用作“太空武器”的装备。草案提到“禁止太空武器”：各缔约国承诺不在环绕地球的轨道放置任何携带任何种类武器的物体，不在天体上安置此类武器，不以任何其他方式在外空放置此类武器；不对外空物体使用或威胁使用武力；不协助、不鼓励其他国家、国家集团或国际组织参与本条约所禁止的活动。

2009 年 8 月 18 日，中俄代表团在联合国裁军会议上回应了其他几个常任理事国对该草案的关注。中俄代表团指出，PPWT 禁止对“外空物体”的攻击和威胁，但是并没有禁止在外空建立军事力量。PPWT 并没有更改《联合国宪章》第 51 条所规定的自卫权。然而，如果一个国家签署了 PPWT，那么该国将不能使用 PPWT 所禁止的武器装备。PPWT 没有禁止对反卫星武器的研发、试验和部署，因为这些并不满足 PPWT 对“外空武器”的定义。PPWT 没有禁止对地基激光武器和电子抑制系统的研发、试验和部署。PPWT 没有谈到拥有“双重目的”的太空技术，即既出于和平目的，又出于攻击性目的。PPWT 没有提及任何认证机制。

鉴于 PPWT 草案可能会限制美国进入和利用太空，小布什政府拒绝了这一主张。小布什政府在其 2006 年《国家空间政策》中提出，美国认为空间能力对国家利益至关重要，美国将保留在空间的权利、能力和自由，拒绝对美国的空间利益构成妨碍的国家政策；要采取必要的行动来保护空间利益，回应他国对美国空间力量的干预，并在必要的时候阻止那些对美国国家利益充满敌意的空间力量建设。美国外空政策的完整性体现在：美国将抵制对其进入或利用空间的禁止和限制。军控条约不能削弱美国对空间军备的研发和试验，也不能限制美国的空间活动，因为这些都是美国的国家利益。

正是这样的空间政策促使美国对中俄 PPWT 草案做出回应。在第 63 届联合国大会一次关于外空的裁军辩论中，美国代表卡伦·豪斯（Karen E - House）指出，美国一贯反对禁止对太空利用的提议。小布什政府的空间政策认为，当前关于空间的国际法规对于外空安全事务已经足够，因此诸如 PPWT 这样的条约或机制不再存有必要。

美国方面称，PPWT条约草案要禁止部署和测试太空武器，这在抑制美国空间能力的同时，给中俄两国提供了弥补技术差距的契机，当能力允许时中俄就会部署太空武器。PPWT条约草案只是中俄为开发自己的反太空武器争取时间而已。美国将成为PPWT条约的最大受害者。作为主要的空间力量，美国将比中俄丧失更多的战略优势，至少在现在。世界上没有其他国家比美国更为依赖太空。作为最后一块军事高地，太空对美国保持自己的军事实力至关重要。

（三）各国空间政策法规概述

1. 美国

美国的航天活动起步早，与中国的发展路径不同，美国开展航天活动伊始即制定了国内空间法。同时，历届美国政府要用空间政策来体现其战略意图。

（1）美国的空间政策特点

美国将自由进入太空的能力提到了与海洋、空中行动自由同样重要的地位。美国历届政府高度重视通过提高空间能力来维护国家利益，都通过制定空间政策来体现其指导思想。美国《国家空间政策》是指导美国开展航天活动的原则和目标，是实现航天管理最高优先权的指南和方针。

小布什政府的2006年《国家空间政策》为美国航天活动建立了顶层指导方针，包括发展原则、目标、总体指导方针、国家空间安全指导方针、民用航天指导方针、空间商业指导原则、国际空间合作、空间核动力、无线电频谱和航天器在轨管理以及干扰保护、轨道碎片、有效的出口管制政策、与空间相关的安全保密级别等内容。该政策提出为了增加知识、扩大发现、促进经济繁荣、增强国家安全、获得更多的财富和安全保障，美国必须拥有稳定、高效的空间能力。

2010年，奥巴马政府公布最新版《国家空间政策》，与上届政府的空间政策相比，更加突出国际合作的重要性，并表示支持和鼓励商业太空探索。2010年《国家空间政策》提出要巩固美国太空探索领域的领先地位，并提出美国开展太空行动的5项原则、6大重点目标，提出要维护一个稳定的太空环境，特别强调了刺激商业太空探索的活力。

（2）美国的空间法律法规

美国空间立法相对完善，涵盖范围广、设计领域宽；空间立法始终伴随着空间活动的发展而改进，法律实用性较强；空间立法侧重商业活动以及规范和管理私人资本的运作，往往是根据空间活动的现实需要，制定或修订相关法律。

美国对国内空间活动的法律协调不是通过一个完整的、基础性的法典来进行完整意义上的规范和调整，而是通过建立一系列配套的专门法律对国家各种形式的空间活动做出规范和调整

在美国的空间立法体系中，主要有《国家航天与空间法》（1958 年）、《空间商业法》（1998 年）、《空间法协定指南》（2003 年）。商法体系涵盖了《空间商业竞争法》《航天飞机启用政策》《空间站商业化指南》《空间科学信息获取法则》等法律法规。美国空间法的很多内容还具体体现在其他的国内法中，因为空间活动本身所涉及的范围和对象都不可避免地与其他法律部门相融合。美国政府也积极支持在国内开展有关空间活动的司法实践及立法研究。

2. 俄罗斯

俄罗斯与美国相同，批准和加入了除《月球协定》以外的其他 4 个国际空间条约。俄罗斯继承了苏联较早开展空间法研究的传统，国家空间立法体系相对完整，以《俄罗斯联邦航天活动法》（1993 年）为基础，发展出政府令、总统令等相关法律和法令来规范空间活动。除了《航天活动法》以外，俄罗斯还颁布了《关于空间活动许可证发放条例》《关于俄罗斯联邦空间活动管理结构》以及《关于完成俄罗斯空间项目和国际空间协定的实施方案》等法律法规，俄罗斯宪法中也包括了航天活动的相关内容。

总的来说，俄罗斯空间立法体系明晰、结构相对合理，其局限性在于框架体系固定，没有考虑长远，不能很好地适应空间活动发展迅速、预见困难的特点。

3. 欧盟及欧洲各国

欧洲在空间政策法规研究方面一直处于领先地位，欧洲空间局（ESA）和欧盟制订了相应的空间政策和法律框架，但目前欧洲并未形成统一的外层空间法。

（1）欧盟的空间政策

欧洲的空间政策制定起始于 20 世纪 90 年代，早期的政策性文件多与 ESA 有关，这些政策的重点在于协调欧洲共同体、欧空局以及各成员国之间的关系。21 世纪以来，欧洲各国在空间活动中的沟通与合作明显增强，伽利略计划和全球环境安全监测（GMES）计划使欧洲以一个整体形象出现于国际空间活动领域。ESA 代表其成员国与美国等国签署了有关国际空间站的政府间协定强化了欧洲的存在。

空间政策是欧洲共同政策的重要内容，《欧洲空间政策绿皮书》（2003 年）、《欧洲空间政策白皮书》（2003 年）以及《欧洲航天政策决议》（2007 年）是欧洲国家在空间问题上取得共识的重要成果，明确了欧洲航天政策的目标。

（2）欧洲各国空间政策法规

欧洲国家的国内空间立法进程不尽相同。法国、英国、荷兰、比利时等国具有较为系统的国内空间立法，德国、西班牙、意大利等国的空间政策法规比较零散。下面将有代表性的欧洲国家空间政策法规及其主要内容进行介绍。

英国 1986 年颁布的《外层空间法》对“外层空间”和“外空物体”给出了定义，详细规定了许可证制度，规定了有关损害赔偿和保险事项，详述了国务大臣在空间活动方面的职责、权利及其立法权等。2014 年 4 月 30 日颁布了首部《国家外空安全政策》，内容覆盖外空安全的军用方面和民用方面，旨在为英国的外空安全利益确定一条可持续的国家途径，巩固英国的繁荣、健康与安全。通过开展太空科研、发展太空技术与服务促进经济增长，提高在面临各种来自空间威胁的抵抗能力来加强国防和安全，扩大与美国等国际航天伙伴及商业航天伙伴在外空安全方面的合作，来获得更强大的空间态势感知能力。

法国于 2008 年 6 月 3 日通过《法国空间活动法》。该法对一些与外层空间活动相关的概念给出了明确定义，对应国际空间法基本原则和基本制度做出了相应的国内规定，建立了完整的空间活动许可制度。

德国于 1998 年 8 月 22 日颁布《空间任务转让法》，规定了负责空间事务的德国最高管理机构授权德国航空航天研究中心履行空间领域的管理任务，包括制定空间计划、实施空间探索项目、分配订单与经费支出等职能。

西班牙于 1995 年 2 月 24 日颁布《建立登记薄法令》，规定了登记簿被保存在外交部国际经济关系总局下设的多边经济关系与发展分局，登记簿所载信息应充分公开。

意大利于 1983 年 1 月 25 日通过《〈责任公约〉实施规范》，规定了只要损害发生在国家境内，或是国家的永久居民，均可获得国家赔偿，不管意大利国家是否获得发射国的损害赔偿，赔偿标准按照民法典规定进行。

挪威早在 1969 年就已颁布《关于从挪威领土发射物体进入外层空间法》，2003 年通过的《挪威电子通信法》规定了轨道登记争端的法律救济途径。

瑞典 1982 年通过了《空间活动法》和《空间活动法令》，比较清楚地规定了许可证制度以及申请许可证的基本程序。

比利时 2005 年 6 月 25 日通过的《比利时关于空间物体发射、飞行或导航的法律》增加了许可证转让的相关内容，体现了空间活动的新发展。

乌克兰于 1996 年颁布《乌克兰空间活动法》，包括空间活动等概念，空间活动的目的、原则，国家航天局的职权，国家空间计划、空间活动规则、许可证制度与经费、空间物体登记，争端解决，空间技术装备的运输，空间活动的强制保险，空间活动造成损失的责任和赔偿，设计国防和国家安全的空间活动，国防部在空间活动中的权限以及相关的法律责任。此外，还颁布了《乌克兰 1998—2002 年国家空间规划》《国家对空间活动的支持》《改善政府对乌克兰空间活动管理的措施》《提高乌克兰空间活动效率的措施》《关于国家管理空间活动的措施》等政策法规。

(3) 启示与评价

欧洲的空间政策从整体上看属于欧洲共同政策的一部分，其侧重点与美国、俄罗斯、中国都有所不同。统一的欧洲空间政策的形成过程中各方利益的博弈、欧洲空间政策的目标、行动计划，尤其是其中有关国际合作的内容具有借鉴意义。

欧洲的空间政策法规制定面临的困境主要有两点：一是没有一个统一的机构管理、协调欧空局（及其成员国）和欧盟（及其成员国）的空间政策、计划和项目。二是欧洲国家都有各自的利益，利用各自的空间计划、项目拉近与美国、北约的关系，有时也会考虑与俄罗斯、中国的利益，或促进欧洲防务建设，或抵制美国、北约的支配地位，或考虑到与中国的经济利益。因此，欧洲的空间政策中没有涉及到保护欧洲空间资产、防止外空武器化等内容。三是共同资金来源不足。欧洲大国的空间项目主要用于军事目的，政府投入资金相对有保证。而泛欧洲空间项目主要由民用和商业利益推动，资金主要来自于私企，欧洲定位与导航系统三分之二的资金来源于八家欧洲企业巨头。

总之，欧洲作为一个整体，在空间领域的政策法规会受到国际社会尤其是美国直接或间接的影响。因此，欧洲国家在空间领域的合作是必然选择，没有一个单独的欧洲国家拥有足够的市场、技术和投入，来面对激烈的由美国主导的太空领域的竞争。欧盟和欧洲空间局合作的深入化和组织化是整合欧洲国家空间能力的关键。

4. 亚洲国家

亚洲国家的空间立法活动都严重滞后于本国的空间活动。在亚洲的所有国家中，中国、印度、日本、韩国都开展有步骤、有系统的本国空间立法工作。亚洲国家发布的主要空间政策法规包括：日本《国家宇宙开发事业团法》（1969 年）、《空间基本法》（2008 年），并在实践中逐渐形成自己的空间立法体系；印度《班格拉德空间研究与遥感研究院法》（1999 年）；韩国《航空产业发展促进法》（1987 年）、《空间发展促进法》（2005 年）、《空间损害赔偿法》（2007 年）；中国《空间物体登记管理办法》（2001 年）、《民用航天发射项目许可证管理暂行办法》（2002 年）。其他国家则还没有形成系统的国内法律文件，只在某些领域做出一定的法律说明，如孟加拉国的《空间研究与遥感研究院法》（1991 年）。

日本政府在 2015 年 1 月召开太空开发本部会议，确定了新的《宇宙基本计划》，将其作为当前至 2024 年日本太空政策的指导方针，通过发展太空设施维护自身安全，并确定了将加强日美在太空领域的合作，以加强安保。新政策确定了日本未来十年的太空发展计划，包括通过发射人造卫星提高太空竞争力。

5. 世界其他国家和地区

世界上其他国家也在国内空间立法方面做出了不懈的努力。加拿大于 1990 年制定《加拿大航天局法》。阿根廷的国内空间立法文件包括 1991 年通过的《关于建立国家空间活动委员会的法令》和 1995 年通过的《关于建立射入外层空间物体国家登记册的法令》。南非调节政府和非政府空间活动的基本法律文件是 1993 年 7 月 2 日的《空间活动法》；1995 年 10 月 6 日，南非还通过《空间活动法》补充修订法案。澳大利亚的基本国家空间立法包括 1994 年《成立澳大利亚空间委员会法》和 1998 年《空间活动法》。巴西 1994 年颁布《民用组织巴西航天局及有关事项法令》，并通过《发展航天活动的国策》，作为其空间活动的指导依据。智利于 2001 年通过《关于成立〈智利空间局〉作为总统咨询机构的法令》。

6. 国家空间立法的趋势

各国航天法律制度的形式和内容随着其政治需求的变化和自身航天能力的增强而不断修订完善，涵盖了民用、商用和军事航天的内容；覆盖了航天教育、科研、试验、生产、发射、运行、再入、空间应用、空间科学等与航天活动相关的多个环节和方面；形成了涉及航天发射、航天运输、卫星通信、卫星导航、卫星遥感、国际空间站等重要航天活动的规范制度；建立了包括管理主体、登记制度、许可机制、评估机制、调查机制、保险机制、赔偿机制、处罚机制和产业促进机制和国际合作机制等在内的集行政法、民法、商法、经济法、刑法于一体的航天法律制度。

国家航天法律制定的发展历程具有明显的时代性。当一个新的航天领域出现时，就会对法律产生需求，商业航天发射法、遥感法就是这样出现的。另一方面，随着一个航天领域的不断发展，法律体系也需要进行响应的修改调整。

（四）国外近地空间安全立法经验

1. 现行国际空间法的局限性

以联合国五大外空国际公约为主体的现行国际空间法体系大多是 20 世纪 60 至 70 年代制定的，难以解决当前由于空间技术迅猛发展和广泛运用带来的一系列问题。其局限性主要表现在：一是不够全面、合理，面对外空军事化的现实及武器化的趋势，现行国际法的不充分性日趋明显；二是没有考虑技术发展带来的影响，现有的国际法在处理新兴太空问题时显得力不从心。

总体来看，现行防止太空军事化、武器化及防止太空军备竞赛的国际立法面临诸多挑战。关于“太空武器”尚无统一定义，目前国际社会针对太空武器的定义应基于其部署位置还是其目标位置仍然存在分歧。一种观点认为，太空武器系指部署于太空、目标位置不限的武器；另一种观点则认为，除上述武器外，部署地点不限、任何以空间物体为目标的武器都是太空武器。两者的主要分歧在于，是否将部署于太空之外的其他领域、以太空物体为目标的武器视为太空武器。现行国际法在防止太空军事化、武器化及太空军备竞赛方面的不充分性日趋明显。如《外空条约》虽然规定各国可出于和平目的利用太空，但没有明确禁止反卫星攻击或阻止可能威胁他国太空安全的反卫星武器试验；虽然禁止在太空放置核武器，但未禁止拥有其他种类的太空武器。

2. 国际空间政策法规的未来发展趋势

联合国主持编纂的五大外空国际公约及相关原则、宣言和决议构成了国际空间法律体系的基本框架。各缔约国以此为依据，通过制定空间政策，履行国际义务，维护本国空间利益，指导开展空间活动。鉴于各国空间能力的不同，决定了对国际空间政策态度的差异。出于维护本国空间利益的目的，未来一个时期内很难在联合国框架内形成的关于空间活动的国际公约。

随着空间活动的种类和范围的扩大，需要通过法律规范的空间活动内容增多，原有的国际公约难以涵盖所有内容。未来随着商业化、私有化趋势的增强，外空资源开发、空间碎片治理、空间环境保护问题日益凸现。

总之，未来的国际空间法律体系建设，形式上趋于政府、国际组织与地区间的双边或多边协议，内容上集中在规范新兴空间活动和解决当前外层空间突出问题的专门法律。

3. 未来空间规则制定主导权分析

2007年之后，国际社会开启新一轮规则制定，才涉及到规则主导权的问题。在外空军控领域，中俄联合提出的PPWT草案限制在外空军事部署武器，美国考虑到会限制其向空间发展至今仍然反对，在此方面中俄抢占了规则制定的主导权。在民用航天领域，美国掌握了规则主导权，俄罗斯在此方面也比较积极，欧盟提出《外空活动国际行为准则》，也表明了积极参与外空国际规则制定的意愿。中国作为负责任航天大国发挥的作用越来越大，要通过规则制定表明国家立场，维护国家空间发展权益，维护国际和平与安全。

四、近地空间安全涉及的空间立法需求

为理清近地安全所涉及的空间立法问题，本课题拟从近地空间安全的威胁要素出发，包括空间活动安全、空间资产安全、空间环境安全、空间产业安全，系统归纳影响安全的相关问题，提出相应的立法需求。

（一）空间活动安全的立法需求

在空间活动安全方面，从整个空间活动的顺序来看，可以分为发射入轨阶段、在轨操作运行阶段和再入返回阶段。每个阶段都涉及到不同的空间活动安全法律问题。深空探测，包括探月、探火、拉格朗日点探测等活动，如前文所述，由于超出了近地空间的范围，在此不进行讨论。

在运载火箭以及人造地球卫星发射入轨阶段，主要涉及的法律问题为发射许可。制定发射许可制度，一方面，是各国履行外空公约，对本国的航天发射活动进行监管的需要；另一方面，也是国家防止非政府组织或个人私自进行航天发射，产生危害国家安全的后果。另外，为了促进商业航天的发展，有必要对申请发射许可所涉及内容的细则进行明确。

在航天器的在轨运行阶段，主要涉及的安全问题为在轨物体的碰撞。为了避免碰撞，需要全面的空间物体轨道信息，需要建立包括通知措施、监视措施、信息共享措施、空间物体识别措施等在内的一系列制度。目前与之相关的国际谈判进程为外空“透明与建立信任措施（TCBMs）”。

目前需要执行再入返回任务的空间飞行器已经很少了，主要是载人航天所用的航天员返回舱，以及深空探测采样的返回舱。这些航天器所涉及的国际条约为《关于援救航天员、送回航天员及送回射入外空之物体之协定》，简

称《营救协定》。该协定对于航天员规定“宇宙飞船人员如因意外事故、遇难和紧急的或非预定的降落，降落在任一缔约国管辖的区域内，该国应立即采取一切可能的措施营救飞船人员并给他们一切必要的帮助”，对于再入返回的空间物体规定“射入外层空间的物体或其组成部分若在发射当局管辖的区域外发现，应在发射当局的要求下归还给该发射当局的代表，或交给这些代表支配”。

（二）空间资产安全的立法需求

在空间资产安全方面，主要是在轨人造卫星运行的本体安全，以及与地面之间的通信安全。因为在轨人造卫星是一个轨道上的无人平台，其主要功能是携带传感器等有效载荷为位于地面的人类提供各种信息，或转发通信信号。这样的无人空间资产安全不仅涉及到本体的安全，确保其能够维持稳定运转，还涉及到其与地面的通信链路安全，以便地面能够有效控制和利用空间资产。

对于空间资产的本体安全，目前最为紧迫的是与空间碎片的碰撞问题，包括碰撞预警通报和碰撞规避协调。目前可以监测到的直径在 10 厘米以上的外层空间物体数量大约有 23 000 个。根据估算，直径大于 1 厘米的空间物体估计大约有 500 000 个，更小的毫米级以上物体数量超过 1.35 亿个。空间碎片的运行速度可达到 7 km/s 以上，对于空间资产有着惊人的杀伤力。瑞士再保险公司 2011 年的一项研究结果表明，一颗截面 10 平方米的卫星每年与直径大于 1 厘米的空间碎片碰撞的机会已达万分之一。日益增多的空间碎片对于人类位于地面和空间的人员及财产造成了巨大的威胁。为了进行空间碰撞预警，以及碰撞规避协调，需要全球协调空间活动，目前与之相关的联合国谈判进程为“外空活动长期可持续性”（LTS）。

对于空间资产的通信安全，目前国际电信联盟（ITU）是联合国负责全球电信事务、管理空间业务频率和轨道资源的专门机构。依据《国际电信联盟组织法》，所有成员国的空间业务不仅涉及本国法律规定，还需要符合国际电联《无线电规则》，并按照该规则的相关规定公平、合理、有效和经济地使用这些资源。为确保空间通信安全，需要不断完善相关的申请、协调、通知和登记程序。

（三）空间环境安全的立法需求

对于空间环境安全，主要包括两方面的问题，一个是空间碎片，另一个是空间天气。

对于空间碎片问题，由于是人为原因产生的，目前主要是通过各种减缓措施对各国的空间行为进行约束，比如钝化、离轨等，未来还可能采取主动移除的措施。目前与之相关的联合国文件是 2007 年 12 月 22 日通过的《联合国空间碎片减缓指南》。

空间天气主要是太阳活动这一自然原因所导致，人类尚无有效方法予以防范，主要的对抗措施是密切监测，利用太阳风到达的时间差进行预报。由于各国技术能力的差异，不是所有国家都能够实现全面的空间天气预报，因此有必要就此实现信息共享。2011 年，联合国外空委（COPUOS）已在“外空活动长期可持续性工作组”项下成立空间天气专家组，旨在促进空间天气从研究、观测到业务服务各方面的长期可持续性国际合作。

（四）空间产业安全的立法需求

在航天产业安全领域，根据我国实际，目前的立法需求主要包括产业自主可控、产品出口管制以及商业航天促进。

对于航天产业的自主可控，如果航天产品过分依赖于进口元器件会带来诸多的隐患和风险。因此，有必要采取科研生产许可、专项科研支持、鼓励采用国产器件等措施，促进我国航天产业的自主可控。

对于航天技术及产品的出口管制，一方面，我们应该高度关注国际防扩散机制的规定①，按照法律规定的出口物项清单严把出口关；另一方面，鉴于美国对我国航天产品的出口限制，严重影响我国对外承接航天发射业务，需要采取措施解除该类限制。

对于商业航天促进，我国应该尽快完善发射许可、登记、损害赔偿、保险等法律法规及其实施细则，使得我国的商业航天发展真正能够有法可依，避免在法律模糊地带可能存在的人为障碍。

（五）小结

根据以上的分析梳理，得到我国未来一个时期内的空间安全立法需求树状图如图 1 所示。

① 目前国际上关于敏感物项出口管制的协议包括《导弹及其技术控制制度》（MTCR）、《防扩散与安全倡议》（PSI）、《瓦森纳安排》（WA）、《防止弹道导弹扩散海牙行为准则》（HCOC）等。

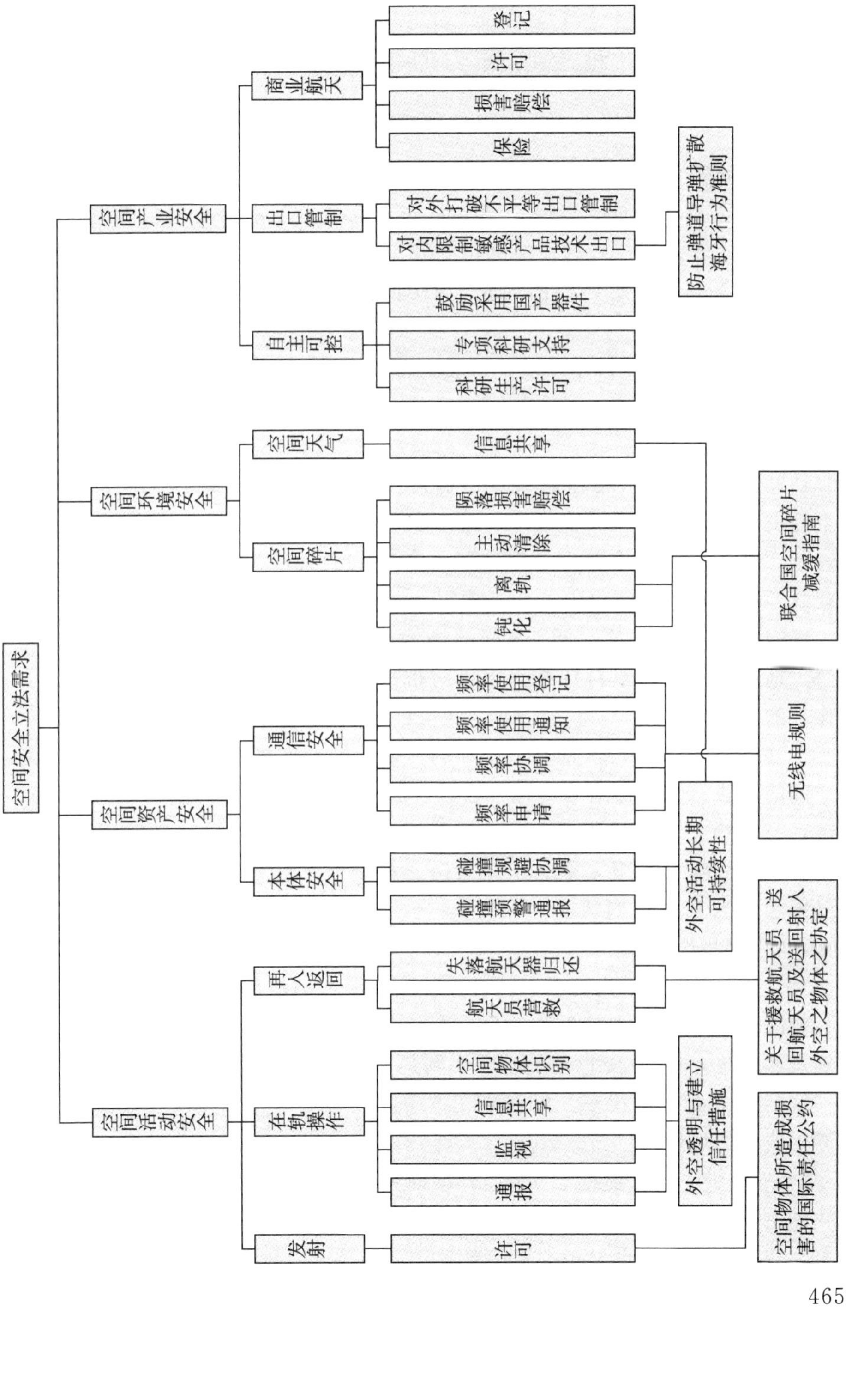

图1　空间安全立法需求树状图

五、我国对近地空间安全的理论认知与立法现状

（一）我国空间安全理论的发展

我国空间安全理论的研究起步较晚，发展相对滞后，跟踪研究外军空间安全理论的居多，对如何实现我国空间安全也提出了不少有价值的构想，但并没有形成比较系统权威的、能够指导我国空间安全建设发展的指针和依据，从20世纪80年代开始到目前为止，我国空间安全理论仍处于“百家争鸣”阶段。

1985年12月，孙鸿章编著的《空间战争的幽灵》（军事科学出版社）提出了制太空权的概念，系统介绍了美苏两国进行太空军备竞赛、进行空间战争的计划和装备。

1989年12月，张健志著《争夺制天权》（解放军出版社）分太空概述、太空开发、太空对抗、太空战略、独立天军、争取太空持久和平等六章内容阐述了“制天权”的重要性，提出了太空对抗的条件、原则和作战样式，对实现我国和平利用太空提出了初步构想。

1994年8月，叶名兰著《空间战场和弹道导弹力量的运用》提出空间战场、天地一体战、天地对抗战、天天对抗战等概念，并分析了空间力量对未来作战的影响。

1996年9月，李瑞晨译自俄罗斯的《航天器的作战应用》，介绍了俄罗斯对空间的看法、航天器军事应用方法以及如何对抗美军航天力量。

1998年9月，鲍忠行编著的《神秘的太空和未来太空战》（国防大学出版社）分神秘太空、征服太空、未来天国、神秘天军、太空大战、太空生活等部分阐述了未来太空对人类生活的影响，分析了太空大战可能带来的严重后果。

2001年10月，李大光著《太空战》阐述了太空战的环境、特征、指导思想、作战理论（制天权理论和空天一体作战理论）、基本原则、力量组成、作战样式和战法，提出21世纪的战争要则是“空天制胜”。

2002年1月，李津军、单玉泉在“空间威慑战略刍议”中提出了“空间威慑战略”的思想。

2002年9月，贾俊明著《太空作战研究》（国防大学出版社）列举了太空作战的主要作战行动，分析了太空军事力量与联合作战的关系，提出了我国未来太空军事力量建设发展的相应对策。

2002 年 10 月，常显奇等著《军事航天学》第 1 版（国防工业出版社）分空间技术基础、空间力量、空间作战等三篇共 18 章内容系统阐述了空间安全的基本思想，指出空间力量进入空间、利用空间、控制空间等三大任务，并提出发展我国空间力量的基本构想。2005 年《军事航天学》第 2 版增加第 19 章国际空间法的相关内容。

2003 年 7 月，刘彦军、万水献、李大光、郭彤等著《论制天权》（国防大学出版社）阐述了有关制天权的概念、特征、规律、指导思想和基本原则、装备、技术等，提出了空间军事力量建设的构想。

2004 年 12 月，袁泽禄著《联合战役太空作战》（国防大学出版社）论述了未来联合战役中太空作战的特点、任务和行动。

2006 年 3 月，王叶红著《迈向天穹——新世纪空军的战略抉择》（蓝天出版社）系统阐述空天一体战，指出空天一体化是未来空军发展的必然选择。2010 年 1 月王万春著《空天作战理论与实践》（蓝天出版社）以及 2010 年 7 月李学忠、田安平著《国家空天安全论》（解放军出版社），系统阐述了“空天一体安全”的思想，提出“空军是国家空天安全力量的骨干”的观点。这些著作是“空天一体”的代表作，为空军拓展任务领域、实现“空天一体”奠定了理论基础。

2006 年 7 月，杨学军著《优势来自空间——论空间战场和空间作战》（国防工业出版社）比较系统地总结了空间作战理论的研究成果，提出了空间军事力量（“天军”）建设的基本原则和主要内容。

2006 年 12 月，北京跟踪与通信技术研究所编写《美俄军事航天力量及航天战发展研究》报告，详细介绍美俄航天力量的发展情况，以及空间侦察监视、通信、导航、气象等系统的进展情况。

2008 年 8 月，中国军事百科全书第 2 版《军事航天技术》（中国大百科全书出版社）从发展历史、技术、装备、运用等方面系统梳理了军事航天相关内容，是对当时军事航天领域内装备技术发展的全面总结。

2009 年 3 月，赵新国等著《太空作战指挥》（军事科学出版社），主要阐述了太空作战指挥的规律和原则、任务和内容、体制、活动、环境、方式、手段、保障、人员、训练以及相关装备等内容。

2010 年 1 月，张翔著《逐鹿天穹》（军事谊文出版社）中提出“21 世纪军事航天力量”建设构想和“天兵天将”的基本组成。

2010 年 9 月，冯书兴、周新红编著《美俄空间力量与空间武器》（国防工业出版社），介绍了美俄军事航天发展历程、军事航天的起源与挑战、军事航天计划与空间政策、军事航天力量发展、空间武器发展，并对美俄军事航天力量发展模式进行对比。

2011年6月，刘兴、梁维泰、赵敏等著《一体化空天防御系统》（国防工业出版社）从“空天防御”系统的角度阐述了相关系统和技术。

2012年7月，李大光等主编《美俄太空军事力量及其作战运用》（武警出版社），比较系统地介绍了美俄太空军事力量的转型、体制编制、武器装备、作战理论等方面的内容，并结合近年来的几场局部战争，介绍了美俄太空军事力量的运用问题。

2012年10月，冯书兴在《装备学院学报》发表“我国空间力量发展及空间安全的思考”一文，指出空间力量作为维护国家空间安全与利益的物质基础和综合国力新的增长源，在国家安全与发展中的地位与作用越来越突出，分析了我国空间力量发展现状及其诸多制约因素，研究了空间安全对维护国家安全的重要作用，提出了制定空间战略、发展空间力量、维护空间安全和提升综合国力的对策思考。

2013年1月，姜连举主编《空间作战学教程》（军事科学出版社），阐述了空间作战主要特点、指导思想和基本原则，涵盖空间作战力量和装备、作战样式、作战运用和发展趋势等内容，是对近年来国内外空间作战主要研究成果的较全面总结。

2013年12月，李智、陈凌云、张占月编著《外层空间法规与政策》（国防工业出版社），分上、中、下三篇详细介绍了国际空间法、国家空间立法和空间政策、外层空间热点法律问题。

可以看出，上述国内相关著作零散性、自发性研究居多，主要聚焦于跟踪研究国外理论、装备、技术，以及与空间作战相关的力量建设运用，自发性理论研究较少，空间安全理论体系正在摸索和逐步建立阶段。

（二）我国近地空间立法现状

随着中国航天工业的不断发展壮大，中国越来越深入地参与到世界航天活动之中，与其他国家在空间问题上的交流也越来越频繁。航天商业化趋势催生新的空间法律的诞生，面临空间发展的新形势，中国空间法律工作面临严峻挑战。

1. 我国空间立法的主要成果

在联合国通过的五项外空公约中，中国1983年加入《外空条约》，1988年加入《营救协定》《登记公约》和《责任公约》，这些条约是我国空间法的主要法律依据。

中国政府积极参与国际合作，签订了众多的双边和多边航天活动协议，对我国开展航天活动的权利和义务进行了明确规定，为我国航天活动立法提供了部分重要内容和重要法律渊源。

2. 我国现有空间法律政策

早期的空间立法主要是行业管理文件；计划经济色彩浓厚的 20 世纪 80 年代和 90 年代前期，中国的空间立法工作基本停滞；20 世纪 90 年代中后期，空间法欠缺的负面影响日益凸显。自 1998 年新的国家国防科技工业委员会组建成立后，中国的空间立法逐步走上了正轨。

中国空间立法活动可分为民用立法与军用立法两大领域。民用立法由国防科工委①承担，至今制定了三部《管理办法》，用以规范我国民用航天活动。在军用立法方面，制定了两部《条例》和两份《管制清单》，用以维护国家安全和社会公共利益。

原航天工业部的内部管理规定多达 300 多项，主要是计划、技术、质量、安全、财务等各方面的管理制度。1998 年，国务院成立新的国防科工委（国家航天局），作为中国航天科技工业的主管部门，先后组织制定《空间物体登记管理办法》（2001 年）、《民用航天发射项目许可证管理暂行办法》（2002 年）及《关于发射空间物体涉外损害赔偿责任的暂行规定》等。这些部门规章规范了我国的航天活动，同时在一定程度上为我国履行国际相关外空条约义务提供了法律依据。此外，与航天活动相关的还有国务院颁布的《中华人民共和国导弹及相关物项和技术出口管制条例》（2002 年）、《中华人民共和国军品出口条例》（1997 年）、《中华人民共和国无线电管理条例》《中华人民共和国无线电频率划分规定》等。这些行政法规对军品出口实行许可制度，加强卫星频率和轨道资源科学规划和合理利用，维护我国卫星频率和轨道资源的合法权益，发挥了重要作用。

近年来，全国“两会”代表、委员相继提出我国航天立法的提案和议案。2012 年，全国人大财经委开展航天立法调研活动，涉及面广、覆盖面全，基本涵盖了我国航天活动的主体。在调研基础上，组织人员开展航天立法的论证工作，包括航天立法的必要性、可行性、重点解决的问题、立法内容和思路以及意见建议等，为 2013 年将航天立法纳入新一届全国人大立法规划奠定了重要基础。

---

① 2008 年以后为国家国防科技工业局。

（三）我国空间法律制度建设存在的问题

1. 国家战略层面不够明晰，缺乏顶层指导

目前，我国航天活动和管理都是依据国家航天主管部门颁布的部门规章，效力层次较低，无法满足我国从航天大国向航天强国迈进中对空间安全法规政策的需要。美国从卡特政府以来，每一届新政府上台都会发布国家空间政策，而我国则缺乏相应的顶层指导，导致立法空白之处甚多，未对航天活动的普遍性问题做出规定，缺乏对航天发展的顶层指导。

2. 法律制度建设不成体系，种类数量偏少

我国涉及航天活动方面国内法规种类数量少，只限于部门规章制度，不能系统地规范我国航天活动，难以满足航天事业快速发展的需求。对于商业卫星发射服务、空间物体损害赔偿、整星出口、航天员营救等方面还没有相应的法律法规，不利于航天事业的法治化建设。

3. 法规内容相对滞后，商业航天有待关注

虽然我国在航天领域都已经制定了一些法规，但由于航天事业的快速发展和立法工作相对滞后，原有法规内容已经不能完全适应形势发展的需要，需要修改完善，填补立法空白。现有法规对一些概念的内涵界定不够清楚，表述不够准确，覆盖的航天活动主体不够完备，如航天活动主体由传统的国防部门、政府部门、工业部门和科研机构逐步扩展至高等院校、企业等。目前，商业航天活动蓬勃发展，相关发射应该如何规制，发射风险如何进行规避，都没有明确的法律进行约束。

4. 与国际接轨不够，影响航天大国地位

我国一直积极履行外空国际公约规定的义务，由于缺乏与之相配套的国内法规，在国际交流中易受其他国家法律政策的限制，不利于展示我国作为负责任航天大国的形象，更影响我国参与并引领外空国际规则的制定。在国际商业、技术合作中，由于缺乏国内法律保障，发生纠纷只能参考外方法律，难以维护我国的合法权益。

5. 对新兴活动跟进不及时，影响安全发展

随着航天技术的不断发展，外空资源开发、亚轨道旅游等新兴航天业态不断出现，但法律跟进不足。如亚轨道旅游采取类似于弹道导弹的亚轨道飞行方式，即飞行轨道不能够环绕地球一圈。严格来说，此类活动不能划入航天飞行之中。但由于其飞行弹道的最高点已经超越近地空间的低界，很可能会与在轨飞行物体发生碰撞，进而产生空间碎片，对近地空间产生长远的危害。这些活动急需在其大量开展之前进行论证规范，制定恰当的交通管理规范。

六、我国应对近地空间安全问题的立法建议

我国空间安全立法与我国蓬勃发展的航天事业相比还比较落后，与我国的航天大国地位不相适应。因此，要强化空间活动安全立法。在现有航天政策法规的基础上，以维护我国外层空间活动安全为落脚点，尽快制定国家《航天法》，作为维护我国外层空间活动安全的基本法，并配套颁布外层空间活动管理、空间物体损害赔偿等配套法规。与此同时，我国也应该发挥航天大国的影响力，在外空国际规则的制定上提出建设性建议，引领外空的和平有效利用。

（一）对内建议

1. 清晰界定管理机制

空间活动的地位在国际和国内都越来越重要，关系到国家的战略安全和科技发展。鉴于我国空间管理机构部门较多的实际情况，理顺空间管理体制、协调各部门之间的关系是一项重要任务，因此构建在中央、国务院直接领导下的国家空间活动日常协调、决策机构，承担基本空间计划的制定和决策，指导和协调各部门机构的运作，显得十分重要。

目前我国参与管理空间活动的机构主要有军方机构和国防科工局、国家发改委、外交部等政府机构，他们在管理空间活动中负责不同方面。为有效处理空间活动中的各项事务，应尽快清晰划分空间活动管理机构的职责，应尽快制定相应的法律法规，确保我国空间活动“管理有人负责、经费有人控制、项目有人审批、问题有人处理”，使我国的空间活动步入法治化轨道。

鉴于我国空间管理机构部门较多的实际情况，在立法过程中明确各机构的职权，理顺空间管理体制是一项重要任务。鉴于空间活动的多样性、问题的复杂性，可以按不同领域制定相关部门负责。如将空间资源管理、空间科学考察、进入空间许可、空间碎片处理等领域的管理工作纳入现有机构中，细化管理工作，明确主管部门及其职责。在管理规范、责任清晰的基础上，进一步制定空间信息活动的相关规定和制度，是推动空间安全立法工作的可行之路。

2. 充实优化人才结构

目前来看，外层空间仍然是一个高技术密集型的领域，外层空间的许多特性也绝非地球表面可比，而是受到轨道力学的限制。许多在地球表面习以为常的准则，在外层空间将难以适用。

例如，在传统的法理学中，国家领空的高度不受任何限制。罗马法主张："谁有土地，谁就有土地的无限上空。"但是这种主张随着航天技术的发展被修订，其中重要的原因就是要求一国的航天器不能进入他国领土上空完全违背已知的物理学规律。目前，国际社会已经逐渐达成共识：外层空间是国际性区域，任何部分都不能由任何国家或任何国家集团据为己有。国家主权不能及于外层空间已经得到《外空条约》的肯定。

有鉴于此，空间立法需要相当的技术因素的参与。目前开展空间立法研究的机构和人员绝大多数是传统的法律界人士，擅长法理学和国际法研究，但对于空间技术缺乏应有的了解，不能有效处理空间技术制约下法律条文的草拟。因此我国的空间立法，亟需优化人才结构，培养既精通法律，又精通空间科学技术的复合型人才。

3. 构建完善研究平台

伴随着我国空间活动商业化趋势，活动主体已经迈向多元化，非国有企业已经参与商业发射活动。因此，对从事商业活动放宽准入非常必要。但是，我国现行立法中缺乏促进民营企业进入空间活动领域的具体条款和措施。这在某种程度上导致了计划经济体制仍然主导我国的航天活动，民营企业因缺乏政策与法律支持，无法进入这一领域，由此导致这一产业缺乏足够的活力，导致资源的不合理配置，削弱了我国航天产业的国际竞争力。

我国目前缺乏统一的空间立法总体研究机构，相当部分的研究机构隶属于传统的航天国有企业，其研究成果难免会受到部门利益影响。有鉴于此，需要构建超然独立于现有航天科研生产部门的空间立法总体研究机构，摆脱传统体制机制的束缚，更好地从国家利益出发，从总体上谋划我国的空间立法策略。

4. 研制开发工具方法

目前国际上已经逐渐达成共识，外层空间是全球公域，因此相关法律主要涉及到国家之间的协调。国家之间的协调主要是通过外交谈判，因此我国关于空间法的研究必须与外空规则谈判实践相联系，服从服务于国家利益大局，支撑国家外交谈判前线的斗争。

由于空间物理特性的特殊性，对于空间立法的研究，绝不应该是仅仅照搬人类关于领空、领海规则的旧例，而应该在这个全新领域能够主导规则的制定。为了对空间法规则的制定进行指导，美国曾在 2012 年举行的施里弗演习中专门推演了可能施行的国际空间法规则对于其未来空间作战的影响。因此，我国也有必要研究相关的推演仿真工具和方法，进而利用这些工具研究未来维护我国空间利益的法律规则，使其既符合全世界大多数国家的利益，也有助于维护我国和平发展的大局。

（二）对外建议

1. 发挥外交平台作用

目前，世界主要航天强国，纷纷利用国际外交平台，提出具有建设性的空间法律框架，籍此引领外空话语权，引导外空规则的制定，获取更大的国际政治影响力。外空是人类共有的国际公域，我国也应该继续利用国际平台加强理念引导，从建设人类命运共同体出发，旗帜鲜明地反对外空武器化，倡导对外层空间的自由利用、和平利用、公平利用和可持续利用。

联合国外空委是进行外空立法和外交斗争的主要平台。我国应该继续借助这一谈判平台，有效规范和促进新型外空活动，并在裁谈会等框架下稳步推进外空安全倡议。在地区层面，利用好亚太空间合作组织、金砖国家会议、东盟地区论坛（外空安全研讨会）等机制，积极提出中国方案，发挥航天大国影响力。在非政府组织层面，妥善利用国际宇航联合会、国际宇航科学院、国际空间法学会等具有重要影响力的国际组织，更多发出中国声音。

2. 协调开展合作斗争

外空格局已从两极化过渡到多极化，有能力参与空间事务的国家和组织越来越多，但各国外空实力仍分处不同梯队，美俄中欧仍然是目前国际上的主要力量。美国执意单边维系外空霸权，对我国在航天领域逐步加强限制措施，干扰、限制我国航天事业的发展；俄罗斯目前与我国在外空安全和多边合作上存有诸多共同利益；欧洲方面一直紧跟美国步伐，在国际合作和规则构建等方面是可争取的重要力量。

对于未来，我国应该继续同俄罗斯就外空事务保持密切协调；与美国在联合国外空委相关工作事项、卫星导航系统等低敏感技术领域开展定期交流，并适时启动外空安全对话；与欧盟的斗争与合作同时开展，既要针对其《外空活动国际行为准则》（ICOC）开展适度斗争，也要在工程项目等方面保持合作，进一步稳固我国在国际外空事务上的地位。

七、结束语

60多年来，人类航天技术突飞猛进，取得了卓越成就。同时，航天技术进步也深刻改变着人类的生产生活。国际空间法作为国际法的一个重要分支也登上了历史舞台。在国际空间安全法规方面，我国已批准以《外空条约》为代表的联合国主要外空公约，这些公约是我国进行空间立法的主要依据。在国内空间安全法规方面，我国政府也制定了一系列重要的行政法规，对调整我国空间活动发挥了重要的规范作用。但是，我国空间安全立法与我国航天事业相比还比较落后，与航天大国地位极不适应。

国内有关空间安全法律问题的研究近年来趋于活跃，表明国家决策层对于空间安全的重视程度在逐年提升，但到目前还没有形成统一的、权威的、能够筹划指导未来的国家空间安全立法战略。

未来，需要着眼于维护国家战略利益，将空间安全纳入国家安全总体战略中一并考虑，加快制定我国与空间安全相关的法律制度。建议以国家空间力量和航天技术的现实条件为基础，科学评估我国空间安全面临的主要威胁，合理确定我国空间安全的战略目标，采取相应措施规范、促进空间产业的发展，以求在激烈的空间竞争中占据更加主动的有利地位。

参考文献

［1］ 李寿平，赵云．外层空间法专论［M］．北京：光明日报出版社，2009.

［2］ 高国柱．中国空间立法的评价与未来展望［J］．北京航空航天大学学报（社会科学版），2007（1）：40-41.

［3］ Schlesinger JR. The political economy of national security：a study of the economic aspects of the contemporary power struggle［M］. New York：Praeger Publishers，1960：256-306.

［4］ George E C. War and sustainability：the economic and environmental cost［J］. Environment，2008，2（1）：3-4.

［5］ Paul S. Economics of War［J］. Journal of Economic Education，2008，12（5）：391-400.

［6］ 于纯海．俄罗斯联邦空间立法概述［J］．黑龙江政法管理干部学院学报，2007（3）：111.

［7］ 高国柱．空间碎片的若干法律问题研究［J］．河北法学，2006（5）：41－42.

［8］ ADC space debris mitigation guidelines［EB/OL］．http：//www. iadc－online. org / index. cgi? item＝docs _ pub.

［9］ Irsten G. The consultation process for the International Code of Conduct for Outer Space Activities ends［EB/OL］．

［10］ 王国语．"外空活动长期可持续性"问题与我国的对策［J］．中国航天，2012（6）：32－36.

［11］ 李寿平．空间碎片造成空间环境污染的国际责任［J］．河北法学，2006（12）：161－163.

［12］ 李斌．论我国空间碎片减缓立法体系的完善［J］．环球法律评论，2008（4）：8－9.

［13］ Working Report of Expert Group B. Space debris，space operations and tools to support collaborative space situational awareness［R/OL］，A/AC. 105/2014/CRP. 14.

［14］ Russian delegation. Long－term sustainability of outer space activities（basic elements of the concept of establishing a unified centre for information on near－earth space monitoring under the auspices of the United Nations and the most topical aspects of the subject matter）［R/OL］，A/A/AC. 105/L. 290.

［15］ The International Interdisciplinary Congress on Space Debris Remediation and On－Orbit Satellite Servicing. Active debris removal：an essential mechanism for ensuring the safety and sustainability of outer space［R］，A/AC. 105/C. 1/2012/CRP. 16.

［16］ Report of the Legal Subcommittee on its fifty－first session［R/OL］，A/AC. 105/1003. Vienna，2012－03－30.

［17］ Delegations of Canada，the Czech Republic and Germany. Compendium of space debris mitigation standards adopted by sates and international organizations［R/OL］，A/AC. 105/C. 2/2014/ CRP. 15.

［18］ Report of the Legal Subcommittee on its fifty－third session［R/OL］，A/AC. 105/1067. Vienna，2014－04－04.

［19］ Report of the Legal Subcommittee on its fifty－second session［R/OL］，A/AC. 105/1045. Vienna，2013－04－19.

［20］ 王国语．外空透明与建立信任措施及中国的立场［J］．中国航天，2012（9）：35－38.

［21］ Resolution adopted by the General Assembly on 5 December 2013. Transparency and confidence－building measures in outer space activities［R］，A/RES/68/50，2013－12－10.

［22］ 王国语．空间碎片管辖权及主动清除的法律依据［J］．北京理工大学学报（社会科学版），2014（6）：103－110.

［23］ Russian delegation. Considerations regarding the modalities of consolidating the understanding on issues pertaining to the enhancement of the practice in registering space objects in view of the necessity of ensuring the safety of space operations，A/AC. 105/C. 1/2015/CRP. 23 ［R］，2015.

［24］ Russian delegation. Achievement of a uniform interpretation of the right of self - defense in conformity with the United Nations Charter as applied to outer space as a factor in maintaining outer space a safe and conflict - free environment and promoting the long - term sustainability of outer space activities，A/AC. 105/C. 1/2015/CRP. 22 ［R］，2015.

［25］ Russian delegation. Additional considerations and proposals aimed at building up understanding of the priority aspects，comprehensive meaning，and functions of the concept and practices of ensuring the long - term sustainability of outer space activities ［R/OL］，A/AC. 105/C. 1/2015/ CRP. 24，http：//www. unoosa. org/oosa/en/COPUOS/stsc/2015/docs. html.

［26］ 李寿平．现代国际责任法律制度［M］．武汉：武汉大学出版社，2003，（12）：33，48，190，195.

［27］ C·W·Jenks. 雷崧生译．太空法［M］．台湾：台湾商务出版社，1996.

［28］ 钟建华．试论承揽国际商用卫星发射的几个法律问题［J］．法律科学，1992，（6）：47 - 49.

［29］ 王铁崖．中华法学大辞典·国际法卷［Z］．北京：中国检察出版社，1996.

［30］ 尹玉海，刘飞奇．航天商业发射保险法律制度浅析［J］．太平洋学报，2008，（6）：52 - 53.

［31］ 周威．从航天保险市场看我国国际商用卫星发射服务的发展［J］．中国航天，2006，（4）：26.

［32］ 贺其治，黄惠康．外层空间法［M］．青岛：青岛出版社，2000.

［33］ 都亨，等．空间碎片［M］．北京：中国宇航出版社，2007.

［34］ 赵海峰．关于中国空间立法的若干思考［J］．黑龙江社会科学，2007（5）：150.

［35］ 常显奇．军事航天学［M］．北京：国防工业出版社，2005.

［36］ 麻省理工学院．麻省理工学院研究报告——载人航天的未来（上）［J］．中国航天，2009（4）：17 - 22.

［37］ 王金华．载人航天国际合作的历史与现状［J］．国际太空，1996（8）：36 - 39.

［38］ 王宝坤．中国航天合作的几点思考［J］．发展，2008（12）：51 - 53.

［39］ Young A J. Law and policy in the space stations' era［M］. Dordrecht：Martinus Nijohff，1989.

［40］ Pedrazzi M. 空间合作的法律问题：国际空间站的管辖权、控制权和责任等［J］．吴晓丹译，载于赵海峰．空间法评论［M］：第 2 - 3 卷．哈尔滨：哈尔滨工业大学

出版社，2009：184.
[41] 张聚勇，张秋．俄罗斯和平号空间站的荣耀与叹息（下）［J］．中国国情国力，2001（3)：14-16.
[42] 何其松．中美太空合作的现状与前景［J］．现代国际关系，2009（3）：32-38.
[43] Joseph A. Giacalone. Global Trends in the Commercialization of Space [J], Journal of Business and Economic Research, 65 (2008).
[44] Patricia Margaret Stern & Leslie I. Tennen. State and Municipal Regulation of the Aerospace Industry in the United States [J], in Ram S. Jakhu (ed.), National Regulation of Space Activities, Spring, 2010, pp. 468-469.
[45] H. Peter van Fenema. The International Trade in Launch Services - the Effects of US Laws, Policies and Practices on Its Development [M], Leiden University Press, 1999, pp. 34.
[46] Eligar Sadeh. Politics and Regulation of Earth Observation Services in the United States [J], in Jakhu (ed.). National Regulation of Space Activities [M], pp. 452-455.
[47] Pamela L. Meredith. A Comparative Analysis of United States Domestic Licensing Regimes for Private Commercial Space Activities [J], in IISL Proceedings of the 32nd Colloquium on the Law of Outer Space [M], 1989, pp. 378.
[48] Ken Hodgkins. US Commercial Space Transportation Act [J], in Proceedings of UN/International Institute of Air and Space Law Workshop in Capacity Building in Space Law [M], 2002, pp. 237-238.
[49] Frans von der Dunk. Current and Future Development of National Space Law and Policy [J], in Proceeding of UN/Brazil Workshop on Space Law in Disseminating and Developing International and National Space Law [M], 2004, pp. 38.

课题主持人简介

张琦，男，中国运载火箭技术研究院研究发展中心六室主任，高级工程师，从事航天运载器总体、弹道、航天装备体系设计与仿真工作。作为课题组长/技术负责人承担了 863 计划、总装预研、中国工程院等领域的多个研究项目，撰写申请国防专利五项，先后在重大国际、国内学术会议、核心期刊上发表十余篇学术论文。

空间交通管理法律问题研究*

哈尔滨工业大学课题组

目　录

* 本文为中国空间法学会2015—2016年度第6号学术课题研究项目结题报告，荣获中国空间法学会2015—2016年度学术课题研究项目二等奖。课题主持人为哈尔滨工业大学李晶珠副教授，课题组成员包括赵海峰、刘丹丹、聂明岩等。

前言

1957 年 10 月 4 日，苏联成功发射第一颗人造地球卫星，揭开了人类空间时代的序幕，同时也为太空送去了第一批人造“垃圾”。由于我们已经习惯于把外空看作是无限的和不可估量的广袤无边的领域，我们曾一度认为没有立即采取措施来处理空间碎片的必要。然而，进一步观察外空形势获得的信息向我们显示了值得警惕的现实。美国国防部曾经公布过一组数据：截止到 2009 年 1 月 1 日，在低地球轨道（LEO）上可以跟踪和统计到 12 743 个大约 10 厘米或更大的空间目标①。尽管没有既定的定义，低地球轨道通常是指在地球表面上 2 000 千米以下的轨道，其中高度达到 400 千米的轨道和 800～1 000 千米周围的极地轨道是最有价值的②。据估计，在这些可跟踪到的空间目标中，只有不到 10%的（可能是 6%～7%）的物体是有用的③，其余的可以被称为是空间碎片或轨道碎片④。据估计，有 300 000 个直径在 1～10 厘米的空间目标无法被追踪到，并且在被观测的同一外空区域有数以几十亿计的更小的空间目标⑤。这样的事实使我们意识到，在低地球轨道的有用区域内充满了空间碎片。目前，直径在 1～10 厘米之间的空间目标是很成问题的，原因在于正在运行的卫星既不能被强化到可以抵抗这些空间碎片，也不能灵活地移动去避开这些空间碎片，因为这些碎片太小以至于无法被外空观测网络追踪到。没有被追踪到的小型空间碎片以每秒 7.5 千米的速度高速飞行，不仅可以造成人类生命和财产的损失，也将严重损害有价值的空间财产。据统

① 参见 NASA，USA Space Debris Environment and Operational Updates，presentation to the 46th Session of the Scientific and Technical Subcommittee（STSC）on the Peaceful Uses of Outer Space（COPUOS），9 - 20 February，2009，at 5。

② 在地球静止轨道上，直径达到 1 米或更大的物体是可以被外空监视网络跟踪到的。

③ 参见 Spacesecurity. org，ed.，Space Security Index 2008，at 2。

④ 严格地说，不发挥作用的物体是不是空间碎片取决于空间碎片的定义。See，e. g.，Lobo? Perek. Early Concepts for Space Traffic，paper submitted to the IISL/ECSL Symposium on Prospects for Space Traffic Management，2 April 2002，at 6 - 7.

⑤ 参见 Spacesecurity. org，ed.，Space Security Index 2008，at 2。

计，被追踪到的空间目标在 2004 年 6 月底为 9 148 个[①]，2005 年底为 9 428 个[②]，2006 年底为 9 948 个[③]，2008 年 1 月 1 日为 12 456 个[④]，而到 2009 年 1 月 1 日则为 12 743 个。随着人类开展航天活动规模和频次的不断增加，这种空间物体与空间碎片与日俱增。据统计，当前约有 3 000 吨太空垃圾在绕地球飞奔，而其数量正以每年 2%～5%的速度增加。科学家们预测：太空垃圾以此速度增加，将会导致灾难性的连锁碰撞事件发生，如此下去，到 2300 年，任何东西都无法进入太空轨道了。

在有限的有用轨道上有不断增加的空间目标在运行，空间物体之间时常发生碰撞并不奇怪。其中最早的例子包括苏联的宇宙号 1275 卫星（Kosmos1275）被所有者不明的空间碎片所毁灭，法国的军用卫星 Cerise 与火箭 Ariane 在上升阶段的碰撞，都发生在 1996 年[⑤]。采用卫星机动变轨的方法有时可以避免其与空间碎片发生碰撞[⑥]。据报告，每隔一年或两年，美国国家航空航天局就会根据外空监测网络提供的信息，在轨道上采取航天飞机机动变轨的方法来避免与即将到来的空间碎片发生碰撞[⑦]。因为大多数的民用和商用卫星不具有此类强大的机动能力，并且在设计上也没有考虑抵抗空间物体的冲击的能力，所以空间碎片的威胁在任何时候都必须被充分认识到。以上数据及事实已经显示，外空目前的交通状况已经十分严峻，迫切需要寻求有效的空间交通管理制度来结束这种无序发展状态。

一、空间交通管理问题概念的演进

空间活动应以有序方式运行以避免物体碰撞和无线电频率干扰，这一观

① 参见 Spacesecurity. org，ed.，Space Security 2004，(Northview Press，2005)，at 3。

② 参见 Spacesecurity. org，ed.，Space Security2006，(2006)，at 36。

③ 参见 Spacesecurity. org，ed.，Space Security 2007 (2007)，at 23。

④ 美国国家航空航天局，美国空间碎片环境和政策更新，联合国外空委第 45 届科学技术小组会议上的报告，2008 年 2 月 11－22 日，第 3 页。报告称，2007 年可跟踪到的空间目标的激增是因为某国在 2007 年 1 月进行了反卫星试验（ASAT）。根据美国外空监测网络的数据，当年增加的碎片达到 2600 个，是有史以来最大的增加。同上，第 11 页。Spacesecurity. org，同前注解 3，第 2 页。

⑤ 参见 Spacesecurity. org. ed.，Space Security 2003 (The Eisenhower Institute，2004)，at 1－4。

⑥ 欧空局的 ERS－1 卫星在 1997 年和 1998 年被分别移动两次，法国的 SPOT－2 在 1997 年被移动。同前注。

⑦ 参见 Steven Mirmina，Reducing the Proliferation of Orbital Debris：Alternatives to a Legally Binding Instrument，American Journal of International Law，vol. 99 (2005)，at 652。

点已被争论了几十年。20 世纪 60 年代，空间活动数量少，而且其中大部分是低地轨道的活动，碰撞和有害影响的几率也小。除了有关大规模杀伤性武器的规定，1967 年《外空条约》确定了人类自由探索外空的原则。而且《外空条约》制定之时，空间活动主要由美国和苏联两个超级大国开展。众所周知，这两个国家无论在外空还是地面都进行着激烈的竞争。在这种政治背景下，双方不可能考虑如何限制其空间活动，自然也不会提及空间交通管理问题[①]。

进入 20 世纪 70 至 80 年代，在保卫国家空间安全的背景下，出现了卫星周围“排除区域”（keep - out zones）的概念[②]，这种观点与空间交通管理有一定的关联。然而，低地轨道的卫星通常持续高速地运转，操作者对其轨道控制存在不足或根本难以控制，客观上使“排除区域”的概念不具有可操作性。美国在 1985 年和 1986 年进行的在轨实验因为卫星相撞而被迫终止，这促使美国简单地提出了外空实验范围（Space Test Range）的概念[③]。外空实验范围概念的提出，是想为外空实验活动划定一定的轨道范围，确保所开展的实验活动不能对既有的空间系统造成不利影响。同样，因为空间系统在整个低地球轨道（距离地球表面 2 000 千米以下的高度）的分散性，使得这一提议并未形成可行的方案。只有在已经被很好地划定并具有独特性的地球同步轨道（GEO）上，利用上述方案对空间活动进行控制才具有可行性。地球同步轨道上的航天器没有或者只有相对小的活动范围，可以采取这种典型的空间交通管理形式。即使在这一范围内，国际电信联盟（ITU）的重点在于防止射频干扰，而不是物理碰撞。事实上，在 20 世纪七八十年代，“卫星位置管理”这一名词是比较流行的空间交通管理的表达形式[④]。一开始，地球同步轨道上的航天器因为失败或完成任务而简单地从站点自然漂移离开。但到了

---

① 参见 Nicholas L. Johnson, Space traffic management: concepts and practices, Space Policy 20 (2004) 79 - 85, at 79。

② 参见 Dalbello R. ‘Rules of the road’: legal measures to strengthen the peaceful uses of outer space, IISL - 85 - 03, 1985. Collins P. Legal considerations for traffic systems in near - earth space, in IISL Proceedings of the 31st Colloquium on the Law of Outer Space, 1989. pp. 296 - 303。

③ 参见 Washington Roundup, Aviation week and space technology, 4 April 1988. p. 15, Space test range handbook, Revision A, Consolidated Space Test Center, Onizuka Air Force Base, 1 May 1989。

④ 参见 Baker JP, Davis, RR, Lawrence FP, Rodriguez T. Satellite Position Management, Headquarters, Space Division, Los Angeles Air Force Station, 14 October 1980. See also the contemporary Space Division Regulation 55 - 1. Davis RR. Air force Satellite Position Management, Orbital debris, NASA Conference Publication 2360, 1985, from a workshop at the NASA Johnson Space Center, 27 - 29 July 1982。

70 年代中期，人类可以将航天器放置到地球同步轨道以外的废弃轨道上。第一次通过机动方式使地球同步轨道上的两个航天器避免碰撞的例子发生在 1980 年 5 月。当时美国国防部的一个不可控制的卫星被计算出来将与美国国防部正在运行的另一颗卫星擦肩而过，因而采取将其放置在另一轨道上。此后，美国和加拿大都有类似的处理办法[①]。

1978 年核动力卫星 Kosmos 954 和 1983 年 Kosmos 卫星的再入问题引起国际社会对在低地球轨道上运行核动力源卫星的重新思考。在低地球轨道上，这个问题的目标并不是空间交通管理，而是对人类以及生物界的辐射影响问题[②]。对于这一问题的思考最终产生了“核安全轨道”的概念，但实践中并没有核动力源轨道以及其处置轨道的尝试[③]。

1988 年 7 月，美国国会审议由美国空间科学和应用分会关于空间碎片的议题。该分会主席提出一个极端的空间交通管理概念：为了减少地球轨道上增加的空间碎片，建议建立一个“零增长”政策，也就是在旧的碎片再入大气层之前不允许有新的空间碎片产生。但如何来实现这一提议以及是否可以应用于美国卫星就没有下文了[④]。

从历史角度来看，空间交通管理或空间交通管制的概念一直是以非常模糊的方式被争论着，其中部分原因是技术原因以及政治现实所导致。许多观点把空间交通管理与陆地、空中和海上的交通管理做比较，但并未提出有实践意义的特定的类似方案。机动车、航空器和船舶在行驶轨道和速度上都有很大的灵活性，可以为之制定一些规则。即使是火车，也具备根据通知停下来或改变轨道的能力。地球轨道上运行的航天器就不具备以上的优势了。事实上，很多运行中的航天器是没有任何机动能力的。因此，空间交通管理问题与上述领域的交通管理问题相比具有非常不同的特点。2001 年，国际宇航科学院（IAA）启动一项关于空间交通管理的课题研究，在 2003 年提交到在德国举行的国际宇航大会上进行讨论。之后，在国际宇航科学院 2006 年《空间交通管理研究报告》中所使用的术语部分，将空间交通管理界定为“空间

---

① 参见 Nicholas L. Johnson. Space traffic management：Concepts and Practices，Space Policy 20 (2004) 79－85，at 80。

② 参见 Principles relevant to the Use of Nuclear Power Sources in Outer Space，United Nations General Assembly Resolution 47/68，14 December 1992。

③ 参见 Nicholas L. Johnson. Space traffic management：Concepts and Practices，Space Policy 20 (2004) 79－85，at 80。

④ 同上。

交通管理包括进入外空，在轨运行以及再入过程中保障安全和不受干扰的各种技术和制度规定的总称”[①]。这种表述并未界定什么是空间交通管理，而是指出了空间交通管理的目标，因此并没有提供一般意义上可以操作的概念。新型航空航天器的发射是否应作为被管理的对象？是否应为一些执行导航、通信和观察等任务的特定航天器在国家之间分配轨道资源？再入问题是否应纳入管理的范围？对这些问题国际社会尚没有答案。在 2014 年 9 月的 IAC 大会期间，IAA 批准“空间交通管理——走向实施的路线图（Space Traffic Management - Towards a Roadmap for Implementation）”的课题研究立项[②]。IAA 此项课题研究是继 2006 年“空间交通管理研究报告”之后的又一次系统深入研究，其研究目标是在 2006 年“研究报告”十年后的 2016 年，再出版一份关于空间交通管理的研究报告。与 2006 年报告相比，2016 年预计完成的报告将关注空间交通管理的具体实施问题。课题组的工作日程为：2015 年 9 月完成报告初稿并提交 IAA 讨论，讨论直至 2015 年底；2016 年提交 IAA 春季会议审查，2016 年 10 月在 IAC 大会期间通过；2016 年 10 月出版报告[③]。在此份研究报告中，对空间交通管理概念是否有新的发展，我们仍需认真研究。

空间交通管理的概念伴随着空间活动的发展而不断变化。事实上，空间交通管理只有一个目标，即将在任何时间的潜在的电磁干扰和物理碰撞降低为最低。前者不仅是可以探查到的而且已经并正在被相当成功地处理着，这主要是通过国际电信联盟（ITU）来具体操作的。后者则比较困难，具体是要研究如何避免物体碰撞，这一点已经成为 20 多年来解决空间碎片问题的关键，同时也是现在空间交通管理问题的焦点。总而言之，随着空间碎片的不断增加，以及发生的在轨碰撞和电磁频率的干扰的可能性的不断增多，共同决定了空间交通管理概念的演进方向[④]。

---

① 参见 A. B. Jenkin，G. E. Peterson. Collision risk management in geosynchronous orbit，PEDAS1 - B1. 4 - 0049 - 02，34th COSPAR Scientific Assembly，Houston，TX，October 10 - 19，2002。

② 参见 IAA Study Group Status Report，http：//iaaweb. org/iaa/Scientific%20Activity/Study%20Groups/SG%20Commission%205/sg515/sg515sr1015. pdf，2016 年 3 月 16 日访问。

③ 同上。

④ 参见 William H. Ailor，Space traffic management：Implementations and implications，Acta Astronautica 58 (2006) 279 - 286，at 281。

二、空间交通管理制度的现状

国际条约、国内立法以及有关国际组织框架下的有关指导原则、行为准则共同构成了空间交通管理的现有机制。

（一）国际空间法条约体系

国际空间法是目前空间交通管理的基础性制度依据，也是探讨空间交通管理问题的起点。国际空间法包括联合国五大外空国际公约及联合国有关宣言原则决议等国际文件。其中最为重要的是 1967 年《外空条约》确定的一些基本原则，如“利用外空的全人类利益的原则”、“自由探索外空的原则”、“自由在外空进行科学考察的原则”①、“尊重国际法以及联合国宪章的原则”②、“和平利用外空原则”、“禁止放置大规模杀伤性武器的原则”③、“航天员是人类派往外空的使者的原则”、“国家对其登记的空间物体有管辖和控制权，无论该空间物体是在太空还是地面的原则”④ 等。这些原则虽然没有规定真正意义上的空间交通管理制度，但却为建立空间交通管理管理制度奠定了基础。其他四项国际公约对空间物体登记、航天员营救、空间物体损害赔偿等问题也做出相应的规定，这些规定是对《外空条约》的补充与发展，共同致力于外空活动的治理。50 年前建立起来的国际空间法体系，根植于当时的空间活动发展状况以及当时的国际社会环境，因此空间法条约体系在建立之初并不完美，“如规定月球和其他天体专用于和平目的的，实行非军事化，但却未包括外层空间和环绕地球的轨道；禁止在环绕地球的轨道上放置核武器，但未禁止其他武器和军用卫星等，使得某些空间国家除了可以向外空发射军用卫星、研制和部署除核武器或大规模毁灭性武器以外的其他外空武器，使外层空间成为主要空间大国从事军事对抗的重要场所等等。”⑤此外，空间法条约体系缺少一些基本概念的界定。随着空间活动的发展，这种不足越来越凸显，并给空间交通管理制度的构建提出了一系列待解决的难题，例如：

---

① 《外空条约》第 1 条。

② 同上，第 3 条。

③ 同上，第 4 条。

④ 同上，第 6 条。

⑤ 贺其治，黄惠康：《外层空间法》，青岛出版社，2000 年版，第 50 页。

1. 空气空间与外层空间的划界问题

空气空间与外层空间的划界问题，存在很多理论学说。例如：航空器上升最高限度说、空气构成说、人造卫星最低限度说、同步轨道说、有效控制高度说、海洋类比说、引力平衡说、卡曼管辖线说等[①]，关于这个问题，在国际法上大致有两类主张，即空间论和功能论[②]。空间论是以空间的一定高度作为标准划分国家主权与外空活动自由的各自有效范围，或称为划分外层空间与国家领空的界限的主张。具体标准之中较为有代表性的有：1）航空器上升最高限度说：以航空器能够上升的最大高度或大气同温层的高度为标准。目前，飞机上升的最高限度离地面约30～40千米。2）有效控制高度说：以国家行使有效控制其空气空间的能力为界。3）最低近地点说：以人造卫星轨道离地面的最低高度为界，一般认为这一高度为离地面100至110千米。4）以地心引力终止处为准。5）以离心力开始取代空气成为飞行动力的地方为限。功能论则从社会科学角度出发，以空间物体的功能及其作用的范围来确定其所适用的法律。这种理论认为，地面上空是一个整体，没有划分空气空间与外层空间的必要，只能就“空间活动”和“空间物体”做出定义。进行航空活动的航空器适用航空法，而进行航天活动的航天器和空间物体应该适用外层空间法。外层空间的范围和划界是空间交通管理问题的一个前提性问题。因为空气空间与外层空间具有不同的性质，所适用的法律制度也有所不同。这种区分在亚轨道飞行中尤为重要，因为这种飞行横跨空气空间和外层空间[③]。亚轨道飞行是相较于轨道飞行来说的。通常认为，亚轨道飞行是在距地球35～300千米的高空飞行。航天器离开地球表面的大气层，开始进入距离地面大约100千米处太空的边缘（这一高度是由世界运动委员会制定的最低太空高度），由于速度和动力赶不上真正的宇宙飞船，不能围绕地球轨道飞行，飞船在冲出大气层后很快返回。亚轨道飞行时间很短暂，但仍然会受到地球引力的牵引，在一定时间里可以体验到失重的感觉。

2. 有用空间物体与无用空间碎片的区分问题

在国际法的有关文件中，对于人造外空装置，曾使用过许多名词，常见

---

① 贺其治，黄惠康：《外层空间法》，青岛出版社，2000年，第26页。

② 参见 Yu Takeuchi, Toward the International Regime for Space Traffic Management - What to Fix the Current International Regulations, Space Traffic Management Conference, 2014 Conference Agenda, http://commons.erau.edu/?utm_source=commons.erau.edu%2Fstm%2F2014%2Fwednesday%2F23&utm_medium=PDF&utm_campaign=PDFCoverPages，2015年11月访问。

③ 参见 Vernon Nase. Delimitation and the Suborbital Passenger: Time to End Prevarication (2012) 77 Journal of Air Law and Commerce 747。

的有航天运载工具（space vehicle）、航天器（spacecraft ，或译为宇宙飞船）和空间物体（Space object），后一术语已逐渐成为最普遍的条约用语。空间物体从含义上并没有指明自然物体和人造物体之间的差别，但在外空法中，月球、水星、火星这类自然物体是用“天体”一词来表示的。因而，该用语特指人造空间物体并不会产生歧义。构成国际空间法重要基础的 1972 年《责任公约》和 1975 年《登记公约》先后给空间物体下过两个完全相同的定义：“空间物体一词包括空间物体的组成部分以及空间物体的发射运载器及其零件”[①]。这一定义基本上含义明确，且被两大国际公约所采用，证明已得到普遍认可。但它与其说是定义，毋宁说是个范围说明。由于它没有区别这一物体与其他物体的性质，因此，引起了气象探空火箭、导弹、航天飞机等特殊物体是否属于空间物体的质疑。另外，空间物体的“组成部分”指的是什么，在一个空间站上发射另一物体、或者在外空组装另一物体是归属于原物体的组成部分，还是产生了一个新物体等问题也随之产生。空间物体及其组成部分的定义是空间法中一个长期以来并没有得到妥善解决的问题。前国际法院法官拉克斯甚至断言，由于无法预测空间技术发展的潜力，短期内要制定一个详细的定义是不可能的[②]。因此，如何区分有用空间物体和无用的空间碎片也成了一个难题，对空间交通管理也会造成障碍。

此外，现行国际空间法条约体系对通知制度、分区制度、环境保护以及执行和核查机制等内容都缺乏规定。

（二）国内空间法体系

《外空条约》第六条确立了各国应对其在外层空间的活动承担国际责任的原则，不论这种活动是由政府部门或非政府部门进行的。为履行条约义务，部分国家制定了国内空间立法。然而，各国并未本着平等进入外空的思想，而更多是为了维护本国的空间利益而制定各自的法律及有关规则。因此，各国的空间立法各具特色，各不相同[③]。多年来，联合国外空委一直尝试去去协调各国的关系和矛盾，但并未实现其初衷。

从各国国内空间立法情况可以看出，各国均没有从空间交通管理的角度

① 《责任公约》第 1 条第 4 款，《登记公约》第 1 条 B 款。

② 曼弗雷德·拉克斯（Manfred Lachs）：《外层空间法》，1972 年英文本，第 68 页。

③ 见报告附件。附件内容参见联合国外空司网站：Schemic Overview of National Regulatory Frameworks for Space Activities，http：//www. unoosa. org/oosa/en/SpaceLaw/national/index. html，2015 年 3 月 10 日访问。尹玉海：《国际空间法立法概览》，中国民主法制出版社，2005 年版。

进行专门的立法，但是国内立法的一些空间活动的基本规定为空间交通管理制度的建立开创了一个起点。各国无论其空间立法的形式如何，在内容上有以下几个方面是相通的：

第一，有关安全运行的规定。为确保外空活动安全，目前所有已进行国内空间立法的国家都要求根据《外空条约》第六条建立许可制度。各国都要求申请从事外空活动的一方要保证对人身健康、安全及财产安全不能造成损害。各国所采取的具体手段有所不同，比如，英国要求满足非常严格的安全文件的审查制度；俄罗斯要求提供充分材料证明其活动的安全性和可信赖程度（俄罗斯许可法令第五部分）；澳大利亚总理要求空间活动申请者技术安全方案（澳大利亚空间活动法规 2.13）；美国则要求对其空间活动实施安全许可制度（美国通讯法规则 CFR 14 / III / 415.31 et. seq.）。而且各国法律普遍规定，为制止危险的外空行为，国家有权暂停或撤回其发放的许可[①]。

第二，有关碰撞避免的规定。碰撞避免通常在发射、在轨和再入三个阶段上都有所要求。发射空间物体并将其放置在预定轨道上的同时要经过其他轨道，因此要避免与其他轨道上已经存在的空间物体发生碰撞；其次，在轨运行的空间物体同时面临其他物体进入该轨道时避免碰撞，或者是在再入或者要结束任务时与其他轨道转移过来的空间物体避免碰撞。各国的一般性法律规定是根据《登记公约》第二条第一款的规定[②]，要求提供空间物体在轨的基本参数，例如美国、澳大利亚、阿根廷、瑞典和乌克兰的国内立法中都有这种规定[③]。然而，实践中这种做法的效果并不大，因为各国要求提供的是基本参数，并没有真正对提供这些信息提出时间上的明确要求，也没有进一步的规定来利用这些数据去提供碰撞避免的预警及其他避免措施。而且，很多国家并不把空间碎片和失效的空间物体列入考虑之内。甚至在美国，美国联邦通讯委员会和交通运输部在发放商业许可时也并不考虑已经在轨的航天器或者预定轨道上的空间碎片问题[④]。

---

① 参见 International Academy of Astronautics（IAA）. Cosmic Study on Space Traffic Management, pp. 41。

② 《登记公约》第 2 条 1 款："发射国在发射一个外空物体进入或越出地球轨道时，应以登入其所需保持的适当登记册的方式登记该外空物体。每一发射国应将其设置此种登记册情事通知联合国秘书长。"

③ 参见 International Academy of Astronautics（IAA）. Cosmic Study on Space Traffic Management, pp. 41 - 42。

④ 同上，pp. 42。

第三，有关空间活动信息的规定。为实施《登记公约》第二条第一款的要求，发射国要将一般信息提供给所有成员国。阿根廷则要求提供与发射有关的进一步的信息，澳大利亚和英国也要求提供空间活动中变化了的信息，俄罗斯和乌克兰均明确对于空间活动一部分的空间物体的信息要履行通知和许可程序。大多数国家都规定，发射场或其他设施有获得为了履行其监督空间活动职责所需要的有关信息的权利①。综上，目前各国对信息提供和通知的规定都比较笼统。对于空间交通管理而言，需要更为准确的有关信息，以及事前、事中及事后的有关通知。这是避免碰撞和干扰的制度措施实施的前提条件。

第四，有关防止污染的规定。英国《空间活动法》规定，在发放许可时要求履行不污染外空以及不对地球造成负面环境影响的义务②。俄罗斯空间立法中也有类似规定③。保护环境则是乌克兰空间活动法律的主要目标（第 8 条）。美国和澳大利亚都要求发射空间物体必须通过环保审查④。阿根廷则规定，除发射许可中的审查，不对外空造成污染是进行空间物体登记的条件之一。

以上内容是适用于所有外空活动的一般性规定。除此之外，各国也有专门适用于发射阶段、在轨阶段以及再入阶段的一些规定。在发射阶段，澳大利亚空间活动法中的法律规则很多是对发射阶段许可有关的规定，尤其是管理项目计划（2.11）和技术安全计划（2.13）详细规定了安全要求。因为有一些航天器可能涉及再利用，在发射阶段也应有一些特殊规则，但这种复用航天器只有美国正在研制⑤。然而，在美国的国内立法中并没有有关空间物体通过空气空间的有关规定。任何国家的国内立法中都没有在轨运行的有关法律规则。就有关国家遵守 ITU 的针对通知、协调和登记卫星等事项写入国内立法的要求而言，进入和利用既定轨道的要求由 ITU 通信部门管理。有关分区制度在国内立法中只是被间接规定，也就是通过许可限制外空活动的制度。

---

① 参见 International Academy of Astronautics（IAA）. Cosmic Study on Space Traffic Management，pp. 42。

② 联合国外空司网站：Schemic Overview of National Regulatory Frameworks for Space Activities，http：//www. unoosa. org/oosa/en/SpaceLaw/national/index. html，2015 年 3 月 10 日访问。

③ 同上。

④ 同上。

⑤ 参见 International Academy of Astronautics（IAA）. Cosmic Study on Space Traffic Management，pp. 43。

2003 年，NASA 修订了其关于空间碎片的政策（NASA Policy Directive 8710.3A），首次提出项目管理人要负责与国防部协调在轨道上 1 千米以内的任何机动行为[①]。但是这种做法的初衷是从承担损害赔偿责任的角度考虑。只有英国《空间活动法》对空间活动的终止问题有所规定。根据该法第五部分的规定，空间活动的原始许可的发布可以同时要求通知任何载荷的最后处置，以及国务大臣可以发布处理如何进行的指令。这种规定可以在最低限度上为有意识地离轨和再入的协调提供依据[②]。

尽管各国的空间立法以及其他国内立法均在一定程度上是为了满足《外空条约》第六条的要求而制定，有关制度在国家之间也有所不同，但这些已有的规定为空间交通管理制度的构建奠定了基础。纵然国内立法对空间交通管理具有重要意义，但我们应该意识到，如果这个问题只停留在国内立法层面上，空间交通管理问题无法得到真正解决。外空是人类的共有领地，外空法具有天然的国际性。各国需要考虑彼此之间合作，共同探讨解决空间交通管理的良好对策。

（三）其他有关机制及外空软法

除了联合国五大外空公约，联合国外空委（UNCOPUOS）、国际电信联盟（ITU）、国际民航组织（ICAO）、机构间空间碎片协调委员会（IADC）等有关国际组织，在一定领域内对空间交通管理问题的解决也在发挥着作用。未来空间交通管理制度的构建既要以此为基础，也要考虑与这些机构原有规则之间的协调与配合。与此同时，一些外空软法在空间活动的规制中也发挥着越来越重要的作用。

1. 联合国和平利用外层空间委员会

联合国和平利用外层空间委员会（UNCOPUOS）是根据 1959 年联大第 1472 号决议建立的，简称联合国外空委，现有包括中国在内的 77 个成员国[③]。联合国外空委的宗旨是制定和平利用外空的原则和规章，促进各国在和平利用外空领域的合作，研究与探索和利用外空有关的科技问题和可能产生的法律问题。联合国外空委下设科学技术小组委员会和法律小组委员会，均

① 参见 International Academy of Astronautics (IAA). Cosmic Study on Space Traffic Management, pp. 43。

② 联合国外空司官方网站：Schemic Overview of National Regulatory Frameworks for Space Activities，http：//www.unoosa.org/oosa/en/SpaceLaw/national/index.html，2015 年 3 月 10 日访问。

③ 联合国外空司官方网站，2015 年 1 月 6 日访问。

由联合国外空委全体成员国组成。科技小组委员会主要审议和研究与探索及和平利用外空有关的科技问题，促进空间技术的国际合作和应用问题；法律小组委员会主要审议和研究和平利用外空活动中产生的法律问题，拟订有关的法律文件和公约草案。联合国外空委主要审议两个小组委员会的工作报告以及不由小组委员会审议的一般性外空问题，就委员会的工作做出决定，并向联合国大会提出报告和建议。在 1979—1988 年期间，联合国秘书处曾准备了很多有关空间碎片的文件，但是，空间碎片问题正式的讨论在当时没有被联合国外空委成员国提出来。有关空间碎片的议案是在 1988 年继国家和政府间组织的研究报告发表之后才开始出现。1994 年联合国开始讨论空间碎片的科技问题，并在 1999 年由联合国外空委发布了空间碎片的技术报告。从此以后，联合国开始建立人们对空间碎片的性质的认识，这些对日后空间碎片减缓问题提供了基础[①]。2001 年，联合国外空委科技小组委员会与 IADC 合作，开启制定《空间碎片减缓指南》的计划。2007 年，联大 62/217 号决议通过该指南，并号召各国实施与《空间碎片减缓指南》相一致的空间碎片减缓措施，制定各自的空间碎片减缓标准[②]。

联合国外空委科技小组委员会自 2010 年 2 月第 47 届会议起，在其议程中添加“外空活动长期可持续性”专题，并设立“外空活动长期可持续性”工作组。工作组通过向包括中国在内的成员国征求建议，原定于 2015 年之前编写一份关于外空活动长期可持续性的报告和一套基于成员国自愿基础上的最佳实践指南，从而寻求创设一个新的外空交通管理系统和国际法律系统。2011 年，工作组按照专题范围分设 4 个专家组。其中 B 专家组的议题范围是空间碎片、空间操作和空间态势感知，并在 2014 年 6 月召开的第 57 届联合国外空委大会期间，提交了专家组报告的草案和指南草案。草案相比《空间碎片减缓指南》有了新发展，强调交会评估的能力建设与合作、再入风险控制和提供空间物体操作者的信息[③]。与此同时，法律小组委员会也正在积极开展工作。2012 年，在捷克代表团多年的坚持之下，同时也是着眼于促进《空间碎片减缓指南》的推广和落实，增强其约束力，法律小组委员会提出“应当不断发展现有法律框架，包括通过非约束性协定”的议题，并决定从 2013

① 参见 Space Traffic Management：Final Report，International Space University Summer Session Program 2007，Beijing，China，pp. 43。

② 王国语：《空间碎片国际发展机制分析》，载于《航天器环境工程》，2015 年 4 期，第 147－148 页。

③ 同上。

年开始增加一项临时议程草案，单项讨论议题/项目，即“与空间碎片减缓措施有关的法律机制方面的一般信息和意见交流”。这无疑将大大促进空间碎片问题法律化的发展趋势①。

2. 国际电信联盟

国际电信联盟（ITU）是负责信息通信技术事务的联合国专门机构，成立于 1865 年，拥有 193 个成员国和 700 多个部门成员以及准部门成员。国际电联通过无线电通信部门（ITU - R）、电信标准化部门（ITU - T）和电信发展部门（ITU - D）三个部门履行其使命，其中无线电通信部门集中负责国际电联的无线电通信工作，在无线电频谱和卫星轨道资源的管理方面发挥着至关重要的作用。

国际电信联盟有关空间频率轨道资源分配方面的一般性和特别法律文件包括以下几种：1）《国际电信联盟组织法》是国际电联效力最高的宪法性文件，规定了电联的宗旨、组成、会员国和部门成员的权利和义务、国际电联的法律文件及其执行、各部门的工作方法等内容，其中特别规定了关于无线电的特别条款。国际电联的宗旨包括“协调各成员国的行动”②，自然也包括协调有关空间频率轨道资源的成员国行动，为此，国际电联中特别强调要注重“实施无线电频谱的频段划分、无线电频率的分配和无线电频率指配的登记，以及空间业务中对地静止卫星轨道的相关轨道位置及其他轨道中卫星的相关特性的登记，以避免不同国家无线电台之间的有害干扰”③，同时要“协调各种努力，消除不同国家无线电台之间的有害干扰，改进无线电通信业务中无线电频谱的利用，改进对地静止卫星轨道及其他卫星轨道的利用”④。2）《国际电信联盟公约》对《国际电信联盟组织法》起着补充作用⑤。该公约第 172 款规定，无线电通信局应当按照《无线电规则》的有关规定，有秩序地记录和登记频率指配和相关轨道特性，更新国际频率登记总表，并在有关主管部门同意下，对不能反映实际频率适用情况的登记条目视情况予以修改或删除。3）《无线电规则》由世界无线电通信大会制定和修改，2008 年最新版《无线电规则》由 1995 年 WRC 大会通过的《无线电规则》全本，以及随后

① 王国语：《空间碎片国际发展机制分析》，载于《航天器环境工程》，2015 年 4 期，第 147 - 148 页。

② 《国际电信联盟组织法》第 8 款。

③ 同上，第 11 款。

④ 同上，第 12 款。

⑤ 同上，第 30 款。

1997、2000、2003、2007年WRC大会修正或通过的规则构成，还包括已被引证归并的决议、建议等文件。按照《国际电信联盟组织法》第29款、第31款和第215款的规定，《无线电规则》是有约束力的国际法规。《无线电规则》第1卷第2章、第3章详细规定了空间频率轨道资源分配的规则和卫星业务的频率协调程序。与此同时，世界无线电通信大会通过了一系列的决议和建议，根据《国际法院规约》第38条有关国际法渊源的规定以及《国际电信联盟组织法》关于ITU法规的规定，这些文件并不具有法律上的约束力，但是这些文件经过若干次由各国政府代表参加的准备会议、小组会议、区域无线电通信会议的研究和讨论，最后在世界无线电通信大会上又以投票形式通过，实际上具有很强的政治影响力，亦可被视为有约束力的ITU法规的权威性解释。

国际电信联盟提供了有限的空间交通管理规则，而且只规定了卫星频率使用方面避免干扰的规则，并没有涉及空间物体的物体碰撞避免的规则。

3. 机构间空间碎片协调委员会

机构间空间碎片协调委员会（IADC）由美国国家航空航天管理局、欧空局、日本宇宙开发事业团和俄罗斯航天局联合发起，于1993年10月26日在俄罗斯的加里宁格勒成立。IADC是技术性国际组织，无固定总部。目前IADC有意大利空间局、英国国家空间中心、法国空间研究中心、中国国家航天局、德国航空航天研究中心、欧洲空间局、印度空间研究组织、日本宇宙航空研究开发机构、美国国家航空航天局、俄罗斯联邦航天局、乌克兰航天局等共11个成员组织。这个机构致力于在空间碎片减缓和移除领域形成有关制度性文件。2003年，该机构在成员方之间发布《空间碎片减缓指南》[①]，引起联合国外空委的关注，后者期望将其转化为全球范围内可用的指导原则。2007年，联大62/217号决议通过《空间碎片减缓指南》，该指南着眼于空间碎片的预防和减缓，并没有提及空间碎片的治理或主动移除，也没有明确将外空环境保护作为目标。这是由当时空间碎片相关技术的发展程度和各国的政治考量所决定的[②]。IADC的指导原则具有软法性质，为空间交通管理制度

---

① 参见 Inter - Agency Space Debris Coordination Committee. Space Debris Mitigation Guidelines, UN Doc. A/AC. 105/C. 1/L. 260, 29 November 2002。

② 王国语：《空间碎片国际发展机制分析》，载于《航天器环境工程》，2015年4期，第147-148页。

提供了潜在的基础[①]。到目前为止，软法不论在科学领域还是在应用领域，都在发挥着积极作用[②]。软法已经促进了相互理解的国际合作、问题的强调或者新制度的提出。软法在空间活动领域可以促进国际合作，但是他们在国际制度建立上的薄弱性是非常明显的。

4. 国际民用航空组织

国际民航组织（ICAO）是联合国的一个专门机构，1944 年为促进全世界民用航空安全、有序的发展而成立。国际民航组织的主要工作是：制订国际航空和安全标准，收集、审查、发布航空情报，也作为法庭解决成员国之间与国际民航业务有关的任何争端，防止不合理竞争造成经济浪费、增进飞行安全等。在成员国的合作下，该组织已逐步建立气象服务、交通管制、通信、无线电信标台、组织搜索和营救等飞行安全所需设施模式。鉴于航空事业发展迅速，空中污染状况日渐严重，国际民航组织在防止空中污染、保障国际航空安全方面发挥着重要作用。1947 年 4 月 4 日起生效的国际民用航空公约（Chicago Convention on International Civil Aviation）又称“芝加哥公约”，是有关国际民用航空在政治、经济、技术等方面问题的国际公约。该公约确认国家航空主权原则并规定，缔约各国承认每一国家对其领土之上的空气空间具有完全的排他的主权；该公约只适用于民用航空飞机。该公约指出，为及时处理因民用航空迅速发展而出现的技术、经济及法律问题，设立国际民用航空组织作为公约的常设机构。该公约规定了该机构的名称、目的和大会、理事会、航空委员会等的组成及职责；争议和违约。该公约还规定，缔约国发生争议可提交理事会裁决，或向国际法庭上诉；对空运企业不遵守公约规定者，理事会可停止其飞行权；对违反规定的缔约国，可暂停其在大会、理事会的表决权。此外，《国际民用航空公约》另有 19 个技术附件[③]。

《国际民用航空公约》及其附件针对的是发生在空气空间的民用航空飞机

① 参见 International Academy of Astronautics（IAA）. Cosmic Study on Space Traffic Management, pp. 53。

② 参见 Ferrazzani, Marco, Soft Law in Space Activities [J], in Lafferranderie, Gabriel/Crowther, Daphne (eds.). Outlook on Space Law over the Next 30 Years, Leiden 1997, 429 - 447。

③ 附件 1 人员执照的颁发；附件 2 空中规则；附件 3 国际空中航行气象服务；附件 4 航图；附件 5 空中和地面运行中所使用的计量单位；附件 6 航空器的运行；附件 7 航空器国籍和登记标志；附件 8 航空器适航性；附件 9 简化手续；附件 10 航空电信；附件 11 空中交通服务；附件 12 搜寻与援救；附件 13 航空器事故和事故征候调查；附件 14 机场；附件 15 航空情报服务；附件 16 环境保护；附件 17 保安：保护国际民用航空免遭非法干扰行为；附件 18 危险品的安全航空运输；附件 19 安全管理。

的有关交通规则，其效力不及于外层空间，但该公约的有关规定对外空交通管理具有一定的借鉴意义。

5. 欧盟《外空活动国际行为准则》草案

《外空活动行为准则》是欧盟为响应自 1990 年以来联合国大会关于“建立外空透明和信任措施”的提议而递交的会议文件，于 2008 年获得了欧盟通过，旨在供成员国参考。经过几年的讨论和发展，2012 年 6 月，欧盟又提出了修订版的《外空活动国际行为准则》，试图将其影响扩大到整个国际社会。之后历经 4 轮国际磋商，文本几经修改，尚未达成一致意见。该准则载有关于空间交通管理措施、空间碎片预防和减缓措施、合作机制和磋商机制等内容，为空间交通管理制度的构建提供了启示和借鉴。

（1）空间交通管理措施

《准则》参加国将制定并执行国家政策和措施，以最大限度地减少空间事故、空间物体碰撞或以任何形式有害干扰他国和平开发、利用外空的权利。《准则》参加国在从事外空活动时将：避免任何将要或可能对空间物体造成直接或间接损坏或损毁的故意行为，除非这种行为意在减少空间碎片的产生和、或出于必要的安全考虑；采取一切步骤最大限度地减少碰撞风险；遵守并执行国际电信联盟在分配无线电波段和轨道方面的所有建议和规定。空间物体在外空执行任务时，如补给空间站、维修空间物体、减缓空间碎片、移动空间物体，《准则》参加国同意采取各类合理措施最大限度地减少碰撞风险。《准则》参加国决心在适当机制内推动空间交通管理指导原则的制订，以保护空间活动的安全和空间活动的长期可持续性。

（2）控制和减少空间碎片的措施

为限制空间碎片的产生，减少空间碎片对外空的影响，《准则》参加国将：避免有意破坏任何在轨空间物体或在空间从事可能产生长期存在的空间碎片的其他有害活动；根据本国法律程序，采取适当政策和程序实施 IADC 和联合国外空委的空间碎片减缓指南。

（3）合作机制

《准则》参加国承诺在可行和可操作的情况下，尽最大努力及时向其他所有可能受影响的《准则》参加国通报其与本准则宗旨相关的空间活动，特别是：可能因过于靠近其他空间物体而造成危险的拟定移动空间物体的动作；变轨或再入活动，以及其他相关轨道参数；已发生的碰撞或事故；可能导致再入大气层或引起碰撞的在轨空间物体的故障。《准则》参加国重申其在《关于在外空使用核动力源的原则》中的承诺。《准则》参加国承诺依照《关于登记射入外层空间物体的公约》登记其空间物体，并向联合国秘书长提供公约及联合国大会通过的第 62/101 号“关于登记空间物体的国家实践及国际组织实践的建议”决议规定的相关数据。《准则》参加国决定每年度分享可获得的信息，包括：国家空间政策和战略，包括与安全和防务相关活动的基本目标；防止和最大限度减少产生事故、碰撞的可能性以及其他形式有害干扰活动的国家空间政策和程序；最大限度减少产生空间碎片的国家空间政策和程序；促进规范外空活动的法律和政治性文书普遍性的努力。《准则》参加国可考虑通过其本国空间环境感知能力，及时向其他《准则》参加国或私人实体提供有关空间环境状况和预报的信息。

（4）磋商机制

在不影响《外空条约》第九条及《国际电信联盟组织法》第 56 条所规定的磋商机制情况下，《准则》参加国决定建立以下磋商机制：当某一《准则》参加国有理由认为一个或多个参加国所从事的有关空间活动已经或可能违背本准则宗旨时，可提出磋商请求，以期就采取防止或最大限度减少潜在危害的措施达成可接受的解决方案；参与磋商进程的《准则》参加国将依据主要危险决定磋商的合理时间框架。任何其他《准则》参加国如提出要求，也将有资格参与磋商。参与磋商的国家将在利益均衡的基础上寻求解决方案。此外，《准则》参加国可建议设立一个调查机制以调查影响空间活动的事件。这一机制将在下一阶段被认可，可以建立在《准则》参加国自愿提供的国家信息和/或国家调查手段基础上，由一组受国际承认的各国专家开展调查。

虽然各国对欧盟《外空活动国际行为准则》草案各执己见，对欧盟制定此准则初衷的评价也褒贬不一[①]，但该准则草案对空间安全尤其是空间交通管理问题给予了特别关注，可为我们研究空间交通管理问题提供有益的借鉴。

（四）小结

现行国际空间法条约体系形成于 20 世纪六七十年代，50 多年后人类探索外空的实践发展远非当时所能预期。空间法条约体系为空间交通管理制度的构建奠定了基础，但也遗留了诸多问题。构建空间交通管理制度是牵一发而动全身的举措，将使空间法条约体系将面临着重大的变革。这种变革需要各国的协商与共识，在此期间不可避免地交织着各国政治立场以及经济利益等

① 高国柱：《欧盟〈外空活动行为准则〉草案评析》，载于《北京航空航天大学学报（社会科学版）》，2010 年 4 期，第 18－23 页。

因素的考量。因此，我们不得不说，空间交通管理制度的形成将是一个长期复杂的过程。与条约机制相比，国内空间立法似乎可以相对快速做出反应，但是，缺乏国际合作的单纯的国内立法不可避免地更多体现各国的国内需求与利益，如何协调各国之间的利益关系，最终仍要回到国际合作的平台上。正是因为以上原因，国际社会正在努力从不同领域、不同角度寻求解决之道。一些国际组织已经进行有关的尝试，如 ITU 已在很大程度解决了卫星频率分区及干扰避免等规则，IADC 指南以软法形式积极促进空间碎片问题的解决。虽然各种努力与尝试目前只是以软法形式出现，但是软法将对国内立法及国际双边和多边的合作机制的建立发挥重要的促进作用。例如，2007 年通过的《空间碎片减缓指南》倡导国家设置空间碎片减缓的国内法制度。据联合国外空委不完全统计，截止 2014 年 6 月，有 26 个国家和国际组织设立了自己的空间碎片减缓机制①。只要国际社会对空间交通管理问题有足够的认识，在现有国际空间法体系的基础上，共同努力创制符合共同利益的空间交通管理制度的目标是可以逐步实现的。

三、航空和海事交通管理的借鉴

（一）航空交通管制的借鉴

航空交通管制（Air Traffic Control（Management）），一般称作 ATC（M)是指由在地面的航空交通管制员协调和指导空域或机场内不同航空器的航行路线和飞航模式，以防止飞航器在地面或者空中发生意外和确保他们均可以运作畅顺，达至最大效率。除此之外，航空交通管制系统还会提供例如天气、航空交通流量和机场特别安排等资料，以协助飞行员和航空公司等做出相应的安排。进入 21 世纪，随着与航空活动有关的恐怖袭击的增加，航空交通管制系统还担当领空防卫和保护国土安全的角色。有些国家（例如巴西）甚至是由空军来运作航空交通管制系统。飞机虽然没有航空交通管制制度仍然可以飞行，但航空交通管制的存在却保证了空中交通的秩序井然。

空间交通管理与航空管制有着重要的关联性，空间物体在发射和再入阶段不可避免地要通过空气空间。航空器对空气空间的利用已经有一套详细的

① 参见 Compendium of space debris mitigation standards adopted by States and international organizations，Committee on the Peaceful Uses of Outer Space Legal Subcommittee，A/AC. 105/C. 2/2015/CRP. 20。

规制可以依据。国家须遵守国际民航组织的标准或者执行国际民航组织推荐的方案，例如，如果国际民航组织成员国要改变该组织的规则，必须将这种改变通知国际民航组织的其他成员国。在航空领域，机动性强的航空器要让位于机动性差的航空器。即使在不受任何国家国内航空管制的“公空”领域，也有公知公认的航线线路和高度、飞行工具以及飞行器的登记国等信息足以保证飞行的安全与秩序。就航天发射和再入阶段而言，将空间物体纳入航空管制有一定的可实用性，但是在在轨阶段却面临很大的挑战。其中，经验的缺失和规则制定当局的缺位都是重要问题。尽管如此，航空管制的经验可以作为研究空间交通管理制度的一个重要参照系。因此对航空管制进行研究，寻找可供空间交通管理借鉴之处，是我们研究不可回避的一个途径。

（二）海事交通管制的借鉴

在海事交通管制中，国家对其领水及港口具有绝对的控制权，其他国家的船舶只享有无害通过权。在公海上，船舶受制于船旗国的管辖权。毗连区和专属经济区和公海共同构成了国际海域的组成部分，但它们要受一定程度沿海国的主权和管辖权的控制。在海事交通管制中有三个重要问题：一是谁可以制定规则；二是谁来实施规则；三是谁来执行惩罚措施。海事领域权利和义务的平衡是非常复杂的问题，《联合国海洋法公约》中有详细的规则来分配沿海国、港口国和船旗国之间的作用。其中船旗国对公海上的船舶有绝对的管辖权，但沿海国的作用在近年越来越重要。为了应对海事交通的有关问题，在国际海事组织框架内，利用 1974 年《国际海上生命安全公约》和 1972 年《国际海上避碰规则》解决了海事交通的一部分问题。2002 年《国际船舶安全运营和防止污染管理规则》规定了提供船舶安全管理、安全营运和防止污染的国际标准，并可以被看作是为空间交通管理提供了一个有关技术参数的弹性规则的有意义的范本。虽然海事交通管理规则在很多情况并不适用于外层空间，但我们仍有必要对海洋法展开深入研究，因为对于超地域管辖权的运用而言，两者有很多共同点。

四、空间交通管理法律制度的构建

（一）空间交通管理法律制度的构建基础

1. 各国的共识

虽然，一些国家为了履行其条约义务，保障自己国内空间活动安全，维护国家利益，相应地制定了国内空间立法，但各国多从自身利益出发，对全人类共同领地外空的认识上存在分歧与差异，因此对空间交通管理问题也尚缺乏共识。促成这种共识达成取决于两个方面的因素：一是空间交通管理问题的紧迫性，例如现实发生或即将发生严重的空间交通事故；二是各国的利益需求[①]。具体来说，空间交通管理制度势必要求建立具有国际约束力的规则来限制利用外空的某种自由，各国毫无例外都要进行认真的利益考量。空间交通管理需要各国有效的合作方能促成，因此各国需要积极开展磋商协调，积极探求国际层面的解决机制。

2. 现有空间法体系中有关概念的界定

被誉为“外空宪章”的1967年《外空条约》为和平探索和利用外层空间奠定了法律基础，为国际空间法提供了基本的法律框架。其他四个条约《登记公约》《责任公约》《营救协定》和《月球协定》是对《外空条约》的具体补充和完善。这五项条约共同构筑了《外层空间法》的基本框架[②]。因此，国际条约是各国从事探索和利用外层空间活动和进行国际合作的基本出发点。随着时代的变迁，科技的发展，人类探索外空的能力不断增强，探索的领域也在不断扩大，既有的空间法体系已经呈现出一些问题，在应对空间交通管理问题上凸显出不足。尤其是《外空条约》第六条的规定，该规定虽然赋予了国家对其政府和非政府实体开展外空活动的监管责任，但对于外空的划界问题、空间物体的定义、发射国概念的界定、外空活动的含义等都留下一些系列待解决问题。而这些问题的解决直接影响着空间交通管制制度的构建。

3. 空间交通管理制度与有关机构的协调与配合

未来空间交通管理机制的建立要考虑如何协调与现有机制的关系。例如，与国际民航组织的关系、与国际电信联盟的关系、与机构间空间碎片协调委员会的关系等。空间交通管理制度的建立是一个渐进的过程，国际社会现存的有关机制将来在原有领域或者新的领域发挥其应有的作用。因此，在空间交通管理制度的构建过程中，一定要考虑这些机构之间的协调发展。

4. 技术发展的支持

空间技术主要由运载器技术、航天器技术和空间测控技术等三大部分组成。运载器技术，亦称火箭技术，是指克服地球引力，将航天器送到外层空

---

① 参见 Haydar Cukurtepe，IlkerAkgun. Towards space traffic management system [J]，Acta Astronautica 65 (2009) 870 - 878，at 874。

② 贺其治，黄惠康：《外层空间法》，青岛出版社，第48-50页。

间的运载工具技术。航天器又称空间飞行器，是在太空按照天体力学的规律运行并完成一定使命的各种飞行器的总称，亦称空间系统。航天器分为无人航天器和载人航天器两大类：无人航天器又可分为人造地球卫星和空间探测器，其中空间探测器是对地球以外天体或空间进行探测的航天器。载人航天器是指往返地球表面和太空之间，可运送人员和有效载荷、提供航天员居住和工作环境的航天器。载人航天器按功能不同可分为载人飞船、空间站、航天飞机等三类。空间测控技术是为保证航天器在轨道上正常运行，地面与航天器进行遥测、遥控、跟踪和通信的技术。航天测控由航天器所载测控分系统和地面测控系统共同组成。此外，根据不同空间活动的要求，有不同的空间技术要求。

技术发展的需求对空间交通管理制度的构建具有决定性因素。就发射阶段而言，技术影响着卫星的大小以及发射成本。虽然空间国家现在主要依赖于自己成熟的空间交通体制，但必须要着眼于未来可重复利用的交通机制。在轨运行阶段，空间物体碰撞的预警与规避、空间碎片减缓、在轨空间物体的机动能力、轨道的分区、任务的结束等都依赖技术的发展。再入阶段，可重复使用的航天器的适用、有意识的离轨操作、航天器硬件的处置等都需要技术推动。因此，空间交通管理制度的构建与技术发展有着密不可分的关系。

（二）空间交通管理法律制度的构建要素

构建空间交通管理法律制度是一项复杂的系统工程。在空间法的有关具体概念尚未界定、国际社会分歧较多的情况下，具体规则拟定的时机尚不成熟。虽然有学术界研究者们试图创建空间交通管理的具体规则条款①，但仍是学者的一家之言。2006 年，国际宇航科学院（IAA）出版空间交通管理研究报告（Cosmic Study on Space Traffic Management），对空间交通管理的现状、现有法律体系的情况、空间交通管理的构成因素以及对国际国内制度的需求提出了预期。该报告引起国际社会对空间交通管理的广泛关注。近年来，国际社会围绕这一报告展开了积极讨论。近年来，IAA 开展的题为“空间交通管理——走向实施的路线图（Space Traffic Management - Towards a Roadmap for Implementation）”的课题研究，已在 2016 年完成研究报告。该课题研究尝试提出一些空间交通管理的具体规则，将对空间交通管理规则的构

① 参见 Space Traffic Management: Final Report, International Space University Summer Session Program 2007, Beijing, China, pp. 17 - 41。

建具有重要的推动作用。无论各国的观点如何，以下有关规则要素都具有重要意义。

1. 信息与通知规则

无论在发射阶段，还是在轨阶段以及再入阶段，信息制度与通知制度都至关重要。保证充分的信息分享与交流要求：界定与轨道以及频率有关的数据类型；规定有关信息来源的条款，无论信息来自政府、私人还是有关资助方；建立信息数据库和信息分配机制以及空间天气的信息制度。通知规则要求建立比《登记公约》规定的参数更加详细的发射前通知制度，提供空间物体全寿命周期的信息资料，预先通知以及轨道机动和离轨有关的信息等。

事实上，现行国际空间法已经存在一些关于信息和通知的规则。根据《登记公约》的要求，"发射国的发射空间物体进入或越出地球轨道时，应以登入其所须保持的适当登记册的方式登记该空间物体。每一发射国应将其设置此种登记册一事通知联合国秘书长。"[①]《登记公约》赋予发射国双重义务：国内登记并履行国际通知的义务。联合国外空委正在致力于扩大通知联合国秘书长的参数范围[②]。《外空条约》第九条规定："各缔约国探索和利用外层空间（包括月球和其他天体），应以合作和互助原则为准则；各缔约国在外层空间（包括月球和其他天体），所进行的一切活动，应妥善照顾其他缔约国的同等利益。各缔约国从事研究、探索外层空间（包括月球和其他天体）时，应避免使其遭受有害的污染，以及地球以外的物质，使地球环境发生不利的变化。如必要，各缔约国应为此目的采取适当的措施。若缔约国有理由相信，该国或其国民在外层空间（包括月球和其他天体）计划进行的活动或实验，会对本条约其他缔约国和平探索和利用外层空间（包括月球和其他天体）的活动，造成潜在的有害干扰，该国应保证于实施这种活动或实验前，进行适当地国际磋商。缔约国若有理由相信，另一缔约国计划在外层空间（包括月球和其他天体）进行的活动或实验，可能对和平探索和利用外层空间（包括月球和其他天体）的活动，产生潜在的有害的干扰，应要求就这种活动或实验，进行磋商。"

在信息和通知规则的建立上有两个问题需要解决：一是在多大程度上和

① 《登记公约》第2条。

② 参见 International Academy of Astronautics (IAA). Cosmic Study on Space Traffic Management, pp. 53。

多大范围上提供比目前更多的信息？尤其是私人实体参与到空间活动中来，如何使这些私人实体获得通知？二是信息搜集机制覆盖的范围。“管理”的范围包括什么？是否可以延伸到空气空间？回答这些问题之前必须对“空间交通”概念的构成要素进行界定。这将再次回到空气空间和外层空间的划界问题上来。但无论如何，空间交通管理规则的构建要从安全、责任承担以及经济的角度加以考虑。从安全角度考虑，应该建立空间道路规则或者空间安全证制度。如果发射者提供的信息不足以保证空间交通安全将不能得到许可。从责任角度考虑，应建立强制的信息制度。可以参考《登记公约》有关规定建立有关信息责任制度。同时，在国内立法层面也应将信息责任制度放在首位，尤其在私人实体参与空间活动时，国内信息制度显得更为重要。从经济角度考虑，可以考虑建立某种标准或者一个相对公平的开放的发射或其他空间交通服务的市场，可以通过多边服务贸易协议来实现发射的管理，例如，通过世界贸易组织的机制来实现。信息和通知规则的构建不限于发射阶段，在轨阶段和再入阶段都要求充分的信息提供以及适时的通知制度。需要明确的是，信息与通知规则建立的前提是：界定“空间物体”的概念，划定空气空间与外层空间的界线，明确发射国的概念。

2. 其他适当的规则

除了信息与通知规则之外，空间交通管理规则还应包括：1）发射安全规则，其内容可以包含但不限于，发射前应对该发射活动与其他空间物体碰撞的可能性进行评估，在此基础上提供一个可参考的数据，根据此数据决定是否要求空间活动操作者采取必要的机动措施以避免碰撞等。2）载人航天器的安全规则（包括太空游客），例如，规定一定高度轨道上只能由载人航天器使用，其他商业或私人空间物体不得进入的规则。3）分区规则（对轨道的选择），例如可以划定轨道的高度范围，在此高度范围内划分若干个区域，规定区域之间的间隔，以及每个轨道上可以进入的空间物体的位置和数量等，当然这种分区有赖于技术手段来加以实施。4）在轨阶段的先行权规则，具体规定在轨空间物体谁可以优先通行的规则。5）机动的优先次序规则，一般要求机动性强的空间物体要让位于机动性差的空间物体。6）地球静止轨道规则（与 ITU 规则协调），例如，地球静止轨道上的航天器的操作者应该至少在 48 小时前通知有关预定轨道的在轨运行以及改变轨道的情况；鼓励操作者将其产生的原始数据通过空间交通管理机构授权邻近地球静止轨道上的其他航天器的操作者使用等。7）空间碎片减缓规则。8）再入的安全规则，很多小型的空间物体在再入大气层的过程中已经烧蚀，而一些较大的空间物体在再入过程中能存留下来并在地球表面碰撞着陆。因此，要有规则保障在再入过程中与轨道上的空间物体不发生碰撞，不造成频率干扰以及到地面上不造成对地面设施和人类的损害等。9）环境保护规则，如限制空间碎片产生的数量、降低运行中的空间操作中断的可能性、避免在轨碰撞、限制已经完成任务的航天器出现在低地球轨道或地球静止轨道上等。空间交通管理的具体规则不限于此，随着空间活动的发展，规则的具体内容也将不断调整和丰富。

（三）空间交通管理的执行和核查机制

空间交通管理法律制度建设需要切实可行的执行与核查机制。从目前的情况看，在现有的机制中寻求可利用的资源，赋予现有机制有关空间交通管理执行与核查的职责，是较为可行的方案。现有的与空间交通管理有关的机构包括 UNCOPUOS、ITU、IADC 以及 ICAO 等，这些机构正在某些或某一方面发挥着空间交通管理的职能。但从长远来看，需要建立一个专门的空间交通管理执行机构，以此机构为基础构建完善的执行机制，是空间交通管理制度得以实施的保障。

空间交通管理制度必须置于国际社会层面来探讨，因为空间活动具有天生国际性的特点，同时也是因为空间交通管理的目的是为了全人类的共同利益。从历史角度来看，国际组织被证明是协调和规制各国行动的最有效方式。在空间法领域，这一点更为明显。国际电信联盟和国际民航组织已经为我们提供了很好的范例。因此，未来建立一个空间交通管理组织是国际社会的应然选择。空间交通管理组织应该被认可为各国利用外空的官方协调机构。它可以对现在及未来的空间活动以及在轨的空间物体数据根据分区规则进行登记。在发射活动进行前，要求发射服务提供者提供避免碰撞的有关信息，并通报有关发射带来的空间碎片增加的有关信息。在地球轨道上，该组织也有能力协调正在运行的卫星和载人航天器之间的关系，避免碰撞。换言之，该组织应向 ITU 管理有限的电磁频谱资源一样，将空间资源作为有限的资源进行管理。该组织也应该像国际民航组织一样，充当空间交通管理的日常管理机构。为更好地履行职责，该组织必须被赋予必要的技术专家资源以及必须的有关设施；有权获得空间物体运行的轨道信息，根据有关指南将这些信息分类并维持和分析这些信息；评估空间物体交会和碰撞的可能性，并对有关空间物体的操控提出建议。

建立一个全新的空间交通管理组织的好处在于，可以更为集中、全面和系统地处理空间交通管理有关问题，而不必为了迎合现存机制而去修改空间交通管理的现实需求。而且，由于空间交通管理问题的特定性，很难在满足空间关系需要的同时也能满足那些现存组织的成立宗旨。因此，建立全新组织的优势非常明显。但是，建立全新组织的一大障碍是就对信任机制的建立。空间交通管理组织的首要任务是要争取 IADC 成员国以及其他重要合作伙伴的加入。一旦与这些国家级的合作方建立了信任关系，空间交通管理组织就可能发挥其管理空间活动的整体作用。为使该组织能够成功的运作，该组织的职责和权力必须被国际社会认可。ITU、ICAO 以及 WTO 等有关国际组织的历史证明，这种认可往往需要一个缓慢的过程。该组织必须要以政府间协议作为基本法律文件，并可以考虑以附件形式规定其重要活动内容。政府间协议的内容要包括但不限于：该组织的宗旨、成员方的权利和义务、财政规则以及总部的地址等内容。

（四）空间交通管理的争端解决机制

1. 国际法院的争端解决机制

在国际空间法体系下，国际法院是争端解决机构。五大外空条约赋予了国际法院解决因违反条约义务和责任的争端。例如，根据 1972 年《责任公约》，发射国因其发射活动而给他人造成的损害，国际法院应根据国际法和公平原则加以审判。根据《国际法院规约》，成员国可以因为违反条约义务向国际法院提起诉讼[①]。因此，如果某成员国因违反和外空交通有关的国际法或规则，属于国际法院管辖的事项，就可以将争端提交至国际法院建议解决。如果因为没有遵守有关安全规则，导致地面或在轨的损害，可以根据《责任公约》提交国际法院解决。国际法院只处理一个成员国对另一个成员国的诉讼[②]。然而，在空间交通管理的情况下，有更多的参与者，包括商业和私人实体。国际法院的管辖权要求当事方都必须接受法院的管辖权。但国际法院的审期通常比较长，执行机制也比较薄弱。

2. 国际电信联盟的争端解决机制

国际电信联盟（ITU）在其创始文件中规定了争端解决机制。根据 ITU 公约，成员国经过协商，可以通过外交途径解决有关适用章程、公约及有关管理规则的争议，根据它们之间双边或多边条约建立的程序。如果达不成解

---

① 1945 年《国际法院规约》第 36 条。

② 同上，第 34 条。

决方案，争议的成员方可以根据公约的规定进行仲裁。然而，ITU的争端解决只适用于ITU事项而无法适用整个空间交通管理事项。如果将其适用于整个空间交通管理事项，将涉及对ITU组织法及公约的修改。鉴于这将涉及所有成员国的利益，决策过程会比较漫长。对于ITU成员方而言，ITU的解决方案是整体的，因为当时是政府间以及私人实体间达成的。私人实体成员方包括通信政策制定者和管理者、网络运营者、设备制造者、硬件和软件开发者、地区标准制定组织和财政部门等。

3. 航空法下的争端解决机制

《国际民航组织公约》第十八章规定了争端的协商、上诉、仲裁程序以及违反责任义务的惩罚措施。如两个或两个以上缔约国对本公约及其附件的解释或适用发生争议，而不能协商解决时，经任何与争议有关的一国申请，应由理事会裁决。理事会成员国如为争端的一方，在理事会审议时，不得参加表决。任何缔约国可以按照第八十五条，对理事会的裁决向争端他方同意的特设仲裁庭或向常设国际法院上诉。任何此项上诉应在接获理事会裁决通知后60天内通知理事会①。对理事会的裁决上诉时，如争端任何一方的缔约国，未接受常设国际法院的规约，而争端各方的缔约国又不能在仲裁庭的选择方面达成协议，争端各方缔约国应各指定一名仲裁员，再由仲裁员指定一名仲裁长。如争端任何一方的缔约国从上诉之日起三个月内未能指定一名仲裁员，理事会主席应代替该国从理事会所保存的合格的并可供使用的人员名单中，指定一名仲裁员。如各仲裁员在30天内对仲裁长不能达成协议，理事会主席应从上述名单中指定一名仲裁长。该仲裁长和各仲裁员应即联合组成仲裁庭。根据本条或前条组成的任何仲裁庭，应决定其自己的议事程序，并以多数票做出裁决。但理事会如认为有任何过分延迟的情形，可以对程序问题做出决定②。除非理事会另有决定，理事会对一个国际空运企业的经营是否符合本公约规定的任何裁决，未经上诉撤销，应仍保持有效。理事会的裁决一经上诉，在上诉裁决以前应暂停有效。常设国际法院和仲裁庭的裁决，应为最终的裁决并具有约束力③。国际民航组织公约框架下，在有诸多可以选择的争议解决方式下，争议方必须决定同意遵从哪一种争解决方式。

① 1944年《国际民航组织公约》第84条。

② 同上，第85条。

③ 同上，第86条。

以上是目前与空间交通管理问题联系密切的三个争端解决机构，除此之外，国际社会现有的争端解决机构，如世界贸易组织（WTO）的贸易争端解决机制、解决投资争端的国际中心（ICSID），以及国际商事仲裁方式、国际私法上的争端解决方式、国内法院及争端解决机制，都可能为空间交通管理争端解决机制的建立提供有益的借鉴。

五、中国的应对措施建议

在过去 60 多年的时间里，中国航天事业取得了举世瞩目的成就。中国政府已经于 1983 年和 1988 年先后加入联合国《外空条约》《营救协定》《责任公约》和《登记公约》，这是中国开展空间活动的主要国际法基础。为履行其国际义务，中国政府制定了《民用航天发射项目许可证管理暂行办法》，该办法第一条就明确其立法目的是履行中国作为《外空条约》缔约国的义务。鉴于《登记公约》确立了发射国登记其射入外空的物体的登记义务，中国政府为此制定了《空间物体登记管理办法》，同样在第一条直接明确其立法目的是有效履行《登记公约》缔约国的义务。有关空间交通管理的法律规制，除遵守国际条约外，在国内层面我国于 2009 年 12 月颁布，2010 年 1 月 1 日实施《空间碎片减缓与防护管理暂行办法》。该办法明确，国防科工局为空间碎片减缓与防护与管理的主管部门，拟定了其在空间碎片减缓与防护管理以及空间碎片专项科研计划项目管理的主要职责。该办法还规定了对航天器、运载器研制单位和用户部门，在工程论证和研制、运行中有关管理和技术要求，在发射许可申请中的要求，规定了碰撞风险评估和对策、空间碎片重大事件的应急处置，提出了建立空间碎片管理联合机制。该办法是国防科工局空间碎片专项研究中的重大成果，也是世界上第一个以政府规范性文件对空间碎片进行法律规制的制度①。

（一）加快国内空间立法进程

到目前为止，我国有关外空的法律规制还是停留在行政法规、规章以及政策的层面，尚缺乏一部统一的空间立法。令人鼓舞的是，全国人大常委会 2013 年将国家航天法正式纳入十二届全国人大常委会立法工作规划，虽然属

① 韩剑锋：《中国航天立法价值取向的若干影响因素》，载于《中国宇航学会·中国空间法学会 2015 年学术年会空间法律政策分会场论文集》，第 171 页。

于第三类项目，需要继续研究论证，但是在中国航天立法进程中是重要的一步。2014年，国务院根据全国人大常委会五年立法规划的精神，将航天法列入研究项目第五类，明确由国防科工局起草航天法。我国是国际上重要的航天大国，近年来航天事业发展迅猛，外空安全问题也是我国高度关注的重要问题。2015年7月1日，我国十二届全国人大常委会第十五次会议日表决通过了新版《国家安全法》。新版《国家安全法》要求加强自主创新能力建设，加快发展自主可控的战略高新技术和重要领域核心关键技术，进一步明确了外层空间、核安全等领域安全任务。该法还要求，国家坚持和平探索和利用外层空间、国际海底区域和极地，增强安全进出、科学考察、开发利用的能力，加强国际合作，维护我国在外层空间、国际海底区域和极地的活动、资产和其他利益的安全。

在我国的航天立法中，要融入空间交通管理的思想。例如，在“许可证制度”设计中，要强调防止外空环境污染以及空间碎片的产生等，并将此作为重要的许可条件。如果我国采纳了这一做法，则可表明我国保障空间交通安全问题上的积极态度。我国未来的空间立法应将国际合作的内涵加以扩展，纳入外空环境保护国际合作的内容，对未来空间碎片移除活动具有非常重要的推动作用。除了针对私人实体的空间活动进行规制，我国的空间立法可以适当考虑制定一些基本原则，这些基本原则适用于任何参与外空活动的实体。例如，外空环境保护原则、国际合作原则及其他空间条约规定的基本原则。诸如此类的设计可以为我国未来空间交通管理立法提供基础，同时对我国树立负责任空间大国的形象具有重要意义。

（二）积极参与国际空间立法进程

党的十八大报告对我国参与国际事务进行了总体规划，重申了我国的原则和目标：“中国将坚持把中国人民利益同各国人民共同利益结合起来，以更加积极的姿态参与国际事务，发挥负责任大国作用，共同应对全球性挑战”，“坚持权利和义务相平衡，积极参与全球经济治理”；“积极参与多边事务，推动国际秩序和国际体系朝着公正合理的方向发展”①。从理论上讲，国际规则是世界各国在国际事务互动中制定并共同遵循的行为规范，是国际经济博弈的“交通规则”，其本质是国际关系中权利与义务均衡的结果。现行国际规则

① 坚定不移沿着中国特色社会主义道路前进，为全面建成小康社会而奋斗——胡锦涛在中国共产党第十八次全国代表大会上的报告，《人民日报》，2012年11月18日，第一版。

主要是二战以来由美欧国家操纵制定的产物，体现的首先是发达国家的利益。外层空间作为各国国家利益之制高点，在空间法领域的利益较量更为激烈。作为空间活动主要参与国，在空间交通管理法律问题的讨论过程中，我国应该发挥积极作用。例如，在针对《外空条约》《责任公约》及《登记公约》等与外空环境保护、空间碎片问题、空间交通管理相关的法律文件讨论时，中方应该积极表态并提出中国方案。既要重申现存国际条约规定的合理要求，在条约修改完善问题上也应该起到积极的推动作用。目前空间交通管理问题讨论有若干个平台，包括 UNCOPUS、IADC、ITU、IAF、ESA、IAA 等，我国都应积极参与其中。除了政府代表，应更多地吸纳学术界代表参与国际磋商与谈判。无论是从外空利益争夺、外空战略实现，还是从中国航天事业可持续发展、中国航天立法体系完善的角度来讲，积极参加国际规则谈判都具有重要意义。

事实上，国际社会也越来越重视中国的声音，希望我国在参与国际事务方面发挥更大作用。没有中国的积极参与，无论是研究世界经济的增长问题，还是国际反恐、核扩散、气候变化、地区冲突等问题，都难有成效，空间法问题的讨论也不例外。同时我们必须意识到，参与国际立法进程意味着我国的国际责任和义务愈来愈大，面临的问题更加复杂。所有这一切都要求我国总结经验，调整战略，进一步提高外交能力和水平，积极利用多边渠道，充分发挥大国作用。

（三）着力提升空间法研究水平

近年来，中国参与国际空间立法相关活动越来越主动，出席会议的人数和次数越来越多。但是，到目前为止，尚没有一项国际空间立法动议是由中国单独发起提出的。原因固然很多，但是首先是对有关问题的研究重视不够。学术界需要强化独立的研究意识，从客观实际出发，结合国家利益，及时提出解决方案。对有些问题的研究要有一定的超前性，以避免我们参加国际立法讨论时因准备不足而处于被动局面。其次是对有关问题的研究应持续而深入。我国目前空间法的研究成果宏观论述的多，具有可操作性的较少。近年来，我国学术界的空间法研究已有很大发展，研究力求紧跟国际发展动向，并且越来越务实。应该继续保持这种势头并努力跟上国际研究的发展方向。再次，我国的空间法研究应注意与其他学科研究相配合。空间法发展与国家政治导向、经济利益需求、科技发展水平等因素紧密相连，因此空间法研究要注意跨部门、跨学科的现实需要。

六、结论

日渐拥堵的外层空间向人类提出了现实的警示，国际社会必须思考建立切实可行的空间交通管理制度以确保实现航天活动的有序发展。空间交通管理的概念伴随着航天活动的开展而产生，并随着航天活动的发展而不断演进。虽然对空间交通管理的概念尚存在不同的认识，但现实已经不允许我们停留在概念的争论上，必须着手构建行之有效的空间交通管理制度。现行国际空间法条约体系在很大程度上无法满足空间交通管理的需要，必须重新审视现有的条约内容并做适时的修改。但现有的空间法条约体系无疑是我们现在构建空间交通管理制度的基础。各国国内立法、其他国际机制以及有关外空软法在一定领域内尝试一些举措来规范空间活动，避免空间交通事故，保障空间活动的安全。但是，这些只是零散的规定，相对空间交通管理的需要而言，有很大的不足。所幸的是，国际社会以及各国已经意识到空间交通管理的重要性，并开始积极地寻求解决之道。各国应本着共同发展，共谋福利的思想，积极地开展交流与合作，促成共识。空间交通管理制度的构建与国家利益紧密相连，各国之间利益的较量与平衡是影响制度形成的主要因素。中国作为空间大国，必须做好充分准备，积极参与空间交通管理国际机制的制定。

附件1　各国国内航天立法情况

序号	国家	相关立法	主管机构	空间活动管理规定
1	阿尔及利亚	2002年1月16日总统第02-49号法令《阿尔及利亚空间局的创立、组织和职能》	阿尔及利亚空间局（ASAL）	阿尔及空间活动由空间局管理，具体负责促进和发展和平利用外层空间；增强国家实力；保证国家的安全与福利；促进经济、社会和文化发展；促进环境保护和自然资源的合理管理
2	阿根廷	1991年5月28日国家995/91号法令《成立空间活动国家委员会》，1995年7月25日国家125/95号法令《建立发射到外空物体国家登记制度》	国家航天活动委员会（CONAE）	空间活动由国家航天委员会领导、管理和执行，航天管理委员会直接监管国家空间物体的登记
3	澳大利亚	1998年《空间活动法》（2010年修订），2001年《空间活动规则》	工业与创新部	空间活动的许可，空间物体登记

续表

序号	国家	相关立法	主管机构	空间活动管理规定
4	奥地利	2011 年 12 月 28 日《关于外空活动授权和建立国家外空登记的奥地利联邦法》	交通创新技术部	批准外空活动，主管许可程序
5	白俄罗斯	2004 年 12 月 22 日《白俄罗斯共和国第 609 号总统法令》	国家科学院	负责执行统一的国家政策，协调和保障从事和平开发与利用外空活动的组织开展活动。规划、分配以及有效利用无线电谱除外
6	比利时	2005 年 9 月 17 日《有关发射活动，飞行操作或空间物体引导的法律》(2013 修订)	国王和部长	国王对空间活动进行授权。部长们管理比利时有管辖权的发射活动、飞行操作以及空间物体的引导。部长还负责国际合作框架下的空间研究和应用，保证空间物体的国家登记
7	巴西	1994 年 2 月 10 日《关于建立巴西空间局的第 8854 号法案》	巴西空间局	提出指导原则，执行或责令执行国家空间活动发展政策；提议国家空间活动的发展政策修订案；制订国家空间活动发展计划；与外交部和科学技术部协调后代表巴西参加国际论坛；鼓励大学和其他科学研究机构参与外层空间有关活动；鼓励私人机构参加空间活动；促进在空间活动中获得知识；确认空间技术商业化的可能性；建立有关空间活动的规则、发放许可证和批准书；适用空间活动中的质量标准与生产率标准
8	加拿大	1990 年 5 月 10 日《加拿大空间局法》，1999 年《民用国际空间站实施法案》，2005 年《遥感空间系统法案》，2007 年《遥感空间系统规则》	加拿大空间局	职责辅助部长协调政府的空间政策与计划：设计、指导、管理和实现与空间工业相关的计划和项目的研发和空间技术的应用；促进空间技术在本国工业中的应用；鼓励空间商业开发。具体任务：建设空间设施与系统；辅助政府部门利用经营空间技术；国际合作；提供服务和设施；颁发许可证；缔结合同，签署协议；管理获赠财产等
9	智利	2001 年 7 月 17 日《关于成立智利空间局作为总统咨询委员会》的 338 号令	智利空间局	在所有有关空间活动的问题上向总统提出建议，其中包括：空间政策、计划、纲领、措施以及其他空间活动的确定、制订和执行，并作为政府组织在这一领域的协调中心开展工作
10	哥伦比亚	2006 年 7 月《建立哥伦比亚空间委员会》的 2442 号法令	哥伦比亚空间委员会(CCE)	履行咨询、协调、指导和计划职能

续表

序号	国家	相关立法	主管机构	空间活动管理规定
11	法国	《关于修订1959年1月7日成立空间研究委员会法令的1961年7月3日61-703号令》《1961年12月19日关于成立国家空间研究中心的61-1382号法》《关于成立空间委员会的1989年7月19日89-508号令》《关于装备、住房、运输和航天部部长权限的1991年6月18日91-561号令》《关于研究和航天部部长权限的1992年4月15日92-392号令》，2008年《法国空间运行法》	国家空间中心（CNES），国家空间研究委员会，空间委员会。	国家空间研究中心在法国总理的直接领导下，具有工业和商业性质的科学技术机构，开展有关空间的各种科学技术研究工作。 空间研究委员会，负责对法国政府开展空间研究和开发事业资金投入进行评估，督促总理考察研究的执行情况，向总理提供国际合作的参考意见等 空间委员会，由国防部和工业部共同领导，负责对航天计划进行研究和分析，制订政府空间政策计划，为总理提供各种建议和支持 有关空间活动的管理机构和管理权限在每个时期都有所不同，如通信、交通和航天部等，但真正对空间研究和开发事业起领导作用的是国家空间研究中心
12	意大利	1983年《实施空间物体损害赔偿责任公约的原则》，2005年《关于登记公约的153号法律》	意大利空间局	负责登记，搜集有关登记的信息
13	日本	1969年《国家宇宙开发事业团法》，2002年《日本宇宙开发局有关的法律》，2008《日本太空基本法》	宇宙开发事业团(NASDA)，日本宇宙航空研究开发机构(JAXA)	1969年10月成立的宇宙开发事业团（The National Space Development Agency of Japan，NASDA），是日本开发和利用外空的中心，隶属于文部科学省。宇宙开发局设立了总部、种子岛卫星发射中心、胜浦和冲绳跟踪站等机构，之后又相继设立筑波空间中心、地球观测中心等机构。宇宙开发事业团负责研发卫星和运载火箭；建立空间实验室和空间站；发射和追踪航空器；研制用于上述活动的方法、设备和设施。此外，宇宙开发事业团还负责计划协调和国际合作，在航天领域对外代表日本政府。2003年10月1日，国家航空航天实验室（NAL）、空间科学研究所（ISAS）、宇宙开发事业团（NASDA）三机构合并成立日本宇宙航空研究开发机构（Japan Aerospace Exploration Agency，JAXA）。为加强基础研究，JAXA设立航天基础系统部、航天利用推进部、综合技术研究部和航天科学研究部等四个研究与应用部门

续表

序号	国家	相关立法	主管机构	空间活动管理规定
14	荷兰	《荷兰空间活动法》，2007《有关空间物体信息登记的规则的法令》，2008 年《空间活动应用许可以及空间物体登记法令》（2010 年修订）	荷兰空间局，经济事务、农业与创新部。	荷兰空间局负责监管空间活动许可和空间物体登记。空间活动许可由经济事务、农业与创新部发放
15	挪威	1969 年 6 月 13 日《关于从挪威领土发射物体进入外层空间法案》	工业与贸易部	发放发射许可
16	韩国	2005 年《韩国空间发展促进法》	教育科技部	教育科技部（MEST）每五年制定一个基本计划，并由国家空间委员会进行研究和评估。要求建立专家机构空间发展学会，该机构隶属于韩国教育科技部，负责执行空间开发项目。该机构根据基本计划执行空间开发项目，包括空间整合开发、卫星发射和空间物体的控制，并处理其他由总统命令开展的空间开发项目的相关事务。如果使用韩国政府或个人所有的发射装置进行空间物体发射，无论其发射地点或设备是在韩国境内或管辖权范围内，还是在境外，都需要得到教育科技部的许可
17	俄罗斯	1993 年《空间活动法》，1996 年《有关空间活动许可的法律》	俄罗斯航天局	俄罗斯航天局是根据俄罗斯联邦航天政策在俄联邦管辖范围内负责开展以科学和国民经济为目的的航天活动的联邦执行权力机构。与其他国家部门一起制定俄罗斯联邦航天纲要草案。制定有关航天的法令；开发、维护和发展地面与其他航天基础设施；为各类航天活动发放许可证；航天硬件的认证；为航天活动提供必要的技术文件；与相关国家机构一起保证航大活动的安全；进行航天活动国际合作等。此外，俄罗斯总统在航天决策方面具有及其重要的地位
18	南非	1993 年《空间事务法》（1995 年修订），2008 年《南非国家空间法》	南非国家空间局	促进空间的和平利用，营造有利于空间技术工业利用的环境，繁荣空间科学研究，提高科研能力，促进外空活动的国际合作
19	乌克兰	1996 年《空间活动法》	乌克兰空间活动局，乌克兰国防部以及其执行机关	对其管辖范围内的空间科研活动，空间技术的设计与运用，和平利用外空发布许可

续表

序号	国家	相关立法	主管机构	空间活动管理规定
20	英国	1986 年《外空法》	国家秘书处，英国国家空间中心（现为英国空间局）	登记空间物体，审核空间活动，发布空间活动许可
21	美国	《美国联邦法典》，《美国航空航天法》，《商业空间法》	美国总统和国会，国防部和美国航空航天局（NASA）	总统和国会为最高决策层，国防部和航空航天局为计划管理层。NASA 的主要职责：负责规划、管理和完成美国的国家空间计划；制造、试验、涉及和发射空间物体；保证国家的最新科学技术研究成果能得到最为有效的利用；促进空间开发国际合作；传播空间研究的最新信息等
22	尼日利亚	2010 年《国家空间研究与开发局法》	国家空间研究与开发局，国家空间发展局	空间科学与技术发展的能力建设，发展卫星技术，建造和发射空间物体，空间活动许可，确保空间物体登记
23	瑞典	1982《空间活动法》	国家空间活动委员会	确保空间物体的登记，对被实施许可的活动进行控制
24	委内瑞拉	2007《关于建立玻利维亚空间活动局的法律》	玻利维亚空间活动局	制订空间活动政策，包括科学研究和技术开发
25	印度		总理，航天委员会，航天部，一体化航天机构	印度航天活动的“最高权”掌握在总理手中。但总理通过两个部门——航天委员会和航天部，统一管理军事和民用航天活动。2008 年，印度国防部建立“一体化航天机构（ISC）”，成为印度军方、航天部和印度空间研究组织（ISRO）之间协调合作的专门窗口

参考文献

[1] 贺其治．外层空间法［M］．法律出版社，1992.
[2] 尹玉海．国际空间法立法概览［M］．中国民主法制出版社，2005.
[3] 赵云．外空商业化和外空法的新发展［M］．知识产权出版社，2008.
[4] 李寿平，赵云．外层空间法专论［M］．光明日报出版社，2009.
[5] 尹玉海．国际空间法论［M］．中国民主法制出版社，2006.
[6] 曼弗雷德·拉克斯（Manfred Lachs）．外层空间法［M］．1972 年英文本.

［7］尹玉海，主编．美国空间法律问题研究［M］．中国民主法制出版社，2007.

［8］高国柱，主编．外层空间法前沿问题研究［M］．法律出版社，2011.

［9］赵海峰，主编．空间法评论［M］（1－3 卷）．哈尔滨工业大学出版社．

［10］李寿平．21 世纪空间活动新发展及其法律规制［M］．法律出版社，2016.

［11］冯国栋．国际空间外交博弈视角下的外层空间法律学说演变及中国应对［J］．《国际展望》，2004（6）．

［12］朱毅麟．空间碎片减缓指南草案［J］．国际太空，2002（3）．

［13］高国柱．欧盟外空活动行为准则草案评析［J］．北京航空航天大学学报（社会科学版），2010（4）．

［14］王国语．空间碎片国际发展机制分析［J］．航天器环境工程，2015（4）．

［15］赵劲松．国际民航组织与国际航空立法的发展［J］．重庆科技学院学报（社会科学版），2009（3）．

［16］王国语．论空间碎片减缓的国家机制［J］．中国航天，2011（4）．

［17］冯国栋．美俄空间碎片减控国内立法比较研究［J］．北京理工大学学报（社会科学版），2014（4）．

［18］夏春利．ITU 空间频率轨道资源分配与协调规则研究［J］．北京理工大学学报（社会科学版），2011（6）．

［19］夏春利．外空国际法治：现状与前景［J］．北京航空航天大学学报（社会科学版），2014（1）．

［20］程群，何奇松．国际太空行为准则［J］．国际展望，2013（5）．

［21］何奇松，南琳．太空安全治理的困境及其出路［J］．北京航空航天大学学报（社会科学版），2012（1）．

［22］Steven Mirmina. Reducing the Proliferation of Orbital Debris：Alternatives to a Legally Binding Instrument［J］，American Journal of International Law，Vol. 99（2005）．

［23］Nicholas L. Johnson. Space traffic management：concepts and practices［J］，Space Policy 20（2004）．

［24］Dalbello R. ‘Rules of the road’：legal measures to strengthen the peaceful uses of outer space［J］，IISL－85－03，1985.

［25］Collins P. Legal considerations for traffic systems in near－earth space［J］．IISL Proceedings of the 31st Colloquium on the Law of Outer Space，1989.

［26］Washington Roundup. Aviation week and space technology［J］，4 April 1988. pp. 15，Space Test Range Handbook，Revision A，Consolidated Space Test Center，Onizuka Air Force Base，1 May 1989.

［27］William H. Ailor. Space traffic management：Implementations and implications［J］，Acta Astronautica，58（2006）．

[28] Vernon Nase. Delimitation and the Suborbital Passenger：Time to End Prevarication [J]（2012）77 Journal of Air Law and Commerce 747.

课题主持人简介

李晶珠，女，黑龙江富锦人。1994—2003 年，在黑龙江大学法学专业学习，获法学学士学位、民商法硕士学位。2008—2012 年，在意大利米兰大学学习，获国际法博士学位。2003 年至今，在哈尔滨工业大学人文社科与法学学院任教，从事民商法和空间法教学科研工作。2005 年至今，在哈尔滨工业大学空间法研究所从事国际法，空间法研究。空间法领域主要学术成果：《外空军事化法律学说辨析》，发表于《学术交流》2013 年 1 期；《外空活动许可制度比较》，发表于《北京理工大学学报》（社会科学版），2012 年第 4 期；《航天管理体制比较研究》，发表于《环球法律评论》2008 年第 4 期。

卫星轨位及无线电频率国际法律问题研究*

北京航空航天大学课题组

目　录

---

* 本文为中国空间法学会2015—2016年度第7号学术课题研究项目结题报告，荣获中国空间法学会2015—2016年度学术课题研究项目二等奖。课题主持人为北京航空航天大学夏春利副教授，课题组成员包括高国柱、李斌等。

随着信息技术在经济发展、国防建设和社会生活各个领域的广泛应用，无线电频率和卫星轨道资源的战略价值和基础作用日益突出，已成为影响国民经济、国防建设乃至国家安全的重要战略资源。在国际层面，与无线电频率和卫星轨道资源分配有关的国际法规则对我国影响越来越大。充分认识并准确、灵活地运用有关国际法规则有利于提升我国争取无线电频率资源和卫星轨道位置的能力，为我国航天事业发展争取和预留更大空间，对我国航天事业不断提升国际竞争力、实现可持续发展、维护国家战略安全具有重要的现实意义。

本研究报告依据国际法的一般理论，界定无线电频率和卫星轨道资源的国际法律属性，分析和解读国际电信联盟关于无线电频率和卫星轨道资源管理的相关国际规则，研究和探讨空间商业化利用趋势对国际电联规则的挑战，总结和归纳我国国内法关于无线电频率和卫星轨道资源管理的一般法和特别法，并在此基础上，就提升我国在国际层面争取频率和轨道资源的能力提出建议。

一、无线电频率和卫星轨道资源管理的国际法渊源分析

（一）无线电频率和卫星轨道资源的国际法律属性

国际电信联盟作为无线电频率和卫星轨道资源的国际协调机构，在《国际电信联盟组织法》中指出，“无线电频率和任何相关的轨道，包括对地静止卫星轨道，均为有限的自然资源，必须依照《无线电规则》的规定合理、有效和经济地使用。”国际法上的无线电频谱资源类似于海洋法①、南极条约体系②和外空法律制度③中的“人类共同继承财产”，这一定位决定了频率和卫

① 1982年《联合国海洋法公约》第一百三十六至一百三十七条规定国际海底区域及其资源是人类的共同继承财产。

② 1959年《南极条约》规定南极只用于和平目的并冻结各国在南极的主权主张，有学者认为这些规定目的是创设一种新的制度，将南极洲视为“人类的共同继承财产”。

③ 1979年《关于各国在月球和其他天体上活动的协定》第十一条规定：“月球及其自然资源均为全体人类的共同财产”，并应在月球开发变得切实可行之时，建立相应的国际制度。

星轨道资源可为所有国家和人民所获得和使用。

一般认为，“人类共同继承财产”概念最早是由马耳他驻联合国大使Arvid Pardo在1967年9月21日的联合国大会发言中针对大陆架问题提出的[①]。当时有关大陆架的国际法是1958年《大陆架公约》。该公约以“技术上可开采”为标准，认为大陆架是邻接海岸但在领海以外，深度达200米或超过此限度而上覆水域的深度容许开采其自然资源的海底区域的海床和底土[②]。这一规定不能阻止沿海各国无限制地扩张该国对大陆架直至国际海底区域的资源的主权要求[③]。Pardo认为，在海洋领域，为了保护海洋环境以及确保在超越国家管辖权之上、理性和公平地开发海洋资源，应当将全人类共同的重大利益作为国际法的一项基本原则确认下来[④]。1982年《联合国海洋法公约》第十一部分对国际海底区域的法律地位和管理制度作出具体规定，以国际公约形式确立了“人类共同继承财产”概念的国际法地位。

国际电信联盟有关法律文件中并未规定无线电频率和卫星轨道资源是人类的共同继承财产。然而，通过类比无线电频率和卫星轨道资源与国际海底区域、月球及其他天体等有关国际法律制度，可以将无线电频率和卫星轨道资源视为“人类共同继承财产”。

“人类共同继承财产”这一概念包含五个要素，无线电频率和卫星轨道资源至少满足了其中四个方面的要求。

第一，国家不得对“人类共同继承财产”主张主权，也不承认此种主张。国际电信联盟并未规定无线电频率和卫星轨道资源的所有权，但《国际电信联盟组织法》第196款强调：“无线电频率和任何相关的轨道，包括对地静止卫星轨道，均为有限的自然资源，必须依照《无线电规则》的规定合理、有效和经济地使用，以使各国或国家集团可以在照顾发展中国家的特殊需要和某些国家地理位置的特殊需要的同时，公平地使用这些轨道和数据。”以卫星轨道和频率资源的分配为例，为实现合理、有效和经济地使用频谱资源，国

① 参见Arvid Pardo. Ambassador of Malta to United Nations, Address at the 22nd Session of the General Assembly of the United Nations (1967), UN GAOR, 22nd Session, U. N. Doc. A/6695 (September 21, 1967)。

② 1958年《大陆架公约》第一条。

③ 1958年《大陆架公约》第二条：“沿海国为探测大陆架及开发其天然资源之目的，对大陆架行使主权上权利”。

④ 参见Pardo于1970年12月3日在欧洲理事会的发言，转引自Alexander Kiss, The Common Heritage of Mankind: Utopia or Reality? In Hugo Caminos (ed.), Law of the Sea (Aldershot, Hants: Ashgate/Darthmouth, 2001), pp. 324。

际电信联盟采用两种分配方式：一种是协调法，美国学者称为后验（a posteriori system）的分配方式，体现为依据电联的频率协调程序进行的卫星网络或卫星资料的提前公布、协调、频率指配的通知和登记这一三段式程序，其实质是一种“先来先得”的分配方式，即只要按照《无线电规则》所规定的协调程序进行了协调，并最终在频率登记总表进行了频率指配的登记，该频率的使用权就得到了国际认可；另一种是规划法，美国学者称为先验（a priori system）的分配方式，是有计划地在名义上将频率轨道位置分配给若干国家，而不论其是否有实际需要或能力来利用这些轨道位置[①]。规划法在一定程度上具有形式上的意义，根据《外空条约》，分到某一轨道位置的国家并不能主张对该轨道位置的所有权；而根据2003年世界无线电通信大会第2号决议，即便某一国家对某一频率和轨道位置在无线电通信局进行了空间无线电通信业务的频率指配及其使用的登记，也并不能为其提供任何永久性的优先权，也不应对其他国家建立空间系统造成障碍[②]。若部署新的卫星系统需要利用某些频率轨道位置，则需要根据卫星业务的频率协调和规划修改程序进行协调。不论是协调法还是规划法，确立的都是对频率和轨道位置的使用权，而非所有权。而由于这一资源的非消耗性特征[③]，一旦某一频率和轨道位置被让出，仍可由其他用户使用而不被消耗。同时，在国际电联登记的使用权，仅为一定程度上的优先权，并不构成永久性的优先权。无线电频率和卫星轨道资源，类似于国际海底区域，各国不得据为己有，而为全人类共同所有。因此有学者指出，“电磁频谱资源是一种人类共有的资源，属于全人类共享。”[④]

第二，不得据为己有原则。这一规定将“人类共同继承财产”与“公共地或公共资源”区分开来，因为对前者禁止不受国际监管而单方据为己有的行为，而对后者可以进行非排他性的开发和使用[⑤]。

---

① 参见 Adrian Copiz. Scarcity in Space: The International Regulation of Satellites, in 10 *CommLaw Conspectus* 2002, pp. 208。

② 《关于各国以平等权利公平地使用空间无线电通信业务的对地静止卫星轨道和频段》（WRC-03第二号决议），第一段。

③ 所谓“非消耗性”，是指任何用户只是在一定时间和空间内占用这一资源，用毕之后该资源依然存在，可以为其他用户所用。翁木云、张其星、谢绍斌等编著：《频谱管理与监测》，北京：电子工业出版社2009年版，第4页。

④ 同上。

⑤ 参见 Erkki Holmila, Common Heritage of Mankind in the Law of the Sea, 1 Acta Societatis Martensis (2005), 187-205, at 197。

第三，国际合作和共同管理机制。国际合作是联合国宗旨之一[①]，也是联合国大会的职权之一[②]。20 世纪六七十年代以来，国际合作已成为国际法上的一项重要原则，写入了 1962 年联合国大会通过的《关于自然资源永久主权的决议》[③] 以及 1974 年联合国大会通过的《建立新的国际经济秩序宣言》[④]《建立新的国际经济秩序行动纲领》[⑤] 和《各国经济权利和义务宪章》[⑥] 等文件。更有联大宣言和国际公约将国际合作视为国家的权利和义务。国际电信联盟是各成员国协调频率和卫星轨道资源的平台，该组织拥有 193 个成员国和 700 多个部门成员以及准部门成员，该组织的宗旨包括“协调各成员国的行动”[⑦]，自然也包括协调成员国使用无线电频率和空间轨道资源的行动。为此，国际电联特别强调要注重“实施无线电频谱的频段划分、无线电频率的分配和无线电频率指配的登记，以及空间业务中对地静止卫星轨道的相关轨道位置及其他轨道中卫星的相关特性的登记，以避免不同国家无线电台之间的有害干扰”[⑧]，同时要“协调各种努力，消除不同国家无线电台之间的有害干扰，改进无线电通信业务中无线电频谱的利用，改进对地静止卫星轨道及其他卫星轨道的利用”[⑨]。无线电规则》第一卷第二、三章详细规定了频率轨道资源分配规则以及协调程序，这些程序体现了国际合作与协调的管理机制。

第四，公平分享利益。《国际电信联盟组织法》第 196 款强调，应对无线电频率和任何相关的轨道进行合理、有效和经济地使用，同时兼顾发展中国家的特殊需要和某些国家地理位置的特殊需要，确保公平地使用这些轨道和数据。

第五，为和平目的利用。国际电信联盟法规并未对此作出详细规定，《国际电信联盟组织法》第 202 款还规定，各成员国对于军用无线电设施保留完全的自由权。对频率或者空间轨道资源可能的军事用途并不一定有违和平目的。尽管各国对如何确定“和平目的”的内涵并无一致意见，但在国际电信联盟的有关会议上，“为和平目的”是各成员国普遍认同并经常使用的用语。

---

① 《联合国宪章》第一条第 3 款。

② 同上，第十一条第 1 款。

③ 《关于自然资源永久主权的决议》序言、第一条、第三条。

④ 《建立新的国际经济秩序宣言》第三条、第四条第 2 款。

⑤ 《建立新的国际经济秩序行动纲领》第七部分。

⑥ 《各国经济权利和义务宪章》序言。

⑦ 《国际电信联盟组织法》第 8 款。

⑧ 同上，第 11 款。

⑨ 同上，第 12 款。

“为和平目的”这一理念的广泛接受与其内涵模糊不定之间的矛盾，在《联合国海洋法公约》《南极条约》体系以及外空法律体系中，也是如此。

总之，从目前国际电信联盟关于频谱资源的有关规定来看，在国际法层面，并不存在一国对某一频段或者卫星轨道位置享有所有权，各国虽然可以通过国际频率协调获得对频率和轨道位置的使用权，但并不能排他性地占有，不能仅为收益目的而处分其所使用的频率和轨道位置。所以，在国际法层面，频谱和卫星轨道资源是可为各国所平等获取的自然资源，是人类共同继承财产，其获取和使用应遵循国际电联的相应规则。

（二）无线电频率和卫星轨道资源管理的国际法渊源

在国际层面，无线电频率和卫星轨道资源管理的职能由国际电信联盟承担。根据《国际电信联盟组织法》第29、31款规定，国际电信联盟法规由全权代表大会制定的《国际电信联盟组织法》、《国际电信联盟公约》以及世界无线电通信大会和世界国际电信大会制定的行政规则组成，行政规则包括《无线电规则》和《国际电信规则》。这些法律文件，对于成员国是有约束力的国际法。除非另有规定，各成员国在其所建立或运营的、从事国际业务的或能够对其他国家无线电业务造成有害干扰的所有电信局和电台内，均有义务遵守以上法规的规定。各成员国还有义务采取必要步骤，责令所有经其批准而建立和运营电信并从事国际业务的运营机构或运营能够对其他国家无线电业务造成有害干扰的电台的机构遵守《国际电信联盟组织法》《国际电信联盟公约》和行政规则的规定。如《组织法》与《公约》或行政规则的条款有矛盾之处，应以《组织法》为准。如《公约》与行政规则的条款有矛盾之处，应以《公约》为准。

此外，国际电联全权代表大会还通过了《国际电信联盟大会、全会和会议总规则》作为会议组织和有关选举工作的规则。全权代表大会还通过了《关于强制解决与〈国际电信联盟组织法〉、〈国际电信联盟公约〉和行政规则有关的争议的任选议定书》（以下简称《任选议定书》），该《任选议定书》只对核准、接受、批准或加入此议定书的各缔约国有约束力。在无线电通信部门，无线电通信局主任和无线电规则委员会为履行国际电联法规赋予的职责，还通过《程序规则》（Rules of Procedures）对《无线电规则》进行解释和补充，并在工作中使用《程序规则》。

与国际电信联盟无线电通信部门工作有关的法规文件及其效力层级，可用图1表示。

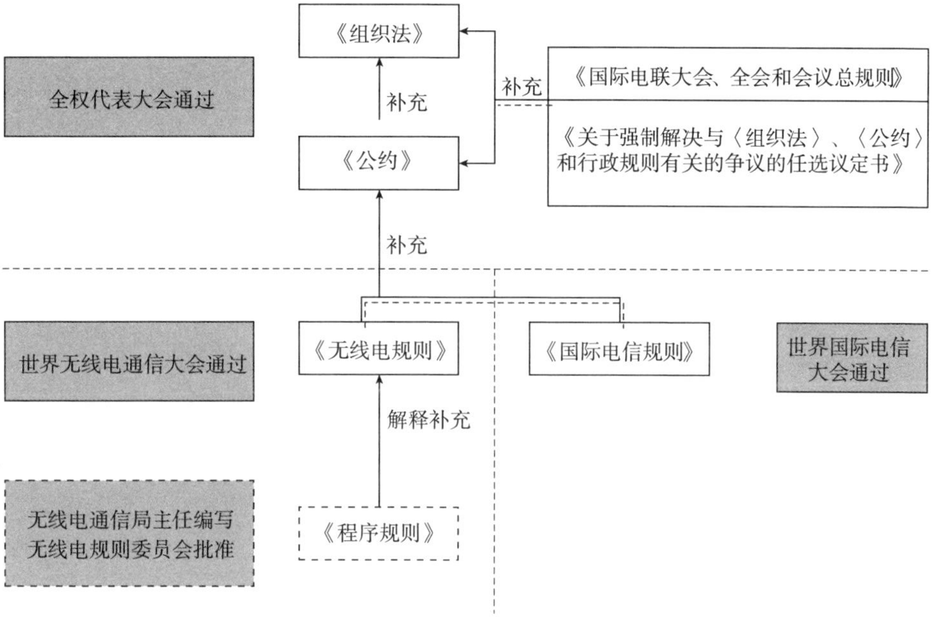

（实线框中的法规文件为对成员国有约束力的国际公约）

图 1　国际电信联盟法规文件及效力等级

1.《国际电信联盟组织法》

《国际电信联盟组织法》是国际电联效力最高的宪法性文件，共五章四十八条 224 款。《组织法》规定了电联的宗旨、组成、成员国和部门成员的权利和义务、国际电联的法律文件及其执行、各部门的工作方法等内容，组织法的批准、接受或认可、加入程序，条款废除和生效的规定等。《组织法》还专门规定了关于无线电的特别条款，包括无线电频率和静止卫星轨道的使用、有害干扰、遇险呼叫与安全通信等。

《国际电信联盟组织法》第 196 款强调："无线电频率和任何相关的轨道，包括对地静止卫星轨道，均为有限的自然资源，必须依照《无线电规则》的规定合理、有效和经济地使用，以使各国或国家集团可以在照顾发展中国家的特殊需要和某些国家地理位置的特殊需要的同时，公平地使用这些轨道和数据。"可见，在无线电频率和空间轨道资源的分配方面，电联需要平衡合理、经济和有效地使用和公平获得两方面，同时要考虑发展中国家和地理位置特殊国家的需要。当前频率和卫星轨道资源日益紧张，而空间商业化趋势日益明显，特别是发展中国家经常从其他主管部门租赁卫星，这导致了《组织法》所希望的卫星网络资料的所有国与卫星的所有国一一对应的理想状况被改变，这一状况直接触及了《组织法》第196款的核心。与此有关的问题曾在2012年世界无线电通信大会（WRC-12）得到审议[①]。无线电规则委员会认为，国际电联成员国现已形成一点共识，那就是与“轨道位置的租赁”相当的行动并非值得推荐的行动，且与《组织法》第196款的精神存在矛盾之处。但在实际的业务案例中，卫星租赁情况十分复杂，ITU和各国主管部门均需要进一步研究租赁在保护国际频率登记总表中的指配方面的作用，以及从更宽广的视角分析空间商业化趋势对整个ITU的宗旨及其法律框架的影响。

2.《国际电信联盟公约》

《国际电信联盟公约》对《国际电信联盟组织法》进行补充[②]，共八章三十五条426款。《公约》更具体地规定了行使国际电联职能的各个机构的选举方式、组成、工作程序等内容。《公约》的主要内容有：关于国际电联理事会的选举方法、常设机构官员的选任方法；关于召开全权代表大会、世界无线电通信大会、世界电信标准化全会、世界电信发展大会、无线电通信全会等大会的时间地点的决定程序，各种会议的议程和议事规则；各局主任及秘书长的职责；各部门之间以及与国际组织间的关系；财务收支的规定等。其中规定世界无线电通信大会用以审议无线电通信的具体问题，包括部分地或在特殊情况下全部修订《无线电规则》[③]。《公约》第172款规定，无线电通信局应当按照《无线电规则》的有关规定，有秩序地记录和登记频率指配和相关轨道特性，更新国际频率登记总表，并在有关主管部门同意下，对不能反映实际频率使用情况的登记条目视情况予以修改或删除。

3.《国际电信联盟大会、全会和会议总规则》

《国际电信联盟大会、全会和会议总规则》（以下简称《总规则》）由全权代表大会通过和修订[④]。《国际电信联盟组织法》第177至178款规定，《总规则》应适用于国际电联大会和全会的筹备，大会、全会和会议工作的组织和讨论的进行，以及理事国、秘书长、副秘书长、各部门的局主任和无线电

① 2012年世界无线电通信大会，文件DT/138。

② 《国际电信联盟组织法》第30款。

③ 《国际电信联盟公约》第114款。

④ 《国际电信联盟组织法》第58A款。

规则委员会委员的选举[①]。《组织法》通过引用该《总规则》的方式，将其纳入《组织法》的范围。该《总规则》共有 222 款，分为四章，分别是：第一章 关于大会和全会的一般规定；第二章 大会、全会和会议的议事规则；第三章 选举程序；第四章 本《总规则》修正案的提出、通过和生效。

4.《关于强制解决与〈国际电信联盟组织法〉、〈国际电信联盟公约〉和行政规则有关的争议的任选议定书》

《关于强制解决与〈国际电信联盟组织法〉〈国际电信联盟公约〉和行政规则有关的争议的任选议定书》（以下简称《任选议定书》）由全权代表大会通过和修改[②]。该《任选议定书》规定了解决议定书成员国之间关于《组织法》《公约》或行政规则的解释或适用的任何争议的强制仲裁程序。中国尚未加入该议定书。

5.《无线电规则》

《无线电规则》是国际电信联盟用来管理无线电通信、调整各国在无线电管理活动中的相互关系、规范其权利和义务的重要国际法规。根据《组织法》第 29、31 和 215 款，它是有约束力的国际法，其重点内容是划分、规范和确定无线电频率和卫星轨道资源使用。

《无线电规则》对《组织法》和《公约》进行补充。《无线电规则》由世界无线电通信大会制定和修改，目前适用的 2012 年版《无线电规则》是由 1995 年世界无线电通信大会通过的《无线电规则》全本，以及随后 1997、2000、2003、2007、2012 年世界无线电通信大会修正或通过的规则构成[③]。2015 年 11 月 2 日至 11 月 27 日召开的 2015 年世界无线电通信大会修改了 2012 年版《无线电规则》，并产生了新版规则。

6.《程序规则》

无线电通信局主任编写《程序规则》（Rules of Procedure）草案，向成员国主管部门发放和听取意见，随后交由无线电规则委员会（RRB）批准[④]。主任和无线电通信局在应用《无线电规则》登记成员国的频率指配时按照《程序规则》行事[⑤]。目前适用的是 2012 年版《程序规则》，该版本考虑了 2012 年世界无线电通信大会（WRC－12）的决定以及在该次大会上修订的《无线

① 《国际电信联盟组织法》，第 177 款。

② 《任选议定书》第四条。

③ 参见 http：//www. itu. int/pub/R－REG－RR/en。

④ 《国际电信联盟组织法》第 94 至 97 款、《国际电信联盟公约》第 168 款。

⑤ 《国际电信联盟组织法》第 95 款。

电规则》，并纳入了由无线电规则委员会对《程序规则》的全面复审和修订的成果。其内容分为三部分：A部分是只与无线电规则条款相关的程序规则；B部分是与某个过程，比如某项技术审查相关的程序规则；C部分是无线电规则委员会内部安排和工作方法[①]。

《程序规则》并非全权代表大会和世界无线电通信大会这类有权能的代表大会通过的规则，也不属于《组织法》规定的国际电联法规的范畴，因此，并不具有国际法规的效力。究其性质，在形式上，可以认为它是《组织法》授权无线电通信局主任编写、无线电规则委员会批准的、以透明方式制定的、在无线电通信部门内部为一定目的使用的操作规则。在实质上，《程序规则》通过解释特定规则的实施或通过制定目前管理条款中没有规定的必要的应用程序，补充了《无线电规则》的内容。《程序规则》应当符合《组织法》《公约》和《无线电规则》的规定，而不能与之相冲突。

7. 世界无线电通信大会决议、建议以及ITU－R建议书

多年来，世界无线电通信大会已通过一系列决议和建议。《国际电信联盟组织法》关于ITU法规的规定认为，《组织法》《公约》和《无线电规则》是对成员国具有约束力的国际法。列入《无线电规则》第三卷的世界无线电通信大会通过的决议和建议是《无线电规则》的重要组成部分，属于条约或者《组织法》认定的ITU法规，具有法律上的约束力。

无线电通信全会成立ITU－R研究组并为之分配研究课题，目前国际电联无线电通信部门共有6个研究组，分别负责频率管理、无线电波传播、卫星业务、地面业务、广播业务和科学业务的研究[②]。研究组通过研究，拟定无线电通信部门建议书草案，并交由国际电联成员国批准。ITU－R的建议书可以分为两类：一类是已经由《无线电规则》引证归并的建议书，列入《无线电规则》第四卷，这些建议书是《无线电规则》的组成部分，因此具有约束力；另一类是未被引证归并的建议书，对这类建议书的遵守并无强制性要求，但是所有建议书均由世界无线电通信专家制定，体现了技术的发展和未来的需求，因此在世界范围内享有盛誉并得到实施，从而在应用领域具有国际标准的地位[③]。

① 2012年版《程序规则》前言。

② 国际电信联盟.ITU－R研究组［J］，瑞士日内瓦：国际电联总部，2010年6月出版物，第15－44页。

③ 同上，第13页。

8. 国际电联法规的效力层级

根据《国际电信联盟组织法》第 30 至 32 款的规定，《组织法》是国际电联的基本法规，其条款由《公约》条款加以补充；《组织法》和《公约》的条款由监管电信使用并对所有成员国均有约束力的行政规则（包括《无线电规则》和《国际电信规则》）进一步加以补充。如《组织法》与《公约》或行政规则的条款有矛盾之处，应以《组织法》为准。如《公约》与行政规则的条款有矛盾之处，应以《公约》为准。在大会、全会或者会议程序规则的适用方面，《国际电信联盟大会、全会和会议总规则》不得与《组织法》和《公约》相冲突，①但大会或全会以外的部门会议可以通过与所述部门的有权能的大会或全会通过的工作程序相一致的工作程序，如这些工作程序与《总规则》的规定有矛盾之处，则以《总规则》为准②。

9. 其他相关国际法规则

（1）《联合国宪章》

①《联合国宪章》规定的重要原则

联合国是 1945 年二战结束后成立的政府间国际组织，现有 193 个成员国。其宗旨是通过国际合作和集体安全来维护和平、发展国家间友好关系、促进社会进步、提高生活水平和保护人权等。联合国由大会、安全理事会、经济及社会理事会、托管理事会、国际法院和秘书处等六大机构组成。

联合国的重要法律文件是 1948 年通过的《联合国宪章》，其中第 2 条规定了联合国本身及其成员国应遵守的七项基本原则：1）所有成员国主权平等；2）善意履行宪章规定的义务；3）各成员国应以和平方法解决国际争端；4）各成员国在其国际关系中不得以武力相威胁或使用武力；5）各成员国对联合国依宪章采取的行动应尽力予以协助；6）联合国在维持和平与安全的必要范围内，应确保使非成员国遵行上述原则；7）联合国不得干涉各国内政，但该原则不妨碍对威胁和平、破坏和平或侵略行为所必须采取的强制行动。这些原则，特别是第 1）、2）、3）、4）、7）项，均为国际社会全体接受的国际法基本原则，对世界各国均有约束力③。

②联合国专门机构及其与联合国的关系

《联合国宪章》第五十七条和第六十三条规定，联合国可以与对某一特定

① 《总规则》第 1 款。

② 同上，第 2 款。

③ 王铁崖（主编）：《国际法》，北京，法律出版社，1995 年版，第 407 页。

业务领域负有广大国际责任的政府间专门性国际组织订立关系协定，使之成为联合国体系下的专门机构。迄今为止，同联合国经济和社会理事会签订关系协定或者根据联合国决定而创设的各种专门机构有 16 个，其中包括国际电信联盟。

关于联合国与其专门机构的关系，应当看到，专门机构有各自的基本文件，这些文件原则上确立了它们独立的法律人格。联合国与专门机构往往订立关系协定，不仅确认了这些专门机构在国际社会中的法律地位，而且规定了它们同联合国进行联系的特殊形式：联合国承认专门机构的职权范围；专门机构承认联合国有权提出建议并协调其活动，并定期向联合国提出工作报告；双方互派代表出席彼此的会议，但均无表决权；经请求时，相互把有关议事项目列入自己的会议议程；彼此交换情报与文件；彼此协调人事、预算与财政方面的安排等项。从组织体制上看，专门机构保持自己独立自主的地位，并不构成联合国的附属机构。它们有各自的成员国、基本文件、组织机构、议事规章、经费来源与工作总部。其决议与活动也不需要联合国批准。

少数联合国专门机构成立于联合国建立之前，国际电联就是其一。就联合国与国际电联的关系，这两个国际组织曾经于 1947 年在美国亚特兰大召开的国际电信会议上签署关系协定①，《国际电信联盟组织法》第 205 款中也对此予以确认。

一般而言，只有国家才能加入联合国专门机构这类政府间国际组织，也有一些专门机构还允许非自治领土或者地区、甚至是机构或实体的加入，其成员资格与权利往往受到一定限制，国际电信联盟就是这类专门机构之一。根据《国际电信联盟组织法》，国际电联有成员国和部门成员，根据《组织法》和《公约》，这两类成员各有明确的权利和义务。目前国际电联有成员国 193 个；有部门成员（sector member）558 个，我国的上海贝尔、中国联通、中国移动、亚洲通信卫星公司、中国电信、大唐电信、华为和中兴公司等均是其部门成员；国际电联还有 165 家公司或实体作为部门准成员（associate），有 129 所相关学术机构（academia）积极参加电联的活动②。

③其他国际组织与国际电联的关系

其他国际组织与国际电联的关系规定在《国际电信联盟组织法》第 206 款，即“为促进国际间电信事务的全面协调，国际电联应与具有相关兴趣和

① 参见 http：//www.itu.int/en/history/plenipotentiaryconferences/Pages/1947AtlanticCity.aspx。

② 参见 http：//www.itu.int/members/index.html，数据截至 2016 年 11 月 22 日。

从事相关活动的各国际组织进行合作。”此处的国际组织既包括政府间国际组织，也包括非政府组织（NGOs）。

以2012年世界无线电通信大会为例，参加此次会议的政府间国际组织和非政府组织很多，包括国际民航组织、世界气象组织、国际海事组织、亚太广播联盟、阿拉伯国家广播联盟、欧洲广播联盟、欧洲航空导航安全组织、欧洲通信卫星组织、欧洲联盟、国际航空运输组织、国际业余无线电联盟、国际宇航联合会、国际海事无线电协会、国际通信卫星组织、阿拉伯卫星通信组织、欧洲空间局等等。

（2）《关于各国探索和利用包括月球和其他天体的外层空间活动所应遵守原则的条约》

除了国际电信联盟体系内的法律文件之外，作为外空活动之一的卫星发射和运营以及其他航天活动还应遵守一般国际法和外层空间法有关条约的规定，其中比较重要的包括《关于各国探索和利用外层空间包括月球与其他天体活动所应遵守原则的条约》，简称《外空条约》。该条约由联合国大会于1966年12月19日通过，1967年1月27日在苏、英、美三国首都开放签署，1967年10月10日生效。中国于1983年12月30日加入该条约。

该条约是国际空间法的基础，号称“外空宪章”，规定了从事航天活动所应遵守的十项基本原则：共同利益原则、自由探索和利用原则、不得据为己有原则、限制军事化原则、援救航天员的原则、国家责任原则、对空间物体的管辖权和控制权原则、外空物体登记原则、保护空间环境原则和国际合作原则。

外层空间不得据为己有原则与无线电频率和卫星轨道资源的国际管理有一定联系。《外空条约》第二条规定：“外层空间，包括月球与其他天体在内，不得由国家通过提出主权主张，通过使用或占领，或以任何其他方法，据为己有。”尽管对于何处为空气空间和外层空间的界线、从而在距地球表面该高度以上的外层空间适用《外空条约》并没有具体规定[①]，但一般认为，以人造地球卫星可以停留的最低高度——距地面大约为90至110千米或者130千米处——为外层空间的最低界线，即“人造地球卫星轨道最低点说”这一理论得到了很多国家的认可。可以印证这一观点的事实是：1976年，巴西、哥伦比亚等8个赤道国家通过了《波哥大宣言》，宣称地球静止轨道（位于赤道上

① 夏春利：《试论近空间的法律地位——兼谈空气空间和外层空间的定界问题》，载于《北京航空航天大学学报（社会科学版）》，2009年第4期。

空大约 35 871 公里处）为自然资源，各赤道对应国家对该静止轨道及其下方的空间享有主权①。该宣言遭到英、法、意、比、澳等国特别是美苏两国的反对，这些国家认为该宣言违反了《外空条约》所设定的外空自由和不得据为己有的原则②。《国际电信联盟组织法》第 196 款也强调无线电频率和任何相关轨道，包括对地静止卫星轨道，均为有限的自然资源，必须按照《无线电规则》的规定合理、有效和经济地使用。从外层空间法的角度来看，地球静止轨道等轨道资源属于位于外层空间中的无线电站址资源，具有稀缺性③。根据《外空条约》的不得据为己有原则，卫星轨道也不得据为己有，对其利用应当按照《无线电规则》所规定的协调程序来获得。在历次世界无线电通信大会的最后文件中，哥伦比亚等赤道国家都提出过与《波哥大宣言》有关的保留或声明，尽管措辞不同，其实质是宣称对地球静止轨道的主权权利，而美国、德国、加拿大等很多国家也对此做出反声明。

二、《国际电联组织法》和《国际电联公约》关于无线电频率和卫星轨道资源分配的有关规定

（一）国际电联的宗旨及《组织法》第 196 款的实际执行情况

1. 国际电联的宗旨

《国际电信联盟组织法》第 2 至 9 款规定了国际电联的宗旨，可以概括为三项：

第一，促进国际合作以改进和合理使用各种电信，合作既包括成员国之间的合作，也包括实体和组织与国际电联及其成员国之间的合作。《组织法》第 3、3A、8、9 款均为国际合作原则的体现。

第二，促进技术设施的发展及其最有效的运营，使世界上所有居民都得益于新的电信技术。《组织法》第 5、6、7 款均体现了这一宗旨。

第三，促进对发展中国家的技术援助。《组织法》第 4 款指出："为落实这一宗旨而促进物质、人力和财务资源的筹措，促进信息的获取。"

为实现以上宗旨，《国际电信联盟组织法》第 10 至 19A 款规定了国际电

① 参见 Declaration of the First Meeting of Equatorial Countries (Bogota Declaration), adopted on December 3, 1976。

② 赵理海：《外层空间法介绍（二）——外层空间的法律地位（续）》，载于《法学杂志》，1994 年第 1 期，第 41 页。

③ 祝捷：《无线电行政法研究》，北京：人民出版社，2010 年版，第 172 - 177 页。

联应特别注重的工作，其中与频率国际协调密切相关的是第 11 至 12 款，这两款规定国际电联应特别注重：

“a）实施无线电频率的频段划分、无线电频率的分配和无线电频率指配的登记，以及空间业务中对地静止卫星轨道的相关轨道位置及其他轨道中卫星的相关特性的登记，以避免不同国家无线电台之间的有害干扰；

b）协调各种努力，消除不同国家无线电台之间的有害干扰，改进无线电通信业务中无线电频率的利用，改进对地静止卫星轨道及其他卫星轨道的利用。”

可见，国际电联作为主权国家通过《组织法》形成的政府间国际组织，其重要职能之一是协调各国无线电台之间可能产生的有害干扰，并改进对频率资源和卫星轨道资源的利用。为此，它要对各种电信问题进行研究，制定规则，通过决议，编拟建议和意见，并收集与出版资料①，并特别注重进行无线电频率的频段划分、无线电频率的分配和无线电频率指配的登记，以及空间业务中对地静止卫星轨道的相关轨道位置及其他轨道中卫星的相关特性的登记。简而言之，在频率国际协调活动中，国际电联的重要作用是作为各成员国制定协调规则的平台和登记平台。

2.《国际电信联盟组织法》第 196 款

《国际电信联盟组织法》第七章专章规定了“关于无线电的特别条款”。之所以专章订立这类条款，是因为无线电频率和空间轨道资源，包括对地静止卫星轨道，均为有限的自然资源②，通过国际合作以及国际规则的执行——主要是《无线电规则》的执行——来实现这些资源的合理、有效和经济地分配和使用，是国际电联的宗旨之一③。

关于无线电的特别条款中专门为成员国规定在无线电频率和对地静止卫星轨道及其他卫星轨道的使用方面的义务。

《国际电信联盟组织法》第 195 至 196 款规定：

“1. 各成员国应努力将所使用的频率数目和频率限制在足以满意地提供必要业务所需的最低限度。为此，它们应努力尽早采用最新的技术发展成果。

2. 在使用无线电业务的频段时，各成员国应铭记，无线电频率和任何相

① 《国际电信联盟组织法》第 18 款。

② 同上，第 196 款。

③ 同上，第 10 至 12 款。

关的轨道，包括对地静止卫星轨道，均为有限的自然资源，必须依照《无线电规则》的规定合理、有效和经济地使用，以使各国或国家集团可以在照顾发展中国家的特殊需要和某些国家地理位置的特殊需要的同时，公平地使用这些轨道和频率。”

（二）《公约》对频率和卫星轨道资源管理职权的规定

根据《国际电信联盟组织法》第7条，国际电联应由以下部门构成：国际电联最高权力机构全权代表大会；代表全权代表大会行事的理事会；世界国际电信大会；无线电通信部门（包括世界和区域性无线电通信大会、无线电通信全会和无线电规则委员会）；电信标准化部门（包括世界电信标准化全会）；电信发展部门（包括世界和区域性电信发展大会）和总秘书处。

无线电通信部门（Radio Communication Sector，ITU－R）在无线电频率和卫星轨道的管理方面发挥着至关重要的作用。其使命是确保所有无线电通信业务（包括使用卫星轨道的无线电通信业务）合理、公平、有效和经济地使用无线电频率，确保无线电通信系统的无干扰运营，开展有关无线电通信的研究并批准相关建议书。

ITU－R致力于推进国际合作，通过下列方式确保无线电频率和卫星轨道得到合理、公平、有效和经济的使用：

1）召开世界和区域性无线电通信大会，通过并补充完善《无线电规则》和区域性协议；

2）在无线电通信全会确定的框架下，通过ITU－R研究组（SG）制定的有关无线电通信业务和系统技术特性和运营程序的ITU－R建议书；

3）协调各方活动，消除不同国家无线电台站之间的有害干扰；

4）充实和完善《国际频率登记总表》（MIFR）；

5）通过提供工具、信息和研讨会，协助各国开展无线电频率管理工作。

无线电通信部门主要通过世界/区域无线电通信大会、无线电通信全会、无线电规则委员会、无线电通信研究组、无线电通信顾问组以及无线电通信局开展工作。其中无线电通信局在选任的主任领导下组织和协调无线电通信部门的工作，负责《无线电规则》的执行，其职责和工作方式规定在《国际电信联盟公约》第12条和《无线电规则》中，包括①：

① 《国际电信联盟公约》第161款。

（1）在无线电通信大会方面

“a）协调研究组及其他组和无线电通信局的筹备工作，将筹备工作的结果通报给各成员国和部门成员，收集它们的意见，并向该大会提交一份可含具有规则性质提案的综合报告；

b）以顾问身份参加无线电通信大会、无线电通信全会和无线电通信研究组和其他小组的讨论。主任应按照《公约》第 94 款，与总秘书处并在适当时与国际电联其他部门协商，为无线电通信大会和无线电通信部门的会议进行所有必要的筹备工作，并在进行这些筹备工作时充分注意理事会的指示；

c）在发展中国家筹备无线电通信大会时向它们提供帮助。”①

（2）在无线电规则委员会方面

“a）编写《程序规则》草案并提交无线电规则委员会批准；《程序规则》草案应特别包括实施《无线电规则》的规定所需的计算方法和数据；

b）向所有成员国分发无线电规则委员会的《程序规则》，收集各主管部门的意见并提交无线电规则委员会；

c）处理在实施《无线电规则》的有关条款和区域性协议及其有关的《程序规则》时从主管部门获得的资料，并视情况以适当的形式准备出版；

d）实施无线电规则委员会批准的《程序规则》，编印和出版基于该规则的审议结果，并将应主管部门要求的、且在运用《程序规则》后仍不能解决的任何审议结果提交无线电规则委员会复审；

e）按照《无线电规则》的有关规定，有秩序地记录和登记频率指配和（在适当时）相关轨道特性，并不断更新国际频率登记总表；检查该表中的登记条目，以便在有关主管部门同意下，对不能反映实际频率使用情况的登记条目视情况予以修改或删除；

f）应一个或多个有关主管部门的要求，帮助处理有害干扰的案例，并在必要时进行调查，并编写一份包括给有关主管部门的建议草案的报告，供无线电规则委员会审议；

g）担任无线电规则委员会的执行秘书。”②

（3）协调和组织各无线电通信研究组和其他组的工作；为无线电通信顾问组提供必要的支持，并每年向成员国、部门成员和理事会报告顾问组的工

① 《国际电信联盟公约》第 163 至 166 款。

② 同上，第 167 至 174 款。

作结果。为促进发展中国家参加无线电通信研究组和其他组的工作采取切实可行的措施[①]。

（4）其他工作

“a）开展研究，以便针对在那些可能发生有害干扰的频段使用尽可能多的无线电信道提出咨询意见，并致力于公平、有效和经济地使用对地静止卫星轨道，在研究时应考虑到要求帮助的成员国的需要和发展中国家的特殊需要以及某些国家的特殊地理情况；

b）以机器可读的方式及其他方式与各成员国和部门成员交换数据，编写并更新无线电通信部门的任何文件和数据库，并在适当时，与秘书长一起，按照《组织法》第 172 款安排以国际电联的语文予以出版；

c）保存可能需要的基本记录；

d）向世界无线电通信大会提交一份有关上届大会以来无线电通信部门活动的报告；如果未计划召开世界无线电通信大会，则应向理事会提交一份有关上届大会以来该部门活动的报告，并将其提交成员国和部门成员供其参考；

e）根据无线电通信部门的需要编制一份基于成本的预算估算，并转呈秘书长，供协调委员会审议并列入国际电联的预算；

f）每年编写一份涉及其后一年及随后三年的四年期滚动式运作规划，包括该局为支持整个部门而开展的活动的财务影响；此四年期运作规划由无线电通信顾问组按照《公约》第 11A 条审议，并每年由理事会审议和批准。”[②]

三、《无线电规则》关于无线电频率和卫星轨道资源分配、协调和登记的有关规则以及有关干扰处理的规则

（一）《无线电规则》的一般法律框架

《无线电规则》包括频率及轨道位置的指配和使用方面的一般性规则，也包括防止有害干扰方面的措施，还包含其他关于电台运营者的资质等方面的规定。

《无线电规则》共 4 册，第一册是整套规则的中心和主题，包括各类名词、术语的定义，频率区域划分，频率划分表、频率指配与使用规则等具体规定，共十章五十九条，每一条细分为若干款，频率划分表是其最主要的内

① 《国际电信联盟公约》，第 175 至 175B 款。

② 同上，第 176 至 181A 款。

容；第二册是集中了所有的附录，列出了第一册有关规则程序涉及到的具体技术参数，还包括了卫星广播业务、卫星固定业务、航空移动业务等多项规划，具体而言包括国际频率通知单的内容与格式、需提前公布的卫星网络资料、部分业务频段的国际频率分配表、部分业务电台的技术特性、有害干扰报告、卫星网络的协调计算方法、卫星频率/轨道的国际分配表等；第三册包含了历次世界无线电通信大会通过的决议和建议，已被废除或取代的决议不再编入新的《无线电规则》，决议具有与第一册条款同等约束力；第四册包含第一册和第二册规程程序部分应用了的 ITU－R 各研究组制定的研究组技术建议书，这些建议书已由世界无线电通信大会或无线电通信全会审核通过。

（二）分配无线电频率和卫星轨道位置（包括地球静止轨道位置）的规划法和协调法

1. 无线电频率的划分、分配和指配及其登记

国际电联的无线电通信部门负责实施无线电频率的频段划分、无线电频率的分配和无线电频率指配的登记，以及空间业务中对地静止卫星轨道的相关轨道位置及其他轨道中卫星的相关特性的登记，以协调各成员国的行动，避免不同国家无线电台之间的有害干扰，从而实现保持和扩大所有国际电联成员国之间的国际合作、改进和合理使用各种电信这一国际电信联盟宗旨。

根据《无线电规则》第一卷条款 1.16 至 1.18 款，“（频段的）划分”、“（射频或无线电频道的）分配”以及“（射频或无线电频道的）指配”定义如下：

（频段的）划分（allocation）是“频率划分表”中关于某一具体频段可供一种或多种地面或空间无线电通信业务或射电天文业务在规定条件下使用的记载[①]。《无线电规则》第 5 条为“频率划分表”。为划分频率，ITU 将世界分为三个区域，将业务划分为主要业务和次要业务，辅以脚注标明附加划分和替代划分，在特定频段为特定区域或国家规定了各项业务的频率使用。

（射频或无线电频道的）分配（allotment），是指经有权的大会批准，在一份议定的频率分配规划中，关于一个指定的频道可供一个或数个主管部门在规定条件下，在一个或数个经指明的国家或地理区域内用于地面或空间无

① 《无线电规则》第一卷，1.16 款。

线电通信业务的记载[①]。频道分配的对象是某一地区或国家所能使用的频率。

（射频或无线电频道的）指配（assignment）是指由某一主管部门对给某一无线电台在规定条件下使用某一射频或无线电频道的许可[②]，也就是由主管部门将无线电频率或频道批准给某一电台在给定条件下使用的过程。

2. 国际电联无线电频率和卫星轨道资源分配的两种方式

目前，国际电信联盟的无线电频率和卫星轨道资源分配有两种方式：协调法（a posteriori system）和规划法（a priori system）[③]。

（1）协调法

协调法指的是依据ITU的频率协调程序进行的卫星网络或卫星资料的提前公布、协调、频率指配的通知和登记的程序。在2015年世界无线电通信大会修订《无线电规则》之前，国际电联对于卫星频率和轨位协调采取的是三段式的程序，这是一种“先登先占”的分配方式，即只要按照《无线电规则》所规定的协调程序进行了协调，并最终在国际频率登记总表（Master International Frequency Register，MIFR）进行了频率指配的登记，该频率的使用权就得到了国际认可。

2015年世界无线电通信大会修订的《无线电规则》，将主管部门之间进行协调或达成协议的程序分为两种情况，即无需协调的情况和需要协调的情况，规定在《无线电规则》的第九条：

第一，主管部门对无需采用第九条第II节所述协调程序的某一卫星网络或卫星系统的频率进行指配之前，应向无线电通信局送交其网络或系统的一般说明，以便在国际频率信息通报上公布。同时，为避免“纸卫星”[④]的泛滥，ITU还要求主管机关提交有关卫星网络的标识信息、运营商、航天器制造商及其合同执行日期、采购的卫星数量、发射业务提供商及其合同执行日期，发射设施的名称和位置等“行政应付努力”信息[⑤]。这些资料的送交日期

---

① 《无线电规则》第一卷，1.17款。

② 同上，第一卷，1.18款。

③ 参见 Adrian Copiz. Scarcity in Space：The International Regulation of Satellites，in 10 CommLaw Conspectus 2002，pp. 208。

④ “纸卫星”，是指纸质的卫星注册文件，一般用来描述以下事实：20世纪90年代初，西太平洋岛国汤加，并无实际应用的需求，却一次性向ITU申请16个地球静止轨道位置，并表示会出租或出售这些轨道位置以获取利益。Giovanni Verlini. “纸卫星”——卫星产业面临的一道难题（王琦译），载于《卫星与网络》2010年第6期，第62-64页。

⑤ 《无线电规则》第三卷，第49号决议附件二（WRC-07修订）。

不早于该网络或系统的规划启用日期7年前，并且最好不迟于该日期2年之前[①]。国际电联通过国际频率信息通函（简称IFIC）将接收到的合格的资料向全世界公布。若某一主管部门认为可能对其现有的或规划的卫星网络或系统产生不可接受的干扰，应由主管部门双方共同努力合作解决困难，对规划的卫星网络负责的主管部门应探索一切可能的方法解决困难而不考虑对其他主管部门的网络进行调整的可能性。

第二，2015年世界无线电通信大会修订的《无线电规则》第九条第II节第IIA分节列举了需要进行协调的卫星网络或系统的情况（第9.7－9.22款）。一个主管部门通知无线电通信局或者启用频率指配之前，应根据要求与第9.27款确认的其他主管部门进行协调。各国在规定的时间内，正式判断该卫星网络是否可能对自己已申报的卫星网络或地面业务产生不可接受的干扰。如果某一主管部门认为可能对其现有的或规划的卫星网络或系统产生不可接受的干扰，应在收到该国际频率信息通报日期的4个月内向公布资料的主管部门告知关于对其现有的或规划系统可能进行干扰的详细情况的意见，并将此意见寄送给无线电通信局[②]。随后双方展开磋商，通过信函、传真或会议等任何方便的方式进行技术干扰谈判，直到双方确保彼此网络或系统之间不会产生干扰。这个过程一般涉及多轮磋商以及技术调整，往往持续数年。

根据《无线电规则》第一卷第十条，经过卫星网络国际频率干扰协调、消除卫星网络之间可能存在的潜在干扰后，主管部门应使用ITU规定的软件，向ITU申报卫星网络实际使用的通知登记信息。如果ITU认为有关主管部门提交的卫星网络技术信息和“行政应付努力”信息均符合要求，则将有关轨道位置和频率的指配登记在国际频率登记总表上[③]。凡是符合以下情况之一者，其所有发射电台（以及相关的接收电台）的频率指配，都应根据规则中相应条款，向ITU进行国际登记：如果该频率指配的使用可能对其他主管部门的任何无线电业务产生有害干扰；如果该频率指配适用于国际无线电通信；如果该频率指配希望获得国际认可；如果该频率指配需要履行协调程序；特定的射电天文台，希望得到国际保护等[④]。

---

① 《无线电规则》9.1款。

② 同上，9.3款。

③ 《无线电规则》第11条。

④ 程建军：《卫星频率和轨道资源的国际争夺》，载于《卫星与网络》2006年第10期，第31－32页。

（2）规划法

规划法则是有计划地在名义上将频率轨道位置分配给若干国家，而不论其是否有实际需要或能力来利用这些轨道位置，其实质是为发展中国家预留卫星频率和轨道资源，保障发展中国家在将来有能力时，有最低限度的卫星频率和轨道资源可用[①]。《无线电规则》分别为卫星广播业务（BSS）和卫星固定业务（FSS）制定了规划。

卫星广播业务规划是自 1977 年世界无线电行政大会以来，通过多次世界无线电通信大会在 11.7—12.2GHz（下行）、14.5—14.8GHz 和 17.3—18.1GHz（上行）做出的。2000 年世界无线电通信大会对 BSS 进行重新规划，制订了新的《无线电规则》条款，形成了现行的卫星广播业务规划，同时还规定了获得额外资源的规则条款，即附加资源申请的协调程序。一般而言，卫星广播业务的规划要求在卫星系统投入使用前不早于 8 年，但不能晚于 2 年，用国际电联规定的软件，按照自己的系统实际需要的参数、《无线电规则》附录 4 中规定的参数和格式，向国际电联申报 BSS 附加资源申请的协调资料（简称 ART4 资料），国际电联通过技术和规则审查后，通过 IFIC 向世界各国公布该资料，各国在规定时限内正式判断该 ART4 网络是否可对自己已经申报的卫星网络或地面业务产生不可接受的干扰，并在规定时间内将判断的最终结果和技术依据通知国际电联和相应主管部门，由此建立正式的协调关系。在经过协调后，主管部门向国际电联申报电子格式的通知资料（N 资料），由国际电联进行审查，审查合格的频率指配就成功地记录进国际频率登记总表。

对卫星固定业务的规划是通过 1985 和 1988 年的空间世界无线电通信行政大会（Space World Administrative Radiocommunication Conference, WARC 85－88）确定的，在 4 500—4 800MHz（下行）、6 725—7 025MHz（上行）、10.7—10.95GHz（下行）、11.2 — 11.45GHz（下行）和 12.75 — 13.25GHz（上行）频段上分别制定。与 BSS 的指配规划不同，FSS 是分配规划，在将 FSS 的分配规划中的资源投入使用前，必须按照《无线电规则》中相应的程序，将分配转换成相应的频率指配。

3. 登记在国际频率登记总表内的频率指配的地位

登记在国际频率登记总表内的任何频率和轨道位置的指配，享有国际承

① 程建军：《卫星频率和轨道资源的国际争夺》，载于《卫星与网络》2006 年第 10 期，第 32 页。

认的权利[①]，也就是说运营商在卫星系统可以运营之时，经登记主管批准后，对相应的指配的频率和轨道位置有法定的使用权。

（三）干扰处理规则

1. 关于干扰问题的义务

《无线电规则》第一卷第四章对干扰问题做出了规定，其内容涉及各国主管部门在保证其管辖权范围内的各种电气器械和装置不对按照《无线电规则》规定运用的无线电通信业务产生有害干扰的义务；对干扰的测试和违章报告；有害干扰事件情况的处理程序以及国际监测等。

作为一项一般性义务，《无线电规则》禁止所有电台进行非必要的传输，或多余信号的传输，或虚假或引起误解的信号的传输，或无标识的信号的传输[②]，并为此规定了发射类别、电台位置、发射机和接收机的选择和使用等技术性要求[③]。

而主管部门承担的义务是：采取一切切实可行与必要的步骤，以保证其管辖权范围内的各种电气器械和装置，包括电力及电信分配网络，不对按照本规则规定运用的无线电通信业务，特别是无线电导航或任何其他安全业务产生有害干扰[④]。这一义务的履行可能囿于主管部门履行义务的能力或者意愿，因此在实际运行中产生了一些政治上比较敏感的问题。《无线电规则》第一卷第四章还规定了为避免有害干扰，主管部门在批准电台的测试和实验之前应对可能的干扰和辐射采取一切可能的预防方法的义务[⑤]。

2. 有害干扰的违章报告

有害干扰的违章报告采取自下而上、由内向外的报告方式。违反《组织法》和《公约》或《无线电规则》的事件，应该由进行监测的机构、电台或监测者报告各自的主管部门。为此，应该使用类似于《无线电规则》附录 9 所提出的样本格式[⑥]。关于一个电台犯了任何严重违章事件的正式抗议，应该由检测出此事件的主管部门向管辖该电台的国家主管部门提出[⑦]。如果一个主

① 《无线电规则》第 8.3 款。
② 《无线电规则》第一卷，15.1 款。
③ 同上，15.2 至 15.11 款。
④ 同上，15.12 至 15.13 款。
⑤ 同上，15.14 至 15.18 款。
⑥ 同上，15.19 款。
⑦ 同上，15.20 款。

管部门接到它管辖的电台违反《公约》或《无线电规则》的通知，就应该查明事实，确定责任并采取必要的行动①。

3. 有害干扰事件情况的处理程序

《无线电规则》第一卷第四章第 VI 节详细规定了有害干扰事件情况的处理程序。其中强调，在解决有害干扰问题时，各成员国应适当考虑一切有关因素，尽最大善意进行合作，检测和消除干扰②。同时，考虑到遇险和安全频率以及飞行安全和管制使用的频率③上的发射需要绝对的国际保护，且必须消除对这类发射的有害干扰，因此当各主管部门被提请注意此类有害干扰时，承诺立即采取行动④。

虽然按照上述程序采取了行动，如果有害干扰仍然存在，则管辖其业务受到干扰的发射电台的主管部门可以按照第 V 节规定，向管辖产生干扰的发射电台的主管部门送给一份不遵守或违反规定的报告⑤。如果认为有必要，特别是按照上述程序采取步骤后未能产生满意的结果时，有关的主管部门应该将该事件的详细情况寄送无线电通信局或要求无线电通信局按照第十三条第 I 节的规定采取行动⑥。如果某一主管部门难于确定 HF 频段内的有害干扰来源时，可以寻求无线电通信局帮助⑦。无线电通信局应该综合收到的响应按照第 15.44 款提出的要求的所有报告，并利用可得到的任何其他资料，立即鉴别出有害干扰的来源⑧。在鉴别出有害干扰来源之后，无线电通信局应该将其结论和建议以电报通知提出有害干扰报告的主管部门。这些报告和建议还应该用电报通知被认为应对有害干扰来源负责的主管部门，同时要求其迅速采取行动⑨。

（四）国际电联的争端解决机制

和平解决国际争端是一项国际法基本原则。和平解决国际争端有政治方法和法律方法。政治方法主要是指谈判与协商、调查、斡旋和调停、和解等

① 《无线电规则》第一卷，15.21 款。
② 同上，15.22 至 15.24 款。
③ 同上，第三十一条以及附录 27。
④ 同上，15.28 款。
⑤ 同上，15.39 款。
⑥ 同上，15.41 至 15.42 款。
⑦ 同上，15.43 款。
⑧ 同上，15.45 款。
⑨ 同上，15.46 款。

方法；法律方法主要是指仲裁和司法解决两种方法。

国际电联《组织法》第 233 至 235 款规定了争议解决途径：

“1. 各成员国可以通过谈判、外交途径，或按照它们之间为解决国际争议所订立的双边或多边条约内规定的程序，或用相互商定的任何其他方法，解决它们之间关于本《组织法》《公约》或行政规则的解释或适用情况的争议。

2. 如果不采用上述解决办法中的任何一种，则作为争议一方的任何成员国可按照《公约》所规定的程序请求仲裁。

3. 关于强制解决与本《组织法》《公约》和行政规则有关的争议的任选议定书应在该议定书的各缔约成员国之间适用。”

可见，成员国之间关于 ITU 法律文件的解释或适用情况的争议解决途径，《组织法》规定了四种可能性：1）通过谈判、外交途径；2）其他双边或多边条约规定的程序以及其他商定的办法；3）各国也可以采用仲裁程序解决争议，一般来讲，通过仲裁程序需要之前双方就订有仲裁协议；或者 4）在已批准《关于强制解决与〈国际电信联盟组织法〉〈国际电信联盟公约〉和行政规则有关的争议的任选议定书》的成员国之间，适用《任选议定书》，通过强制仲裁来解决争议。《国际电信联盟组织法》第 235 款规定：“《关于强制解决与〈国际电信联盟组织法〉〈国际电信联盟公约〉和行政规则有关的争议的任选议定书》应在该议定书的各缔约成员国之间适用。”《任选议定书》于 1992 年 12 月 22 日订于日内瓦，国际电联 108 个成员国在签署这一年度全权代表大会通过的《组织法》和《公约》的同时，还签署了该《任选议定书》。中国未签署或批准这一议定书[①]。在国际电联范围内，通过谈判和外交途径解决争端是常用方法。

四、空间商业化利用趋势下无线电频率和卫星轨道位置分配规则的适用现状、局限性及其改进需求

无线电频率和卫星轨道资源的分配规则在国际电信联盟这一平台进行，依据的是以上提到的国际电联具有法律效力的文件，特别是《无线电规则》。一国主管部门代表自己国内的某个运营部门申请卫星网络资料，并由本国使用——即卫星网络资料的所有者、申报者和使用者完全一致的情况，是一种

① 国际电信联盟：《增开的全权代表大会最后文件》（1992 年，日内瓦），第 198 页。

理想状态。但由于空间商业化发展趋势日益明显、以及各国空间业务能力水平差距巨大，A 国制造卫星、交由 B 国发射、由 C 国运营、使用了由 D 国申报的网络资料的情况，也并非罕见。

在 2012 年初召开的德国柏林外交会议上，国际统一私法协会（UNIDROIT）牵头制定的《移动设备国际利益公约空间资产特定问题议定书》（以下简称《空间资产议定书》）经各国代表讨论通过并开放签署。该《议定书》的主要目的就是为卫星这类具有高价值或者具有特别经济意义、可跨国甚至在外空的移动设备上设定担保、进行融资和租赁提供可预期的利益保护机制。然而，该《议定书》与国际电信联盟有关规则的衔接不畅：根据国际电信联盟的规定，一国对特定轨道位置的使用权不能转让给其他国家，国家可以获得轨道位置的使用权，但是必须遵守国际电信联盟设定的规则。如果在《空间资产议定书》下，因为债务人将空间资产的占有和控制权交给了外国的债权人而导致一国不再使用该轨道位置，那么根据国际电信联盟的规则和协调情况，该轨道位置可能由其他国家获得，而不一定由债权人所在国获得①。针对《议定书》中存在的、对无线电频率和卫星轨道位置的使用由债务人转移给债权人的可能性，国际电信联盟亦指出，根据《国际电信联盟组织法》第四十四条，各成员国均认为无线电频率和对地静止卫星轨道是有限的自然资源，必须依照《无线电规则》合理而有效率地节省使用；而国际电信联盟有关程序规则规定禁止在未通知该组织的情况下转让卫星档案、轨道位置以及频率资源，即便转让，必须遵守有关规定。因此，国际电信联盟针对该《议定书》评论认为，频率资源和轨道位置只能用来认定空间资产，而不能被视为空间资产因素的组成部分而加以转让②。而对此，《议定书》并没有相应的规定。

针对卫星网络资料和卫星实际运营不对应的情况，国际电联无线电规则委员会指出：《无线电规则》原则上要求卫星所有者和网络资料所有者应当一一对应，这是符合《国际电信联盟组织法》的，也是国际电联乐于见到的情况。但也有以下两种情况，例如：

1）A 国申报了卫星网络资料，A 国将卫星出租或者出售给 B 国，B 国也实际使用该网络资料，这种情形比较常见，但国际电联并不推荐此种做法。

---

① 参见 Comments on the Alternative Text Submitted by the Government of Canada，in UNIDROIT 2009 C. G. E. /Space Pr. /3/W. P. 13。

② 参见 Statement Made by the International Telecommunication Union，in UNIDROIT 2009 C. G. E. /Space Pr. /3/W. P. 16。

国际电联未予明说的原则是：如果 A 国申报了网络资料，而实际上未在该网络资料对应的轨位和频率上使用卫星，就应删除网络资料，而不是用于商业目的进行出租；否则就违反《国际电信联盟组织法》第四十四条。但目前国际电联对能否删除卫星网络资料以及在何种情况下可以删除卫星网络资料的实践，尚不明确。

2）A 国和 B 国均针对一个频率和轨位资源申报了网络资料，其中一个国家发射了一颗卫星，这颗卫星激活的是哪份网络资料，取决于这两个主管部门之间的协议。国际电联并不关心主管部门之间的商业安排，但卫星出租和出售的确涉及到了这个问题。国际电联为此需要与有关主管部门沟通，以确保国际频率登记册上登记内容的准确性。

目前看来，国际电联规则与空间资产跨国流转所可能引发的频率轨道资源使用权转移的不协调，主要由以下原因造成：

第一，国际电信联盟的成员分为成员国和部门成员，部门成员多为私营的制造商或运营商。在过去十年内，部门成员数量有了很大增长，这反映了全球电信市场正朝着私有化和自由化的方向发展[①]。尽管世界电信市场大部分掌握在私营部门手中，但在国际电联的会议和委员会中仍然只有成员国才有表决权，空间商业化的趋势以及部门成员的增长所本应体现在规则中的变化，并没有实际显现出来。

第二，1998 年，在美国明尼阿波利斯召开的全权代表大会上，国际电联曾经成立一个改革小组，考察如何促进国际电信联盟的工作和充分考虑私营部门。然而到目前为止，国际电联的工作尚未发生显著变化。这是因为国际电联现有的决策方式（通过全权代表大会和世界无线电通信大会等会议）及其产物（体现为国际条约的国际规则）只有得到成员国签署或批准才能生效。

第三，在卫星等空间资产出现跨国流转的商业化发展趋势以后，国际电联世界无线电通信大会上也有国家提出过空间商业化趋势与电联改革问题。比如，在 2012 年初召开的世界无线电通信大会上，全会确定本次会议不应考虑运营商之间或主管部门之间的商业安排，但亦承认此种商业安排具有规则方面的影响，特别是当此类安排影响到《无线电规则》的应用时。为此，无线电规则委员会指出，目前卫星网络资料申报的发出许可和发出通知均由主

① ［英］伊恩·劳埃德，戴维·米勒著（曾剑秋译）：《通信法》，北京邮电大学出版社，2006 年版，第 230 页。

管部门进行，主管部门在确认租赁安排以及维护国际频率登记总表中的指配的准确性上作用重大。无线电规则委员会认为，空间商业化、卫星租赁及其可能带来的频率轨道位置使用权转移情况衍生了许多棘手问题，可能会触及《无线电规则》的核心，即第 196 款的规定。无线电规则委员会强调，租赁是允许的，但前提是发出通知的主管部门对此保持控制权，以保证传输在所通知的参数范围内进行（例如维持卫星的发射功率以避免对其他网络造成有害干扰）。无线电规则委员会还认为，轨道位置的租赁之类的行动，并非值得推荐的行动，且与第 196 款精神存在矛盾之处。在实际业务案例中，情况更加复杂，需要逐案加以处理，且需要进一步研究租赁在保护国际频率登记总表中的指配方面的作用。

由此看来，现有国际电联规则与空间商业化趋势和空间资产流转的现状的不协调，短时间难以改变。

五、我国无线电频率和卫星轨道资源管理的法规体系

我国无线电管理的法律法规体系如下：

在法律层面，我国《宪法》《刑法》《治安管理处罚法》《物权法》等法律中均有与无线电管理相关的条款。其中，《物权法》首次在国家法律层面明确规定无线电频谱资源的国家所有的属性。

在法规层面，无线电频率和卫星轨道资源管理主要依据《中华人民共和国无线电管理条例》以及国家无线电管理机构通过的有关部门规章。

（一）法规体系

1.《无线电管理条例》

《中华人民共和国无线电管理条例》是 1993 年 9 月由国务院和中央军委联合颁布的，是我国第一部专门规范无线电管理的法规文件，也是我国当前无线电管理专门法方面效力最高的文件。1993 年《无线电管理条例》共有十章四十九条，分别规定了总则，管理机构及其职责，无线电台（站）的设置和使用，频率管理，无线电发射设备的研制、生产、销售、进口，非无线电设备的无线电波辐射，涉外无线电管理，无线电监测和监督检查，罚则以及附则。

1993 年《无线电管理条例》的重要规定包括：

第三条确立了无线电管理实行统一领导、统一规划、分工管理、分级负

责的原则。

第六至九条分别规定了国家无线电管理机构、军队无线电管理机构、地方无线电管理机构以及国务院有关部门的无线电管理职责。

《无线电管理条例》还规定了无线电管理的主要任务，包括：1）无线电频率的管理；2）无线电台站的设置、审批和管理；3）无线电波秩序的管理；4）研制、生产、进口、销售无线电设备有关事项的管理；5）对工业、科学、医疗等辐射无线电波的非无线电设备有关事项的管理，等等。

1993 年《无线电管理条例》没有专门关于卫星轨位和频率的管理规定，相关管理应分别依据台站管理和频率管理的一般性规定。

2016 年 11 月，《无线电管理条例》完成修订并发布，新版条例包含九章八十五条。《无线电管理条例》修订案增加卫星轨位和频率的管理内容，包括以下几个方面：

(1) 卫星频率管理

第二十二条　国际电信联盟依照国际规则规划给我国使用的卫星无线电频率，由国家无线电管理机构统一分配给使用单位。

申请使用国际电信联盟非规划的卫星无线电频率，应当通过国家无线电管理机构统一提出申请。国家无线电管理机构应当及时组织有关单位进行必要的国内协调，并依据国际规则开展国际申报、协调、登记工作。

第二十三条　组建卫星通信网需要使用卫星无线电频率的，除应当具备本条例第十五条规定的条件外，还应当提供拟使用的空间无线电台、卫星轨道位置和卫星覆盖范围等信息，以及完成国内协调并开展必要国际协调的证明材料等。

第二十四条　使用其他国家、地区的卫星无线电频率开展业务的，应当遵守我国卫星无线电频率管理的规定，并完成与我国申报的卫星无线电频率的协调。

第二十五条　建设卫星工程，应当在项目规划阶段对拟使用的卫星无线电频率进行可行性论证；建设须经国务院、中央军事委员会批准的卫星工程，应当在项目规划阶段与国家无线电管理机构协商确定拟使用的卫星无线电频率。

(2) 卫星轨位/卫星地球站（台站）管理

第二十八条　除本条例第二十九条规定外，设置、使用无线电台（站），应当符合下列条件：

（一）有可用的无线电频率；

（二）无线电发射设备依法取得无线电发射设备型号核准证且符合国家规定的产品质量要求；

（三）有熟悉无线电管理规定、具备相关业务技能的人员；

（四）有明确具体的用途，且技术方案可行；

（五）有能够保证无线电台（站）正常使用的电磁环境，拟设置的无线电台（站）不会对依法使用的其他无线电台（站）产生有害干扰。

申请设置、使用空间无线电台，除需具备前款规定的条件外，还应当有可利用的卫星无线电频率和卫星轨道资源。

第三十条　设置、使用有固定台址的无线电台（站），由台（站）所在地的省、自治区、直辖市无线电管理机构实施许可。设置、使用没有固定台址的无线电台，由申请人住所地的省、自治区、直辖市无线电管理机构实施许可。

设置、使用空间无线电台、卫星测控站、卫星关口站、卫星国际专线地球站、15 瓦以上的短波无线电台（站）以及涉及国家主权、安全的其他重要无线电台（站），由国家无线电管理机构实施许可。

（3）涉外无线电管理

第五十一条　无线电频率协调的涉外事宜，以及我国境内电台与境外电台的相互有害干扰，由国家无线电管理机构会同有关单位与有关的国际组织或者国家、地区协调处理。

需要向国际电信联盟或者其他国家、地区提供无线电管理的相关资料的，由国家无线电管理机构统一办理。

可见，卫星轨位和无线电频率管理方面，除了遵守无线电台站的一般管理规则以外，在《无线电管理条例》修订后，还应当遵守专门的规则。

2. 国家无线电管理部门制定的规章

根据《立法法》第七十一条，部门规章是国务院各部、委员会、中国人民银行、审计署和具有行政管理职能的直属机构，根据法律和国务院的行政法规、决定、命令，在本部门的权限范围内制定的、用于规定执行法律或者国务行政法规、决定、命令的事项的规范性文件。部门规章是法律和行政法规的具体化。

目前，国家无线电管理机构发布的涉及到无线电频率和卫星轨道资源管理的重要部门规章见表 1。

表 1　无线电频率和卫星轨道资源管理重要部门规章

序号	部门规章名称	制定部门	颁布时间
1	《中华人民共和国无线电频率划分规定》	工业和信息化部（工业和信息化部令第 16 号）	2013.11.05
2	《无线电台执照管理规定》	工业和信息化部（工业和信息化部令第 6 号）	2009.03.05
3	《建立卫星通信网和设置使用地球站管理规定》	工业和信息化部（工业和信息化部令第 7 号）	2009.02.04
4	《卫星移动通信系统终端地球站管理办法》	工业和信息化部（工业和信息化部令第 19 号）	2011.03.23
5	《设置卫星网络空间电台管理规定》	信息产业部（信部无［1999］835 号）	1999.09.13
6	《工业和信息化部关于印发〈卫星固定业务通信网内设置使用移动平台地球站管理暂行办法〉的通知》	工业和信息化部（工信部无［2013］29 号）	2013.01.21
7	《工业和信息化部关于印发〈地球站国际协调与登记管理暂行办法〉的通知》	工业和信息化部（工信部无［2015］33 号）	2015.01.27
8	《工业和信息化部关于调整卫星通信网网络编号格式的通告》	工业和信息化部（工信部无［2013］99 号）	2013.03.26

（二）具体管理规定

1. 卫星频率管理

根据国际电联《无线电规则》和我国无线电业务情况，《中华人民共和国无线电频率划分规定》将无线电频率分配给各项无线电业务，其中涉及到卫星的业务包括：卫星固定业务、卫星间业务、空间操作业务、卫星移动业务、卫星陆地移动业务、卫星水上移动业务、卫星航空移动业务、卫星航空移动（R）业务、卫星航空移动（OR）业务、卫星广播业务、卫星无线电测定业务、卫星无线电导航业务、卫星水上无线电导航业务、卫星航空无线电导航业务、卫星无线电定位业务、卫星地球探测业务、卫星气象业务、卫星标准频率和时间信号业务、空间研究业务、卫星业余业务等，相关频率分配可以在《频率划分规定》的频率划分表中查得。

在卫星所用的无线电频率管理方面，根据《无线电管理条例》修正案，主要制度有以下五项：

第一，国家无线电管理机构对卫星所用频率有统一分配权。

第二，申请使用国际电信联盟非规划的卫星无线电频率，应当通过国家无线电管理机构统一提出申请，由国家无线电管理机构组织有关单位进行必要的国内协调，并依据国际规则开展国际申报、协调、登记工作。

第三，《无线电管理条例》规定了组建卫星通信网使用卫星无线电频率的条件和应提供的材料，包括拟使用的空间无线电台、卫星轨道位置和卫星覆盖范围等信息，以及完成国内协调并开展必要国际协调的证明材料等。

第四，使用其他国家、地区的卫星无线电频率开展业务的，应当遵守我国卫星无线电频率管理的规定，并完成与我国申报的卫星无线电频率的协调。

第五，建设卫星工程，应当在项目规划阶段对拟使用的卫星无线电频率进行可行性论证；建设须经国务院、中央军事委员会批准的卫星工程，应当在项目规划阶段与国家无线电管理机构协商确定拟使用的卫星无线电频率。

《建立卫星通信网和设置使用地球站管理规定》明确，卫星通信网使用无线电频率的使用期限是 10 年，期满后可以续期。

2. 卫星轨道以及卫星地面站管理

2016 年《无线电管理条例》修正案规定，申请设置、使用空间无线电台，除需具备前款规定的条件外，还应当有可利用的卫星无线电频率和卫星轨道资源。在台站设置审批权限方面，根据条例修正案，设置、使用空间无线电台、卫星测控站、卫星关口站、卫星国际专线地球站、15 瓦以上的短波无线电台（站）以及涉及国家主权、安全的其他重要无线电台（站），由国家无线电管理机构实施许可。

《建立卫星通信网和设置使用地球站管理规定》第三条规定，国家对建立卫星通信网①实行许可制度。建立卫星通信网的，应当经中华人民共和国工业和信息化部批准；未经批准，任何单位或者个人不得建立卫星通信网。

《建立卫星通信网和设置使用地球站管理规定》第四条规定，设置使用地球站的②，应当按照规定办理审批手续，取得工业和信息化部或者省、自治区、直辖市无线电管理机构颁发的无线电台执照。设置使用单收地球站，不

① 卫星通信网是指利用卫星空间电台进行通信的地球站组成的通信网。

② 地球站是指设置在地球表面或者地球大气层主要部分以内的、与空间电台通信或者通过空间电台与同类电台进行通信的电台。

需要无线电管理机构对其信息接收提供电磁环境保护的，可以不办理审批手续；要求无线电管理机构保护其信息接收免受有害无线电干扰的，应当按照本规定办理审批手续并取得无线电台执照。

《建立卫星通信网和设置使用地球站管理规定》还规定了建立卫星通信网的条件以及应提交的申请材料和审批程序。条件[①]包括：具有法人资格；拟使用的国内空间电台经工业和信息化部批准，并取得无线电台执照；拟使用的国外空间电台已完成与我国相关卫星网络空间电台和地面电台的频率协调，其技术特性符合双方主管部门之间达成的协议的要求；无线电频率的使用符合国家无线电频率划分、规划和有关管理规定；有合理可行的技术方案；有与卫星通信网建设、运营相适应的资金和专业人员；有可利用的、由合法经营者提供的卫星频率资源；法律、行政法规规定的开展有关业务应当具备的其他条件；建立涉及电信业务经营的卫星通信网的，还应当持有相应的电信业务经营许可证。

《建立卫星通信网和设置使用地球站管理规定》还明确，获准建立卫星通信网的，应当自批准之日起一年内将该卫星通信网投入使用[②]。需要变更卫星通信网使用的卫星、频率、极化、传输带宽或者通信覆盖范围的，应当进行审批[③]。获准建立卫星通信网的单位与卫星转发器经营者签署的转发器租赁协议，以及涉及租赁卫星、频率、极化、带宽和有效期变更的补充修改协议，应当自签署之日起 30 日内向工业和信息化部备案[④]。获准建立卫星通信网的单位设置网内地球站，应当按照本规定办理地球站设置审批手续并领取无线电台执照；由用户设置网内地球站的，获准建立卫星通信网的单位应当协助用户办理地球站设置审批手续。获准建立卫星通信网的单位不得向未办理地球站设置审批手续的用户提供卫星信道，但是根据规定可以不办理审批手续的单收地球站除外[⑤]。

设置使用卫星地球站应当符合法定条件，并按照审批权限办理电台审批手续。

《卫星移动通信系统终端地球站管理办法》规定，在中华人民共和国境内

---

① 《建立卫星通信网和设置使用地球站管理规定》第五条。

② 《建立卫星通信网和设置使用地球站管理规定》，第十一条。

③ 同上，第十二条。

④ 同上，第十三条。

⑤ 同上，第十四条。

设置使用卫星移动通信系统终端地球站[①]，应当使用工业和信息化部批准的卫星移动通信系统或者卫星移动业务频率，通过工业和信息化部批准的境内关口地球站进行通信，并通过国家批准的在境内经营卫星移动通信业务的服务提供者办理入网手续；设置使用卫星移动通信系统车载终端、固定终端、便携式终端和手持机（统称“陆地移动地球站”）以及在具有中华人民共和国国籍的船舶或者航空器上设置使用卫星移动通信系统船载终端、航空器载终端的，应当按照规定向无线电管理机构申请办理无线电台注册登记手续，领取电台执照。

（三）国际协调工作

国际电信联盟无线电通信部门是各国协调无线电频率和卫星轨道使用的平台，通过这一平台制定《无线电规则》并展开资料申报、协调和登记活动。在国际层面的协调工作，由工信部牵头各卫星业务相关单位参加相关谈判活动。

在我国国内层面，根据2016年《无线电管理条例》修正案，申请使用国际电信联盟非规划的卫星无线电频率，应当通过国家无线电管理机构统一提出申请，由国家无线电管理机构组织有关单位进行必要的国内协调，并依据国际规则开展国际申报、协调、登记工作。国家无线电管理机构也是相关国际协调工作的统一出口。

六、关于我国在国际层面争取频率和轨道资源的能力提升建议

国际电信联盟是各国制定无线电频率和卫星轨道资源分配和使用规则的平台，各国通过参加世界无线电通信大会、制定《无线电规则》来实现这一目的。应充分研究并准确把握我国无线电频率和卫星轨位需求，并在此基础上培养无线电频率和卫星轨道位置协调的人才，提升谈判人员的技术能力和谈判能力，以便增强我国在国际层面争取频率和轨道资源的能力，并牵引国际规则的制定。

在国内层面，应当建立科学合理、有效协调的世界无线电通信大会和

---

① 卫星移动通信系统终端地球站（以下简称“移动地球站”）是指使用卫星移动业务频率的卫星移动通信系统中民用的船载终端、航空器载终端、车载终端、固定终端、便携式终端和手持机。

ITU－R 研究组的国内对口组工作机制，紧密结合我国的无线电频率和卫星轨位需求以及航天产业的近期和远期发展趋势，准确识别我国利益和立场，对相关 ITU－R 议题加强研究。在国际层面，应派出专业技术精湛、熟谙国际规则并富有谈判技巧的专业人士参加世界无线电通信大会、区域电信组织的准备会议以及 ITU－R 研究组的研究，就各自负责的议题或者议项内容参加大会委员会、工作组和分工作组的工作，确保实现中国利益的最大化。

参考文献

一、条约、国际文件和国内法

[1]《大陆架公约》.
[2]《各国经济权利和义务宪章》.
[3]《关于各国以平等权利公平地使用空间无线电通信业务的对地静止卫星轨道和频段》（WRC－03 第 2 号决议）.
[4]《关于各国在月球和其他天体上活动的协定》.
[5]《关于强制解决与〈国际电信联盟组织法〉〈国际电信联盟公约〉和行政规则有关的争议的任选议定书》.
[6]《关于自然资源永久主权的决议》.
[7]《国际电信联盟大会、全会和会议总规则》.
[8]《国际电信联盟公约》.
[9]《国际电信联盟组织法》.
[10]《建立卫星通信网和设置使用地球站管理规定》.
[11]《建立新的国际经济秩序行动纲领》.
[12]《建立新的国际经济秩序宣言》.
[13]《联合国海洋法公约》.
[14]《联合国宪章》.
[15]《南极条约》.
[16]《外空条约》.
[17]《卫星移动通信系统终端地球站管理办法》.
[18]《无线电规则》.
[19]《移动设备国际利益公约——空间资产特定问题议定书》.
[20]《中华人民共和国无线电管理条例》.
[21]《中华人民共和国无线电频率划分规定》.
[22]《中华人民共和国物权法》.

[23] Declaration of the First Meeting of Equatorial Countries（Bogota Declaration），adopted on December 3，1976.

二、论文和专著

[24] Adrian Copiz. Scarcity in Space：The International Regulation of Satellites [J]，in 10 CommLaw Conspectus 2002.

[25] Alexander Kiss. The Common Heritage of Mankind：Utopia or Reality? [J] in Hugo Caminos（ed.）. Law of the Sea（Aldershot，Hants：Ashgate/Darthmouth，2001）.

[26] Arvid Pardo. Ambassador of Malta to United Nations，Address at the 22nd Session of the General Assembly of the United Nations（1967），UN GAOR，22nd Session，U. N. Doc. A/6695（September 21，1967）.

[27] Erkki Holmila. Common Heritage of Mankind in the Law of the Sea [J]，1 Acta Societatis Martensis（2005）.

[28] Giovanni Verlini. “纸卫星”——卫星产业面临的一道难题（王琦译）[J]．卫星与网络，2010（6），62-64.

[29] 程建军．卫星频率和轨道资源的国际争夺 [J]．卫星与网络，2006（10）.

[30] 国际电信联盟．ITU-R 研究组 [J]．瑞士日内瓦：国际电联总部，2010.

[31] 王铁崖，主编．国际法 [M]．北京：法律出版社，1995.

[32] 王冀莲，夏春利．无线电频率和卫星轨道资源分配的基本规则研究 [J]．中国航天，2013（3-5）.

[33] 翁木云，张其星，谢绍斌，等，编著．频谱管理与监测 [M]．北京：电子工业出版社，2009.

[34] 夏春利．试论近空间的法律地位——兼谈空气空间和外层空间的定界问题 [J]．北京航空航天大学学报（社会科学版），2009（4）.

[35] 夏春利．ITU 空间频率轨道资源分配与协调规则研究 [J]．北京理工大学学报（社会科学版），2011（6）.

[36] 夏春利．作为人类共同继承财产的频谱和轨道资源 [J]．北京理工大学学报（社会科学版），2013（2）.

[37] 夏春利．论空间资产特定问题的法律框架——《空间资产特定问题议定书》草案的进展、争议焦点及前景 [J]．北京航空航天大学学报（社会科学版），2011（5）.

[38] 夏春利．无线电频率和卫星轨道资源有关争议解决途径研究 [J]．中国航天，2013（6）.

[39] [英] 伊恩·劳埃德，戴维·米勒著（曾剑秋译）．通信法 [M]．北京邮电大学出版社，2006.

[40] 赵理海．外层空间法介绍（二）——外层空间的法律地位（续）》[J]．法学杂志，1994（1）.

[41] 祝捷．无线电行政法研究 [J]．北京：人民出版社，2010.

课题主持人简介

夏春利，女，法学博士，北京航空航天大学副教授，中国空间法学会理事，工业和信息化法治战略与管理实验室（工信部重点实验室）副主任、北航工业和信息化法治研究院副院长，北航法学院频谱法律与标准研究所主任、北航外空法研究所副主任。从事无线电法、外空法和国际法领域的研究，担任 2012 年和 2015 年世界无线电通信大会中国代表团法律专家，主持工业和信息化部无线电法立法预研、民航无线电管理机制研究、空间无线电台管理规定研究、频谱资源管理权力责任清单等立法研究项目。

非传统飞行器的出现与外空定界问题研究*

西安交通大学课题组

目　录

传统意义上的飞行器主要航空器和航天器。其运行空间分别是空气空间和外层空间，尽管航天器在从地球表面射入外空过程中和从外空返回地球表

* 本文为中国空间法学会 2014—2015 年度第 4 号学术课题研究项目结题报告，荣获中国空间法学会 2015—2016 年度学术课题研究项目一等奖。课题主持人为西安交通大法学院苏金远教授，课题组成员包括苏金远、许丰娜等。

面过程中需要穿越空气空间。除了在后者情况下航天器短暂穿越空气空间，航空器和航天器的运行空间是互不重叠、甚至是相离的。鉴于二者的法律地位非常清晰，即国家对其上覆空气空间享有主权，而外空供各国自由探索和利用，因此并不存在难以确定适用法律的问题。这种情况导致，外空定界问题虽然自外空探索与利用开始即已成为热门讨论话题，但一直缺乏解决这一问题的紧迫性。

非传统飞行器是对相对于传统飞行器（航空器和航天器）的新型飞行器的总称，截至目前主要有航空航天飞行器和临近空间飞行器。航空航天飞行器兼具航空器和航天器的特点，既可以在空气空间中飞行，也可以在外空中飞行；临近空间飞行器则主要在界于空气空间和外层空间的夹层地带飞行。由于航空航天飞行器的飞行横跨两个空间，需要确定其适用法是航空法还是外空法，或二者均适用；而临近空间飞行器的飞行空间，即临近空间，并非传统飞行器的飞行空间，其属于外层空间还是空气空间，抑或具有独特法律地位的自成一体的空间，目前尚不明确，因此同样需要确定其适用法的内容。

本课题研究旨在探讨航空航天飞行器和临近空间飞行器的出现对外空定界的影响，试图探索它们的适用法，并为我国的应对提出政策建议。

一、空气空间和外层空间的法律地位

（一）空气空间的法律地位

空气空间和外层空间具有不同的法律地位。关于空气空间的法律地位，1944 年《国际民用航空公约》（简称《芝加哥公约》）规定，缔约各国承认每一国家对其领土之上的空气空间享有完全的和排他的主权[①]。尽管《芝加哥公约》仅适用于民用航空器，不适用于国家航空器（用于军事、海关和警察部门的航空器），其缔约国的国家航空器在未经特别协定或其他方式的许可并可遵照其中的规定的情况下，不得在另一缔约国领土上空飞行或在此领土上降落[②]。在实践中，外国军用航空器入侵领空构成对国家主权的侵犯，被侵犯国家极有可能使用武力应对。1960 年，一架美国 U－2 侦察机在苏联领土上空 20 千米处飞行时被击落，美国并未对此击落行为提出抗议[③]。

---

① 《芝加哥公约》第一条。

② 同上，第三条。

③ 参见 Major John T. Phelps II. Aerial Intrusions by Civil and Military Aircraft in Time of Peace [J]，107 Mil. L. Rev. 256，287（1985）。

《芝加哥公约》所指的一国的领土，是指“在该国主权、宗主权、保护或委任统治下的陆地区域及与其邻接的领水”①。1982 年《联合国海洋法公约》也规定，沿海国的主权及于领海的上空及其海床和底土，一沿海国的领海指“其陆地领土及其内水以外邻接的一带海域，在群岛国的情形下则及于群岛水域以外邻接的一带水域”②。每一国家有权确定的领海的宽度从按照公约确定的基线量起不超过十二海里③。领海内的无害通过权，仅船舶享有④。沿海国在毗连区（二十四海里）和专属经济区（二百海里）内享有特定权利，但不拥有主权。公海对所有国家开放，其中包括飞越自由⑤。所有国家在专属经济区内也享有飞越自由，但同时应适当顾及沿海国的权利和义务⑥。

领空主权并非《芝加哥公约》所初创的，这从其第一条所用的“承认”一词可见一斑。事实上，空气空间的法律地位在国际法上曾有过不同的主张。罗马法赋予土地所有者的权利向上延伸至苍穹，向下延伸至地心。20 世纪初，人类发明了航空器，并将其用于军事目的，引发了对空气空间的法律地位的争论。主要理论包括：空气空间完全自由论、空气空间有条件自由论、空气空间海洋比拟论、空气空间国家主权论、空气空间有限制的国家主权论等。随着国家实践普遍主张空气空间主权，这一争论在第一次世界大战前即宣告结束，空气空间主权原则成为习惯国际法。1919 年在巴黎签订的世界上首个航空法国际条约《巴黎航空公约》规定，缔约各国承认每一国家对其领土上空具有完全和排他的主权⑦。由此可见，无论是《芝加哥公约》还是《巴黎航空公约》，都是对即已形成国际习惯的空气空间主权原则的成文化。联合国国际法院在多个判决中重申了这一原则。例如，在尼加拉瓜案中，国际法院认为，“一国政府所有或控制下的航空器未经允许飞越他国领土，是对尊重领土主权原则的直接侵犯”⑧。

空气空间的主权是近乎绝对的。1983 年，大韩航空 KAL－007 号航班偏

---

① 《芝加哥公约》第二条。

② 《联合国海洋法公约》第二条。

③ 同上，第三条。

④ 同上，第十七条。

⑤ 同上，第八十七条。

⑥ 同上，第五十八条。

⑦ 《巴黎航空公约》第一条。

⑧ 参见 Military and Paramilitary Activities in and Against Nicaragua（Nicar. V. U. S.），1986 I. C. J. 14，128 (June 27)。

离预定航向进入苏联领空而被苏联战机击落，招来国际批评[①]。国际社会随即对《芝加哥公约》进行修订。修订后的《芝加哥公约》第三条要求每一国家必须避免对飞行中的民用航空器适用武器，如需拦截，必须不危及航空器内人员的生命和航空器的安全。但值得注意的是，修订后的《芝加哥公约》第三条同时强调，此规定不应被解释为在任何方面修改了《联合国宪章》所规定的各国的权利和义务[②]。这包括《联合国宪章》所承认的国家所享有的自卫权。

（二）外层空间的法律地位

关于外层空间的法律地位，1967 年《关于各国探索和利用包括月球和其他天体的外层空间活动所应遵守原则的条约》（简称《外空条约》）规定，所有国家可在平等、不受任何歧视的基础上，根据国际法自由探索和利用外层空间，自由进入天体的一切区域[③]；各国不得通过主权要求，使用或占领等方法，以及其他任何措施，把外层空间据为已有[④]。1976 年，哥伦比亚、刚果、厄瓜多尔、印度尼西亚、肯尼亚、乌干达、扎伊尔和巴西联合发表《波哥大宣言》，宣称地球同步轨道构成赤道国家的领土组成部分，应由赤道国家行使主权，未得到国际社会支持。

外层空间自由原则亦不是《外空条约》所初创。罗马法赋予土地所有者的权利向上延伸至苍穹，向下延伸至地心。兴起于 20 世纪早期的国际航空法承认国家对其领空享有完全、排他性的主权，空气空间的范围一直不是一个突出的法律问题。随着人类开始开展外空探索与利用活动，国家在他国上空开展外空活动的权利成为一个理论问题。但苏联和美国最早发射外空物体时，并未就其在其他国家上空飞行寻求其他国家的允许，也未受到后者的抗议。在短期内形成了外空活动自由的国际习惯。1961 年 12 月 20 日联合国大会通过的第 1721A 和 B（XVI）号决议《外空和平使用之国际合作》宣告，“外空及各天体可任由各国依国际法规定探测及适用，不得为任何国家所专有”[⑤]。1963 年 12 月 13 日联合国大会通过的《各国探索和利用外层空间活动的法律

---

① 参见 Major John T. Phelps II，前注 3，257 - 78。

② 《芝加哥公约》附件七。

③ 《外空条约》第一条。

④ 同上，第二条。

⑤ 外空和平使用之国际合作，联合国大会第 1721A 和 B（XVI）号决议，1961 年 12 月 20 日，A，第一段（B）。

原则宣言》也宣告，“各国都可在平等的基础上，根据国际法自由探索和利用外层空间及天体”[①]。由此可见，《外空条约》也仅是对外层空间自由这一习惯国际法原则的重申。

相对于空气空间主权的近乎绝对性，外层空间的自由是相对的，受诸多习惯国际法和外空条约法规则的限制。例如，探索和利用外层空间应为所有国家谋福利和利益[②]；各国不得把外层空间据为己有[③]；探索和利用外层空间应遵守国际法和《联合国宪章》，以维护和平与安全，促进国际合作和了解[④]；禁止在外层空间放置大规模毁灭性武器，月球和其他天体绝对用于和平目的[⑤]；探索和利用外层空间过程中应妥善照顾其他缔约国的同等利益[⑥]；等等。

二、空气空间和外层空间之间的界线

空气空间和外层空间的法律地位迥异，对其二者进行定界以确定其适用范围似乎是必要的。在大气物理学上，大气是指包围在地球表面并随地球旋转的空气层，分为对流层、平流层、中间层、热层和散逸层。其厚度大约在1 000千米以上，但并没有明显的分层界限。大气层随高度的增加而逐渐稀薄，50％以上的空气质量集中在30千米以下的范围内，高度100千米以上的空气质量仅占百万分之一。然而，法律上的定界并不一定等同于大气物理学上的分层。

（一）国际条约

空气空间和外层空间之间的定界很早就成为联合国外空委法律小组委员会的讨论议题，但各国尚未就此达成一致意见，现行国际航空法和外层空间法均未明确规定各自的适用地理范围。

就国际航空法而言，《芝加哥公约》承认国家对其上覆的空气空间享有

---

① 各国探索和利用外层空间活动的法律原则宣言，联合国大会第1962（XVIII）号决议，1962年12月13日，第二段。

② 《外空条约》第一条。

③ 同上，第二条。

④ 同上，第三条。

⑤ 同上，第四条。

⑥ 同上，第九条。

完全、排他的主权，但未明确规定该领空的上限。《芝加哥公约》第七附件中将航空器定义为“大气中靠空气的反作用力作支撑的任何器械”。由此可推论，《芝加哥公约》仅明确承认大气足以支撑航空器飞行的部分为下覆国家的领空。学界普遍认为，航空器不仅包括热气球、飞艇等比空气轻的飞行器，而且包括滑翔机、飞机等比空气重的飞行器[①]。各类航空器依靠空气的反作用力支撑可飞行的高度不一。热气球、飞艇等比空气轻的航空器可飞行至几十千米高度，其飞行高度与其体积成正比。作为最主要的航空器，飞机的最高飞行高度约为 21 千米[②]。美国洛克希勒公司生产的 U-2 高空侦察机就可飞行至这一高度，在冷战时期曾多次非法入侵苏联、中国、越南、古巴等国的领空。

《布莱克法律词典》将外层空间定义为“根据《外空条约》任何国家不得主张据为己有的包围行星的空间”[③]。这一定义并未明确外层空间的范围，有关外层空间的条约亦未规定其范围。1972 年《外空物体所造成损害之国际责任公约》仅规定“外空物体”包括外空物体之构成部分以及该物体之发射器与发射器之部分。严格来说，这并非“外空物体”的定义。1975 年《关于登记射入外层空间物体的公约》则将“外空物体”等同于“射入外层空间的物体”，以免除探空火箭、弹道导弹等并非旨在布置在绕地轨道上的物体的登记义务[④]。但根据国际习惯可以推定，人造地球卫星绕地球轨道运行的区域是外层空间。换句话说，外层空间的下限最少是人造地球卫星的最低绕地轨道。人造地球卫星的最低轨道为 96 千米[⑤]。但由于高引力会缩短卫星的寿命，很少有人造地球卫星在此高度飞行。

中国和俄罗斯于 2008 年联合向联合国裁军谈判会议提交的“防止在外空放置武器、对外空物体使用或威胁使用武力条约（草案）”将外层空间定义为“地球海平面以上 100 千米以外的空间”[⑥]。尽管这一定义仅适用于该条约

① 参见 Bin Cheng. Studies in International Space Law [M], Oxford University Press, 1997, 18。

② 参见 Katherine M. Gorove. Delimitation of Outer Space and the Aerospace Object - Where is the Law? [J], 28 J. Space L. 11, 12 (2000)。

③ 参见 Black's Law Dictionary, 1135 (9th ed. 2009)。

④ 参见 Bin Cheng，前注 23，493-4。

⑤ 参见 Katherine M. Gorove，前注 24，12。

⑥ 参见 2008 PPWT, art. I (a)。

草案[①]，但有学者认为这反映了中俄两国在外空定界问题上的立场[②]。值得注意的是，中俄于 2014 年提交的该条约草案修改版删除了这一规定。

由此可见，国际航空法和外层空间法均未明确规定外层空间和空气空间的界限。但从相关条约规定和国际实践可以推定，21 千米以下的大气空间一定为空气空间；96 千米以上的空间一定为外层空间。二者之间的区域被称为“临近空间”，这个区域的大气密度不足以支撑大多航空器的飞行，也低于人造地球卫星的飞行高度，其法律地位尚不明确。

（二）国内立法

在 2005 年联合国和平利用外层空间委员会法律小组委员会第四十四届会议上，与外层空间的定义和定界有关的事项工作组建议，应邀请成员国提交有关可能已经存在或正在制订的直接或间接与外层空间的定义和（或）定界有关的本国法规或任何本国做法的资料[③]。该工作组的这一建议得到法律小组委员会核准，并获得委员会第四十八届会议认可。这为研究这一问题提供了有益资料。从提交的资料来看，至今少有国家在国内立法或实践中明确空气空间和外层空间之间的界限。

德国、捷克、韩国、委内瑞拉、乌克兰、泰国、突尼斯、英国、挪威、丹麦、阿尔及利亚、法国、土耳其、萨摩亚、波兰等国先后表示，其国内既不存在也不在制定直接或间接与外层空间的定义和（或）定界有关的法规或任何本国做法。在国内法中对外层空间和外层空间进行定界的国家只有少数：

1. 澳大利亚：澳大利亚于 1998 年颁布《空间活动法》，规定该法适用于发生或计划发生在“外层空间”中的活动。2001 年和 2002 年，澳大利亚先后对其《空间活动法》进行修正。其中，2002 年修正案将“外层空间”替换为“距离平均海平面 100 千米高空以上的空间活动”：

（1）第八条，“发射”的定义：“发射空间物体指将物体发射到或试图发射到距离平均海平面 100 千米以上的区域”；

（2）第八条，“运载火箭”的定义：“运载火箭指可以将有效载荷送入距

① 参见 CD/1872。

② 参见 Tanja Masson - Zwaan & Steven Freeland. Between heaven and earth: The legal challenges of human space travel [J] (2010) 66 Acta Astronautica 1597 at 1603; Kelly KuanShang. Trespass to Airspace: How to Deter North Korea from Its Space Ambitions? [J] (2013) 6 Journal of East Asia and International Law 221 at 232。

③ 参见 UN Doc. A/AC. 105/850，附件，第 5（e）段。

离平均海平面 100 千米以上的区域或从该区域送回的装置”；

(3) 第八条，“返回”的定义：“返回空间物体是指将或者试图将空间物体从距离平均海平面 100 千米以上的区域返回地面”；

(4) 第八条，“空间物体”的定义：“空间物体指由下列部分组成的物体：

(a) 运载火箭；和

(b) 运载火箭拟送入距离平均海平面 100 千米以上的区域或从该区域送回的有效载荷（如有的话）；或者该物体的任何部分，在下列情况下也不例外：

(c) 该部分只是在朝向或者离开距离平均海平面 100 千米以上的区域的途中运行了一定的路程；或者

(d) 该部分是在发射后从运载火箭的一个或多个有效载荷中分离产生的”；

(5) 对第 26 (2) 款和第 42 款的说明：“……返回的空间物体不一定是所发射的空间物体。例如，运载火箭可能会把一个有效载荷送入距离平均海平面 100 千米以上的区域，而返回时并未运载该有效载荷，或者甚至在距离平均海平面 100 千米以上的区域收集到一个不同的有效载荷并将其运回地面[①]。

100 千米接近于人造卫星最低轨道的高度。但值得注意的是，澳大利亚同时向联合国外空委表明，其《空间活动法》确定了 100 千米的高度，并不意味着澳大利亚试图对“外层空间”进行定义或定界[②]。澳大利亚还表示，修正案旨在阐明《空间活动法》在某种明确界定程度上适用于发射或发射未成功，从而为行业提供确定性，甚至认为在国际层面进一步讨论“外层空间”的定义可能有所裨益，但并不认为这是当前的优先事项[③]。如此看来，澳大利亚该法是对人造卫星最低轨道以上区域一定为外层空间之国际习惯的确认，而并没有排除外层空间和空气空间的界线更低的可能。

2. 白俄罗斯：白俄罗斯目前的法律将白俄罗斯的空气空间分为两个类别：已作分类的和未作分类的。低于 20 100 米高度的空气空间已作分类，在该范围内的飞行由以下国内法规管辖：2006 年 11 月 4 日部长理事会第 1471 号法令通过的《航空法》和《关于空气空间利用的规则》。已作分类的空气空间以

① 参见 UN Doc. A/AC. 105/865/Add. 1。

② 参见 UN Doc. A/AC. 105/865/Add. 1。

③ 参见 UN Doc. A/AC. 105/865/Add. 11。

外（20 100 米高度以上）的范围被视为外层空间，适用国际协定的各项规定①。白俄罗斯是《外空条约》《责任公约》和《登记公约》的成员国。由此看来，白俄罗斯的立法明确以传统航空器的飞行上限为界，实际上将临近空间归入外层空间的范畴。

3. 塞尔维亚：按照塞尔维亚现行的无线电频率使用计划，外层空间定义为“距离地球 200 万千米以上的空间”②。这一定义成为国际社会普遍实践的可能性微乎其微。如前所述，人造地球卫星的运行高度远低于此，而该运行高度根据国际实践已是外层空间的一部分。

4. 哈萨克斯坦：于 2012 年 1 月 6 日通过的哈萨克斯坦《外层空间活动法》规定，“外层空间系指空气空间以外的空间，即高度在海平面 100 千米以上的空间”（该法第 1 条第 6 款）③。与澳大利亚立法相似，该高度接近于人造卫星最低轨道高度。与之不同的是，哈萨克斯坦并不否认这是对外层空间的定义或定界。

另有一些国家未对外层空间进行定义或定界，但对相关概念进行了定义：

1. 墨西哥：墨西哥在《联邦电信法》《电信条例》《墨西哥合众国政治宪法》等法律法规中对“卫星轨道”“地球静止轨道位置”“空间站”等进行了定义④。《墨西哥政治宪法》第四十二条规定，根据国际法所确立的规则，墨西哥国家领土除其他外包括位于本国领土上方的空间⑤。这一定义事实上并没有明确外层空间与空气空间的界线。

2. 荷兰：荷兰《空间活动法》将“空间活动”定义为“为外层空间中空间物体的发射、飞行运营或制导”；将“空间物体”定义为“射入或预定射入外层空间的任何物体”。尽管该法适用了“外层空间”一词，但并未界定甚至并未指明空气空间的终点和外层空间的起点。荷兰认为，在国家实践中尚无对外层空间进行界定和定界的必要⑥。

3. 比利时：比利时《空间物体发射、飞行操作与导航活动法》修正后将“空间物体”定义为：

(a) 射入或打算射入地球周围轨道或地球轨道之外某一目的地的物体；

① 参见 UN Doc. A/AC. 105/865/Add. 4。

② 参见 UN Doc. A/AC. 105/865/Add. 6。

③ 参见 UN Doc. A/AC. 105/865/Add. 12。

④ 参见 UN Doc. A/AC. 105/865/Add. 5。

⑤ 参见 UN Doc. A/AC. 105/865/Add. 4。

⑥ 参见 UN Doc. A/AC. 105/865/Add. 8。

(b) 空间物体的任何组成部分；

(c) 用于如上文 (a) 项所述将物体射入轨道的任何装置。此种装置即使在为开发或验证阶段的目的而试操作的情况下也应被视为航天器[①]。

比利时还确认，其在确定国际外层空间条约适用范围时采用的是“功能性”办法，比利时不主张在法律上对空气空间和外层空间进行任何定界[②]。

4. 约旦：约旦 2007 年第 41 号《民用航空法》第二条将“航空器”定义为“大气中靠空气和地球表面上空其他反作用力作支撑的任何器械”。[③]这一定义与《芝加哥公约》对航空器的定义一致。

5. 毛里求斯：毛里求斯的飞行情报区管理的空域为 46 000 英尺以下的空域，大约为 14 千米[④]。

6. 萨摩亚：1998 年《民用航空法》第 2 节将“受管制的空气空间”定义为有既定范围的、在其中为受管制飞行提供空中交通管制服务的空气空间。由于对 24 500 英尺以上空气空间的使用进行有效管理和管制的资源（设备和资质）有限，在这一规定高度以上运行的任何航空器由新西兰空中交通服务部门代表萨摩亚民用航空公司进行管理和管制，但这一共识并不影响萨摩亚按照《国际民用航空公约》对其空气空间享有的主权[⑤]。

由此可见，不仅国际条约未对外空进行定界，国内立法也鲜有对其进行定界的。但从国家实践可以推断，足够通过空气的反作用力支撑航空器的空间一定为空气空间，而人造卫星运行的空间一定为外层空间。有科学家认为，传统航空器的飞行高限大约为 21 千米，而人造卫星的近地轨道约为 96 千米[⑥]。这两个高度之间的空间在科学上被称为“临近空间”，其法律属性仍不明确。也有学者认为，空气空间和外层空间的界线处于临近空间的某处[⑦]。

有关空气空间和外层空间的界限存在多种建议，如卫星的最低绕地轨道、卡门线、航空器的最高飞行高度、大气层外界、100 千米等。例如，俄罗斯先后于 1979 年和 1983 年在联合国外空委法律小组委员会建议：

外层空间和空气空间的界线应由国家协商确定，不超过离海平面以上 110

---

① 参见 UN Doc. A/AC. 105/865/Add. 12。

② 参见 UN Doc. A/AC. 105/865/Add. 12。

③ 参见 UN Doc. A/AC. 105/865/Add. 1。

④ 参见 UN Doc. A/AC. 105/865/Add. 6。

⑤ 参见 UN Doc. A/AC. 105/865/Add. 12。

⑥ 参见 Katherine M. Gorove，前注 24，11 - 27。

⑦ 参见 ILA，Report of the 52nd Conference，Helsinki 1966，at 167。

千米处，且应通过具有法律约束力的国际法律文书予以确认。

这一文书还应明确任何国家的外空物体保有为了抵达轨道或返回地球而无害（和平）通过其他国家领土上，低于协议界线的区域的权利①。

可以猜想，中国和俄罗斯 2008 年“防止在外空放置武器、对外空物体使用或威胁使用武力条约（草案）”将以 100 千米高度为标准定义外层空间，与俄罗斯的一贯主张不无关系。

但外空定界问题一直没有定论，国际社会甚至未就定界的必要性达成一致。对此，学界一直有空间论（Spatialist）和功能论（Functionalist）之争。空间论者认为，由于空气空间和外层空间的法律地位不同，有必要在它们之间划定一条物理界线；功能论者则主张，定界的时机尚未成熟，目前也没有定界的必要，现有的定界提议都多少有些武断，飞行器的适用法律应根据其性质和目的来确定。长期以来，功能论似乎在外空定界的理论探讨和国家实践中占据了上风。1967 年，联合国外空委甚至表示，外空定界并没有带来严重的问题，不应成为优先考虑议题；其科技小组委员会报告也认为当时无法以适当的科技标准来对外空进行准确、持久的定义。

（三）各国立场

“外层空间的定义和划界”是联合国外空委法律小组委员会的常设议程项目之一，但各国的分歧仍很大，且该议题的讨论有被淡化的趋势。例如在 2016 年会议上，有些代表团认为有必要对外层空间进行定义和划界，这有助于建立规范空天物体移动的单一法律制度，以确保航空航天业务的安全；也有些代表团认为，目前的框架运行顺利，在有明显的需要和切实的依据之前，各国应继续按照该框架行动，目前在外空定义和划界上的任何尝试都将是理论上的空谈，可能会在无意中使现有的活动复杂化，并且也许无法适应技术的继续发展②。在 2016 年 4 月 4 日第 917 次会议上，法律小组委员会重新召集外层空间定义和划界问题工作组，审议与外层空间定义和划界有关的事项。工作组主席报告也反映了国际社会在这一问题上的巨大分歧③。

在 2006 年举行的外空委员法律小组委员会第四十五届会议上，外层空间定义和定界有关事项工作组商定向会员国提出下列问题：

---

① 参见 UN DOC. A/AC. 105/L. 112；UN DOC. A/AC. 105/C. 2CL. 139。

② 参见 UN DOC. A/AC. 105/1113。

③ 参见 UN DOC. A/AC. 105/1113，附件二。

（a）鉴于当前的航天和航空活动水平以及航天和航空技术的发展，贵国政府是否认为有必要对外层空间进行定义和（或）对空气空间和外层空间进行定界？请说明理由；或

（b）贵国政府是否认为可通过其他方法解决这一问题？请说明理由[①]。

部分会员国向外空委提交了答复。从外空委秘书处公布的答复来看，认为目前有必要对外层空间进行定义和（或）定界和认为目前无此必要性的国家数量相当。认为暂时无此必要性的以发达国家为主，例如：

1. 丹麦：外空定界尽管是重要的问题，但目前并不紧迫。随着可在空气空间和外层空间中运行的飞行器的出现，其政府可能会考虑定义外层空间的下限和空气空间的上限，但在短期内不会考虑这一问题[②]。

2. 德国：就目前而言，确定外层空间和空气空间的物理边界并不重要，因为我们无法预测科技的发展。当前数量有限的亚轨道太空旅游活动完全可由航空法规制[③]。

3. 沙特阿拉伯：外空定界问题非常重要，但当前并没有必要进行定界，联合国外空委应密切关注并思考该议题[④]。

4. 爱沙尼亚：外空定界问题非常重要，随着航天科技产业的快速发展，外空活动的增长以及私人主体的崛起，外空定界的必要性将增强，但目前没有定界的必要[⑤]。

5. 荷兰：荷兰和周边国家在当前所开展的航空活动和航天活动并没有产生对进入外空或从外空返回过程中穿越荷兰领空的物体实行管辖的必要，但随着私人商业航天活动和太空旅游的发展，航天活动和航空活动的发展可能使其成为必要[⑥]。

6. 墨西哥：联合国外空委法律小组委员会应继续考虑该问题[⑦]。

7. 挪威：当前没有必要对空气空间和外层空间进行定义和定界，其定义和界线的缺失至今并未成为挪威外空活动的障碍[⑧]。就目前而言，挪威没有在

① 参见 UN DOC. A/ AC. 105/871，附件二。
② 参见 UN DOC. A/AC. 105/889/ADD. 1；U. N. DOC. A/AC. 105/889/ADD. 9。
③ 参见 UN DOC. A/AC. 105/889/ADD. 3；UN DOC. A/AC. 105/889/ADD. 5。
④ 参见 UN DOC. A/AC. 105/889/ADD. 4。
⑤ 参见 UN DOC. A/AC. 105/889/ADD. 4。
⑥ 参见 UN DOC. A/AC. 105/889/ADD. 7。
⑦ 参见 UN DOC. A/AC. 105/889/ADD. 3；UN DOC. A/AC. 105/889/ADD. 4。
⑧ 参见 UN DOC. A/AC. 105/889/ADD. 8。

现行标准定义以外引入其他定义的迫切需要[①]。

8. 法国：就空间活动的目前状况看，外层空间的定义和定界是不恰当的。法国坚持从功能着眼的立场：任何物体，凡目的是进入外层空间，无论是否达到了这个目的，都是空间物体[②]。

9. 俄罗斯：当前在联合国外空委框架内解决外层空间定义和定界问题的尝试，包括界定外层空间下限及相应的空气空间上限的尝试，有可能使国际社会正在开展的空间活动复杂化，扰乱现有的国际法平衡。因此，关于通过一项法律文书规范空天物体的飞行，处理这个问题的时机并不成熟[③]。

10. 比利时：比利时在界定国际外层空间各项条约的适用范围上采取“功能性”做法。它不主张在大气空间和外层空间之间进行任何法律定界[④]。

11. 芬兰：无必要进行外空定界，其在外层空间方面不存在任何问题，大气空间的相关问题受航空法等管辖[⑤]。

12. 土耳其：鉴于土耳其目前空间活动和技术发展的水平，目前没有必要界定外层空间并对大气空间予以定界[⑥]。

13. 葡萄牙：在如外层空间这般无形并且不确切的实际环境中，实际上难以界定地理界限，因此确定僵硬的界限并不妥当。此外，直到今天所出现的任何实际困难均无法证明有做出如此定界的需要[⑦]。

14. 哥伦比亚：不适宜就外层空间通过一个定义或定界，因为没有这一定界或定义迄今为止也并未阻碍空间活动或对空间活动构成问题[⑧]。

15. 阿根廷：从航天航空活动和技术目前的规模看，尚无必要通过具体规定对外层空间进行定界。不过应当对这一问题进行适当监测，包括所有相关领域[⑨]。

而认为当前有必要对外空进行定义和定界的以发展中国家为主，例如：

1. 白俄罗斯：外层空间的定义与定界非常重要，有利于明确国家责任和国家主权范围，促进航空、航空航天和航天活动的发展，确保国家领土内的

① 参见 UN DOC. A/AC. 105/889/ADD. 15。
② 参见 UN DOC. A/AC. 105/889/ADD. 10。
③ 参见 UN DOC. A/AC. 105/889/ADD. 10。
④ 参见 UN DOC. A/AC. 105/889/ADD. 11。
⑤ 参见 UN DOC. A/AC. 105/889/ADD. 11。
⑥ 参见 UN DOC. A/AC. 105/889/ADD. 11。
⑦ 参见 UN DOC. A/AC. 105/889/ADD. 11。
⑧ 参见 UN DOC. A/AC. 105/889/ADD. 12。
⑨ 参见 UN DOC. A/AC. 105/889/ADD. 14。

人身安全，降低空天活动参与者的风险[①]。

2. 约旦：空气空间和外层空间的界线的缺失导致相关法律和条约的适用范围含糊不清，定界对维护国家主权原则至关重要[②]，且有利于简化这方面的条例[③]。

3. 乌克兰：鉴于航天技术的当前发展速度，空气空间和外层空间界线的缺失对国际外空法和国际航空法来来不确定性，定界问题有必要得到解决[④]。为防止各国在有关国家主权方面发生争议，必须解决两种法律机制之间的分界线问题[⑤]。

4. 莫桑比克：鉴于当前的航天航空活动水平以及航天航空技术的发展，有必要对空气空间和外层空间进行定义[⑥]。

5. 卡塔尔：对外层空间进行定义和对空气空间和外层空间进行定界是有必要的，因为这有利于确定国家的责任，澄清国家主权概念。这样还能避免相关国际法和公约中出现任何模糊。另外，这有助于实现各国在国际法面前一律平等的原则[⑦]。

6. 阿塞拜疆：外空定界问题的解决对确保国家安全、维护外空自由十分重要[⑧]。

7. 巴西，随着航空航天器的出现，国际社会有必要采取措施，建立被广泛接受的原则，确定外层空间和空气空间的界线[⑨]。

8. 泰国：外空定界问题亟待解决，不能继续搁置，因为其不确定性对国家主权以及发射国、保险公司的责任有重要影响。外空定界过程中应充分考虑科技的持续进步，例如航空器飞行的高度越来越高，而卫星运行的高度越来越低[⑩]。按照习惯国际法界定外层空间和空气空间将能为在这一领域内开展活动的各国提供指导方针，减少法律解释的冲突[⑪]。

① 参见 UN DOC. A/AC. 105/889/ADD. 1；UN DOC. A/AC. 105/889/ADD. 3。
② 参见 UN DOC. A/AC. 105/889/ADD. 1。
③ 参见 UN DOC. A/AC. 105/889/ADD. 11。
④ 参见 UN DOC. A/AC. 105/889/ADD. 1。
⑤ 参见 UN DOC. A/AC. 105/889/ADD. 15。
⑥ 参见 UN DOC. A/AC. 105/889/ADD. 16。
⑦ 参见 UN DOC. A/AC. 105/889/ADD. 4。
⑧ 参见 UN DOC. A/AC. 105/889/ADD. 1；UN DOC. A/AC. 105/889/ADD. 4。
⑨ 参见 UN DOC. A/AC. 105/889/ADD. 2。
⑩ 参见 UN DOC. A/AC. 105/889/ADD. 5。
⑪ 参见 UN DOC. A/AC. 105/889/ADD. 10。

9. 突尼斯：鉴于当前的航天技术和航空技术，有必要对空气空间进行定界，以确保国家安全[①]。

10. 阿尔及利亚：作为一个发展中国家，其在外空的定义和定界中有特殊利益[②]。对于正在开展的空间活动规模不断加大的国家的责任问题，这种定界尤其重要。另外，如果不能界定外层空间，就会造成法律上的模糊点，而这就会增加各国之间发生争端的风险。

11. 澳大利亚：找到各方接受的定界点，在必须遵守空间活动法的活动与不必遵守此类法规的活动之间划清界限，对于有效管理澳大利亚国内的空间活动是必要的。即使初步的协议不能完全解决空气空间和外层空间的定界问题，也应当争取这样一项协定。界定外层空间下限的办法可能是达成此种初步协定的方式之一[③]。

12. 玻利维亚：需要界定外层空间并对大气空间和外层空间进行定界，这不仅是因为航空航天领域的技术一直在不断发展和进步中，而且还因为它事关国家主权[④]。

13. 哈萨克斯坦：从保护国家经济利益、维护本国国家安全并且还防止在使用外层空间方面存在国家间歧视的角度来看，解决大气空间和外层空间定义和定界问题有其重要意义，事关所有国家[⑤]。

14. 亚美尼亚：由于航空航天活动技术水平的不断提高，外层空间的定义和/或定界是恰当的[⑥]。

15. 危地马拉：随着越来越多地将外层空间用于科学和商业目的，有必要批准符合国际法条约，并建立有助于解决利用外层空间所引起情况的法律。

16. 肯尼亚：从各种活动以及航天和航空技术的发展看，定义外层空间和/或划定空气空间和外层空间之间的界限是必要的[⑦]。

17. 伊拉克：外空定界非常重要[⑧]。

18. 塞尔维亚：外空定界非常重要[⑨]。

---

① 参见 UN DOC. A/AC. 105/889/ADD. 5；UN DOC. A/AC. 105/889/ADD. 7。

② 参见 UN DOC. A/AC. 105/889/ADD. 9。

③ 参见 UN DOC. A/AC. 105/889/ADD. 10。

④ 参见 UN DOC. A/AC. 105/889/ADD. 11。

⑤ 参见 UN DOC. A/AC. 105/889/ADD. 11。

⑥ 参见 UN DOC. A/AC. 105/889/ADD. 13。

⑦ 参见 UN DOC. A/AC. 105/889/ADD. 13。

⑧ 参见 UN DOC. A/AC. 105/889/ADD. 5。

⑨ 参见 UN DOC. A/AC. 105/889/ADD. 5。

也有国家在该问题上的立场发生改变。捷克一度认为，目前并不可能就空气空间和外层空间的定界达成共识，这需要等待新的动力出现[①]。主张将定界问题留予国家实践，但国家之间的实践可能并不统一，航空和航天科技的发展也可能带来新的考量要素[②]。但在2010年提交的意见中认为，通过国际文书确定外层空间和空气空间的界线有助于避免国家国内立法的不一致性，涉及这一问题事件的国际争端，以及国内和国际法院判决的不一致性[③]。

国家在外空定义与定界问题上的不同立场反映了不同的利益考量。一些国家希望在最大程度上保留其领空主权，另一些国家认为空气空间和外层空间的定界时机尚不成熟，实际上是为了在最大程度上争取行动自由权。其中，航天大国尤其青睐“功能论”，因为定界会束缚其依科技发展调整政策的自由。例如，2013年2月，美国Paragon太空发展公司请求美国联邦航空管理局（FAA）认定其WorldView太空胶囊是否属51U. S. C. ch. 509管辖。该公司的太空胶囊可将载8名太空旅客至30千米处，使其感受外空环境，包括失重状态。美国联邦航空管理局认为，WorldView太空胶囊属于50902（8）部分项下的“建于在外空运行的飞行器”，但并未就30千米处是否属于外空给出意见。美国联邦航空管理局在处理Scaled Composites公司的White Knight Two与Virgin Galactic公司的SpaceShip Two的飞行器上也采用了类似做法。因此，主张尚无定界必要的大多为发达国家也不足为奇了。

（四）与定界密切相关的问题：航天器在他国领空内的通过权

空气空间和外层空间之间的界线缺失至今尚未产生严重的问题。这是因为，传统的飞行器主要包括航空器和外空物体，它们的空间范围是相离的，很容易确定它们的适用法律。因此从某种意义上说，在外空定界之争中长期占据主导的是“功能论”。尽管航空器和外空物体的活动范围并不重叠，航天器在进入外层空间和返回地球表面时可能需要经过他国的领空。因此，与空气空间和外层空间之间的定界密切相关的一个法律问题是航天器在他国领空内的通过权。

航天器在他国领空内的通过权对一些领土很小的航天国来说关乎其自由探索和利用外空的权利的实现。有学者认为，外空法中的探索和利用外层空

① 参见UN DOC. A/AC. 105/889。

② 参见UN DOC. A/AC. 105/889/ADD. 1。

③ 参见UN DOC. A/AC. 105/889/ADD. 4。

间自由意味着进入外层空间和从外层空间返回地球的自由[①]。而对其他国家而言，生命财产安全似乎是他们反对外国航天器自由通过其领空的主要原因。

有学者认为，航天器在他国领空内的通过权已经是国际习惯[②]。在实践中，大多外空物体只经过发射国的领空，或从公海上空射入外层空间[③]。但在一些情况下，它们穿越外国领空进入外层空间，而未获得该国的同意[④]。但也有国家通过双边协定就一国穿越另一国领空进入外层空间进行约定，在这种情况下穿越是以同意为前提的。例如，俄罗斯联邦和哈萨克斯坦共和国 1994 年 3 月 28 日《关于利用 Baikonur 发射场的主要原则和条件的协定》对俄罗斯联邦的空间物体飞行通过哈萨克斯坦领空作出了规定[⑤]。这些为数不多，且并不一致的实践并不足以判断国际习惯的形成。与此相似的一个例子是，《联合国海洋法公约》规定内陆国有出入海洋的权利和过境自由。其中，内陆国指“没有海岸的国家”；过境国指“位于内陆国与海洋之间以及通过其领土进行过境运输的国家，不论其是否具有海岸”[⑥]。《联合国海洋法公约》第一百二十五条规定：

1. 为行使本公约所规定的各项权利，包括行使与公海自由和人类共同继承财产有关的权利的目的，内陆国应有权出入海洋。为此目的，内陆国应享有利用一切运输工具通过过境国领土的过境自由。

2. 行使过境自由的条件和方式，应由内陆国和有关过境国通过双边、分区域或区域协定予以议定。

3. 过境国在对其领土行使完全主权时，应有权采取一切必要措施，以确保本部分为内陆国所规定的各项权利和便利绝不侵害其合法利益[⑦]。

该规定不仅为内陆国和有关过境国通过协定议定前者行使过境自由权的条件和方式，而且为这些协定提供了指导原则，即不仅承认内陆国的过境自

① 参见 Stephen Gorove. Legal and Policy Issues of the Aerospace Plane [J], 16 J. Space L. 147, 150 (1988)。

② 参见 M. Lachs. The Law of Outer Space: An Experience in Contemporary Law - Making [M], 60 (1972)。

③ 参见 Katherine M. Gorove，前注 24，at 13。

④ 参见 Dean N. Reinhardt. The Vertical Limit of State Sovereignty [J], 72 J. Air L. & Com. 65, 101 - 04 (2007)。

⑤ 参见 UN Doc. A/AC. 105/635/Add. 3。

⑥ 《联合国海洋法公约》，第一百二十四条。

⑦ 同上，第一百二十五条。

由权，而且承认过境国的完全主权以及维护其合法权益的权利。这为规范航天器在他国领空内的通过提供了参考范本，双边协定是最有效的手段。而航天器的通过和海洋法中的过境运输的一个重要不同点是，在前者中过境国所要承担的生命财产安全风险更大，尤其是运载工具和失败发射带来的危害。因此，发射航天器的国家应尽最大勤勉义务避免意外的发生。而一旦发生生命财产安全损害，发射国根据《外空条约》和《责任公约》应承担赔偿责任。

于 2012 年 1 月 6 日通过的哈萨克斯坦《外层空间活动法》第二十七条第 5 款规定，属于外国自然人或法人的空间物体在射入外层空间或返回地球的过程中，可安全飞越哈萨克斯坦的空气空间，条件是事先与哈萨克斯坦国防部、负责处理自然和人为紧急情况的主管机构以及负责环境保护的主管机构订立协议[①]。

三、非传统飞行器的挑战

如前所述，外层空间的定界问题长期悬而未决，有技术和法律双重原因。就大气层的物理性质而言，随着高度的增加，空气的密度逐渐减小，不存在明显的界线；而在法律层面上，由于传统航空器和外空物体的活动空间范围是相离的，可以很容易分别适用航空法和外空法，同时缺乏解决这一问题的急切现实需求和可行方法，而航天器在他国领空内的通过权对这一问题的影响并不明显。然而，随着科技不断进步，已经出现了以空天物体（Aerospace Objects）和临近空间物体（Near Space Vehicles，NSVs）为典型代表的非传统飞行器，对传统的“功能论”提出了挑战，外空定界问题再次引起关注，外空定界似乎成为亟待解决的问题。

（一）空天物体的挑战

1. 空天物体的定义

空天物体有别于传统的航空器和外空物体，它兼具后者的特性，其典型例子包括美国的航天飞机、苏联的布冷风号航天飞机、Scaled Composites 研造的 SpaceShip 等。联合国外空委曾就空天物体有关问题征求会员国的初步意见。问题其中之一是，是否可将空天物体规定为“既可在外层空间中飞行又可利用本身空气动力特性在空气空间中保留一段时间的物体”。

---

① 参见 UN Doc. A/AC. 105/865/Add. 12。

一些国家支持或原则上支持这一定义，例如意大利、印度、伊拉克、巴基斯坦、菲律宾、哈萨克斯坦、叙利亚、也门、黎巴嫩、西班牙、科威特、白俄罗斯、斐济、摩洛哥、秘鲁等。俄罗斯的回应则有助于理解空天物体的定义。俄罗斯认为，随着空天物体设计的越来越复杂，应根据附加的标准来确定其定义。但目前可能指出使用空天物体的有两个基本方案（用途）：1）从地球的一点到另一点的飞行（为此目的，物体可在外层空间进行部分飞行，速度无须达到宇宙速度）；2）将乘员和（或）有效载荷送入外层空间和返回地球（其在起飞和着陆时的空气动力特性使物体能在空气空间保持一段时间）①。类似地，捷克和斯洛伐克也将空天物体按其用途分为“地面—地面”物体和“地面—外空”物体②。委内瑞拉、南非、利比亚、卢旺达等国认为，应对其用途和活动类型进行界定③。德国、智利、希腊、土耳其、埃及、乌克兰、贝宁、智利等国认为，空天物体应仅限于前者，即执行空间飞行任务④。巴西则认为，应该同时包括两种⑤。此外，韩国、阿根廷、墨西哥、葡萄牙、厄瓜多尔、芬兰均认为，定义中的“一段时间”过于含糊⑥。这一用词可能被视为包括那些长期停留在空气空间中的物体。

尽管各国对空天物体的定义仍有分歧，但可以肯定的是结合了航空器和外空物体的功能特性，既可以在空气空间飞行也可以在外层空间飞行。在一个典型的完整飞行过程中，空天物体在上升和下降阶段都要穿越空气空间和外层空间的界线。随之产生的两个主要法律问题是，应该对空天物体适用什么法律体系，以及空天物体是否具有穿越他国领空的权利。这两个问题对外空定界问题都有重要影响。

2. 空天物体的适用法律

从各国的回应来看，国际社会在空天物体的适用法律问题上存在较大争议。尽管各国都尽量避免明确自称空间论者或功能论者，但他们的回应的确透露了其倾向。

---

① 参见 UN Doc. A/AC. 105/635/Add. 1。

② 参见 UN Doc. A/AC. 105/635/Add. 7；UN Doc. A/AC. 105/635/Add. 9。

③ 参见 UN Doc. A/AC. 105/635/Add. 11；UN Doc. A/AC. 105/635/Add. 14。

④ 参见 UN Doc. A/AC. 105/635/Add. 3；UN Doc. A/AC. 105/635/Add. 10；UN Doc. A/AC. 105/635/Add. 11；UN Doc. A/AC. 105/635/Add. 15。

⑤ 参见 UN Doc. A/AC. 105/635/Add. 10。

⑥ 参见 UN Doc. A/AC. 105/635/Add. 1；UN Doc. A/AC. 105/635/ Add. 4；UN Doc. A/AC. 105/635/Add. 7；UN Doc. A/AC. 105/635/Add. 11。

阿尔及利亚、阿根廷、巴西、萨尔加多、斐济、韩国、伊拉克、伊朗、哈萨克斯坦、秘鲁、菲律宾、卢旺达、叙利亚、利比亚、西班牙、土耳其、委内瑞拉、白俄罗斯等国家主张，空天物体在空气空间中应以航空器对待，适用航空法，在外层空间中应以外空物体对待，受外空法规制。这一主张自然需要对空气空间和外层空间进行定界，以确定空天物体在不同飞行区域所适用的法律。

贝宁、智利、哥斯达黎加、厄瓜多尔、德国、印度、意大利、黎巴嫩、墨西哥、摩洛哥、俄罗斯、斯洛伐克、南非、乌克兰、尼日利亚、埃及等国家则主张，空天物体的适用法律应根据活动的目的和功能决定，而非所处的空间。换句话说，空天物体如果用于“地面—外空”运输，则适用外空法；如果用于“地面—地面”运输，则适用航空法，这一主张可避开定界的难题。

一些国家认为，应针对空天物体建立特殊的法律体系。例如，阿根廷和土耳其认为有必要对为这种物体制定新制度的必要性进行深入研究，因为航空航天技术的发展可能会意味着今后将需要建立一个特定制度，以考虑到现行国际航空法和空间法尚未规定的情况[①]。

目前，两种主张的国家数量相差无几，且美中等主要航天国家尚未做出回应，很难确定谁会占据上风。

3. 空天物体在他国领空内的通过权

除了其适用法之外，空天物体穿越他国领空的权利也是一个重要的问题。如前所述，在外空法里，有学者认为外空物体在发射和返回阶段有穿越他国领空的权利[②]。同理可以主张，空天物体，至少是那些用于“地面—外空”运输的空天物体，在他国领空内应享有无害通过权。

现行国际法并未对空天物体在他国领空内的通过权进行规定。但就国家实践而言，现有的空天物体活动中可能存在其在起飞或返回地球过程中通过他国领空的先例。法国和摩洛哥指出，苏联的布冷风号航天飞机在降落拜科努尔发射中心前穿越了他国领空[③]。并且根据公共资料看来，苏联似乎并未就此任务与其他国家进行协商。俄罗斯指出，1990 年 3 月，美国向苏联通报了有关亚特兰蒂斯号多用途飞行器最后飞行阶段的资料，通报的资料中包括关于该航天飞机计划飞越苏联东部地区特定地带上空的轨道的一般数据，并指

① 参见 UN Doc. A/AC. 105/635/Add. 4；UN Doc. A/AC. 105/635/Add. 7。

② 参见 M. Lachs，前注 92，60；周威：《论国际空间法与中国国际商业卫星发射服务的法规政策》，载于《中国航天》，2004 年第 6 期，第 10－14 页。

③ 参见 UN Doc. A/AC. 105/635；UN Doc. A/AC. 105/635/Add. 6。

出了该飞行器在脱离轨道降落过程中预计飞越苏联领土上空的时间，其进入地球大气层公海上空之前在该空气空间的最低飞行高度以及关于该飞行器现状的技术细节。两国还达成一项协议，指出提供这些资料不得视作树立了一个先例，不过传送这类资料表明了通知国拟遵守的大致程序[①]。然而，这些先例不仅数量有限，而且并不统一反映国家在空天物体通过他国领空的权利，远未形成国际习惯。

从各国的回应来看，国际社会在该问题上的态度总体保守，多数国家认为，空天物体在他国领空中受该国和国际航空法管理。持此观点的国家有阿尔及利亚、阿根廷、贝宁、巴西、智利、哥伦比亚、哥斯达黎加、萨尔瓦多、斐济、芬兰、伊拉克、哈萨克斯坦、黎巴嫩、墨西哥、摩洛哥、秘鲁、菲律宾、卢旺达、斯洛伐克、叙利亚、荷兰、土耳其、利比亚、尼日利亚、西班牙、白俄罗斯等。这其中包括许多在空天物体的适用法上主张“功能论”者。例如，哥伦比亚认为，这种物体在空气空间中逗留期间受航空法而不是空间法的管束，特别是关于空中过境和对地面上的损害负赔偿责任的规定[②]。只有捷克、厄瓜多尔、希腊、伊朗、葡萄牙、南非、乌克兰、埃及等少数国家认为，用于“地面—外空”运输的空天物体即使在外国领空内也应受外空法规制。如前所述，在航空法中并无无害通过权一说。国际民航组织在联合国法律小组委员会 1986 年会议上曾主张：

> 航空器通过主权空域的无害通过权是“应然法”提议（即非反映现有法的立法建议）；这一权利不存在于目前的国际航空法中；即使民用航空器也没有无条件通过主权空域的权利，国家航空器和无人驾驶航空器需要经过特别许可才能通过。
>
> 航空器在空气空间中的运行可能需要与航空导航服务进行操作协调，以确保航空安全[③]。

事实上，即使坚持“功能论”的国家也承认空天物体在通过其他国家领空时也必须遵守空气空间法律体系的原理和规则。例如，捷克、德国和墨西哥认为，对空天物体适用外空法并不排除在其通过其他国家领空时适用特定航空法规则，尤其那些关于通过许可和空中交通的规则[④]。由此可见，国际社

① 参见 UN Doc. A/AC. 105/635/Add. 1。

② 参见 UN Doc. A/AC. 105/635/Add. 5。

③ 参见 ICAO Doc. C – WP/8158，15 January 1986。

④ 参见 UN Doc. A/AC. 105/635；UN Doc. A/AC. 105/635/Add. 7。

会的主流观点是，空天物体经过他国领空需征得该国同意，无论是临时征得还是通过条约机制化。即使同意空天物体通过，国家也会对空天物体的穿越权进行严格限制，禁止其在飞行过程中执行任何与穿越无关的操作活动。在此，有必要借鉴一些海洋法学者对“航行权”和“操作权”的区分[①]。“航行权”与移动相关，包括公海上的航行，领海里的无害通过，以及国际海峡的通过权等；“操作权”则关涉资源开发活动、情报搜集、军事活动和演习、武器试验、科学研究等[②]。

4. 空天物体的发展对外空定界问题的影响

从以上各国立场可以看出，就空天物体的规制而言，被寄予避免定界难题之厚望的“功能论”只得到少数国家的支持，且大多国家对空天物体在他国领空中的无害通过权持反对态度。有学者提出，国家可以通过充分利用其本国领空或公海上覆空域，使其空天物体在上升和下降过程中避免穿越他国的领空。甚至连国际民航组织也曾做此论断：

> 通过亚轨道空间实现点对点运输的飞行器可能包含了航空器要素，并且在滑翔下降阶段做类似于航空器的飞行。但火箭推进的飞行器不属于航空器范围。在此阶段，有一个国家似乎更倾向于将其归为火箭。
>
> 《芝加哥公约》适用于国际航空导航，但当前的商业设想中的亚轨道飞行起飞并返回于同一地点，可能并不穿越他国领空。但如果要穿越外国领空，且决定对亚轨道飞行器适用国际航空法，《芝加哥公约》相应附件应在原则上适用于其规范[③]。

然而，回答空天物体是否会穿越他国领空的先决问题是，领空的高度是多少。如第二部分所述，我们只能确定 21 千米以下的空间一定为领空，96 千米以上的空间一定为外层空间，二者之间的临近空间的法律地位是有争议的。换言之，领空高度在 21～96 千米之间都有可能，采用不同的高度，以上问题会有不同的答案。如果领空高度只有 21 千米，那么国际民航组织的观点可能是正确的。科学数据表明，当空天物体滑翔至 21 千米高度时，离降落跑道通

① 参见 Charles E. Pirtle. Military uses of ocean space and the law of the sea in the millennium [J], 31 Ocean Development and International Law (2000), 7-45。

② 参见 P. Liacouras. Intelligence gathering on the high sea [J], in: Strati A, Gavouneli M, Skourtos N, Unresolved Issues and New Challenges to the Law of the Sea: Time before and Time after [M] (Leiden: Martinus Nijhoff Publishers, 2006), 123-148。

③ 参见 ICAO Council. The Concept of Sub-orbital Flights, 30 May 2005, Part 6, “Conclusions”。

常只有几十千米远[1]。即便是小国，也大有足够的领土面积来避免使其空天物体飞越他国领空。但如果领空的高度是 96 千米，一国的空天物体很有可能要穿越他国领空。根据相关数据，当空天物体滑翔至 96 千米高度时，通常离降落跑道还有超过 7 000 千米的距离[2]。这几乎相当于中国东海岸到美国西海岸的距离。除了几个毗邻大洋的国家之外，很少有国家的空天物体不用经过他国上空 96 千米空域，除非技术进步可使空天物体在短距离内从 96 千米高度下降至跑道。

接下来的问题是，国家会如何应对飞越其上空的空天物体，其回应对国际法的发展有何影响。可以预见的是，外国空天物体在未经允许的情况下穿越 21 千米领空将被多数国家视为对其主权的侵犯。

空天物体进入大气层后通过其他国家上空 21～96 千米空域的国际习惯处于发展过程中，可能招来抗议或受默许。有记录显示，美国的航天飞机曾在加拿大上方 80 千米高度以下空域飞行，而未征得后者同意[3]。这一行为似乎并未招来加拿大的抗议。在国际法上，默许可能被认为是放弃权利，如果默许是国际社会的主流态度，那么很有可能快速形成一条国际习惯法规则，即空天物体可在他国上方 21～96 千米空域自由飞行。而这对外空定界问题的走向的影响是，21 千米高度可能成为国家主权的上限。类似的故事早在航天时代开启时就发生过。当时，国家主权的上限是模糊的，美苏两国在发射卫星时并未征得他国关于允许卫星在其上空飞行的同意，也没有国家就此提出抗议。很快，外层空间自由探索利用成为一条习惯国际法原则。

另一种可能是，国家在他国航天航空飞行器穿越其 21～96 千米上覆空间时提出抗议，主张该区域为其领空，飞越须征得许可。如果这一主张占据主导，96 千米高度将成为空气空间和外层空间的界线。类似的故事曾发生于海洋法的形成过程中：随着越来越多的沿海国单方将其领海宽度扩大为 12 海里，这逐渐成为国际习惯。

无论以上哪一种观点占据主导，都有助于解决外空定界问题。但现实情况可能更为复杂，即部分国家默许而部分国家反对。在这种情况下，关于定界问题的争论仍将持续。

近年来，联合国外空司与国际民航组织加强合作，在航空航天活动的管

---

① 参见 UN Doc. A/AC. 105/635。

② 同上。

③ 参见 James Oberg. Space Power Theory [J] (Washington, DC., GPO, 1999), 80。

理上取得了初步进展。这两个机构联合举办的首届学术研讨会于 2015 年 3 月 18～20 日在加拿大蒙特利尔举行，共有 350 名专家与会。与会者普遍认为，安全同为航空活动和外空活动管理的根本指导原则，因此有必要加强航空和航天交通管理的无缝有效整合，外空运输产业的发展离不开法律和规范的确定性，需要加强国际和国内层面上的立法规范①。安全是国家对飞越其上空的航空航天飞行器的最大顾虑，联合国外空司与国际民航组织的合作如能有效解决这一问题，将大大降低其对外空定义与划界的必要性的影响。

（二）临近空间物体的挑战

1. 临近空间物体的定义

“临近空间”是一个学术概念，目前尚无一个被普遍认可的官方定义。有学者将其定义为“多数军用和民用航空器无法飞行的高度以上，卫星和其他空间物体飞行高度以下的区域”②。它指距离海平面 20～100 千米区域，涵盖平流层区域（18～55 千米空域）、中间层区域（55～85 千米空域）和增温层区域（85～800 千米）小部分。临近空间物体亦无官方定义，它指那些可停留在临近空间内运行的飞行器，而不包括短暂穿越该区域的飞行器。

临近空间的大气过于稀薄而无法支持航空器飞行，其高度也无法提供足够的向心力来维持卫星的绕地运行。尽管早在 20 世纪 30 年代，就有人类探索临近空间，但这一“夹心地带”至今鲜有人类活动。然而，近年来临近空间在军事、科研、商业、旅游等方面的应用吸引了越来越多的国家和私人机构的关注，临近空间物体研究如火如荼。这种新型飞行器不仅可以在临近空间飞行，而且可以停留于其中来执行某些活动。

临近空间物体具有广阔的军事应用前景，如指挥、控制、通信、情报、监视、侦查（C3ISR），以及助推段和末端导弹拦截，甚至全球快速打击。例如，美国五角大楼曾于 2010 年 4 月 22 日和 2011 年 8 月 11 日试验第二代猎鹰高超声速飞行器（HTV－2），以提升美国的常规快速全球打击（CPGS）能力。美国试图以此建立在一小时内对世界任何角落进行非核打击的能力。我国学者也认识到临近空间物体在通信支持、情报搜集、电子压制、早期预警

① 参见 Simonetta Di Pippo，Niklas Hedman. ICAO/UNOOSA Aerospace Symposium：An Inter－Agency Effort on Space Traffic Management，http：//www. unoosa. org/pdf/pres/lsc2015/symp－06. pdf。

② 参见 J. Kasku－Jackson，E. Waldrop，Understanding space law：legal framework for space [J]，in：Damon Coletta，Frances T. Pilch (eds.)，Space and Defense Policy (Routledge，2009)，91。

和通信中继等方面的重要作用[①]。这些军事任务传统上由卫星或 U-2 和全球鹰等高空飞机执行。相比之下，临近空间物体的优势在于其生存能力良好、可持续地区覆盖或重访频率高、灵敏性高、覆盖面积大、成本低等[②]。这些优点不仅得益于临近空间物体本身的特性，而且得益于临近空间的特点，其相对良好的天气使临近空间物体的覆盖更加持久，飞行速度更快，并且可以避免电离层闪烁对通信和导航性能的影响。此外，固定翼飞机和地对空导弹均无法有效打击临近空间物体。有学者曾向美国空军提出如下建议，即充分利用临近空间，与产业界建立标准，引导临近空间技术朝集中高效的方向发展[③]。

2. 临近空间物体的适用法

临近空间物体的出现带来的首要法律问题是其适用法。如前所述，传统飞行器包括航空器和外空物体，它们分别适用航空法和外空法。因此，为确定临近空间物体的适用法律，首先可考察它们是否可归入传统的航空器或外空物体，从而受航空法或外空法规制。

临近空间物体多种多样，飞行原理各异，且处于不断发展之中。其中两种主要飞行原理是高空浮力系统和等离子推进系统[④]。理论上说，浮力系统可以使临近空间物体上升至临近空间的任何高度，但受材料性能所限，其体积必须非常巨大。大多在研临近空间物体需要借助额外的动力，最典型的是等离子推进器。由此可见，临近空间物体的飞行原理并非完全意义上的空气动力学或航天动力学，它们并不属于航空器或外空物体，因而不受航空法或外空法规制。由于临近空间物体尚处于研发阶段，有关其适用法的国家实践也十分有限。由于从现行国际条约和国家实践只能确定距离海平面 21 千米以下空间为空气空间，距离海平面 96 千米以上空间为外层空间，有关外空定界的国家实践又十分有限，“功能论”和“空间论”均无法为临近空间物体的适用法提供有效指导。

---

① 郑国梁：《关于临近空间的法律定位及应对措施》，载于《国防》，2010 年第 7 期，第 29-31 页。

② 参见 Wen-QinWang，Near-space remote sensing：potential and challenges [M]（Springer，2011），11-3。

③ 参见 Garren B. Roberts. Near-Space Vehicles：Improvements for the Near Future [J]（BiblioScholar，2012）。

④ 参见 Allen Edward H. The case for near space [J]，44 Aerospace America（2006），31-34。

3. 临近空间物体的发展对外空定界问题的影响

临近空间物体的出现对国际法带来的挑战不仅有其适用法律问题，而且还有外层空间的定界问题。相对于空天物体，临近空间物体带来的影响更大。

如前所述，大多空天物体在上升和下降过程中均不经过他国上空 21 千米空域，即确定为其领空的空域。在许多情况下，空天物体很可能穿越他国上空 21～96 千米空域。尽管大多国家反对空天物体在其领空内的无害通过权，但由于其目的仅是“地面—地面”或“地面—外空”运输，对其影响多是安全考虑，因而接受有条件通过的可能性较大。

临近空间物体则不同，它们可停留在临近空间中执行某些活动，对下方国家来说是不仅生命财产安全威胁，而且有国家安全方面的潜在威胁。为排除这种威胁，临近空间物体的出现将很可能促使国家出于安全考虑，尽量扩大主权的上限，直至人造地球卫星绕地运行的低限，即 96 千米高度。出于国家安全目的扩大主权范围早有先例。第一次世界大战结束后，许多国家出于空中安全考虑，在短时间内对其上覆空气空间主张完全主权，但未明确国家主权的纵向界限。1945 年《芝加哥公约》序言承认，国际民用航空的滥用可构成安全威胁，可见赋予国家领空完全和排他性主权的目的之一是为了维护国家安全。从条约的目的和宗旨出发，《芝加哥公约》为宽泛解释空气空间的范围提供了可能。相反，部分国家可能为维护自由使用临近空间的权利，主张 21 千米高度，即传统航空器的飞行上限为空气空间和外层空间的界线。此外，军事利用并非临近空间物体的唯一用途，临近空间物体还具有商业和科研等用途。例如，50～100 千米的散逸层是大气温度的高度灵敏指示器，对气候变化研究具有重要意义。维珍集团旗下的维珍银河公司就试图通过使科学家得以定期在临近空间开展研究，从而使其更加深入了解气候变化问题，进而制定减缓策略。因此，国家也有自由利用临近空间的诉求。

与空天物体相似，临近空间物体对外空定界问题的影响在很大程度上取决于未来的国家实践。无论以上哪一种实践占据主导，都可为相关习惯国际法的形成提供事实要素。

4. 临近空间物体法律制度

在传统关于外空定界的讨论中，人们普遍认为地球表面上方的空域应被划分为空气空间和外层空间。这种“两分法”在航空器和外空物体为主要飞行器类型的时代似乎是自然而合理的。即使空天物体的出现也未能对这种思维带来根本性冲击，因为此类飞行器带来的主要问题仅是其在他国领空内的通过权，这一问题同样存在于外空物体中。

随着技术不断发展，许多学者呼吁明确临近空间的法律地位。正如佩尔顿和贾库认为，今天的临近空间是一个“没有警察和治安官的大西部”[①]。如果临近空间物体得到广泛应用，关于外空定界的国家实践高度一致，即多数国家以 21 千米或 96 千米为界线，“两分法”将从理论探讨变成现实。事实上，许多学者认为，尽管临近空间的法律地位是一个模糊地带，但它并非一个全新的法律体系，它要么属于航空法范畴，要么属于外空法的范畴[②]。问题在于，相关的国家实践在很大程度上很可能并不一致，国家间的分歧很可能产生一个折中方案，这一折中方案为平衡下覆国家的安全顾虑和使用国的和平利用诉求，赋予临近空间有别于空气空间和外层空间的特殊法律地位。这一提议集“功能论”和“空间论”于一体：不同飞行器的适用法律依其目的和性质而定；21 千米为领空上限，96 千米为外空下限，21～96 千米为临近空间。与传统思维不同的是，外空和领空并不毗连，地面上覆空域不应二分而应三分。有学者为此提议，在这种情况下，临近空间应被用于和平目的，其法律体系应“自成一体”[③]。

接下来的问题是，既然临近空间在法律地位上不同于领空和外空，“临近空间法”的内容是什么。这需要各国的共同努力，但基本原则是临近空间应“只为和平目的”。在此有必要借鉴南极条约体系和国际海洋法。

（1）临近空间应“只用于和平目的”，禁止任何军事活动

由于部分国家反对临近空间物体在其上空 21～96 千米处运行的主要顾虑是此类物体对其国家安全的威胁，可以想象，如果临近空间被用于部署侦察甚至可供打击地面、空中、外空中的目标，对国际和平与安全会带来多大的负面影响。因此，“临近空间法”应“只用于和平目的”，禁止任何军事活动。例如，1959 年《南极条约》规定：

一、南极应只用于和平目的。一切具有军事性质的措施，例如建立军事基地，建筑要塞，进行军事演习以及任何类型武器的试验等等，均予禁止。

二、本条约不禁止为了科学研究或任何其他和平目的而使用军事人员或

① 参见 Joseph N. Pelton，Ram Jakhu. Global Space Governance can Fuel New Business and Innovations [J]，Spacenews，June 23，2014，Http：//spacenews. com/41014global - space - governance - can -fuel - new - business - and - innovations/。

② 参见 Wen Qin WANG，前注 121，at 15。

③ 参见 Jinyuan SU，Near Space as a Sui Generis Zone：a Tri - layer Approach of Delimitation [J]，29 Space Policy，90 - 92 (2012)。

军事设备[①]。

与此类似，1967 年《外空条约》规定：

各缔约国必须把月球和其他天体绝对用于和平目的。禁止在天体建立军事基地、设施和工事；禁止在天体试验任何类型的武器以及进行军事演习。不禁止使用军事人员进行科学研究或把军事人员用于任何其他的和平目的。不禁止使用为和平探索月球和其他天体所必须的任何器材设备[②]。

以上两个条款分别将南极洲和包含月球在内的天体非军事化。天体间的“外空真空”，包括绕地轨道，仅规定“为和平目的”探索与利用。该用词被认为只禁止“侵略性的”活动，而不禁止所有军事活动，侦察等因不构成《联合国宪章》禁止的使用武力或威胁使用武力的活动而不被此禁止。事实上，“用于和平目的”“只用于和平目的”“绝对用于和平目的”这些用词本身在创设国家义务上并没有太大区别。《联合国海洋法公约》规定：“公海只用于和平目的”[③]。但在现实中公海是人类军事活动最为频繁的区域。因此，未来“临近空间法”应明确禁止任何军事活动。

临近空间在科研、商用等用途上具有丰富的价值，“临近空间法”应保护临近空间的科研、商用自由。对于变相通过以科研、商用等名义开展军用研究的顾虑，可以通过加强国际合作来解决，例如建立临近空间国际研究组织、共同审查研究计划、分享研究成果等。

（2）冻结临近空间主权主张

即使禁止在临近空间开展军事活动，部分国家可能坚持对临近空间的主权主张。各国对临近空间法律地位认知的不一致，需要一个折中方案来解决，搁置相关分歧。在此建议，可借鉴《南极条约》第四条的规定：

一、本条约的任何规定不得解释为：

（甲）缔约任何一方放弃在南极原来所主张的领土主权权利或领土的要求。

（乙）缔约任何一方全部或部分放弃由于它在南极的活动或由于它的国民在南极的活动或其他原因而构成的对南极领土主权的要求的任何根据；

（丙）损害缔约任何一方关于它承认或否认任何其他国家在南极的领土主

① 《南极条约》第一条。

② 《外空条约》第四条第二段。

③ 《联合国海洋法公约》第八十八条。

权的要求或要求的根据的立场。

二、在本条约有效期间所发生的一切行为或活动，不得构成主张、支持或否定对南极的领土主权的要求的基础，也不得创立在南极的任何主权权利。在本条约有效期间，对在南极的领土主权不得提出新的要求或扩大现有的要求①。

该条款“冻结”了缔约国对南极洲的主权主张，即禁止各国对南极的领土主权提出新的要求或扩大现有的要求，各国在南极洲的科研活动不削弱，也不加强既有的领土主权要求。与此相类似，可规定在他国上空临近空间内开展科研、商用活动无需征得下覆国家同意，但这些活动不得减损可能存在的下覆国家的主权主张。

这一制度还可以顺带解决空天物体带来的问题，即空天物体穿越他国上覆 21～96 千米空域无需征得该国同意，但也不能视作否定主权主张的基础。这一提议对使用国和主张国来说都比较容易接受。对使用国来说，可以避免其陷入两难境地：一方面，为了确保其空天物体安全通过他国主张的 21～96 千米领空，需与主张国进行协商；另一方面，从逻辑上说，征求同意的行为本身是以承认对方的主权主张为前提的。而对主张国来说，首先，临近空间的主权问题是有争议的，完全排除他国空天物体的通过权并无稳固的法律基础；其次，空天物体只是途经临近空间，不会对其产生严重后果；再者，其主张得到必要的尊重，其主权主张通过“冻结”得到了保持。

（3）充分顾及下覆国家的利益

国家安全是国家的核心利益，国家利益还包括环保、生命财产安全等方面。国家对航天器、空天物体通过其上空存有顾虑，在很大程度上正是其在环保、生命财产安全方面的潜在危害，临近空间物体也不例外。为此，“临近空间法”应首先规定国家开展临近空间活动过程中应充分顾及下覆国家的利益。正如《联合国海洋法公约》所规定：

各国在专属经济区内根据本公约行使其权利和履行其义务时，应适当顾及沿海国的权利和义务，并应遵守沿海国按照本公约的规定和其他国际法规则所制定的与本部分不相抵触的法律和规章②。

相应地，国家可以对在其上覆临近空间中实施飞行安全、环保等方面的

① 《南极条约》第一条。

② 《联合国海洋法公约》第五十八条，第 3 段。

管理措施。这种管理权并不等同于主权。例如，在海洋法中沿海国在专属经济区内享有海洋环境保护和保全的管辖权，但并不拥有主权。

四、对策建议

（一）大力发展非传统飞行器

在过去几十年里，我国在传统航天器和航空器的研制上取得了举世瞩目的成就。在航天器研制上，1956 年我国开始现代火箭的研制工作，1964 年我国自行研制的中程火箭试飞成功，1970 年长征一号运载火箭诞生，首次发射东方红一号卫星获得圆满成功。经过六十多年的艰苦奋斗，如今长征系列运载火箭具有发射近地轨道、太阳同步轨道、地球静止轨道空间飞行器的能力，并具备深空探测能力。长征系列运载火箭在国际上享有盛誉，在国际发射服务市场中占有重要一席，截至 2016 年 1 月 16 日已进行 223 次发射，发射成功率在 96%以上。此外，我国在载人航天、月球探测、卫星导航等方面取得了跨越式发展。在航空器研制上，我国早在 1970 年就开始大型喷气客机“运十”的研制，但由于多方面原因在 20 世纪 80 年代中期被迫下马。2006 年 2 月 9 日，国务院发布《国家中长期科学和技术发展规划纲要（2006—2020 年）》，大型飞机被确定为未来 15 年力争取得突破的 16 个重大科技专项之一，大型客机研制工作全面展开。首型国产大型客机 C919 于 2008 年开始研制，并于 2017 年 5 月成功实现首飞。

传统航天器和航空器仍是人类探索、利用地表以上空间的主要手段，但近年来，非传统飞行器研制呈现出快速发展趋势。西方国家在非传统飞行器上的研制上取得巨大发展，尤其是私人企业更是连连创造惊喜。在空天物体研制上，西方国家的相关技术已近成熟。2014 年 9 月 16 日，NASA 宣布，美国太空探索技术公司（SpaceX）和波音公司获得价值近 70 亿美元的合同，将协助美国航天员往返国际空间站。美国航天飞机退役后，只能依赖俄罗斯为其提供其航天员往返国际空间站的运输。通过在投资、采购等方面支持私人企业开发新型飞行器，NASA 将可以摆脱对俄罗斯的依赖。2015 年 12 月 21 日，美国太空探索技术公司（SpaceX）发射了猎鹰九号火箭，并成功将第一级火箭回收，这是人类第一个在实现有效载荷入轨后可实现一级火箭回收的运载火箭。临近空间物体则受到美国军方的高度重视。2005 年，美国国防部公布《2005—2030 年无人机系统路线图》，首次将临近空间物体列入无人飞行器系统范畴。近年来，美国临近空间物体技术研发取得重要进展，包括美国导弹防御局“高空飞艇”计划、DARPA“集成传感器即是结构”（ISIS）项目、美国陆军“高空哨兵”平流层飞艇项目、美国空军“临近空间机动飞行器”项目、美国空军“战斗天星”自由气球项目等。这些项目将有助于提升美军的联合作战能力。

我国应加强空天物体和临近空间物体的研制工作。空天物体将提供更高效、更低价的“地面—外空”、“地面—地面”运输服务，对我国进一步探索和利用外空，尤其是未来的空间站运输提供技术支持。我国非传统飞行器的发展水平也将决定我国未来在外空定义与划界问题上的立场。

（二）暂不明确外空定界问题，坚持领空完全主权

如前所述，根据国际条约规定和国家实践可确定，距离海平面 21 千米高度以内空域确定为空气空间，距离海平面 96 千米高度以外空域确定为外层空间，距离海平面 21～96 千米空域的法律地位尚不明确。

现有飞行器主要为航空器和外空飞行器，前者多在 21 千米高度以下空间运行，后者多在 96 千米高度以上空间运行。由于传统航空器和外空物体的运行范围相分离，解决外空定界问题并不紧迫，加之飞行器技术发展日新月异，所以目前仍很少有国家在国内法明确空气空间和外层空间的界线。在为数甚少的在国内法对外空进行定界的国家中，澳大利亚虽在其《外空活动法》中规定其适用于离海平面 100 千米以上空间，但同时表明这非对外层空间进行定义或定界；哈萨克斯坦在其《外空活动法》中将外空界定为高度在海平面 100 千米以上的空间，但并不否认这是对外空进行定义与定界。我国可采取国际主流做法，即暂不对外空进行定义和定界，因为在传统飞行器主导的情况下的确暂无划界的必要。这不仅要求我国暂不在国内法中定义或定界外空，而且要在国际场合谨慎行事。正如前文所述，我国和俄罗斯在联合国裁军谈判会议上联合提交的“防止在外空放置武器、对外空物体使用或威胁使用武力条约（草案）”将外层空间定义为“地球海平面以上 100 千米以外的空间”，被部分学者解读为反映我国在外空定界问题上的立场。如果必要，可借鉴澳大利亚的做法，说明该草案适用于地球海平面以上 100 千米以外的空间，但这一规定并非对外空进行定义和定界。确切来说，100 千米以上空域确定为外层空间，因此这一说法是合理的。

传统飞行器对外空定界问题的挑战之一是航天器进入外层空间和返回地面过程中通过它国领空的权利。如前所述，目前关于这方面的国家实践还很少，且为数甚少的国家实践并不一致，因此关于航天器在他国领空内具有无

害通过权的国际习惯已经形成的论断并不成立。在相关国际习惯尚不明确的情况下，国家应积极影响习惯的形成。鉴于我国国土广阔，航天器进入外空和从外空返回地面过程中通过他国领空的可能性较小，宜主张国家对其领空享有完全主权，他国航天器通过其领空须经允许。联合国外空委法律小组委员会的意见征求活动可为国家表达立场提供良好机会，我国可适时就相关问题提供意见。

（三）关注非传统飞行器活动，主张临近空间应专用于和平目的

在传统航空器和航天器为人类探索和利用地表以上空间的主要飞行器的背景下，外空定界并不紧迫。而非传统飞行器，尤其是空天物体和临近空间物体的出现，使解决外空定界问题愈加紧迫，这主要体现在非传统飞行器在他国上覆 21～96 千米空域的通过权和活动权。

如前所述，空天物体在上升和下降过程中通过他国上覆 21 千米空域的可能性较小，而通过他国上覆 21～96 千米空域的可能性较大。部分国家主张空天物体的适用法取决于其所处的空间，另一部分国家主张空天物体的适用法律取决于其功能与目的，二者的数量相当。但绝大多数国家认为，空天物体通过他国领空须经他国同意。空天物体的出现对外空定界问题的影响主要在于，由于 21～96 千米空域的法律地位尚不明确，各国对外国空天物体通过其上覆 21～96 千米空域的默许或反对将影响对外空定界。为此，我国应密切关注外国空天物体在我国上空空域的活动，坚决反对其未经允许在我国领土上空 21 千米空域的活动。对外国空天物体未经我国允许通过我国领土上空 21～96 千米空域的行为，应及时提出反对。待我国空天物体技术成熟后，可寻求使用国家的通过权和下覆国家的安全顾虑之间的平衡。为此，可参考《联合国海洋法公约》主张过境权，一方面要求使用国征求下覆国家的同意，并在其空天物体通过他国上空时对下覆国家的利益予以充分顾虑，另一方面要求下覆国家原则上同意外国空天物体的通过。

国家对外国空天物体通过其上覆 21～96 千米空域的担忧主要是交通安全，这一问题是联合国外空司和国际民航组织等机构目前着力解决的问题。如果解决妥当，将大大降低空天物体的出现带来的外空定义和定界的必要性。为此，我国应积极参与这两个机构组织的后续研讨会以及其他活动，一方面了解相关进展，另一方面力争在规范中反映我国的利益诉求。

临近空间物体指可停留在临近空间（地球表面以上 21～96 千米空域）中执行特定科研、商业、军事等活动的飞行器。由于临近空间具有巨大的潜在

军事价值，它很可能成为下一个“专属经济区”，成为他国在和平时期对下覆国家开展侦察活动，在战时对后者开展武力打击的高空平台。如果未来临近空间飞行器被广泛用于军事目的，外空定义与定界将成为必要。在这种情况下，临近空间将或成为外层空间的一部分，或成为空气空间的一部分，或“自成一体”。如果临近空间成为外层空间的一部分，意味着军事侦察等被动军事活动将得以合法化，并将面临部署常规武器的威胁，对国家安全和国际和平将产生巨大威胁。如果临近空间成为空气空间的一部分，意味着国家对其拥有排他性的主权，临近空间的科研自由也同样会受到限制，这对我国来说也将是不利的。在将来临近空间物体广泛应用后国际社会对临近空间的法律地位仍有分歧的情况下，我国不仅要反对任何国家在我国上空的临近空间内开展军事活动，而且应主张临近空间专用于和平目的，禁止任何军事活动。

参考文献

[1] Major John T. Phelps II. Aerial Intrusions by Civil and Military Aircraft in Time of Peace [J]. 107 Mil. L. Rev. 256 (1985).

[2] Bin Cheng. Studies in International Space Law [M]. Oxford University Press, 1997.

[3] Katherine M. Gorove. Delimitation of Outer Space and the Aerospace Object—Where is the Law? [J]. 28 J. Space L. 11 (2000).

[4] Tanja Masson - Zwaan & Steven Freeland. Between heaven and earth: The legal challenges of human space travel [J]. 66 Acta Astronautica 1597 (2010).

[5] Kelly Kuan Shang. Trespass to Airspace: How to Deter North Korea from Its Space Ambitions? [J]. 6 Journal of East Asia and International Law 221 (2013).

[6] Stephen Gorove. Legal and Policy Issues of the Aerospace Plane [J]. 16 J. Space L. 147 (1988).

[7] Manfred Lachs, The Law of Outer Space: An Experience in Contemporary Law - Making [M] 60 (1972).

[8] Dean N. Reinhardt. The Vertical Limit of State Sovereignty [J]. 72 J. Air L. & Com. 65 (2007).

[9] 周威．论国际空间法与中国国际商业卫星发射服务的法规政策 [J]．中国航天，2004，(6)：10 - 14.

[10] Charles E. Pirtle. Military uses of ocean space and the law of the sea in the millennium [J]. 31 Ocean Development and International Law 7 (2000).

[11] P. Liacouras. Intelligence gathering on the high sea [J]. in: Strati A, Gavouneli M,

Skourtos N，Unresolved Issues and New Challenges to the Law of the Sea：Time before and Time after [M]（Leiden：Martinus Nijhoff Publishers，2006），123 - 148.

[12] James Oberg. Space Power Theory [J] . Washington，DC. ：GPO，1999.

[13] J. Kasku - Jackson，E. Waldrop. Understanding space law：legal framework for space [J] . in：Damon Coletta，Frances T. Pilch（eds.），Space and Defense Policy [M]（Routledge，2009），91.

[14] 郑国梁 . 关于临近空间的法律定位及应对措施 [J] . 国防 . 2010，(7)：29 - 31.

[15] Wen - Qin Wang，Near - space remote sensing：potential and challenges [M]（Springer，2011）.

[16] Garren B. Roberts. Near - Space Vehicles：Improvements for the Near Future [J]（BiblioScholar，2012）.

[17] Allen Edward H. The Case for Near Space [J] . 44 Aerospace America 31（2006）.

[18] Jinyuan Su，Near Space as a Sui Generis Zone：A Tri - Layer Approach of Delimitation [J] . 29 Space Policy 90（2012）.

课题主持人简介

苏金远，男，现任西安交通大学法学院教授、博导、院长助理，中国空间法学会理事。致力于外空、海洋、网络、极地等“新疆域”的国际治理研究。已出版著作 4 部；在 Chinese Journal of International Law，International & Comparative Law Quarterly 等 SSCI 期刊上发表论文 11 篇；主持国家社科基金项目 1 项，外交部、陕西省、国家海洋局课题 5 项；应邀担任世界经济论坛（World Economic Forum）外空全球未来理事会理事、《适用于外空军事利用的国际法手册》（MILAMOS）国际空间法起草小组核心专家、《外空安全指南》（Space Security Index）项目理事会理事。

附　录

中国空间法学会推荐的2016年度空间法律政策作品名录揭晓

中国空间法学会办公室

2016年12月，为集中展示中国空间法学界2016年度学术研究成果，促进学术交流和知识共享，持续打造空间法学研究学术共同体，中国空间法学会面向全体会员（单位）公开征集中国专家学者（包括在华全职工作的外籍专家及在海外工作学习的中国籍专家学者）2016年度在国内外行业重点期刊、核心期刊、学术年会论文集上公开发表的空间法律政策论文和正式出版的空间法律政策专著（或文集）。经过公示，共有48篇国内重点中文期刊/年会论文集录用论文、7篇课题研究报告、9篇海外重点英文期刊（文集）录用论文、2部专业年刊、1部中文专著、1部中英文双语专著、1部英文专著、2部中文主编著作入围，由此形成中国空间法学会推荐的2016年度空间法律政策作品名录如下（排名不分先后；如有两位以上作者，其隶属单位以第一作者为准）。

第一部分 2016年出版的空间法律政策论文（国内重点中文期刊、年会论文集）

序号	作者	论文标题	所载期刊/论文集	作者隶属单位
1	马新民	外层空间法的发展：框架、目标与方向	《空间法学研究年刊》（2015年）	外交部条法司
2	张振军	新版《国家安全法》与中国航天事业的战略使命	《空间法学研究年刊》（2015年）	中国航天科技国际交流中心 中国空间法学会
3	江　河	外层空间法的基本范畴及其互动性研究	《空间法学研究年刊》（2015年）	中南财经政法大学法学院
4	尹玉海 颜永亮	欧盟“外空活动行为准则”草案与预防性自卫权浅论	《空间法学研究年刊》（2015年）	深圳大学法学院

续表

序号	作者	论文标题	所载期刊/论文集	作者隶属单位
5	李　杜	论中国参与国际航天合作的出口管制问题	《空间法学研究年刊》（2015年）	华中科技大学法学院
6	陈　露 蔡高强	论外空活动损害赔偿的法律机制	《空间法学研究年刊》（2015年）	湘潭大学法学院
7	聂晶晶	浅议外空软法及其实践	《空间法学研究年刊》（2015年）	中国民航大学法学院
8	刘功奇 蔡高强	中国航天国际合作知识产权保护刍议	《空间法学研究年刊》（2015年）	湘潭大学法学院
9	许红英 曹秀云 张莉敏	美国空间安全政策发展研究	《空间法学研究年刊》（2015年）	中国航天系统科学与工程研究院
10	蔡高强 陈　露 刘思阳	论全球卫星导航的国际法规制	《空间法学研究年刊》（2015年）	湘潭大学法学院
11	张莉敏	美国《商业航天发射竞争力法》解读	《空间法学研究年刊》（2015年）	中国航天系统科学与工程研究院
12	蔡高强 刘功奇	外空探索国际合作知识产权保护探析	《北京理工大学学报（社科版）》2016年第6期	湘潭大学法学院
13	李　滨	导弹及其技术不扩散国际机制之效力辨析	《北京理工大学学报（社科版）》2016年第4期	北京师范大学法学院
14	聂明岩	欧空局的重要法律措施对亚洲空间合作的启示	《北京理工大学学报（社科版）》2016年第4期	南京航空航天大学
15	廖敏文	国家空间立法构建模块的理论与实践	《北京理工大学学报（社科版）》2016年第2期	中国政法大学国际法学院
16	蔡高强 陈　露	试论外层空间活动损害赔偿的法律机制	《北京航空航天大学学报（社科版）》2016年第3期	湘潭大学法学院
17	安娜·玛苏蒂 孔得建	非欧盟国家建设Galileo和EGNOS地面站的法律问题研究	《北京航空航天大学学报（社科版）》2016年第3期	博洛尼亚大学法学院； 莱顿大学法学院
18	尹玉海 颜永亮	外空活动长期可持续性面临的挑战及对策	《北京航空航天大学学报（社科版）》2016年第2期	深圳大学法学院
19	高　琦	全球卫星导航服务提供者的民事责任研究——以美国立法与实践为视角	《北京航空航天大学学报（社科版）》2016年第2期	北京航空航天大学法学院

续表

序号	作者	论文标题	所载期刊/论文集	作者隶属单位
20	夏春利	小卫星项目的法律适用和发展趋势	《北京航空航天大学学报（社科版）》2016年第2期	北京航空航天大学法学院
21	田 胜	美国的高技术产品出口管制执法体系	《中国航天》2016年第2期	中国航天系统科学与工程研究院
22	陈凌云	外空安全国内立法研究	《中国航天》2016年第3期	中国航天系统科学与工程研究院
23	田 胜	中国FD-2000出口土耳其受阻的美国因素分析	《中国航天》2016年第3期	中国航天系统科学与工程研究院
24	张振军	关于中国航天新型智库建设的若干思考	《中国航天》2016年第3、4、5期	中国航天科技国际交流中心 中国空间法学会
25	王国语 吕 端	空间核动力源应用国际规则现状与发展分析	《中国航天》2016年第9期	北京理工大学法学院
26	张振军	中国商业航天的法治引领及营商环境建设	《中国航天》2016年第10期	中国航天科技国际交流中心 中国空间法学会
27	冯国栋	论外空自由的法理内涵与权利边界	《法商研究》2016年第4期	上海航天技术研究院
28	何若枫 刘艳琼	美国法典中的GPS政策分析	《国防科技》2016年第1期	国防科学技术大学人文与社会科学学院
29	王国语	外空采矿的序幕？——美国行星采矿立法的法律政策分析	《国际太空》2016年第5期	北京理工大学法学院
30	何奇松	国际太空秩序与中国的责任	《世界经济与政治》2016年第8期	上海政法学院
31	何奇松	日本太空政策的转变：从和平利用到军事利用	《社会科学》2016年第3期	上海政法学院
32	何奇松	中美俄太空三角关系	《太平洋学报》2016年第12期	上海政法学院
33	汪 夏 侯宇葵 罗钢桥	国家"一带一路"战略对中国航天的需求分析	《中国宇航学会·中国空间法学会2015年论文集》	中国空间技术研究院
34	仝俊义	国际空间站项目国际合作的经验教训及启示	《中国宇航学会·中国空间法学会2015年论文集》	中国航天工业科学技术咨询有限公司

续表

序号	作者	论文标题	所载期刊/论文集	作者隶属单位
35	王上月 张生俊 王　悦 刘佳琪	国际航天合作法规建设及我国策略分析	《中国宇航学会·中国空间法学会 2015 年论文集》	北京航天长征飞行器研究所
36	何奇松	俄罗斯航天工业现状、困境和改革	《中国宇航学会·中国空间法学会 2015 年论文集》	上海政法学院
37	童　丹 蔡高强	国家承担外空活动致损责任的法律分析——以 2015 年国际空间法模拟法庭案例为视角	《中国宇航学会·中国空间法学会 2015 年论文集》	湘潭大学法学院
38	高　冀 侯欣宾	浅析空间太阳能电站的若干法律问题	《中国宇航学会·中国空间法学会 2015 年论文集》	中国空间技术研究院
39	朱金虎	太空环境利用育种惠益分享机制研究	《中国宇航学会·中国空间法学会 2015 年论文集》	北京市京师律师事务所
40	郑哲皓	论太空旅游的法律调整	《中国宇航学会·中国空间法学会 2015 年论文集》	湘潭大学法学院
41	王国语 王　倩 陶阳子	外空自然资源开采的法律政策分析	《中国宇航学会·中国空间法学会 2015 年论文集》	北京理工大学法学院
42	高　阳	论外空资源开发法律制度的构建	《中国宇航学会·中国空间法学会 2015 年论文集》	北京理工大学法学院
43	吴健泽 杜　沙 莫志刚 赵听会	对外层空间专利制度相关问题的思考	《中国宇航学会·中国空间法学会 2015 年论文集》	中国航天科技集团公司四院第 43 研究所
44	高国柱	我国航天法立法中的重点与难点问题研究	《中国宇航学会·中国空间法学会 2015 年论文集》	北京航空航天大学法学院
45	韩剑峰	中国航天立法价值取向的若干影响因素——基于空间碎片的立法实践	《中国宇航学会·中国空间法学会 2015 年论文集》	上海航天技术研究院
46	李晶珠	各国航天活动管理机构比较及其对中国航天立法的启示	《中国宇航学会·中国空间法学会 2015 年论文集》	哈尔滨工业大学法学院
47	吕　瑱	中俄航天立法的比较研究	《中国宇航学会·中国空间法学会 2015 年论文集》	中国空间技术研究院总装与环境工程部
48	王邵飞	英国首部《国家空间安全政策》解读及启示	《中国宇航学会·中国空间法学会 2015 年论文集》	中国运载火箭技术研究院研究发展中心

第二部分　2016年出版的学术课题研究报告
（刊载于中国空间法学会主办的《空间法学研究年刊》（2015年））

序号	课题名称	课题主持人	课题组名称
1	航天科研生产部门对中国航天立法的需求研究	冯国栋	上海航天技术研究院课题组
2	弹道导弹不扩散国际机制研究	李　滨	北京师范大学课题组
3	外空软法的法理研究	李寿平	北京理工大学课题组
4	航天器使用核动力源法律问题研究	王国语	北京理工大学课题组
5	《国家空间立法示范法索非亚模本》研究	廖敏文	中国政法大学课题组
6	全球卫星导航服务提供商法律责任研究	高　琦	北京航空航天大学课题组
7	“亚太地区空间机构论坛”（APRSAF）研究	赵海峰	哈尔滨工业大学课题组

第三部分　2016年出版的专业年刊（中文）

序号	主编	刊物名称	出版社名称及版次	主办单位
1	张振军	《空间法学研究年刊》（2015年）	中国宇航出版社 2016年9月第1版 73.6万字，676页	中国空间法学会
2	李寿平	《中国空间法年刊》（2015年）	世界知识出版社 2016年6月第1版 46万字，505页	北京理工大学空间法研究所

第四部分　2016年出版的空间法律政策论文
（海外重点英文期刊或文集）

序号	作者	论文标题	所载期刊或文集	作者隶属单位
1	苏金远	Active Debris Removal: Potential Legal Barriers and Possible Ways Forward	Journal of East Asia and International Law. Vol. 9 (2), 403-426	西安交通大学法学院
2	聂明岩	Legal Framework and Basis for the Establishment of Space Cooperation in Asia	Lit Verlag 2016年第1版	南京航空航天大学法律系
3	孔得建	Shaping a uniform governance structure over Global Navigation Satellite System (GNSS): The way of risk management	Uniform Law Review. Unif. Law Rev. (2016) 21 (2-3): 393-415.	荷兰莱顿大学

续表

序号	作 者	论文标题	所载期刊或文集	作者隶属单位
4	苏金远	Space Arms Control：Lex Lata and Currently Active Proposals	Asian Journal of International Law	西安交通大学法学院
6	赵 云	The Role of Bilateral and Multilateral Agreements in International Space Cooperation	30 Space Policy 1－7（2016）	香港大学法律系
7	赵 云	Resolving Telecommunications Interconnection Disputes：The Way Forward for China?	Annals of Air and Space Law，Vol. XL，657－677（2015）	香港大学法律系
8	赵 云	Legal Regime for the Regulation of Commercial Space Activities in China	49 Kobe University Law Review（International Edition）221－231（2015）	香港大学法律系
9	赵 云	Legal Issues in China's Future Participation in the Space Protocol to the Cape Town Convention	in Patricia Margaret Sterns & Leslie I. Tennen（Eds.），Private Law，Public Law，Metalaw and Public Policy in Space 67－79（Switzerland：Springer，2016）	香港大学法律系

第五部分　2016 年出版的专著

序号	作者	著作名称	出版概况	作者隶属单位
1	李寿平	《21 世纪空间活动新发展及其法律规制》（中文著作）	出版地：中国 出版社：法律出版社 2016 年 6 月第 1 版 29.9 万字，307 页	北京理工大学空间法研究所
2	廖敏文	《国家空间立法》（中英文双语著作）	出版地：中国 出版社：台海出版社 2016 年 6 月第 1 版 36 万字，339 页	中国政法大学国际法学院
3	张振军（合著）	《曼弗雷德·拉克斯空间法模拟法庭竞赛 25 周年志庆与回顾》（国际空间法学会英文著作）	出版地：荷兰 出版社：Eleven International Publishing 2016 年 9 月第 1 版 20 万字，217 页	中国航天科技国际交流中心 中国空间法学会

第六部分 2016年出版的主编著作

序号	主编	著作名称	出版概况	主编隶属单位
1	赵海峰	《空间法评论》第5卷	出版地：中国 出版社：哈尔滨工业大学出版社 2016年8月第2版 27万字，254页	哈尔滨工业大学空间法研究所
2	赵海峰	《空间法评论》第6卷	出版地：中国 出版社：哈尔滨工业大学出版社 2016年8月第2版 27.5万字，259页	哈尔滨工业大学空间法研究所

希望入选以上推荐名录的作者、主编、课题主持人、专业期刊及其所在单位再接再厉，在今后的学术研究中取得新的更大成绩。希望未入围的专家学者继续努力，力争在2017年及今后年度榜上有名。需要指出，中国空间法学会面向学界全体同仁开展空间法律政策研究成果推荐、推广活动，旨在搭建跨学科、跨期刊、跨国界的学术成果集中展示平台，促进学术研究和交流，并不代表中国空间法学会认同被推荐作品的立场或观点。中国空间法学会鼓励广大学界同仁进一步活跃学术气氛，大力弘扬严谨务实的学风文风，坚持真理，修正谬误，就同一议题开展针锋相对的学术批评，从不同视角、不同维度进行深度、精致分析，为促进我国空间法学事业大发展大繁荣、服务航天强国建设作出新的更大贡献。

中国空间法学界2016年大事记

中国空间法学会办公室

2016年1月5日，中国航天科技集团公司召开“外空活动长期可持续性”进程深化研究启动会。中国航天科技集团公司航天系统发展研究中心、中国空间法学会、中国运载火箭技术研究院、中国空间技术研究院、上海航天技术研究院、中国长城工业集团公司、中国航天系统科学与工程研究院等单位参会交流。

2016年1月8日，经过面向全体会员单位和专家学者公开征集和评选，中国空间法学会揭晓“中国空间法学会推荐的2015年度空间法律政策作品名录”。

2016年1月11日，中国国家航天局召开联合国外空委“外空活动长期可持续性”进程专题研讨会。外交部、中国空间法学会、中科院国家空间科学中心、中科院国家天文台、北京理工大学等单位参会交流。

2016年1月12日，经过面向全体会员单位和专家学者公开征集和遴选，中国空间法学会权威发布“中国空间法学界2015年十大新闻事件”。

2016年1月12日，北京理工大学空间法研究所副所长王国语作为“海牙外空资源治理工作组”中方专家，参加其首次电话会议。

2016年1月15日，中国空间法学会秘书长张振军应邀为中国航天科技集团公司航天系统发展研究中心、钱学森空间技术实验室作题为“国际空间治理规则与空间外交活动”的专题报告。

2016年1月16日，中国空间法学会秘书长张振军应邀在《中国航天报·飞天科普周刊》发表专家述评《美国“单边”立法直指外空资源开发》。

2016年1月21日，中欧航天合作协调会在北京举行。中国国家航天局、欧洲空间局、中国航天科技集团公司、国防科工局探月与航天工程中心、国防科工局重大专项工程中心、中科院国家空间科学中心、中科院高能所、中科院国家天文台、中国空间技术研究院、中国空间法学会等单位参会交流。

2016 年 1 月 21 日，中国空间法学会秘书长张振军应邀为北京理工大学师生作题为“中国航天事业 60 年：战略使命与历史担当”的专题报告。

2016 年 1 月 21—22 日，国家国防科技工业局召开航天立法专题研讨会。中国航天科技集团公司、中国航天科工集团公司、中国空间法学会、中国长城工业集团公司、中国航天系统科学与工程研究院、中国运载火箭技术研究院、中国空间技术研究院、上海航天技术研究院、中国航天科工运载技术研究院、北京空间科技信息研究所、北京航天情报与信息研究所、北京航空航天大学、北京理工大学、中国政法大学等单位参会交流。

2016 年 1 月 23 日，中国国家航天局召开联合国外空委“外空活动长期可持续性”进程专题研讨会。外交部、中国空间法学会、中科院国家天文台、中国长城工业集团公司、北京航空航天大学、北京理工大学等单位参会交流。

2016 年 1 月 28 日，中国空间法学会发布第 39 期《空间法通讯》。

2016 年 1 月 31 日，中国航天科技集团公司召开 2016 年工作会。中国空间法学会参会交流。

2016 年 2 月 1 日，国家国防科技工业局召开航天立法专题研讨会。中国空间法学会、中国长城工业集团公司、中国运载火箭技术研究院、北京航空航天大学、中国政法大学、深圳大学等单位参会交流。

2016 年 2 月 15—26 日，中国空间法学会秘书长张振军、中国长城工业集团公司总法律顾问王冀莲、北京理工大学空间法研究所副所长王国语随中国代表团赴维也纳出席联合国外空委科技小组委员会第 53 届会议，参加联合国“外空活动长期可持续性”进程多边谈判。

2016 年 2 月 16 日，在联合国外空委科技小组委员会第 53 届会议期间，中国政府发布《中国关于“外空活动长期可持续性”问题的立场文件》，中国空间法学会作为核心撰稿单位对此提供重要支撑。

2016 年 2 月 20 日，在联合国外空委科技小组委员会第 53 届会议期间，中国空间法学会秘书长张振军会见美国航天学会（NSS）国际合作委员会主席大卫·邓洛普，就合作意向进行深入交流。

2016年2月28日，美国海因莱因基金会托管人、国际宇航科学院院士阿尔瑟·杜勒访问中国宇航学会、中国空间法学会，洽谈合作事项。中国宇航学会副理事长兼秘书长王一然、中国空间法学会秘书长张振军参加会谈，并向客人颁发中国空间法学会国际顾问咨询委员会特聘专家委员聘书。

2016年2月28日，美国海因莱因基金会托管人、国际宇航科学院（IAA）院士阿尔瑟·杜勒访问中国宇航出版有限责任公司，中国宇航出版有限责任公司总经理邓宁丰、中国空间法学会秘书长张振军参加会谈。经中国空间法学会协调，美方决定委托中国宇航出有限责任公司社启动国际宇航科学院研究课题《外空矿物资源：挑战与机遇的全球评估》在中国的翻译出版发行工作。该项课题研究由阿尔瑟·杜勒与张振军共同主持，其报告英文版已于2015年10月在美国首发出版。

2016年2月，《中国宇航学会·中国空间法学会2015年学术年会论文集》由中国宇航出版有限责任公司出版发行，共计240万字，其中空间法律政策板块纳入本届年会录用论文23篇。

2016年2月，西安交通大学法学院苏金远教授入选“外空安全指南”（Space Security Index，SSI）项目执行委员会（Governance Group）成员。SSI项目由加拿大麦吉尔大学发起，执行委员会负责项目运行和推广，以及其年度报告的审核。

2016年3月18日，中国空间法学会秘书长张振军赴法国巴黎出席欧洲空间法中心举办的“空间法从业者论坛”，并应邀在欧洲空间局（ESA）总部发表题为“1979年《月球协定》与外空采矿活动治理”的英文专题演讲。

2016年3月19日，中国空间法学会秘书长张振军参加国际空间法学会（IISL）理事会2016年春季会议。

2016年3月21日，中国空间法学会秘书长张振军应邀参加国际宇航科学院（IAA）第五委员会2016年春季会议。

2016年3月22日，中国空间法学会秘书长张振军、中国运载火箭技术研究院14所研究员张生俊参加国际宇航联合会（IAF）外空安全委员会春季会议。

2016年3月22日，国际宇航联合会（IAF）副主席、中国航天科技集团公司科技委副主任于登云，中国宇航学会副理事长兼秘书长王一然，中国空间法学会秘书长张振军与国际空间大学（ISU）校长沃尔特·彼得斯（Walter Peeters）举行会谈。

2016 年 3 月 28 日至 4 月 2 日，第 34 届机构间空间碎片协调委员会（IADC）大会在英国牛津郡召开。北京理工大学空间法研究所副所长王国语作为中国代表团法律顾问出席会议，并全程参加第四工作组“空间碎片减缓组”的讨论。

2016 年 3 月 31 日，国家国防科技工业局召开航天立法专题研讨会。中国空间法学会、中国运载火箭技术研究院、中国空间技术研究院、上海航天技术研究院、中科院地球物理研究所、中国长城工业集团公司、中国航天系统科学与工程研究院、深圳大学等单位参会交流。

2016 年 3 月 31 日，中国科学院国家空间科学中心举办主题报告会，邀请欧洲空间局（ESA）局长沃尔纳作题为“航天 4.0”的学术报告。中国空间法学会应邀参会交流。

2016 年 3 月 31 日，中国空间法学会聘请国际空间法学会（IISL）主席汤佳·梅森-斯旺担任中国空间法学会国际顾问咨询委员会专家委员。

2016 年 4 月 3 日，受中国空间法学会委托，北京理工大学空间法研究所副所长王国语在伦敦看望国际空间法学界泰斗郑斌教授。

2016 年 4 月 4—7 日，国际空间大学中国籍讲师吕卓艳出席联合国外空委法律小组委员会第 55 届会议，并就会议一般性议题代表国际空间大学发言。

2016 年 4 月 13 日，中国代表周武在联合国外空委法律小组委员会第 55 届会议上，就空间法能力建设阐明中方立场并介绍有关情况。周武表示，中国政府一直高度重视空间法能力建设，在继续积极推进空间法基础研究、教育和推广的同时，因应空间活动发展的需要，稳步开展国家空间立法工作。在学界方面，以中国空间法学会这一全国性学术团体为主导，以各大高等院校国际法学专业为依托，通过开展年度学术课题研究、举行学术研讨会、出版发行学术年刊、举办国际空间法模拟法庭竞赛等形式，不断提升中国空间法研究水平，并向全社会推广普及空间法。

2016 年 4 月 4—15 日，西安交通大学法学院苏金远教授、北京航空航天大学高国柱副教授、北京理工大学王国语副教授作为中国代表团专家，赴维也纳出席联合国外空委法律小组委员会第 55 届会议，并就外空资源开采、空间碎片主动移除等新兴外空活动所涉法律问题进行研究。

2016 年 4 月 8 日，国家国防科技工业局召开航天立法专题研讨会。国务院法制办公室、中科院重大专项任务局、中国空间法学会、中国运载火箭技术研究院、中国空间技术研究院、上海航天技术研究院、中科院、中国长城工业集团公司、北京航天情报与信息研究所、中国政法大学、深圳大学等单位参会交流。

2016 年 4 月 11 日，国家国防科技工业局召开国防科技工业发展战略专题研讨会。中国国际工程咨询公司、中国宇航学会、中国空间法学会、北京理工大学、中国航天系统科学与工程研究院、中国航空工业发展研究中心、中国船舶信息中心、船舶工业综合技术经济研究院、中国北方科技信息研究所等单位参会交流。

2016 年 4 月 13 日，工业和信息化部召开 2016 年度重点课题开题评审会，中国国家航天局、中国贸促会、中国宇航学会、中国空间法学会、中国航天系统科学与工程研究院等单位参会交流。

2016 年 4 月 15 日，中国国家航天局 2016 年国际合作协调委员会会议在北京召开。外交部、工业和信息化部、科技部、财政部、商务部、中国科学院、中国航天科技集团公司、中国航天科工集团公司、中国宇航学会、中国空间法学会、中国运载火箭技术研究院、中国空间技术研究院、上海航天技术研究院、中国长城工业集团公司、北京航空航天大学、北京理工大学、哈尔滨工业大学等单位参会交流。

2016 年 4 月 18 日，国家国防科技工业局召开航天立法专题研讨会。中国航天科技集团公司、中国空间法学会、中国运载火箭技术研究院、中国空间技术研究院、中国长城工业集团公司、北京航天情报与信息研究所等单位参会交流。

2016 年 4 月 19 日，中国贸促会举办“中国天地一体化信息网络构想”专题报告会，中国宇航学会、中国空间法学会参会交流。

2016 年 4 月 23 日，为庆祝中国航天事业创建 60 周年，迎接首个“中国航天日”，中国科学技术协会、中国航天科技集团公司联合举办的“梦想启航——航天科技中华行”系列活动启动仪式在北京隆重举行。中国宇航学会承办本次活动，中国空间法学会参会交流。

2016 年 4 月 24 日，工业和信息化部、国家国防科技工业局、国家航天局举办的 2016 年“中国航天日”主题活动在北京隆重举行。外交部、科技部、财政部、商务部、中国科学院、中国航天科技集团公司、中国航天科工集团公司、中国宇航学会、中国空间法学会、中国运载火箭技术研究院、中国空间技术研究院、上海航天技术研究院、中国长城工业集团公司、北京航空航天大学、北京理工大学、哈尔滨工业大学等单位参会交流。

2016 年 4 月 26 日，国家国防科技工业局召开国防科技工业发展战略专题研讨会。中国宇航学会、中国航空工业发展研究中心、中国船舶信息中心、中国空间法学会等单位参会交流。

2016 年 5 月 1 日，香港大学教授赵云就任香港大学法律学院法律系主任。

2016 年 5 月 5 日，中国空间法学会召开 2015—2016 年度学术研究课题结题评审暨研究成果发布会，《国家“一带一路”倡议与中国航天的应对》《中国北斗卫星导航系统法律问题研究》《宇航产品及技术出口法律问题研究》《美国空间安全政策发展及影响研究》《应对近地空间安全问题的法律研究》《空间交通管理法律问题研究》《卫星轨位及无线电频率国际法律问题研究》《非传统飞行器的出现与外空定界问题研究》等 8 项课题研究成果发布（详见本刊第一部分专题报道及第五部分课题研究报告）。

2016 年 5 月 7—8 日，中国国际法学会 2016 年学术年会在长春举行。外交部条法司司长、中国国际法学会常务副会长、中国空间法学会副理事长徐宏出席会议，并就当前国际法发展形势和我国的外交条法工作发表主题演讲。中国空间法学会秘书长张振军、北京理工大学空间法研究所所长李寿平出席会议。

2016 年 5 月 10—11 日，国家国防科技工业局召开航天立法专题研讨会。国家发展改革委员会宏观经济研究院、中国航天科技集团公司、中国航天科工集团公司、中国空间法学会、中国运载火箭技术研究院、中国空间技术研究院、中国长城工业集团公司、中国航天系统科学与工程研究院、北京空间科技信息研究所、中国航天科工集团公司第二研究院、北京航天情报与信息研究所、深圳大学法学院等单位参会交流。

2016 年 5 月 24 日，中国国家航天局召开联合国外空委“外空活动长期可持续性”多边谈判进程专题研讨会。外交部、中国航天科技集团公司、中国航天科工集团公司、中科院国家天文台、中科院空间科学与应用研究中心、中国空间法学会、中国运载火箭技术研究院、中国空间技术研究院、上海航天技术研究院、中国航天科工集团公司第二研究院、中国长城工业集团公司、北京航空航天大学、北京理工大学等单位参会交流。

2016年5月29日，中国国家航天局召开联合国外空委“外空活动长期可持续性”多边谈判进程指南草案专题研讨会。外交部条法司、外交部军控司、中国航天科技集团公司航天系统发展研究中心、中国空间法学会、中国长城工业集团公司等单位参会交流。

2016年5月30日，中国空间法学会秘书长张振军应邀出席中国卫星全球服务国际合作商洽会暨微小卫星商业化论坛，就“商业航天与国际合作”所涉法律问题发表演讲。

2016年5月31日，中国空间法学会印发关于2016—2017年度学术研究课题立项计划的通知，将《航天国际合作管理体制立法问题研究》《私营实体小微卫星管制法律问题研究》《中国发展太空旅游法律及政策研究》《亚轨道商业飞行活动立法需求研究》《空间碎片减缓标准采纳国别研究——以〈各国和国际组织采纳的空间碎片减缓标准汇编〉为例》《习惯国际法在外空领域的历史及现状研究》《小行星采矿法律问题研究》《中国北斗卫星导航系统法律体系构成研究》等8项研究课题正式列入中国空间法学会2016—2017年度学术研究课题计划。

2016年6月1日，“第一次空间安全与国家安全圆桌会议”在北京举行。会议由中国国际战略学会安全战略研究中心空间态势评估课题组主办、中国运载火箭技术研究院研究发展中心协办。本次会议以“国际空间治理规则多边博弈对我国未来安全形势的影响”为主题，来自中国国际战略学会、外交部、国防科工局、中国航天科技集团公司、中国运载火箭技术研究院、中国空间技术研究院、国家天文台、中国国防科技信息中心、中国长城工业集团公司、中国空间法学会等多家单位的30余名专家学者参加研讨。中国空间法学会秘书长张振军应邀作题为“‘外空活动长期可持续性’谈判进程与外空安全治理规则发展动态”的特邀主题报告。中国空间技术研究院首席研究员宫自正应邀作题为“‘面向外空活动长期可持续性’的空间碎片活动与空间安全”的特邀主题报告。

2016年6月3日，香港大学法律学院举办“‘一带一路’下中国法治与国际管治研讨会”，香港大学法律系主任赵云教授发表题为“外空区域合作与亚太空间安全问题展望”的英文演讲。

2016 年 6 月 3 日，全国哲学社会科学规划办公室公布 2016 年度国家社科基金年度项目和青年项目立项名单，北京理工大学空间法研究所副所长王国语的“外空安全国际规则新发展及中国话语权实现研究”（编号：1179）获得年度项目立项。

2016 年 6 月 6—17 日，中国空间法学会秘书长张振军在奥地利维也纳出席联合国外空委“外空活动长期可持续性”工作组届间会及第 59 届联合国外空委大会，并以中国代表团成员身份参加“外空活动长期可持续性”多边治理规则谈判。

2016 年 6 月 11 日，北京理工大学空间法研究所和美国乔治·华盛顿大学空间政策研究所在奥地利维也纳联合举办题为“展望未来：变化中的国际关系和空间活动所面临的法律问题”的专题讨论会。来自中国、美国、俄罗斯、加拿大、奥地利、日本、德国等 20 多个国家的 60 余位专家学者和政府官员参会交流。本次会议由欧洲空间法中心（ECSL）奥地利联系点维也纳大学负责承办。中国空间法学会秘书长张振军应邀发表题为“建设新型大国关系语境下的中美航天关系”的英文专题演讲。北京理工大学空间法研究所所长李寿平教授主持专题讨论环节，并就联合国外空委“外空活动长期可持续性”指南草案的法律属性进行分析。

2016 年 6 月 17 日，经过受理申报、通讯初评、会议评审、网上公示以及全国哲学社会科学规划领导小组批准等程序，2016 年度国家社科基金项目立项结果正式公布。湘潭大学法学院蔡高强教授获批国家社科基金项目“基于太空竞争的航天贸易管控及法律规范研究”（16BGJ024）。

2016 年 6 月 19 日，中国航天科技集团公司发布聘免通知，中国空间法学会秘书长张振军获聘中国航天科技国际交流中心副主任。中国航天科技国际交流中心系由中国宇航出版有限责任公司、中国航天报社、中国宇航学会（含中国空间法学会）、航天人才开发交流中心等单位重组而成，旨在共同打造中国航天知识经济领导品牌。

2016 年 6 月 23 日，中国国土资源部信息中心召开“全球资源治理专题研讨会”。中国航天科技国际交流中心副主任、中国空间法学会秘书长张振军应邀出席，并介绍外空矿物资源开发国际治理最新动态。

2016年6月23日，中国空间法学会应国家有关部门和中国航天科技集团公司相关要求，针对在海南文昌航天发射场执行长征七号运载火箭首飞任务所涉国际空间法问题出具法律咨询意见。

2016年7月6日，中国国家航天局召开联合国外空委“外空活动长期可持续性”多边谈判进程专题研讨会。外交部、国家航天局空间碎片监测与应用中心、中国航天科技集团公司、中国航天科工集团公司、中国航天科技国际交流中心、中国航天科技集团公司航天系统发展研究中心、中国空间法学会、中国运载火箭技术研究院、中国空间技术研究院、上海航天技术研究院、中国航天科工集团公司二院、中国长城工业集团公司、北京航空航天大学、北京理工大学等单位参会交流。

2016年7月12日，中国航天科技集团公司召开航天国际政策研讨会。中国航天系统科学与工程研究院、中国航天科技国际交流中心、中国空间法学会、中国长城工业集团公司等单位参会交流。

2016年7月21—22日，国家国防科技工业局召开航天立法专题研讨会。国家发展改革委员会宏观经济研究院、中国航天科技国际交流中心、中国空间法学会、中国运载火箭技术研究院、中国空间技术研究院、中国卫通集团公司、中国长城工业集团公司、中国航天系统科学与工程研究院、中科院国家空间科学中心、北京理工大学、北京航空航天大学、深圳大学等单位参会交流。

2016年7月27日，哈尔滨工业大学空间法研究所所长赵海峰教授调任最高人民法院所属国家法官学院教授。

2016年7月28日，中国国家航天局召开《2016中国的航天》白皮书（草案）专题研讨会。中国载人航天工程办公室、中国气象局、中国空间技术研究院、中国航天科技国际交流中心、中国空间法学会、中国长城工业集团公司、中国资源卫星应用中心、中国航天系统科学与工程研究院、中科院国家空间科学中心、北京理工大学等单位参会交流。

2016年7月29日，由中国航天科技集团公司4家直属单位（中国宇航出版有限责任公司、中国航天报社、中国宇航学会和航天人才开发交流中心）重组而成的新机构——中国航天科技国际交流中心正式挂牌。中国宇航学会、中国空间法学会的品牌资源及核心业务将继续长足发展，并与新闻、出版、人才开发、文化创意等其他业务板块实现有效融合。联合国外空司、国际宇航联合会、国际宇航科学院、国际空间法学会、联合国空间科技教育亚太区域中心（中国）、国际空间大学、世界安全基金会、美国乔治·华盛顿大学空间政策研究所、美国海因莱因基金会等机构发来贺信贺电，祝贺中国航天科技国际交流中心挂牌成立。

2016 年 7 月 27—30 日，国际空间大学讲师吕卓艳（中国籍）受欧洲法学院学生联合会的邀请，就国际空间大学主办的国际空间法暑期班项目进行国际空间法专题授课。

2016 年 8 月 1—2 日，中国国家航天局召开联合国外空委“外空活动长期可持续性”进程专题研讨会。国家航天局空间碎片监测与应用中心、中国航天科技国际交流中心、中国空间法学会、中国空间技术研究院、中国长城工业集团公司、北京航空航天大学、北京理工大学等单位参会交流。

2016 年 8 月 4 日，中国国家航天局召开联合国外空委“外空活动长期可持续性”多边进程专题研讨会。外交部、国家航天局空间碎片监测与应用中心、中国航天科技集团公司航天系统发展研究中心、中国航天科技国际交流中心、中国空间法学会、中国空间技术研究院、中国长城工业集团公司、北京航空航天大学、北京理工大学等单位参会交流。

2016 年 8 月 12 日，国家国防科技工业局召开航天立法专题研讨会。中国航天科技国际交流中心、中国空间法学会、中国运载火箭技术研究院、中国空间技术研究院、中国长城工业集团公司、北京理工大学、深圳大学等单位参会交流。

2016 年 8 月 21 日，中国宇航学会副理事长兼秘书长王一然、中国空间法学会秘书长张振军会见到访的美国航天基金会首席执行官 Elliot Holokauahi Pulham、高级副总裁 Steve Eisenhart 一行，双方就后续合作事项举行工作会谈，并签署合作备忘录。

2016 年 8 月 23 日，中国国家航天局秘书长田玉龙会见到访的美国航天基金会首席执行官 Elliot Holokauahi Pulham、高级副总裁 Steve Eisenhart 一行，双方就中美两国航天界在非政府组织层面展开合作交流达成广泛共识。中国航天科技国际交流中心副主任、中国空间法学会秘书长张振军参加会见。

2016 年 8 月，国家法官学院教授、原哈尔滨工业大学空间法研究所所长赵海峰主编的《空间法评论》第 5 卷、第 6 卷由哈尔滨工业大学出版社出版发行。

2016 年 9 月 1 日，中国航天科技国际交流中心副主任、中国空间法学会秘书长张振军与国际空间大学（ISU）校长 Waler Peeters 举行视频会谈。

2016 年 9 月 12 日，第二届中国商业航天高峰论坛在武汉隆重举行。来自中国航天科技国际交流中心、中国空间法学会、中国长城工业集团公司、北京理工大学、北京航空航天大学等单位的空间法律政策专家参会交流。

2016 年 9 月，为庆祝国际空间法学会（IISL）曼弗雷德·拉克斯空间法模拟法庭竞赛活动创办 25 周年，国际空间法学会组织编写的《曼弗雷德·拉克斯空间法模拟法庭竞赛 25 周年志庆与回顾》一书（全英文）由荷兰 Eleven International Publishing 公司出版发行。国际空间法学会理事、国际空间法学会模拟法庭委员会委员、中国空间法学会秘书长张振军参加本书编撰工作，并在书中对中国空间法学会每年定期举办的 CASC 杯曼弗雷德·拉克斯国际空间法模拟法庭竞赛活动进行了重点介绍和宣传。

2016 年 9 月，联合国附属空间科学与技术教育亚太区域中心（中国）举办的“空间技术应用”留学研究生项目空间法律与政策专业方向正式开班，成为联合国 6 大区域中心中首家开设空间法律与政策专业方向的中心。首届空间法律与政策专业方向的留学研究生共 10 人，学员主要由亚太空间合作组织和联合国附属空间科学与技术教育亚太区域中心（中国）成员国航天相关机构及政府部门选送。

2016 年 9 月 12—16 日，联合国外空司前司长、联合国附属空间科技教育拉丁美洲和加勒比海区域中心（CRECTEALC）秘书长塞尔西奥·卡马乔应邀访问联合国附属空间科技教育亚太区域中心（中国），为该中心首届空间法律与政策专业方向的留学研究生讲授“外空事务、政策及热点议题”课程。

2016 年 9 月 14 日，北京航空航天大学法学院聘请联合国外空司前司长塞尔西奥·卡马乔担任兼职教授。

2016 年 9 月 15—16 日，香港大学法律系主任赵云教授应邀赴奥地利维也纳参加欧洲空间政策研究所（ESPI）举办的第 10 届秋季会议，发表题为“外空发展中的新途径”的英文演讲。

2016 年 9 月 25 日，中国航天科技国际交流中心副主任、中国空间法学会秘书长张振军应邀在墨西哥瓜达拉哈拉参加国际宇航科学院（IAA）第五委员会 2016 年秋季会议。

2016年9月25日，北京理工大学法学院院长、空间法研究所所长李寿平教授当选国际宇航科学院（IAA）通讯院士，成为中国高校首位获此殊荣的空间法专家。当日，李寿平教授出席国际宇航科学院颁奖晚会，并接受当选证书。

2016年9月26—30日，第67届国际宇航大会在墨西哥瓜达拉哈拉举行。中国航天科技国际交流中心副主任、中国空间法学会秘书长张振军出席国际空间法学会（IISL）理事会2016年度秋季会议、会员大会及颁奖晚会，与各国专家学者广泛交流。

2016年9月27日，在第67届国际宇航大会期间，中国宇航学会、美国航天基金会联合举办午餐会。中国国家航天局副局长吴艳华应邀出席会议并发表致辞。中国航天科技国际交流中心副主任、中国空间法学会秘书长张振军参加会议。

2016年9月27日，在第67届国际宇航大会期间，中国空间法学会秘书长张振军、中国运载火箭技术研究院研究员张生俊参加国际宇航联合会（IAF）外空安全委员会2016年度秋季会议，与各国专家学者广泛交流。

2016年9月27—29日，在第67届国际宇航大会期间，中国航天科技国际交流中心副主任、中国空间法学会秘书长张振军在国际宇航科学院（IAA）举办的第29届“空间政策、规则与经济”论坛上先后发表题为“中国的探月活动及相关政策”、“中美两国空间安全立法比较研究”的英文专题演讲。

2016年9月28日，在第67届国际宇航大会期间，中国宇航学会副理事长兼秘书长王一然、中国空间法学会秘书长张振军会见国际空间法学会（IISL）新任主席凯伍·施罗格博士，并向施罗格博士颁发中国空间法学会国际顾问咨询委员会特聘专家聘书。

2016年9月28日，在第67届国际宇航大会期间，中国宇航学会副理事长兼秘书长王一然、中国空间法学会秘书长张振军会见美国世界安全基金会执行理事迈克尔·K·辛普森。

2016年9月26—30日，在第67届国际宇航大会期间，香港大学法律系主任赵云教授发表题为“外空安全与外空合作原则：前景展望”的英文演讲。

2016年9月26—30日，在第67届国际宇航大会期间，北京理工大学空间法研究所副所长王国语担任国际空间法论坛第二分论坛“外空资源及外空采矿的法律视角”记录员，并受邀在空间政策法律经济论坛发表题为“关于保障安全和可持续外空活动环境的外空透明与建立信任措施的执行问题”的英文演讲。此外，王国语还受中国国家航天局委托参加机构间空间碎片协调委员会（IADC）指导组会议。

2016 年 9 月 29 日，在第 67 届国际宇航大会期间，国际空间法学会第 25 届曼弗雷德·拉克斯空间法模拟法庭竞赛全球总决赛在墨西哥瓜达拉哈拉举行。中国空间法学会第二届理事会副理事长、中国外交部条法司原司长、联合国国际法院中国籍法官薛捍勤应邀再次担任本届总决赛主审法官，这也是薛捍勤第五次参加曼弗雷德·拉克斯空间法模拟法庭竞赛全球总决赛审判工作。

2016 年 9 月 29 日，在第 67 届国际宇航大会期间，香港大学法律系主任赵云教授应邀参加国际空间法学会第 25 届曼弗雷德·拉克斯空间法模拟法庭竞赛全球总决赛，并作为本届竞赛赛题撰稿人向法庭介绍案情。

2016 年 9 月，中国空间法学会主办的大型学术刊物《空间法学研究年刊》（2015 年）由中国宇航出版有限责任公司出版发行。本期年刊内容共计 73.6 万字，同比增加 11%；收录各类稿件 44 篇（含中国空间法学会 2014—2015 年度课题研究报告 7 篇），同比增加 4.8%。

2016 年 10 月 2—5 日，由加拿大麦吉尔大学航空航天法研究所举办的《适用于外空军事活动的国际法手册》第一次专家会议在加拿大蒙特利尔举行，西安交通大学法学院苏金远教授作为核心专家之一参加会议。

2016 年 10 月 9 日，中国航天科技集团公司隆重举行庆祝中国航天事业创建 60 周年大会。中国航天科技国际交流中心副主任、中国空间法学会秘书长张振军出席会议并荣获集团公司颁发的“2016 年度航天贡献奖”荣誉称号。

2016 年 10 月 18 日，中国航天科技集团公司总经理吴燕生一行到中国航天科技国际交流中心调研指导工作并亲切看望一线员工。中国航天科技国际交流中心副主任、中国空间法学会秘书长张振军汇报学术交流、大型会展、国际合作及空间法学研究咨询等项工作进展。

2016 年 10 月 20 日，庆祝中国航天事业创建 60 周年“中国航天高峰论坛暨中国宇航学会·中国空间法学会 2016 年学术年会”在北京隆重开幕。中国航天科技集团公司副总经理杨保华、中国航天科工集团公司副总经理刘石泉、中国北斗卫星导航系统总设计师杨长风、中国载人航天工程办公室副主任杨利伟、中国国家航天局系统工程司副司长余琦等有关领导在开幕式上致辞。中国宇航学会名誉理事长、中国空间法学会名誉理事长、中国航天科技集团公司高级技术顾问王礼恒院士主持大会主题报告会。中国空间法学会副理事长、外交部条法司司长徐宏博士应邀以“当前的国际形势与法律外交工作”为题发表主题演讲。来自国家有关部委、科研院所、企事业单位、高等院校、律师事务所等有关单位的300余位专家学者和青年学子出席会议。

2016年10月21日，中国宇航学会、中国空间法学会联合举办的“首届中国航天高峰论坛法治航天分论坛”在北京举行。23位中国官员、专家、学者登上讲坛共商法治航天建设大计。本届高峰论坛暨学术年会共有30篇空间法律政策类录用论文分获优秀论文奖项（详见专题新闻报道），创历史新高。

2016年10月21日，中国航天科技国际交流中心副主任、中国空间法学会秘书长张振军，北京理工大学法学院院长、北京理工大学空间法研究所所长李寿平应邀出席第573次香山科学会议。张振军以“空间碎片主动移除的法律政策分析”为题发表主题演讲，李寿平以“空间交通管理国际法律规制的构建”为题发表专题演讲。

2016年10月23日，由中国宇航学会、中国科协青少年科技中心共同举办，中国空间法学会等机构协办的第二届全国“神箭神舟杯”航天知识大赛在北京圆满收官。中国航天科技集团公司副总经理、中国宇航学会副理事长、中国空间法学会理事长袁洁出席决赛现场及颁奖式，发表重要讲话并为优胜队伍颁奖。在中国空间法学会推动下，本届大赛首次纳入空间法律元素，有效促进空间法律知识的传播和普及，取得良好的社会效果。

2016年10月23日，中国航天科技国际交流中心主任邓宁丰，中国航天科技国际交流中心副主任、中国空间法学会秘书长张振军会见到访的波兰科学院空间科学委员会主席Piotr Wolański一行，并就后续合作事宜进行交流。

2016年10月24日，中国航天科技国际交流中心副主任、中国空间法学会秘书长张振军一行拜会亚太空间合作组织（APSCO），与亚太空间合作组织秘书长李新军、副秘书长Egemen Ozalp等高管人员商议合作事项。

2016年10月27日，韩国航空航天法律政策学会名誉会长金斗焕教授应邀访问北京理工大学，就国际法协会（ILA）国家航天立法项目举办专题讲座，并介绍中、韩、日、澳等亚太国家的航天立法动态。

2016 年 10 月 29 日，由北京理工大学法学院、北京理工大学空间法研究所主办的“首届北京理工大学空间法研讨会暨空间法研究所成立十周年”论坛在北京举行。来自外交部、工业和信息化部、国家航天局、中国宇航学会、中国空间法学会等机构的领导和美国、德国、加拿大、日本、韩国等国家的空间法知名学者 100 余人参加研讨。在上午的主题报告会上，中国外交部条法司副司长马新民发表题为“外空资源开发利用的国际法律规制：现有法与应用法”的主题演讲，中国空间法学会秘书长张振军发表题为“中国的法治航天”的主题演讲，香港大学法律系主任赵云发表题为“发展中的新兴方法：中国对外空可持续发展的观点”的主题演讲。下午的 6 个分论坛主要围绕外空安全、外空资源开发利用、空间碎片减缓与主动移除、国家航天立法等主题开展研讨。

2016 年 10 月 29—30 日，北京大学法学院举办“国际组织、国际法与全球治理”研讨会，香港大学法律系主任赵云发表题为“外空区域合作与亚太外空安全”的英文演讲。

2016 年 11 月 2 日，韩国航空航天法律政策学会名誉会长金斗焕教授应邀为南京航空大学人文社科学院青年学子作题为“联合国外空公约及中国、日本、韩国的国家航天立法”的专题讲座。

2016 年 11 月 4 日，中国航天科技国际交流中心副主任、中国空间法学会秘书长张振军会见到访的美国乔治·华盛顿大学空间政策研究所研究员亨利·赫尔兹菲尔德（Henry Hertzfeld）教授，就当前国际空间政策法律动态深入交换意见，并向赫尔兹菲尔德颁发中国空间法学会国际顾问咨询委员会特聘专家聘书。

2016 年 11 月 7—8 日，“海牙外空资源治理工作组”第二次会议在荷兰莱顿举行，北京理工大学空间法研究所副所长王国语作为中方专家参加会议，讨论外空资源开发开采国际规则的制定。

2016 年 11 月 9 日，中国宇航学会名誉理事长、中国空间法学会名誉理事长、中国航天科技集团公司高级技术顾问王礼恒院士主持召开第九届中国北斗卫星导航应用高峰论坛筹备会，并应邀担任本届论坛轮值主席。会议确定本届论坛的主题为“北斗应用 国家立法”。中国航天科技国际交流中心副主任、中国空间法学会秘书长张振军出席本次筹备会并就任本届论坛学术委员会副主任。

2016年11月10日，“中国空间法学会第3期学术沙龙暨美国GPS法律规制主题报告会”在北京举办。本期沙龙特别邀请美国密西西比大学法学院荣誉教授、《空间法学报》荣誉主编、中国空间法学会国际顾问咨询委员会特聘专家、国际空间法学会理事琼安·艾琳·盖博瑞诺维奇（Joanne Irene Gabrynowicz）女士担任演讲嘉宾。来自中国卫星导航系统管理办公室、国家无线电监测中心、中国运载火箭技术研究院、中国航天科技国际交流中心、中国航天工业科技咨询有限公司、中国宇航学会卫星应用专委会、北京航空航天大学、北京理工大学、中央财经大学、中国民航大学、中国政法大学、装备学院、荷兰莱顿大学、中国宇航出版有限责任公司、《中国航天》编辑部、《太空探索》杂志社、《卫星与网络》杂志社等单位共计近30人参加本期沙龙研讨活动。

2016年11月11日，中国航天科技集团公司召开航天国际政策研讨会。中国航天系统科学与工程研究院、中国航天科技国际交流中心、中国空间法学会等单位参会交流。

2016月11日12—14日，世界经济论坛全球未来理事会在阿联酋迪拜举行，西安交通大学法学院苏金远教授作为外空全球未来理事会理事之一参加会议。

2016年11月14日，中国国家航天局组织召开金砖国家遥感卫星星座工作组及专家组全体会议。中国航天科技集团公司、中国航天科技国际交流中心、中国空间法学会、中国长城工业集团有限公司、中国科学院遥感与数字地球研究所、北京航空航天大学、北京理工大学等机构参会交流。

2016年11月25日，在中国国家航天局和中国航天科技集团公司的指导下，中国航天科技国际交流中心与国际宇航科学院（IAA）在北京联合举办“航天国际合作促进发展中国家经济社会发展国际研讨会”。来自中国、美国、俄罗斯、巴西等十几个国家，以及国际宇航科学院、国际宇航联合会、亚太空间合作组织等国际组织的240名代表出席大会。联合国外空委、联合国外空司、国际宇航科学院、国际空间法学会等国际组织来电向大会召开表示祝贺。中国航天科技集团公司董事长雷凡培、国际宇航科学院副主席松尾弘毅、中国国家航天局秘书长田玉龙、中国科技部原部长徐冠华等有关领导出席会议并致辞。本次会议开设“空间政策法律与国际合作”专题分会，吸引80余名中外专家参会交流（详见专题新闻）。

2016 年 11 月 26 日，中国航天科技国际交流中心主任邓宁丰，中国航天科技国际交流中心副主任、中国空间法学会秘书长张振军会见到访的国际宇航科学院院士、美国海因莱因基金会托管人阿尔瑟・杜勒夫妇一行。邓宁丰欢迎杜勒先生再度访华，对其应邀来华出席“航天国际合作促进发展中国家经济社会发展国际研讨会”并发表主题演讲表示感谢，并就后续合作事宜进行展望。

2016 年 11 月 29 日，中国空间技术研究院举办“国际空间治理规则与法治航天建设”主题报告会，中国航天科技国际交流中心副主任、中国空间法学会秘书长张振军应邀发表主题演讲，全面介绍国际空间治理规则的历史沿革、发展动态及中国法治航天建设情况。

2016 年 12 月 4—5 日，中国国务院新闻办公室和外交部共同举办“纪念《发展权利宣言》通过 30 周年国际研讨会”。香港大学法律系主任赵云教授应邀发表题为“可持续性发展的新视角：以中国外空合作为例”的专题演讲。

2016 年 12 月 5 日，中国国家航天局和联合国附属空间科技教育亚太区域中心（中国）在北京联合举办 2017 年新年招待会。外交部、工业和信息化部、国家航天局、北京航空航天大学、中国航天科技国际交流中心、中国空间法学会等有关方面领导应邀出席会议。

2016 年 12 月 6 日，受中国国际战略学会安全战略研究中心委托，中国航天科技集团公司一院钱学森运载技术实验室空间态势评估课题组在北京发布《空间态势评估报告 2016》。《报告》对 2014—2015 年间的国际空间活动予以系统评估，对 2016 年的重要事件予以关注，为公众和业界了解国际空间宏观态势提供了较完备的资料。

2016 年 12 月 7 日，亚太空间合作组织举办 2017 年新年招待会。工业和信息化部、国家航天局、中国航天科技国际交流中心、中国空间法学会、北京航空航天大学、北京理工大学等有关方面领导应邀出席会议。

2016 年 12 月 7 日，美欧第二次空间政策论坛、国际空间法学会第 11 届艾琳・葛罗薇空间法国际论坛在美国华盛顿召开。北京理工大学空间法研究所副所长王国语应邀参会交流。

2016 年 12 月 8 日，北京理工大学空间法研究所副所长王国语应邀前往美国乔治・华盛顿大学空间政策研究所，与该所所长斯科特・佩斯（Scott

Pace）教授和研究员亨利·赫尔兹菲尔德（Henry Hertzfeld）教授就中美航天合作以及美国空间政策、航天管理体系改革等问题进行交流。

2016年12月10—11日，香港大学法律系主任赵云教授参加中国社会科学院举办的中国社科论坛暨第13届国际法论坛，发表题为“区域空间合作在推动亚太地区空间安全中的作用：未来展望”的专题演讲。

2016年12月15日，中国航天科技国际交流中心副主任、中国空间法学会秘书长张振军高票当选北京市丰台区政协副主席（不驻会）。

2016年12月18日，中国空间法学会第13届CASC杯曼弗雷德·拉克斯国际空间法模拟法庭竞赛（全英文）在北京落下帷幕。来自国内8所知名高校的10支参赛队伍经过激烈角逐，中国政法大学、中南财经政法大学分获冠亚军，李灵韵（中国政法大学）、纪晓彤（中南财经政法大学）荣获“最佳辩手奖”，中国政法大学、北京外国语大学荣获“最佳书状奖”。外交部条法司副处长周武、香港大学法律系主任赵云、国家法官学院教授赵海峰应邀担任主审法官。

2016年12月19日，第九届中国北斗卫星导航应用高峰论坛组委会举办学术筹备会，围绕本届论坛主题“北斗应用 国家立法”进行策划研讨。中国航天科技国际交流中心、中国空间法学会、北京航空航天大学、北京理工大学、哈尔滨工业大学等单位参会交流。

2016年12月20日，中国国家航天局秘书长田玉龙会见到访的美国国务院助理国务卿弗兰克·罗斯一行。中国航天科技国际交流中心副主任、中国空间法学会秘书长张振军，中国长城工业集团公司总法律顾问王冀莲等有关方面负责人参加会见。

2016年12月23日，中国国家航天局召开“联合国外空委科技小组委员会会议对案暨空间法研讨会”，外交部、中国气象局、国防科工局探月与航天工程中心、国家航天局空间碎片监测与应用中心、中国载人航天工程办公室、中国卫星导航系统管理办公室、中国航天科技集团公司、中国航天科工集团公司、中科院国家空间科学中心、中科院地理科学与资源研究所、中科院紫金山天文台、中国运载火箭技术研究院、中国空间技术研究院、中国航天科技国际交流中心、中国空间法学会、中国长城工业集团有限公司、北京航空航天大学、北京理工大学等单位参会交流。

2016年12月23日，中国国土资源部召开“全球外空资源治理研讨会”，中央编译局、中国航天科技国际交流中心、中国空间法学会、北京理工大学、对外经济贸易大学等单位参会交流。

2016年12月27日，中国国务院新闻办公室发布《2016中国的航天》白皮书，明确提出要着力加强法律法规体系建设，加强国际空间法研究，积极参与外空国际规则制定，为航天强国建设提供有力法制保障。

2016年12月30日，中国空间法学会公布2015—2016年度学术课题研究项目结题评审及评奖结果。“国家‘一带一路’倡议与中国航天的应对”、“应对近地空间安全问题的法律研究”等8项研究课题报告全部通过结题评审，并分别荣获一、二等奖（详见本刊第一部分相关专题报道）。

（供稿：中国空间法学会及各有关会员单位、联系单位）

后 记

中国空间法学会成立于1992年12月，由原航空航天工业部、外交部、原国家科委（现科技部）、原国防科工委、中国科学院等五家单位发起成立，是由国家有关部门、空间法律政策研究机构、空间科学技术研究和应用机构及广大航天科技工作者、空间法学工作者组成的全国性学术群团机构，是组织开展空间法律政策研究、开展空间法律政策国际合作与交流、推进外层空间活动法治化建设、建设社会主义法治国家的重要力量。

中国空间法学会成立25年来，在国家有关部委的正确指导下，在各发起单位、会员单位的大力支持下，牢牢把握正确的政治方向，团结带领广大会员单位开展了大量卓有成效的工作。圆满完成了组织开展学术课题研究、推进国家航天立法进程、服务国家空间外交活动、强化空间法学工作者队伍建设、宣传普及国际空间法、举办国际空间法模拟法庭竞赛、开展国际学术交流合作等项工作，为我国航天事业健康发展作出了积极贡献。

《空间法学研究年刊》由中国空间法学会主办，2012年策划创刊，2013年起正式出版发行，是集中反映中国空间法学界工作动态和学术研究成果的综合性文献资料汇编，是宣传外层空间法律政策、研讨国际空间法前沿问题的重要平台。《空间法学研究年刊》的主要读者群是中国空间法学会各发起单位、会员单位、协作单位、联系单位的高层领导、职能部门领导、航天科技工作者、空间法学工作者、国际法学者、国际关系学者、空间法律及空间政策研究人员、高校师生以及对中国航天事业、空间外交事业、空间法学事业感兴趣的社会各界读者。

《空间法学研究年刊》热忱欢迎社会各界专业人士踊跃投稿。《空间法学研究年刊》征稿范围包括：联合国和平利用外层空间委员会、联合国裁军谈判会议、联合国大会第一委员会、联合国大会第四委员会、国际宇航联合会、国际宇航科学院、国际空间法学会及其他国际组织相关会议内容综述，外层空间法各类高端学术研讨会内容综述，外层空间法律政策最新发展动态介绍，各国航天立法研究成果交流，外层空间法最新研究成果译介，外层空间法学术观点研讨，外层空间法国际合作与交流活动综述，外层空间国际公约及相关规范性文件解读，外层空间法国内外最新经典案例分析，外层空间法最新教学与科研成果展示，外层空间法模拟法庭竞赛活动综述等。

稿件内容应积极向上，观点明确，角度新颖，分析透彻，文字简洁，文风严谨，行文规范，文责自负，一般不超过8 000字，谢绝一稿多投。稿件内容不得涉及国家秘密，投稿前应通过本单位保密审查，新闻类、信息类稿件应通过所在单位内容审查。《空间法学研究年刊》的组稿和编辑工作实行主编负责制。编委会将保留决定是否刊登及对稿件进行删节、修改的权利。稿件一经采用，将根据内容、字数、质量等因素支付稿酬。《空间法学研究年刊》所刊载的文章仅代表作者（课题组）个人学术观点，并不代表作者（课题组）所在单位或其上级机构的观点，也不代表中国空间法学会及其业务主管单位、各发起单位、会员单位的观点。

在《空间法学研究年刊》策划和编纂过程中，我们得到工业和信息化部、国家国防科技工业局、外交部、科技部、国务院法制办公室、中国科学院、中国工程院、中央军委法制局、中国航天科技集团公司、中国航天科工集团公司、中国载人航天工程办公室、中国卫星导航系统管理办公室、中国运载火箭技术研究院、中国空间技术研究院、四川航天技术研究院、上海航天技术研究院、中国航天电子技术研究院、中国卫通集团有限公司、中国长城工业集团有限公司、中国航天系统科学与工程研究院、航天长征国际贸易有限公司、中国航天科技国际交流中心、中国宇航出版有限责任公司、中国航天报社、中国宇航学会、中国航天工业科学技术咨询公司、哈尔滨工业大学、北京航空航天大学、北京理工大学、南京航空航天大学、中国政法大学、北京外国语大学、北京师范大学、中国民航大学、华中科技大学、中央财经大学、中南财经政法大学、西安交通大学、华东政法大学、深圳大学、湘潭大学、军事科学院、航天工程大学、上海政法学院、香港大学、联合国外空司、亚太空间合作组织、国际宇航联合会、国际宇航科学院、国际空间法学会、美国乔治·华盛顿大学、联合国附属空间科学与技术教育亚太区域中心（中国）等有关单位各级领导和专家学者的大力支持。中国空间法学会第三届理事长、中国航天科技集团公司副总经理袁洁同志高度重视创刊办刊工作，并在百忙之中亲笔为《空间法学研究年刊》撰写序言。中国航天科技国际交流中心副主任、中国空间法学会秘书长张振军对全书结构和内容进行了总体策划，并对所有稿件、英文目录、英文摘要逐一进行审校。中国空间技术研究院罗钢桥研究员应邀对所有课题研究报告进行初审。编委会全体成员以不同方式对本刊的总体策划、组稿编辑和出版发行作出了各自的贡献。在此，我们谨向所有为本刊如期出版付出智慧、心血和汗水的各级领导和专家学者一并表示诚挚的谢意！

鉴于时间紧张和水平所限，书中缺点错误在所难免。中国空间法学会真诚欢迎各会员单位、专家学者及社会各界广大读者及时指出谬误，并就如何办好《空间法学研究年刊》提出宝贵意见或建议。

《空间法学研究年刊》编委会

二〇一七年九月二十八日

中国空间法学会联系方式：
电话：010－68767119　传真：010－88530401
邮箱：cisl2016@163.com
地址：北京市海淀区阜成路8号（邮编：100048）